Hellmut G. Haasis

Spuren der Besiegten

3 Freiheitsbewegungen vom demokratischen Untergrund nach 1848 bis zu den Atomkraftgegnern

rororo Rowohlt

Redaktion: Wolfgang Müller
Umschlagentwurf: Heinz Waldvogel
(Federzeichnung «Wir werden es ihnen beibringen»
von George Grosz, 1935)
Karten: Werner Knaut

Originalausgabe
Veröffentlicht im Rowohlt Taschenbuch Verlag GmbH,
Reinbek bei Hamburg, November 1984

Satz Sabon (Linotron 202)
Gesamtherstellung Clausen & Bosse, Leck
Printed in Germany
1680-ISBN 3 499 16282 2

Inhalt

3. Band: Freiheitsbewegungen vom demokratischen Untergrund nach 1848 bis zu den Atomkraftgegnern

1. Band: Freiheitsbewegungen von den Germanenkämpfen bis zu den Bauernaufständen im Dreißigjährigen Krieg

2. Band: Von den Erhebungen gegen den Absolutismus bis zu den republikanischen Freischärlern 1848/49

103 Das harte Brot der Emigration

Ihren Höhepunkt und zugleich ihr Ende erlebte die Revolutionsbewegung im badisch-pfälzischen Aufstand für die Reichsverfassung im Sommer des Jahres 1849. Anfang Juli mußten sich die letzten Truppen der geschlagenen südwestdeutschen Freiheitsarmee zum Exil entschließen. Die meisten gingen in die Schweiz, wo die Behörden den Emigranten weit freundlicher begegneten als die Regierung der jungen französischen Republik. Die Eidgenossen zählten im Sommer rund 9000 Emigranten.

Sofort begannen Preußen und Österreich – darin waren sich die sonst spinnefeinden Mächte einig –, ein diplomatisches Trommelfeuer gegen die Staaten, die die Emigranten aufnahmen und nicht sofort auswiesen. Sie drohten, mit ihrem Militär einzufallen, mobilisierten ihre Truppen. Unter dieser Drohung mit Gewalt beschlossen neben den Franzosen auch die Eidgenossen, die bekanntesten Revolutionsführer vom Grenzgebiet ins Landesinnere oder in ein Nachbarland auszuweisen.

Doch damit nicht genug. Preußen wie Österreich unterhielten eigene Spitzeldienste, um die Durchführung dieses Beschlusses und die Flüchtlinge selbst zu überwachen. Die demokratiefeindlichen Mächte Mitteleuropas verletzten unbekümmert ständig die Souveränität benachbarter, weniger unterdrückerischer Staaten, wurden zur Gefahr Nr. 1 für jede europäische Freiheitsregung. Dem eigenen Volk predigten sie Gewaltlosigkeit, sich selbst konnten sie nur durch Gewalt behaupten.

Mit dem Übertritt ins rettende Ausland verschwanden die Geschlagenen vor dem Zugriff ihrer Verfolger, sie verschwanden aber auch aus dem eingeübten Geschichtsbild. Noch heute ist nicht viel mehr bekannt: die Preußen schlugen die südwestdeutschen demokratischen Bestrebungen nieder, sie meißelten ihre Gewalt aber auch ins gängige Geschichtsbewußtsein ein. Dem leistete nur der sprichwörtliche Preußenhaß Süddeutschlands lange Widerstand, bis Preußen dann selbst zusammenbrach.

Der Stettiner Lehrer und Demokrat Karl Brunnemann hielt in seinen Erinnerungen die Stimmung fest, die ihm in der Schweiz entgegenschlug. In seiner Heimat verfolgt «wegen Majestätsbeleidigung, wegen Erregung von Mißvergnügen gegen die Anordnungen der Staatsregierung und wegen

Aufreizung zum tätlichen Widerstand gegen die Obrigkeit» (Brunnemann, S. 26), konnte er sich dem Gefängnis nur durch die Flucht in den noch freien Süden entziehen. Er nahm in Baden am Reichverfassungskampf teil und mußte am 8. Juli 1849 mit anderen bei Lörrach die Grenze überschreiten. Er erreichte Riehen im Kanton Baselstadt, einen Nachbarort von Lörrach:

Die Kolonne, mit der ich übertrat, etwa dreihundert Mann stark, meist Hanauer Turner, war nach Bern instradiert [in Marsch gesetzt] worden. Nachdem wir uns daher einige Stunden in Basel aufgehalten hatten, wo wir in der Klingentalkaserne auf Kosten der Eidgenossenschaft gespeist wurden, marschierten wir – von Riehen nach Basel waren wir durch eine Kompanie Basler Milizen, die an der Grenze aufgestellt gewesen war, eskortiert worden – unter der Führung eines Militärarztes, dessen geschmackvolle Uniform, hellblau mit schwarzem Sammetkragen, an die der Schwedter Dragoner erinnerte, nach Liestal, dem Hauptorte des Kantons Baselland, um Nachtquartier zu machen. Hatten uns die Baselstädter auch nichts weniger als Sympathie bewiesen, sondern uns bei unserm Durchmarsch mehr wie Wundertiere als wie gewöhnliche Menschenkinder angestiert, um so herzlicher war von Seiten der Einwohner der Empfang in Liestal, es hatte ja auch so mancher unter ihnen im Jahre 1831 [Revolution gegen Baselstadt] ähnliches erlebt wie wir. In aller Eile war ein Komitee zusammengetreten, auf dessen Veranlassung wir mit warmem Abendessen und sogenanntem Markgräfler, einem kleinen, aber recht trinkbaren weißen Wein, der im Badischen in der Gegend von Freiburg wächst, bewirtet worden. Da ich seit längerer Zeit schon kein Bett mehr zu sehen bekommen hatte, so nahm ich mir im Gasthof «Zum Schlüssel» ein Zimmer, das zufälligerweise dasselbe war, in dem ich das Jahr vorher eine Unterredung mit Friedrich Hecker nach seinem verunglückten Einfall ins Wiesental gehabt hatte.

Den zweiten Tag maschierten wir auf der schönen Jurastraße über den oberen Hauenstein nach Solothurn (...) Unterwegs hatten wir ein jeder für uns selber sorgen müssen, in Solothurn wurden wir wieder auf Kosten der Eidgenossenschaft verpflegt. Am dritten Tage endlich erreichten wir nach einem sehr beschwerlichen Marsche von guten fünf Meilen in brennendster Sonnenhitze unser Ziel, Bern. War die Aufnahme in Liestal schon eine sympathische gewesen, der Enthusiasmus der Berner vollends kannte keine Grenzen. Tausende waren uns bis zur Papiermühle, einem vor dem durch den Kampf mit den Franzosen im Jahre 1798 berühmt gewordenen Grauholz gelegenen, sehr beliebten Vergnügungslokale entgegengegangen, wo uns der Berner Turnverein, nachdem uns sein Präsident, in dem ich später einen renommierten Berner Arzt kennenlernte, in feurigen Worten begrüßt hatte, den Willkomm kredenzte, und dann ging es in festlichem Zuge, mit Musik und Fahnen an der Spitze, unter dem Hurrageschrei der Zuschauer der etwas eine Meile entfernten Stadt zu. Der Einzug fand über die neue Nydeggbrücke statt, eins der großartigsten Bauwerke der Neuzeit, dann bewegte sich der Zug die Gerechtigkeits-, Kram- und Marktgasse hinauf, wo sich überall ein zahlreiches Publikum unter den für Bern so charakteristischen Arkaden drängte und auch die Fenster mit Zuschauern dicht besetzt waren, zum Aarberger Tore hinaus auf die Schützenmatte, wo ein splendides, mit mancher Rede gewürztes Mal eingenommen wurde. Erst in später Abendstunde bezogen wir die auf dem großen Kornhausboden uns angewiesenen Quartiere.

Derselbe, in früheren Zeiten von der Regierung zur Aufspeicherung von Kornvorräten für den Fall einer Teuerung benutzt, ist jetzt als Kaserne für die Milizen eingerichtet, wenn dieselben zu einer Übung eingezogen werden. Auch die Verpflegung war die sehr reichliche – täglich ¾ Pfund Fleisch und 1 ½ Pfund bestes Weizenbrot – der Schweizer Milizen. (Brunnemann, S. 30–32)

Jeder Kanton bekam sein bestimmtes Kontingent an Flüchtlingen zugewiesen. Wer nicht genug Geld hatte, sich selbst zu ernähren, wurde kaserniert. Die St. Galler «Kasernenordnung für die Flüchtlinge» vom 25. Juli 1849 führt uns vor Augen, was die Emigranten sich gefallen lassen mußten.

Art. 5 Auch jeder Einzelne ist verpflichtet, andere von Ordnungswidrigkeiten und Vergehen abzumahnen oder, wenn solche stattgefunden haben, dem Führer der Abteilung oder dem Kasernenkommando oder der Polizei davon Anzeige zu machen.

Jeder, in dessen Anwesenheit etwas Strafbares unterlaufen ist, welches er nicht anzeigt, wird als Mitschuldiger angesehen und mitbestraft. [...]

Art. 7 Die Tagesordnung ist für einmal, wie folgt, festgesetzt: Morgens 6 Uhr: Verlesen vom Geschwaderführer und Bericht darüber. Ein jeder reinigt und kleidet sich gehörig und bringt sein Lager wieder in Ordnung. Wer dazu befohlen ist, besorgt die Reinigung des Saales und das Aufräumen im allgemeinen. Um 7 Uhr wird abteilungsweise von Saal zu Saal durch die Führer der Abteilungen Appell gehalten und zwar zuerst auf dem untern, dann auf dem mittleren, dann auf dem obern Boden.

Nachher wird die Morgensuppe verabreicht.

Um 10 Uhr wieder auf gleiche Weise Appell bei jeder Abteilung. Um 11 Uhr folgt die Mittagssuppe und die Verabreichung des Brotes.

Um 1 Uhr wird neuerdings aufgeräumt.

Um 2 Uhr wieder Appell bei jeder Abteilung.

Abends 7 Uhr wieder Appell bei jeder Abteilung und Verabreichung der Abendsuppe.

Um 9 Uhr Schluß der Kaserne und sofort gleichzeitiger Appell bei allen drei Abteilungen.

Art. 8 Wer gegen die Ordnung sich irgendwie verfehlt, etwas zerbricht oder verdirbt, eine ihm aufgetragene Arbeit entweder nicht oder nicht gehörig verrichtet oder bei einem Appell zur Tageszeit nicht erscheint, wird mit Strafarbeiten, mit Entzug der Nahrung und mit polizeilichem Arrest unnachsichtlich gestraft.

Wer vor dem Schluß der Kaserne nicht in diese zurück ist und bei dem 9-Uhr-Appell mangelt, hat besonders schwere Ahndung zu gewärtigen. [...]

Art. 10 Ohne besondere Erlaubnis vom Kommandanten und eigenen Ausweis von der Polizei darf sich keiner weiter von der Kaserne wegbegeben als auf die Entfernung einer Viertelstunde.

Auf gleicher Weise darf auch ohne einen besondern Bewilligungsschein vom Kasernenkommandanten kein Privathaus betreten werden.

Wer nach 9 Uhr irgendwo außerhalb der Kaserne betroffen wird, kommt sofort in polizeilichen Arrest, in welchem er wenigstens einen Tag bei Wasser und Brot zu verbleiben hat.

Fiele ihm zugleich auch noch ein sonst unerlaubtes Verhalten zur Last, so wird die Strafe verlängert und verschärft oder nach Maßgabe der folgenden Artikel wider ihn verfahren.

Art. 11 Einhaltung der Gebote der Sittlichkeit und Achtung der Personen und des Eigentums – (einem jedem durch das göttliche Gesetz vorgeschrieben!) sei den Asylgenössigen eine doppelt heilige Pflicht!

Jede Unsittlichkeit, Betrunkenheit, sowie alle Untreue oder Unredlichkeit, alle Rohheit gegen Obere und alles Unrecht gegen Personen durch Worte oder Handlungen wird mit den strengsten Polizei- oder Militärstrafen oder mit sofortigem polizeilichem Abschub des Schuldigen nach seiner Heimat bestraft.

Art. 12 Wer um Arbeit oder um Schriften oder überhaupt um irgendeine Bewilligung oder Verwendung ersuchen will, hat sich bei dem Führer seiner Abteilung und durch diesen bei dem Kommando der Kaserne zu melden, durch welches das Gesuch am gehörigen Ort angebracht werden wird.

Wer auf eigene Faust davonläuft oder eine Bewilligung oder einen Ausweis mißbraucht oder eine erhaltene Unterstützung zu anderem Zwecke verwendet, soll mit strenger Strafe belegt oder durch Polizeitransport in seine Heimat geliefert werden.

Gegen alle, die sich einer Wohltat unwürdig beweisen würden, bleibt der Behörde nur übrig, für ihre Bürger und ihr Land durch vollkommen genügliche Maßnahmen gewisse Sicherheit zu suchen.

Auf diese Weise wird auch gegen solche verfahren, die sich zu politischen Umtrieben oder Unternehmungen irgendwelcher Art neu hergäben oder hineinziehen ließen.

Überhaupt kann die Strafe der polizeilichen Abschiebung nach dem Ermessen des Kommandos gegen jeden angewendet werden, der sich irgendeiner schweren oder wiederholten Ordnungswidrigkeit schuldig macht. (St. Gallen, Staatsarchiv, R 101, Fasz. 2)

In Frankreich wurden die ärmsten Flüchtlinge zum Eintritt in die Fremdenlegion mit der Drohung gepreßt, wenn sie sich nicht fügten, würden sie ausgewiesen. Die Republik kannte keine Solidarität mit anderen Freiheitsbewegungen, sie brauchte billige Soldaten, um ihre Kolonien niederzuhalten.

Frankreich. Straßburg, 30. Juni. Den ganzen Abend vernahm man hier starken Kanonendonner. Rastatt soll heute tüchtig beschossen worden sein. Ein großer Teil der dahier angekommenen badischen Flüchtlinge hat sich für die Fremdenlegion in Afrika engagieren lassen [müssen]. Sie gehen unverzüglich nach Algier ab. Mehrere hundert Freischaren, welche gestern längs der Rheinlinie entwaffnet wurden, sind auf ihr Gesuch nach der rheinbayerischen Grenze befördert worden. (Ulmer Schnellpost, 12. Jg., Nr. 154 vom 6. Juli 1849, S. 1179)

Straßburg, 4. Juli. Gestern und heute sind sehr viele deutsche Flüchtlinge und zwar hauptsächlich Freischaren wieder in das Badische zurückgekehrt, da sie keine Lust bezeigten, nach Algier oder nach der Vendee zu wandern. (Ulmer Schnellpost, 12. Jg., Nr. 158 vom 11. Juli 1849, S. 1209)

Selbst in der Schweiz waren die Flüchtlinge nicht sicher vor dem Militär. Je ärmer einer, desto härter traf ihn die Emigration. Auch hier fand eine soziale Auslese statt. Die ärmsten Revolutionäre verschwanden irgendwo in fremden Kriegsdiensten.

Aus dem Aargau, 28. September. Die Zahl der deutschen Flüchtlinge hat sich in den letzten Wochen beträchtlich gemindert. In den meisten Kantonen beträgt sie höchstens noch zwei Dritteile, in Bern, Aargau kaum die Hälfte des anfänglichen Bestandes. Die Mehrzahl der Wohlhabenden ist auf dem Wege nach Amerika. Von den gemeinen Soldaten sind viele allen Warnungen zum Trotz in die Heimat zurückgekehrt, um, dort angekommen, gleich in die Kasematten von Rastatt zu wandern. Andere haben die Depots verlassen, weil sie Arbeit fanden. Viele, leider sehr viele, haben sich durch geheime und offene Werber verleiten lassen, in den Söldnerdienst von Neapel zu treten. Die Art, wie diese Werbungen namentlich in Luzern am hellen Tage und unter den Augen des Polizeichefs und Schultheißen Dr. Robert Steiger getrieben werden, ist empörend. Die Werber und deren Agenten leihen den Flüchtlingen, welche außer der Kost und Wohnung von den Kantonalregierungen nicht die geringste Unterstützung erhalten, kleine Geldbeträge und locken sie in die Wirtshäuser. Hat die Schuld einige Taler erreicht, so droht man ihnen mit polizeilicher Klage und zeigt ihnen anderseits die lockende Summe von 24 Kronentalern als Prämium fünfjährigen Söldnerdienstes, wovon sie den zehnten Teil gleich bar, den Rest ratenweise bis zu ihrer Ankunft in Neapel beziehen. Viele, die an Kleider, Schuhen etc. Mangel leiden oder Tabak und geistige Getränke nicht ganz entbehren können, fallen den Werbern in die Tatze. (Westfälische Volkshalle, Nr. 245 vom 11. Oktober 1849)

Einige der bewaffneten Kämpfer von 1848/49 konnten sich auch noch später an Befreiungsversuchen anderer Völker beteiligen. Auf solche dürfte Theodor Mögling (1814–67), einer der bedeutendsten schwäbischen 48er-Revolutionäre, im Sommer 1859 als Kriegsberichterstatter beim Ausbruch des französisch-österreichischen Krieges in Oberitalien gestoßen sein. Im Hauptquartier des alten Partisanen Giuseppe Garibaldi (1807–82) begegnete er auch deutschen Offizieren, «die den Kampf für die italienische Unabhängigkeit einstweilen mitfochten, bis ihnen einst vergönnt wird, für ihre eigene Freiheit und Unabhängigkeit zu kämpfen» (Mögling, S. 29).

Wen die Not nicht in fremde Heere trieb, den konnte sie dennoch so korrumpieren, daß er sich zum Spitzel hergab. Von solchen Spitzeln berichtete Theodor Frey (1814–97) – aus einer pfälzisch-elsässischen Republikanerfamilie stammend, 1832 einer der Redner auf dem Hambacher Fest, 1833 ins Elsaß geflohen, 1849 im badischen Aufstand Zivilkommissär von Eberbach (Odenwald), Mitglied des revolutionären badischen Landtags. Er befand sich 1849, wie schon 1833, im Elsaß bei Verwandten im Exil.

Sooft Jagd auf deutsche Flüchtlinge gemacht wurde, was von Zeit zu Zeit geschah, so hat mich mein Vetter Wolf [war Conseiller de la Préfecture in Straßburg, also leitender Beamter auf der Präfektur] stets gewarnt; er bemerkte mir auch, daß Flüchtlinge, ohne Zweifel aus Not, sich als Spitzel der Polizei verkauft haben und als Beleg erzählte er mir folgenden interessanten Fall. Einen Flüchtling, der auf Ansuchen der badischen Regierung ausgewiesen werden sollte, erhielt die Polizei Auftrag aufzusuchen. Nach etwa 8 Tagen berichtete die Polizei, daß derselbe nicht zu finden sei und daher von Straßburg abgereist sein müsse. Nach 14 Tagen später kam von Paris an die Polizei ein strenger Tadel bezüglich ihrer Ungeschicklichkeit, indem der betreffende Flüchtling in der Straße ? und in No. ? wohne. Man verfügte sich dahin, und richtig fand man den Flüchtling daselbst, der auch sofort von Straßburg ausgewiesen wurde.

Mein Freund Weidig aus Worms [Ludwig Weidig, Geschäftsmann, beim pfälzischen Aufstand 1849 Kommandant von Neustadt a. d. Weinstraße], der sehr zurückgezogen in Straßburg lebte, wurde auch zum Opfer eines Spitzels. Er hatte große Sehnsucht, seine Frau und sein Söhnchen zu sehen, und wollte daher die Reise nach Worms unternehmen und hatte sich mit meinem Vetter Mähn, den er öfters besuchte, deshalb beraten. Die Hauptsache war, sich einen guten Paß zu verschaffen. Weidig fehlte das linke Auge, das ihm während seiner Militärzeit im Duell mit einem anderen Offizier ausgeschlagen wurde. Der Nachbar meines Vetters Mähn war ein Optiker, dem ebenfalls das linke Auge fehlte, so ziemlich im gleichen Alter mit Weidig stand, die Figur paßte auch so ziemlich, kurz auf Vorschlag meines Vetters besorgte der Optiker einen Paß auf seinen Namen für Weidig. Mit diesem Paß hoffte er, sicher nach Worms zu kommen. Glücklich und unbehelligt ist er in die Eisenbahn in Kehl eingestiegen. Als aber der Zug in Karlsruhe anhielt, stand schon Polizei an der Bahn und nahm Weidig in Haft. – Der Flüchtling, der mit ihm im gleichen Hause wohnte und dem er sein Vorhaben mitgeteilt hatte und der ihn auch bis Kehl begleitete, war der Schuft, der ihn verraten hatte, und die Polizei in Karlsruhe konnte genau erfahren, in welchem Zuge und in welchem Wagen er sich befand. Statt seine Familie zu sehen, hatte er mehrere Jahre im Zuchthaus in Bruchsal zubringen müssen. (Frey, S. 79/80)

Die Teilnahme an der demokratischen Erhebung kostete viele den Beruf, das Vermögen, andere die Freiheit, etliche sogar das Leben. Nur selten sind Zeugnisse derjenigen, die nicht Führer der demokratischen Bewegung waren, auf uns gekommen. Zu diesen raren Fällen gehörte ein Brief des Jakob Eitelmann aus dem Schweizer Exil. Geboren am 14. Februar 1826 in Orbis bei Kirchheimbolanden (Pfalz), wollte Eitelmann Lehrer werden, wurde aber zum jahrelangen Militärdienst nach Zweibrücken eingezogen, wo er im Mai 1849 mit der ganzen Garnison zur Revolution überging. Seine Behauptung, er sei dazu gezwungen worden, stellte eine Schutzbehauptung dar, mit der die Eltern, durch Vorzeigen des Briefes, versuchen konnten, Strafmilderung zu erreichen. Dies mißlang offenbar. Eitelmann wanderte, wie Zigtausende anderer, nach den Vereinigten Staaten aus, über sein weiteres Schicksal ist nichts mehr bekannt.

Herrn Bernhard Eitelmann 3ten
in Orbis, Kanton Kirchheimbolanden

Zürich, den 12. August 1849.

Teuerste Eltern!

Es hätte in meinem Wunsche gelegen, Euch sogleich beim Eintritte in die Schweiz zu schreiben. Um Euch aber das Porto zu sparen, wartete ich auf eine Gelegenheit, die mir jetzt durch den Schneider Schreck aus Neustadt [a. d. Weinstraße] gegeben ist. Derselbe wird Euch meinen Brief persönlich überreichen oder per Post zuschicken.

Der Kampf, der schwere, der mit den Waffen geführt wurde, ist jetzt ausgekämpft, aber einen zweiten, noch einen schwereren, mußte ich kämpfen, den gegen meine Überzeugung. Ihr könnt Euch nicht in solche peinliche Lage versetzen, als die meinige jetzt ist. Flüchtig in einen fremden Lande, dazu noch unter einer nahen Nation, keine Heimat mehr, das ist zum Verzweifeln. Was kann ich machen? Ich muß die Schickung, die über mich verhängt, mit männlicher Fassung ertragen. Mein Trost ist der, daß ich nicht schuld daran bin. Mein Vaterland, das teure, tut mir zu wehe; denn nirgends gibt's ein Deutschland, eine deutsche Nation mehr. Jeder Deutsche, wenn auch noch ungebildet, wird nicht gerne die angestammte Biederkeit seiner Ahnen, die man draußen vergebens sucht, entbehren.

Schreibet mir doch sogleich, welche Strafe über mich verhängt wurde. Diese Strafe trifft mich unverdient, denn wir waren gezwungen, überzugehen; wir waren unseres Lebens vor den Freischä[r]lern nicht mehr sicher. So ward ich also mit Zwang auf des Volkes Seite geworfen, um die Bande des Rechts und der Ordnung zerreißen zu helfen. Gerne hätte ich einen Ausweg zur Flucht aufgesucht, aber die Verwirrung war so groß, daß man sich im Augenblick gar nicht zurecht finden konnte. Ich darf gar nicht nachdenken über mein Geschick, sonst wird es mir schwindelig vor den Augen. Zuerst wurde ich aus dem Schulstande gerissen. Jetzt in diesem Unglück. So kommt es mir manchmal vor, als sei die Strafe meiner ganzen Nation auf mein Haupt geschleudert. Aber wehe denen, die so eine große Menge Volkes in das Unglück gestürzt haben!

Ich kann nicht mehr schreiben, da der Überbringer des Briefes sehr eilt und es mir auch an Zeit gebricht.

Schreibet mir sogleich, was Eure Ansicht sei über meine Lage und wie es meinem Vaterland jetzt geht.

Es verbleibet Euer Sohn

J. Eitelmann.

(Kirchheimbolanden, Heimatmuseum)

Mit der mißlungenen Revolution büßte der Süden Deutschlands Tausende seiner besten Demokraten ein, unter ihnen eine ganze Anzahl literarischer Begabungen. Die Literatur der Exilanten ist noch heute meist unbekannt. Die Bibliotheken der BRD und der DDR besitzen oft noch nicht einmal Drucke dieser Exilliteratur, von Manuskripten ganz zu schweigen.

In Bern erschien im Oktober 1849 eine noch ganz von der Revolution erschütterte Gedichtsammlung von Carl Heinrich Schnauffer (1823–54): geboren in Heimsheim (Württemberg; zwölf km westlich von Leonberg), Freund des berühmten Friedrich Hecker (1811–81), Mitarbeiter an der radikalen «Mannheimer Abendzeitung» und an Heckers «Volksfreund», kommandierte er im März 1848 ein Freikorps Mannheimer Republikaner. Im April 1848 Teilnehmer am Heckeraufstand, deshalb Emigration in die Schweiz, im Herbst 1848 wie Hecker in die USA (St. Louis), später zurückgekehrt, befehligte im badischen Aufstand von 1849 eine Kompanie Mannheimer Bürgerwehr, im Juni beim Einmarsch der Preußen gefangen genommen (was seine Hinrichtung hätte bedeuten können), von Mannheimer Frauen befreit, Emigration in die Schweiz, 1850 nach Frankreich ausgewiesen, Übersiedlung nach England, 1851 in die USA, gestorben in Baltimore.

Im Oktober 1849 beklagte Schnauffer, erst 26jährig, die gefallenen und hingerichteten Republikaner der Jahre 1848/49. Dabei offenbarte er auch das Geschichtsbewußtsein der 48er. die sich in Kontinuität zu den Befreiungskriegen, nicht zu den Jakobinern oder zu früheren Bauernaufständen oder Kommunebewegungen sahen.

An unsere Toten

In Prachtgewölben ruhen
die Fürsten und ihr Troß;
ihr aber liegt in Erden,
in Erden arm und bloß;
und Dorn und Distel blühen,
blüh'n an der heil'gen Stell',
wo blüh'n und grünen sollte
der Lorbeer dicht und hell.
Ihr sanket ohne Lieder

und ohne Klang hinab,
kein dankbar Herz bekränzet
der Helden ödes Grab;
die Menge zieht vorüber
und denket nicht an euch,
denkt nicht an ihre Toten,
an Ruhm und Wunden reich.
Ich aber knie nieder
und wein' an Euer Gruft;
mir ist die Erde heilig
und heilig hier die Luft;
und auf reiß' ich die Narben,
voll süßer Opferlust,
und laß' auf's Grab euch träufeln
die Rosen meiner Brust;
mein *Blut* fließt euch im Liede,
in Wort und Tränen zu,
und hochgesegnet preise
ich eure Grabesruh':
ihr seid wie *Huß* gestorben,
wie *Hofer*, *Palm* und *Schill*,
ihr starb't für euren Glauben
und ruht nun süß und still;
ihr sah't die deutsche Hoffnung
nicht mehr in ihrem *Leid*,
ihr sah't den Stolz der Jugend
nicht mehr im *Büßerkleid*;
ihr sah't die Väter nimmer
in Tod und Elend geh'n,
ihr sah't im Jammer nimmer
die Waisenmütter steh'n –:
Der Freiheit Fahne wallen
Sah't ihr im Morgenlicht;
und seid ihr *selbst* gefallen,
sie fallen sah't ihr *nicht*! (Schnauffer, S. 22/23)

Die Not der Emigration trieb viele an den Rand der Verzweiflung: kaum Geld, keine Arbeit, die Ungewißheit über ein erneutes Aufbäumen der niedergehaltenen Demokratie, die umgehende Spitzelfurcht, der Verlust der Heimat, der Verwandten, der Freunde, der Anerkennung, das strikte Verbot politischer Aktivität, wenn man nicht ausgewiesen werden wollte.

Der Pfälzer Revolutionär Eduard Heren (geb. 1807), Gründer und Redakteur der ersten Pfälzer Arbeiterzeitung «Die Trompete von Speyer» (1849), verlor im Züricher Exil den Kopf. Er unternahm einen unglücklichen Versuch, durch eine List die Erlaubnis zu erhalten, in die bayerische Rheinpfalz, seine Heimat, zurückkehren zu dürfen. Den bayerischen Gesandten in Karlsruhe suchte er brieflich mit der Enthüllung «furchtbarer Wahrheiten» wie er schrieb, zu locken. Der Gesandte wollte Heren zu schriftlichen Äußerungen verführen – wohl in Erwartung konkreter Revolutions- oder Attentatspläne –, doch Heren kroch nicht auf den Leim. Für die Preisgabe seiner Kenntnisse erwartete er Straffreiheit. Dem Gesandten antwortete er:

Wäre ich nicht elendig krank, würde ich den Weg nach Winterthur zu Fuß gemacht haben. Obgleich die Reisekosten dahin klein sind, so übersteigt es doch mein Vermögen. Am baldigen Grenzsteine meines Lebens möchte ich noch meinem Vaterlande, das ich ins Elend stürzen half, sowie meinem rechtmäßigen Könige, den ich treulos verließ, noch meine Dienste leisten und so nun in etwas wiedergutmachen, was ich leichtsinnig verschuldet habe. Unmöglich können Ihnen schon andere entdeckt haben, was ich weiß; denn der Mitwisser sind nur wenige. (Haasis, S. 101)

Die bayerischen Behörden trauten dem Speyerer Lithographen nicht. Der Versuch brachte ihm nichts ein, doch der eidgenössische Bundesrat in Bern beschloß, den undurchsichtigen, von den Emigranten selbst gemiedenen, verzweifelten Revolutionär auszuweisen. Heren ging ins benachbarte Elsaß. Später soll er nach den Vereinigten Staaten ausgewandert sein. Sein Leben verlor sich irgendwo im Dunkel der Emigration.

Ein anderer Flüchtling der Züricher Kolonie, Herrmann Goll, drückte seine Aussichtslosigkeit in einem Gedicht aus:

Der Flüchtling am Züricher See

Es ist so grabesstille
im Tal und auf der Höh';
vom Ufer drüben flimmern
Lichter über den See.

Aus weiter Ferne schallen
Konzertmusik und Sang:
es ist dieselbe Trompete,
die uns zur Schlacht erklang.

Zur Schlacht! – O wie sie fielen
die Brüder allzumal;
sie liegen in kühler Erde;
ich lebe zur eignen Qual.

Die Luft ist dunkel und trübe,
der See ist klar und rein:
Auf! müder Flüchtling, flüchte
dich in den See hinein!
(Ulmer Schnellpost, 12. Jg.,
Nr. 186 vom 12. August 1849, S. 1429)

Die Redaktion der «Ulmer Schnellpost» fügte nach einem weiteren Gedicht Golls die Notiz hinzu:

Vorstehende Verse fanden sich in der Brieftasche eines im Zürichsee ertrunkenen, auch in Ulm bekannten jungen Mannes (S. 1430)

Auch um solchen Verzweiflungstaten vorzubeugen, betrieben die vermögenderen, gebildeten Emigranten Bildungsarbeit unter den armen Schlukkern, die kaserniert waren. Aus dem Leben der Berner Emigration zeichnete Ludwig Simon (1819–72), eines der gewichtigsten Mitglieder der Donnersberg-Fraktion, der äußersten Linken in der Frankfurter Nationalversammlung, ein buntes Bild:

Als Flüchtlingskaserne hatte die Regierung den geräumigen Boden des stattlichen Kornhauses hergegeben. Vor demselben erhebt sich ein seltsames Baustück, der sogenannte «Kindlifresserbrunnen», ein alter Röhrbrunnen, überragt von einer grotesken Figur, wahrscheinlich Saturn, die eben im Begriffe ist, ein Kind «ohne Senf und Salz» zu verspeisen, während mehrere andere, zu gleichem Lose verdammt, ihr in Gürtel und Taschen stecken, – für Revolutionäre jedenfalls ein Stoff zu sinnigem Nachdenken! Im Giebelfelde seiner Front trägt das Kornhaus den «alten Mutz» [Bär], das Sinnbild der Kraft Berns. In seinem Innern herrschte damals ein merkwürdiges Leben. Badenser, Hessen, Schwaben, Bayern, Sachsen, Preußen, kurz Deutsche von fast allen Stämmen hatten dort Obdach gefunden. Durch den gemütlichen süddeutschen Dialekt klang der scharfe Akzent des Nordens, Bluse hing neben Uniform, Tornister neben Seitentäschchen, Tschako neben Heckerhut, darüber viel Schärpen und Bänder, schwarzrotgoldne und rote. Jeder hatte sein Bett, sein Stück Wand mit Kleiderhaken, seinen Stuhl, mehrere zusammen einen Tisch. Da saßen sie, die Sturmverschlagenen, und erzählten sich ihre Erlebnisse, wie dies und jenes gekommen und wer eigentlich die Schuld trage und wie man das besser machen müsse, «wann es wieder losgehe.»

Die Blusen erinnern mich an den Winter. Viele hatten keinen Faden Wolle am ganzen Leibe. Es war daher eine wahre Freude, der Auspackung der Kleiderkisten beizuwohnen, welche nach und nach aus dem geliebten Vaterlande anlangten. Alles Mögliche zog man daraus ans Licht hervor: Röcke, Hosen, Westen, Mützen, Halsbinden, Hemden, Vatermörder, Schuhe, Stiefel, Pantoffeln, Strümpfe, gestrickte Jacken und Schals, Damenkleider, Schürzen und Damenhüte, selbst das Kinderzeug bis zu Windeln und Wickelzeug fehlte nicht. Wie sorglich, selbst daran zu denken, «daß Unkraut nicht vergeht!» Nichts geht doch über die Weiber; sie denken doch an alles. – Außerdem kaufte das Berner Lokalkomitee noch Tuch und Leder an und ließ dasselbe zu Kleidern und Schuhwerk verarbeiten. Eine einfache, aber nahrhafte Kost wurde von der Regierung gereicht, und so war für das Materielle möglichst vorgesorgt.

Dagegen fingen die armen Schelme allmählich an, sich sträflich zu langweilen. Der deutsche Arbeiter ist überall geschätzt, und manche Handwerker, Schneider, Schuhmacher, Schreiner, Buchbinder hatten auch bei Berner Meistern Beschäftigung gefunden. Aber auf die Masse machte das nur wenig, und die große Anzahl der unter den Soldaten befindlichen Ackersleute blieb vollends ohne alle Aussicht auf nützliche Betätigung. Manche bekamen das Heimweh, alle sehnten sich nach Arbeit. Unter diesen Umständen trat, was nur immer von Intelligenz in der Flüchtlingschaft vorhanden war, zusammen, um den Leuten durch Unterricht und Vorlesungen ihre Lage einigermaßen erträglicher zu machen. Von revolutionären Vorträgen war dabei natürlich nicht die Rede; das würde der schweizerische Bundesrat nicht geduldet haben. Dagegen wurde im Schreiben und Rechnen, in der Geographie und Naturgeschichte unterrichtet, und frühere Offiziere gaben Unteroffizieren und anderen, welche sich militärisch weiter auszubilden wünschten, Unterricht im Planzeichnen, Fortifikationswesen [Festungswesen] und in anderen Zweigen der Kriegswissenschaft.

Zu abendlichen Vorlesungen wurden passende Literaturstücke, Dorfgeschichten oder Dramen gewählt. Zum Lieblingsvorleser der Leute machte sich Mayer aus Eßlingen [Karl Mayer, 1819–89; 1849 Mitglied des Stuttgarter Rumpfparlaments, später die Seele der württembergischen Liberalen, der «Demokratischen Volkspartei»] durch seinen eindringlichen Dialekt, durch den Nachdruck, den er volkstümlichen Stellen zu geben wußte, und auch durch seine guten, dem Verständnisse der Zuhörer angepaßten Erläuterungen. – Auf dem Kornhausboden herrschte übrigens strenge militärische Ordnung; das Tor wurde des Morgens zu bestimmter Stunde geöffnet, des Abends zu bestimmter Stunde geschlossen, und dem Mayer geschah es wohl ein und das andere Mal, daß er, im Eifer einer über die gewöhnliche Stunde hinaus fortgesetzten Vorlesung, miteingeschlossen wurde.

Was die politische Stimmung anbestifft, so war diese – die Wahheit zu sagen – geraume Zeit lang ziemlich töricht. Alle Tage «ging es wieder los»; statt sich den guten Tag zu bieten oder zu fragen: Wie geht's? – war die gewöhnliche Anrede auf der Straße oder an öffentlichen Orten: «Wann geht's wieder los?» – War es nicht morgen, so war es doch gewiß übermorgen, und wer den groben Irrtum beging, nicht daran zu glauben, der geriet leicht in den Verdacht geheimer reaktionärer Sympathien. Diese Hoffnungen gründeten sich übrigens weniger auf Deutschland als auf Frankreich. (Simon, S. 85–87)

Die Hoffnungen auf eine neue Revolution ließen die Emigranten hochfliegende Pläne schmieden, die weit von der politischen Wirklichkeit abhoben. Spitzel griffen gierig dieses Gerede auf, lebten sie doch nur von der Denunziation von Revolutionsplänen. So meinte ein österreichischer Spitzel, wie sich eine interne Anweisung der württembergischen Regierung ausdrückte, daß am 4. des Monats [Oktober 1849] die in der Beilage verzeichneten Flüchtlinge, welche gut mit Geld und wahrscheinlich auch mit falschen Papieren versehen seien, sich in Schaffhausen versammelt haben, um als Emissäre über Bregenz, Friedrichshafen und Lindau nach Deutschland zu wandern und ihre verbrecherischen Pläne auszuführen. (Stuttgart, Hauptstaatsarchiv, E 146 Bü. 1927, Blatt 10)

Das Schreiben unterzeichnete der württembergische Kabinettsdirektor Maucler, derselbe, der 1809 vom Mergentheimer Bauernaufstand überrascht worden war, der Metternich Württembergs (Kapitel 95). Die Liste der gesuchten Verschwörer zählt zwölf Namen auf, unter Nr. 6 keinen geringeren als Friedrich Engels (1820–95), der als Adjutant von August Willich (1810–78) am badischen Kampf teilgenommen hatte. Engels befand sich damals freilich im Kanton Waadt und bereitete sich auf die Reise nach London vor, dürfte also kaum in Schaffhausen, am anderen Ende der Eidgenossenschaft, gewesen sein. Der Spitzel war wohl einer Erfindung aufgesessen oder hatte sie kurzerhand selbst hergestellt, der lockenden Belohnung wegen.

1. Köhler, Hauptmann im Willichschen Korps, sonst Arzt in Neustadt (Rheinbayern).
2. Klein, Hauptmann im Blenkerschen Korps, Schneider von Profession, gebürtig aus Rheinbayern, früher Militär in bayerischen Diensten.
   (Beide sind große, starke Männer, sie trugen bisher lange Bärte.)
3. Piton, Quartiermeister im Willichschen Korps, übrige Verhältnisse unbekannt.
4. Schwarz, Stabsfurier [Verpflegungsoffizier] im Willichschen Korps, gebürtig aus Frankenthal (Rheinbayern).
5. Fesca, Leutnant in Willichschen Korps, soll früher preußischer Offizier gewesen sein.
6. Engels, Leutnant und Adjutant bei Willich, geb. aus der Rheinpfalz, [Irrtum des Spitzels] wie No. 5.
7. Martin, Leutnant und Fahnenträger im Willichschen Korps, geb. aus Baden, war Soldat.
8. Held, Feldwebel im Willichschen Korps, geb. aus Landau, war bayerischer Soldat.
9. Straube, Feldwebel im Blenkerschen Korps, Preuße; soll Buchhandlungskommis und preußischer Soldat gewesen sein.
10. Bausch, Sergeant im Blenkerschen Korps, geb. aus Nürnberg, war bayerischer Soldat und desertierte aus München.
11. Schmidt, Sergeant im Blenkerschen Korps, war Gendarm in der Rheinpfalz.
12. Renner, Oberleutnant im Blenkerschen Korps, war Gendarmeriebrigadier in der Rheinpfalz.

(Stuttgart, Hauptstaatsarchiv, E 146 Bü. 1925, Blatt 16)

Zur Aufrichtung und Erheiterung der Emigranten schrieb 1850 Reinhold Solger (1820–66) – selbst Emigrant, 1848 Teilnehmer an der Berliner Revolution, 1849 Bataillonskommandant im badisch-pfälzischen Freiheitsheer, deshalb in Abwesenheit zum Tod verurteilt – die noch heute schmackhafte, politische Volkskomödie «Der Reichstagsprofessor». Das Stück wurde unverdientermaßen noch nie gespielt.

Die «Posse in einem Akt» fand sofort die Wertschätzung des linkshegelianischen Literaturhistorikers Hermann Hettner (1821–82), der am 25. Februar 1851 an Gottfried Keller (1819–90) schrieb:

> Es wäre mir lieb, wenn Sie mir etwas Näheres über die Anfänge einer neuen politischen Komödie sagten, die sich ja offen in den Berliner Lokalpossen vorzubereiten beginnt. Die Kolatschekscher *Monatsschrift* brachte jüngst eine Posse, «Der Reichsprofessor» [gemeint: Der Reichstagsprofessor] von Reinhold Solger. Das ist das Beste, was ich an politischer Komik kenne. (Hettner, Briefwechsel, S. 43)

Der nach Nordamerika emigrierte 48er-Sozialist Friedrich Kapp (1824–84) – übrigens Vater von Wolfgang Kapp (1858–1922, Haupt des rechtsradikalen, nach ihm benannten Kapp-Putsches vom März 1920) – urteilte kurz nach Solgers Tod über dessen Posse:

> Der Dialog ist gewandt, scharf und voll sprudelnden Witzes, die Handlung natürlich und das Ganze eine Persiflage der damals tonangebenden politischen Kreise. Das Gedicht [gemeint: die Posse] war ein Labsal und Trost für die zahlreichen Flüchtlinge in der Schweiz, die es abends in ihren Kneipen lasen und sich über die Flüche und Hiebe freuten, mit welchen der Dichter die erfolgreichen Gegner heimsuchte. Seine Wirkung und sein Geist kann nur richtig gewürdigt werden, wenn man den Zusammenhang mit seiner Zeit im Auge behält. (Kapp, S. 364)

Quellen und Literatur

K(ARL) B(RUNNEMANN): Wanderungen eines deutschen Schulmeisters. Pädagogisches und Politisches aus den Ja[h]ren 1847 bis 1862, Berlin 1874

J(AKOB) EITELMANN: Brief an seine Eltern aus Zürich, 12. August 1849 (im Besitz von Ernst Klug, Wörrstadt, dem ich für die Mitteilung danke; Kopie ausgestellt in Heimatmuseum von Kirchheimbolanden, im hochinteressanten Freischarenzimmer von 1848/49.)

THEODOR FREY: Lebenserinnerungen und Erlebnisse, Eberbach 1896

HELLMUT G. HAASIS: Der Lithograf, Dichter und Revolutionär Eduard Heren von Speyer in: Formation, Zeitschrift für Literatur, Heft 7/8, 1978/2, 1979/1, Kaiserslautern, S. 95–104

HERMANN HETTNER: Der Briefwechsel zwischen Gottfried Keller und Hermann Hettner, hg. von Jürgen Jahn, Berlin und Weimar 1964

GERLINDE HUMMEL-HAASIS: Schwestern zerreißt eure Ketten, Zeugnisse zur Geschichte der Frauen in der Revolution von 1848/49, München 1982 (hier zur Hilfe von Frauenvereinen für die Emigranten)

Friedrich Kapp: Aus und über Amerika. Tatsachen und Erlebnisse, 1. Bd., Berlin 1876
Theodor Mögling: Ein Besuch bei Garibaldi im Sommer 1859, Zürich 1860
St. Gallen, Staatsarchiv, R 101, Fasz. 2. (Die Kenntnis und eine Kopie der Flüchtlingsordnung – ein Plakat im Format etwas größer als DIN A 3 – verdanke ich Uli Gohl, Stuttgart.)
Carl Heinr(ich) Schnauffer: Totenkränze, niedergelegt auf die Gräber unserer Helden, o. O. u. J. [Bern 1849] (Standort: Bern, Schweizerische Landesbibliothek)
Ludwig Simon: Aus dem Exil. 2 Bände, Gießen 1855
(Reinhold Solger:) Der Reichstagsprofessor. Posse in einem Akt, in: Deutsche Monatsschrift für Politik, Wissenschaft, Kunst und Leben. Hg. von Adolph Kolatschek, Bd. 1, o. O. u. J. [Stuttgart 1850], 4. Quartal, 10. Heft (Oktober), S. 59–84. Erster Nachdruck mit Textabweichungen in: Deutsch-Amerikanische Monatshefte, Bd. 2, September 1864, S. 226–250 (Standort: Washington, Library of Congress); zweiter Nachdruck in: Horst Denkler: Der deutsche Michel. Revolutionskomödien der Achtundvierziger, Stuttgart 1971, S. 389–429
Stuttgart. Hauptarchiv, E 146 Bü. 1927
Ulmer Schnellbote, 11/12. Jg., 1848/49 (Standort: Ulm, Stadtarchiv)
Westfälische Volkshalle, Nr. 245 vom 11. Oktober 1849 (Standort: Dortmund, Institut für Zeitungsforschung)

104 Flüchtig wie Banditen

Nur wenige der besiegten Revolutionäre wagten es aufgrund der Unterstützung aus dem Volk, flüchtig im Land zu bleiben. Deren mühevolles Leben in der Illegalität belegt, daß es auch in Deutschland nach der gescheiterten Revolution viele Leute gab, die wie die Oberösterreicher zur Zeit Kalchgrubers (Kapitel 97), einem verfolgten Freiheitskämpfer durchhalfen. Für jede Verfolgungsbehörde ein Skandal dessen Spuren in der Geschichte möglichst rasch zu verwischen waren.

Zu diesem Kreis vergessener Flüchtlinge im eigenen Land gehört Carl Dittler (1802–76), der Rößlewirt von Wilferdingen, einem Dorf zwischen Pforzheim und Karlsruhe. Dittler zählte bereits 1848 zu den entschiedensten Republikanern Badens. Als Otto von Corvin (1812–86), einst Kommandant im fehlgeschlagenen Hecker-Aufstand vom April 1848, im Straßburger Exil ein neues Netz von Vertrauensleuten für eine neue Erhebung aufbaute, schickte er am 22. Juni 1848 Friedrich Hecker in Muttenz (bei Basel) eine Liste zuverlässiger Rapublikaner im Schwarzwald. Darunter nannte er neben anderen:

Wilferdingen bei Pforzheim. Rößlewirt Dittler, ein sehr reicher Mann und echter Republikaner. (Corvin, S. 100)

Dittler war 1849 Vorstand des Volksvereins von Wilferdingen, mit 19 Mitgliedern (Karlsruhe, Generallandesarchiv, 236/8208, Blatt 122) unter 80 Bürgern eine Bastion der entschiedenen Demokratie. Im 14. Wahlbezirk Badens (Durlach, Pforzheim, Bretten) erhielt er am 3. Juni 1849 bei den Wahlen zur Konstituierenden Landesversammlung, dem revolutionären Parlament der badischen Erhebung, die meisten Stimmen, mehr als ein promovierter Jurist, ein Fabrikant und ein Lehrer.

In dieser Volksvertretung setzte er sich im Wehrausschuß energisch für die Volksbewaffnung ein. In der zehnten Öffentlichen Sitzung der Landesversammlung erklärte er:

Ja, es wäre höchst notwendig, daß wir in unsere Bezirke gehen, denn die Reaktion wächst einem über den Kopf, namentlich die Pietisten. (Karlsruher Zeitung, Beilage zu Nr. 34, 21. Juni 1849)

Die ewige Schwätzerei vieler Abgeordneten hing dem Bauern und Gastwirt zum Hals heraus. Beim Einmarsch der Preußen nach Baden zog er sich nicht wie die meisten anderen Revolutionäre nach Süden und in die Emigration zurück, sondern tauchte in der Umgebung unter. Die badische Polizei schrieb ihn schon am 13. Juli 1849 zur Fahndung aus, noch ohne eine Personenbeschreibung zu besitzen (Fahndungsblatt der Großherzoglichen Badischen Gendarmerie von dem Jahre 1849, Nr. 146, 13. Juli 1849, S. 749)

Dittler machte sich die Nähe des württembergischen Grenzgebiets zunutze. Das badische Oberamt Durlach berichtete am 4. Juli 1849 dem Justizministerium in Karlsruhe:

Rößlewirt Carl Dittler von Wilferdingen, welcher Abgeordneter zur sogenannten konstituierenden Versammlung war, als Mitglied des Wehrausschusses sich alle mögliche Mühe zur Errichtung des ersten Aufgebots gab, hauptsächlich die Entlassung des gutgesinnten Bürgermeisters Gröner in Wilferdingen durch den revolutionären Zivilkommissär, prakt. Arzt Reinhardt, veranlaßte, in der letzten Zeit einigemal Volksversammlungen vor seinem Wirtshaus, wo aufreizende Reden gehalten wurden, veranstaltete und überhaupt als ein Aufwiegler in der Umgebung von Wilferdingen bekannt ist, flüchtete sich, so viel uns bekannt wurde, am 25. vorigen Monats, wo ein Gefecht dahier stattfand und die Königlich-Preußischen Truppen dahier einrückten. Er soll sich in Conweiler, Königlich württembergischen Oberamts Neuenbürg, und in den benachbarten Orten abwechselnd aufhalten. (Karlsruhe, Generallandesarchiv, 234/1684)

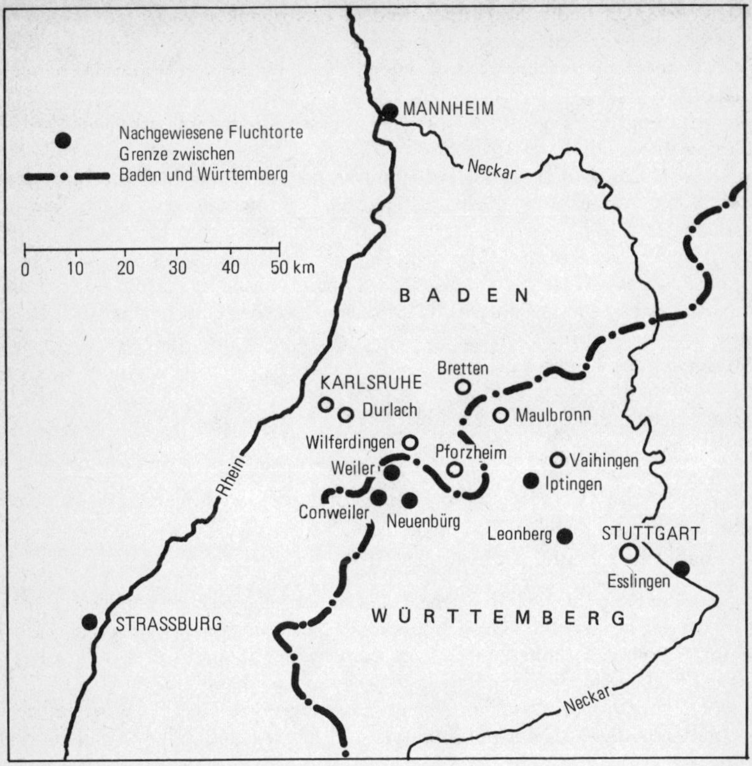

Karte 47: Fluchtgebiet des Carl Dittler, 1849 bis 1853

Am Tag darauf fügte dasselbe Oberamt hinzu:

Hinsichtlich des Aufenthalts des Rößlewirts Dittler müssen hier noch nachträglich bemerken, daß derselbe sich größtenteils auf der Hohmühle bei Weiler Königlichen württembergischen Oberamts Neuenbürg befinden soll. (Ebenda)

Im Dezember desselben Jahres traf eine Neuigkeit ein. Das württembergische Oberamt Vaihingen teilte mit, «daß sich Dittler im dortigen Bezirk herumtreibe» (Ebenda). Die Durlach benachbarten württembergischen Oberämter Vaihingen und Maulbronn wurden daraufhin um die Verhaftung und Auslieferung des Abgeordneten gebeten.

Die Justiz fällte dann, ohne Dittler erwischt zu haben, im Frühjahr 1850 folgendes Urteil:

Großherzoglich badisches Hofgericht des Mittelrheinkreises.

Urteil.

In Untersuchungssache gegen Rößlewirt Carl Dittler von Wilferdingen, wegen Hochverrats,
wird auf ungehorsames Ausbleiben des Angeschuldigten und erhobene Verteidigung zu Recht erkannt:
Rößlewirt Carl Dittler sei der Teilnahme an den im Monat Mai und Juni vorigen Jahres stattgehabten hochverräterischen Unternehmungen für schuldig zu erklären und deshalb zu einer gemeinen Zuchthausstrafe von acht Jahren oder zu 5 Jahren und 4 Monaten Einzelhaft, zum Ersatz des der Großherzoglichen Staatskasse zugefügten Schadens, unter samtverbindlicher Haftbarkeit mit allen jenen, welche wegen des gleich Verbrechens von den Großherzoglichen Landesgerichten verurteilt werden, sowie zur Tragung der Untersuchungs- und Straferstehungskosten zu verurteilen.

V. R. W.

So geschehen, Bruchsal den 10. April 1850.
(Ebenda)

Dittler scheint sich etwas vom Grenzgebiet zurückgezogen zu haben, das überwacht und durchsucht wurde. Am 25. Oktober 1850 benachrichtigte das badische Innenministerium das Justizministerium:

Nach einem Berichte des Großherzoglichen außerordentlichen Landeskommissärs für den Seekreis, des Großherzoglichen Regierungsdirektor Fromherz [Johann Nepomuk Fromherz, 1801–92] vom 15. des Monats soll sich das gewesene Mitglied der sogenannten konstituierenden Versammlung von Baden, *Dittler* von Wilferdingen, zur Zeit in Leonberg im Königreich Württemberg aufhalten und von da aus in stetem Verkehr mit seinen Landsleuten befinden. (Ebenda)

Wenig später wird Dittler in Mannheim gesehen – und ließ sich doch nicht fassen. Das Stadtamt Karlsruhe, beauftragt mit der Fahndung nach Dittler, meldete am 22. November 1850 dem ungeduldigen Justizministerium:

Ungeachtet die Königlich württembergischen Behörden die Auslieferung des Angeschuldigten auf dessen Betreten zugesagt haben, so scheint es uns doch, daß die Fahndung auf diesen gefährlichen Menschen, der sich in verschiedenen Verkleidungen an der Grenze herumtreiben soll und erst kürzlich als Bilderhändler mit einem auf den Namen Hausmann ausgestellten Paß in Mannheim gewesen, nicht eifrig genug betrieben wird. (Ebenda)

Inzwischen legte Dittler gegen das Urteil Berufung ein, die verworfen wurde, weil er – schon hier eine heute wieder modern gewordene Begründung – «eine verfassungsfeindliche Absicht» habe (Urteil des Großherzogl. Badischen Oberhofgerichts, Mannheim, 20. Dezember 1850; ebenda)

Der Volksmund umrankte die legendär werdende Gestalt mit Erzählungen gegen den Strich. Der Verhaftung habe sich Dittler Ende Juni 1849 nur dadurch entzogen, daß er im ersten Stock seiner Wirtschaft zum Fenster hinausgeklettert sei und sich so lange am Wirtshausschild, über den Köpfen der nichtsahnenden Wachen, festgehalten habe, bis die Hausdurchsuchung vorbei gewesen sei. Dann sei er von seinem Schwiegersohn in einem Weinfaß über die Grenze nach Württemberg gebracht worden.

In einer eigenhändigen Eingabe an den Großherzog vom 6. März 1851 offenbarte Dittler die Antriebskräfte seines Untergrundlebens:

Von Jugend an dem Feldbau gewidmet und nie gewöhnt, auch nur einen Tag zu Haus zu bleiben, würde mich – ein Naturmensch – schon eine kurze Gefangenschaft das Leben kosten. (Ebenda)

Mit dem flüchtigen Leben war der erste Schritt zum Banditen getan. Wenn der Gesetzlose sich nun gegen eine drohende Verhaftung zur Wehr setzte, gar bewaffnet, wurde er offiziell zum Banditen, zum herumstreunenden Gesetzesbrecher gestempelt. Die politischen Machthaber schufen sich ihre Banditen selbst, mit Gewalt.

Das Stadtamt Karlsruhe meldete am 28. April 1853 dem Justizministerium, daß sich Dittler

nicht nur seit dem Jahr 1849 nach den Meldungen der zu Wilferdingen stationierten Gendarmen dort an der Grenze herumgetrieben, insbesondere aber in der Büngerschen Mühle zu Iptingen in einem besondern Versteck aufgehalten haben soll, sondern, wie uns das Königlich württembergische Vaihingen selbst mitgeteilt, sogar bei einem Leichenzug zu Iptingen gesehen worden war. (Ebenda)

Es stellte sich heraus, daß der Bürgermeister von Iptingen ein Verwandter Dittlers war. Die württembergischen Gendarmen hatten keine rechte Lust, Dittler zu jagen. Baden schickte zwei eigene Gendarmen in Zivil zur Büngerschen Mühle nach Iptingen, die zusammen mit württembergischen Landjägern eine genaue Hausdurchsuchung in der Mühle vornahmen. Aber der Vogel war ausgeflogen – oder so gut versteckt wie Kalchgruber (Kapitel 97)? Auch im Oberamt Esslingen/Neckar ließ sich Dittler nicht fangen, wo er von Zeit zu Zeit bei einer Tochter wohnte.

Ungefähr um diese Zeit scheint – nach fast vier Jahren – Dittler eingesehen zu haben, daß auf dem Rechtsweg nichts zu holen war. Über die Schweiz wanderte er in die Vereinigten Staaten aus. Derweil las «die politische Polizei» noch immer in ihrem Fahndungsbuch:

Unter dem Namen Hausmann treibt Dittler sich als Taschenspieler und Bilderhändler herum. (Anzeiger, S. 35)

1859 kehrte der Gesuchte zurück und wurde amnestiert. Aber schon nach wenigen Jahren zog er die erneute Auswanderung nach Nordamerika vor; seine Frau wollte mit den Kindern allerdings in Wilferdingen bleiben.

Ein anderes Beispiel eines flüchtigen Revolutionärs kennen wir aus der Südpfalz, auch hier begünstigt durch eine breite Sympathiebewegung im Volk und durch die Grenznähe. In Offenbach bei Landau schloß sich Georg Rau, der Großonkel der späteren Lehrerin Helene Adelmann, 1849 den Freischaren an, ging mit ihnen vor der preußischen Armee nach Baden. Über seine zweijährige Fluchtzeit hinterließ seine Großnichte spannende Kindheitserinnerungen. Wir haben es hier übrigens mit einer mutigen Pfälzer Familie zu tun. Helenes Großtante, die nach dem Tod des Mannes selbständig eine Brauerei betrieb, verlangte das Recht, in den Gemeinderat gewählt zu werden (Adelmann, S. 48/49).

Onkel Rau war es gelungen, zu entfliehen, als sich die Freischaren auflösten und flüchtig wurden. Großmutter war in großer Sorge um ihn, auch Vater, der ihn sehr lieb hatte; denn er wurde steckbrieflich verfolgt und hatte, hauptsächlich wegen seines tätigen Anteils an dem badischen Aufstand, schwere Strafe vor dem Gesetz verwirkt. In Offenburg [wäre in Baden, gemeint ist wohl Offenbach/Pfalz] hatte er zündende Reden gehalten, für die allein, wie Vater sagte, zehn Jahre Gefängnis in Aussicht standen. Wo er sich herumtrieb – auswandern wollte oder konnte er nicht, da alle Häfen bewacht waren [Irrtum; die ausländischen Mächte ließen damals politische Flüchtlinge noch auswandern, stempelten sie nicht zu Kriminellen] – das wußte kaum eines der Familienmitglieder. Tante Rau, die ihm ein bedeutendes Vermögen zugebracht hatte, versorgte ihn von Sinsheim [in Baden, zwischen Heidelberg und Heilbronn], ihrem Gut aus, reichlich mit Geld, und das half ihn aus mancher Gefahr.

Ganz unversehens tauchte er manchmal in dieser oder jener Verkleidung bei uns auf und konnte sich freuen wie ein Kind, wenn wir ihn nicht gleich erkannten. Dann ruhte er sich aus von der «verfluchten Hetzjagd», wie er sich ausdrückte, versah sich mit Geld, das Tante für solche Fälle bei Großmutter niedergelegt hatte, und fühlte sich wieder als Mensch. Ich erinnere mich noch lebhaft, wie eines Abends ein Bauer ins Wohnzimmer kam, um Rübsamen zu kaufen. Der Herr Schullehrer habe welchen zu verkaufen, sei ihm gesagt worden, und er wollte gut zahlen. Großvater antwortete, das müsse ein Irrtum sein, er habe keinen Rübsamen zu verkaufen usf. Auf einmal lachte der Bauer laut auf: «Na, kennst du mich nicht, Alter?» nahm seine blonde Perücke ab, und Onkel Rau stand vor uns. Seinen schönen Bart hatte er abrasiert, und mager war er auch geworden, so daß es kein Wunder gewesen, daß wir ihn nicht erkannt hatten.

Ein anderes Mal kam ein Weinreisender mit großem, schwarzem Vollbart und wollte Vater durchaus Wein verkaufen. Vater lehnte ab; er beziehe allen Wein von seinem Vetter, dem Weingutsbesitzer Reichardt in Forst [Pfalz, südlich von Bad Dürkheim]. Großmutter faßte den Reisenden aber am Ärmel und sagte: «Georg, du bist's.»

Aber eines Tages, als der Onkel einmal wieder kaum angekommen war, stürzte der Chausseewärter Roth, Agels Vater, ins Zimmer, «Herr Rau, Herr Rau, die Gendarmen suchen Sie. Vorhin sind sie den Landauer Weg hereingekommen und haben bei Wagners nach Ihnen gesucht; sie müssen gleich hier sein. Ich bin das Feldwegelchen gegangen, um eher als sie hierher zu kommen.»

«Um Gottes willen, Georg, mach', das du fortkommst», rief Großmutter ängstlich, und Onkel flüchtete zur Hintertür hinaus in den Grasgarten und von da durch eine Lücke im Zaune weiter. Kaum war er zur Tür hinaus, so kamen die drei Gendarmen zur Vordertür herein.

«Sag' nichts, daß der Onkel schon fort ist», flüsterte mir Großmutter zu, und ich verstand.

«Ist der Herr Rau nicht heute hier angekommen?» wendete sich der eine Gendarm, ein Brigadier, an Großmutter.

«Ja», erwiderte sie.

«Wo ist er?»

«Ich weiß es nicht.»

«Wenn Sie uns nicht zu ihm führen, müssen wir Haussuchung halten.»

«Ich kann Ihnen das nicht wehren.»

«Du, Kleine, sag' uns mal, wo dein Onkel ist», fragte mich einer der Gendarmen.

«Ich weiß es nicht», erwiderte auch ich.

Der Brigadier zuckte die Achseln und befahl, daß weder Großmutter noch ich das Zimmer verlassen sollten. Er und seine Leute durchsuchten das Haus, die Scheune und Ställe, und einer war sogar in den Hühnerstall geklettert. Onkel Rau war indessen über alle Berge und wieder einmal glücklich entkommen.

Einmal amüsierten wir Kinder, Anna und ich, uns in Tante Wagners Grasgarten mit Seifenblasenmachen. Wir saßen auf einem großen Haufen Bausteine, die Onkel dort hatte auffahren lassen, weil in den nächsten Wochen ein neuer Stall gebaut werden sollte. Da sahen wir unvermutet Onkel Rau in den Garten laufen und auf den großen Apfelbaum klettern.

Der Lorenz, Onkels Knecht, rannte hinter ihm drein und auf uns zu: «Die Gendarmen suchen den Onkel, laßt nicht merken, wo er ist, und macht recht große Seifenblasen.»

Uns klopfte das Herz, aber wir fuhren fort mit unserm Seifenblasenmachen, und Lorenz schichtete Steine übereinander. Kaum waren einige Minuten der bangen Erwartung verstrichen, da kamen zwei Gendarmen zur Hintertür des Gartens herein, die in die Felder führte.

Zwei andere waren am Eingange des Hauses auf der Straße postiert, wie wir später sahen. «Habt ihr Herrn Rau gesehen?» fragte der eine Gendarm den Lorenz.

«Ja, ich häb'n im Haus g'sähne», sagte Lorenz und tat, als ob er ins Haus laufen wollte. Die Gendarmen aber hielten ihn zurück und rannten so schnell wie möglich durch die Scheune in den Hof. Onkel aber war wie ein

Blitz vom Baum herab und schwang sich über die Gartenmauer, denn der Schlüssel der Tür hatten die Gendarmen abgezogen. Wir lachten über die dummen Gendarmen, denn wie oft waren wir selber über die Gartenmauer geklettert. Zwei Jahre später haben sie Onkel Rau doch erwischt, und er wurde zu zehn Jahren Gefängnis verurteilt, wovon er auch drei Jahre abzubüßen hatte, bis er endlich begnadigt wurde. (Adelmann, S. 175–178)

Quellen und Literatur

HELENE ADELMANN: Aus meiner Kinderzeit, 4. vermehrte Auflage, Berlin o. J. [1908]

Anzeiger für die politische Polizei Deutschlands auf die Zeit vom 1. 1. 1848 bis zur Gegenwart. Ein Handbuch für jeden deutschen Polizeibeamten, Dresden 1855 (Standort: Stuttgart, Landesbibliothek). Nachdruck Hildesheim 1970

OTTO VON CORVIN: Aus dem Zellengefängnis. Briefe aus bewegter, schwerer Zeit 1848–1856, Leipzig o. J. [1884]

ERWIN DITTLER: Carl Dittler, Rößlewirt von Wilferdingen, Mitglied der Konstituierenden Landesversammlung 1849, in: Badische Heimat, 1970, Heft 2/3, S. 295–304

Fahndungsblatt der Großherzoglich Badischen Gendarmerie von dem Jahre 1849 (Standort: Freiburg, Universitätsbibliothek).

HUMMEL-HAASIS (siehe Kapitel 103) S. 110f, S. 129 (Fluchthilfe von Frauen in Rastatt und Wien)

Karlsruhe, Generallandesarchiv, 234/1684; 236/8208; 237/2994

Karlsruher Zeitung, Beilage zu Nr. 34, 21. Juni 1849 (Standort: Freiburg, Universitätsbibliothek)

ERNST SCHMID: Die Freischärler kommen. Aus den Erinnerungen einer Offenbacher Lehrerstochter, in: Palatina, 1931, Nr. 44, S. 313–315; Nr. 45, S. 317–318; Nr. 46, S. 321–323

105 Haftbedingungen im Bruchsaler Zellengefängnis, dem Stammheim der 48er

Noch mitten in der Revolution eröffnete der badische Staat ein für Deutschland neuartiges Gefängnis, das neue Männerzuchthaus von Bruchsal. Damit hielt die Gefängnisreform des amerikanischen Bundesstaates Pennsylvanien ihren Einzug. Das bisher praktizierte Auburnsche System der Gemeinschaftshaft mit schweigender Arbeit in großen Räumen und nächtlicher Isolierung wurde durch das System der Einzelhaft mit Arbeit in der einzelnen Zelle und gelegentlichem «Spaziergang» in einem winzigen, hochummauerten Gartenstück abgelöst. Der vorgeblichen Reform lagen puritanische Askese-, Bekehrungs- und Reuevorstellungen zugrunde. Der völlig vereinsamte Häftling sollte durch moralische Zerknirschung zur Umkehr und auf den Weg der Anpassung geleitet werden.

Das System der isolierenden Einzelhaft wurde erst dann als politische Brutalität erkannt, als es die führenden Köpfe der Revolution traf: die Teilnehmer von Aufständen und Verschwörungen («Hochverrat») und die unbequemen Kritiker («Majestätsbeleidigung»). Unter Fachleuten war das System seit seiner Einführung umstritten. F. J. Hergt, seit Frühjahr 1839 Direktor der Bruchsaler Strafanstalten, verlor schon nach 15 Monaten seinen Posten, da er sich gegen die Einführung der Einzelhaft wandte. Er kam als Amtsarzt an das andere Ende Badens, nach Überlingen am Bodensee. Von dort aus setzte er seine Kritik durch Veröffentlichungen fort.

Die Architektur des Bruchsaler Zellengefängnisses weist als Grundform ein Kreuz auf. Den Plan kann Otto von Corvin (1812–86) erläutern, dem dort volle sechs Jahre (1849–1855) in der Einzelhaft gestohlen wurden: einem der höchsten Offiziere in der besiegten badisch-pfälzischen Freiheitsarmee.

Das «neue Männerzuchthaus» in Bruchsal – dies ist der offizielle Name des nach pennsylvanischem Muster errichteten *Zellengefängnisses* – liegt am Westabhang eines mit Wein und Obstbäumen bepflanzten Hügels. Den Mittelpunkt des Baues bildet ein gegen achtzig Fuß hoher, achteckiger Turm von ziemlich bedeutendem Umfange. An vier sich paarweise gegenüber liegenden Seiten dieses Turmes sind dreistöckige, gleich lange Flügelgebäude angebaut, welche breiter sind als die Turmseiten und etwas über dieselben hinausragen. Das ganze Gebäude bildet daher ein rechtwinkliges und gleichschenkliges Kreuz, dessen Kern ein Achteck ist. Diese Form soll wahrscheinlich andeuten, daß das Haus einer «christlichen Idee» seinen Ursprung verdankt.

Diese versteinerte christliche Idee ist von einer im Achteck von weißen Bruchsteinen erbauten Umfassungsmauer umgeben, deren vier längere Seiten den stets durch zwei Flügel gebildeten rechten Winkeln gegenüber liegen, während die vier kürzeren Seiten mit den schmalen Giebelfronten der vier Flügelgebäude korrespondieren. In den Winkelpunkten dieser Umfassungsmauer befinden sich acht runde Türme, die an der Basis einen größeren Umfang haben als oben. Die Kronen der Türme und Mauer sind mit oben offenen Schießscharten versehen, mehr zur Zierat als zu irgendeinem praktischen Zweck, es sei denn Ersparung von Mauersteinen.

In der Mitte einer der langen Seiten der Mauer, zwischen dem ersten und vierten Flügel, befindet sich das Torgebäude, in welchem zugleich das Militärwachlokal ist. Die Posten sind auf der Mauer plaziert, zu welchem Ende sich oben ein Gang mit einem Geländer an der Hofseite befindet und von wo aus man mit Bequemlichkeit den Hof und sämtliche Fenster des Gefängnisses übersehen kann.

Ist man durch das in der Mauer befindliche eiserne Gittertor gegangen, so gelangt man an ein hohes, massives, eisernes Flügeltor und tritt durch dasselbe in einen gepflasterten Raum, der rechts und links durch hölzerne Torwege geschlossenen ist. Schreitet man rechts und links durch diese, so gelangt man in größere, spitzwinklige Hofräume, die durch den Eingang, einen Flügel und die Hälfte einer Langseite der Mauer begrenzt sind. Das Ende der Flügel ist mit der Mauer durch eine andere Mauer verbunden, durch welche Torwege in den übrigen Teil der Anstalt führen.

Geht man nach Passieren des massiven eisernen Tors weder rechts noch links, sondern geradeaus einige Stufen hinauf durch eine Doppeltür, so tritt man in einen Gang, welcher durch ein Gebäude führt, in dem sich verschiedene Wirtschaftsräume und auch das Krankenhaus befinden. Dieser Gang mündet in den Mittelturm.

In den anderen drei Winkeln des Zuchthauskreuzes sind die *Spazierhöfe* angebracht, deren Einrichtung folgende ist: In der Mitte dieser Anlage erhebt sich ein niederes, turmartiges, schiefergedecktes, kreisförmiges Gebäude, welches etwa fünfundzwanzig Fuß im Durchmesser haben mag. In diesem Gebäude führen *fünfundzwanzig* Türen auf einen sehr schmalen Gang, der nach innen zu durch eine kreisförmige Mauer begrenzt wird. Durch diese Mauer führen *vier* Türen in den innern Raum des Turms, der nur ein Gemach bildet. Vermittelst einer Treppe in demselben steigt man auf eine Gallerie, welche dem erwähnten kreisförmigen Gang als Decke dient. Von dieser Gallerie sieht man durch fünfundzwanzig kleine, dicht unter dem Dach liegende Fenster in die fünfundzwanzig Spazierhöfe, deren Beaufsichtigung überdies auch vom untern Teil des Turms durch schießschartenartige Öffnungen ermöglich ist, die mit den fünfundzwanzig Türen korrespondieren. Diese Türen haben in ihrer Mitte eine große viereckige, durch ein Geflecht von starkem Draht geschlossene Öffnung. (Corvin, Einzelhaft, S. 7–11)

Die Einzelhaft, die der damalige Gefängnisdirektor Füesslin unter die «wohltätigsten Neuerungen» zählte (Füesslin, Einzelhaft S. VI), bedeutete für den Häftling «eine brutale Erfindung» (Boer, S. 21). Der einstige Berliner Revolutionsführer Friedrich Wilhelm Held, mit Corvin schon länger befreundet, griff unter dem Pseudonym Jan van Boer mit einer eindrucksvollen Broschüre das System der Einzelhaft auf. Dabei fußte er ganz auf Informationen Corvins.

Das pennsylvanische Strafsystem, welches den Zellengefängnissen zum Grunde liegt, ist an und für sich eine brutale Erfindung; denn es ist vorzugsweise darauf berechnet, den Gefangenen dem Kreise des Menschlichen zu entziehen und ihn zu einem rein tierischen Leben hinabzudrücken. Für gemeine Verbrecher möchte es sich indes in mancher Beziehung rechtfertigen lassen, wenn man nur bei der Einführung des pennsylvanischen Systems nicht die dadurch bedingte Abänderung der Strafzeit des Kriminalgesetzes vergessen hätte. Denn das Zellengefängnis ist in seiner Empfindlichkeit, in seiner Marter, in seiner Barberei so unendlich viel härter und grausamer als die frühere Gefängnisform, nach deren Charakter das Gesetz die Strafzeit für ein Verbrechen abgemessen hat, daß die administrative Einführung des Zellengefängnisses eine administrative Verdoppelung und Verdreifachung des Strafurteils enthält.

In keinem Falle aber darf das stets brutale Zellengefängnis gegen *politische* Verbrecher zur Anwendung kommen, weil diese nach unserer Ausführung unter allen Umständen auf eine humane Strafart Anspruch haben. Nichtsdestoweniger hat man in *Bruchsal* gerade das Zellengefängnis für die Einsperrung der politischen Verbrecher erwählt und dasselbe für die politischen Verbrecher durch administrative Willkür sogar noch brutaler gemacht, als es seiner Natur und dem Gesetze nach ist und als gegen die gemeinen Verbrecher zur Anwendung kommt! (Boer, S. 21–23; zur Autorschaft siehe Corvin, Zellengefängnis, S. 254–256, vgl. S. 190–193)

Die Zelle und das Leben darin beschrieb Held nach Angaben Corvins:

Die Zelle, welche dem Gefangenen zu seiner mehrjährigen alleinigen Wohnung eingeräumt wird, ist sieben Schritte lang und viereinhalb Schritte breit. Den Fußboden bilden 408 sehr hellgebrannte, quadratförmige Ziegelsteine, von denen die Gefangenen behaupten, daß sie zu weich gebrannt sind und daß sich durch das Gehen eine Menge Ziegelmehl abreibt, wovon ein Teil eingeatmet werden muß.

Die Höhe der Zelle beträgt neun Fuß [1 preußischer Fuß = 31,38 cm] und die Decke ist wie ein Sargdeckel gewölbt. Die Wände sind mit Kalkfarben gelblichgrau angestrichen und völlig kahl. Die Tür befindet sich in der schmalen Wand nach dem Innern des Flügels zu, das Fenster in der entgegengesetzten Wand in einer Höhe von sechseinhalb Fuß. Die Tür ist von Eichenholz mit starken Eisenbeschlägen, welche gegen das Verrosten mit schwarzem Firnis überzogen sind. Sie hat nach dem Innern der Zelle zu weder Schlüsselloch noch Klinke noch Riegel, so daß der Gefangene sich nicht einschließen kann und keinen Augenblick vor dem Überraschtwerden sicher ist. Damit er aber auch von außen beobachtet werden kann, ohne daß er etwas davon merkt, befindet sich oben an der Tür ein kleines Loch mit einem Glase, welches durch ein durchlöchertes Blech geschützt und verdeckt ist und dem draußen Stehenden das Überschauen der ganzen Zelle gestattet. Unter dieser eigentümlichen Art Jalousie befindet sich eine viereckige, nur von außen zu öffnende und nach innen hinein schlagende Klappe, durch welche dem Gefangenen das Essen und dergleichen gereicht wird.

Oben an der Tür steckt ein weiß lackiertes ovales Schildchen, auf welchem die Nummer der Zelle in schwarzen, erhabenen Ziffern steht. Dies Schildchen muß der Gefangene in das Knopfloch seiner Jacke hängen, sobald er zu irgendeinem Zwecke aus der Zelle geht. Denn die Nummer vertritt bei dem Gefangenen die Stelle seines Namens, auf den er für die Dauer seiner Gefangenschaft verzichten muß. Er heißt nicht mehr Herr v. *Werdenberg*, sondern *Sträfling* Nr. 36.

Links von dem Schildchen ist ein Ring angebracht, der eine Schelle in Bewegung setzt, im Fall der Gefangene einer schnellen Hilfe bedarf. Ein hölzener Arm, welcher durch das Ziehen der Schelle nach außen hervorspringt, zeigt dem Aufseher die Zelle an, in welcher geschellt worden ist. Doch wird das Schellen in nicht dringenden Angelegenheiten disziplinarisch bestraft, und was dringend ist, darüber hat hinterher der Vorsteher zu entscheiden.

In der rechten Seite der Türnische, tief in das Mauerwerk hineingehend, befindet sich unten am Boden ein Raum für das eiserne Leibgeschirr. An derselben Seite der Tür in der Zellenecke steht ein hölzernes Gestell, auf welchem der zinnerne Eßnapf, der Wasserkrug, die Lampe und sonstige Gerätschaften ihren Platz finden. Dicht an diesem Gestell, also so weit wie möglich vom Fenster entfernt, ist an der Mauer ein Klapptisch befestigt, der mittels eines Scharniers an die Wand geklappt und dort durch einen Riegel befestigt, aber niemals von seiner Stelle gerückt werden kann. Ebenso verhält es sich mit einer Klappbank, die so neben dem Tische steht, daß man beim Sitzen am Tisch dem Fenster den Rücken, das Gesicht aber der Tür und deren Beobachtungsloche zuwenden muß. Man möchte womöglich noch die Gedanken des Gefangenen lesen, wenn er nachdenklich am Tische sitzt!

Dem Tische und der Bank gegenüber, also an der andern langen Wand der Zelle, befindet sich das Bett und zwar so, daß das Kopfende zunächst der Tür angebracht ist. Die Bettstelle besteht aus einem eisernen Rahmen mit Gurten und einem kleinen eisernen Geländer. Sie hat keine Füße, sondern ist mit Scharnieren an der Wand befestigt, so daß sie, wie der Tisch und die Bank, samt dem Bett in die Höhe geklappt werden kann, was den ganzen Tag über geschehen muß. Da die aufgeklappte Bettstelle während des Tages angeschlossen ist, so wird es dem Gefangenen unmöglich, sich am Tage für einen Augenblick auszuruhen.

Man sieht, es ist die Erfindung eines teuflischen Geistes, dieses Zellengefängnis! Denn sie ist darauf berechnet, den Menschen in seinen natürlichsten Bedürfnissen zu martern. – Das Bett selbst besteht aus einer Matratze von Seegras, einem ebensolchen Kopfpolster, zwei Leinentüchern und einer wollenen Decke. – Einen Ofen besitzt die Zelle nicht; denn die ganze Anstalt wird auf russische Manier geheizt. Zur Erwärmung der Zelle dienen zwei viereckige, einen Quadratfuß große, aber vergitterte Öffnungen in der Wand, durch welche die erwärmte Luft eindringt; die eine Öffnung ist über dem Bette, die andere an der diametral entgegengesetzten Stelle angebracht.

Das Fenster befindet sich der Tür gegenüber in einer Höhe von sechseinhalb Fuß. Es ist drei Fuß breit und ein Fuß hoch und besteht der Breite nach aus zwei Flügeln: einem untern mit matt geschliffenen Scheiben, welcher ganz unbeweglich ist, und einem obern mit hellen Scheiben, welcher nach innen zu mittels eines Stockes aufzuklappen ist, um etwas frische Luft einzulassen.

Man begreift, wie wenig Tageslicht dem Gefangenen dadurch vergönnt ist und daß er vom Himmel und der schönen blauen Luft, oft die einzige Freude des Eingekerkerten, eigentlich gar nichts genießen kann. Denn das Heraussehen aus dem Fenster ist dem Gefangenen schon deshalb unmöglich, weil er es nicht erklettern kann; und gelänge es ihm auch, so stände er in Gefahr, von den

Schildwachen erschossen zu werden, da diese den Befehl haben, sogleich in das Fenster zu schießen, wenn sich ein Gesicht an demselben blicken läßt.

Außer den genannten Dingen enthält die Zelle noch an der Wand über dem Tische die gedruckte Hausordnung und einen Kalender, ferner einen Spucknapf, einen Fußabtreter, einen Stock zum Aufmachen des Fensters und das Handwerkszeug des Gefangenen, je nach dem Handwerke, welches er betreiben muß. Wer kein Handwerk versteht oder keines erlernen will, muß wenigstens *Wolle spinnen* und auf diese Weise dem satanischen Institute seine Erhaltungskosten verdienen.

Zu der Zelle gehört der Gefangene, wie die Schnecke zu ihrem Hause. Daher müssen wir in der Zelle auch dem Bewohner derselben einen Blick schenken, namentlich was seine *Kleidung* betrifft, da diese in der Tat das Einzige ist, was der Beobachter von der Person des unglücklichen Zelleneinsiedlers sehen kann. Der Zellengefangene darf nicht das kleinste Kleidungsstück aus eigenen Mitteln tragen, nicht einmal einen wollenen Schal um den Hals oder ein seidenes Schnupftuch in der Tasche. Die Kleidung aber, welche ihm geliefert wird, *muß* er tragen, mag ihm dies oder jenes Stück auch noch so widrig erscheinen. Der Gefangene erhält ein Paar grob gearbeitete Schuhe von Rindsleder, ein Hemd von grober Leinwand, ein weißwollenes Kamisol [Wams], eine Hose und Jacke von grauem dicken Zwillich, ein Halstuch von gestreifter Leinwand und ein Schnupftuch von einer Art Sackleinen.

Das fürchterlichste Kleidungsstück aber ist seine Kopfbedeckung; denn durch diese Kopfbedeckung hat man im neunzehnten Jahrhunderte die Methode des Zeitalters der eisernen Maske wieder ins Leben gerufen. Die Kopfbedeckung des Zellengefangenen besteht nämlich aus einer spitzrunden Kappe von blauem Tuche, und an der Stelle des Schirms befindet sich eine förmliche Maske von demselben Tuche, die das ganze Gesicht bis zur Oberlippe bedeckt und in welcher für die Augen zwei Löcher eingeschnitten sind. Sooft der Gefangene die Zelle verläßt, muß er diese Maskenkappe aufgesetzt und die Maske selbst heruntergeschlagen haben. Versäumt er es, so steht sein Leben in Gefahr, da jede Schildwache die Befugnis hat, auf den Gefangenen, den sie ohne Maske sieht, zu schießen!

Die Unglücklichen lernen also ihre Schicksalsgenossen selbst da, wo sie mit ihnen zusammen gehen müssen, nicht einmal von Angesicht kennen, und es mag vorkommen, daß zwei Brüder oder Vater und Sohn dicht nebeneinander wohnen, hintereinander gehen und nebeneinander in der Kirche sitzen, ohne nur eine Ahnung voneinander zu haben! – Wahrlich, die Brutalität dieses Strafsystems hat in der Erfindung jener Maskenkappen seinen höchsten Grad erreicht! – Die umherwandernden, schweigsamen, verlarvten Gestalten machen auf den Beobachter einen unheimlichen, grauenhaften, gespenstischen Eindruck. Sie gemahnen ihn an die Schatten der Verdammten im Tartaros [Unterwelt in der griechischen Mythologie]; und alles Ernstes muß er sich fragen, ob er in den Zeiten der Humanität, der Aufklärung und der Öffentlichkeit oder in der Schreckensperiode der heimlichen Gerichte lebt, wo die Vermummung eine so grauenvolle Rolle spielte.

In Rücksicht der Nahrung finden wir dieselbe Brutalität, welche wir in Betreff der Kleidung wahrnehmen. Der Gefangene erhält, wie das Vieh, nur zu essen, um sein Leben zu erhalten, und es ist ihm nicht gestattet, das geringste Bedürfnis des Magens aus eigenen Mitteln zu befriedigen. Weder Bier noch Wein, weder Fleisch noch Brot, weder Kaffee noch Tee darf er sich für sein Geld verschaffen. Er muß mit der gelieferten Kost seinen Hunger, mit Wasser seinen Durst stillen und hat – wenn die Kost ihm widersteht – nur das Recht, zu verhungern! Man reicht ihm durch die Türklappe – wie einem wilden Tiere im Käfig – täglich ein halbes Brot, zum Frühstück eine Suppe aus Brot, Wasser und Fett, zum Mittage eine ähnliche Suppe, Hülsenfrüchte, Kartoffeln oder Rüben und jeden *zweiten* Tag *vier Lot* [1 Lot = 16⅔ g] Fleisch, zum Abendessen wieder jene – Hundesuppe. – Jeder, auch der kleinste *Genuß* ist auf immer vertilgt für den Gefangenen; und wie man ihm viele Jahre hindurch, – dem gewaltigsten Naturgesetz zum Hohne! – den weiblichen Umgang, die Umarmung und Zärtlichkeit seiner Gattin entzieht und ihn zu einem widernatürlichen Zölibate verdammt, so zwingt man ihn, auch die kleinern, ihm zum Bedürfnis gewordenen Genüsse zu ersticken. Er darf sich kein Tier zur Gesellschaft nehmen, darf keine Musik treiben, darf keine Zigarre oder Pfeife rauchen. Der Zellengefangene darf bloß das genießen, was man ihm reicht, um sein Leben zu erhalten, *das* Leben, was ihm nötig, um seine Qual zu fühlen. Er soll nur leben, um gemartert werden zu können! (Boer, S. 29–36)

Die Hausordnung (Text bei Füesslin, Männerzuchthaus, S. 32/33; Boer, S. 37–43; Corvin, Einzelhaft, S. 17–40, mit wertvollen Vergleichen Corvins zwischen Text und Wirklichkeit) atmet ganz den Geist des lebensfeindlichen Puritanismus. Dafür einige Beispiele:

§ 5. Der Sträfling steht auf ein Glockenzeichen, welches an Werktagen um halb fünf Uhr und an Sonn- und Feiertagen um halb sechs Uhr gegeben wird, vom Lager auf, wäscht sich sauber Gesicht und Hände, macht sein Bett, damit es der Aufseher aufklappen und an die Wand schließen kann, verrichtet das vorgeschriebene Gebet und begibt sich an die Arbeit.

§ 6. Die Arbeitszeit geht von morgens fünf bis abends siebeneinhalb Uhr, mit folgenden Unterbrechungen

1) zum Frühstück und Reinigen der Zelle von sieben bis siebeneinhalb Uhr,

2) Zur Bewegung im Freien, wobei von Zeit zu Zeit auch Bett- und Kleidungsstücke ausgeklopft werden, vormittags und nachmittags je eine halbe Stunde nach der anzusagenden Reihenfolge,

3) zum Mittagessen, wobei wieder gebetet wird, und Ausruhen von zwölf bis ein Uhr,

4) zum Schulbesuch wöchentlich drei Stunden, und

5) zum Kirchenbesuch wöchentlich drei Stunden, beides vormittags oder nachmittags, je nach der Klasse und Konfession, wozu der Sträfling gehört.

Es ergeben sich hiernach elf Arbeitsstunden; das Tagewerk (§ 21) ist jedoch mit Rücksicht auf die durch Besprechung mit Beamten etc. entstehenden weiteren Unterbrechungen nur zu zehn Stunden berechnet.

§ 7. Um siebeneinhalb Uhr wird zu Abend gegessen, worauf der Sträfling alle scharfen Werkzeuge dem das Bette von der Wand ablösenden Aufseher vor die Türe gibt. Sein Licht hat jeder Sträfling um achteinviertel Uhr auszulöschen. Um achteinhalb Uhr legt er sich, nach Verrichtung des vorgeschriebenen Gebetes, zu Bette und darf, Notfälle ausgenommen, vor viereinhalb Uhr nicht wieder aufstehen.

§ 9. Alle Monate erhält der Sträfling ein Fußbad und alle zwei bis drei Monate ein Körperbad. In angemessenen Fristen werden ihm die Bart- bzw. Kopfhaare abgenommen. Das Leibweißzeug wird alle Sonntage und das Bettweißzeug alle vier bis sechs Wochen gewechselt.

[Kommentar Corvins:] Die ganz entsetzlich schlecht gewaschene Wäsche ekelt jeden an Reinlichkeit gewöhnten Menschen an und um so mehr, als man die von *andern* Gefangenen schmutzig gemachte tragen muß; Strümpfe sind ganz gemeinschaftlich, ebenso Bettwäsche; Hemden und Taschentücher haben die Zellennummer, und mit jedem Wechsel erbt man dieselben nebst allen Andenken.

§ 14. Glaubt der Sträfling, zu einer andern Zeit, als er demnächst Besuch zu erwarten hat, schneller Hilfe in gesundheitlicher oder anderer Beziehung zu bedürfen, so hat er mittels des in jeder Zelle befindlichen Griffes die Gangschelle anzuziehen. Schellen ohne Not wird dagegen mit Strafe belegt.

[Kommentar Corvins:] Durch das Ziehen an einem kleinen Ring an der Tür fällt ein auswärts angebrachter hölzerner Arm hinab, und die Klingel ertönt. Dieser Arm hängt oft halbe Stunden lang herunter, ohne daß jemand käme, und wer am Tage irgendeinen Anfall hätte, könnte zehnmal gestorben sein, ehe Hilfe erschiene. Das Schlimmste ist, daß das Klingeln nicht wiederholt werden kann, sobald der Arm einmal herabgefallen ist. Es schellt übrigens fortwährend, denn bald fehlt diesem, bald jenem etwas zu seiner Arbeit und daher die Gleichgültigkeit. Ein Schellen während der Nacht findet jedoch stets sehr schnelle Beachtung.

§ 16. Briefwechsel mit auswärtigen Personen findet nicht ohne Vorwissen des Vorstehers und der Geistlichen der Anstalt statt, welche die Briefe, nur insofern sie nichts Bedenkliches oder Unschickliches enthalten, an die Adresse besorgen dürfen.

§ 17. Höchstens zwei Briefe darf ein Sträfling monatlich abgehen lassen und ebenso viele empfangen.

[Kommentar Corvins:] Sonst hieß es in der Hausordnung, «daß Briefe, die nicht befördert werden könnten, unter Bezeichnung der anstößigen Stellen zurückgestellt werden sollten.»

Unter dem ersten Direktor, Dr. Dietz, erhielt ich mehrere solche Briefe zurück, so daß ich doch sehen konnte, was im Zuchthause als «bedenklich und unschicklich» angesehen wurde. Unter dem neuen Direktor [Füesslin] erhielt ich sie nie. Das Lesen dieser Briefe ist Sache des Geistlichen. Damit die Briefe nicht zu lang werden und seine Zeit nicht zu sehr in Anspruch nehmen, hat man das Format des gelieferten Briefpapiers allmählich immer kleiner eingerichtet. Die Briefe, sowohl die abgehenden als ankommenden, sind sämtlichen «höheren Beamten», d. h. allen außer den Aufsehern, zugänglich (letztern, wenn sie grad' wollen, auch), und man studiert sie, um daraus den Charakter der Gefangenen kennenzulernen. Nichts ist törichter als diese Ansicht! Auf alle diese Heuchelbriefe, welche Direktoren und Pfarrer solcher Anstalten drucken lassen, um den segensreichen Einfluß der Einzelhaft zu beweisen, *ist nicht das Geringste zu geben.* Die Gefangenen machen sich gegen die Aufseher, mit denen sie vertraut sind, selbst darüber lustig.

§ 18. Besuche von Verwandten und Freunden, welche sich als solche ausweisen können und in gutem Leumund stehen, darf der Sträfling je einmal monatlich im Sprachzimmer unter der vorgeschriebenen Aufsicht annehmen.

[Kommentar Corvins:] Was der Karlsruher Staatsstilist in diesem Paragraphen eigentlich mit dem «je» will, verstehe ich nicht; der Sträfling darf im Monat im ganzen nur einen einzigen Besuch im Sprachzimmer auf eine halbe Stunde annehmen, *jedoch nicht an Sonn- und Feiertagen.* Früher empfing man die Besuche im Zimmer des Oberaufsehers in dessen Gegenwart; allein die Einrichtung des Sprachzimmers wurde wegen der politischen Gefangenen beschleunigt. Dasselbe liegt in dem Torgebäude, dicht neben dem massiven eisernen Tor und besteht aus einem düsteren Zimmer, welches durch ein bis zur Decke reichendes, enges Drahtgitter und ein anderes vom starkem Holz in drei Abteilungen geschieden ist, in deren jede eine Türe führt. Hinter dem engen Gitter steht der Besuchende, in der mittleren Abteilung der beaufsichtigende Beamte und hinter dem Holzgitter der Sträfling, der von innerhalb des eisernen Tors durch eine ebenso massive kleine Eisentür in das Zimmer tritt. Die Besuchenden sehen sich nur unvollkommen, denn sie stehen einige Schritte voneinander entfernt und können sich nicht einmal die Hand geben.

§ 24. Übertretungen dieser und sonst dem Sträfling bekannt gemachten werdender Vorschriften haben die gesetzlichen Hausstrafen zur Folge, welche in Verweis, Entziehung oder Beschränkung von Vergünstigungen, Dunkelarrest, Hungerkost, Entziehung des Bettes, Strafstuhl oder Anlegung von Ketten bestehen können.

[Kommentar Corvins:] Die Lokale für den Dunkelarrest befinden sich zu ebener Erde in den runden Türmen der Ringmauer. Sie sind, wie ihr Name anzeigt, dunkel; allein zu gleicher Zeit förmlich verpestet, da sie beständig benutzt werden und keine genügenden Mittel vorhanden sind, die Luft darin zu erneuern. Ein «höherer» Beamter sagte mir, er möchte um keinen Preis auch nur eine Stunde darin zubringen. Nach dem neuern Gesetz wird die Zuchthausstrafe schon durch das Urteil oft durch eine sehr bedeutende Anzahl von Dunkelarresttagen mit Hungerkost verschärft; als ob der Hunger bei der gewöhnlichen Kost nicht arg genug wäre! Die Hungerkost besteht aus täglich zwei Schoppen mittelmäßiger Hundesuppe.

Der Strafstuhl ist eine schöne Erfindung, die sich wahrscheinlich noch aus dem Mittelalter herschreibt. Er ist ein gradlehniger Armsessel, auf welchem der Delinquent vermittelst Riemen um Hals, Brust, Leib, Arme und Beine festgeschnallt wird, so daß die Zirkulation des Blutes stockt, was unerträgliche Schmerzen verursacht und zu Zeiten das Blut aus Nase und Ohren heraustreiben soll. Hartnäckige Sünder läßt man gegen sechs Stunden auf diesem Mokierstuhl europäischer Kultur. Die Folter ist übrigens in Baden abgeschafft und die Prügelstrafe gleichfalls. (Corvin, Einzelhaft, S. 21–39)

Das fast perfekte, durch und durch sadistische Isolationssystem erhielt seine Krönung in der Sitzordnung der Kirche. Jeder Gefangene befand sich in einem eigenen Kasten eingeschlossen, konnte nur den ermahnenden Prediger und die Aufseher, nicht seine Leidensgenossen sehen. Besser läßt sich die Pervertierung der Religion zu seelischen Folterzwecken nicht veranschaulichen.

Die frühen Kritiker des Zellensystems stimmten mit dem badischen Staat darin überein, daß die Einzelhaft eine Verschärfung bedeute. Deshalb wurde bei Einzelhaft ein Drittel der Strafzeit erlassen. Die Kritik ging weiter, sie erkannte den Foltercharakter der Isolierung. Diese Form der Folter sei weniger gut faßbar, da sie nicht sichtbar sei, also bei aller Phantasie nicht einmal abschreckend wirken könne. Corvin sprach von einer «Körper- und Geistesfolter» (Corvin, Zellengefängnis, S. 462).

Die Häftlinge – damals zu rund einem Viertel «politische Verbrecher», davon weitaus die meisten «Hochverräter» – befiel über kurz oder lang Verzweiflung. Von einer solchen Stimmung zeugt Corvins Brief vom 4. Oktober 1849, sein erster offizieller Brief an seine Frau. Corvin war damals 37 Jahre alt.

Ich habe schon so viel ertragen und – werde vielleicht noch mehr ertragen müssen. Bedenke ich, daß ich hier *sieben Jahr* sitzen soll, dann freilich ist's, um den Verstand zu verlieren! Alle Monate werde ich Dich einmal sehen, einmal! und stets vor einem fremden Zeugen. Sieben Jahre lang werde ich Dir kein vertrautes, liebes Wort sagen können; ich werde Dir fremd, ich armer Gefangener werde Dir eine gleichgültige Person werden. Verlasse ich dann als alter Mann – denn ich werde geistig und körperlich ruiniert sein – das Gefängnis, dann werden andere Dir näher stehen als ich, und Du wirst mich als eine Bürde betrachten. Die Strafe, die mich trifft, ist doch *entsetzlich* hart! – Meine gute Mutter sieht für ihr Alter noch sehr wohl aus; sie ist eine ganz schmucke Urgroßmutter, und meiner Schwester sieht man eben auch nicht an, daß sie Großmutter ist. (Corvin, Zellengefängnis, S. 122)

Depressionen kehrten immer wieder. Im pennsylvanischen System galten sie geradezu als seelenreinigend, befreiend von allen bösen Eigenschaften. Die depressiven Wirkungen gab selbst der sonst enthusiastische Direktor Füesslin zu, übrigens ein praktischer Arzt. Seine Erfahrung eröffnet uns einen erschreckenden Einblick in die seelische Folter.

Bei Zellengefangenen ist es endlich von Nachteil, wenn öfter eingerichtete und von den Hausbeamten unterstützte Begnadigungsgesuche stets abweislich beschieden werden, weil in der Einzelhaft, besonders nach längerzeitiger Dauer derselben, alle betrübenden Eindrücke nachhaltiger auf die Gefangenen einwirken; mit jedem abgeschlagenen Gesuch wird deren Stimmung trüber, gedrückter oder erbittert; die Gedanken an die Not ihrer zu Hause darbenden Familie, die Besorgnis wegen der sichtbar schwindenden Körperkraft, die dadurch in Aussicht stehende Unmöglichkeit, sich nach späterer Rückkehr in die Freiheit durch ihrer Hände Arbeit ernähren zu können, schwebt ihnen beständig vor und hat in mehreren Fällen in unserem Hause schon zu Seelenstörungen Veranlassung gegeben.

Durch die Einzelhaft werden ferner nicht selten *eigentümliche Gemütszustände* bei den Gefangenen hervorgerufen, welche besondere Berücksichtigung verdienen, weil sie, richtig erkannt und geleitet, meistenteils wieder vorübergehen und häufig die Sinnesänderung und Besserung der Gefangenen anbahnen, falsch beurteilt aber und für Laune, Ungehorsam, Widerspenstigkeit und Trotz angesehen, den Anfang zu Seelenstörungen bilden und selbst in diese übergehen können.

Es sind dies die mächtigen *Gemütserschütterungen*, welche sich früher oder später der meisten Zellengefangenen bemächtigen und sich durch ganz verschiedene Gemütsstimmungen kundgeben.

Bald ist es eine unerklärliche, durch völlig eingebildete Krankheit hervorgerufene oder eine außer Verhältnis mit wirklich vorhandenen körperlichen Leiden stehende Angst, durch welche die Gefangenen überall verfolgt und gequält werden; bald eine sehr gedrückte Gemütsstimmung, die sie ihr nahes Ende, jedenfalls den Tod vor Ablauf ihrer Gefangenschaft voraussehen läßt; bald, und häufiger vorkommend, zeigt sich eine ungemeine Reizbarkeit, die durch jedes falsch aufgefaßte oder rauhe Wort, selbst durch einen vermeintlichen höhnischen, verächtlichen oder argwöhnischen Blick des Aufsehers gesteigert wird und heftige Reden, Drohungen, Widersetzlichkeiten veranlaßt; bald, und dies sind wohl deutlich hervortretend oder nicht erkannt, in den meisten Fällen die Hauptursachen der wirklich ausgebrochenen Seelenstörungen, sind es nicht mehr zu beruhigende Gewissensbisse, die sich dem Gefangenen unwiderstehlich aufdrängen, oft in dem Grade, daß selbst die tröstenden Zusprachen und Belehrungen der Geistlichen nichts zu deren Bewältigung und Beruhigung vermögen, weil die Gefangenen zwar ihr von Jugend an sündhaftes Leben, ihre moralische Verwilderung und die Schwere ihrer Verbrechen einsehen, ihnen aber alle höhere religiöse Erkenntnis und der beruhigende Glaube an die Möglichkeit einer Vergebung ihrer Sünden mangelt, weil sie unter ihrem Schöpfer nur einen strafenden und rächenden Gott, aber nicht auch einen vergebenden und allbarmherzigen Vater zu begreifen vermögen.
(Füesslin, Einzelhaft, S. 122/123)

Die christliche Bekehrungstheorie tat ihr Übriges dazu, daß seelische Krankheiten sich tief einfressen konnten. Kein Wunder, daß diese Folter manchen Häftling zum Selbstmord trieb, nach Füesslins Angaben 1,5 % der Gefangenen. Der Bruchsaler Direktor schilderte mehrere Selbstmordfälle:

Der zweite Selbstmord, ein schöner, kräftiger, wegen Teilnahme an der Revolution verurteilter Soldat, erhängte sich den Tag nach Eröffnung eines abschlägigen Bescheides auf seine eingereichte Begnadigungsbitte, nach etwas mehr als einjähriger Einzelhaft; getäuschte Hoffnung, in Verbindung mit Unmut über schlechtes Arbeitsmaterial (Garn in der Weberei) muß als Ursache dieses Selbstmordes bezeichnet werden. Der dritte, wegen Tötung zu einer Zuchthausstrafe von fünf Jahren vier Monate Einzelhaft, geschärft durch 90 Tage Hungerkost und 30 Tage Dunkelarrest, verurteilt, wurde, als er zur Erstehung des 23. Dunkelarrest- und Hungerkosttages aus seiner Zelle abgeführt werden sollte, in derselben erhängt gefunden; durch seine häufigen Klagen bei den Beamten und Aufsehern über die Schwere der Strafschärfungen, sowie durch schriftlich hinterlassene Äußerungen ist erwiesen, daß die Schärfungen den Entschluß des Selbstmordes in ihm hervorgerufen hatten. [...]

Der fünfte [...] Gefangene war erst seit vier Wochen aus der Strafanstalt Freiburg, wo er bereits zweieinhalb Jahre zugebracht hatte, in unsere Anstalt versetzt worden. Bald nach seiner Einlieferung klagte er über die Schwere der Einzelhaft und bat um Rückversetzung in gemeinschaftliche Haft. Da jedoch weder sein körperlicher noch geistiger Gesundheitszustand die Gewährung seines Wunsches uns dringlich erscheinen ließ, wurden ihm einige Erleichterungen der Haft gewährt, er öfters auf seiner Zelle besucht, und wir hofften, er werde sich bei aufmerksamer und freundlicher Behandlung bald an seine neue Lage gewöhnen. Gerade vier Wochen nach seinem Eintritte in die Anstalt wurde er in seiner Zelle erhängt gefunden, obgleich er in den letzten Tagen vorher ruhiger, und wie es schien, zufriedener geworden war; der Entschluß zum Selbstmorde scheint aus dem ersten Eindruck der Einzelhaft hervorgegangen zu sein. (Füesslin, Einzelhaft, S. 256/257)

Viele der Inhaftierten wurden auf die Dauer in Geisteskrankheiten abgedrängt. Hier einer der Fälle, die Füesslin schilderte:

Karl S...l, ein junger, gutmütiger, aber in religiöser Erziehung vernachlässigter Mensch, war durch den Umgang mit politisch überspannten Anverwandten und Freunden, wie durch das Lesen revolutionärer Tagblätter und Schriften zur Teilnahme an der Revolution bewogen und wegen Hochverrat zu einer dreijährigen Einzelhaft verurteilt worden. Schon in der ersten Zeit seiner Gefangenschaft zeigte er zeitweise auffallende Äußerungen und Geistesrichtungen, die sich jedoch jedesmal sehr bald wieder verloren und nie hauspolizeiliche Störungen veranlaßten; wir glaubten aber *bei der konstatierten erblichen Familienanlage desselben zu Seelenstörungen*, darauf aufmerksam sein zu müssen. Nachdem derselbe während des ersten Jahres seiner Haft für Religionsunterricht und die Belehrungen des Hausgeistlichen unzugänglich war, über die Bibel und kirchlichen Gebräuche spottete und auf derselben tiefen und beklagenswerten Stufe religiöser Erkenntnis stand, wie der größte Teil unserer Freiheitshelden und roten Republikaner, schlug er plötzlich in das Gegenteil um, vernachlässigte die früher mit Liebe und Erfolg betriebenen Studien der Naturwissenschaften und fremden Sprachen, beschäftigte sich von nun an ausschließlich mit Bibellesen, und besonders gab ihm die Offenbarung St. Johannes vielen Stoff zum Nachdenken und zu Skrupeln; jedoch war er stets noch in seinen Antworten und seinem ganzen Benehmen vollkommen verständig. Plötzlich, und nachdem ich bei einem Zellenbesuche tags zuvor durchaus nichts Auffallendes in seinem Benehmen und Gespräche bemerkt hatte, traten alle Zeichen eines religiösen Wahnsinns bei ihm auf; er hielt sich für den Heiland, den Welterlöser, und geriet in heftige Aufregung oder in heftiges Weinen darüber, daß er uns Beamte, besonders den Hausgeistlichen nicht von der Wahrheit seiner Angaben überzeugen konnte; seinen Namen sowie verschiedene Ereignisse seines Lebens brachte er im Zusammenhang mit Bibelsprüchen und wurde immer aufgeregter, so daß er rasch aus der Anstalt entfernt werden mußte, um vollkommenem Wahnsinne oder der Tobsucht vorzubeugen. Er wurde urlaubsweise zu einem Verwandten, welcher sich zu seiner Aufnahme erbot, entlassen, woselbst sich sein Zustand allmählich besserte, so daß er später nach Amerika auswandern konnte. (Füesslin, Einzelhaft, S. 267/8)

Die sattsam bekannte demokratiefeindliche Haltung bediente sich bedenkenlos auch geistigen und geistlichen Terrors, um einen Republikaner zu beugen. Nur die Flucht in eine religiöse Wahnvorstellung rettete den geschlagenen Revolutionär vor der allmählichen und endgültigen Zermürbung. Mir scheint, die Akten des Bruchsaler Zellengefängnisses und der badischen Irrenanstalt Illenau (bei Achern) könnten aufschlußreiches Material zu einer politischen Schizophrenieforschung bergen.

Unter die vielen Folteropfer ist auch der badische Revolutionär Kaltenbach zu rechnen, 1848 Teilnehmer an beiden badischen Aufständen, im Mai 1849 vom Zivilkommissär als Bürgermeister von Sulzburg (südlich von Freiburg/Breisgau, zwischen Staufen und Müllheim) eingesetzt, dann drei Jahre im Zuchthaus Bruchsal, davon eines in Einzelhaft. Dort wurde Kaltenbach wahnsinnig, tobte, behauptete, er sei von Gott erleuchtet, um Juden und Christen zu bekehren. Deshalb brachte man ihn in die Heil- und Pflegeanstalt Illenau, die ihn 1853 entließ, angeblich geheilt (Scholz, S. 280–294).

Hergts, eines der frühesten Kritiker, wichtigstes Argument lief darauf hinaus, die Isolation sei überhaupt nicht vollständig durchführbar. 135 Jahre später beginnt der moderne Strafvollzug diese Lücke zu schließen. Die Hochsicherheitstrakte vollenden die pennsylvanische Gefängnisreform, entkleiden sie ihrer makabren christlichen Reuevorstellung. Was in Bruchsal noch Ausnahmeerscheinung und anerkanntes Argument gegen die Isolationshaft gewesen war – geistig-seelische Erkrankungen, Selbstmorde –, taucht kaum verhohlen als Ziel der totalen Isolation auf. Die Grundlagen der modernen Isolationshaft wurden im neuen Männerzuchthaus von Bruchsal gelegt, dem Stammheim der besiegten 48er-Demokraten.

Quellen und Literatur

JAN VAN BOER (vielmehr: FRIEDRICH WILHELM HELD): Die Mißhandlung der politischen Verbrecher unserer Zeit. Mit besonderer Rücksicht auf das Zellengefängnis zu Bruchsal in Baden, Leipzig 1850 (Standort: Heidelberg, Universitätsbibliothek)

(OTTO VON) CORVIN: Die Einzelhaft und das Zellengefängnis in Bruchsal, Hamburg 1857

Ders.: Aus dem Zellengefängnis (siehe Kapitel 136)

MICHEL FOUCAULT: Überwachen und Strafen. Die Geburt des Gefängnisses, Frankfurt/Main 1976

J(ULIUS) FÜESSLIN: Die Einzelhaft nach fremden und sechsjährigen eigenen Erfahrungen im neuen Männerzuchthaus in Bruchsal von dem Direktor desselben, Heidelberg 1855

Ders.: Das neue Männerzuchthaus nach dem System der Einzelhaft in seinen baulichen Einrichtungen, Karlsruhe 1854 (Standort: Karlsruhe, Landesbibliothek)

F. J. HERGT: Zur Würdigung des Isolierungssystems, mit Beziehung auf die Einführung desselben in der neuen Männerstrafanstalt zu Bruchsal, in: Annalen der Staatsarzneikunde 10, 1. Heft, 1845, S. 225–266 (hier ist die ältere Literatur genannt)

Karlsruhe, Generallandesarchiv, 234/10575 (Bericht vom 10.4.1855 über den Strafvollzug im Bruchsaler Zuchthaus: vom 1.1.1850 bis 31.12.1854 saßen 1553 Häftlinge ein. In dieser Zeit wurden acht in Heil- und Pflegeanstalten überwiesen, sechs nahmen sich das Leben)

HUMMEL-HAASIS (siehe Kapitel 103) S. 138/139: (Die illegale Hilfe von Kätchen Zöller für die Bruchsaler Gefangenen, ihre Verfolgung und ihr Tod)

Karlsruhe, Generallandesarchiv, 234/10686–10692 (Jahresberichte der Strafanstalt Bruchsal 1850, 1852–57; hier weitere Hinweise auf Krankheiten und Selbstmorde)

Karlsruhe, Generallandesarchiv, Akten der Heil- und Pflegeanstalt Illenau (von mir noch nicht benützt)

FRIEDRICH LAUTENSCHLAGER: Bibliographie der badischen Geschichte, 2. Bd., 1. Halbband, Karlsruhe 1933, S. 295–298 (Literatur zum Gefängniswesen in Baden, vorwiegend Bruchsal)

WOLFGANG MITTERMAIER: Gefängniskunde. Ein Lehrbuch für Studium und Praxis, Berlin und Frankfurt 1954

PAUL POLLITZ: Strafe und Verbrechen. Geschichte und Organisation des Gefängniswesens, Leipzig 1910

GEORG FRIEDRICH SCHLATTER: Das System der Einzelhaft, in besonderer Beziehung auf die neue Strafanstalt in Bruchsal. Stimme eines Gefangenen über Zuchthäuser, 1. und 2. Aufl. Mannheim 1856 (Der Autor war einst Pfarrer, Präsident des revolutionären badischen Landtags von 1849, wurde selbst in Bruchsal eingeoporrt.)

THEODOR SCHOLZ: Revolutionäre. Der Aufstand des Jahres 1849 und seine Folgen im Markgräflerland, Müllheim in Baden 1926

WILHELM THILO: Die Strafgesetzgebung des Großherzogtums Baden nebst dem Gesetze über die Gerichtsverfassung mit den Motiven der Regierung und den Resultaten der Ständeverhandlungen im Zusammenhange dargestellt. Abteilung 2. Strafprozeßordnung nebst den Gesetzen über die privatrechtlichen Folgen von Verbrechen, die Gerichtsverfassung, den Strafvollzug im neuen Männerzuchthaus zu Bruchsal, Karlsruhe 1845

HANS ZIEGLER: Das Gefängniswesen in der Pfalz, in: Mitteilungen des Historischen Vereins der Pfalz, 62, 1964, S. 87–144

106 Gesinnungsschnüffelei, Berufsverbote und dennoch Sympathien mit den Verfolgten

Mit der Niederlage der Demokratie erhielt das obrigkeitstreue Spießertum Oberwasser. Es hagelte Denunziationen. Vor allem die frühere Beamtenschaft (Juristen) demokratischer Gegenden wie der Pfalz litt unter der Gesinnungsschnüffelei. Bei solchen Anlässen wurden wohl nicht selten Akten angelegt, aber von den Behörden später im allgemeinen vernichtet, zeugten sie doch von miesen Methoden, wie einst Rückgrate gebrochen und knechtische Gesinnungen in einer ganzen Landschaft erzwungen wurden. Wenn wir mehr Einblicke in solche Vorgänge bekämen, würden wir leichter verstehen, wie der Obrigkeitsstaat einen duckmäuserischen Beamtenapparat aufzubauen pflegt. Die Methoden haben sich bis heute nur wenig geändert.

Glücklicherweise bewahrt das Landesarchiv Speyer einen starken Aktenbestand dieser Art auf. Es handelt sich um Beurteilungen des pfälzischen Generalstaatsprokurators (Generalstaatsanwalts) Ludwig Schmitt (1810–71), dem seine Bekämpfung der Demokratie 1849 mit dem Ritterkreuz des Zivil-Verdienstordens der bayerischen Krone gelohnt wurde. Ludwig Schmitt schwang sich zum vorbildlichen Radikalenjäger auf, so daß er 1852 vom Staatsprokurator (Staatsanwalt) in Kaiserslautern zum Generalstaatsprokurator in Zweibrücken befördert wurde. Auf das Appellationsgericht von Zweibrücken, das höchste Gericht der Pfalz, einst Hochburg der Liberalen, senkte sich ein Dunst von Anpassung, Schnüffelei und Denunziation. Schmitt entwickelte sich zum Totengräber der liberalen Pfälzer Justiz. Ein damals in Zweibrücken praktizierender Rechtsanwalt schilderte die Stimmung dieser Zeit:

Dumpf lastete die Reaktion der 1850er Jahre auf den Gemütern. Ein strebsamer Staatsanwalt [Schmitt] von nicht unbedeutendem Talent, das aber mit seinem Ehrgeiz keineswegs gleichen Schritt hielt, war durch seine Demokratenverfolgung allmächtig geworden und beherrschte als kleiner Gernegroß die Beamtenwelt des Ländchens. [...] An den Wänden lauschend, schlich ein verächtlich herangehätscheltes Denunziantentum durch die Straßen, und in den Wirtshäusern verstummte sogar die politische Kannegießerei. Man griff lieber zum Kartenspiel, weil jedes freie Wort hinterbracht und als mißliebig oben angekreidet ward. (Haasis, S. 232)

Schmitt richtete mit seinen Beziehungen zu anderen Beamten bereits eine Art Verfassungsschutz ein. Er beobachtete oder ließ beobachten, wer mit wem sprach, sich mit wem auf der Straße oder in Gesellschaft zeigte, wer eventuell noch immer nicht mit der demokratischen Verwandtschaft gebrochen hatte, wer warum wohin umzog, wer an den Geburtstagsfeiern für den bayerischen König im Umzug und in der Kirche erschien. Die noch kleinen Verhältnisse der Pfalz führten dazu, daß diese Beobachtungen oft selbst das übertrafen, was heute der Verfassungsschutz oder ähnliche Staatsorgane zu leisten vermögen.

Die pfälzischen Historiker übergingen wohlweislich diese peinliche Seite der Heimatgeschichte. Deshalb sei im folgenden ausführlich aus diesem unbeachteten Aktenbestand zitiert, mutet doch einiges so vertraut an.

Ludwig Schmitt, der Generalstaatsprokurator der Pfalz, hatte zu entscheiden, wer von den schon lange geprüften Juristen (Rechtskandidaten) in den Staatsdienst zu übernehmen war, wer weiter warten mußte oder wer gar von der Kandidatenliste zu streichen war, also Berufsverbot erhielt. Dabei interessierte sich Schmitt, ab 1852 für diese Schnüffelei zuständig, besonders für die Haltung des Bewerbers in der Revolution 1848/49. Da die bewaffnete Erhebung von 1849 in der Pfalz auf einer Massenbewegung beruht hatte, gab es für ihn viel zu tun.

Im Dezember 1851 stellte der Rechtskandidat Theodor Ruppenthal ein Gesuch um Anstellung im Staatsdienst. Zu dieser Zeit arbeitete er in der Kanzlei seines Bruders Karl Moritz, des Friedensrichters von Grünstadt. Sein Vater gehörte seit Dezember 1832 als Oberappellationsgerichtsrat in München zu den höchsten Justizbeamten Bayerns. 1849 hatte sich Theodor Ruppenthal zeitweise der Revolution angeschlossen. Dazu meinte am 26. April 1852 der Regierungspräsident des Bayerischen Rheinkreises in Speyer, Gustav von Hohe (1799/1800–71), ganz in der Denkweise des solche Entscheidungen vorbereitenden Schmitt:

> Ob die Reue des Ruppenthal über seine Verirrung eine aufrichtige ist, kann ich nicht verbürgen, da ich ihm nicht ins Herz sehen kann, nach den Worten aber niemandes Charakter beurteile.
>
> Er hat es auch nicht einmal der Mühe wert gefunden, mir seine Verirrung offen zu bekennen und Reue darzulegen.
>
> Abgesehen davon, so steht sein Vorbringen mit der mündlichen Äußerung des vormaligen Königlichen Generalstaatsprokurators und nunmehrigen Appellationsgerichtspräsidenten Korbach [Peter Eberhard von Korbach, 1790–1870] nicht im Einklange. Nach dieser Äußerung ist Ruppenthal der Verfasser des Aufrufs in No. 55 des Zweibrücker Wochenblatts vom 7. Mai 1849 [...]. Auch ist Ruppenthal erst dann nach München geflüchtet, als sein Vater, von dem Königlichen Generalstaatsprokurator über das Treiben seines Sohnes in

Kenntnis gesetzt, eine strenge Aufforderung zur Rückkehr ins Vaterhaus an ihn erlassen hatte.

Wer Tatsachen gegen sich hat, muß solche durch Tatsachen sühnen, die eine sichere Bürgschaft für eine aufrichtige, unter allen Umständen unerschütterliche Treue und Anhänglichkeit an das monarchische Prinzip und an Eure Königliche Majestät gewähren. [...]

In Grünstadt gibt es nur wenige verlässige Personen, und ich habe von einem entschiedenen Auftreten des genannten Ruppenthal bei meiner jüngsten Durchreise durch Grünstadt nichts in Erfahrung bringen können, wohl aber gehört, daß er zurückgezogen lebe.

Wollen Euere Königliche Majestät demselben gleichwohl Gnade angedeihen lassen und seine Verwendung in der Pfalz genehmigen, so dürfte dies nach meiner unmaßgeblichen Ansicht so lange zu verschieben sein, bis die noch nicht angestellten Rechtskandidaten aus den früheren Konkursjahren [Prüfungsjahren] und aus den Jahren 1848 und 1847 (welch letzterem Ruppenthal mit der Note II eingereiht ist) untergebracht sind, weil sonst die Meinung Bestärkung finden könnte, man könne mit dem Buhlen um die Popularität nichts verlieren, wenn man der Sohn eines hochgestellten Justizbeamten oder der Vetter desselben sei oder sonst Protektion besitze.
(Speyer, Landesarchiv, H 1/505, Blatt 2/3)

Die Grundsätze der Speyerer Regierung, ganz mit denen Schmitts übereinstimmend, waren unmißverständlich klar. Sie lassen die Stimmung dieser Jahre nachfühlen. Der Landeskommissariatsverweser von Frankenthal bezeugte – was die Regierung in Speyer nicht glauben wollte – Ruppenthals *Gesinnungsänderung*. In dem für den Regierungspräsidenten noch durch und durch demokratisch verseuchten Grünstadt bestätigten, ganz umsonst, auch ein Hauptmann, der Rentmeister (Steuereinnehmer) und andere,

wie Rechtskandidat Ruppenthal bei Gelegenheit des letzten Geburtstagsfestes Seiner Majestät des Königs sein lebhaftes Bedauern äußerte, daß dieses Fest in Grünstadt nicht feierlicher begangen würden, und mehrfach öffentlich eine würdigere Feier dieser Feste, wenngleich ohne Erfolg, in Anregung gebracht habe. (Ebenda, Blatt 7)

Dieses für uns heute eher belustigend wirkende Zeugnis konnte die Regierung samt dem Radikalenschnüffler Schmitt so wenig umstimmen wie eine Eingabe des hohen Richters Ruppenthal, des Vaters.

Gnädiger fiel am 17. Mai 1852 Schmitts Urteil über den Rechtskandidaten Julius Müller aus.

Mir scheint Julius Müller nach seinem Verhalten bis zum Ausbruche des Aufstandes und seit Beendigung desselben der verzeihenden Gnade Seiner Majestät des Königs empfohlen werden zu können. Die Zeugnisse, welche der Königliche Landkommissär in Neustadt, der Königliche Landkommissariatsaktuar

Damm, Bürgermeister Stengel und der Königliche Gendarmerieleutnant Kohl ihm geben, sind äußerst günstig und beweisen, daß Rechtskandidat Müller vor und nach der Bewegung beständig und offen loyale Gesinnungen bewährt hat. Er gilt hier allgemein als ein sehr braver, solider und charakterfester Mann.

Die Verirrungen, welche Müller in seiner Eingabe mit anerkennenswerter Offenheit schildert (die Brief- und Geldsendung z. B. war mir gänzlich unbekannt und wohl auch heute nicht mehr zu ermitteln), erscheinen daher als solche, welche nicht demokratischen Ansichten und Neigungen, nicht einer dem Königtum oder der Staatsverfassung feindlichen Tendenz entsprungen sind, sondern der Überraschung, der Hilf- und Ratlosigkeit und der gänzlichen Verwirrung der Begriffe, welche in jener unglücklichen Zeit so viele, fast die meisten Köpfe in der Pfalz beherrschten.

Müller hat im Jahre 1849 die Prüfung bestanden. In der Generalqualifikationstabelle sind zwei Zeugnisse vom 31. Oktober 1849 und 12. November 1849 angeführt, welche sein moralisches und politisches Betragen als *sehr gut* schildern, wohl nur, weil man die gegen ihn vorliegenden Tatsachen als durch seine stets kundgegebenen Gesinnungen gemildert erachtete. Aus gleichem Grunde wohl nur hat ihn auch das Königliche Bezirksgericht Zweibrücken, welches in seiner Auswahl streng ist, bald nach dem Aufruhre als beeidigten Gehilfen des Gerichtsschreibers zugelassen.

Er ist bereits schon zweimal übergangen worden, würde voraussichtlich längere Jahre als Ergänzungsrichter zu fungieren und so Gelegenheit haben, seine Treue und Anhänglichkeit an Thron und Verfassung unzweideutig zu bewähren, ehe und bevor er zu einer definitiven Anstellung in Antrag zu bringen wäre. (Ebenda, Blatt 16/17)

Der Regierungspräsident von Hohe fügte am 8. Juni 1852 seine Entscheidung hinzu: obwohl er bei Julius Müller «keine Charakterfestigkeit erkennen könne, [...] so habe ich doch kein administratives Bedenken gegen seine Verwendung als Ergänzungsrichter», er sei «aber keinesfalls in jene Kantonsorte zu versetzen, in welchen er Freischarendienste geleistet hat» (ebenda, Blatt 16).

Endlich, im Oktober, winkte Julius Müller eine Stelle als Ergänzungsrichter in dem noch immer vorwiegend demokratisch geprägten Kantonsort Wolfstein (22 km nordwestlich von Kaiserslautern). Schmitt verdeutlichte nun der pfälzischen Kreisregierung in Speyer seine ausgeklügelte Stellenpolitik. Würden wir diese Linie durch eine mühevolle Analyse langjähriger Stellenvergabe herausschälen, staatsgläubige Geschichtsschreiber schrien sofort empört auf: diese Verdächtigungen können nur einem gehässigen, zersetzenden Hirn entspringen. Geben wir also ruhig dem Generalstaatsprokurator der Pfalz selbst das Wort:

Müller ist in Wolfstein ganz und gar unbekannt und früher nie dahin gekommen. Es wäre für dieses kleine Friedensgericht ein Ergänzungsrichter eigentlich nicht notwendig, allein

1. ist der Königliche Friedensrichter Benzino Landtagsabgeordneter, und für den Fall einer Einberufung würden dadurch Kosten erspart;

2. ist es besser, daß Kandidaten einen bestimmten Wohnort und geregelte Beschäftigung haben, in der sie nach allen Beziehungen hin auch leichter überwacht werden können;

3. habe ich schon früher und erst kürzlich wieder mich überzeugt, daß die konservative Partei in Wolfstein so schwach vertreten ist, daß sie in der Lesegesellschaft nicht einmal die roten [gemeint sind die demokratischen] Zeitungen verdrängen kann und nur mit Mühe ein einziges konservatives Blatt, die Pfälzer Zeitung, durchgesetzt ward.

Der Führer der Demokraten ist Notär Gelbert [Georg Daniel Gelbert, 1801–71, 1845–1863 Notar in Wolfstein, dann in Mutterstadt, 1849 Mitglied des Kantonalverteidigungsausschusses], dem bekanntlich einen Kollegen zur Seite zu setzen projektiert ist. Einige wirklich konservative Beamte sind entweder zu schwach, ihm entgegenzutreten, oder lieben die Ruhe zu sehr, um es zu tun; andere hatten sich 1848/49 vergessen und fürchten, daran erinnert zu werden, wenn sie die Initiative ergreifen, während der Königliche Dekan Lippert ziemlich allein steht.

Um diesem Treiben, beziehungsweise dieser Tatlosigkeit ein Ende zu machen und dafür zu sorgen, daß die Konservativen, die Anhänger des Thrones, das Übergewicht erlangen und mit Erfolg wirken können, erübrigt, unter den dortigen Verhältnissen, die auch in Beziehung auf die Gesittung der Einwohner des Kantonshauptortes sehr üble sind, nichts anderes für jetzt, als die Verstärkung der Guten durch einige weitere Beamten, die entschieden aufzutreten, den Mut haben.

Das wird bei dem in Vorschlag zu bringenden zweiten Notär und bei dem Rechtskandidaten Müller, wie ich nicht zweifle, der Fall sein, da er ja selbst noch kurz vor dem Ausbruche des Aufstandes die monarchische Staatsform gegenüber dem berüchtigten Schmolze [Karl Heinrich Schmolze, 1823–59, Maler und Schriftsteller in Zweibrücken und München, 1849 führender Revolutionär, Emigration in die USA, 1851 in Abwesenheit zum Tod verurteilt] und Konsorten öffentlich verteidigt hat.

Jedenfalls ist Wolfstein ein Ort der Prüfung für ihn, und ich habe Mittel, ihn dort auf das Genaueste im Auge zu behalten, und sollte er wanken, so hätte er sich damit selbst den Stab gebrochen. (Ebenda, Blatt 29 Rückseite/30)

Nach der fehlgeschlagenen Revolution war der Staatsprokuratorssubstitut (stellvertretender Staatsanwalt) von Landau, Ernst Julius Paraquin, beteiligt an der Volksbewegung in dieser Festungsstadt am 28. Februar 1850 in den Ruhestand versetzt worden. Im Juni 1852 wünschte er, reaktiviert, wieder eingestellt zu werden. Schmitt genügte nicht, daß Paraquin vor Gericht freigesprochen worden war. Für die Revolutionszeit glaubte Schmitt bei Paraquin ein «unmännliches, halt- und charakterloses Benehmen» feststellen zu müssen. Das ganze reumütige Verhalten nach der Revolution nützte nichts. Paraquin hänge nur «den Mantel nach dem Winde». Seinen Vernichtungsschlag krönte Schmitt mit der Bemerkung:

Bezüglich Paraquins Verhaltens erlaube ich mir übrigens, auf die Stelle in dem bekannten Briefe des Witt [Karl Witt, 1849 Zivilkommissär der provisorischen Regierung in Homburg, Emigration] an Kolb [Georg Friedrich Kolb, 1808–84, führender Demokrat von Speyer, Redakteur der dortigen Zeitung] ganz ergebenst aufmerksam zu machen, welche lautet: «Schicken Sie für mich die Katzenbalgerei zwischen *Freund* Paraquin und dem schlechten Glass» [Max Glass, 1816–55, Anwalt in Landau, 1848 der einzige konservative Abgeordnete der Pfalz in der Paulskirche, deshalb von seinen Wählern zum Rücktritt gezwungen] – sowie auch auf seine Verwandtschaft mit Berkmann [Adolf Berkmann, geb. 1802, evangelischer Pfarrer in Einselthum/Pfalz, 1848/49 radikaler Landtagsabgeordneter der Pfalz in München, Emigration nach den USA, dort nach 1866 gest.], Apotheker Männer, Dr. Schupp usw. (Ebenda, Blatt 19)

Schmitt ließ nicht locker. Sippenhaft genügte ihm nicht. Mit missionarischem Eifer setzte er, die Utopie einer totalen Überwachung verfolgend, am 24. Juli 1852 seine Argumentation fort:

Aus dem Berichte des Königlichen Friedensrichters zu Dürkheim und des Königlichen Staatsprokurators zu Frankenthal erhellt zwar, daß Paraquin seit Oktober vorigen Jahres (!) [Ausrufezeichen durch Schmitt] seinen Umgang mit Demokraten aufgegeben und den entschieden Konservativen selbst mit Ostentation [Schaustellung] hervortreten läßt, allein auf der andern Seite ist auch gesagt, daß er nach Dürkheim gezogen, um sich den Einflüssen seiner demokratisch gesinnten Verwandten in Landau zu entziehen. Welchen Wert hat aber ein Konservatismus, der vor einem Apotheker Männer oder Dr. Schupp verstummt, und welchen Wert ein Charakter, der so schwach ist, daß er die Einflüsse solcher Verwandten fürchtet, so fürchtet, daß man nicht den Mut hat, an demselben Orte mit ihnen zu wohnen? Es zeigt die Anschauungsweise des Königlichen Staatsprokurators eben wieder, wie unrichtig eine Beurteilung von Personen nach ihrer *jüngsten* Vergangenheit ist und wie fest darauf gehalten werden müsse, daß der ganze Mensch, sein Tun und Treiben seit lange her, ins Auge gefaßt werde.

Die erstandne provisorische Haft und die Untersuchung haben Paraquin nicht zur Erkenntnis gebracht, sonst würde sein heutiges Verhalten unmittelbar mit seiner Freilassung begonnen haben. Stattdessen verläßt er eine überwiegend konservative Gesellschaft in Landau, wird Mitglied einer ausschließlich demokratischen und benimmt sich so, daß man ihn als einen solchen ansah, der sich in die Arme der Demokraten geworfen, die ihn als Märtyrer der «Volkssache» betrachteten und venerierten [verehrten], wie seine Richtung nicht minder gekennzeichnet ist durch seine schmähliche Polemik in der Speyerer Zeitung gegen den damaligen Advokaten Glass. [...]

Wenn ich schon ohne diese Erhebungen der Ansicht war, daß die erbetene Reaktivierung nicht zu bevorworten [befürworten] sei, so muß ich nach denselben sagen, daß es die Männer der Ordnung, die wahren Anhänger des Throns, wahrhaft verletzen hieße, wollte die verzeihende Gnade des Monarchen empfohlen werden. (Ebenda, Blatt 22/23)

Ludwig Pasquay in Annweiler erlangte dagegen Verzeihung von dem alles beobachtenden Großen Auge Schmitt, obwohl er an zwei bewaffneten Freischarenzügen teilgenommen hatte. Schmitt gab die Erklärung ab,

daß er [Pasquay] die Erfahrung aus den Revolutionsjahren gewonnen, daß bei jedem Schritte das *Gesetz* leiten und jede Abweichung von der gesetzlichen Bahn unvermeidlich zum Unheile führen müsse, sowie daß er in Zukunft dem Throne und der Verfassung seine Anhänglichkeit bewahren werde.

Durch höchste Entschließung des Königlichen Staatsministeriums der Justiz vom 6. April letzten Jahres war dem Rechtskandidaten Pasquay gestattet, sich einige Monate in Paris zur weitern Ausbildung, vorbehaltlich vollgültigen Ausweises über die dortige Praxis, aufzuhalten. Als ich demselben bemerkte, daß ich ihn beanstanden müsse, gab er diese Reise nach Frankreich sogleich auf und praktizierte hier, damit ich ihn selbst unter den Augen habe.

Sein Betragen seitdem ist in jeder Hinsicht lobenswert. Er sucht nur angemessene Gesellschaft, spricht sich, dazu veranlaßt, offen und loyal aus, und der vollkommen verlässige Anwalt Eugen Loew versichert mich, daß Pasquay, den er seit längeren Jahren persönlich kenne, festen Charakters sei und unter allen Umständen Farbe halten werde. Als einen Beweis dafür bezeichnet er insbesondere den Umstand, daß Pasquay, obgleich seit 1847 mit einer Tochter des roten Exadvokaten Culmann [August Culmann, 1804–91, als Anwalt am Appellationsgericht Zweibrücken berühmter politischer Verteidiger, Abgeordneter der Paulskirche in der Fraktion Donnersberg, Emigration nach Frankreich] verlobt, diesem *niemals* irgendeinen Einfluß auf sein politisches Verhalten zugestanden habe und deshalb auch nicht gut mit ihm stehe, was sogar störenden Einfluß auf das Verhältnis des Vaters zu seiner Tochter habe. (Ebenda, Blatt 20 Rückseite/21)

Der Rechtskandidat Gottlieb Ludolf Loeb von Ungstein hatte keine Chance, weil er einst Revolutionär mit höherer Funktion gewesen war – und weil er dann noch Jude war. Schmitt wollte ihn von der Liste der Anwärter streichen lassen.

Rechtskandidat Loeb suchte sich kürzlich persönlich vor mir zu rechtfertigen; er mußte aber alle Gravamina [Beschwerden] zugeben, beziehungsweise er konnte sie nicht in Abrede stellen; nur wollte er nicht Adjutant von Schimmelpfennig [Alexander von Schimmelpfennig, 1824–65, preuß. Offizier, später General im amerikanischen Bürgerkrieg] gewesen sein, bis ich ihm zeigte, daß er *aus dessen Auftrag* nach seinen eigenen, bei den Untersuchungsakten befindlichen Schriften Rekrutierungskommissär und Verhörrichter war, freilich ist dabei der Name «Adjutant» nicht gebraucht, allein der Name tut nichts zur Sache, und «Adjutant» oder «Delegierter» war bei dem Aufruhrgesindel gleichbedeutend.

Loeb mußte mir ferner auf Vorhalt zugestehen, daß er die *roten* Farben, den Kalabreserhut mit Federn getragen und fast beständig die Büchse umhängen hatte, dann daß er einmal einen bewaffneten Zug nach Landstuhl mitgemacht und einmal als Quartiermacher nach Homburg vorausgezogen sei. [...] Als Rekrutierungskommissär war er grob und barsch und wußte sich endlich auf keinen einzigen Zeugen zu seiner Entlastung zu berufen, was mir noch bei keinem Teilnehmer am Hochverrate vorkam.

Seine Verteidigungsweise ist abstoßend und zeugt von keiner wahren Reue, da er zu entstellen sucht, anstatt seine Fehler zu bekennen, und Tatsachen wie den Umgang mit Schmolze und Konsorten leugnet, während ich selbst ihn in keiner andern Gesellschaft, aber auf den Straßen häufig in jener des Schmolze und solcher Personen sah, mit welchen ein Staatsdienstaspirant [Anwärter] niemals Umgang haben durfte.

Wäre er nicht von Herzen bei dem Aufruhr gewesen, so hätte er den Aufenthalt bei seiner Schwester im Mai und Juni 1849 genommen, statt *nach* der Niederwerfung desselben, und wenn es ihm möglich war, in Baden «den Ängsten der Kinder Israels» durch Flucht Luft zu machen, so war dies noch weit leichter in der Pfalz und namentlich in Zweibrücken, wo noch in den letzten Tagen eine ganze Reihe Beamte, Rechtskandidaten und junge Bürger flüchtig gegangen waren.

Die Verschuldungen des genannten Loeb scheinen mir mindestens jenen formell und materiell ganz gleich zu stehen, welche den bereits auf allerhöchsten Befehl gestrichenen, ebenfalls amnestierten Rechtskandidaten Rocher und Holzbacher zur Last liegen, weshalb schon die Rechtsgleichheit zu dem beziellten Antrage verpflichten dürfte, wozu noch kömmt, daß Loeb Jude ist und folglich eine Anstellung im Notariate oder bei einem Gerichte ohnehin nicht wohl erhalten könnte. (Ebenda, Blatt 35 Rückseite/36)

Trotz Ausnahmezustand, Strafbataillonen, Tausenden von Verhaftungen und Bespitzelungen war die oppositionelle Volksbewegung der Pfalz nicht so rasch unterzukriegen. Im Juli 1850 wurde bekannt, daß die 333 Hauptangeklagten der Pfälzer Erhebung, sofern sie hinter Schloß und Riegel saßen, vor ein Sondergericht kamen, also nicht vor das verfassungsmäßig vorgesehene, stets den politischen Angeklagten günstiger gesonnene Geschworenengericht. Für die Pfälzer ein klarer Rechtsbruch, zustande gekommen unter massivem Druck der Regierung. Dazu schrieb das noch nicht zu Kreuze gekrochene «Kaiserslauterer Wochenblatt»:

?? Kaiserslautern, 24. Juli [1850]. Die Nachricht, daß unsere in den pfälzischen Monstreprozeß verwickelten Mitbürger vor das Spezialgericht verwiesen sind, hat überall eine tiefgehende Sensation erregt. War die Teilnahme an dem Schicksale der Opfer einer verunglückten Erhebung schon groß, so ist sie jetzt unbeschreiblich geworden. Überall spricht man über das Los der 333 vor das Spezialgericht Verwiesenen. Die Bermerkungen, welche man darüber macht, sind ungeschminkt und offen und eben nicht schmeichelhaft für diejenigen, welche das Unglück der Familien auf ihr Gewissen geladen haben. Bestätigt der Kassationshof das Verweisungsurteil, so geht das letzte Restchen Vertrauen zugrunde, welches man noch zur Gerechtigkeit hat. Der bittere Bodensatz, welcher übrig bleibt, bringt dem bayerischen Staat keine Rosen. War doch das badische Standgericht selbst milder als die Zweibrücker Anklagekammer; jenes wandelte [gemeint wohl: handelte] seine Opfer gleich ab, während diese die ihrigen Jahr und Tag lang zwischen Furcht und Hoffnung schweben ließ, um sie am Ende zu – spezialgerichteln. (Kaiserslauterer Wochenblatt, Nr. 89 vom 26.7.1850)

Der eifrige Generalstaatsprokurator Schmitt hatte beantragt, die Teilnehmer am pfälzischen Aufstand von 1849 von einem Sondergericht (ohne Geschworene) aburteilen zu lassen, wie dies in der französischen Verfassung von 1800 für Aufrührer vorgesehen war. Ihm war ein Zweibrücker Gericht gefolgt, doch der Kassationshof in München hob diesen Beschluß auf. Die Justiz wollte den Mammutprozeß gegen die Pfälzer Demokratie nicht mit dem Makel eines verhaßten Sonderverfahrens belasten. Der Prozeß gegen die 333 Angeklagten – die meisten waren ins Ausland geflüchtet – fand vor dem Zweibrücker Geschworenengericht statt und endete mit einer großen Anzahl Todesurteile (wegen Abwesenheit nicht vollziehbar) und hohen Zuchthausstrafen.

Ihr ergreifendstes literarisches Denkmal fand die ganze pfälzische Erhebung 1851 in Karchers Novelle «Die Freischärlerin». Dem Autor, einem Kaiserslauterer Tabakhändler, gelang ein seltener Wurf revolutionärer Volksliteratur, dem reaktionären Staatsapparat zum Trotz.

Quellen und Literatur

Hellmut G. Haasis: Die Pfälzer Revolution von 1849 und Friedrich Albrecht Karchers Novelle «Die Freischärlerin», in: F. A. Karcher, 1977, S. 183–241

F(riedrich) A(lbrecht) Karcher: Die Freischärlerin. Eine Novelle aus der Pfälzer Revolution von 1849. Mit Beiträgen von Rothild Wambsganß-Eisenmenger und Elsa Neuesleben. Mit Nachwort, Anmerkungen, Reisevorschlägen, Lebensläufen, Bücher- und Schallplattenhinweisen hg. von Hellmut G. Haasis, Frankfurt/Main 1977

Kaiserslauterer Wochenblatt, Nr. 89 vom 26.7.1850

Speyer, Landesarchiv, H 1/505 (Den Hinweis auf diesen hochinteressanten Bestand verdanke ich Hans Ziegler, Landau)

107 Die Demokratie kämpft weiter

Die unterlegenen Demokraten gaben den Kampf keineswegs auf, nur verschwand das, was sie nach der Niederlage taten, im Schatten von Bismarcks Aufstieg. Eine niedergehende Bewegung hat angeblich historisch Unrecht. Und wer Unrecht hat, verdient keine Erwähnung mehr. Heute, nach zwei Weltkriegen, ist Bismarcks Stern verblaßt, und wir achten endlich auf die versprengten Bruchstücke des demokratischen Widerstands.

Die südwestdeutsche Mairevolution von 1849 für die Reichsverfassung lief mit riesigen Volksversammlungen an, die die Erhebung beschlossen und eigene Regierungsorgane einsetzten: zuerst für die Pfalz in Kaiserslautern am 1. Mai 1849, dann für Baden in Offenburg am 11. Mai. Dem Aufstand sollte sich, nach der Planung der Entschiedenen, Württemberg mit der Reutlinger Volksversammlung vom 28. Mai anschließen. Die liberalen Honoratioren Württembergs wußten dies gerade noch zu verhindern.

1979 fand zur 130-Jahrfeier, die die heutigen Honoratioren gerne verpaßten, in meiner Wahlheimatstadt Reutlingen eine Gedenkveranstaltung statt. Dabei wurden unbekannte und verdrängte Ereignisse aus der Stadtgeschichte ausgegraben. Diese seien hier in einen größeren Zusammenhang gestellt.

Aus dem «roten Reutlingen», wie die Stadt wegen ihrer demokratischen Haltung bei den Behörden hieß, zogen am 20. Juni 1849 rund 50 junge Arbeiter der badischen Freiheitsarmee zur Hilfe. Die betuchten Bürgersöhnchen krümmten dagegen keinen Finger. Dieses Reutlinger Freischarenkontingent stellte fast 10 % der 600 Bewaffnete zählenden Schwäbischen Legion. Kommandant dieser Legion wurde der Reutlinger Redakteur Theodor Greiner, der dann Ende Juni bei Baden-Baden fiel.

Kaum war die demokratische Armee in Baden unterlegen, begann auch die württembergische Monarchie mit der Abrechnung. Am Samstag, dem 30. Juni 1849, wurden überall im Land Delegierte der Reutlinger Volksversammlung verhaftet. Am Montag, dem 2. Juli, erreichte die Verhaftungswelle Reutlingen. Es traf Gustav Heerbrandt, Buchhändler, Redakteur des «Reutlinger Courier». Heerbrandt wurde sofort von zwei Landjägern in einer Kutsche auf den Asperg gebracht, den berüchtigten «Demokratenbuckel». Am selben Morgen sollte der Redakteur Gottlob Adolf Schauwecker um sieben Uhr morgens vor dem Amtsrichter erscheinen. Nur eine Krankheit hinderte ihn daran. Darauf kamen in seine Wohnung um acht Uhr ein Gerichtsschreiber, zwei Gerichtsbeisitzer, vier Polizeidiener und ein Polizeiwachtmeister. Eine sofortige Hausdurchsuchung förderte nicht das gewünschte Belastungsmaterial zutage.

Die Reutlinger Demokraten vermuteten mit gutem Grund, daß nun die Hetzjagd auf alle Demokraten beginne. Schon eine Stunde nach Beginn der Hausdurchsuchung bei Heerbrandt hatten sie sich untereinander an ihren Arbeitsstellen informiert. In ihrer Arbeitskleidung drangen einige ins Oberamt (heute Heimatmuseum in der Oberamteistr.) ein, danach ins Oberamtsgericht (heute Gartenstr. 44). Die bedrohten königlich württembergischen Obrigkeitsvertreter, der Oberamtmann Wolfer und der Stadtschultheiß Grathwohl, wollten aus der Bürgerwehr eine Sicherheitswache bilden. Doch viele Bürgerwehrleute lehnten offen ab, mit einem eigenen Eintrag in die Liste.

Abends um 21 Uhr verstärkte sich die Widerstandsbewegung, voran die illegale, gefürchtete Gerbermiliz. Reutlingen war ein Zentrum des Gerberhandwerks. Nach 22 Uhr sammelten sich mehr als 20 Bewaffnete an der Spitalkirche, am Rande des Marktplatzes. Offenbar gab es auch noch nach dem Auszug der Freischar bewaffnete Radikale in Reutlingen, die sich selbst ohne Befehl der demokratischen Führung zu verteidigen wußten.

Über dieses Ereignis habe ich ein Flugblatt der bedrohten Amtspersonen gefunden, das hinten in einer handgeschriebenen Chronik eingebunden ist, die sich im Stadtarchiv Reutlingen befindet. Dieses Druckstück ist bisher unbekannt gewesen. Da 1944 bei der Bombardierung Reutlingens alle 48er-Zeitungen und sonstigen Quellen zugrunde gingen, sei dieses kostbare Dokument vollständig wiedergegeben. Trotz seiner feindlichen Absicht läßt es den Volkswiderstand anschaulich auftreten und selbst zu Wort kommen.

Ansprache an die Bürgerschaft in Reutlingen

Leider sind am Montag, den 2. Juli, in der hiesigen Stadt wieder Handlungen vorgekommen, welche die Ordnung, Ruhe und Sicherheit in nicht unbedeutendem Maße gefährdeten.

Nachdem der Buchhändler Heerbrandt morgens früh von dem Oberamtsgericht auf Requisition [Anforderung] verhaftet und von dem Oberamt auf den Transport gesetzt worden ist, haben sich auf ein Gerücht, dessen Urheber man bereits kennt, daß noch mehrere andere Verhaftungen vorgenommen und daß dieses Schicksal namentlich den Beständer [Pächter] des sogenannten Räuberhöhlen-Wirtshauses [heute Albtorstr. 3; vorne, wie noch heute, das Restaurant/Hotel «Zum Paradies», hinten war die Brauerei-Wirtschaft «Zur Räuberhöhle»] treffen werde, zwischen neun und zehn Uhr größere Massen von Menschen vor dem sogenannten Räuberhöhlen-Wirtshaus und vor dem Hause des Speisewirts Rieth [heute Metzgerstr. 47] angesammelt und tumultuiert.

Um elfeinhalb Uhr etwa hat sich der Zug vor das Oberamt bewegt, vor dessen Vorstand bald darauf der Bürgerwehroffizier Oberleutnant Haller mit der

Erklärung erschien, daß er es für Pflicht halte zu sagen, daß wegen der beabsichtigten Verhaftungen eine starke Bewegung in der Stadt sei und daß deshalb von ferneren Verhaftungen abgestanden werden müsse.

Auf die Erwiderung des Oberamtmanns, daß ihm von einer an diesem Tage weiter vorzunehmenden Verhaftung nichts bekannt sei, daß er indessen in der Sache überhaupt nicht zu Rede zu stehen habe, teilte Haller mit, daß mehrere Männer in dem Öhrn [Flur] des Kanzleigelasses stehen, welche eine beruhigende Erklärung erwarten. Einige Augenblicke nachher traten Konrad Lamparter, Müllers Sohn, Rotgerber Grötzinger (Witwe Sohn) und Johannes Göppinger, Fritz Sohn, teilweise in ihrem Werkstätteanzug in sichtlich aufgeregtem und erhitztem Zustande in das Arbeitszimmer ein, während mehrere andere bereits auf der Stiege befindliche im Begriffe waren, ihnen zu folgen.

Lamparter machte den Sprecher, er erklärte: Sie seien wegen der Verhaftungen da, so dürfe es nicht fortgehen, es dürfen keine Verhaftungen mehr vorgenommen werden. Von dem Oberamtmann mit nachdrücklichem Ernste darauf aufmerksam gemacht, daß die Verhaftung des Heerbrandt in der gesetzlichen Form von dem Oberamtsgerichte und nicht von dem Oberamte vorgenommen worden sei, daß ihm von weiter angeordneten Verhaftungen nichts bekannt sei, daß im übrigen ihnen in der einen wie in der anderen Beziehung nicht zustehe, der Obrigkeit eine Erklärung abzufordern, noch weniger der gerichtlich beschlossenen Maßregel Einsprache oder gar Gewalt entgegenzusetzen, wollten sie sich gleichwohl anfänglich gar nicht belehren lassen, und es bedurfte der Anwendung der ganzen amtlichen Autorität, um diese Unberufenen zum Abgange zu vermögen, die von den gesetzlichen Formen einer Verhaftung, von der diesfallsigen Unterwerfung unter den zuständigen Richter und von der Verantwortlichkeit des Richters für seine Handlungen nichts wissen wollten. Weil sie gehört hatten, daß das Oberamtsgericht und nicht das Oberamt die Verhaftung vorgenommen habe, so begaben sie sich sofort unter teilweiser Begleitung von der Menge vor das Oberamtsgericht, und es konstituierte [verhörte] dann Lamparter und ein Dritter den Oberamtsrichter in ähnlicher Weise.

Schon um zwölfeinviertel Uhr bewegte sich aber wieder ein Zug von etlich und dreißig [ungefähr 30] erwachsenen Personen vor die Oberamtei und machte Miene, einzutreten. Derselbe ging jedoch auf die Bemerkung der Dienstmagd des Oberamtmanns gegen einen der Anwesenden, daß das Amtslokal geschlossen sei, nach einem Aufenthalt von etwa acht Minuten auseinander. Bei diesen Bewegungen und nachdem auch die ersten Stunden des Nachmittags fortwährend Spuren von der Andauer der Aufregung und Erhitzung gezeigt haben, wie man dann nachmittags Leute mit Schießwaffen herumlaufen sah, sah sich das Oberamt und Stadtschultheißenamt veranlaßt, mit den Kompaniekommandanten der Bürgerwehr zusammenzutreten, um für die Nacht die für die Sicherheit der Stadt nötigen Anstalten zu treffen. Es wurde beschlossen, daß von jeder Kompanie 16 Mann auf die Wache auszurücken haben, was eine Sicherheitskompanie von 160 Mann gegeben hätte. Allein es stellten sich nicht weiter als etlich und sechzig Mann, und es war das Zurückbleiben der größern Hälfte für den zunächst für die Erhaltung der Ruhe und Sicherheit verantwortlichen Oberamtmann und Stadtschultheißen ein peinigendes Gefühl, zumal da ein großer Teil der Zurückgebliebenen auf dem Aufforderungsblatt geradezu die Worte beigefügt hatte: «kommt nicht»; denn wir überzeugten uns aus den umstehenden Gruppen bald, daß die Erhaltung der Ruhe offenbar einer größern Macht bedürfe, und wir verdanken es wohl nur dem eine Zeitlang angedauerten starken Regen, daß in der Nacht nicht gröbere Ausbrüche vorgekommen sind und daß nicht gröbere Ruhestörungen stattgefunden haben. Immerhin waren aber die vorgekommenen bedeutend genug.

Nach neun Uhr zog eine Schar junge Leute, die sogenannte Gerberkompanie, die, weil sie der Bürgerwehr nicht einverleibt ist, gesetzlich nicht bestehen kann – einige derselben bewaffnet – über den Marktplatz in geschlossener Reihe gegen die untere Wilhelmstraße [von der Karlstraße zum Marktplatz], offenbar in keiner andern Absicht, als um eine feindliche Demonstration zu machen. Nach zehn Uhr aber sammelte sich ein Haufen von etlich und vierzig Mann in der Nähe der Spitalkirche [am Marktplatz, heute Konzertsaal], unter welchen 15–16 Mann mit Gewehren und fünf bis sechs Mann mit Sensen bewaffnet waren, der eine drohende Stellung annahm. Derselbe konnte nur nach vieler Mühe erst nach dem Zusammenstoß der ganzen wachhabenden Mannschaft, deren Mannhaftigkeit und Pflichttreue wir mit großem Dank zu erwähnen haben, und erst dann auseinander getrieben werden, nachdem der Oberamtmann die Schlagung des sofort begonnenen Generalmarsches befohlen hatte. Dieser Haufe erließ, obgleich kein Mann in demselben beleidigt worden ist, den Ruf: «Bürger heraus.» Ein bei demselben Anwesender, Bierbrauer Balthes Ernst, schrie, als der Oberamtmann unter die tobende Menge trat und ihr Ruhe und Auseinandergehen befahl, nach einer der Polizei gewordenen Anzeige: «Schlaget ihn tot!» Auch soll eben dieser Ernst «Feuer» kommandiert haben. In der Nähe des Hauses des Stadtschultheißen wurde, nachdem vorher Drohungen und Schimpfworte von dem kaum erwähnten Haufen ausgestoßen worden waren, ein Gewehr loszubrennen gesucht; das Zündhütchen zersprang. Nach den eingekommenen Anzeigen trug Rotgerber Hummel einen Stutzer bei sich, den er dem Büchsenmacher Beutter, der zur Ruhe mahnte, auf die Brust gesetzt hat; ein Rotgerbergeselle Schmidt aber soll mit einer Bürgerwehrmuskete noch nachts elf Uhr vor dem Bade [heute die Grünanlagen vor dem Hauptbahnhof] herumgelaufen sein.

Wie übergehen weitere Details und die namentliche Anführung mehrerer weiteren bekannten Tumultuanten, von denen z. B. der Glaser J. M. Müller auf dem Eisenlohr'schen Bierkeller [heute Gaststätte «Uhlandhöhe», Friedrich-Ebert-Str. 17] sich gegen eine stille und anständige Gesellschaft ein freches Stück erlaubt hat, – um zu dem Resultat der Verhandlungen überzugehen, welche das Oberamt und das Stadtschultheißenamt nach diesen Erfahrungen heute mit den bürgerlichen Kollegien [Stadtrat und Bürgerausschuß] und den Offizieren der Bürgerwehr gepflogen haben.

Auf erstatteten Vortrag haben diese wie jene die Ruhe der Stadt für gefährdet und die Ergreifung außerordentlicher Sicherheitsmaßregeln für absolut nötig erachtet. Sie haben anerkannt, daß dem Oberamt und dem Stadtschultheißenamt, welche für die Aufrechterhaltung der Ordnung, Ruhe und Sicherheit zunächst verantwortlich seien, für den Fall, daß die eigenen Schutzmittel nicht ausreichen sollten, wenn namentlich die nach dem Gesetz für die Beschützung der Verhaftung und der Gesetze und für die Aufrechterhaltung der Ordnung und Ruhe verpflichtete Bürgerwehr dieser ihrer Verpflichtung auf künftige Aufforderungen nicht treulich und gewissenhaft nachkommen würde, angesichts der vorgekommenen Vorfälle zur Abwendung der Gefahr nichts anderes übrig bleibe als die Herbeirufung der militärischen Gewalt.

Sie haben aber gemeint, daß das gestrige unzahlreiche Erscheinen der Bürgerwehr im Allgemeinen seinen Grund weniger im bösen Willen als in andern zufälligen Umständen habe und gegenteils das Vertrauen ausgesprochen, daß die Bürgerschaft, wenn sie in einer Ansprache an dieselbe das frevelhafte Treiben Einzelner erfahre, deren *Namens-Nennung die Kollegien ausdrücklich verlangten*, für die Erhaltung des Gesetzes und der Ordnung zusammenstehen und daß namentlich die Bürgerwehr, wenn sie den wahren Sachverhalt kenne, für die Aufrechterhaltung der Ruhe in allen Beziehungen nicht weniger fest und entschieden eintreten werde, als sie dieses bei den Septemberunruhen [1848; Volksversammlung in Reutlingen gegen den Malmöer Friedensvertrag, worin deutsche Gebiete Dänemark überlassen wurden; dabei erschienen rote Fahnen in Reutlingen] getan habe. Die beiden städtischen Kollegien haben deshalb beschlossen, daß die gegenwärtige Ansprache des Oberamts- und Stadtschultheißenamts unter dem Bemerken an die Bürgerschaft erlassen werden solle, daß morgen Abend die sämtlichen Bürgerwehrkompanien versammelt und zur bestimmten Erklärung darüber aufgefordert werden werden, ob sie gesonnen seien, für die Aufrechterhaltung der Ordnung, Ruhe und Sicherheit der hiesigen Stadt in jeder Beziehung einzustehen, namentlich den an sie ergehenden Aufforderungen zum Sicherheits-Wachdienst treu und redlich nachzukommen. Würde die Erklärung derselben nicht befriedigend ausfallen, so wüßten die städtischen Kollegien – das war das Ende ihres Beschlusses – nichts dabei zu erinnern [einzuwenden], wenn das Oberamt und Stadtschultheißenamt behufs der Aufrechterhaltung der Ruhe und Sicherheit genügende militärische Hilfe requirieren [anfordern].

Bürger! Hier habt ihr unsere redliche und wohlgemeinte Ansprache, wir zweifeln nicht, daß sie ihren Zweck erfüllen wird; denn wir wissen, daß der größte Teil unserer Mitbürger Ordnung will. Möge jeder in seinem Teile zu Herbeiführung dieses Zwecks mitwirken. Euch, Männer der Bürgerwehr, aber ersuchen wir, daß ihr auf das ergehende Zeichen morgen recht zahlreich auf euren Sammelplätzen erscheinet.

Reutlingen, den 4. Juli 1849.

Königl. Oberamt und Stadtschultheißenamt:
Wolfer. Grathwohl.

(Haasis, Volkswiderstand, S. 32–35)

Wie wenig diese gesamte Widerstandsaktion der radikalen Demokraten Reutlingens der demokratischen Führung paßte, zeigt sich auch an der Distanzierung der «Bürgerzeitung». Das Blatt sah darin ein planloses Geschrei von einem Haufen größtenteils betrunkener Leute, die nicht gewußt hätten, warum sie sich versammelten. Das ganze sei nichts als ein Krawall gewesen.

Nun durchzogen Patrouillen der Bürgerwehr die Stadt. Der noch in Reutlingen verbliebene Teil des einst 200 Mann zählenden Freikorps («Freiwillige Kompanie») löste sich selbst auf. In einem späteren Prozeß wurden wegen der Aktion vom 2. Juli verurteilt: der Bierbrauer Balthasar Ernst zu ein Jahr und sechs Monaten Zuchthaus, der Buchdrucker Erhardt Fischer und der Buchbinder Johannes Votteler zu je zwei Jahren und vier Monaten Arbeitshaus, der Bortenmacher David Hummel zu ein Jahr und vier Monaten Gefängnis in Ulm und der Rotgerber Gottlob Hummel zu zehn Monaten Gefängnis in Ulm.

Im August desselben Jahres kam, frisch geschmückt mit den Lorbeeren des Kampfes gegen die demokratische Armee in Baden, eine württembergische Strafkompanie ins rebellische Reutlingen. Die Soldaten hörten in den Wirtshäusern erstmals ihre wahren Namen, die aus dem Schwäbischen übersetzt lauteten: «elende Soldaten», «schlechte Kerle», «Volksverräter», «elende Offiziersbediente», «liederliche Tröpfe».

Die Soldaten bedienten sich ihres einzigen Arguments: der brachialen Gewalt. Die Reutlinger versammelten sich auf dem Marktplatz. Ein Oberleutnant wollte die Versammlung auflösen. Sie antworteten ihm selbstbewußt, das sei nicht sein Marktplatz, sondern der Marktplatz der Reutlinger Bürger. Das Militär nahm fest, wen es zu fassen bekam. Die Demokraten befürchteten zu Recht einen Militärputsch und folgenden Ausnahmezustand. Es kam zu Schlägereien, bis die Gerbermiliz, eine berühmte Elitetruppe aus Gerbergesellen, eingriff. Unter dem Kommando des Gerbermeisters Gottlob Hummel prügelten die Gesellen die Soldaten durch, die bald Reutlingen verließen. Ein Hauptmann jammerte, im ganzen badischen Feldzug habe er nicht so viele Verwundete gehabt wie in Reutlingen.

Im selben Monat fanden Neuwahlen des aufgelösten Stuttgarter Landtages statt. In Reutlingen kandidierte der linke, entschiedene Demokrat Karl Friedrich Schnitzer (1805–74) gegen den Königstreuen Bantlin. Das Ergebnis war entsetzlich, ein Greuel für eine obrigkeitsfromme Stadtgeschichte. Der radikale Demokrat Schnitzer gewann haushoch mit rund 80 %. In Reutlingen erhielt er 82 %, in Pfullingen 88 %, in Ohmenhausen 89 % und in Eningen sogar 97 % der Stimmen.

Das Volk hatte auch bei den Neuwahlen falsch gewählt. So meinte die Regierung in Stuttgart. Also wurde der Landtag Ende des Jahres schon wieder aufgelöst. Vor den Neuwahlen ließ die Kirchenleitung von allen Kanzeln des Landes herab eine Erklärung gegen die Demokraten verlesen.

Als in der Reutlinger Spitalkirche dieser Aufruf verlesen wurde, polterten rund 60 Mitglieder der demokratischen Volkspartei von der Empore die Holztreppe herunter und verließen geräuschvoll die Kirche. Die Behörde stellte unter ihnen 17 Volksschullehrer fest, die von nun an zur Strafe Sonntags nach der Kirchenmusik im Kindergottesdienst die Kinder hüten mußten. 18 der bekannten Demokraten wurden wegen Verlassens der Kirche für drei Monate ins Ulmer Gefängnis eingeliefert. Ihr Protest erhielt den Namen «Kirchenexzeß».

Der nicht ganz zu unterdrückende Widerstand der besiegten Demokratie äußerte sich woanders auch in weniger massiven, aber nicht weniger Aufsehen erregenden Aktionen. Auf dem Marktplatz von Saarbrücken (Rheinpreußen) tauchte in der Nacht zum 23. August 1850 eine deutsche Fahne auf, mit den Farben schwarz-rot-gold. Der Bürgermeister befahl, sie sofort zu entfernen (Saarbrücken Nr. 48). Derweil hing auf dem Turm des Augustiner-Klosters von Landau/Pfalz noch immer ein viel älteres Freiheitssymbol: eine schon lange ausgebleichte, einst rote Jakobinermütze. Im Jahr 1793, auf dem Höhepunkt der Großen Französischen Revolution, hatte sich die republikanische Bewegung der Südpfalz diese Freiheitsmütze aufgesetzt. Weder Wind und Wetter noch reaktionäre Zeiten hatten die jakobinische Kappe vom Turm geholt.

Nicht nur in illegalen Flugblättern, die bis heute nicht mehr herausgegeben wurden, sondern auch in beliebten Liedern lebte die Demokratie weiter. Voran das Heckerlied, gefürchtet von allen Unterdrückungsmächten. Über einen solchen Vorfall in der Schuharbeiterstadt Pirmasens (Pfalz) schrieb am 9. April 1850 der dortige Landkommissär an das Bürgermeisteramt:

In jüngster Zeit ist die Anzeige an die unterzeichnete Behörde gelangt, daß schon mehrere Male von Seiten der hiesigen Bewohner Aufreizung der Soldaten der Garnison dahier durch das Absingen des Heckerliedes, Lebehoch auf die Republik, beleidigende Lieder gegen die allerhöchsten Personen und beschimpfende Äußerungen gegen das Militär selbst hervorgerufen wurde. Unter andern soll erst am 2. April ein Exzeß zwischen Militär und Zivil in der Wirtschaft der Witwe Leinenweber auf dem Matzenberg aus diesem Grunde stattgefunden haben.

Wenn nun solche Attentate, durch welche nur immerwährend größere Erbitterung und hierdurch Exzesse erzeugt werden, überhaupt schon ein sehr übles Licht auf die Bewohner der Stadt werfen müssen, so sind insbesondere die schweren Folgen, welche derlei Auftritte über die Stadt heraufbeschwören, unberechenbar. (München, Hauptstaatsarchiv, Abt. Kriegsarchiv, B 787)

Wie in vielen anderen Städten, so bestanden auch in Würzburg weiterhin inoffizielle Treffpunkte der Demokraten, der Obrigkeit ein Dorn im Auge. Hauptmann Zoller von der 2. Sanitätskompanie in Würzburg sah sich veranlaßt, im Herbst 1851 vom Treiben dieses «Gelichters» Anzeige zu erstatten. Der Text floß aus seiner Feder in solch charakteristischer Mischung aus Unfreiheit und Bürokratendeutsch, daß es schade wäre, auch nur einen Satz wegzulassen.

Würzburg, den 23. September 1851
die 2. Sanitäts-Kompanie an die Königliche Stadt- und Festungs-Kommandantschaft dahier
Kipp'sche Bierschenke dahier betreffend.

Der gehorsamst Unterzeichnete hält es für seine Pflicht, Einer Königlichen Stadt- und Festungs-Kommandantschaft über folgende Umstände gehorsamste Meldung zu erstatten, welche er in jüngster Zeit in Erfahrung brachte:

Derselbe hat nämlich einigen verlässigen Unteroffizieren seiner Kompanie den Auftrag erteilt, seine unterhabende Mannschaft genau zu überwachen, ob nicht derselben revolutionäre Schriften zugesteckt und ob selbe nicht Wirtshäuser und Orte besuche, an welchen Verführungsversuche von Seiten der Umsturzpartei an Soldaten gemacht würden.

Zu diesem Behufe besuchte der ebenso tätige als umsichtige Sergeant Karl Godefroi schon mehrere Male die Kipp'sche Bierschenke hinter der Marienkapelle, unter anderem auch gestern in Begleitung der Oberjäger Neubeck und Surrer des Königlichen 5. Jägerbataillons, wo sie in der mit den Bildnissen Heckers, Robert Blums und anderer dieses Gelichters ausgestatteten Wirtsstube eine Anzahl Zivilisten, worunter selben nur der hiesige Metzger Uhl und ein gewisser, früher schon in Untersuchung gestandener Metzler bekannt sind, trafen, die das sogenannte Heckerlied und andere revolutionäre Lieder sangen, sowie sonstige der revolutionären Partei eigne Demonstrationen machten und dort alle Abende ihre Zusammenkunft zu haben scheinen. Da genannter Unteroffizier sowie auch Sergeant Listenführer Lippert diesseitiger Kompanie früher schon einmal Soldaten der verschiedenen Garnisonsabteilungen daselbst trafen, welche zwar durchaus nicht mit jenen Zivilisten verkehrten, so glaubt der gehorsamst Unterzeichnete, Einer Königlichen Kommandantschaft zur weiteren Verfügung im Interesse des allerhöchsten Dienstes pflichtschuldigst von diesen Sachverhalten Meldung machen zu müssen, damit nicht durch den Besuch dieses Wirtshauses von Seiten der Unteroffiziere und Soldaten hiesiger Garnison Exzesse oder Verführungsversuche an selben hervorgerufen werden möchten.
Zoller, Hauptmann.

Der Stadt- und Festungskommandant setzte am folgenden Tag seine Entscheidung neben diese Anzeige und schickte das Schreiben an den bayerischen Regierungspräsidenten von Unterfranken:

Unterzeichneter bringt, da die Überwachung übelgesinnter Parteigenossen des Zivilstandes den Polizeibehörden zusteht, nebige Anzeige zur hohen weiteren Verfügung gehorsamst in Vorlage und glaubte, zur Verhütung eines vorzeitigen Aufsehens die protokollarische Aufnahme der Anzeige und das Verbot des Besuches dieser Bierschenke für die hiesige Garnison wegen einer etwa notwendig werdenden Haussuchung in diesem Augenblick noch unterlassen zu müssen. (Würzburg, Staatsarchiv, Regierung von Unterfranken, Präsidialakten Nr. 397, Blatt 2)

Aus der Emigration suchten die Geflüchteten in die Heimat zurückzuwirken. Sie gründeten revolutionäre Organisationen, um einen neuen Aufstand vorzubereiten. Hin und wieder kamen deren Abgesandte ins Land, um Verbindungen anzuknüpfen, Informationen zu besorgen oder Schriften zu verbreiten. Nun witterte die Verfolgungsbehörde hinter jeder kritischen Stimme eine internationale Verschwörung. Als Anfang 1853 der Staatsprokurator von Frankenthal (Pfalz) einen solchen Verdächtigen nicht ernst genug nahm und ihn nach dem Verhör wieder laufen ließ – wie es rechtens war –, holte er sich von seinem Vorgesetzten, dem bekannten Radikalenjäger Ludwig Schmitt, einen tüchtigen Rüffel. Schmitt schrieb am 6. März 1853 aus Zweibrücken nach Frankenthal, wobei wir etwas von der fortdauernden Oppositionsbewegung erfahren:

Die Verhaftung eines gewissen Karl Sauter, angeblich von Winnweiler, wegen Majestätsbeleidigung betreffend.

Euer Wohlgeboren erhalten die anliegende Note des Königlichen Regierungspräsidiums vom gestrigen samt zwei Beilagen gegen umgehende Remission [Zurücksendung] nach genommener Einsicht mit folgenden Bemerkungen:

Gegenüber den neuesten gräßlichen Schandtaten in Wien und Mailand, den Umtrieben in Pest, des auf den ersten laufenden Monats angesagt gewesenen allgemeinen Aufstandes und der Tatsache, daß das Revolutionsgesindel in London beständig Emissäre [Sendboten] mit wühlerischen Aufträgen aussendet, müssen die neuesten Erscheinungen demokratischer Frechheit und Rührigkeit in der Pfalz die tätigste Wachsamkeit und, wo immer möglich, die strengste Repression in Anspruch nehmen. Zu diesen Erscheinungen gehört z. B. Singen des Heckerliedes bei Mutterstadt, die am elften vorigen Monats zu Kaiserslautern erfolgte Aufschreibung der Worte an Häuser: «Nieder mit den Fürsten, es lebe Kossuth!», die ebenfalls daselbst gemachte Voraussage, «bis zum 24. Februar laufenden Jahres sind alle Fürsten von den Thronen gestürzt usw.», und insbesondere wieder die in den Anlagen beanzeigten, in einem öffentlichen Wirtshause durch einen fremden, angeblich aus Frankreich kommenden und mit keiner gehörigen Legitimation versehenen Menschen gemachten Äußerungen «An dem (Königs Max Majestät) wäre auch nicht viel verloren gewesen, es hätte auch nichts geschadet, wenn der weggeschafft worden wäre; es wird bald wieder losgehen, bald wieder anders werden.» Äußerungen, die noch dadurch erschwert werden, daß sie einem Soldaten gegenüber gemacht wurden.

Unter diesen Umständen kann ich es nicht gutheißen, daß die Einleitung einer Untersuchung gegen diesen unbekannten Menschen abgelehnt wurde; er war augenblicklich in Haft zu nehmen, seine Effekten [Habe] mußten, nach bereits früher gegebener Weisung, auf sorgfältigste untersucht, seine Herkunft, sein früherer Aufenthalt, sein letztes Tun und Treiben usw. der strengsten Prüfung unterworfen und nichts durfte versäumt werden, um die Überzeugung zu schaffen, daß in unserm Lande das Gesetz keineswegs ohnmächtig ist, gegen Emissäre und Wühler, die sich hochverräterische Äußerungen erlauben.

Wenn auch die Einleitung der Untersuchung nach höchster Entschließung vom 29. Oktober 1849 (Umschreiben vom 25. Januar 1850) nicht wegen Majestätsbeleidigung stattfinden sollte, so ist doch notorische Tatsache, daß in London beständig Komplotte gegen die bestehende Ordnung der Dinge geschmiedet werden, daß erst kürzlich der Hochverrat in Mailand und Pest wieder verübt und selbst ein fluchwürdiges Attentat gegen einen Monarchen vorgenommen wurde – und Euer Wohlgeboren wird nicht entgehen, daß ein Emissär des Revolutionsgesindels der strafbare Teilnehmer an solchen Komplotten ist, daß, wenn auch der Beweis dieser Teilnahme in den gebrachten Worten allein nicht gefunden werden kann, diese doch so höchst dringenden Verdacht der Mitschuld begründen, daß unabweisbar geboten ist, den Verdächtigen in Haft zu behalten, bis die indizierte [angezeigte] Untersuchung den Beweis seiner wirklichen Mitschuld geliefert oder erschöpft ist; noch weniger aber kann Ihnen entgehen, daß die Haft und Untersuchung wegen Landstreicherei vollkommen begründet war, da der Verdächtige keine *genügende* Legitimation hat und der Besitz von Subsistenzmitteln [Geld für den Lebensunterhalt] das Vorgehen bei einem höchst verdächtigen Menschen begreiflich nicht aufhebt. Wenn Ihnen daher keine anderweitigen als die in der Anlage bezeichneten Momente aktenmäßig vorlagen, so beauftrage ich Sie hiermit förmlich, den Verhafteten wieder zu requirieren [anfordern], sofort die strengste Untersuchung einzuleiten und sie mit Ihrem gewöhnten Diensteifer durchzuführen. Das Gesetz schützt den ruhigen, friedlichen Untertan, aber es ist keine Brustwehr für den Emissär der Propaganda, für den, der indirekt den Fürstenmord predigt, und für den, der durch hochverräterische Reden den öffentlichen Frieden gefährdet. (Seite 4 meiner Rede über die Resultate der Rechtspflege Jahre 1851/52)

Über das Resultat der Untersuchung erwarte ich seinerzeit [künftig] Anzeige, so wie es sich von selbst versteht, daß gegen Erkenntnisse, die gegen die aufgestellten Ansichten verstoßen, die gegebenen Rechtsmittel Anwendung zu finden haben. (Speyer, Landesarchiv, J 1 Nr. 311, Blatt 206/207)

Der Generalprokurator plädierte also für die glatte Rechtsbeugung.

Die Kaiserslauterer Maueraufschriften gingen weiter, wie der dortige Staatsprokurator am 8. April 1853 dem Generalstaatsprokurator meldete:

Wie Euer Hochwohlgeboren bereits bekannt ist, wurden schon seit einiger Zeit zu verschiedenen Malen an Häusern hiesiger Stadt die Aufschriften «Nieder mit den Fürsten!» usw. entdeckt. Auf die beiden ersten Anzeigen in diesem Betreff wurden gesonderte Untersuchungen geführt, die jedoch nicht auf die Spur des Urhebers dieser Provokationen führten [...]. (Ebenda, Blatt 224)

Noch heute gelten oppositionelle Maueraufschriften allenthalben als strafbar. Deren Geschichte ist noch immer aktuell, niemand hat sie bisher geschrieben.

Quellen und Literatur

HELLMUT G. HAASIS: Die Revolution 1848/49 in Reutlingen, in: Nachtflug. Reutlinger Beiträge zur Kultur und Politik Nr. 1, 1982, S. 35–48

Ders.: Volkswiderstand gegen Verhaftungen am 2. Juli 1849 in Reutlingen, in: Margarete Hannsmann u. a.: Die Freiheit ist in Gefahr! 1848/49, S. 31–36 (hiernach zitiert). Wieder abgedruckt in: Nachtflug. Reutlinger Beiträge zur Kultur und Politik Nr. 1, 1982, S. 42–48.

MARGARETE HANNSMANN/GEORG HOLZWARTH/GERLINDE HUMMEL/HARTMUT BOGER/ HELLMUT G. HAASIS: Die Freiheit ist in Gefahr! 1848/49. Anfänge der Demokratie in Reutlingen und anderswo. Texte zum 130. Jahrestag der Reutlinger Volksversammlung vom 28. Mai 1849. Mit zeitgenössischen Revolutionsliedern, Reutlingen 1979 (Standort: Reutlingen, Stadtarchiv und Stadtbibliothek)

München, Hauptstaatsarchiv, Abt. Kriegsarchiv, B 787

Saarbrücken, Stadtbibliothek, Landeskundliche Abteilung, Archivalien Abt. M Nr. 48

WOLFGANG STEINITZ: Deutsche Volkslieder demokratischen Charakters aus sechs Jahrhunderten, 2. Bd., Berlin (DDR) 1962, S. 173–190 (Heckerlieder), Nachdruck 4. Aufl., Berlin 1979

Würzburg, Staatsarchiv, Regierung von Unterfranken, Präsidialakten Nr. 397, Blatt 2

108 Der verstummenden Republikaner letzte Stimme gegen die drohende Völkerschlächterei (1866)

Niedergetretene Freiheitsbewegungen verlöschen nicht gleich, sie können sich über Generationen in Familien oder ganzen Landschaften auch unter der Oberfläche der Herrschaft fortsetzen, aber viele der einstigen Vorkämpfer verstummen: gejagt, verhaftet, ausgewandert, enttäuscht.

So geschah es nach der Großen Bauernrevolution von 1524 bis 1526, nach den zahlreichen Bauernaufständen während des Dreißigjährigen Krieges, nach der Zeit der Jakobiner. So nun auch nach 1849.

Die meisten der alten Demokraten fanden sich mit der Bismarckschen Politik ab: militärische Überwindung und Ausschaltung Österreichs, Deutschlands Einigung unter Preußens Führung; nur der Fürstenwille sollte die Einheit des Reiches schaffen. Von Freiheit keine Rede mehr.

Am 3. Juli 1866 schlug das preußische Heer das österreichische bei Königgrätz (Hradec Králové) in Böhmen. Der Prager Friede vom 23. August trennte endgültig Österreich von Deutschland.

Noch bevor der Text des Friedensvertrages bekannt war, nahm ein vertriebener Wiener Demokrat Stellung gegen diese unheilvolle Politik: Maximilian C. Gritzner in Heidelberg, August 1866. Sein Vater Maximilian Joseph Gritzner hatte im Frankfurter Parlament auf der äußersten Linken gesessen, im Oktober 1848 als einer der höchsten Kommandanten mitgeholfen, das republikanische Wien gegen die Kroaten zu verteidigen. Wie sein Sohn war er entkommen, hatte dann bald sein Mandat in der Paulskirche niedergelegt, war nach den USA gegangen, Ende Juli 1849 mit Hecker und anderen – zu spät – nach Europa zurückgekehrt, im August 1849 endgültig in die USA ausgewandert. Der Sohn hatte in der Wiener Oktoberrevolution die Zeitschrift «Constitution» redigiert, war Mitglied der Akademischen Legion gewesen. In Gritzners, des Sohns, Broschüre «Politisches» brachen alte, viel zu wenig beachtete politische Traditionen wieder durch, die sehr wohl eine Alternative zum heraufziehenden Völkergemetzel von 1870/71, 1914 bis 1918 und 1939 bis 1945 bezeichneten. Im Lichte des katastrophalen Endes, das die obrigkeitsstaatliche Reichseinigungspolitik gefunden hat, sollte diese letzte Stimme eines revolutionären Republikaners unseres Respektes sicher sein.

Wer nach langjährigem Aufenthalt in der Fremde in den letzten Jahren nach Deutschland zurückkehrte, dem mußte zweierlei zunächst auffallen: erstens das mächtige Einheitsverlangen und zweitens das weitverzweigte Vereinsleben, in dem jenes Verlangen vielfach Ausdruck fand. Es war alles, was die Jahre 1848 und 1849 in diesen beiden Beziehungen geleistet hatten, weit überflügelt, oder besser gesagt, die Kämpfe jener Jahre hatten in dieser Richtung reiche Früchte getragen.

Erfreulich, wie diese Wahrnehmung war, mußte es die ernstesten Besorgnisse erregen, daß sich das Volk in politischer Richtung von dieser Einheitsidee völlig absorbieren ließ. Das Freiheitsstreben, das in den Jahren 1848 und 1849 noch das herrschende war und das die Einheit nur als Mittel zur Freiheit suchte und wollte, war bereits in den Schatten gedrängt.

Die Tagesfrage war, ob Großdeutschland – nämlich schwarz-weiß- [preußisch] und schwarzgelb-melierte [österreichisch] Knechtschaft – oder Kleindeutschland d. h. ausschließlich schwarzweiße Knechtschaft, oder auch munkelte es hie und da von einer Trias, was außer der schwarzweißen und schwarzgelben noch eine verschieden gestreifte Knechtschaft bedeuten wollte. Aber Knechtschaft stand dem Ding auf die Stirne gebrannt, wie man es auch drehen mochte. [...]

Daß die Einheit dann auf irgendeine Art zur Freiheit führen werde, wurde allerdings als ganz selbstverständlich vorausgesetzt, doch schien das Wie niemandem klar zu sein und wurde nicht sonderlich viel darnach gefragt und noch weniger darüber gesagt. Und je mehr die Ereignisse dem Kriege zudrängten, um so gewaltiger überwucherte die Einheitsidee alles andere.

Die Folge davon war, daß in allen Einzelländern das Augenmerk des Volkes von der Hauptsache, nämlich der Freiheitsfrage, großenteils abgewendet ward. In Preußen, wo die politische Reaktion bis zur tatsächlichen Vernichtung der wichtigsten Verfassungsgrundlagen schritt; in Österreich, wo die Verfassung geradezu aufgehoben ward; im himmlischen Reiche des Kurfürsten; im gesegneten Stockprügelburg; kurz fast allenthalben versäumte das Volk das bißchen Freiheit, das von 1848 und 1849 übrig geblieben, zu wahren und versank immer tiefer in Knechtschaft, das Auge dabei unverwandt der Einheit zu gerichtet. [...]

«Wehe! dreimal wehe dir, mein Deutschland, wenn du endlich in die von jener unseligen Partei gepredigte und von dir wahnsinnig ersehnte Einheit geschmiedet wirst!

Dann bleibt dem Freiheitsjäger nur übrig, den Bündel abermals zu schnüren, hoffnungslos und gebrochenen Herzens deinen Gauen den Rücken zu wenden und auf fremder, freier Erde wenigstens der Schmach nicht den Nacken zu beugen, der er Zeuge zu sein, verdammt ist. –

Die Freiheit geht also bei *diesem* Einheitsschwindel jedenfalls verloren.

Und wie sieht es denn mit der Einheit aus? Ist es so ausgemacht, daß dieselbe durch Aufopferung des Freiheitsstrebens erkauft wird? [...]

Also die in den letzten Jahren in Deutschland angestrebte Einheit bringt in keiner ihrer möglichen Formen die Freiheit mit sich.

Stattdessen wird sie die Knechtung des deutschen Volkes allgemein machen.

Sie wird auch nicht die Bahn der Freiheit ebnen.

Sie wird vielmehr weit mächtigere Hindernisse entgegenstellen, als bis dahin waren.

Sie ist mit einem Worte der Weg zu allgemeiner Knechtschaft, deren Ende nicht abzusehen.

Und was folgt hieraus?

Daß wer die Freiheit will, diese Einheit nicht allein nicht fördern, sondern geradezu bekämpfen muß.

Und sollen wir also auf Einheit verzichten?

Gott bewahre; aber beseitigt zuerst die Hindernisse, die der Freiheit entgegenstehen, und da das dieselben Hindernisse sind, die bisher der Einheit entgegenstunden, so ist damit die Bahn zur Einheit offen.

Macht Euch frei und dann – wenn Euer bisheriges Einheitsstreben ernstlich gemeint war – ei, dann habt Ihr sie von selbst.

Einheit ohne Freiheit kann nicht zur Freiheit führen.

Einheit mit Freiheit kann man nur erlangen, indem man sich zuerst die Freiheit holt.

Wie holt man sich die Freiheit?

Durch den Volkswillen.

Wie kommt der Volkswille zur Geltung?

Durch eine Volkserhebung.

Wer macht die Volkserhebung?

Das Volk.

Wer ist das Volk?

Du, der du fragst, du gehörst dazu.

(Gritzner, S. 7/8, S. 12–15)

Gritzners Vorschlag, wie die Freiheit der Deutschen nach einem siegreichen bewaffneten Aufstand festzuhalten sei, orientierte sich an republikanischen Vorbildern: an der Eidgenossenschaft und am nordamerikanischen Föderalismus. Der vertriebene Wiener liebäugelte mit dem Anschluß Südwestdeutschlands an die Schweiz.

Die Nationalität ist etwas, was unter freier Regierungsform in einem gewissen Grade künstlich geschaffen werden kann, und eine solche künstlich erzeugte Nationalität kann, wie wir in der Schweiz und in Amerika sehen, eine so feste Grundlage eines Staates werden, als sie eine naturwüchsige Nationalität jemals darbot. [...]

Wenn Deutschland nur noch die Wahl zwischen schwarzgelber oder schwarzweißer Knechtschaft hat oder wenn es, wie der Verlauf des schwebenden Krieges anzudeuten scheint, in die Einheit unter preußischer Junker- und Säbelherrschaft geschmiedet werden soll, da könnte das südwestliche Deutschland, und darin sei Württemberg, Baden, Hessen und die Pfalz gemeint – ohne vernünftige Aussicht, der riesigen Militärorganisation Neu-Preußens jemals die Spitze bieten zu können – nichts Besseres tun, als mit allen zu Gebot stehenden Mitteln für einen Anschluß an die Schweiz zu agitieren, der unter der Verwirrung, in die Europa durch die Gewaltpolitik Preußens gestürzt worden, möglicherweise ausführbar sein dürfte. (Gritzner, S. 17/18)

Diese Idee – für uns zuerst einmal überraschend, für den einen oder anderen gar bestürzend – liegt in einer jahrhundertealten, offiziell stets unterdrückten Freiheitstradition des deutschen Südens eingebettet. Zumindest seit dem Ende des 14. Jahrhunderts regt sich dort unter den Untertanen immer wieder der Wunsch, an der eidgenössischen Bauern- und Bürgerfreiheit teilnehmen zu können (vgl. Kapitel 49, 52, 68, 74).

Gritzner äußerte sich optimistisch, daß die Schweiz diesen Anschluß befürworte, und antwortete denen, die gleich «Landesverrat» schrien:

Ei, Ihr schwarzgelben Heuler! Zwölf Millionen und darunter neun Millionen Deutsche, ein Drittel Deutschlands, sind ja schon von vorneherein hinausgestoßen aus Deutschland und dem Slavismus preisgegeben! [Gemeint ist Österreich, wobei aber den Tschechen und Slowaken keine nationale Selbstbestimmung gegönnt wird.]

Und wer anders als Ihr, Ihr schwarzweißen Heuler, ist es, der sie hinausgestoßen hat?

Und Ihr schwarzgelben Heuler! Habt Ihr nicht durch Euer Schweifgewedel gegenüber Euren verrotteten, impotenten Regierungen und Euer superkluges Lahmlegen jeder Volksbewegung die jammervollste Kriegführung, die die Welt noch gesehen, in Szene gesetzt und dadurch selbst die bleibende Zerreißung Deutschlands verschuldet?

Und Ihr schwarzweißen Heuler! Wer anders als Ihr hat seit Jahren ein Kleindeutschland gepredigt, die Begriffe des Volkes verwirrt, in der Politik statt festen Rechtsgrundsätzen Gaunerei und Vergewaltigung in Schwung gebracht und geschürt, geschürt, bis der unselige, Deutschland in Fetzen reißende Bruderkrieg von dem «Blut- und Eisen»-Minister [Bismarck] entflammt ward, der Euch gebrauchte und verachtete und vor dem Ihr Euch nun, einer nach dem andern, zum Götzendienste niederwerft?

Schweigt! Ihr seid es wahrlich nicht, die Ihr berechtigt seid, über patriotische Gesinnung zu Gericht zu sitzen.

Das Volk soll entscheiden, nicht Ihr! (Gritzner, S. 20/21)

Der alte Revolutionär Gritzner sah, durchaus berechtigt, nur einen Weg, um den zerstrittenen Norden und Süden Deutschlands miteinander zu versöhnen: durch einen gesamtdeutschen Arbeiteraufstand. Seiner Zeit und auch noch unserer eilte er damit weit voraus, fast unerreichbar weit, wie es scheinen mag.

Nur ein Weg der Versöhnung wäre denkbar, wenn nämlich der Kern der Bevölkerung, der Arbeiterstand, der in Norddeutschland wie in Süddeutschland der Bewegung von Anfang bis zu Ende fern gewesen und geblieben, seine Pflicht tun, der verruchten Gewaltherrschaft ein Ende machen, im Blute der Schöpfer dieses Bürgerkrieges das Blut unsrer Brüder sühnen wollte, und dann – möge Norddeutschland dahin folgen, wohin wir vorausgegangen.

Aber jetzt? Noch raucht das Blut der Unsrigen! Es wäre frevelhaft, jetzt an Einheit zu denken, selbst wenn wir es könnten und wollten.

Laßt uns die Freiheit suchen, wie und wo wir sie finden.

(Gritzner, S. 22/23)

Literatur

M(AXIMILIAN) C. GRITZNER: Politisches, Zürich 1866

109 Münchner Arbeiterwiderstand gegen den drohenden Krieg (1870)

Schon 1866 hatten sich die Arbeiter zum großen Teil desinteressiert am preußisch-österreichischen Krieg gezeigt. Die politisch Bewußten setzten diese Linie auch gegenüber dem deutsch-französischen Krieg (1870/71) fort. Aus dieser Antikriegsbewegung seien Stimmen Münchner Sozialdemokraten wiedergegeben. So wird von selbst deutlich, wie weit sich heute die Organisationen der offiziellen Arbeiterbewegung von den besten Ansätzen ihrer Geschichte entfernt haben.

Preußen versuchte damals, auch den spanischen Thron mit einem Hohenzollern zu besetzen. Die französische Regierung befürchtete eine Umklammerung, setzte den hohenzollerischen Thronverzicht durch, den wiederum der preußische König nicht für alle Zukunft garantieren wollte. Bismarck sah seine Chance gekommen, Frankreich durch eine verfälschte Antwort des Königs (Emser Depesche) zu provozieren. Am 19. Juli 1870 erklärte Frankreich Preußen den Krieg.

Wie schon seit Jahren befürchtet, rächte sich die Verkürzung der Einigungsbewegung um den alles entscheidenden Freiheitsaspekt dadurch am deutschen Volk, daß nun das französische Nachbarvolk und nicht die eigenen Fürsten als der Todfeind galten. Und die eigenen Herrscher drängten auf einen Krieg. Die süddeutschen Monarchien schlossen sich im Krieg Preußen an, ohne daß sich dagegen eine größere Widerstandsbewegung zu bilden vermochte. Der außenpolitische, militärische Druck, mit Absicht herbeigeführt, erzwang eine Verwischung der inneren Gegensätze.

Drei Tage vor der französischen Kriegserklärung regte sich in der Münchner Sozialdemokratie der Widerstand gegen den erwarteten Krieg. Darüber existiert der Bericht eines bayerischen Polizeikommissärs, der an einer Arbeiterversammlung als offizieller Beobachter teilgenommen hatte. Der Bericht war an die Münchner Polizeidirektion gerichtet, die ihn sofort dem bayerischen Innenministerium vorlegte. So blieben uns interessante Einblicke in eine Arbeiterdiskussion gegen den Krieg erhalten.

München, den 17. Juli 1870.

Hohes Direktorium!

Versammlung der sozialdemokratischen Arbeiterpartei im «Lampelgarten» betr.

Nebige auf gestern abends acht Uhr durch den Schriftsetzer Jakob Franz berufene Versammlung mit der Tagesordnung:

1. Parteiangelegenheiten;
2. Geschichte der Arbeiterbewegung;

3. Beitragszeichnungen, Beitragszahlungen und Abonnements auf den «Volksstaat» und «Proletarier»

war von circa 120 Personen besucht, wurde von Stangl und Schmidt als Vorsitzenden geleitet und dauerte bis nachts nach zwölf Uhr.

Es wurde bloß der erste Punkt der Tagesordnung vorgenommen [...].

Nun kam Franz über die gegenwärtige politische Lage und über die Stellung der Sozialdemokratie zu derselben, in specie [im besonderen] zur Kriegsfrage [zu sprechen] und führte in einem längeren Vortrage aus:

Der Proletarier habe im jetzigen Staate kein Vaterland und könne ein solches erst im künftigen Rechtsstaate erlangen, deshalb könne ihn kein Vaterlandsenthusiasmus bei der jetzigen Bedrohung befallen, sondern sein einziges Bestreben und Interesse müsse er auf den Untergang des heutigen Staates lenken.

Kein Krieg habe ihn, obgleich alle Kriege schlecht seien, so angeekelt als der gegenwärtige, den bloß Dynastieinteresse und Diplomatenränke ausgeheckt hätten, und sollten jetzt nur diejenigen, welche die Suppen eingebrockt, selbst auch ausessen, indem es dem Proletarier ganz gleich sein könne, ob er unter französischem oder preußischem Joche ausgebeutet werde.

Die Ursachen zu dem Kriege seien so kleinlich, daß man unbedingt annehmen müsse, es sei bloß der Fluch, der jeder bösen Tat folge, – der Fluch des Brudermordes – an der Kriegserklärung schuld.

Allein die Arbeiter hätten diese Saat nicht gesäet und könnten deshalb auch nicht an deren Ernte partizipieren, aber treu ihren bisherigen Gesinnungen und Prinzipien, müßten sie, wenn auch bloß in verschiedener Minorität, feierlichen Protest erheben gegen den neuerlichen Brudermord, denn bloß Dummheit und Fanatismus, sowie bloß die Feigheit der Fürsten könne die Leute hinmorden lassen.

Der Krieg sei bloß eine Ausgeburt der Fürsten, und die Sozialdemokratie wolle Freiheit und Frieden mit den Völkern, weil sie mit allen Völkern gleiches Interesse habe im Kampfe gegen die Despotie und für die Freiheit, ihr gehöre deshalb die Zukunft, und wenn diese ihr geworden und die Volksherrschaft eingesetzt sei, dann gäbe es keine so schändlichen Kriege mehr.

Hirsch aus Nürnberg hält ein solches Hinschlachten von Menschen für ein Verbrechen an der Menschheit und findet aus dem ganzen Vorgehen, daß sich die heutigen Staatszustände noch in einem Übergangsstadium – zum Volksstaate – befinden, verliest dann aus dem «Volksstaate» das Friedensmanifest der Pariser Arbeiter, gibt sowohl Frankreich als Preußen die Schuld an dem Kriege, findet die Mobilisierung der bayerischen Armee als gerecht, verlangt aber von Bayern, da es noch frei dastehe, Neutralität und den Ausspruch, als handle es sich bloß im vorliegenden Falle um ein Duell, in welchem die Beteiligten ihre Dynastie- und Kabinettsinteressen selbst auskämpfen sollten.

Man müsse nicht wie der Vorredner als Partei sprechen, sondern hier gelte es einer Volkssache, und er halte es für Recht, wenn die Gesamtjugend das Gewehr ergreife und die Landesgrenzen schütze, nur müsse sie, falls sie, ganz gleich, ob gegen französische oder preußische Brüder kommandiert werde, das Gewehr bei Fuß nehmen und stehenbleiben. Er bringe deshalb folgende Resolution ein und empfehle sie zur Annahme:

Die sozialdemokratische Arbeiterpartei am hiesigen Platze sieht in dem drohenden Kriege keine Volkssache, sondern bloß ein Duell für die beteiligten Dynastien, die in dem Kampfe bloß ein Mittel finden, die Völker gegeneinander zu hetzen, um sie dadurch vom Kampfe für die Freiheit abzuhalten; erklärt sich mit dem Manifeste der Pariser Arbeiter einverstanden und fordert [von der] Seite Bayerns vollste Neutralität. –

Mayer aus Fürth konstatiert zur Lage und Stellung des Volkes, daß man große Diebe laufen lasse und kleine hängen lasse und daß, wenn es ein Räuberhauptmann einmal zu etwas Großem gebracht habe, er sich mit kleinem Raube nicht mehr abgebe, so auch in der Politik, wo man dem größten Länderdiebe Monumente setze.

Für ihn ist das Wort «Vaterland» schon längst bloß nur noch ein Phantom, weil der Arbeiter überall geknechtet ist und weil man sein Vaterland dagegen nur da finde und habe, wo man den meisten Nutzen habe, wie die Ultras in Rom, die Kapitalisten, wo sie die besten Geschäfte machen, und die Fürsten, wo sie die meisten Einkünfte haben.

Er nennt es deshalb Vaterlandsschwindel und diejenigen Esel, die sofort das Gewehr nehmen, wenn von Bedrohung die Rede sei, und hintennach dann mit der Drehorgel herumziehen müssen, während die Großen enorme Dotationen erhalten.

Er verlange, selbst auf die Gefahr hin, des Hochverrates beschuldigt zu werden, für sich eine soziale Republik und ist im ganzen und großen für die Hirsch'sche Resolution.

Gegen dieselbe spricht nun Franz und ist namentlich gegen die Neutralhaltung Bayerns, erklärt sich aber schließlich mit den beiden ersten Punkten derselben einverstanden und bringt statt des Passus: «fordert [von der] Seite Bayerns vollste Neutralität» folgendes Amendement [Änderung] ein:

«Die sozialdemokratische Arbeiterpartei verhält sich gegenüber der Kriegsfrage verneinend und protestiert gegen den Brudermord und findet bloß dann eine Beteiligung an dem Kriege für gerecht, wenn die Gesetze hiezu zwingen.»

Diese Zusätze werden bei der Abstimmung angenommen.

Hirsch protestiert gegen diese Überrumpelung von Abstimmung, der schwäbische Mayer (Johann Caspar Mayer, Photograph aus Stuttgart, wegen dessen Exzessivität schon einmal eine Versammlung in der Leopoldstadt aufgelöst werden mußte) will die Tribüne ersteigen, wird herabgeholt, benimmt sich exzessiv, schreit und will angreifen, wird hinausgeworfen, sucht wieder einzudringen und macht alles konfus, so daß ich, da es bereits zwölf Uhr vorüber war, den Vorsitzenden aufforderte, die Versammlung zu schließen, was geschieht.

Heute ist Arbeiterversammlung und montags große Volksversammlung, in welch letztere die Kriegsfrage aufs Tapet kommt und wozu Franz bereits den

Entwurf eines Friedensmanifest an alle Völker Europas vollendet und heute verlesen hat – ein Schriftstück voller demokratischen Schlagwörter und Aufreizungen.

Gehorsamster
Gehret,
Bezirkskommissär.

(München, Hauptstaatsarchiv, MInn 46099, Blatt 338, 339 Rückseite – 344 Vorderseite)

Die wenigen Stimmen gegen den Krieg gingen unter, im heutigen Geschichtsbild spielen sie, leider, keine Rolle mehr. Nach dem Sieg von Sedan und der Kaiserproklamation in Versailles jubelten die Massen einer Reichseinigung zu, die in bewußt inszenierten Kriegen vorbereitet wurde und die Macht der gekrönten Häupter sicherte. Der Preis für das Völkergemetzel war die schnelle Militarisierung auch der eigenen Gesellschaft.

110 Streik der italienischen Arbeiter in Göschenen am Gotthard-Tunnel (1875)

Wer heute bequem im D-Zug von Zürich oder Luzern über Bellinzona nach Mailand (Milano) fährt, kann die schöne Landschaft genießen: den Vierwaldstätter See und die Berge der Innerschweiz. Vielleicht flackern an den vorbeihuschenden Bahnhofsschildern von Schwyz und Altdorf (Uri) schattenhafte Erinnerungen an die Geburt der Eidgenossenschaft (Kapitel 40) auf. Schon verschwindet der Zug im 15 km langen Gotthard-Tunnel. Nach einer Viertelstunde begrüßt uns drüben vielleicht die Sonne. Im Tal des Ticino, am Südabhang des Alpenmassivs, fahren wir Norditalien entgegen.

Die Schönheiten der Gotthard-Strecke verdecken allerdings ein grausiges Ereignis der Arbeiterbewegung und des technischen Fortschritts, das erst vor kurzem wieder dem Vergessen entrissen wurde.

Die Bauarbeiten am Gotthard-Tunnel, einem gigantischen Werk, begannen 1872. Die beiden frisch geschaffenen Nationalstaaten Deutschland und Italien sollten eine rasche Verbindung erhalten. Im dritten Baujahr, am 27./28. Juli 1875, brach unter den italienischen Tunnelarbeitern ein Streik aus.

Die ersten Berichte der bürgerlichen Schweizer Presse fielen, wie nicht anders zu erwarten, gehässig gegen die zusammengeschossenen Arbeiter, fast schadenfreudig aus. Die Italiener hätten mit Revolvern geschossen. Dieses Märchen pflegten viele Schweizer Journalisten von da an mit Liebe und Sorgfalt. Nur der in Biel (Bienne) erscheinende liberal-demokratische «Schweizer Handels-Courier» brachte am 11. August 1875 eine freundliche, der Wahrheit sich nähernde Darstellung:

Es stellt sich heraus, daß die Arbeitseinstellung im großen Tunnel in Göschenen durch dreierlei Gründe provoziert wurde.

1. Wie bei allen derartigen Striken [sic], so verlangten auch hier die Arbeiter einen höhern Lohn und wir glauben, mit ziemlichem Rechte. Denn die Arbeitseinstellung erfolgte nicht auf Impuls der an der Maschine beschäftigten Arbeiter, die sehr gut bezahlt sind, sondern jener vielen andern Arbeiter, die mit der Ausweitung des Tunnels beschäftigt waren. Diese Arbeiter haben keineswegs eine leichte Arbeit, wie ein Korrespondent des «Bund» glauben machen möchte. Er gehe einmal nach Göschenen und sehe diese Leute an, wenn sie von ihrer Schicht kommen; kaum mehr menschenähnlich sehen diese Leute aus, und wo sie sich niederlassen, erfüllt ein pestilenzialischer Gestank, den sie, von den Dynamitsprengungen herrührend – in ihren Kleidern herumschleppen, die Zimmer. Dazu beträgt die tägliche Löhnung dieser Arbeit, die jeden Augenblick mit Lebensgefahr verbunden ist, kaum Fr. 3.20 bis Fr. 4, statt 4 bis 5 Fr., wie ein Korrespondent des «Bund» vorgibt.

2. Die Göschener Geschäftsleute hatten früher den Arbeitern bis zum Zahltage bereitwillig kreditiert und sich dann für ihre Guthaben amtliche Sequester [Pfändung] herausgenommen, dieselbe dann am Zahltage bei der Kassa geltend machten, wodurch die Geschäftsleute gegen die Arbeiter gesichert waren und letztere bis zum Zahltage bei diesen Kredit hatten. Obgleich dieses Vorgehen in hiesigem Gesetze gerechtfertigt ist, wollte Herr Favre [der Genfer Bauunternehmer Louis Favre] nun nichts mehr davon wissen und erklärte im Amtsblatte, daß er keinerlei Sequester mehr anerkennen werde, sondern schon vor dem Zahltage den Arbeitern bis auf ⅔ der geleisteten Arbeit Vorschüsse geben werde, woraus sich diese behelfen können.

So schön nun dies in der Theorie aussieht und so gut es auch hiemit Herr Favre gegen die Arbeiter gemeint haben mag, so stellt sich die Sache in der Praxis aber ganz anders dar.

Die Geschäftsleute entziehen den Arbeitern den Kredit und verlangen Barzahlung. Wenn der Arbeiter sich bei der Kassa einen Vorschuß holen will, so ist dieselbe schon so von Leuten umstellt, daß er oft einen ganzen Tag warten muß, bis die Reihe an ihn kommt, und damit ist ein Taglohn hin. Zudem ist gewöhnlich gerade auf jene Zeit, wo die Arbeiter von ihrer Schicht kommen, die Kasse geschlossen. Wollen nun die Arbeiter nicht wieder durch Abwarten neue Taglöhne versäumen, so müssen dieselben inzwischen auf Kredit leben, und diesen finden sie einzig nur im Favreschen Zentralmagazine, weil Herr Favre eben nur für dieses am Zahltage die Rechnungen gegen die Arbeiter einzieht. Es ist also tatsächlich doch der Zustand geschaffen, daß diese vom Favreschen Zentralmagazin abhängig sind. Wir wollen hier keineswegs behaupten, daß die Arbeiter aus diesem Magazine schlechter oder teurer verpflegt werden, als sie von andern Geschäftsleuten verpflegt würden. Wir glauben sogar, Herr Favre habe gegenteils, – nachdem er gesehen, wie sehr der Arbeiter in Göschenen durch Mietgeber und Geschäftsleute ausgebeutet wird, – dieses Zentralmagazin zum Schutze für den Arbeiter gegen die allzugroße Ausbeutung errichtet; wobei allerdings auch er seinen materiellen Vorteil haben wird.

Allein bei alldem befindet sich der Arbeiter doch in einem Abhängigkeitsverhältnis zu diesem Zentralmagazine, das ihm nun einmal nicht behagt. Daß die Göschener Geschäftsleute, denen durch die Errichtung dieses Magazines ein bedeutender Teil ihres erhofften Gewinnes entgeht, dieses Unbehagen der Arbeiter als Konkurrenten noch schüren, versteht sich wohl von selbst.

3. Zu diesen beiden Faktoren, die schon da waren, gesellte sich dann auch noch ein dritter, der die Arbeitseinstellung zum Durchbruche brachte. Es war nämlich in letzter Zeit die Zuführung der frischen Luft ins Tunnel eine sehr mangelhafte und beseitigte die giftigen Gase, die infolge der Dynamitsprengungen den Tunnel anfüllten, bei weitem nicht mehr in genügendem Maße, so daß die Arbeiter sich gezwungen sahen, zu erklären, es sei ihnen unter diesen Umständen nicht mehr möglich, weiter zu schaffen: entweder solle für genügende Ventilation gesorgt oder aber ihnen gestattet werden, daß sie erst eine halbe Stunde nach vollzogener Sprengung wieder an ihre Arbeit zu gehen hätten, innert welcher Zeit sich die Dynamitgase etwas entfernt hätten. Dieses gewiß gerechtfertigte Begehren, welches vielwärts unrichtig als ein Begehren um Herabsetzung der Arbeitszeit angesehen wurde, wurde einfach abgewiesen, und dessen Abweisung brachte dann die Arbeitseinstellung zum Durchbruche.

Nachdem wir die Ursachen des Strikes besprochen, so erübriget uns, noch ein Wort über dessen gewaltsame Unterdrückung beizufügen.

Alle Länder Europas haben ihre Strikes aufzuweisen, aber nicht leicht ist ein Fall zu finden, daß ein solcher mit Waffengewalt unterdrückt wurde, selbst auch da nicht, wo wirklich die einen Arbeiter die andern mit Waffengewalt an der Arbeit hinderten. […]

Bekanntlich empfingen die Italiener das Freiwilligenkorps mit lautem Hallo, Pfeifen und Klatschen und ließen sich nicht zum Auseinandergehen bewegen. Es ermangelte nicht, daß einzelne Freiwillige sich gefielen, den Italienern Schimpfworte zuzurufen, bis diese mit Steinwerfen begannen. Mehrere Korrespondenten in verschiedenen Blättern haben behauptet, auch Revolverschüsse der Italiener hätten sich in diesen Steinregen gemischt, und andere diese Behauptung bestätigt. Diese Behauptung scheint eine tendenziöse Erfindung zu sein. Man scheint den Waffengebrauch ohne diese Vorgabe nicht genügend gerechtfertigt zu glauben, und diese Vorgabe ist entschieden nicht wahr. Wir haben uns die Mühe genommen, viele Freiwillige, die diese Affaire mitmachten, hierüber anzufragen, aber alle diese stellten dies entschieden in Abrede und wollten hievon nichts bemerkt haben. (Kästli, S. 23–27)

Nach langem Drängen setzte der eidgenössische Bundesrat endlich eine Untersuchungskommission ein, in deren Bericht zu lesen ist:

Am Nachmittag des 27. Juli weigerten sich einige Arbeiter des im Tunnel an der seitlichen Erweiterung mit Handbohrung beschäftigten Postens Betassa, nach Entladung der weiter nach vorn gebohrten Minen ihre Arbeit wieder aufzunehmen, unter Vorgabe, der Rauch sei ihnen zu lästig. Nach einem kurzen Wortwechsel mit dem Arbeiterführer ertönt plötzlich der Ruf: «gare la mina – via tutti!» [«die Mine geht los – alle weg!»], worauf sich der ganze Posten, circa 90 Mann, dem Ausgang zustürzt, alle weiter vorn Arbeitenden mitreißend, die, wie auch die Ingenieure, nichts anderes glaubten, als daß eine Dynamitkiste in Brand geraten sei und eine furchtbare Explosion jeden Augenblick bevorstehe.

Eine große Anzahl der so allarmierten Arbeiter kehrte jedoch bald wieder zurück, während sich circa 10 Mann, die gleichen, welche den ganzen Alarm in Szene gesetzt hatten, direkt zu Herrn Stokalper, Oberingenieur der Unternehmung Favre, verfügten und demselben erklärten, bei so starkem Rauche nicht mehr arbeiten zu wollen. Herr Stokalper entgegnete ihnen, daß sie niemand dazu zwinge und es ihnen freistehe, am folgenden Morgen – die Kasse war an diesem Abend bereits geschlossen – ihre Auslöhnung in Empfang zu nehmen. Hierauf entfernten sie sich ohne weitere Bemerkungen und gingen dem Dorfe zu. Bei der Einmündung des Weges aus dem Tunnel in die Poststraße, gegenüber dem Posthause, wurde, laut Aussage eines sehr zuverlässigen Zeugen, des Herrn Posthalters C[arl] Arnold, den bereits zahlreich dort versammelten Arbeitern die Weisung erteilt, abends 8 Uhr sich wieder an diesem Platze einzufinden.

Wirklich erschienen um diese Stunde eine Menge Arbeiter und sperrten sofort alle Zugänge zum Tunnel ab und erklärten, nicht mehr arbeiten lassen zu wollen, bis der Taglohn um Fr. 1 aufgebessert sei. Demzufolge wurden alle Mineurs [Sprengarbeiter], welche um 10 Uhr abends ihre Arbeitsschicht zu beginnen hatten, mit Gewalt zurückgehalten.

Irgendein polizeiliches Einschreiten fand am Abend des 27. nicht statt, und es scheint namentlich seitens der Unternehmung Favre kein großes Gewicht auf diese Vorfälle gelegt worden zu sein.

Die Nacht vom 27./28. Juli verlief dann sehr stürmisch. Mehrere Banden durchzogen fortwährend, unter Geschrei und mit Kesseln und Handorgeln einen betäubenden Lärm machend, das Dorf.

Am 28. morgens wurde dann nicht mehr den Mineurs allein, sondern auch den andern Arbeitern jeder Zugang zum Tunnel versperrt, selbst Bürgern, die ihren anderweitigen Beschäftigungen nachgehen wollten, wurde die Passierung der Landstraße streitig gemacht. (Kästli, S. 46/47)

Am 28. Juli ließ der Gemeindepräsident von Göschenen, der schon genannte Posthalter Carl Arnold, an fünf Plätzen des Ortes folgendes italienische Plakat anschlagen, das übersetzt lautet:

Italiener:
Wenn ihr respektiert werden wollt, respektiert auch den Willen des andern. Laßt jeden frei seinen Weg zu seiner Arbeit gehen, andernfalls stoßt ihr schwer mit den Gesetzen der Freiheit zusammen! –

Löst die Versammlungen auf. – Die Bürgerwehr wird für den freien Durchzug aufgeboten werden.

Respektiert sie. (Kästli, S. 48)

Ein Metzgermeister aus Altdorf (Uri) erklärte später auf die Befragung, was er am Mittwoch, 28. Juli, in Göschenen gesehen habe:

Ich gelangte gleichzeitig mit der Mannschaft nach Göschenen; es war circa 4 bis 4½ Uhr abends. Die Mannschaft marschierte bis vor die Post, wo sie sich dann auf ein Glied aufstellte. Die Straße war damals schon stark mit Arbeitern besetzt. Bei der Ankunft der Mannschaft hielt der Gemeindepräsident Arnold von der Altane seines Hauses, in welchem die Post sich befindet, eine Ansprache in italienischer Sprache an die Arbeiter und ermahnte sie, wie man mir nachher erklärte, in geeigneter Weise, ruhig auseinanderzugehen, den Durchgang der Straße, welcher bereits durch die Arbeiterzahl gesperrt war, freizugeben und die Zugänge nach dem Tunnel für diejenigen, welche an die Arbeit gehen wollen, zu öffnen, damit die Mannschaft in keiner Weise genötigt werde, von den Waffen Gebrauch zu machen.

Gleich nach Ankunft dieser ersten Mannschaft vermehrte sich die Arbeiterzahl sowohl auf der Landstraße als auf der darob liegenden Anhöhe in der Weise, als würden sie aus dem Boden herausgestampft. Ich halte dafür, es mögen 1000 bis 1300 Personen zugegen gewesen sein.

Die Polizeimannschaft sah sich von den Arbeitern je länger je mehr dicht umringt, so daß sich dem Beobachter die Besorgnis aufdrängen mußte, dieselbe schwebe in der größten Gefahr, von den Arbeitern überfallen zu werden, ohne daß sie von ihren Waffen hätte Gebrauch machen können.

Die Polizeimannschaft bestund damals nur [aus] circa 22 Mann. Es wurde daher die Polizei durch einen Zuschauer auf diese Gefahr aufmerksam gemacht und ihr der Rat erteilt, sich aus diesem Gemenge zurückzuziehen. Sie marschierten dann eine Strecke weiter und stellten sich zwischen Hetzels Ökonomiegebäude und dem Frei'schen Haus in der Straße auf. Die Arbeiter begannen, die wegmarschierende Mannschaft auszuspotten und zu verhöhnen; sie lärmten, pfiffen, lachten und klatschten mit den Händen. Es geschah dies besonders von den Arbeitern, welche die Anhöhe besetzt hatten.

Inzwischen kam die Wehrmannschaft von Göschenen an, bestehend aus 8 bis 10 Mann. Als sie beim Hotel Göschenen vorbeikam, begannen die Italiener, von der Anhöhe herab Steine auf sie zu werfen, ohne daß irgendetwas anderes voranging.

Aus dem Göschener Korps fiel ein Schuß, dem dann andere folgten, sowohl bei der Mannschaft von Göschenen und der andern. Das Schießen und Steinewerfen mag circa 5 Minuten gedauert haben; ich beobachtete, daß drei Mann, die durch eine Mauer teilweise gedeckt, besonders tätig waren, von der Anhöhe herunter Steine auf die Mannschaft zu werfen. Ich sah auch, daß einer derselben gerade im Augenblicke, als er einen Stein warf, wahrscheinlich durch einen Schuß getroffen, umfiel und verschwand. Der ist unzweifelhaft der nämlich, welcher dann hinter Hetzels Hotel tot aufgefunden wurde, indem er von der Anhöhe bis dahin wahrscheinlich herabrollte.

Seine zwei Nebenmänner fuhren noch fort, Steine zu werfen, während schon nicht mehr geschossen wurde und bis sie beobachteten, daß ihr Kamerad tot lag.

Anfänglich mögen vielleicht die Italiener im Wahn gestanden sein, daß man nur mit blinden Patronen schieße, nachdem sie aber gegenteilige Wahrnehmungen gemacht, begannen sie sich endlich nach allen Teilen zu entfernen.

Wie mir ein Schustergeselle, Uboldis Schwager selbst sagte, soll derselbe den ersten Schuß getan haben, nachdem derselbe von einem Stein getroffen worden war.

(Frage:) Sahet ihr, daß italienische Arbeiter mit Stöcken oder sonst bewaffnet waren?

(Antwort:) Nein, einzig sah ich, daß beim Anrücken der Polizeimannschaft einige mit Stöcken in den Händen von den Tunneleingängen sich zurückzogen. (Kästli, S. 39–41)

Der Zusammenbruch der Revolvertheorie war um so peinlicher, als diese bequeme Rechtfertigung von höchster Stelle gewünscht wurde. Ein Urner Ständerat schrieb am 19. September 1875 an einen Urner Regierungsrat in Altdorf, wo Untersuchungen angestellt wurden:

Ich will nicht unterlassen, Ihnen zu Handen auch der übrigen Herrn Kollegen zu melden, daß nach den Mitteilungen des Herrn Bundespräsidenten [Regierungschef] Scherrer es ungemein erwünscht wäre, wenn konstatiert werden könnte, daß seitens der Arbeiter Revolverschüsse gefallen, ehe und bevor von Seite der Polizeimannschaft gefeuert worden sei; denn der Schwerpunkt der Untersuchung liege unbedingt darin, zu beweisen, daß nicht unnötig oder gar leichtfertig von der Feuerwaffe gegen die Arbeiter Gebrauch gemacht worden sei. (Kästli, S. 44)

An verschiedenen Orten der Schweiz regte sich die Solidarität von Arbeitern. Die in Zürich erscheinende sozialdemokratische «Tagwacht», Organ des Schweizerischen Arbeiterbundes, beschwichtigte, man müsse das Untersuchungsergebnis der Kommission abwarten, teilte aber am 25. August 1875 eine Initiative der Genfer Sektion mit, die für eine Versammlung der deutschsprachigen Arbeiter am 10. August folgendes Plakat hatte drucken lassen:

Allgemeine Arbeiterversammlung

Tagesordnung: Die neuesten Vorfälle am Gotthardtunnel, resp. [bzw.] das Erschießen der Arbeiter.

Arbeiter! Etwas Unerhörtes ist geschehen. Zum ersten Male ist auf unserem republikanischen Boden bei einer Arbeitseinstellung Blut geflossen. Meinungsverschiedenheiten über Lohn, Arbeitszeit etc. hat man durch Flintenschüsse auszugleichen versucht. Weil Arbeiter sich die Art und Weise der Ausbeutung durch einen Unternehmer nicht gefallen lassen wollen, werden sie totgeschossen.

Die Solidarität der Arbeiter verlangt es, daß wir hier, wo die Zeitungen der Bourgeoisie bemüht sind, die Sachlage zu verdrehen, Stellung nehmen und gegenüber dieser Schandtat laut unsere Stimme erheben.

Jedermann hat Zutritt. (Kästli, S. 30)

Dann fügte die «Tagwacht» hinzu:

Das Anschlagen dieser Plakate wurde von dem Polizeidepartement der Republik Genf verboten und schon angeschlagene Exemplare durch Polizeiagenten höchst säuberlich von den Mauern entfernt. Es ist unseres Wissens das erste Mal, daß hier in Genf Maueranschläge zur Einberufung einer Arbeiterversammlung von der Polizei verboten wurden, gerade wie in Göschenen das erste Mal ein Streik in Blut erstickt wurde. Die Genfer Regierung ist der Urner sonst nicht hold, in diesem Falle jedoch schleunigst bereit gewesen, den Urnern nachzuahmen und gegen die Arbeiter vorzugehen. (Kästli, S. 30/31)

Die Genfer Arbeiter spürten etwas vom rauheren Wind der sich bedroht fühlenden Bürgerherrschaft, auch in der uralt freiheitlichen Eidgenossenschaft. Aber nur die anarchistische Arbeiterzeitung des französischen Schweizer Juras, «Bulletin de la Fédération jurasienne», brachte einen scharfen, klaren Protest zustande. Die Nummer vom 29. August 1875 erschien mit einem schwarzen Trauerrand auf der Titelseite:

Als wir nach den großen Streiks von Lausanne, Genf und Basel das Schweizervolk warnten, daß das Militär eines Tages zum Mörder der Arbeiter werden könnte, behandelte man uns als gemeine Verleumder. Heute, nachdem Arbeiterblut geflossen ist, müßte die patriotische und republikanische Schweiz eigentlich in Trauer sein, müßte beim arbeitenden Volk um Verzeihung bitten, weil sie es getäuscht hat, müßte sich dem Sozialismus zuwenden, den sie verdammt hat.

Indessen, kein einziger Schrei ist nach der Schießerei von Göschenen aus den bourgeoisen Kehlen gedrungen: Gut so! Die schweizerische Bourgeoisie führt eine Sprache wie der französische «Figaro», der bei der Niederschlagung der Pariser Kommune vor vier Jahren hetzte, man müsse das Volk wie Wölfe totschlagen.

Gut so! Und warum? Damit den Monarchien bewiesen wird, daß auch die republikanische Schweiz fähig ist, ein paar Streikende zu erschießen, um die Ordnung aufrechtzuerhalten. Mehr noch: Die schweizerische Republik muß den Kaisern, Königen und Soldaten der stehenden Heere zeigen, daß auch die schweizerische Milizuniform heilig ist, daß sie fähig ist, dieser Uniform Respekt zu verschaffen – eben, indem sie ein paar Streikende erschießt. Monarchisten aller Länder, die ihr meint, es gebe bei uns keine militärische Disziplin, kommt zu uns auf das Schlachtfeld von Göschenen und seht, wie einige Kinder unseres Volkes dem Gesetz der Disziplin gehorcht und auf streikende Arbeiter geschossen haben; seht auch, wie unsere ehrenhafte Presse diesen heroischen Akt feiert. [...]

Künftig wird es klar sein, daß in der Schweiz – wie überall – der Arbeiter, wenn er zusammen mit seinen Arbeitsgenossen Verbesserungen fordert, damit rechnen muß, erschossen zu werden. Es wird selbstverständlich sein, daß jedes Landeskind in seiner Eigenschaft als Milizsoldat gezwungen werden kann, auf seinen Vater, seinen Bruder, seine streikenden Arbeitsgenossen zu schießen. (Kästli, S. 35/36)

Der schon genannte eidgenössische Untersuchungsbericht deckte menschenunwürdige Wohnverhältnisse auf, ohne daß sich daran später etwas änderte.

Was aber, wie in Göschenen, so auch in Airolo, vollkommen im Argen liegt und dringendst einer durchgreifenden Abhilfe ruft, ist eine auch nur einigermaßen genügende Gesundheitspolizei. In dieser Beziehung geschieht hüben und drüben gar nichts. Die Logierung der Arbeitermassen liegt ganz in Händen der Spekulation. Das Elend in den für die Arbeiter hergerichteten Quartieren übersteigt in der Tat alle Begriffe. In kleinen dumpfen Zimmern reiht sich Bett an Bett – elende, halbfaule Strohsäcke. Meist werden diese Zimmer an besondere Unternehmer auf Monatsfrist vermietet, welche dann eine möglichst große Zahl von Logisgänger aufnehmen, oft drei für jedes Bett, die dasselbe abwechselnd benutzen. Das Lagergeld beträgt für acht Stunden 50 Cts. [Rappen], während für ein ganzes Zimmer 20–50 Fr. per Monat bezahlt werden. Mangel an Ventilation dieser überfüllten Räume, wo noch zudem gekocht wird und die ganze Nacht hindurch übelriechende Öllampen brennen, Mangel an der geringsten Reinlichkeit, äußerst unpassende Einrichtung der Aborte etc. etc. lassen diese Quartiere in jeder Beziehung als höchst gesundheitsgefährlich erscheinen, und es müßten die Folgen bei ausbrechenden Epidemien furchtbar sein! Auch in den Seitengassen, sowohl in Göschenen als in Airolo, häuft sich der Schmutz in ekelerregender Weise, ohne daß für dessen Beseitigung das mindeste geschieht. (Kästli, S. 58/59)

Gehetzt vom Termindruck, bedroht von hohen Konventionalstrafen, gelockt von enormen Gewinnen, wenn er vor dem Termin den Tunnelbau beenden lassen konnte – was mißlang –, ließ der Genfer Bauunternehmer Favre die Zustände unverändert, die zum Streik, zu vier toten und vielen verletzten norditalienischen Arbeitern geführt hatten.

Der Bau des Wunderwerkes Gotthard-Tunnel wurde 1882 fertig, aber er zerstörte eine eidgenössische Legende: die einst freiheitsliebende Milizarmee werde nicht in Arbeitskämpfe eingreifen, werde nicht auf streikende

Arbeiter schießen. Später mischte sich das Militär noch mehrmals, fast schon gewohnheitsmäßig, in Streiks verzweifelter Bahnarbeiter ein; am Simplon 1899 und 1901, am Rickentunnel 1904, bei der Berninabahn 1907, bei Grenchen 1913.

Der Luzerner Filmregisseur Villi Hermann, der für einen Film über den Gotthard-Eisenbahntunnel (1872–1882) und den Gotthard-Straßentunnel (1969–1980) die Studie Kästlis anregte, schließt mit einer grauenvollen, bei der Fahrt durch den Tunnel verdunkelten Erinnerung:

> Jede Schul-, Geschäfts- oder Ferienreise durch den Gotthard sollte dazu dienen, daran zu denken, mit welchen Opfern und mit welcher Menschenschinderei dieser fast 15 Kilometer lange Eisenbahntunnel gebaut wurde. Man bedenke etwa, daß es beim Bau des Simplontunnels (1898–1906) «nur» 21 tödliche Unfälle gab, beim 12 Kilometer langen Mt. Cenis-Tunnel (1857–1871) 79, beim Gotthard-Tunnel unter der Führung von Louis Favre aber offiziell 177. Auf der ganzen Gotthardlinie gab es gesamthaft 307 tödliche Arbeitsunfälle, also «tot oder krüppelhaft waren mehr oder minder 847 Menschen geworden».
>
> Und die mehreren tausend an Erschöpfung, Hunger, Unfall, Streitigkeiten und Wurmkrankheiten gestorbenen Personen? Man weiß wenig von ihnen. Es waren zu viele. Zu Tausenden arbeiteten die Fremdarbeiter an der Gotthardlinie, im August 1880 z. B. 17451 Personen, vom Immensee bis Lugano.
>
> Wieviele von den Tunnelarbeitern litten später an der Silikose? Man weiß es nicht. Die Silikose war damals medizinisch noch gar nicht erfaßt. – Eine Schweizer Ärztin schreibt in ihrer Dissertation von «über 10000 Toten», sie erwähnt vor allem die heimtückische Wurmkrankheit (Ankylostomum duodenale) – man nannte sie die Gotthardkrankheit, an deren Folgen noch viele Tunnelarbeiter starben, nachdem sie die Schweiz verlassen hatten, Jahre nach der pompösen Eröffnungsfeier des Eisenbahntunnels. (Kästli, S. 82)

Der technische Fortschritt, unbesehen provoziert, kaum mehr kontrollierbar, verschlang massenweise seine Opfer. Er fraß seine Kinder, mehr als je eine Revolution es tat. Ein gutes Maß Skepsis vermochte allemal die aufgeweckteren Teile der Arbeiterbewegung vor der Blindwütigkeit technischer Umstürze zu warnen. Zu den wichtigsten Stationen dieser Skepsis gehört der Streik der italienischen Tunnelarbeiter in Göschenen am 27./28. Juli 1875.

Quellen und Literatur

EDWIN HOFMANN: Medizingeschichtliche Beiträge zur Baugeschichte der Gotthardbahn, Diss. Bern 1949, Freiburg 1950

TOBIAS KÄSTLI: Der Streik der Tunnelarbeiter am Gotthard 1875. Quellen und Kommentar, Basel 1977

FELIX MOESCHLIN: Wir durchbohren den Gotthard, 2 Bände, Zürich 1947–49

Emil Motta: Versuch einer Gotthardbahn-Literatur (1844–1882). Separatabdruck aus: Bibliographie der Schweiz, Basel 1882
Martin Wanner: Der Bau der Gotthardbahn, 1885
Ders.: Geschichte der Begründung des Gotthardunternehmens, Bern 1879

Wer weiterarbeiten will, findet Akten im Staatsarchiv Altdorf (Uri), im Bundesarchiv Bern und im Gotthardbahnarchiv bei der Kreisdirektion II der SSB in Luzern.
Vgl. auch Ferdinand von Saar: Die Steinklopfer, Heidelberg 1874 (Novelle über Arbeiter, die im Semmeringtunnel sprengten).

111 Jagd auf Sozialisten und Anarchisten: das Aufblühen des Polizeistaats

Die Reichseinigung aus Gnade der Fürsten, geschworener Gegner der Demokratie, erwies sich sehr rasch als eine Einigung der großen Geldherren und der unnachsichtigen Unterdrückungskräfte. Einigkeit entpuppte sich zuallererst als Einigkeit gegen die weiterhin unfrei Gehaltenen, gegen Arbeiter, Taglöhner, Gesellen, Bauern. Die nur mit Mühe niedergekämpfte Kommune von Paris (1871), die größte sozialistische Erhebung des 19. Jahrhunderts, nahmen die Herrschenden als Warnung ernst.

Die Folge: revolutionäre Gedenktage wurden verboten. Den Geldaristokraten lag nichts mehr an Erinnerungen früherer Freiheitskämpfe, seitdem sie einen größeren Markt eingeräumt bekommen hatten. Nur radikalere Strömungen in der Arbeiterbewegung ahnten noch, daß mit dem Verlust der eigenen, umkämpften Geschichte das politische Rückgrat geschmeidig zu werden begann.

Unter dem neuen Kaiserreich hatten weit mehr als die gemäßigten Sozialdemokraten die radikalen Sozialisten und die Anarchisten zu leiden. Bis heute kommen diese Spuren der entschiedeneren Arbeiterbewegung über pauschale Diffamierungen nicht hinaus, sowohl im sozialdemokratischen wie im parteikommunistischen Geschichtsbild.

Dennoch kann der Beitrag dieser Strömungen zur Freiheitsgeschichte nicht hoch genug veranschlagt werden. Sozialisten wie Anarchisten stritten gegen die Übermacht des modernen Staates, unterwarfen sich nicht dem diktatorischen Kanzler Bismarck, suchten keinen Frieden mit dem Kapitalismus. Sie lehnten sich gegen die autoritären Führer der Arbeiterbewegung auf, bestritten deren Beschränkung auf den parlamentarischen Weg, suchten nach außerparlamentarischen Kampfmitteln, scheuten vor der Arbeit im Untergrund nicht zurück. Ihnen ging es nicht darum, den autoritären, gewalttätigen Staat zu übernehmen, sondern ihn aufzulösen, statt dessen von unten her Produktionsgenossenschaften zu bilden.

Die zahlreichen Regierungsmaßnahmen nach 1870/71 zur Unterdrükkung der Arbeiterbewegung lassen sich in den Aktenbänden vieler Staats- und Landesarchive noch heute nachvollziehen. Als Beispiel möchte ich das Landesarchiv Speyer heranziehen, zuständig für die Pfalz, damals eine linksrheinische Enklave Bayerns. Am 11. März 1873 erließ «das Präsidium der Königlichen Bayerischen Regierung der Pfalz» folgende Verordnung «an sämtliche Bezirksamtsvorstände der Pfalz»:

Angebliche Komplotte der Sozialdemokratie betr.

Bei dem Bezirksamte Augsburg ist die Anzeige eingelaufen, daß die Sozialdemokraten für den 18. März eine revolutionäre Aktion beabsichtigen.

Wenn es sich auch in diesem Falle höchstwahrscheinlich um ein vages Gerede handeln wird, so liegen doch anderweitige Anzeichen vor, daß der Jahrestag der Pariser Commune-Erhebung (18. März) in Verbindung mit den Märztagen des Jahres 1848 da und dort von den Sozialdemokraten festlich begangen werden will.

Diesem Gegenstande ist die vollste Aufmerksamkeit zuzuwenden und gegebenen Falles mit den gesetzlichen Mitteln vorzugehen.

Sollten aus Anlaß des 18. März Versammlungen unter freiem Himmel beabsichtigt sein, so ist diesem Vorhaben sofort aufgrund des Art. 3 bzw. 4 des Gesetzes über die Versammlungen und Vereine vom 26. Februar 1850 entgegenzutreten. (Speyer, Landesarchiv, H 46, Nr. 403)

Auch ohne Sozialistengesetz konnten Versammlungen unterdrückt werden. Am 21. Oktober 1878 wurde dann das «Gesetz gegen die gemeingefährlichen Bestrebungen der Sozialdemokratie» verabschiedet. § 1 formulierte die Grundsätze und warf dabei verschiedene Richtungen in einen Topf:

Vereine, welche durch sozialdemokratische, sozialistische oder kommunistische Bestrebungen den Umsturz der bestehenden Staats- oder Gesellschaftsordnung bezwecken, sind zu verbieten.

Dasselbe gilt von Vereinen, in welchen sozialdemokratische, sozialistische oder kommunistische auf den Umsturz der bestehenden Staats- oder Gesellschaftsordnung gerichtete Bestrebungen in einer den öffentlichen Frieden, insbesondere die Eintracht der Bevölkerungsklassen gefährdenden Weise zu Tage treten.

Den Vereinen stehen gleich Verbindungen jeder Art. (Karasek, Belagerungszustand, S. 41)

Die gesamte Arbeiterbewegung war somit der polizeilichen Willkür preisgegeben. Rechte gab es für die «vaterlandslosen Gesellen» nicht mehr. Alle

Organisationen waren verboten, ebenso alle Zeitungen und sonstigen Veröffentlichungen.

Die politische Polizei Preußens wurde in eine bisher ungeahnte Konjunktur hineingezogen. Sie mauserte sich zu einem eigenen, riesigen Apparat, konnte ihren Etat von 1877 bis 1881 um das Fünfzehnfache steigern. Hunderte von Agenten verbreiteten Mißtrauen, lieferten allein im Jahr 1881 rund 3100 Berichte ab. Lockspitzel provozierten oder schufen erst strafbare Tatbestände – ein Mittel, das bis heute nicht aussterben will. Verdächtigte wurden überwacht.

Die österreichische Monarchie machte da keine Ausnahme. Wenn es sich um die Beobachtung von Sozialisten oder gar Anarchisten handelte, stellte sich das beste Einvernehmen mit dem Deutschen Kaiserreich ein. Davon zeugt ein Beschluß des bayerischen Innenministeriums vom 1. Oktober 1880, als «vertraulich» bezeichnet. Es ging um Rivalitäten in der Arbeiterbewegung, zwischen den Gemäßigten um die Zeitung «Sozialdemokrat» (Zürich) und den Anarchisten um Johann Mosts Zeitung «Freiheit» (London).

Der Wiener Polizei fiel ein Individuum, welches am 17. September mit der Westbahn in Wien eintraf, aus dem Grunde auf, weil dasselbe mit notorischen Anhängern der sozialdemokratischen Partei in Verkehr trat. Die Überwachung ergab, daß der Angekommene vorzugsweise mit dem im 3. Bezirke Hauptstraße Nr. 32 wohnhaften Herausgeber der Schneiderfachzeitung Anton Wehl verkehrte und mit dem aus Budapest signalisierten Andreas Essl identisch ist. Derselbe hielt sich durch zwei Nächte unangemeldet bei Anton Wehl auf. Am 18. September fand sich Essl in einem Konventikel von Parteigenossen ein und erklärte daselbst, daß es seine Aufgabe sein werde, von nun an die Parteigenossen in Budapest, welche bisher zumeist zur Partei des «Sozialdemokrat» hielten, in das Lager Most's hinüberzuführen. Am 19. September morgens wurde Essl aus dem unangemeldeten Unterstandsorte zum Amte gestellt und einer eindringlichen Perlustrierung [Untersuchung] unterzogen.

Andreas Essl ist zu Windischeschenbach in Bayern geboren und heimatberechtigt, 46 Jahre alt, katholisch, verheiratet, Herrenschneider und seit dem Jahre 1857 in Budapest domizilierend. Er scheint daselbst ein hervorragendes Mitglied der sozialdemokratischen Fraktion zu sein; denn er gehört dem Redaktionskomitee der dortigen sozialistischen Journale an, ist Controllor der Arbeiterkranken- und Invalidenkasse sowie Funktionär im Fachvereine der Schneider. Essl gab zu, in Sendling (München) gewesen zu sein – jedoch nur zu dem Zwecke, um seine Angehörigen daselbst zu besuchen. Essl hatte mehrere sozialistische Zeitungen und insbesondere eine von Leo Frankl ausgestellte Legitimation bei sich, wonach «unsere Genossen» ersucht werden, dem Vorzeiger Andreas Essl in Parteiangelegenheiten das größte Vertrauen entgegenzubringen.

Essl wurde am 20. September durch Erkenntnis der k.k. Polizeidirektion

Wien aus sämtlichen im Reichsrate vertretenen Königreiche und Ländern abgeschafft [ausgewiesen] und in Vollzug dieses Erkenntnisses, nachdem er auf das Recht des Rekurses [Einspruchs] verzichtete, sogleich über die zisleithanische Reichsgrenze gegen Preßburg geschafft.

Aus Budapest sind über den Zweck der Essl'schen Reise nähere Nachrichten eingetroffen, sie lauten dahin:

«Der von den Sozialisten in Budapest entsendete Genosse Andreas Essl hatte den Auftrag, in München mit Proebstl wegen Druck sozialistischer Flugschriften, die zur Verbreitung unter dem deutschen Militär in Bayern, Württemberg, Hannover, Baden, Hessen und Preußen bestimmt sind, Vereinbarungen zu treffen und gute Adressen von Geschäftsleuten in München zu besorgen, welche von Ungarn Waren beziehen, um mit denselben die für Deutschland bestimmte Arbeiter-Wochen-Chronik senden zu können, und auch in München einen Genossen ausfindig zu machen, welcher die Weiterexpedition der einzelnen Exemplare der Arbeiter-Wochen-Chronik übernimmt, indem jetzt beim Züricher Kongreß (auf Schloß Weyden) beschlossen wurde, soviel möglich in Deutschland die Arbeiter-Wochen-Chronik zu verbreiten, und wurde als Expeditionsort eben München oder Stuttgart bestimmt. – Endlich hatte Essl die Bedingnisse festzustellen, unter welchen das Budapester sozialdemokratisch-politische Komitee die Zentral-Verkehrsstelle übernimmt, um zwischen den einzelnen Vereinen Deutschlands zu vermitteln. Essl hätte als verantwortlicher Sekretär die regelmäßige Verbindung mit den Sozialisten-Vereinen in Deutschland und Brüderparteien des Auslandes zu übernehmen. Essl ist seit circa 30 Jahren bayerischer Deserteur.» (Speyer, Landesarchiv, H 46, Nr. 403)

Von Anfang an bildete sich unter dem Sozialistengesetz ein reformistischer Flügel um die Reichstagsabgeordneten und ein radikaler Flügel um Johann Most (1846–1906) heraus. Von London, wohin Most nach längerer Verfolgung emigriert war, hielten Abgesandte die Verbindungen der illegalen Gruppen aufrecht. Sie erfreuten sich der besonderen Aufmerksamkeit der Überwachungsorgane. Am 2. Februar 1881 erließ die pfälzische Regierung folgende Anordnung:

Eine gewisse Marie Roth, etwa 30 Jahre alt, dunkelbraunes Haar, dunkle Augen, blasse Gesichtsfarbe, häßlich, etwa 5 Fuß 2 3 Zoll groß, geborene Schweizerin, aus der Gegend am Bodensee, bis vor kurzem Erzieherin bei einem englischen Prediger, fertig deutsch, französisch und englisch sprechend, intime Freundin Most's, ist soeben zu agitatorischen Zwecken von London nach Deutschland abgereist.

Most entsendet überhaupt anstelle der Verhafteten neue Agitatoren nach Deutschland, deren Namen ich indes noch nicht angeben kann. Mit dieser *durchaus diskreten* Notiz verbinde ich die Weisung, auf die Marie Roth sowohl als auch auf etwaige andere Most'sche Agitatoren auf das Sorgfältigste achten und mir von dem Ergebnis Nachricht zugehen zu lassen. (Speyer, Landesarchiv, H 46, Nr. 403; die fast wörtlich gleichlautende, vorausgehende Mitteilung des berüchtigten Berliner Polizeipräsidenten von Madai befindet sich in Koblenz, Landeshauptarchiv, 403/6830, S. 341)

Neben Johann Most entwickelte sich der am 31. 1. 1849 in Pegau (Sachsen) geborene Schriftsetzer August Reinsdorf (1849–85) zu einem der energischsten deutschen Arbeiteranarchisten. Am 2. 6. 1881 wurde er aus Berlin ausgewiesen, am 28. 6. aus Leipzig. Unheilbar an der Schwindsucht leidend, einer verbreiteten Berufskrankheit der Schriftsetzer, wollte er noch Rache nehmen an den Herrschenden, bevor er sterben mußte. Aber schon 1881, lange bevor Reinsdorf aus Verzweiflung über die staatliche Unterdrückungsmaschinerie zu Dynamitattentaten griff, kursierte auf den Ämtern vertraulich sein Steckbrief, hier in der pfälzischen Fassung vom 24. Oktober 1881:

Vertraulichen Nachrichten zufolge ist der bereits bekannte Freund Hödels [Max Hödel verübte 1878 ein fehlgeschlagenes Attentat auf den Kaiser] und Anarchist, Schriftsetzer Friedrich August Reinsdorf, alias Gfeller, alias Steinberg, am 31. Januar 1849 in Pegau (Königreich Sachsen) geboren, 1,79 Meter groß, kräftige Statur, krauses Haar, hohe, breite Stirn, braune Augen, breite Nase, zurückstehender Kinn, dicke Lippen, blonder Bart, gesunde Gesichtsfarbe, breites Gesicht, Leberflecken auf der rechten Brust und dem linken Schulterblatt, Narben am linken Schienbein, von Freiburg i. d. Schweiz mit revolutionären Flugschriften nach Deutschland abgereist. Dem Vernehmen nach will er auf Umwegen nach Berlin. (Speyer, Landesarchiv, H 46, Nr. 403)

Am 28. September 1883 versuchte eine anarchistische Arbeitergruppe aus Elberfeld und Barmen (heute Wuppertal), bei der Einweihung des Niederwalddenkmals (bei Rüdesheim/Rhein) den Kaiser samt dem Denkmal in die Luft zu sprengen. Die Zündschnur erlosch immer wieder. Danach wurde neben einem anderen auch Reinsdorf hingerichtet, obwohl er am Versuch gar nicht teilgenommen hatte. Gegen Sozialisten wie Anarchisten brauchte es die Justiz nicht so genau zu nehmen. Vor der Hinrichtung schrieb Reinsdorf einen Abschiedsbrief an seinen Bruder:

Halle, den 6. Februar 1885.

Mein lieber Bruno!

Es ist dies mein letzter Brief, doch sollst Du nicht trauern, denn als ich heute vormittag durch den ersten Staatsanwalt von Halle die Eröffnung bekam, daß morgen früh um 8 Uhr alle meine Leiden beendigt würden, war es das Gefühl der Erleichterung, das mich ergriff. Ich war die letzte Zeit sehr leidend, und wenn ich an eine eventuelle Begnadigung dachte, so wünschte ich mir den Tod. Denke Dir, wenn ich hätte im Zuchthaus leben müssen, ohne geistige Beschäftigung und Anregung, Tag für Tag wie eine gedankenlose Maschine die langweilige und geisttötende Arbeit des Wollspulens verrichten, wie sehnlich würde ich mir die Ruhe des Grabes gewünscht haben – und Du wirst begreifen, daß die getroffene Entscheidung für mich die beste ist. Wenn Du also diesen Brief empfängst, so denke Dir, daß mir dann wohl ist und daß nur die für mich günstigsten Momente zusammengewirkt haben, zu meinem Glück den langsamen, natürlichen Gang zu beschleunigen. Und nun, mein lieber Bruno, denke stets daran, daß es Deine Pflicht ist, solange die Eltern leben und Du noch junge Geschwister hast, Dich ihrer anzunehmen und Vater und Mutter auf ihre alten Tage kräftigst zu unterstützen. Unterdrücke einstweilen etwaige Lieblingsideen und denke, daß Du ja damit einen Wunsch von mir und auch einen Teil meiner Pflichten mit erfüllst, dann wird es Dir leicht werden. Betrachte das Leben stets von der ernsten Seite, so, als ob es Dir nur geschenkt sei, um damit der Menschheit zu nützen und heilige Verpflichtungen einzulösen. Beteilige Dich so wenig als möglich an den blöden Vergnügungen, wie sie leider bei den gedankenarmen Arbeitern noch Sitte sind, sondern bilde Deinen Geist nach allen Richtungen, damit Dir nichts fremd ist und Dir auch der Klügste kein X für ein U machen kann. Daß ich natürlich meinen Überzeugungen bis zum letzten Augenblicke treu bleibe, ist selbstverständlich. Ich umarme Dich und Franz brüderlich und grüße Euch von Herzen tausendmal. Euer August. (Das Dynamit-Attentat, S. 177/8)

Reinsdorfs Bruder Bruno, ebenfalls Schriftsetzer, wurde 1890 aus Leipzig ausgewiesen.

In seiner «Übersicht über die allgemeine Lage der sozialdemokratischen und revolutionären Bewegung» vom 6. Juli 1885 schrieb der Berliner Polizeipräsident, praktisch der Chef der deutschen Geheimpolizei, über die Untergrundtätigkeit der Gemäßigten, der Sozialdemokraten:

Neben der öffentlichen Agitation wurde auch noch eine sehr lebhafte geheime betrieben, teils zur Förderung des inneren Ausbaus bzw. zur Wiederherstellung der geheimen Organisation, teils zur Gewinnung neuer Anhänger. Ihr Schauplatz waren im Winter, wie früher, Werkstätten, Wohnungen und Schanklokale, während seit dem Eintritt der wärmeren Jahreszeit wieder die gemeinsamen Landpartien unternommen wurden, die, mit den erforderlichen Vorsichtsmaßregeln umgeben, eine vorzügliche und erprobte Gelegenheit bieten, ohne jede Gefahr über Parteiangelegenheiten zu beraten. Von Berlin aus wurden solche Landpartien fast an jedem Sonn- und Festtage, ohne Rücksicht auf die Tageszeit, mitunter schon in den frühesten Morgenstunden und meistens unter Teilnahme der Frauen und Kinder gemacht, um auf diese Weise das Nützliche mit dem Angenehmen zu vereinigen und die Familien für die Entbehrungen, welche ihnen der alltägliche längere Aufenthalt der Männer in Schanklokalen auferlegt, zu entschädigen. (Koblenz, Landeshauptarchiv, Best. 403, Nr. 6831, S. 196)

Über die Anarchisten hieß es dann:

Der Prozeß Reinsdorf und Genossen hat einiges Licht über die im Wuppertal befindlichen Anarchisten verbreitet und Anhaltspunkte für deren fernere Beobachtung gegeben; aus anderen Wahrnehmungen geht hervor, daß auch in Berlin, Magdeburg, Brandenburg, Breslau, Mannheim und einigen anderen Orten am Mittelrhein Anarchisten in größerer Zahl vorhanden sind. Ihre Tätigkeit scheint sich aber hauptsächlich auf den Bezug und die Verbreitung der «Freiheit» zu beschränken, während in der Umgegend von Elberfeld im Winter wiederholt aufrührerische Plakate mit der Aufschrift: «Hoch die Anarchie, hoch die Most'sche Freiheit! Nur Dynamit kann uns helfen» während der Nachtzeit an Häusern und Bäumen angeklebt worden sind. Die Berliner Anarchisten halten sich, natürlich ohne sich als solche förmlich zu erkennen zu geben, noch immer zur Sozialdemokratie, aus der sie hervorgegangen sind, um im Fall ihrer Ausweisung ihr Anrecht auf die Unterstützung seitens der Partei zu behalten.

Das Organ der Anarchisten, die «Freiheit», wird dem Vernehmen nach in 5000 Exemplaren gedruckt, von denen 500 in Amerika bleiben und die ganzen Kosten decken müssen, während 4500 meistens ohne jede Aussicht auf Bezahlung nach Europa kommen, um auf verschiedenen Wegen nach Deutschland und Österreich eingeführt zu werden. Früher wurde dieser Schmuggel von England und der Schweiz aus, teils direkt, teils auf Umwegen über Belgien oder Italien betrieben. Infolge der jüngsten, in der Schweiz stattgehabten Ausweisungen dürfte, wenigstens bis sich die Verhältnisse dort wieder konsolidiert haben, die Schweiz außer Betracht bleiben und die Einführung allein von England aus stattfinden. (Ebenda, S. 208–210)

Für die Anarchisten wurde die Verfolgung immer schwerer erträglich, immer verlustreicher. Die reformistische, parlamentarische, über weite Strekken recht obrigkeitsfromme Politik der Sozialdemokraten verschärfte die Isolierung der Arbeiteranarchisten. Angesichts ununterbrochen erlebter Brutalität konnte es nicht verwundern, daß Most 1885, inzwischen nach New York übergesiedelt, ein explosives Büchlein mit dem Titel «Revolutionäre Kriegswissenschaft» herausbrachte. Most meinte in der Einleitung:

Über die Bedeutung, welche die modernen Sprengstoffe für die soziale Revolution in Gegenwart und Zukunft haben, braucht heutzutage nichts mehr gesagt zu werden. Es liegt auf der Hand, daß dieselben im nächsten Abschnitt der Weltgeschichte den ausschlaggebenden Faktor bilden.

Nichts ist daher natürlicher, als daß sich die Revolutionäre aller Länder mehr und mehr bemühen, sich solche zu beschaffen und die Kunst, sie *praktisch* anzuwenden, zu erlernen. (Most, Revolutionäre Kriegswissenschaft, S. 3)

Damit war das heute noch unerschütterte Klischee des Anarchisten fertig. So konnten die vorwärtsweisenden, noch unausgeschöpften Freiheitsimpulse gerade des Arbeiteranarchismus bequem verdrängt oder bis zur Karikatur ins Gegenteil verkehrt werden. Darin waren sich alle Gegner einig: von links bis rechts. Erst wenn wir die tief eingefahrenen Geleise der mehr oder weniger staatsoffiziellen «Arbeiterbewegung» verlassen, fallen uns die fast verschütteten Spuren jener Freiheitsströmung ins Auge: die Ablehnung von Führern, auch der eigenen, der Verzicht auf autoritäres Gebaren, der Aufbau einer wirklichen, auch wirtschaftlichen Volksherrschaft von unten. Seit der hier gestreiften Verfolgung der radikalen Sozialisten und Anarchisten erlebte der Polizeistaat immer wieder neue Aufschwünge. So lange bleiben die verfolgten Ideen aktuell.

Quellen und Literatur

Das Dynamit-Attentat bei der Enthüllung des Denkmals auf dem Niederwalde. Der Prozeß wegen Hochverrats wider die Anarchisten Reinsdorf und Genossen, in: Der Neue Pitaval, Neue Serie, 20, 1886, S. 138–178

Eugen Ernst: Polizeispitzeleien und Ausnahmegesetze 1878–1910. Ein Beitrag zur Geschichte der Bekämpfung der Sozialdemokratie, Berlin 1911 (mit 13 Illustrationen, die einige Spitzel und wichtige Polizeidokumente darstellen)

Horst Karasek: Belagerungszustand! Reformisten und Radikale unter dem Sozialistengesetz 1878–1890, Berlin 1978 (Literatur S. 156–158)

Ders. (Hg.): 1886, Haymarket. Die deutschen Anarchisten von Chicago, Reden und Lebensläufe, Berlin 1975

Koblenz, Landeshauptarchiv, 403/6830 und 6831

Johann Most: Die Bastille am Plötzensee. Blätter aus meinem Gefängnis-Tagebuch, Braunschweig 1876

Ders.: Memoiren. Erlebtes, Erforschtes und Erdachtes, 4 Bände, New York 1903–07

Ders.: August Reinsdorf oder die Propaganda der Tat, New York 1885

Ders.: Revolutionäre Kriegswissenschaft. Ein Handbüchlein zur Anleitung betreffend Gebrauches und Herstellung von Nitro-Glycerin, Dynamit, Schießbaumwolle, Knallquecksilber, Bomben, Brandsätzen, Giften usw. usw., New York 1885, Nachdruck London 1976

Rudolf Rocker: Johann Most. Das Leben eines Rebellen. Mit Vorwort von Alexander Berkmann, Berlin 1924. Nachdruck Glashütten 1973

Speyer, Landesarchiv, H 46, Nr. 403

Heinzpeter Thümmler: Sozialistengesetz § 28. Ausweisungen und Ausgewiesene 1878–1890, Berlin (DDR) 1979

112 Die Haberer, eine verkannte Bauernbewegung Oberbayerns

Im bergigen Land zwischen Isar und Inn, zwischen München, Wasserburg/Inn, Holzkirchen, Bad Tölz und Schliersee, lebte seit Jahrhunderten eine nie erloschene Bauernbewegung (Kapitel 64, 75). Damit hatten alle Herrscher zu tun: die Wittelsbacher Dynastie wie die jeweiligen Besatzungsmächte.

Seit dem 18. Jahrhundert ist in Oberbayern eine bäuerliche Geheimorganisation bezeugt, die eine unberechenbare, unerbittliche Gegenmacht entfaltete: der Habererbund. Die bayerischen Volkskundler stürzten sich immer wieder nur darauf, daß die Haberer in einer nächtlichen Massendemonstration das Sexualleben einzelner Personen, auch höherer Herrschaften, bloßstellten. So wurde der Blick auf den politischen wie sozialen Gehalt des Geheimbundes verstellt. Die Suche nach irgendeinem historischen Anfangsdatum, nach einem eindeutigen Ursprung, stiftete noch mehr Verwirrung.

In der 2. Hälfte des 19. Jahrhunderts schälte sich deutlicher heraus, daß im geheimen Habererbund die bäuerliche Gesellschaft mit der rasch auf das Land vordringenden bürgerlichen Gesellschaft zusammenprallte. Zwei einander ausschließende Gesellschaften rangen um die Geltung ihrer Gesetze. Die spätere Zeit zeigte, daß gerade zur Zeit ihrer beeindruckendsten Blüte (1863 bis 1867, 1892 bis 1895) die Haberer das letzte Aufbäumen der niedergehenden bäuerlichen Welt signalisierten. Die Rebellen wehrten sich geschickt und zäh. Sie verdienen unsere Sympathie.

Bis heute ist diese von Geheimnissen umwobene Bauernbewegung verkannt: sie sei angeblich nichts anderes als ein altdeutsches Rügegericht, ein Sittentribunal, eine Lokalbewegung mit bayerischen erotischen Mundartgedichten. Wenn wir den Blick über die Zäune Oberbayerns hinwegschweifen lassen, stellt sich heraus, daß das Haberfeldtreiben, wie die nächtliche Kundgebung heißt, keineswegs so unvergleichlich war. In der bäuerlichen Welt galten allenthalben eigene, ungeschriebene Gesetze, über deren Beachtung das Volk wachte, wenn die Obrigkeit dazu nicht in der Lage oder willens war.

Im oberösterreichischen Innviertel – ebenfalls einem alten Rebellenland (Kapitel 62, 64, 75), das bis 1779 zu Bayern gehörte, bekam ein amerikanischer Historiker noch für die ersten Jahre nach dem Zweiten Weltkrieg eine den Haberern verwandte Bewegung bestätigt. In St. Radegund im Weilhartforst (7 km nördlich vom oberbayerischen Grenzort Tittmoning an der Salzach) herrschte noch um 1950 ein wohl auch sonstwo bekannter Brauch. Die jungen Burschen bestraften ein ihren Gesetzen zuwiderlaufendes Verhalten, so zum Beispiel, wenn einer ein Mädchen geschwängert hatte und dann sitzenließ oder wenn ein alter Witwer ein nach der Meinung der Jungen für ihn viel zu junges Mädchen heiraten wollte (Zahn, S. 36/37). Die Burschen von St. Radegund stießen übrigens 1934 mit der Heimwehr zusammen, einer Bürgerkriegsorganisation der Christlich-Sozialen Österreichs um Fey und Starhemberg, die dem Faschismus sehr nahestanden. Aus dem Anführer dieser Bauernjugendbewegung, Franz Jägerstätter, wurde einer der tapfersten Kriegsdienstverweigerer gegen den Nationalsozialismus. Am 9. August 1943 wurde er deshalb in Brandenburg hingerichtet (Kapitel 124).

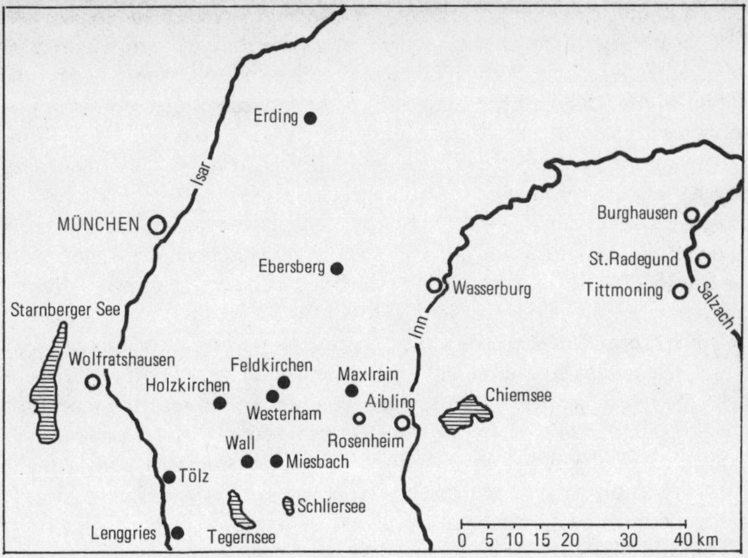

Karte 48: Zentren des Haberfeldtreibens

Noch um die Mitte des letzten Jahrhunderts gab es ab und zu auf dem Land ein löbliches Mittel gegen einen gewalttätigen Ehemann. Die bäuerliche Welt wachte selbst darüber, daß Brutalitäten wenigstens nicht überhandnahmen. Der im folgenden beispielhaft genannte Ort Bettringen ist heute ein Vorort von Schwäbisch Gmünd.

In Bettringen besteht die Sitte, daß vor die Fenster desjenigen Hauses, worin eine Frau öfters auf brutale und ungerechte Weise von ihrem Manne mißhandelt wird, ein verkleideter Mann kommt, der an die Türe oder an das Fenster klopft und sagt: «*Wenn du nicht nachlässest, dein Weib zu mißhandeln, so kommt der schwarze Mann.*»

Wird diese Warnung, die nur in wenigen Fällen wiederholt wird, nicht befolgt, so kommt *der schwarze Mann* wirklich: sein Gesicht ist geschwärzt und er dadurch unkenntlich gemacht. Kommt er in das Haus des händelsüchtigen und meist auch betrunkenen Mannes, so packt er diesen vorerst an der Gurgel und würgt ihn rechtschaffen, hernach prügelt er ihn tüchtig durch. Ist dies geschehen, so geht der schwarze Mann wieder seines Weges, jedoch mit der Bemerkung: «So, wenn dies nichts nutzt, wenn du von jetzt an nicht gut tust, so komme ich bald wieder. Merke dies!» Daß der schwarze Mann im Orte bekannt ist und an Körperstärke dem überlegen sein muß, der durchgebläut werden soll, versteht sich von selbst. (Birlinger, S. 224/225)

Geheimbünde gab es auf dem Land auch anderswo und zu anderen Zwekken. In Bludenz (Vorarlberg) pflegte im 18. Jahrhundert am Fastnachtsdienstag eine Bruderschaft, häßlich verkleidet und unkenntlich gemacht, die jungverheirateten Ehemänner aus dem Haus abzuholen und zum Gespött der Leute auf einer Mistbahre durch die Stadt zu tragen. Die Obrigkeit bekämpfte diese Sitte, die die Bludenzer ausdrücklich, mit Deckung durch ihr Geschworenengericht, für ein altes, immer wieder bestätigtes Privileg (Recht) in der Herrschaft Bludenz erklärten (Welti, S. 178/9). Aus Livland wissen wir für das Jahr 1691 von einer Untergrundbewegung, die als Dämonenwölfe auftritt und für sich ein Brenn- und Raubrecht zur Austragung einer Fehde beanspruchte (Höfler, S. 345/346).

Die Haberer Oberbayerns stellen ein über ähnliche Erscheinungen weit hinausreichendes Beispiel einer selbständigen, das eigene, inoffizielle Recht behauptenden Bauernbewegung dar. Zu unserem Erstaunen tauchen vor uns ungeahnte Fähigkeiten auf: eine treffliche, einfallsreiche Maskierung, eine gute Bewaffnung, eine weitverzweigte Konspiration, ein sicherer Nachrichtendienst, eine gründliche Planung, eine überlegene Strategie, die sogar militärische Begabungen offenbart.

Hand in Hand damit ging ein Volkstheater, spontan oder vorbereitet: Parodien auf die Mächtigen, eine treffende Spottliteratur, zwerchfellerschütternde Symbolhandlungen auf Kosten der Obrigkeit. Darin tat sich besonders der zweitletzte Haberermeister hervor, Hans Vogl, genannt der Daxer von Wall. (Wall liegt 5 km westlich von Miesbach). Dies erinnert an parodistische Symbolhandlungen der 48er-Revolution.

Einen ganz grotesken Ulk verübte der Daxer mit seinen Freunden in der Nacht vom Samstag, den 12., zum Sonntag, den 13. Mai [1894]. Außerhalb des Friedhofs von Wall, ungefähr zwei Meter von der Friedhofseinfassung entfernt, liegt das Grab eines ohne Sang und Klang Verscharrten, der vor Zeiten dem Haberbund angehört haben soll und wohl in der Zeit des großen Kirchenbannes hier sein Grab angewiesen erhalten hatte. Über dieses Grab häuften die Burschen einen ziemlich großen Erdhügel auf, aus dem sie ein neues Grab machten. Wahrscheinlich unter einem sehr derben Zeremoniell – auf derartige Dinge verstand sich ja der Daxer – wurde hier eine mit schwarzem Sackstoff bekleidete Strohpuppe beerdigt. Diesen Grabhügel umgaben sie nun mit einem Stacheldrahtzaun, an dem sie zwei Tafeln anbrachten.

Und staunend las der patrouillierende Gendarm anderntags:

«Hier ruht
der Wohlgeborne
Graf von Luxburg
ehemal. Haberfeldmeister von Tegernsee
z. Zt. Polizeirat

zwischen dunkel und sichts mi nöt [siehst mich nicht],
das war der letzte Habermeister,
der hat beim letzten Haberfeldtreiben in Tegernsee
oan Moasta [einen Meister] gmacht und
beim vorletzten Treim an Schandarm daschossen [erschossen],
geb. zwischen Weihnachten und Hunbach,
gestorb. weiß Gott wo.
O Herr!
gib dem Hurnkerl die ewige Hur
und das ewig Licht
brenne seinem Beudl. [Hodensack]
R. I. P. [Requiescat in Pace; er ruhe in Frieden!]
Vivat alter Haberfeldmeister.»

Die zweite Tafel verkündete:
«Ruhestatt der Haberer.» (Queri, S. 144/145)

Das Haberfeldtreiben selbst begann mit der Festsetzung des Treibens durch den Habererrat nach Ort, Person, Nacht und Hauptsammelplatz. Im Habererrat vereinigten sich die zehn angesehensten Anführer der einzelnen Bezirke Oberbayerns mit dem von ihnen meistens auf Lebenszeit gewählten, aber bei Unfähigkeit oder Verrat absetzbaren Haberermeister. In den Dörfern gehörten nur einzelne Wagemutige zum Habererbund. Aus Sicherheitsgründen kannten sie schon die Haberer des nächsten Bezirks nicht mehr. Sie durften auch keine Ahnung von den wahren Namen der Anführer haben. Wie ein Haberfeldtreiben gewöhnlich ablief, beschrieb der letzte Haberermeister, Thomas Bacher von Westerham (westlich von Rosenheim) in seinen Erinnerungen:

Sollte ein Haberfeldtreiben stattfinden, so war vorher den Führern der Tag beziehungsweise die Nacht genau mitgeteilt worden, desgleichen der Hauptsammelplatz. Schneite es um diese Zeit, so daß der Schnee liegen blieb, unterließ man das Treiben ohne weiteres. Selbstredend wurde eine Nacht gewählt, in der kein Mondschein war, absolute Finsternis mußte das geheimnisvolle Aufmarschieren decken. Der Anmarsch war mit einer Raffiniertheit organisiert, die Bewunderung erregen muß. Die Anmarschzeit war fast bis zur Minute ausgerechnet. Der am weitesten entfernte Führer sammelte seine Leute an einem vorher bestimmten, einsamen Platze seines Bezirkes. Jeder Teilnehmer war vermummt, hatte ein geschwärztes Gesicht und trug einen falschen Bart. Fast jeder war mit einem Gewehr bewaffnet, viele trugen Ratschen, Hafendeckel, Glokken oder Blashörner aus Papier, die über einen Meter lang waren. Die Zahl der Teilnehmer eines Bezirkes war schon etwa ein Monat vorher bestimmt und dem Meister gemeldet. Jeder Ankommende mußte den zweiten Teil eines Losungswortes geben, z. B. auf Augs – *burg* sagen.

War der Bezirk versammelt, so wurde in folgender Weise abmarschiert. Zuerst ging der Führer, sechs Schritt hinter ihm der nächste und so alle folgenden in diesem Abstand im Gänsemarsch. Kein Wort durfte gesprochen werden. An einer gewissen Stelle des Nachbarbezirkes wartete der Führer desselben mit seinen Leuten auf die Ankömmlinge, das zweite Losungswort wurde gegeben, dann führte er sie nun in derselben Marschordnung auf Schleichwegen weiter bis zum nächsten Führer. So marschierten manchmal mehrere hundert Haberer wortlos und stumm hintereinander durch die stille Nacht bis zum *Hauptsammelplatz*. Hier wartete der Meister mit seinen zwei Adjutanten und einigen ortskundigen Haberern aus der Gegend, bis die Züge eintrafen. Meist eine Viertelstunde vor Mitternacht mußten alle Teilnehmer eingetroffen sein. Blieb ein Bezirk aus, so unterblieb das Treiben, und die Erschienenen zogen im Gänsemarsch sofort wieder ab, der Heimat zu, Bezirk hinter Bezirk, nur diesmal in umgekehrter Reihenfolge.

Kamen jedoch die Haberer zur rechten Zeit an oder lief für den fehlenden Zug eine Entschuldigung ein, so wurde zuerst einmal gezehrt. Befreundete Brauereibesitzer gaben Freibier für die Versammelten und Würste mit Brot. Es mußte aber sehr schnell gehen mit dieser Zehrung, länger als eine Viertelstunde blieb man nicht auf dem Hauptsammelplatz. Die Haberer des Ortes, in dem getrieben werden sollte, beteiligten sich an diesem Treiben nicht, sie blieben alle zu Hause, um keinen Verdacht zu erregen, ja es kam vor, daß zum Schein Mitgliedern des Bundes getrieben wurde, um die Leute irrezuführen.

Die Gewehrträger hatten alle scharf geladen, und Posten sicherten den ganzen Platz, der mit einzelnen Fackeln erhellt war. Nach der Zehrung wurde vom Meister eine Rede gehalten, in der sozusagen die Kriegsartikel verlesen wurden. Jeder wurde auf den Ernst der Sache hingewiesen, daß es unter Umständen auch ums Leben gehen könne. Wer den Mut verliere, solle lieber vorher noch umkehren, wer aber mittue, müsse unverbrüchliches Schweigen bewahren bei Todesstrafe. Dann wurde das Haberfeldtreiben als alter Volksbrauch erklärt, das bis auf den Schmied von Kochel zurückgehe [bayerischer Aufstand von 1705], und jeder Teilnehmer noch ermahnt, niemand zu Schaden kommen zu lassen, mit den Gewehren vorsichtig umzugehen, bei Widerstand jedoch rücksichtslos von der Waffe Gebrauch zu machen. Die Posten wurden eindringlich darüber belehrt, wie sie sich zu verhalten hatten. Sie standen zumeist der Örtlichkeit angepaßt in einem weiten Kreis, aber gerade noch in Sehweite von der Hauptabteilung mit gespanntem Gewehr auf scharfem Auslug. Ihre Aufgabe war es vor allem, Überraschungen durch die Polizei hintanzuhalten, aber auch die Zuhörer nicht weiter als auf Büchsenschußweite heranzulassen. Drohte Gefahr, so rief der Posten: «Halt im Namen des Kaisers Karl oder es kracht!» Blieb der betreffende Angerufene nicht stehen, so schoß der Posten sofort auf die Füße des Gegners und zog sich gehend oder kriechend, niemals aber laufend auf die Hauptmacht zurück, die augenblicklich auf den Alarmschuß in Gefechtslinie ausschwärmte und das Feuer mit allen Gewehren eröffnete, um sich dann langsam zurückzuziehen und sich geordnet nach Bezirken aufzulösen.

Nach der Postenbelehrung wurde der Habereid geschworen. Er lautete:

«Ich schwöre bei meinem Leben, unverbrüchliches Schweigen zu wahren über den Habererbund und über das heutige Treiben, nicht List, nicht Gewalt, nicht Zuchthaus, nicht Tod soll mich bewegen, diesen Schwur zu brechen, so wahr mir Gott helfe. Amen!»

Dieser Schwur galt gleichzeitig auch für alle Neuen, die in den Geheimbund aufgenommen waren, und jeder Teilnehmer mußte den Schwur dem Meister nachsprechen mit aufgehobener rechter Hand. Zweifellos machte diese ganze Veranstaltung, der feierliche Ernst, die finstere Herbstnacht, von ein paar Fakkeln nur spärlich erhellt, auf jeden, der dabei war, einen tiefen Eindruck. Nach der Eidesleistung wurde abmarschiert zum eigentlichen Ort des Haberfeldtreibens. Voraus marschierten die Posten mit je fünf bis sechs Schritt Abstand, dann in gleicher Marschformation die Haberer. Kam man auf den Platz, der für das Treiben bestimmt war, zogen die Posten im weiten Kreis auf, und die Haberer formierten den inneren eigentlichen Kreis, in dessen Mitte der Meister mit seinen zwei Adjutanten stand. War der Kreis gebildet, dann drehten die Haberer den Rücken gegen das Innere des Kreises, so daß der ganze Ring nach außen blickte.

Es ist notwendig, hier darauf hinzuweisen, daß ein Treiben *nie* in einer geschlossenen Ortschaft abgehalten wurde, daß es reine Phantasiegebilde sind, wenn Schriftsteller davon fabelten, die Haberer wären vor das Haus irgendeines Schuldigen gezogen und hätten solange in die Fenster hineingeschossen, bis der Betreffende, womöglich noch im Hemd, auf der Altane oder vor der Haustüre erschienen sei, und dann sei ihm sein Sündenregister vorgelesen worden, während er knieschnackelnd dastand. Die Haberfeldtreiben fanden im Gegenteil *immer auf einer freien Fläche*, meist einer etwas erhöhten Wiese in der Nähe der Ortschaft statt, in der die Sünder wohnten. Schon die Sicherheitsmaßnahmen forderten dies und verboten ein Treiben innerhalb einer Ortschaft, wo eine Überraschung durch die Polizei leicht möglich und schwer abzuwehren war.

Nachdem also in der am Hauptsammelplatz bestimmten Ordnung aufmarschiert war, begann das eigentliche Treiben mit einem etwa zwanzig Minuten dauernden Auflärmen oder «Grewöi» [Krawall]. Jeder mit Ausnahme der Posten schoß sein Gewehr ein halbes Dutzend mal ab und lärmte mit Glocken, Hafendeckeln, Ratschen oder papiernen Lärmtrompeten, was das Zeug hielt. Natürlich stürzte auf diesen fürchterlichen Radau in der betreffenden Ortschaft alles aus den Häusern und auf den Platz des Treibens. Hatte sich ein genügendes «Publikum» angesammelt, so gab der in der Mitte des Kreises stehende, von Fackeln beleuchtete Meister seinem Adjutanten ein Zeichen, worauf dieser auf einer Trompete das Lied anstimmte:

«Was man aus Liebe tut ...» (Adlmaier, S. 27–30)

Nun trug der Haberermeister gereimte Mundartverse vor, die den Anlaß des Treibens erläuterten. Zur Irreführung von Spitzeln nannte er hochgestellte Personen als anwesende Haberer, sogar als Anführer. In den Pausen erschallte mit allen nur denkbaren Instrumenten ein Höllenlärm. Dieser Zug ist den Katzenmusiken der 48er-Revolution verwandt. Der Schlußlärm, darunter wieder Gewehrschüsse, konnte bis zu 50 Minuten dauern. Der Abmarsch erfolgte so wohlüberlegt wie der Anmarsch. Für die militärischen Aspekte kam den Bauern die Erfahrung in der bayerischen Armee zugute.

Zwischen 1717 und 1922 sind bisher 158 Haberfeldtreiben durch Zeugnisse belegt (zur Statistik: Kaltenstadler, S. 4–6, Breibeck, S. 273–278). Die wirkliche Anzahl dürfte weit höher liegen; denn die Dorfbehörden standen oft noch viel zu sehr im Bann der rebellischen Bauernwelt, zumal jede Meldung eine Straftruppe mit für die Gemeinde beträchtlichen Exekutionskosten zur Folge haben konnte. Die Verbreitung (zwei Karten bei Breibeck in den Innenseiten des Einbandes; drei nach Jahren differenzierte Karten bei Zipperer im Anhang) zeigt eine Konzentration in der Gegend von Miesbach.

Die Aufnahme in den Geheimbund geschah nach strengen Grundsätzen. Als besonders geeignet galten Wilderer, Schmuggler und tüchtige Raufer, verwegene und zugleich verschwiegene Leute, erfahrene Schützen. Die Anführer kamen aus der besitzenden Bauernschaft, die Haberer meistenteils aus der ländlichen Unterschicht. In der zweiten Hälfte des 19. Jahrhunderts stießen mehr und mehr auch junge Arbeiter dazu. Zur Zeit seiner Blüte umfaßte der Bund rund 2000 Haberer, die dem Volk wie der Obrigkeit unbekannt waren.

Gar nicht so selten verfolgten die Haberfeldtreiben politische und soziale Ziele. Im Gefolge der französischen Julirevolution von 1830 griffen 20 bis 30 Bewaffnete in der Nacht vom 15. auf 16. Juni 1834 das Schloß Maxlrain (nördlich von Bad Aibling) an. Sie forderten die Auslieferung der Jäger, die nach Meinung des Volkes einen bekannten Wilderer erschossen und noch halb lebendig verscharrt hatten. Der bürgerlichen Justiz trauten sie auch in diesem Fall nicht. In den beiden Revolutionsjahren 1848/49 erlebten die Haberfeldtreiben einen großen Aufschwung.

Das nächste Aufblühen setzte 1862 ein und endete 1867. Die Regierung erkannte immer mehr die Gefahr, daß – im Zusammenstoß zweier unversöhnlicher Gesellschaften – die Bauernwelt mit ihren eigenen Gesetzen ein Staat im Staat zu werden versuchte. Am 1. November 1863 schrieb das bayerische Innenministerium an den König, der sich damals in Rom aufhielt:

Der Unfug des Haberfeldtreibens, der in früheren Jahren jeden Winter ein- bis zweimal vorkam, hat seit November 1862 bedenklich überhand genommen und sich seit einem Jahr 19 mal wiederholt, wie Euer Königliche Majestät aus der anliegenden Übersicht zu ersehen geruhen wollen. (München, Bayerisches Hauptstaatsarchiv, MInn 46559)

Anfang November 1863 wurden 150 Soldaten unter Major Freiherr von der Thann nach Miesbach geschickt, alle jungen Männer der Gegend zum

Militär eingezogen. – Ein Mitglied dieser Familie, Ludwig Freiherr von der Thann (1815–81), war 1848 Anführer der Freischaren gegen Dänemark in Schleswig-Holstein gewesen und deshalb von den Demokraten gefeiert worden. – Die breite Habererbewegung erlitt durch den Militäreinsatz keinen Abbruch, was selbst der für die Haberer zuständige Regierungsrat Mangstl am 6. November 1863 zugeben mußte.

Die meisten Stimmen sind darüber einig, daß die Frevler fast in allen Landgemeinden zwischen Inn und Isar zu suchen seien, die Zahl dieser Gemeinden sind ungefähr 170, die Besetzung von 15 Gemeinden mit 400 Mann dürfte also keine übertriebene Maßregel sein, ich bitte, sie zu genehmigen. (Ebenda)

Militär und der damit verbundene Terror sollten die bürgerliche Gesellschaft vor den Bauernrebellen retten. Im selben Bericht stellte Mangstl unter Beweis, daß die Haberer eine soziale Protestbewegung darstellten:

Die speziellste Bedrohung liegt für Lenggries vor, dort befinden sich die Freiherr von Eichthal'schen Bretterschneidenmühlen, über welche die umliegenden Flößer aufgebracht sind, deren Erwerb durch diese Mühlen verkümmert wird, weshalb mit Rücksicht auf die Gefahr der Brandlegung das stärkste Kommando – 50 Mann – dahin bestimmt wurde. (Ebenda)

Der Freiherr und Sägmühlenbesitzer wurde von den Haberern bedroht: wenn er nicht innerhalb von sechs Wochen wegzöge, setze man ihm den roten Hahn aufs Dach. Der Freiherr beugte sich der Bauernbewegung, einem übermächtigen Volksgericht.

Der im Grunde ratlose Regierungsrat versuchte, Spitzel anzuwerben, er holte Truppen auf Truppen in den Isarwinkel. Am 20. November standen 470 Soldaten gegen die Haberer bereit. Am 24. November 1863 erließ der bayerische König, auf einer Reise in Rom, folgende Weisung an sein Innenministerium:

Die Unsitte des Haberfeldtreibens, welche den Zeitungsnachrichten zufolge in jüngster Zeit immer größere Dimensionen anzunehmen scheint, hat, abgesehen von ihrer direkten Gemeingefährlichkeit, noch eine in der Gegenwart doppelt bedenkliche politische Seite. Der bisherige Verlauf dieses Unfuges beweist, daß in Bayern unter den Augen der Behörde seit langem eine zahlreiche, weit verzweigte und wohlgegliederte geheime Verbindung besteht, die von Zeit zu Zeit ganze Distrikte in Alarm versetzt, ohne daß es der Polizei gelungen ist, über die Leiter und anderen Teilnehmer dieser auffälligen Demonstrationen sich zu vergewissern. Ich brauche nicht auseinanderzusetzen, wie sehr angesichts dieser Tatsache das Ansehen der Obrigkeit leidet und wie gut unter Umständen eine solche Organisation zum Muster und zur Aufmunterung selbst revolutionärer Gesellschaften dienen kann. Ich gewärtige daher eine genaue Aufklärung über diese Vorkommnisse und die zu deren Unterdrückung seither getroffenen Maßregeln und hoffe zuversichtlich, daß es der Umsicht und Energie Meines Staatsministeriums des Innern gelingen wird, in Bälde eines Unfuges Meister zu werden, der Bayern in der öffentlichen Meinung herabsetzt. (Ebenda)

Der König spürte im Habererbund ein unkontrollierbares, revolutionäres Potential und ein jederzeit gefährliches Vorbild, noch bevor sich die Sozialdemokratie organisiert hatte.

Die militärische Besetzung des Isarwinkels dauerte auch im Jahr 1864 an. Der Regierungspräsident von Oberbayern gab am 2. November 1864 folgende Bekanntmachung heraus:

An sämtliche k. Bezirksämter von Ober-Bayern, insbesondere Ebersberg, Miesbach, München rechts des Inns, Rosenheim, Tölz.

Maßregeln gegen Haberfeldtreiben betr.

Im Namen Sr. Majestät des Königs von Bayern.

Die Störung der öffentlichen Sicherheit, Ruhe und Ordnung durch Haberfeldtreiben, welcher Unfug sich auf die Bezirke Ebersbach, Miesbach (mit Tegernsee), München rechts des Inns (Distrikt Wolfratshausen), Rosenheim (Distrikt Aibling und Rosenheim), Tölz erstreckt, hat sich seit einem Jahre 19mal wiederholt und trat in letzterer Zeit in Verbindung mit tätlichem Widerstande gegen die Sicherheitsorgane des Staates und der Gemeinden, sowie mit Drohungen der Brandlegung auf, so daß von dem Mittel der Anwendung der Militärgewalt Gebrauch gemacht werden mußte.

Dermalen sind mehrere Gemeinden der Bezirke Miesbach, Rosenheim und Tölz mit Militär besetzt.

Die Truppen erscheinen vorläufig als Sicherheitskommando, verfahren nach den Requisitionen [Anforderungen] der Bezirksämter und sind von den Gemeinden zum Zwecke der Wiederherstellung der Ordnung zu unterstützen, wobei hiemit allen Gemeinden der obigen fünf Bezirke kundgegeben wird, daß es ihre gesetzliche Pflicht ist, ihrerseits zur Abstellung des Unfuges und zur Aufrechterhaltung der Ruhe und Sicherheit alle Kräfte aufzubieten, widrigenfalls dieselben mit Militär-Exekutions-Kommandos auf Gemeindekosten belegt werden.

Die gesetzliche Pflicht der Mitwirkung zur Aufrechterhaltung der Sicherheit haben in den vorliegenden Fällen die wenigsten Gemeinden erfüllt, jedes gemeinsame Zusammenwirken unterblieb, die Frevler konnten ungehindert und unentdeckt ihr freches Treiben fortsetzen.

Niemand zweifelt, daß die Frevler vorzugsweise aus Haussöhnen der Bauern, der Söldner [Kleinbauern] und der Gewerbtreibenden, dann aus Dienstknechten und Tagarbeitern bestehen.

Bei so bedeutend gefährdeter Sicherheit tritt die Pflicht der Hausherren, Dienstherren und Arbeitgeber in erhöhtem Maße hervor, auch für die Ordnung des eigenen Hauses zu sorgen.

Wäre für diese Hausordnung pflichtgemäß gesorgt worden, so würde es den Ruhestörern nicht möglich geworden sein, ganze Nächte hindurch vom Hause abwesend zu sein und bewaffnet mit Schießgewehren umherzuziehen, die wohl auch gewöhnlich dem Herrn des Hauses gehören.

Es verrät tadelnswerte Gesinnung, wenn diejenigen, welche zur Aufrechterhaltung dieser Ordnung berufen sind, hierin Bequemlichkeit, Gleichgültigkeit, Nachlässigkeit oder Furcht zeigen.

Mangel an erforderlichem Pflichtgefühl für gesetzliche Ordnung zeigt auch die Tatsache, daß die Bewohner jener Orte, in denen sich Haberfeldtreiber versammeln, als Zuschauer und Zuhörer mit Neugierde oder Schadenfreude herbeieilen, um Zeugen der schamlosesten Unsittlichkeiten und Verleumdungen zu sein, welche von den Haberfeldtreiberrotten verkündet werden, so daß letztere durch die Anwesenheit eines zahlreichen Publikums in der Meinung einer beifälligen Aufnahme bestärkt werden können. [...]

Schließlich wird darauf aufmerksam gemacht, daß schon die Teilnahme an bewaffneten Haufen, abgesehen von schwereren Fällen, nach Art. 116 des Strafgesetzbuches mit Gefängnis bis *zu zwei Jahren gestraft wird.* (Rosenheimer Anzeiger, 10. Jg. 1864, Nr. 47, 20. November, in München, Staatsarchiv für Oberbayern, AR 963/12)

Eine gleichzeitige Bekanntmachung des Bezirksamtmanns von Rosenheim sprach davon, daß solche «Exzesse» wie die der Haberer «nur bei wilden Indianervölkern ihresgleichen finden» (ebenda).

Mehr und mehr empfanden die Regierenden die Haberer als eine Bedrohung. So spitzte sich alles auf eine große Machtprobe zu. Über das letzte große Haberfeldtreiben in der Nacht vom 7./8. Oktober 1893 bei Miesbach berichtete Thomas Bacher, 1886 bis 1896 der letzte Haberermeister:

Die besten und schneidigsten Haberer wurden auf Vorposten gestellt und ebenfalls genau instruiert. Kaum war jedoch der äußere Kreis und der innere Ring formiert, ging der Bezirksamtmann mit seiner Truppe zum Angriff vor. Die Polizei hatte das Treiben umgangen und wollte von rückwärts über eine Leite [Abhang] hinauf die Haberer umfassen. Als aber die vorgehenden Gendarmen auf halber Höhe angelangt waren, tönte ihnen ein scharfes Halt entgegen. Der Haberervorposten, der oben stand, rief: «Halt, im Namen des Kaisers Karl zurück!»

Der Bezirksamtmann schrie: «Im Namen des Gesetzes, ihr zurück!»

Der Posten antwortete: «Mein Gesetz hoaßt, halt, Feldgeschrei, oder es kracht!»

Ein junger, übereifriger Gendarm, der vor dem Bezirksamtmann seine Schneid [Mut] zeigen wollte, ließ sich durch das wiederholte Halt nicht abhalten, vorzugehen, er wollte unbedingt den Haberer fangen. Da krachte es auch schon, und die Kugel fand ihr Ziel, allerdings nicht an einem lebensgefährlichen Platz, denn der Gendarm verlor durch den Schuß einen testiculus [Hoden]. Der Getroffene rollte über den Berg hinunter. Der Schuß des Vorpostens war das Signal für die Haberer zur Verteidigung. Die Vorposten wurden eingezogen, und der Ring schwenkte links und rechts liegend in Schützenlinie aus. Dann erhob sich ein wütendes Feuergefecht zwischen Gendarmerie und Habererbund. Die Polizei hatte sich in den Wald zurückgezogen, die Haberer dehnten jedoch die Plänklerkette so weit aus, daß eine Umfassung unmöglich wurde, und bauten das Gefecht ab, indem Zug um Zug sich zurückzog und im Dunkel der Nacht verschwand. Trotz des gewaltigen Munitionsaufwands gab es auf Seiten der Haberer nur zwei Leichtverletzte und einen Schwerverwundeten. Die Verwundeten waren aber selbst schuld, da sie den Anordnungen der Führer nicht gefolgt hatten und den Zwischenraum zwischen den einzelnen Schützen nicht auf zehn Schritt Abstand, sondern geringer nahmen. Von den zwei Leichtverwundeten kam nichts auf, aber der Schwerverwundete, der einen Beinschuß hatte, mußte einen Arzt zuziehen, nachdem ihn seine Freunde glücklich nach Haus transportiert hatten. Dadurch kam er auf und wurde unter dem starken Verdacht, ein Haberer zu sein, gefänglich eingezogen. Der Verhaftete namens Hatzl gestand jedoch trotz aller seiner Schmerzen und aller Kreuzverhöre nichts, sondern gab an, nur als Zuschauer von einer verirrten Kugel getroffen worden zu sein. Zwei seiner Freunde beschworen dies, so daß er freigelassen werden mußte. 1896 wurde er jedoch verraten und erhielt eine längere Strafe, die zwei hilfreichen Freunde wegen fahrlässigem Falscheid je sieben Monate.

Es liegt auf der Hand, daß sich durch dieses Ereignis das Verhältnis zwischen Behörden und Habererbund weiter zuspitzte und daß die Regierung entschlossen war, nun mit aller Schärfe gegen die Geheimorganisation vorzugehen. Von kirchlicher Seite wurde der große Kirchenbann über die Haberer ausgesprochen, es half aber alles nichts, denn jetzt erwachte erst recht der Trotz. Die Verschworenen glaubten sich im Recht und pochten auf die alte Volkssitte, die fast zwei Jahrhundert geübt und lange Zeit geduldet worden war. (Adlmaier, S. 39/40)

Im Feld verlor der Polizeistaat. Seine Stärke lag in willkürlichen Massenverhaftungen, im Ankauf von Verrätern und Spitzeln, in der Zermürbung der Häftlinge, in der Ruinierung der Höfe. Am Miesbacher Treiben (7./8. Oktober 1893) hatten 200 bis 300 Haberer teilgenommen. Die Polizei warf einfach 300 Leute in die Untersuchungshaft, gegen 96 Verdächtigte wurden Ermittlungen aufgenommen, 89 wurden verurteilt, bis zu sieben Jahren Zuchthaus. Und das alles soll nur ein politisch bedeutungsloses, altbayerisches Sittentribunal gewesen sein?

Im Jahr 1896 wurde auch Thomas Bacher seiner Freiheit beraubt. Er erfuhr eine Sonderbehandlung, wie sie für schwerste politische Vergehen üblich war. Über sein erstes Gefängnis in München an der Baaderstraße schrieb er 25 Jahre später:

Ich kam nun in ein vergittertes Loch, wo es so finster war, daß ich nie wußte, scheint eine Sonne oder nicht. Dieses Loch hatte nie so viel Licht, daß ich eine Überschrift einer Zeitung hätte lesen können. Alle zehn Tage hatte ich das Glück, in den Hof geführt zu werden zum Luftschnappen. Als die Tür geöffnet wurde und mir das Tageslicht in die Augen kam, bekam ich jedesmal den Nachtnebel und wurde auf eine Zeitlang halb blind, daß ich mich an der Mauer wie eine Spinne entlang tasten mußte, weil ich nichts sehen konnte. Die Behandlung in der Baaderstraße in München war tierisch, nicht menschlich, jeder Schwerverbrecher wurde besser behandelt wie ich als Führer der Haberer. Auch ging es meinen Kameraden, die sich mannhaft benommen haben, nicht viel besser. Der Haupttyrann für uns Haberer in der Baaderstraße war der damalige Gefängnisverwalter, der eine absonderliche Freude an der Dressur der unbescholtenen Haberer hatte. Er hatte sich von den Haberern den Ehrennamen «Gefängnissatan» errungen. Der Gefangene in meiner Nebenzelle war ein mehrfacher Raubmörder mit Namen Nußstein, der von meinen Habererkameraden 1896 mit Beteiligung unserer Gendarmerie in meiner Heimat Westerham mit Lebensgefahr gefangen wurde. Dieser Schwerverbrecher wurde vom Gefängnisverwalter wie von den Gerichtsherren zart angefaßt. Auf Verbrecher zeigten sie keine Schneid, nur auf die harmlosen Haberer hatten sie Courage.

Dazu kam der Hunger bei mir. Es ist leicht zu denken, daß ein Mensch mit einer Größe von 1,83 Metern allerhand essen mag, bis er satt ist. Hunger hatte ich eigentlich noch nie kennengelernt, bis ich in diese Hölle kam. Da wurde es aber dann um so gründlicher nachgeholt. Und das kam so. Als ich eingeliefert wurde, dachten sich die Gerichtsherren: «Mit dem einfältigen Bauerntölpel werden wir leichtes Spiel haben.» Da haben sie sich aber schwer getäuscht, wenn sie mir auch vorhielten, daß sie *alles* bereits wußten, weil es ihnen der Killi eingestanden habe. Ich erklärte, keinen Killi zu kennen, spuckte ihm bei der Gegenüberstellung ins Gesicht und schimpfte ihn wie einen Schulbuben zusammen. Und je weicher der Killi wurde, desto bockbeiniger wurde der Bräuthama [Bacher selbst]. Zwei volle Monate habe ich auf den täglich zweimaligen Vernehmungen nur selten oder ausweichend Antwort gegeben, bei vielen Verhören blieb ich ganz stumm. Zur Strafe wurde mir dann jedesmal für mehrere Tage Kostabzug diktiert. Was das bedeutete, kann sich jeder vorstellen, wenn man weiß, daß bei Kostabzug der Sträfling folgendes «Menu» bekam: in der Früh Suppe mit ein Viertel Brot, etwa so groß wie ein Maurerloawi, mittags frisches Wasser, abends wieder Wasser mit ein Viertel Brot. So viel Hunger habe ich gelitten, daß ich mich des Abends auf das ausgetretene Pflaster niederkniete und die wenigen abgefallenen Brotkrumen aufsuchte wie ein Kanarienvogel im Winter. Solche Hungertage habe ich, sage und schreibe, einhundertzwanzig mitgemacht als Märtyrer für meine Überzeugung, daß wir nichts Unrechtes getan haben, und weil ich keinen Kameraden verraten wollte, weil so schon so viele Familien ins Unglück gestürzt waren und weil ich meinen Haberereid nicht brechen wollte und durfte. Über 300 Familien verdanken es mir, daß sie nicht ins Elend gebracht wurden, darauf bin ich heute noch stolz. Freilich, was es mich gekostet hat, davon macht sich niemand einen Begriff. Meine tiefschwarzen Haare wurden mit 32 Jahren schon grau, ich hatte nur mehr Haut und Knochen und wäre wie ein Hund krepiert, wenn mir nicht Hilfe gebracht worden wäre. (Adlmaier, S. 52–54)

Der Staatsanwalt krönte den ganzen staatlichen Terror, der damals über Oberbayern tobte, dem inhaftierten Haberermeister gegenüber mit dem

Versprechen: «Lebendig kommst nicht mehr 'raus aus dieser Hölle!» (Adlmaier, S. 57)

Bacher traf im Zuchthaus auf einen Wahnsinnigen, eine ganz normale Erscheinung unter solchen Haftbedingungen. Nach vier Jahren wurde der Haberermeister entlassen. Die Aufnahme in der Heimat stellte noch einmal vor Augen, daß in der Bauerngesellschaft andere Gesetze galten. Bacher gehörte nicht zu den Vorbestraften, den Gemiedenen.

Da ich nicht bei Tag in meiner Heimat eintreffen und jeden großen Empfang vermeiden wollte, kam ich erst mit dem letzten Zuge in meiner Gemeinde um neun Uhr abends an. Aber wie hatte ich mich getäuscht, wenn ich meinte, nun unbemerkt heimkommen zu können. Unverdrossen hat eine Unmenge Menschen gewartet. Nicht bloß meine Kameraden standen da am Bahnhof, ergraute Männer, arm und reich, ja viele Frauen und Kinder standen da, nicht um einen Zuchthäusler zu empfangen, zu dem mich ein hartes Gesetz und unmenschliche Richter stempeln wollten, sondern um den Retter von über dreihundert Familien und vieler Männer und Burschen vor Not, Strafe und Elend festlich zu empfangen. Eine Musikkapelle spielte, als ich ausstieg, viele fielen mir weinend um den Hals mit Tränen in den Augen. Ich wurde sogar von den Gegnern des Habererbundes geehrt und geachtet, und trotz der schweren Strafe ruht kein Makel auf meinem Namen. Das war ein Trost für die furchtbaren Jahre der Qual, ein Trost, der mir nachhalten wird bis ins Grab. (Adlmaier, S. 68/69)

Thomas Bacher starb am 21. November 1945, 82 Jahre alt. Begraben wurde er auf dem Friedhof von Feldkirchen bei Westerham (13 km nördlich von Miesbach).

1919 lebte der Habererbund noch einmal für kurze Zeit auf. Thomas Bacher ging mit der Prophezeiung ins Grab:

Nach 1904 ist der Habererbund schlafen gegangen in den Untersberg zu seinem Kaiser Karl, bis wieder bessere Zeiten kommen, dann wird auch er wieder aufstehen, um die Verbrecher und Sünder zu richten, die das weltliche Gericht nicht fassen kann. (Adlmaier, S. 36)

In den 1970er Jahren knüpften militante bayerische Umweltschützer an die Haberer an. Davon berichtet Achim Bergmann vom Trikont-Verlag, neben Oskar Panizza der einzige Autor, der bisher die Haberer nicht zu einem bayerischen Kuriosum degradiert hat.

Zur Unterstützung der Erdinger Flughafengegner traten vor Jahren bereits «Miesbacher Haberer» auf, allerdings noch in der eher betulichen Form einer kulturellen Veranstaltung. Gegen das Großprojekt einer Trinkwasserversorgung für München wurden schon unheimlichere Kräfte aktiv. Fast zehn Jahre lang wurden bis vor einem Jahr insgesamt 15 Attentate auf diesen Technokratenwahn verübt, um das Zerstörungswerk zu behindern. Brände in Bauwagen, demolierte Baumaschinen, Drohungen mit Sprengstoffattentaten gegen betei-

> ligte Bauunternehmer, Abbrennen des Bohrwagens für die Probebohrungen und schließlich Unschädlichmachung der riesigen Betonrohre durch Bestreichen mit einer öligen, undefinierbaren Flüssigkeit (Sachschaden allein dabei 150000 DM). «Die Täter kommen und gehen, ohne daß sie irgend jemand sieht, keine Hinweise», sagt die Polizei. Sie nennen sich «Aktion Heimatschutz» und «Die Haberer vom Oberland». (Bergmann, S. 36)

Wie eh und je, sollen die Haberer als Objekt von Polizei und Justiz enden. Sobald aber großflächige Umweltkämpfe (Atomkraftwerke, Wiederaufbereitungsanlagen, Militärstützpunkte, Giftgasdepots, Flughäfen, Wälder, Autobahnen usw.) auch die Einwohner von Großstädten erfassen, scheint eine Chance gegeben zu sein, daß die dabei aufgewerteten älteren, ländlichen Lebens- und Wertvorstellungen nicht mehr länger isoliert bleiben.

Die historischen Haberer bergen eine Art der Rebellion in sich, wie sie noch heute auf Sardinien im Banditentum lebt. Die Haberer lassen sich als eine Art getarnter, noch nicht flüchtiger Banditen verstehen. Die frappierenden Ähnlichkeiten liegen auf der Hand: Verteidigung einer in die Enge getriebenen Hirtengesellschaft, die nach eigenen Gesetzen lebt und danach auch richtet; absolute Verschwiegenheit gegen die Staatsmacht; Mißtrauen gegenüber der Justiz; Selbsthilfe; die Bildung eines Staates im Staat; jederzeitige Sympathie und Solidarität mit den vom Staat Verfolgten.

Quellen und Literatur

(Konrad) Adlmaier: Der Oberländer Habererbund, München 1926

Ludwig Bechstein: Die Volkssagen, Märchen und Legenden des Kaiserstaates Österreich, 1. Bd., Leipzig 1840, S. 72–101 (die Sagen vom Untersberg bei Salzburg)

August Becker: Vervehmt. Roman aus der Gegenwart, Berlin 1868, 3. Bd. S. 47–94; 4. Bd. S. 27–64

Achim (Bergmann): Haberfeldtreiben. Geschichte(n) von altem Brauch, Geheimbündelei und Rebellion, in: Blatt, Stadtzeitung für München, Nr. 192, 6. 3.–19. 3. 1981, nachgedruckt in: Tageszeitung, 17. 3. 1981

Anton Birlinger: Volkstümliches aus Schwaben, 2. Bd., Freiburg/Breisgau 1862

Friedrich zur Bonsen: Die Schlacht am Birkenbaum, Essen 1940, S. 19, Anm. 2

Otto Ernst Breibeck: Nacha treibt's zua. Das Haberfeldtreiben – ein altes bayrisches Sittentribunal, München 1979

Josef Brunhuber: Chronik des oberen Leizachtals, Fischbachau und Hundham (Bayern) 1928

Franco Cagnetta: Die Baditen von Orgosolo. Porträt eines sardischen Dorfes, Düsseldorf und Wien 1964

Anton Chroust (Bearb.): Gesandtschaftsberichte aus München 1814–1848, Abt. II, Bd. II, München 1941, S. 592f.

Bruno Gloger: Kaiser, Gott und Teufel. Friedrich II. von Hohenstaufen in Geschichte und Sage, 7. Aufl., Berlin (DDR) 1978, S. 220/221, S. 230–236 (Untersberg-Sage)

Claire von Glümer: Aus einem Flüchtlingsleben (1833–1839). Die Geschichte meiner Kindheit, 2. Aufl., Dresden und Leipzig 1904, S. 251/252 (in den französischen Pyrenäen eine mit den Haberern vergleichbare Erscheinung)

HELLMUT G. HAASIS: Mit der Waffe in der Hand. Hirtenleben gegen Industrie, Hunger und die Berge. Ein Gespräch über das Banditentum auf Sardinien, in: Widerspruch, Forum des undogmatischen Plenums, Nr. 5, Dezember 1980, S. 14–18

OTTO HÖFLER: Kultische Geheimbünde der Germanen, 1. Bd., Frankfurt/M. 1934

WILHELM KALTENSTADLER: Das Haberfeldtreiben. Brauch, Kult, Geheimbund, Volksjustiz im 19. Jahrhundert, München 1971

CARL KERN: Oberbayerisches Sittenbild: Das Haberfeldtreiben, Stuttgart 1862

München, Bayerisches Hauptstaatsarchiv, MInn 46552–46559

München, Staatsarchiv für Oberbayern, AR 963/12

OSKAR PANIZZA: Das Haberfeldtreiben im bairischen Gebirge. Eine sittengeschichtliche Studie, Berlin 1897

LEANDER PETZOLDT (Hg.): Deutsche Volkssagen, 2. Aufl., München 1978, S. 11/12 (zu Kaiser Karl und seinem Heer)

WILL-ERICH PEUCKERT: Die große Wende. Das apokalyptische Saeculum und Luther, 2 Bände, Hamburg 1948, Nachdruck Darmstadt 1966, I S. 161/2, S. 166, S. 176/177, S. 213–234, S. 242: Weissagungen im sog. «Untersberg-Volksbüchlein», um 1522, über die schlafenden, bald wiederkehrenden Kaiser Karl bzw. Friedrich

GEORG PHILIPPS: Über den Ursprung der Katzenmusiken. Eine canonistisch-mythologische Abhandlung, Freiburg/B. 1849

GEORG QUERI: Bauernerotik und Bauernfeme in Oberbayern, München 1911, Nachdruck München 1975

C. V. SCHMID: Der Haberermeister, Leipzig 1873

EDWARD SHORTER: «La vie intime». Beiträge zu seiner Geschichte am Beispiel des kulturellen Wandels in den bayerischen Unterschichten im 19. Jahrhundert, in: Peter Christian Ludz (Hg.): Soziologie und Sozialgeschichte. Aspekte und Probleme (Kölner Zeitschrift für Soziologie und Sozialpsychologie, 16) 1972, S. 530–549

J(OHANN) N(EPOMUK) SEPP: Denkwürdigkeiten aus dem Bayernoberland, München 1892, S. 127–130

KARL STIELER/HERMANN VON SCHMID: Wanderungen im Bayerischen Gebirge und Salzkammergut, 1. Aufl. o. O. u. J. [vor 1900], Nachdruck o. O. u. J. [um 1977], S. 157–170

LUDWIG THOMA: Das große Ludwig Thoma-Buch, Zürich 1974, S. 184, S. 356/7

Ders.: Peter Spanningers Liebesabenteuer. Kleinstadtgeschichten, 2. Aufl., München 1977, S. 46

LUDWIG WELTI: Bludenz als österreichischer Vogteisitz 1418–1806, Zürich 1971

GORDON C. ZAHN: Er folgte seinem Gewissen. Das einsame Zeugnis des Franz Jägerstätter, Graz/Wien/Köln 1967

FALK W. ZIPPERER: Das Haberfeldtreiben. Seine Geschichte und seine Deutung, Weimar 1938

113 «Alle Reeder stehen still …»

Dokumente zum Hamburger Hafenarbeiterstreik 1896/97
Ein Beitrag von Michael Grüttner

Die veränderte Version eines alten Slogans der deutschen Arbeiterbewegung («Alle Räder stehen still, wenn dein starker Arm es will») kursierte 1896/97 unter den streikenden Arbeitern.

Als im November 1896 in Hamburg einer der größten Streiks des 19. Jahrhunderts ausbrach, waren nicht nur weite Teile der bürgerlichen Öffentlichkeit, sondern auch die Unternehmer und die Behörden nahezu völlig unvorbereitet. Noch drei Wochen zuvor hatte ein Beamter der Politischen Polizei berichtet, aus den Gesprächen der Schauerleute gehe hervor, daß im Hafen «eine allgemeine Neigung zum Streik nicht vorhanden» sei. Der Hamburger Hafenstreik von 1896/97 demonstrierte, wie wenig die politischen Machthaber, trotz sorgfältiger Überwachung aller Arbeiterversammlungen und regelmäßiger Beobachtung der Treffpunkte sozialdemokratischer Aktivisten, in der Lage waren, Stimmungen und Gärungsprozesse zu erfassen, die sich vor ihren Augen in der Bevölkerung entwickelten.

Es begann mit einem Streikbeschluß der Schauerleute. Ihnen folgten unerwartet und «mit unheimlicher Eile» (so ein Polizeibericht) weitere Arbeitergruppen. Schließlich befanden sich etwa 17000 Hafenarbeiter und Seeleute im Ausstand. Träger dieser Streikwelle waren vor allem die untersten Schichten der Lohnabhängigen, die Massen der Gelegenheitsarbeiter, die hier wie in anderen großen Häfen bis weit in das 20. Jahrhundert hinein das Gros der Beschäftigten bildeten. Sie, die mit einem Streik keine gesicherten Arbeitsverhältnisse aufs Spiel setzten, die in der Regel für ein paar Tage angeheuert wurden, um ein Schiff zu entladen und dann erneut nach Arbeitsgelegenheiten Ausschau halten mußten, bildeten ein Konfliktpotential, das den Unternehmern schwer zu schaffen machen sollte. Anders, zurückhaltender verhielten sich Arbeitergruppen, wie etwa die Kaiarbeiter, die relativ feste Arbeitsstellen hatten. Von ihnen beteiligte sich ein größerer Teil nur zögernd oder überhaupt nicht am Streik, obwohl gerade diese Arbeiter vor dem Streik das Hauptkontingent der insgesamt schwachen Gewerkschaften bildeten.

Mit ihrer Arbeitsniederlegung setzten die Hafenarbeiter und die Seeleute einen Schlußpunkt hinter eine lange Periode der konjunkturellen Flaute, in der die Überfüllung des Arbeitsmarktes alle Aktivitäten gelähmt hatte. Über viele Jahre mußten Lohnkürzungen widerstandslos ertragen werden, waren ausgedehnte Perioden der Arbeitslosigkeit an der Tagesordnung, hatten die Gewerkschaften nur geringe Möglichkeiten der Entfaltung.

Die 1896 sichtbar werdende konjunkturelle Wiederbelebung und ein im August einsetzender Getreideboom boten in den Augen der Arbeiter endlich die Gelegenheit, nach Jahren der Entbehrungen und der Machtlosigkeit eine Verbesserung ihrer Arbeits- und Lebensbedingungen zu erzwingen. Über den Wunsch nach höheren Löhnen und kürzerer Arbeitszeit hinaus artikulierten sich in der Arbeiterschaft elementarer Protest und Unwille gegenüber den alltäglichen Herrschaftsverhältnissen und Abhängigkeiten im Arbeitsprozeß (Dokument 1). Weitere Ereignisse, so die Ausweisung des englischen Hafenarbeiterführers Tom Mann durch die Hamburger Polizei, trugen dazu bei, ein allgemeines Klima der Erregung wie der Erwartung zu schaffen. Die Heftigkeit und Entschlossenheit, mit der schließlich zur Tat geschritten wurde, überraschte auch die Gewerkschaften. Vergeblich bemühte sich die Führungsspitze des Hafenarbeiterverbandes mit dem Hinweis auf die Schwäche der Organisation und ihre leeren Kassen den Ausbruch des Streiks zu verhindern. Ihre Warnungen blieben ungehört (Dokument 2). Offensichtlich wurden die Anstrengungen der Gewerkschaftsführer, die neu geweckten Energien auf den Ausbau ihrer Organisation zu konzentrieren, dem stürmischen Vorwärtsdrängen der Basis nicht gerecht.

Dennoch fand der einmal ausgebrochene Streik massive Unterstützung im Lager der organisierten Arbeiterbewegung. Die Geldsammlungen, die von gewerkschaftlicher und sozialdemokratischer Seite im gesamten Kaiserreich organisiert wurden, bildeten das materielle Rückgrat der Bewegung. Sie allein ermöglichten es den Streikenden, elf lange Wochen durchzuhalten. An die Spitze des Streiks stellten sich bald prominente Gewerkschaftsführer und SPD-Vertreter (Legien, v. Elm, Molkenbuhr u. a.). Die distanzierte Haltung der Streikführer gegenüber einer Bewegung, deren Ausbruch von ihnen nicht verhindert werden konnte, wurde auf der Gegenseite sehr genau registriert: «Die sozialdemokratischen Führer würden auch das geringste Zugeständnis der Gegner mit Freuden begrüßen, um den Streik zu beenden», stellte ein scharfer Beobachter, der Polizeikommissar Rosalowsky, fest (Dokument 3).

Auf der anderen Seite lag die Führung des Streiks nicht in den Händen der betroffenen Unternehmer (der Reeder und der kleineren Zwischenunternehmer, der Baase und Stauer), sondern bei dem wenige Jahre zuvor gegründeten Arbeitgeberverband Hamburg-Altona, in dem die Eisenindustriellen dominierten. Sie demonstrierten von Anfang an kompromißlose Härte und lehnten «jede Verhandlung mit den Ausständigen vor Wiederaufnahme der Arbeit» ab. Die passende Begleitmusik lieferte die konservative Presse. In ihren Spalten entstand das Bild einer Arbeitgeberschaft, die sich mit dem Rücken zur Wand im heroischen Abwehrkampf gegen ihre endgültige Versklavung durch die internationale Sozialdemokratie befand.

Vor allem an dieser Haltung scheiterten die Vermittlungsbemühungen des Hamburger Senats in der Anfangsphase des Streiks. Danach schwenkten die Behörden weitgehend auf die Position der Unternehmer ein. Der Freihafen wurde für Streikende gesperrt und Geldsammlungen zugunsten der Ausständigen verboten, das Vorgehen der Polizei gegen Streikposten verhärtete sich. In einer öffentlichen Erklärung ergriff der Senat eindeutig Partei.

Die Härte und die Unnachgiebigkeit des Arbeitgeberverbandes sicherten den Hafenarbeitern auch aus anderen gesellschaftlichen Schichten Sympathie und Unterstützung. Der Aufruf einer Gruppe von Professoren und Sozialreformern, die Streikenden zu unterstützen, um einen «Sieg des Unterwerfungsprinzips» zu verhindern, ist nur das spektakulärste Beispiel (Dokument 4). Die erboste Reaktion der konservativen Presse – hier dokumentiert durch einen Artikel der «Hamburger Nachrichten», die als «Bismarckblatt» überregionale Bedeutung hatten – spricht für sich (Dokument 5).

Es ist manchmal gesagt worden, daß der Ausgang von Streiks in Wirklichkeit weniger auf Arbeiterversammlungen, sondern am Küchentisch entschieden wird. Der Hamburger Hafenstreik war eine der ersten Bewegungen, in denen versucht wurde, solchen Erkenntnissen auch praktische Konsequenzen folgen zu lassen. Die Aktivitäten der Arbeiterfrauen, die sich auf eigenen Versammlungen trafen und den Ausstand zu ihrem eigenen machten, dokumentiert ein Überwachungsbericht der Politischen Polizei (Dokument 6). Zugleich liegt hier auch ein Dokument der Konfrontation von Vertreterinnen der sozialdemokratischen und der bürgerlichen Frauenbewegung vor.

Die große Aufmerksamkeit, die dem Streik auf nationaler und internationaler Ebene geschenkt wurde, der unerwartet intensive Zusammenhalt der Streikenden und der unverhohlene Herr-im-Haus Standpunkt der Unternehmer gaben dem Ausstand in den Augen vieler Akteure eine Bedeutung, die weit über die einer normalen Lohnbewegung hinausging: «Es ist der Sklave, der an der Kette rüttelt», so beschrieb ein Streikender dieses Gefühl, «der sie aber noch nicht ganz zerbrechen kann.» Das gestärkte Selbstbewußtsein äußerte sich auch gegenüber den eigenen Führern. Zweimal, im Dezember 1896 und im Januar 1897, empfahl das zentrale Streikkomitee in großen Massenversammlungen, die Arbeit wieder aufzunehmen. Zweimal lehnten die Streikenden mit großer Mehrheit ab. Erst im Februar 1897 gestanden die Hafenarbeiter ihre Niederlage ein. In den folgenden Tagen entlud sich die angestaute Erbitterung in mehrtägigen Straßenkämpfen mit der Polizei.

Aufschlußreich ist die Verarbeitung dieses Arbeitskampfes in Teilen der Machteliten. Einer der höchsten Militärs des Kaiserreichs, der ehemalige Generalstabschef Alfred Graf von Waldersee, hatte noch während des Streiks in einer geheimen Denkschrift an den Kaiser versucht, Konsequenzen zu formulieren (Dokument 7). Waldersee schlug einen Präventivschlag gegen die Arbeiterbewegung vor, um «nicht den sozialdemokratischen Führern die Bestimmung des Zeitpunktes für den Beginn der großen Abrechnung zu überlassen». Es war nicht das erste Mal, daß Waldersee solche Überlegungen äußerte, und er war auch 1897 nicht der einzige, der Vorschläge dieser Art machte. Dennoch stand damals, obwohl Wilhelm II. sich durchaus wohlwollend gegenüber der Denkschrift geäußert haben soll, eine gewaltsame Ausschaltung des «inneren Feindes» nicht ernsthaft zur Debatte. Aber der Staatsstreich war und blieb das «letzte Mittel» im Waffenarsenal der herrschenden Klasse – zugleich ein Damoklesschwert über den Köpfen aller, die eine grundlegende Veränderung der gesellschaftlichen Zustände anstrebten.

Für die Gewerkschaft wurde der Streik, den sie nicht gewollt hatte, zu einem Wendepunkt ihrer Geschichte. Der Hafenarbeiterverband erlebte 1896/97 einen Massenzustrom neuer Mitglieder und entwickelte sich erstmals zu einem Machtfaktor im Hamburger Hafen. Gleichzeitig begann man in der SPD-Führung laut darüber nachzudenken, wie zukünftig Überrumpelungen der organisierten Arbeiterbewegung durch spontane Streiks verhindert werden könnten. Ein Beitrag im SPD-Zentralorgan «Vorwärts» gipfelte in dem Vorschlag, zukünftig «unüberlegte» Arbeitskämpfe durch die Verweigerung finanzieller Unterstützung zu beenden (Dokument 8). Auch wenn solche Überlegungen 1897 keineswegs auf ungeteilte Zustimmung stießen, deuteten sich hier doch Entwicklungstrends an, die in Zukunft ständig an Einfluß gewinnen sollten. Die Beseitigung basisdemokratischer Entscheidungsformen, die das Bild des Hafenarbeiterstreiks wesentlich geprägt hatten, wurde in den folgenden Jahren zielstrebig angegangen. Damit waren auch zukünftige Konflikte zwischen den Partei- und Gewerkschaftsgremien einerseits und der Masse der Arbeiter andererseits vorprogrammiert.

Dokument 1
Anonymer Drohbrief an den HAPAG-Inspektor Friedländer

Hamburg d. 15.11.96

Lieber Freund! F. F.
Es dringt Uns hierzu, diese paar zeilen an dich mittheilen *und zu Warnen*, das du Lieber Freund, deine Grobe und unanständige behandlung mehr unterläßt sonst geht es dier sehr schlecht, was du lieber Freund dich jarnicht denken wirst, Wir sind keine *Sklaffen*, oder dumme Tiere, die du vor dich hast. denn wir sind in Hamburg, und lassen uns nicht mehr so von dich Tretten wie du solange deiner bewiesen hast. das können und wollen wir nicht mehr ertragen, denn du hast schon sehr *viele* Wehe gethan, Also wenn du liebe Freund nicht ganz was böses erleben wilst, so rathen wir dich sei *vernünftiger* und zeige dich als *Mensch*, denn du must ja das selbe *Brot* Essen was wir alle. Thust du das was wir rathen nicht, würde dich etwas passieren was du lieber Freund noch nicht erlebt oder gedacht hast, Wir sagen dich noch mal Wir sind ganz Gute *Organisierte Leute*. Also sehe dich vor, denke nach was du thust.
Wenn du Lieber Freund bildung hättest wäre dier dieses nicht zu theil geworden
Achtungsvoll
T. M.
E. R. W. D. G. I. H.
D. E. S. L.
(Hamburg, Staatsarchiv, Politische Polizei, S 5310–29, Bd. 3, Wiedergabe hier originalgetreu)
HAPAG = Hamburg-Amerikanische Paketfahrt AG, kurz: Hamburg-Amerika-Linie genannt.

Dokument 2
Der Streik beginnt

Öffentliche Versammlung der Schauerleute vom 21.11.1896 im Lokal von Tütge. Anwesend sind etwa 1200 Arbeiter
Überwachungsbericht der Kriminalpolizei Hamburg
Auf der Tagesordnung: *«Wie verhalten wir uns unseren Arbeitgebern gegenüber»*
Johannes Döring: Den Stauern[1] seien die Beschlüsse vom Sonntag zugegangen mit der Bemerkung, daß sie bis zum Donnerstag zu antworten hätten. Sie hätten ihnen nunmehr einen Brief zugestellt, daß sie weitere Zugeständnisse nicht machten. Und falls sie auf diese nicht eingehen wollten, seien auch diese Zugeständnisse bis zum 21. des Monats erloschen[2]. Jetzt seien sie soweit vorgeschritten, daß es nur noch drei Wege gebe: 1. Mit diesen Zugeständnissen zufrieden zu sein. 2. Daß sie überhaupt nichts annehmen und 3. daß sie in einen Streik treten.

Es seien zwei Anträge eingelaufen. Der erste, von Kellermann, gehe dahin,

[...] das gewerbliche Schiedsgericht als Einigungsamt anzurufen und eine Regelung bzgl. der Hafenarbeiter herbeizuführen. Der andere Antrag laute, das Angebot der Stauer anzunehmen und die gestellten Forderungen vorläufig fallen zu lassen.

Wilhelm Vogt (Vorsetzen 24): [...] Die Stauer hätten ihnen durch das Schreiben den Fehdehandschuh hingeworfen, es handle sich nun darum, ob sie diesen aufnehmen wollten. Er habe verschiedentlich Erkundigungen über die heutige Konjunktur eingezogen, und es gebe sehr unterschiedliche Meinungen darüber. Wenn sie sich die Sachlage vergegenwärtigten, so würden sie dazu kommen, daß eine Menge Bauarbeiter arbeitslos seien, die ihnen den Streik vereiteln könnten. Heute abend komme es darauf an, daß aus der Mitte der Versammlung die Meinungen kämen, damit es nicht heiße, der Streik sei von einzelnen Personen angestiftet.

Georg Kellermann[3] (Schaarthor 7): Es sei eine Gegenströmung unter den Hafenarbeitern bzgl. dieser Forderung vorhanden, und deswegen rate er dazu, das Gewerbegericht als Einigungsamt anzunehmen. Nach seiner Meinung sei die Konjunktur günstig, aber sie müßten Schritt für Schritt weitergehen. Und dazu gehöre es, daß sie die öffentliche Meinung auf ihre Seite bekämen, damit die Stauer nicht sagen könnten, sie seien überrumpelt worden. [...]

Carl Timm (Schumannstraße 23): Wenn die Arbeiter von Lodding[4] die Arbeit mit niederlegten, dann sei ein günstiges Resultat zu erzielen, andernfalls sei aber der Streik für verloren zu erklären. Würden sie das Gewerbegericht anrufen, dann würden sie weiter nichts tun, als sich ein Armutszeugnis auszustellen.

Karl Ladeburg (Eichholz 99): Dem Antrag von Kellermann könne er nicht zustimmen, weil das Gewerbegericht keine Einwirkungen auf die Stauer habe. So wie er heute in Erfahrung gebracht habe, würden sich die Kohlenarbeiter ja ziemlich mit den Tagelöhnern solidarisch erklären, und das würde schon einen besonderen Druck ausüben.

Hans Dwinger (Sestermannstr. 31): Er müsse sich über die Versammlung wundern, daß sie allen Rednern zustimme. Für ihn gebe es weiter nichts heute abend: entweder sie treten in einen Streik oder nicht. Über Vogt müsse er sich wundern. Zuerst seien die Forderungen ihm lange nicht hoch genug und jetzt blase er zum Rückzug. Für ihn sei es jetzt eine günstige Zeit, aber er wolle nicht zum Streik auffordern. Dieses müsse sich die Versammlung überlegen. [...]

Jan-Karl Hauschild (Friedrichstr. 33): Für ihn seien die Zeiten günstig, und wenn der Stauer Blohm zu dem Inspektor der Amerika-Linie gesagt habe, die Schauerleute seien sich nicht einig, der eine Teil sei besoffen und der andere beschlußunfähig, dann müßten sie ihm die Antwort darauf geben. [...]

Otto Möller (Billhorner Röhrendamm 81): Bei der Amerika-Linie seien sie sich sehr einig. Heute schon hätten sich die Kaiarbeiter geweigert, ein Schiff in Ordnung zu machen. Den Streik aufzuschieben, habe keinen Zweck mehr. Arbeit sei genug vorhanden, und die Akkordarbeiter hätten sich ebenfalls mit ihnen solidarisch erklärt.

Georg Warlich[5] (Große Theaterstr. 44): Ein großer Teil der Anwesenden sei sich noch nicht einmal über die Ursache des Streiks klar. Die Arbeitgeber seien schon längst gerüstet für diesen schon lange bekannten Streik. Er rate aber, keinen unnützen Schritt zu tun. Denn es sei leicht, die Hand hochzuhalten und einen Streik in Szene zu setzen, und er möchte doch verhüten, daß diese Leute für sich und ihre Freunde eintreten und dann darunter zu leiden hätten. Er rate dazu, den Antrag Kellermann anzunehmen, es sei damit gar nichts verloren gegangen. Er sei auch der Meinung, daß sie nicht genügend Unterstützung hätten, denn die festen Gänge[6] würden die Arbeit nicht niederlegen. [...]

Nachstehende Resolution wurde nun vorgelesen:

«Da die gütlichen Verhandlungen mit den Stauern resultatlos verlaufen sind und da die Akkordarbeiter sowie die Kaiarbeiter sich solidarisch erklären, so ist der Streik aufzunehmen, da wir zur Genüge erläutert haben, daß der Mittelweg nicht zum Ziele führen wird.»

Kellermann: Man solle es doch mit dem Schiedsgericht versuchen, denn man müsse den Streik doch möglichst vermeiden, weil dieser die letzte Waffe der Arbeiter sei. Man solle auch nicht vergessen, daß alle Hafenarbeiter zu leiden hätten, falls der Streik ins Wasser falle.

Ladeburg: Sie müßten dem Stauer Blohm die nötige Antwort darauf geben, daß er gesagt habe, die Hälfte [der Schauerleute] sei besoffen und die anderen stimmunfähig.

Döring forderte die festen Leute auf, die auf den Wochendampfern beschäftigt seien, sich zu Worte zu melden.

Carl Martin (Alter Wandrahm 21): Er arbeite bei Plett, und dort seien die Leute sich sehr uneinig. Wären sie das nicht, dann würden sie heute abend wohl zur Versammlung gekommen sein; sie hätten aber alle bis zehn Uhr gearbeitet. Er sei der Meinung, es sei keine günstige Zeit vorhanden. Außerdem müsse man auch in Betracht ziehen, daß es zum Winter gehe, wo sich Handwerker und sonstige Arbeiter an den Hafen herandrängten. Seiner Meinung nach seien nicht viele Schiffe im Hafen. Sie sollten lieber bis zum Frühjahr mit dem Streik warten, weil viele Schauerleute zu wankelmütig seien.

August Wroost (Bachstr. 95): Er arbeite an der Londoner Linie. Dort seien nur wenige beschäftigt, und er glaube nicht, daß dort welche zwischen seien, die mit in den Streik eintreten [...] Er möchte von einem Streik abraten.

Jakob Rühl: Die Schauerleute an der Amerika-Linie seien heute abend um sechs Uhr aus der Arbeit ausgeschieden. Es seien dann vom Schuppen 29b Leute beordert worden, um ein Schiff in Ordnung zu machen. Diese hätten sich geweigert. Die Folge werde sein, daß sie morgen nicht wieder eingestellt werden. Die Organisation werde dann gezwungen sein, diese Leute zu decken, und er hoffe, daß die Schauerleute der Amerika-Linie sich solidarisch erklären, falls die Leute nicht wieder angenommen werden.

Hierauf wurde die vorstehende Resolution, morgen früh in einen Streik einzutreten, gegen ca. 40 Stimmen angenommen [...] Die Lohnkommission wurde um 60 Mann verstärkt, die sich freiwillig meldeten.

Döring: Seien Sie morgen früh zur rechten Zeit alle auf dem Posten, damit Sie diejenigen, die zur Arbeit gehen, mit dem Streik bekanntmachen; seien Sie vor allen Dingen bedacht. Diejenigen, die sich nicht beherrschen können, tun am

besten, wenn sie ruhig zu Hause bleiben. Kommen Sie nicht mit der Behörde in Konflikt. Sollte einer mal zuviel getrunken haben, so lassen Sie ihn von der Bildfläche verschwinden. Lassen Sie sich nicht auf Exzesse ein, denn es kann nicht wieder gutgemacht werden, wenn Sie zwei bis drei Monate absitzen müssen; das tut absolut nicht nötig. Nehmen Sie sich in acht, und verhalten Sie sich ruhig, das macht auch einen viel besseren Eindruck. Die Schiffsleute und Leichterschiffer, die anwesend sind, möchte ich auffordern, dasselbe zu tun, was heute abend an der Amerika-Linie getan worden ist: die Arbeit als Schauermann zu verweigern. Wenn Sie einmal in eine Bewegung treten, dann werden wir es wieder vergelten.
(*Rufe: Hurra!*)
Zufall (*Kriminal-Schutzmann*)
Pöhl (*Kriminalpolizei-Offiziant*)
(Hamburg, Staatsarchiv, Politische Polizei, S 5310–29, Bd. 1)

1 Zwischenunternehmer, bei denen die Schauerleute beschäftigt waren.
2 In den Vorverhandlungen hatten die Schauerleute eine Erhöhung ihres Tagelohns von 4,20 auf 5 Mark gefordert. Die Unternehmer boten eine Lohnerhöhung von 30 Pf. an. Gleichzeitig kündigten sie aber eine Lohnsenkung beim Umschlag gesundheitsschädlicher Waren an, für die traditionell Zulagen bezahlt wurden.
3 Ehemaliger Schauermann, Kneipwirt, Vorsitzender des Hafenarbeiterverbandes.
4 Große Hamburger Stauerei-Firma.
5 Ehemaliger Kaiarbeiter, Generalbevollmächtigter des Hafenarbeiterverbandes in Hamburg.
6 Die Schauerleute arbeiteten in Gruppen von 9–11 Mann, sog. «Gängen». Nur eine kleine Minderheit von ihnen stand in «festen» Arbeitsverhältnissen.

Dokument 3
Aus der Polizeiperspektive

Bericht des Kriminalpolizei-Kommissars Rosalowsky an den Hanseatischen Gesandten in Berlin, Dr. Klügmann

Hamburg, den 12. 1. 1897

In Erledigung des erhaltenen Auftrages erlaube ich mir, das Nachstehende gehorsamst zu berichten:

Vor Beginn der augenblicklichen Frostperiode und des niedrigen Wasserstandes der Elbe, welche die Schiffsbewegung auf das äußerste hindern, zeigte der Hafen wieder sein altes belebtes Bild. Große und kleine Dampfer kreuzten auf dem Strome oder lagen an den Kais, und auf den Dampfern und an den Kais sah man Dampf- und Handkräne in voller Tätigkeit. Lagen am 9. vorigen Monats 205 Schiffe wie auch heute, am 12. dieses Monats 205 Schiffe auf der Elbe, so arbeiteten auf diesen doch anstatt der 326 Gänge am 9. Dezember 386 Gänge am heutigen Tage. [...]

In den besten Fällen verhält sich aber zur Zeit die Arbeitsleistung der jetzt beschäftigten Leute zu derjenigen der Streikenden wie 2 : 3, während im allgemeinen die Arbeitsleistung der ersteren eine bedeutend geringere ist und erst durch längeres Einarbeiten erhöht werden kann. Hiernach braucht im besten Falle ein Fahrzeug ziemlich ein Drittel mehr Zeit zur Ent- und Wiederbeladung als früher. Damit vermehrt sich die Zahl der wartenden und überliegenden Schiffe, so daß eine bedeutende Stockung im Schiffsverkehr und eine nicht geringere Verzögerung in der Lieferung der Waren zu bemerken ist. Die hierdurch entstehenden Verluste der Arbeitgeber und ihrer Hintermänner können recht hoch angeschlagen werden.

Verstärkt wird diese ungünstige Lage dadurch, daß in Ermanglung von Ewerführern[1] die Güterabnahme zu Wasser arg beschränkt wird, während der Transport zu Lande durch seine Schwerfälligkeit ein Überfüllen der Lagerschuppen herbeizuführen geeignet ist.

Tritt nun der täglich zu erwartende Umlauf des Windes ein, erlangt die Elbe ihre in der günstigen Zeit normale Stauhöhe, so ist ein außerordentlich großer Zuwachs von eintreffenden Schiffen zu erwarten und damit eine Verschiebung der Gesamtlage zugunsten der Streikenden nicht ausgeschlossen. Es ist nicht zu sagen, ob diese Gedanken es sind, welche den Arbeitgeberverband in seiner heute Nachmittag stattgehabten Sitzung veranlaßt haben, sich mit einem Schreiben an Einen Hohen Senat zu wenden, anscheinend, um die hohe Körperschaft zu einem nochmaligen Vermittlungsversuche zu veranlassen. In diesem Schreiben ersucht der Arbeitgeberverband – unter Aufrechterhaltung seiner Forderung an die Streikenden, bedingungslos die Arbeit wieder aufzunehmen, jedoch zu dem ausgesprochenen Zwecke, den Ausständigen die Schritte zu erleichtern, zur Arbeit zurückzukehren – um Anstellung eines Hafeninspektors. Dessen Aufgabe solle es sein, nach dem Vorbild des Fabrikinspektors die Arbeitsverhältnisse auf dem Gebiete des Hafenverkehrs zu überwachen und Verbesserungen einzuführen.

Gleich groß ist das Friedensbedürfnis unter den Ausständigen. Dennoch gelingt es den Führern andauernd, die Hoffnung auf eine siegreiche Beendigung des Streiks unter ihren Anhängern zu erhalten, wobei interessant zu beobachten ist, daß seit einigen Tagen unter den Ausständigen die Behauptung aufgestellt wird, am 15. dieses Monats würde der Arbeitgeberverband mit Friedensvorschlägen hervortreten.

Hier liegen die Bedingungen für eine Fortsetzung des Kampfes aber günstiger.

Ein großer Teil der Ausständigen kehrte lieber heute als morgen unter jeder Bedingung zur Arbeit zurück. Die sozialdemokratischen Führer würden auch das geringste Zugeständnis der Gegner mit Freuden begrüßen, um den Streik zu beenden, der ihnen nur Kosten verursacht und die Leistungsfähigkeit der Arbeiter für die bevorstehende Wahlkampagne schwächt.

Diesen Elementen steht jedoch die große Zahl derjenigen gegenüber, welche weiß, daß ihre Arbeitsstellen ihnen verloren sind, die große Zahl derjenigen, die überhaupt nicht viel von der Arbeit halten, wenn sie nicht sogar mit der steten Unterstützung eine größere Einnahme mit Nichtstun erlangen, als sie durch Arbeit zu erwerben gewohnt sind. [...]

Dessenungeachtet sind es außer den Seeleuten nur ganz vereinzelte Personen, welche die Arbeit bisher wieder aufgenommen haben. [...] (Hamburg, Staatsarchiv, Hamburgischer Bevollmächtigter beim Bundesrat in Berlin, XVII. 19., Bd. 1)

1 Hafenarbeiter, die in Booten (Schuten oder Ewern) Waren von den Schiffen in die Speicher transportierten.

Dokument 4

Ein Aufruf zur Unterstützung der Streikenden

An alle Zeitungen Deutschlands

den 19. Januar 1897

Mit Spannung verfolgt unser Volk die Verhandlungen, die zur Zeit in Hamburg zwischen Arbeitgebern und Arbeitnehmern stattfinden. Der Kampf hat sich seit längerem schon zu der prinzipiellen Frage zugespitzt, ob derartige Streitigkeiten bis zur Niederwerfung des einen Teils durchgekämpft oder ob sie durch schiedsrichterliche und einigungsamtliche Tätigkeit beendigt werden sollen; bei den jetzigen Verhandlungen handelt es sich darum, ob die Arbeiter, bevor über die Einzelheiten der aufgestellten Forderungen auch nur in Beratung getreten werden wird, die Arbeit wieder aufnehmen sollen. In dieser Lage macht sich die Besorgnis geltend, daß die Verhandlung über die Frage, ob verhandelt werden soll, sich so lange hinzieht, bis der Arbeiterschaft die Mittel zur Fortsetzung des Kampfes ausgehen und sie dann nicht nur zur Wiederaufnahme der Arbeit, sondern zu einer bedingungslosen Unterwerfung gezwungen ist. Ein derartiger Sieg des Unterwerfungsprinzips würde eine bedauerliche Verschärfung für alle in Zukunft auftauchenden Streitigkeiten zwischen Arbeitgebern und Arbeitnehmern bedeuten.

Der Moment ist gekommen, wo die weiten Kreise unseres Volkes, die am eigentlichen Kampf nicht beteiligt sind, um der Idee willen, die hier zum Austrag gebracht werden soll, eingreifen müssen. Soll der in Hamburg noch immer währende Kampf zu einem Abschluß gelangen, der den Gesetzen der Gerechtigkeit entspricht, so muß eine tatkräftige Sympathie des deutschen Volkes denjenigen Teil der Kämpfenden unterstützen, der ohne diese Unterstützung kampfunfähig werden würde. *Wir greifen nicht in den Kampf ein, um den Streikenden zu einem Triumphe zu verhelfen, wir wollen nur erwirken, daß die jetzt stattfindenden Verhandlungen, wie auf der einen, so auch auf der anderen Seite, ohne den Druck drohender Not geführt werden.* Nicht also von irgend einem Parteistandpunkte aus, ganz gewiß nicht in einer Regung der Verbitterung gegen die Arbeitgeber, lediglich in dem Drange nach einem endlichen Inkrafttreten anderer Anschauungen über Recht und Billigkeit fordern wir jeden im Volke, Männer und Frauen, die Hochgestellten und den schlichten Bürger, Reiche und weniger Bemittelte auf, durch eine ihren Mitteln entsprechende energische Gabe an die Streikenden für einen baldigen Frieden im Volke zu wirken.

Jetzt heißt es: entschlossen, rasch und energisch zu handeln. Alle Zeitungen, ob sie eine direkte Aufforderung erhielten oder nicht, sind gebeten, ihren Lesern von diesem Aufruf Kenntnis zu geben und Beiträge in Empfang zu nehmen; sind auch gebeten, ihrerseits, und so lange es notwendig ist, immer wieder an das Geben zu erinnern. Die gesammelten Gelder sind, *und zwar die ersten Beiträge baldigst*, an den Kassenführer *C. Schippmann, Hamburg, Schaarthor* 7, abzuliefern, wohin auch Einzelbeiträge gesandt werden können. Für diejenigen, deren Zeitung nicht selbst sammelt, sei «*Die Zeit*» genannt; Geschäftsstelle: *Berlin SW., Zimmerstraße 8*.

Prof. Baumgarten (Kiel), M. von Egidy (Berlin), Prof. Herkner (Karlsruhe), Dr. Jastrow (Charlottenburg), Prof. Lehmann-Hohenberg (Kiel), Dr. Mülberger (Crailsheim), Pfarrer Naumann (Frankfurt/M.), Graf Reina (Dresden), Prof. Tönnies (Hamburg).

(Hamburg, Staatsarchiv, Politische Polizei, S 5310–29 UA 12)

Dokument 5

Kommentar der «Hamburger Nachrichten» zum «Professorenaufruf»

[...] Wir glauben, daß, wenn die Aufhetzerei der hiesigen Hafenarbeiter durch fremde Professoren und Pastoren unter den strafrechtlichen Begriff des groben Unfugs subsumiert würde, dies noch eine sehr milde Beurteilung wäre. Wir finden es unverantwortlich, daß Universitätsprofessoren und Geistliche ihre Zugehörigkeit zur bürgerlichen Gesellschaft und ihre Verpflichtung gegen dieselbe derart verleugnen konnten, um die sozialdemokratische Arbeiterpartei in dem revolutionären Kampfe zu unterstützen, den sie ohne jede äußere Not aus ganz frivolem Machtkitzel, als «Kraftprobe» den Arbeitgebern aufgedrängt hat. Man sollte Männer, welche die Stellung, die sie als Vertreter der Wissenschaft im Staate einnehmen, auf solche Weise kompromittieren, aus derselben ausschließen, schon um den Verdacht zu entkräften, daß man mit ihnen sympathisiere.

Wir halten es überhaupt für unerläßlich, daß die bürgerliche Gesellschaft jede Begünstigung ihrer Todfeindin, der Sozialdemokratie, in dieser Form ahndet. Es muß den Vertretern des «Sozialismus der gebildeten Stände» zu Bewußtsein gebracht werden, daß die Förderung der sozialdemokratischen Bestrebungen für jeden unerlaubt ist, der der bürgerlichen Gesellschaft angehört. Wer unter Aufrechterhaltung seiner Stellung als Mitglied derselben die Sozialdemokratie unterstützt, verdient keine andere Behandlung als derjenige, der in einer belagerten Festung mit dem Feinde konspiriert. Obwohl die soziale Frage keine Rechts-, sondern, wie der Hamburger Streik neu beweist, eine Macht- und Kriegsfrage ist, sind die Kriegsgesetze auf derartige Handlungen leider nicht anwendbar. Aber die gelindeste Strafe, welche, solange ein Sozialistengesetz nicht besteht, von der bürgerlichen Gesellschaft selbst verhängt werden muß, ist die Exkludierung.

(Hamburger Nachrichten, Nr. 21, 26.1.1897)

Dokument 6
Die Frauen werden aktiv
Öffentliche Frauenversammlung vom 30.11.1896 im Englischen Tivoli (St. Georg). Anwesend sind etwa 2000 Frauen und 20 Männer.
Überwachungsbericht der Kriminalpolizei Hamburg

Auf der Tagesordnung: *Der Streik der Hafenarbeiter und Seeleute*
Luise Zietz[1] (Danielstr. 21):
[...] Wenn wir uns heute unseren Standpunkt betrachten, so können wir denselben mit dem Jahre 1892, als die Cholera da war, vergleichen. Gerade so wie damals eine Geschäftsstille bemerkbar war, macht sich heute eine solche bemerkbar, wenn man den Hafen besucht. Ebenso wie damals nur über die Cholera gesprochen wurde, wird heute über den Hafenarbeiterstreik gesprochen. Der hohen historischen Aufgabe, welche die Arbeiter zu erfüllen haben, müssen wir uns gewachsen zeigen. Die ganze Arbeiterschaft hat ein Interesse daran, daß der Kampf zu unseren Gunsten beendigt wird. Daß die Hafenarbeiter den Streik in frivoler Weise in Szene gesetzt haben, ist eine böswillige Verleumdung von Seiten der Unternehmer. Man kann uns keine Unverschämtheit vorwerfen, denn, wer die Verhältnisse kennt, wird wissen, was es kostet, eine zahlreiche Familie zu ernähren. Der Verdienst reicht häufig dazu nicht aus, um das zu bezahlen, was wir in der Woche verbraucht haben. Die Hafenarbeiter haben außerdem noch mit einer sehr langen Arbeitszeit zu kämpfen; auch von Wind und Wetter ist ihre Arbeit abhängig. Die Hafenarbeiter müssen oft Wochen und Monate lang frieren und verdienen keinen Pfennig. Auch wir im Haus können uns nicht den Hals zubinden und wie gewisse Tiere einen Winterschlaf halten. Der Mann muß auch einen Zehrpfennig haben; ist es da möglich, bei einem solchen Verdienst auszukommen? Wieviele Frauen müssen nicht hinaus, müssen ihre Kinder allein lassen, um mit zur Erhaltung der Familie beizutragen. Der Kapitalist macht es sich auch zunutze, daß wir mehr Störungen unseres Körpers ausgesetzt sind als die Männer. Durch die Not sind wir gezwungen, schmutzige Konkurrenten unserer Männer[2] zu werden. [...]

Sieht man sich jetzt den Hafen an, so scheint es, als wenn der Werktag zum Sonntag gemacht wäre. Hätte das Unternehmertum seine Arbeit eingestellt, am Hafen hätte man davon nichts gespürt. Wenn heute das ganze Unternehmertum streite und nach Amerika ginge, dann bräuchten wir für diese Drohnen die Kastanien nicht mehr aus dem Feuer zu holen (*Lauter Beifall*).

Wenn auch einmal Schmalhans Küchenmeister ist, so wollen wir unsere Männer doch anfeuern, daß sie der Organisation beitreten. In dem Bewußtsein, daß dieses eine gerechte Sache ist, müssen wir Not und Elend ertragen. Wir müssen der ganzen Arbeiterschaft unsere Sympathie zuteil werden lassen.

Das Unternehmertum kann auf die Hilfe der Polizei rechnen. Sie alle wissen ja, daß am Hafen die Posten verdoppelt worden sind, daß sich die Polizei Mühe gibt, Streikbrecher anzuwerben. (*«Pfui, Pfui» aus der Versammlung*). Sie wissen ferner, daß der Engländer Tom Mann abgefangen worden ist[3]. Tausende von Photographien sind angefertigt und an die Beamten verteilt worden, um ihn abzufangen und sofort zu expedieren. Weshalb hat man dann die Engländer nicht ausgewiesen, welche hier im Hafen gearbeitet haben. Die Unternehmer locken fremde Leute her, und wir müssen sie auf unsere Kosten wegschaffen.

Unsere streikenden Männer, welche Zettel verteilen wollten, hat man zur Wache sistiert. Die anderen, welche Unterstützung zusammenholen wollten, hat man ebenfalls nach der Wache geholt und ihnen sämtliche [Sammel-]Bögen und Geld abgenommen (*«Pfui, Pfui»*). Man hat sich sogar an den Minister gewandt, um Marinesoldaten zu bekommen; sehr richtig bemerkt hierzu das «Hamburger Echo»[4], daß dann die Erbitterung noch größer werden würde. Es wäre nicht das erste Mal, daß man Militär geholt hätte, um Streikenden in den Rücken zu fallen. [...]

Laßt uns unseren Männern beistehen, daß sie auch ferner die Fahne hochhalten, daß sie nicht zum Streikbrecher werden. Von allen Seiten wird schon der Unmut kund, daß die Forderungen nicht bewilligt werden.

Halten Sie Ihre Männer nie von dem Besuch der Versammlungen ab. Sie selbst müssen sich mit dem Mann das Aufpassen der Kinder teilen und selbst zur Versammlung gehen. Auch die jüngeren Leute, welche bei uns im Logis sind, müssen wir aufklären, damit sie, wenn Sie in einen fremden Ort kommen, unsere Ideen dort verbreiten.

Es müßte eine Schande sein, wollte einer aus unseren Reihen Streikbrecher werden. Wird niemand Streikbrecher, dann wird der Sieg bald unser sein.

Lauter Beifall [...]

Helene Bonfort[5] (Werderstr. 19):

Ich erlaube es mir, hier zu Ihnen ein Wort zu sprechen. Ob ich die Übung habe, welche die Vorrednerin hatte, bezweifle ich. Ich stehe hier nicht als Vertreterin einer politischen Partei vor Ihnen, ich bin mit niemand verwandt, welcher Parteiinteressen hat. Ich stehe vor Ihnen als eine Frau, welche schon 20 Jahre Lehrerin ist. Ich glaube, daß manche unter Ihnen sind, an deren Kindern ich schon etwas getan habe. Ich kann nicht umhin, ein Wort auszusprechen; ich kann es nicht unterlassen, auf die Rede einzugehen. Ich kann nicht umhin, Ihnen zu sagen, daß ich dachte, es sei eine Frauenversammlung zusammen, die nicht von einer Partei beeinflußt ist, sondern vom Standpunkt der Mütter ausgeht. Ich kann es Ihnen nachfühlen, aber ich meine, Sie sollten doch erwägen, ob Sie mit so vielen Kindern nicht deren Flehen erhören möchten, ob Sie nicht Ihren Männern besser dienten, indem Sie Ihre Männer zur Arbeit rufen.

Auf die letzten Worte entstand ein förmliches Kreischen in der Versammlung. Die ausgestoßenen Rufe waren in dem Skandal nicht zu verstehen. Vom Unterzeichnenden wurde mit Auflösung der Versammlung gedroht, welches aber bei der aufgeregten Masse und dem überfüllten Saale nicht ratsam erschien. Der Schriftführer Rühl, Einberufer der Versammlung, kam herzu und forderte zur Ruhe auf, mit der Bemerkung, daß man sich schämen sollte, einer Frau, welche anderer Meinung sei, nicht das Wort zu lassen.

Helene Bonfort: Ich danke dem Vorstand, denn jede Sache in der Welt hat zwei Seiten. Ich versichere Ihnen aber, ich scheue mich nicht davor, gerade darum, weil ich viele Kinder aus Ihren Reihen habe, die mich schon viele Mühe

gekostet haben. Gerade dadurch, daß man die Sache bis auf das Letzte durchdrücken ... Ich glaube, wir Frauen sollten doch den Mut haben, unter schwierigen Umständen es zu sagen ...
Schlußworte unverständlich [...]
Julius Sittenfeld (Stückenstr. 59):
Die Vorrednerin müßte als Lehrerin doch bedenken, daß die Kinder, wenn sie schlecht genährt sind, auch in der Schule nichts begreifen können. Müssen unsere Kinder nicht schon früh morgens, wenn die Kinder der reichen Leute noch in den Federn liegen, Zeitungen austragen, abends Kegel aufstellen usw., um etwas zum Haushalt zu verdienen? Kann denn ein Kind richtig begreifen? Ich glaube nicht. Glauben Sie denn, daß eine Mutter ihr Kind in die bittere Kälte hinausschickt, wenn sie es nicht nötig hat? Schon morgen wird Streikunterstützung gezahlt und zwar in dem Maße, daß die Frau nicht zu hungern braucht. Auch die Kraft der Frauen wird dazu beitragen, dem Streik der Hafenarbeiter zum Siege zu verhelfen. [...]
Grimelshäuser (Polizei-Offiziant)
Pokorny (Polizei-Offiziant)
(Hamburg, Staatsarchiv, Politische Polizei, S 5310–29, Bd. 2)

1 Führende Vertreterin der sozialdemokratischen Frauenbewegung. Seit 1909 Mitglied des SPD-Parteivorstandes.
2 In den Lagerhäusern des Hamburger Freihafens wurden Frauen für einen Wochenlohn von 15–18 Mark beschäftigt. Männliche Arbeiter erhielten für die gleiche Tätigkeit mehr als 25 Mark.
3 Der englische Gewerkschaftsführer Tom Mann war im September nach Hamburg gekommen und von der Polizei ausgewiesen worden. Nach Ausbruch des Streiks begab sich Mann erneut illegal nach Hamburg und wurde wenige Tage später wiederum abgeschoben.
4 Sozialdemokratische Tageszeitung.
5 Lehrerin, Leiterin einer höheren Töchterschule, Gründerin und Vorsitzende der Hamburger Ortsgruppe des «Allgemeinen Deutschen Frauenvereins».

Dokument 7
Denkschrift des General Alfred von Waldersee[1]

Altona, 22. Januar 1897.

Geheim!

An des Kaisers und Königs Majestät

Berlin.

Eure Kaiserliche und Königliche Majestät haben bald nach Allerhöchstdero Regierungsantritt das wärmste und hochherzigste Interesse dem Wohle der arbeitenden Klassen zugewendet. Wenn Allerhöchstdieselben nach sorgfältigem Studium der einschlägigen Fragen und nach Anhörung sachkundiger Männer, wie auch nach eingehenden Beratungen mit dem Staatsrate die feste Überzeugung, eine endgültige Lösung der sogenannten «sozialen Frage» herbeizuführen, wohl nicht gehabt haben, vielmehr die ergriffenen Maßnahmen mehr als einen Versuch ansahen, den Eure Majestät in landesväterlicher Fürsorge zu machen sich verpflichtet fühlten, so konnte Eure Majestät wenigstens die Hoffnung hegen, dem Arbeiterstande, wenn auch nur zum Teil, zu einer befriedigenden Existenz zu verhelfen, und ihn dadurch dem Einflusse der Sozialdemokratie zu entziehen.

Nachdem ich nunmehr durch sechs Jahre von hier aus Gelegenheit gehabt habe, der Entwicklung dieser Verhältnisse zu folgen, bin ich durch die bei dem hiesigen Streik mir entgegengetretenen Erscheinungen angeregt worden, mir die Frage vorzulegen, ob Eurer Majestät so edel gedachter Versuch als *gelungen* anzusehen, bzw. ob auf dem bisherigen Wege *ein Erfolg noch zu erwarten* ist.

Ich muß zu meinem Bedauern meine Ansicht pflichtmäßig dahin abgeben, *daß dies nach meinem Dafürhalten nicht der Fall ist.* [...]

Die Vorgänge, welche sich hier in den letzten Wochen abgespielt haben, werden vorbildlich sein für viele weitere Fälle:

Es legten 18000 Arbeiter gleichzeitig die Arbeit nieder, keineswegs durch schlechte Löhne gedrängt, sondern begehrlich gemacht durch den angeblich guten Verdienst der Reederei; sie verpflichteten sich solidarisch zusammenzuhalten und haben dies nunmehr durch acht Wochen und trotz vielfacher Entbehrungen und Aufzehrens von Ersparnissen durchgeführt und, den Instruktionen der Führer gehorsam folgend, sich musterhaft verhalten und Exzesse oder Auflehnungen gegen die Polizei vermieden.

Die Führer haben eine Art von Heerschau abgehalten und sind mit dem Resultat durchaus zufrieden. Sie haben gesehen, wie fast die gesamte Arbeiterschaft Hamburgs zusammenhielt, und wie erhebliche Volksmassen anderer Berufsarten auf Seite der Arbeiter standen. Es sind dies zunächst die zahlreichen, von den letzteren mittelbar oder unmittelbar abhängigen Handwerker und kleinen Gewerbetreibenden, dann aber auch viele Besitzer von Brauereien, Vergnügungslokalen, Wirtschaften usw., die durch Furcht vor Boykott, endlich eine große Anzahl besser situierter Leute, die in unglaublicher Verkennung der Verhältnisse befangen und durch eine schlechte Presse beeinflußt sind.

Die zur Fortführung des Streiks zusammengebrachten Summen übersteigen weit die anfangs gehegten Erwartungen und haben bis jetzt den Betrag von mindestens 1½ Millionen Mark erreicht. Wie es scheint, gehen die Beiträge noch immer ein. Eine Beendigung des Streiks ist daher, weitere Festigkeit der Arbeitgeber vorausgesetzt, mit Sicherheit noch nicht abzusehen. Mag das Ergebnis aber sein, daß die Arbeitgeber oder die Arbeiter siegen, den Vorteil werden immer die sozialdemokratischen Agitatoren davontragen. Die Massen haben bei der versuchten Kraftprobe sich ihnen dienstbar und gehorsam erwiesen, und ist in diesen Massen durch den Streik das Gefühl der Zusammengehörigkeit und der tiefe Haß und die Erbitterung gegen die besitzenden Klassen nur gesteigert worden. Bei der gewaltigen Ausdehnung der sozialdemokratischen Organisation scheint es mir, wenn nicht bald Gegenmittel gefunden werden, unvermeidlich, daß der Zeitpunkt naht, an welchem die Machtmittel des Staates sich mit denen der Arbeitermassen werden messen müssen.

Aber schon, bevor dieser Augenblick eintritt, kann die wirtschaftliche Entwicklung des Landes mit Vernichtung bedroht sein, da die gewerkschaftlichen

Organisationen sich der Einsicht verschließen, daß ihr Ziel und daher auch ihre Macht an der Konkurrenzfähigkeit der Industrie ihre Grenze finden müssen.

Sollte der Kampf aber, wie es meine Ansicht ist, unvermeidlich sein, so kann der Staat von einem Hinausschieben desselben nicht gewinnen. Die Organisation der Umsturzpartei wird, je länger sie betrieben werden kann, um so kräftiger; mit ihrer weiteren Ausdehnung wird der Kampf immer schwieriger und in seinen Folgen für das Volk verderblicher. Die zweite Generation einer sozialdemokratischen Familie bringt die Umsturzideen bereits mit zur Fahne.

Solange die Führer die Organisation aller ihnen vermeintlich zugehörenden Massen unter dem Schutz der Gesetze ungestört fortsetzen können, werden sie dieselbe als vollendet erst dann ansehen, wenn sie auch einen erheblichen Teil der Landbevölkerung sich dienstbar gemacht haben. Daß sie dieses Ziel erreichen müssen, wenn sie noch einige Jahre so ungestört fortarbeiten können wie bisher, halte ich für fraglos, ebenso, daß es ihnen bis dahin gelingen wird, jede Auflehnung gegen die Staatsgewalt oder ein aktives Vorgehen gegen die besitzenden Klassen zu verhindern.

Daß die Neigung zu letzterem vorhanden ist, unterliegt keinem Zweifel; die hiesigen Arbeitermassen einschließlich ihrer Familien – und anderwärts wird es ähnlich so liegen – sind von fanatischem Haß, von tiefer Erbitterung gegen alles, was den Besitz und Wohlstand repräsentiert, erfüllt. Diese Empfindungen werden durch eine hetzerische Presse fortwährend genährt.

In der heranwachsenden Jugend beider Geschlechter zeigt sich eine Verrohung der Sitten und ein Grad von Religionslosigkeit, die an sich schon mit Besorgnis in die Zukunft blicken lassen. Daß *solche Elemente* sich gehorsam den Weisungen der Führer unterordnen, kennzeichnet die *volle Größe der Gefahr. Ich meine, daß es im Interesse des Staates liegt, nicht den sozialdemokratischen Führern die Bestimmung des Zeitpunktes für den Beginn der großen Abrechnung zu überlassen, sondern diesen nach Möglichkeit zu beschleunigen! Noch ist der Staat mit Sicherheit in der Lage, jeden Aufstand niederzuschlagen.*

Meines Erachtens müßten zunächst Gesetze geschaffen werden, welche die weitere Organisation der Massen erschweren und durch welche sich die Führer in der nahezu schrankenlosen Agitation und in ihrer Macht bedroht sehen. Meines Amtes ist es nicht, Vorschläge zu machen, in welcher Weise dies zu bewirken sein dürfte, auch fehlen mir dazu mancherlei Fachkenntnisse.

Ich habe es nur für meine Pflicht Eurer Majestät gegenüber gehalten, offen meine Ansicht alleruntertänigst auszusprechen und auf die Gefahr, welche ich allmählich immer mehr anwachsen sehe, in Ehrfurcht aufmerksam zu machen.

Wenn ich es wage, *einen* Vorschlag zu machen, so ist es der, daß bei etwa zu gebenden Gesetzen in vollster Deutlichkeit das Ziel, «*der Kampf gegen die Umsturzpartei*», zum Ausdruck gebracht werden möchte. «Sozialdemokratie» ist ein zu undeutlicher, von den niederen Volksschichten ohne weiteres noch gar nicht gegen den Staat und die bestehende Gesellschaftsordnung gerichteter Begriff. Ich glaube, daß große Mengen, die sich jetzt offen als Anhänger der Sozialdemokratie bekennen, doch Bedenken tragen würden, namentlich in der ländlichen Bevölkerung, sich offen einer *Umsturzpartei* zuzurechnen.

Waldersee.

(Denkwürdigkeiten des General-Feldmarschalls Alfred Grafen von Waldersee, Bd. 2, Stuttgart 1923, S. 386–389)

1 Ehemaliger Generalstabschef, Kommandierender General des IX. Armeekorps in Altona, seit 1900 Generalfeldmarschall.

Dokument 8

Eine Einschätzung des Streiks im «Vorwärts»

Betrachtungen über den Hamburger Streik

[...] Wir haben es also hier mit einem Vorgange zu tun, der durchaus nicht vereinzelt dasteht in der deutschen Lohnbewegung. Massen, die trotz aller Anstrengungen der organisierten Arbeiter den Organisationen fern bleiben, keinen Pfennig für dieselben aufgebracht haben, sich überhaupt nicht um die Arbeiterbewegung kümmern, kommen plötzlich in Bewegung, beherrschen durch *ihre Zahl* die Versammlungen und drücken Beschlüsse durch, für welche organisierte, mit den Verhältnissen vertraute und die entgegenstehenden Schwierigkeiten kennende Arbeiter nie zu haben gewesen wären. Sind aber erst solche Beschlüsse gefaßt, dann fühlen sich die organisierten Arbeiter durch dieselben moralisch verpflichtet, und es folgen aus den unüberlegtesten Beschlüssen die folgenschwersten Kämpfe. So ist es gewesen bei dem großen Bergarbeiter-Ausstand, so beim Berliner Bierboykott, so jetzt in Hamburg. Wir nennen nur diese allgemein noch in Erinnerung stehenden großen Kämpfe, erschöpft ist damit die Zahl dieser Vorgänge keineswegs.

Uns dünkt nun, es sei höchste Zeit, dafür zu sorgen, daß solche Vorgänge sich nicht mehr wiederholen. Wir können gewiß nicht verhindern, daß sich großer unorganisierter Massen plötzlich eine besondere Bewegung bemächtigt, wir können auch nicht verhindern, daß diese Massen sich in Versammlungen zusammentun und Beschlüsse fassen, aber unsere Arbeiter-Organisationen haben keineswegs die Verpflichtung, für solche nicht genügend vorbereiteten Beschlüsse die moralische und materielle Verantwortung und damit das Risiko für das Endergebnis zu übernehmen. Sollen die Lohnbewegungen Erfolge haben und wollen wir uns nicht Niederlagen zu den bisherigen holen, dann muß die Leitung und vor allem der Beginn solcher Bewegungen das Ergebnis wohlerwogener Überlegung sein. Hätte aber diese Platz gegriffen, dann wäre es ausgeschlossen, daß in Hamburg der Kampf zu einer Zeit ausbrach, die als die denkbar ungünstigste bezeichnet werden muß. Soll auch in Zukunft bei den Lohnbewegungen nur das Temperament der Massen entscheiden, dann müssen wir darauf verzichten, weiterhin noch Erfolge zu erzielen.

Man weist in unserer Presse und in Versammlungen so viel auf die englischen Gewerkschaften hin und stellt sie uns vielfach als nachahmenswerte Muster auf. Wir stimmen in letzterer Beziehung nur sehr bedingt zu, aber das könnten wir von den Engländern lernen, daß man sich in große Lohnkämpfe nicht kopflos stürzt, sondern daß vorher alle Chancen wohl erwogen sein wollen und daß man sich vor allem in solche Kämpfe nicht von dem Unternehmertum drängen läßt, sondern daß der Zeitpunkt des Streiks dann gewählt wird, wenn er die besten Chancen für die Arbeiter bietet. Diese Entscheidungen lassen sich aber nicht in zufällig zusammenberufenen Volks- und Massenversammlungen treffen, sondern das wird immer Sache eines kleineren mit den Verhältnissen genau vertrauten Kreises sein müssen. Haben diese Erwägungen stattgefunden und zu dem Entschlusse, eine Aktion zu unternehmen, geführt, dann ist es Zeit, die Massen zur Schlußentscheidung heranzuziehen. Haben aber unorganisierte Massen unüberlegte Beschlüsse gefaßt, dann müssen wir den Mut finden, solche Zumutungen abzuwehren. Soll die Gewerkschaftsbewegung die Bedeutung erlangen, welche wir ihr alle wünschen, dann muß sie auch Erfolge aufweisen können. Erfolge können aber nur bei planvollem Vorgehen erzielt werden.

Wir sind nicht der Meinung, daß es möglich sein wird, alle unüberlegten Streiks zu verhindern, aber wir halten es für verfehlt, wenn der gesamte Apparat der politisch und gewerkschaftlich organisierten Arbeiterschaft jedesmal zugunsten einer Bewegung in Funktion tritt, unbekümmert um deren Entstehung und unbekümmert um die Chancen, welche sie in bezug auf Erfolg hat. Die Solidarität ist eine sehr schöne Sache, aber sie fast ausschließlich nur gegenüber solchen zu üben, die selbst sie grundsätzlich meiden, indem sie trotz aller Gelegenheit und Aufforderung der Organisation fern bleiben, das scheint uns eine verfehlte Taktik. Unter keinen Umständen soll aber der bisherige Zustand weiter bleiben, daß die Unorganisierten die Situation schaffen und die Organisierten dann die Folgen und Kosten zu tragen haben. Um solche Möglichkeiten in Zukunft zu vermeiden, müssen wir es eben darauf ankommen und gegebenenfalls einmal eine unvorbereitet ausbrechende Bewegung von vornherein ins Wasser fallen lassen. Das wird für die in Frage kommenden Massen die Folge haben, daß sie den Wert der Organisation schätzen lernen.

Aber damit nicht genug, daß wir in Zukunft nicht mehr jeden Ausstand unbesehen als Sache der allgemeinen Arbeiterschaft behandeln, wir müssen auch bezüglich des Abschlusses von Streiks lernen. Es nützt nichts, Streiks weiter zu führen, wenn die Erkenntnis, daß ein Erfolg nicht mehr zu erzielen ist, sich allgemein aufgedrängt hat. Gewiß ist das Sache des Urteils, und der eine urteilt so, der andere anders. [...] Gewiß kann man einwerfen, daß die Streikenden die Beendigung des Streiks abgelehnt haben. Aber, aufrichtig gestanden, was konnte denn diese Ablehnung bedeuten, wenn die maßgebenden Kreise erklärt hätten, die weitere Fortsetzung des Kampfes unter den gegebenen Verhältnissen sei eine zwecklose Kraftvergeudung, und dafür die moralische Verantwortung zu übernehmen, sei man nicht imstande. Glaubt jemand, eine solche Erklärung hätte nicht gewirkt? Gewiß hätten einzelne Hitzköpfe über Verrat geschrien, aber das tun sie jetzt auch. [...]

Der Hamburger Streik ist der gewaltigste gewerkschaftliche Kampf, den wir bisher in Deutschland durchgekämpft haben. Derselbe hat Riesenopfer gekostet. Diese Opfer sind aber nicht umsonst gebracht, wenn die Arbeiterschaft daraus die Lehre zieht, daß die erste und unerläßlichste Voraussetzung für den Erfolg der Gewerkschaftskämpfe die Organisation ist. In der Organisation aber muß die kühle, wohl überlegte und den gegebenen Verhältnisse Rechnung tragende Erwägung den Ausschlag geben.

Gewiß ist auch die Begeisterung ein mächtiger Faktor, aber dieselbe wird um so weniger fehlen, je mehr Klugheit und Überlegung unser Banner führen. (Vorwärts, Nr. 45, 23.2.1897, Nr. 46, 24.2.1897)

Literatur
Michael Grüttner: Mobilität und Konfliktverhalten. Der Hamburger Hafenarbeiterstreik 1896/97, in: Klaus Tenfelde/Heinrich Volkmann (Hg.): Streik. Zur Geschichte des Arbeitskampfes in Deutschland während der Industrialisierung, München 1981, S. 143–161

114 Der Kohlenarbeiterstreik in Berlin-Moabit (1910)

Die bereits unter dem Sozialistengesetz deutlicher hervorgetretene Entwicklung der Sozialdemokratie zu einer rein parlamentarischen, gemäßigten, durch und durch anständigen Partei ließ sich nicht umkehren, trotz des Widerstandes militanter Arbeiter. Die materielle Grundlage dafür lag in einem seit der Mitte der 1860er Jahre anhaltenden Anstieg der Reallöhne. Erst kurz vor 1900 endete diese Aufwärtsentwicklung, die notwendig reformistische Gedanken unterstützen mußte. Nun schnellten die Lebensmittelpreise in die Höhe, ebenso die Mieten. Die Arbeiterfamilien wurden in die noch heute für viele Berliner Viertel typischen, sonnenlosen Hinterhöfe abgedrängt.

Wenn sich nun Streiks mit Volksbewegungen gegen die eintretende Misere verbanden – wie das auch in Frankreich 1968 oder Italien 1969 der Fall war –, überschlugen sich die Sozialdemokraten in der Distanzierung von den Ereignissen. Die um ihre Befreiung aus unerträglichen Arbeits- und Lebensbedingungen kämpften, standen alleine da. Erst aus schweren Erfahrungen reifte eine Erkenntnis, die schon in zahllosen früheren Freiheitsbestrebungen gelebt hatte: hier bleibt nur noch die Selbsthilfe übrig.

Wie eine Bewegung gegen miese Löhne, einen übermächtigen Konzernchef und eine brutale Polizei sich selbst überlassen wurde, zeigt der Moabiter Kohlenarbeiterstreik vom September/Oktober 1910. Alle 141 Arbeiter und Kutscher der Kohlenhandlung Kupfer & Co. in der Sickingenstraße

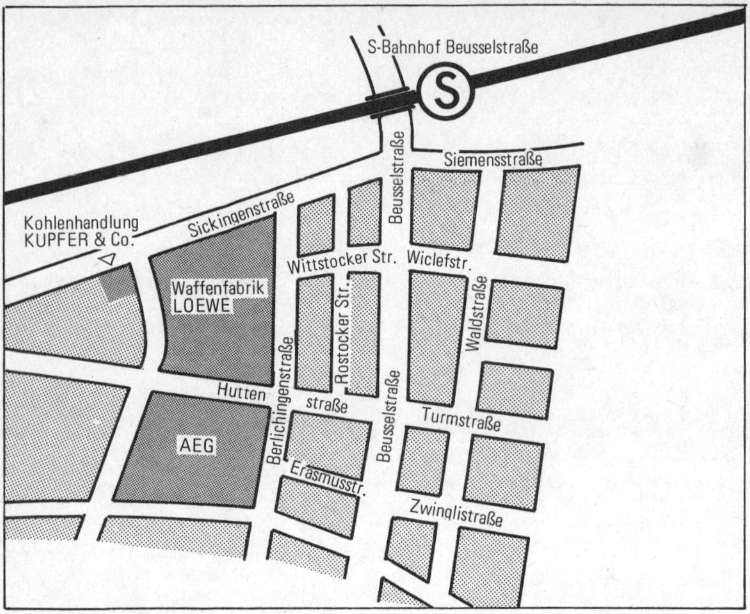

Karte 49: Die Schauplätze des Kohlenarbeiterstreiks in Berlin-Moabit 1910

traten am Montag, 19. September, in den Streik. Die Kohlenarbeiter forderten 50 statt bisher 43 Pfennig Stundenlohn, die Kutscher 33 statt bisher 30 Mark Wochenlohn. Alle waren im Transportarbeiterverband organisiert, der den Streik leitete.

Die Berliner waren Streiks gewohnt; damals fanden hier rund 10% aller Arbeitskämpfe des Reichsgebiets statt. Die Kohlenhandlung stand unter der Kontrolle des berüchtigten rheinischen Konzernchefs Hugo Stinnes (1870–1924), der zweimal persönlich von den höchsten Regierungsstellen einen massiven Polizeieinsatz verlangte – und zu seiner vollen Zufriedenheit auch erhielt.

Moabit war schon damals fast ein reines Arbeiterviertel. Hier befanden sich, sogar gleich neben der Kohlenhandlung, die Waffenfabrik Ludwig Loewe (heute Kraftwerk Union) und die AEG. Die Gewerkschaft richtete ihr Streiklokal in der benachbarten Rostocker Straße ein. Der 6. Berliner Reichstagswahlbezirk, wozu Moabit gehörte (zusammen mit Wedding, Gesundbrunnen, Rosenthaler und Oranienburger Vorstadt) gab schon lange weit mehr als zwei Drittel der Stimmen den Sozialdemokraten. Nur das preußische Dreiklassenwahlrecht konnte eine entsprechende Berücksichtigung im Reichstag verhindern.

Stinnes kämpfte seit einigen Jahren erbittert um den Berliner Energiemarkt. Die nicht zu seinem Konzern gehörende oberschlesische Kohle suchte er durch die billigere englische Kohle zu verdrängen. Der Streik drohte die langfristige Konzernpolitik zu gefährden. Und Stinnes gehörte nicht zu den armen Leuten: seit 1897 war sein Vermögen von 9 auf 30 Millionen Mark angestiegen.

Die Firma heuerte Streikbrecher an, die sie mit Pistolen bewaffnete und die von massivem Polizeischutz begleitet wurden. Ab Samstag, 24. September, spitzten sich die unvermeidlichen Zusammenstöße der Streikenden und der sympathisierenden Arbeiterbevölkerung Moabits einerseits und der Streikbrecher und der Polizei andererseits zu. Am 24. September begleiteten bereits Hunderte von Streikposten und Sympathisierenden die wenigen Kohlentransporte, die zustande kamen, und entwaffneten einen schießwütigen Streikbrecher. Die mitziehende Menge versuchte mit allen Mitteln, die Streikbrecher zu überzeugen oder zumindest zu behindern. Der Streikleiter Nitschke, der Branchenleiter der Kohlenarbeiter in der Berliner Gruppe des Transportarbeiterverbandes, verhinderte einen größeren Zusammenstoß. Vorher war die Polizei erstmals auf die Streikposten eingeritten und hatte mit den Säbeln eingeschlagen. Daraufhin telegraphierte die Firma Kupfer am Sonntag, 25. September, an Stinnes:

Wir befürchten größere Unruhen und sind außerstande, unser Geschäft zu betreiben. Es entstehen damit für Sie und Deutsch-Luxemburg Verluste, die jetzt schon 20000 Mark übersteigen. Wir bitten die Beteiligten [am Kapital der Kupfer], beim Minister militärischen Schutz zu verlangen. (Bleiber, S. 190)

Ein weiteres Telegramm fiel noch dramatischer aus:

Jetzt herrscht vollständiger Kampf. Geschirr unserer Pferde durchschnitten. Verproviantierung Arbeitswilliger unmöglich. Lager ohne polizeiliche Bedekkung, da Wache zum Kampf ausrücken mußte. Helfet dringend. Kupfer. Schluß. (Bleiber, S. 190, Anm. 89)

Stinnes beschwerte sich sofort beim Reichskanzler und preußischen Ministerpräsidenten Theobald von Bethmann Hollweg (1856–1921). Die 300 Polizisten genügten ihm nicht. Ab Montag (26. September) griff die gesamte Berliner Polizei in Moabit ein, rund 1000 Mann, zusätzlich 163 Kriminalbeamte in Zivil, einige sogar in Arbeiterkleidung.

Am Montag begannen die Polizeitruppen, die Sickingenstraße abzusperren und die Rostocker Straße freizusäbeln. Mittags wurden die Arbeiter der Waffenfabrik in die Bewegung hineingezogen. Dazu schrieb der «Vor-

wärts. Berliner Volksblatt, Zentralorgan der sozialdemokratischen Partei Deutschlands»:
Ein Streikbrecher, der Führer eines Kohlenwagens, schoß ohne jede Veranlassung auf eine Gruppe von Arbeitern der Loeweschen Fabrik, die auf einem Transportwagen der Firma Ravené standen. Das ließen sich die Arbeiter nicht gefallen, und sie wollten dem Kutscher die Waffe abnehmen, sie mußten aber bald vor der Polizei flüchten, die so rücksichtslos vorging, daß sie heftige Erbitterung hervorrief. Die Loewesche Fabrik wurde von der Polizei förmlich gestürmt, was ihr freilich den mit Werkzeugen versehenen Arbeitern gegenüber nicht so leicht wurde, wie die Attacken auf harmlose Straßenpassanten. (Vorwärts, Nr. 226, 27.9.1910)

Abends, bei Arbeitsschluß, entstanden wieder größere Menschenansammlungen. Die Polizei schlug drauf, wo sie nur konnte. Doch die Streikleitung befolgte die sozialdemokratische Generallinie der Passivität, wie der «Vorwärts» überliefert:

Die Streikenden sind alle organisiert und gut diszipliniert und haben von der Streikleitung strenge Anweisung bekommen, sich allen Exzessen fernzuhalten, sowie auch die Provokationen der Polizei unbeachtet zu lassen. (Vorwärts, Nr. 227, 28. September 1910)

Am Dienstagmorgen, 27. September, verließ ein grotesker Zug den Hof der Kohlenhandlung Kupfer, um Kohlen in ganz Berlin auszufahren. Auf diese Weise wurden der Streik und die Polizeiherrschaft stadtbekannt.

Das provokatorische Auftreten dieser Arbeitswilligen, dazu das rücksichtslose Vorgehen der Berliner Polizei gibt die Veranlassung zu den Exzessen, an denen sich, wie immer in solchen Fällen, die aufgeregte Volksmenge und der Janhagel [Pöbel] beteiligten. Die Kohlenwagen der Firma werden von etwa acht berittenen Schutzleuten eskortiert, zu denen sich auch noch einige Schutzleute zu Fuß gesellten. Dienstagmorgen verließen sechs Kohlenwagen der Firma den Platz, die von etwa 50 berittenen und 50 Schutzleuten zu Fuß begleitet wurden.

Nichts ist ungerechtfertigter gegenüber den Streikenden, nichts aber auch verkehrter als diese Anordnung der Polizei. Für die nächste Umgebung der bestreikten Firma bieten die von sechs bis acht berittenen Schutzleuten umschwärmten Kohlenwagen keinen besonders sensationellen Anblick mehr. Kommen diese Wagen aber in die innere Stadt, so erregt der nicht alltägliche Aufzug allgemein die Aufmerksamkeit der Passanten. Scheuen Blickes verrichten die Arbeitswilligen ihr trauriges Handwerk, laden Kohlen ab, von reitenden Schutzleuten von beiden Seiten flankiert. Zahlreiche Passanten sammeln sich an, die das seltene Schauspiel verfolgen und von den Umstehenden oft erst darüber unterrichtet werden müssen, «was los ist».

Wußten vorher nur die streikenden Kohlenarbeiter, im besten Fall die organisierten Arbeiter, überhaupt von dem Streik bei Kupfer, so dehnte sich durch die von der Polizei inszenierten eigenartigen Demonstrationen die Kunde davon durch die ganze Stadt aus. Ganz charakteristisch ist dafür der Brief eines Einwohners aus dem Osten, der den Eindruck dieser Polizistenzüge und die suggestive Wirkung derselben wie folgt schildert:

«Ich hatte etwas Geschäftliches in der Friedrichstraße zu tun, als mir nach dessen Erledigung auf dem Heimwege in der Charlottenstraße ein ungewöhnliches Polizeiaufgebot auffiel. Ich sah zwei Wagen von der Firma Kupfer u. Co., die von acht berittenen und von acht Schutzleuten zu Fuß begleitet waren. Die Zahl der Schutzleute vermehrte sich auf kürzere Strecken sogar auf 14 neben acht zu Pferde. Neugierig, was diese eigentlich wollten, folgte ich in Begleitung meiner Frau diesem sonderbaren Trupp und begleitete ihn nach Hause in Moabit. Es war gerade um die Mittagszeit, trotzdem ist an keiner Seite dem Zuge etwas passiert, auch nicht, als derselbe in den Torweg der benannten Firma fuhr. Um zwölf kamen nun die Arbeiter der Loeweschen Fabrik, die dort vis-à-vis liegt, um ihr Mittagsbrot zu genießen. Nichts ereignete sich, und auch die große Anzahl von Schutzleuten und Offizieren verhielt sich ruhig. Jeder Aufforderung folgten die Arbeiter. Um 1 ¼ Uhr kam wieder ein Wagen, besetzt mit zwei Arbeitswilligen und bewacht von sechs Berittenen und den Verschiedenen zu Fuß. Kurz vor der Loeweschen Fabrik, ohne jede Veranlassung – wenigstens habe ich keine wahrgenommen – schoß einer dieser beiden Streikbrecher zweimal hintereinander zwei Schüsse scharf in die zu Tausenden zählende Menge. Die Erregung war groß, aber noch alles ruhig. Da forderten einige Arbeiter von Loewe den dabeistehenden Offizier auf, den Schießenden festzustellen. Statt nun das zu tun, gab er das Kommando: «Alle Berittenen raus!» und nun ging's in die Menge hinein, zunächst ohne blank [gezogener Säbel]. Das Geschrei war groß. Auf der Seite, an der der Lagerplatz von Kupfer liegt, aber weit ab von diesem, ritt einer im Galopp in die dort befindlichen Frauen und Kinder! Aus dem Torweg der Loeweschen Fabrik ertönten Entrüstungsrufe, weiter nichts. Dies war das Zeichen, und alle sechs Berittenen mit hocherhobenen Säbeln hinein in den Hof. Das Geschrei war herzzerreißend. Diese Attacke wiederholte sich in den Hof hinein dreimal. Bei einer derartigen Bewachung war eine persönliche Belästigung der beiden Strolche gar nicht möglich, diese haben aus reiner Mordgier geschossen. Ob jemand getroffen, weiß ich nicht, weil sich jeder in Sicherheit brachte.» (Vorwärts, Nr. 227, 28.9.1910)

Die Polizei, die dann Bewaffnete schützte, wenn sie zu ihr hielten, ließ an diesem Tag die Gaststätten Moabits schon um 17 Uhr schließen. Da es aus den Fenstern Blumentöpfe, Flaschen und ähnliches auf die Polizeitruppen hagelte, schossen diese in die Häuser, brachen in Wohnungen ein. Der «Vorwärts» gab sich rührende Mühe, die verständlichen Wutausbrüche aus den Fenstern zu leugnen. Doch der Berliner Polizeipräsident dürfte kaum übertrieben haben, wenn er dem preußischen Innenministerium mitteilte:

Der Straßendamm [der Rostocker Straße] war mit Glas- und Porzellanscheiben sowie anderen Wurfgegenständen derart bedeckt, daß Berittene nicht mehr hineingeschickt werden konnten. (Bleiber, S. 192)

Ab diesem Tag fiel der «Vorwärts» immer gehässiger über die Moabiter Arbeiterbewegung her. Die Guten seien die Streikenden, weil sie sich noch immer nicht der Obhut der Gewerkschaft entzogen. Aber auf der Straße herrsche nur der Pöbel. Den Beginn der Stimmungswandlung markierte ein Parteigenosse aus Moabit:

Die Polizei ist in der Tat tagelang verhöhnt und gereizt worden wegen ihrer Begleitung Kupferscher Kohlenwagen. Aber soweit ich beobachten konnte, nur von dummen Jungen und der Schuljugend. Das ganze übrige Volk hielt Maulaffen feil und amüsierte sich über das Kriegsspiel der bewaffneten Macht und der bartlosen Jugend, bis gestern aus dem Scherz sehr blutiger Ernst wurde. (Vorwärts, Nr. 227, 28.9.1910)

Dann fiel dem «Zentralorgan der sozialdemokratischen Partei Deutschlands» nichts besseres ein, als sich an die sonst so scharf kritisierte, zutreffend als verkappte Polizeiorgane entlarvte bürgerliche Presse anzuschließen und zustimmend, richtiggehend erleichtert, eine von der Polizei informierte Korrespondenz abzudrucken:

Was gestern in weitem Umkreise die Kupferschen Lagerplätze heulend und johlend, raubend und plündernd umgab, das war *der Mob*, der Abschaum der reichshauptstädtischen Bevölkerung, an dem es gerade in jener Gegend nicht mangelt. Zuhälter und Dirnen, Rowdys, halbwüchsige Burschen mit ihren «Bräuten», trunkene Weiber, verlumpte Männergestalten, das waren die Exzedenten in der heutigen Nacht! Existenzen, denen es ganz gleich ist, ob sie im Gefängnis oder auf der Straße enden, und die über die Säbelhiebe der Schutzleute mit Gleichmut quittierten.

Die Arbeiterschaft Moabits aber hielt sich von den Krawallen völlig fern, und der Beweis dafür wird durch die Gefangenen- und Verwundetenliste erbracht, aus der hervorgeht, daß der übergroße Teil der Sistierten aus obdachlosen Männern und Frauen besteht. (Vorwärts, Nr. 227, 28.9.1910)

Endlich stand eine bequeme Erklärung für die Straßenschlachten zur Verfügung: Es waren nicht die Arbeiter, sondern der «Janhagel» (ein holländisches Wort für Pöbel). Die Partei der Entrechteten gesellte sich zum Bürgertum, um auf die Gestrandeten der Gesellschaft wie auf die rebellische Jugend einschlagen zu helfen. Eine alte, noch lange nicht gebrochene Tradition der deutschen Arbeiterbewegung.

Auf derselben Seite druckte der «Vorwärts» den Augenzeugenbericht eines Mitarbeiters ab. Der Widerspruch zur Janhagel-These störte die Redaktion offenbar nicht.

Am Dienstagabend zwischen fünf und sechs Uhr war die Beusselstraße schwarz von Menschen. Vom Bahnhof Beusselstraße sowie aus den umliegenden Fabriken kamen heimkehrende Arbeiter in großer Menge. Die Sickingenstraße war an der Ecke der Beusselstraße von einer starken Schutzmannskette abgesperrt. Wo Schutzleute stehen, sammeln sich natürlich Neugierige. Die Straßenpassanten blieben stehen, die Hausbewohner traten vor die Türen. Eine dichte Schar Neugieriger, Männer, Frauen und Kinder, hatten sich in kurzer Zeit angesammelt. Überall wurden die Ereignisse vom Montagabend lebhaft besprochen. Das Publikum, welches die Straße bevölkerte, unterschied sich in nichts von dem Publikum, welches Tag für Tag jene Gegend belebt. Das heißt, es war im wesentlichen ein durchaus anständiges Arbeiterpublikum, welches nur in Erwartung dessen, was kommen sollte, länger als sonst auf der Straße verweilte. Von einem Rowdytum, wie es in den Berichten bürgerlicher Blätter geschildert wurde, war nichts zu sehen. Das Publikum verhielt sich auch durchaus ruhig, abgesehen von dem Stimmengewirr, welches eine große Menge, die sich gruppenweise unterhält, von sich gibt. Insbesondere war gar keine Rede von irgendeiner Provokation der Polizei durch das Publikum.

Ich gehe die Beusselstraße hinunter. – Von aufgerissenem Straßenpflaster habe ich in der bürgerlichen Presse gelesen, aber nichts davon gesehen. An der Ecke der Wittstocker Straße ist ein Kaufhaus. Eine Schaufensterscheibe ist zerschlagen, hinter ihr hängt ein Plakat, wodurch der Firmeninhaber mitteilt, daß er mit Streikbrechern keine Verbindung habe. – An der Ecke der Erasmusstraße ist das Schanklokal, in das sich am Montag ein Schutzmann flüchtete, nachdem er sechs Schüsse auf die Menschenmenge abgegeben hatte. Durch zertrümmerte Fenster sieht man in das dunkle Lokal. Scherben und Glassplitter liegen herum. Tische und Stühle stehen anscheinend unversehrt.

In der Richtung nach dem Bahnhof Beusselstraße gehe ich zurück. Kurz vor sieben Uhr erreiche ich wieder die Ecke der Siemensstraße. Noch steht hier eine dichte Menschenmenge. Ihr Charakter hat sich gegen vorhin nicht geändert. Nur eine Handvoll halbwüchsiger Burschen hat sich eingefunden, die hin und wieder pfeifen und johlen. Drei bis vier Männer, anscheinend etwas angetrunken, gröhlen aus vollem Halse: «Wir sind die Arbeitsmänner.» Sie ziehen ab. – Da plötzlich sehe ich, daß die Schutzleute an der Sickingenstraße die Säbel ziehen. Sofort wendet sich die Menschenmenge zur Flucht. Am eiligsten laufen die jungen Burschen, welche gelärmt haben. Aber auch die übrigen laufen, so schnell sie können, davon. Viele fliehen in Hausflure und Schanklokale. Ich selbst, im Bewußtsein, nichts Polizeiwidriges getan zu haben, und weil mir mein Gesundheitszustand einen Schnellauf überhaupt nicht gestattet, ging im Schritt mit den Fliehenden, die mich im Augenblick überholt hatten. Schutzleute mit geschwungenen Säbeln stürmen an mir vorbei. Wahllos schlagen sie von hinten mit der blanken Waffe auf die Fliehenden ein. Manche der Geschlagenen stürzen zu Boden, raffen sich auf, eilen weiter, die Schutzleute säbelschwingend immer hinterher. Das alles spielte sich in wenigen Sekunden ab. Jetzt plötzlich fühle auch ich einen wuchtigen Hieb von hinten auf meinen Kopf niedersausen, der mir fast die Besinnung raubt. Gleichzeitig stürmen zwei Schutzleute mit geschwungenen Säbeln an mir vorbei, um sich zu ihren Kameraden gesellen, die vor mir auf die Fliehenden einschlagen.

Ich fühle, daß Blut von meinem Kopf niederrieselt, und gehe zur Unfallstation in der Erasmusstraße. Zwei Schutzleute mit verbundenen Köpfen kommen mir entgegen. Mit dem Ruf «Bluthunde» werden sie draußen empfangen. Im Innern der Station sehe ich die Spuren der Polizeitaten. Auf dem Operationstisch liegt ein Bewußtloser schwer stöhnend. Ein aus der Fabrik heimkehrender Arbeiter, der, wie sein Begleiter sagt, von Schutzleuten niedergeritten wurde. Ein Mann mit einer klaffenden Wunde am Hinterkopf wird verbunden. Andere mit leichteren Verletzungen warten der ärztlichen Hilfe. Ein Mann wird hereingeführt, das Gesicht von Blut überströmt, Vorhemd und Weste von Blut stark besudelt. Die Ärzte haben alle Hände voll zu tun, denn die Polizei hat wieder einmal blutige Arbeit geleistet.

Als ich gegen ½8 Uhr von der Unfallstation zurückkam, war die Beusselstraße bis zur Turmstraße abgesperrt, ebenso die Parallelstraßen zu beiden Seiten. In den Querstraßen standen sehr starke Reserven von Schutzleuten zu Fuß und zu Pferde. Publikum in großer Zahl bevölkerte die Straße von den Absperrungsstellen, verhielt sich aber vollkommen ruhig. Auch die Polizei schien sich nach der geschilderten Attacke beruhigt zu haben. Wenigstens konnte ich bis gegen 9 Uhr in der Turmstraße nichts von weiteren Angriffen der Polizei auf das Publikum bemerken. (Vorwärts, Nr. 227, 28.9.1910)

Nach der Darstellung der Polizei waren abends folgende Trupps außerhalb des Kohlenplatzes in Stellung gewesen:

1. ein Offizier, ein Wachtmeister und 30 Mann an der Ecke der Beussel- und Sickingenstraße.
2. zwei Offiziere, zwei Wachtmeister und 50 Mann vor der Reformationskirche in der Beusselstraße.
3. zwei Offiziere, zwei Wachtmeister und 30 Mann an der Ecke der Beussel- und Turmstraße.
4. zwei Offiziere, ein Wachtmeister und 30 Mann in der Wittstocker, Ecke der Rostocker Straße.
5. ein Offizier, ein Wachtmeister und 32 Mann als Reserve für die vorgenannten Kommandos auf dem Lagerplatz in der Sickingenstraße. (Vorwärts, Nr. 228, 29. September 1910)

Außer diesen 187 Polizisten mußten noch mehr als 800 woanders in der Reserve gelegen haben. Moabit befand sich im Belagerungszustand. Die Reformationskirche Ecke Beussel-/Wiclef-Straße wurde in ein Polizeilager umgewandelt.

In den nächsten Tagen ließen die Straßenschlachten nach und hörten bald auf. Die Polizei beherrschte widerstandslos das Feld. Die Verletztenbilanz lautete nach Angaben der Polizei 104 Polizisten, 150 Leute aus dem Volk. Die Zahl der verletzten Moabiter dürfte weit höher gelegen haben. Zwei Arbeiter starben an den erlittenen Mißhandlungen. Nach der Schätzung der Polizei waren 20–30000 Leute auf der Straße gewesen.

Der Streik endete erst am Samstag, 8. Oktober, nach drei Wochen. Ungeschlagen, unterstützt durch die Solidarität anderer Berliner Kohlenarbeiter und sogar durch Sympathiekundgebungen im ganzen Reich, stimmten die Streikenden dennoch dem Berliner Vorsitzenden des Transportarbeiterverbandes zu, den Streik ohne die Erfüllung der Forderungen abzubrechen. Als Begründung klammerte sich der Gewerkschaftsvorsitzende an das ewige Unternehmermärchen, die Firma könne keine Lohnerhöhung bezahlen, sie arbeite mit Verlusten. Stinnes besaß ein Vermögen von 30 Millionen Mark. So wurde der Sieg an die Kapitalseite und den preußischen Polizeistaat verschenkt. Erst im nächsten Jahr deckte der Gewerkschafter sein wahres Motiv auf: er hatte in Moabit endlich wieder Ruhe und Ordnung schaffen wollen, ein Wunsch jeder Obrigkeit. Von der ganzen Moabiter Bewegung war nur der Streik organisiert gewesen, die Straßenkämpfe hatten sich selbständig daraus entwickelt, als die Polizei die Streikbrecher schützte. Aber gerade unter den der Polizei in die Augen und dann in die Hände Fallenden machten Mitglieder der Sozialdemokratie und/oder der Gewerkschaften bei weitem die Mehrheit aus: 47 von 77.

Schon während der ersten Straßenkämpfe ließ die Partei die Arbeiterbewegung Moabits im Stich. Der «Vorwärts» drückte die Haltung der Partei in wünschenswerter Klarheit aus:

Wir Sozialdemokraten stehen den ganzen Vorgängen mit absoluter Passivität gegenüber. Wir sind so vollständig unbeteiligt, daß wir in der Tat dem Verhängnis der völligen Bankrotterklärung des preußischen Polizeistaats den ungestörtesten Verlauf lassen könnten. Denn die *mehr als albernen* Verdächtigungen der Scharfmacherpresse, den Moabiter Unruhen müsse doch wegen ihrer Hartnäkkigheit und ihrer wachsenden Lebhaftigkeit eine *Organisation* zugrunde liegen, verdienen nicht mehr als eine beiläufige Erwähnung. (Vorwärts, Nr. 228, 29.9.1910)

Der Parteivorstand des 6. Wahlkreises beschäftigte sich noch nicht einmal mit diesen Ereignissen. Und darauf war er auch noch stolz. Die Partei verstand sich im wesentlichen als ein Disziplinierungsinstrument für die ungebändigten Arbeiter:

Wäre die Masse des Proletariats dank der Erziehung der Sozialdemokratie nicht so außerordentlich geschult, wäre die Parole: *«Laßt euch nicht provozieren!»* der arbeitenden Klasse nicht in Fleisch und Blut übergegangen, so würde das beispiellos provokatorische Vorgehen der Kriminalbeamten zweifellos dazu angetan gewesen sein, in Moabit das *hervorzurufen*, was bisher nur in der Phantasie der Polizeiberichterstatter existierte: *eine allgemeine Revolte gegen die skandalöse Schreckensherrschaft der Polizei!* (Vorwärts, Nr. 230, 1.10.1910)

Die Sozialdemokratie hegte, genau wie die herrschende Klasse, vor nichts eine größere Angst als vor einer revolutionären Situation. Diese zu verhin-

dern, die Rebellen niederzuschlagen, bot sie sich während den Straßenschlachten an. Nur die Regierenden wollten einfach nicht hören, noch nicht.
Wohl würden sich auch die *Organisationen des klassenbewußten Proletariats nicht geweigert haben, an der sofortigen Wiederherstellung der Ruhe mitzuarbeiten* – und mit ganz anderem Erfolg als die Polizei! –, wenn sie von den Behörden darum ersucht worden wären! Dazu fühlten sich der Polizeiminister und der Berliner Polizeipräsident natürlich zu erhaben. Vertraten sie doch noch den vormärzlichen [reaktionären] Standpunkt, daß das Publikum nur der Majestät der Polizei wegen da sei, nicht aber die Polizei des Publikums wegen! Und nicht nur die Organisationen der *Arbeiterschaft*, sondern auch die *kommunalen* Körperschaften und die *Presse* würden in der Lage gewesen sein, die Ruhe wiederherzustellen, wenn man nur vernünftigerweise ihren Beistand angerufen hätte!
Aber man wollte es mit dem Polizeisäbel, mit den Brownings schaffen! (Vorwärts, Nr. 228, 29.9.1910)

Für die Moabiter Bewegung interessierten sich die führenden Sozialdemokraten nur insofern, als der Polizeiterror in einem Arbeiterviertel der Sozialdemokratie noch mehr Anhänger in die Arme trieb. Die Hoffnung auf den parlamentarischen Nutzen schlug sich in einer kaum verhohlenen Schadenfreude nieder:

Mag das scharfmacherische Preßgesindel [die bürgerliche Presse] hetzen, so viel es will, mögen das Ministerium des Innern und der Berliner Polizeipräsident so viel Unbesonnenheit begehen, als ihnen gutdünkt: *Der Sozialdemokratie werden auch durch die neuesten Polizeiattacken wieder Hunderttausende neuer Anhänger zugeführt werden*! [...]
Die nächste Reichstagswahl wird der blindlings ihrem Verhängnis entgegentaumelnden Reaktion die Quittung präsentieren! (Vorwärts, Nr. 228, 29.9.1910)

Der parlamentarische Aufstieg der Sozialdemokratie ging in winzigen Schritten weiter. Keine vier Jahre nach dem Moabiter Streik führte er konsequenterweise dazu, daß die sozialdemokratische Reichstagsfraktion den Kriegskrediten zustimmte. Die Partei, die wie eine Gebetsmühle immer wieder vor jeder Gewalt von unten gewarnt hatte, scheute sich nicht, ein Völkermorden zu unterstützen, in dem das ganze Arsenal militärischen Terrors an anderen und den eigenen Leuten sich austobte. Ihre Anhänger waren zu sehr von der Polizei diszipliniert, zu sehr dem selbständigen Denken und Handeln entwöhnt, als daß sie in kurzer Zeit hätten erkennen können, wie sie sich durch die blinde Unterwürfigkeit unter die Organisation noch einmal selbst niederschlugen.

Verwehte Spuren besiegter Freiheitssehnsüchte tauchen wieder in Berlin auf. Bei den Kämpfen um besetzte Häuser seit Dezember 1980 sah manches nach einer unfreiwilligen 70. Jahresfeier von Moabit durch die Berliner Polizei aus. Nur daß es jetzt anfangs sogar noch die sozialdemokratisch kontrollierte Polizei war, die sich in schweren Straßenschlachten hervortun durfte. Der Wunschtraum des «Vorwärts» von 1910 ist in Erfüllung gegangen: die Partei als die effektivere Ordnungskraft gegen die Rebellion.

Quellen und Literatur

HELMUT BLEIBER: Die Moabiter Unruhen 1910, in: Zeitschrift für Geschichtswissenschaft, 3, 1955, S. 173–211

DIETER GROH: Negative Integration und revolutionärer Attentismus. Die deutsche Sozialdemokratie am Vorabend des Ersten Weltkrieges, Frankfurt/Main 1974, S. 125–128

Moabit. Ein Bild polizeilicher Willkürherrschaft, Berlin 1911 (Standort: Stuttgart, Landesbibliothek)

OSKAR MÜLLER: Der Kohlenarbeiter-Streik in Zürich 1947 (Werkstatt schreibender Arbeiter Zürich, Heft Nr. 8, Mai 1976), 2. Aufl. Zürich 1976

Vorwärts, Berliner Volksblatt, Zentralorgan der sozialdemokratischen Partei Deutschlands, 27. Jg., 1910

115 Früher Widerstand in Bayern gegen den Ersten Weltkrieg (1915/16)

Vom Ersten Weltkrieg hat sich der kriegsbegeisterte Hurrapatriotismus des Anfangs am nachhaltigsten im Geschichtsbewußtsein niedergeschlagen. Regionale Unwillenskundgebungen werden dagegen nicht sonderlich ernst genommen. Das Bild vom Widerstand gegen den Krieg kommt kaum über Berlin und die sich anbahnende Revolutionsbewegung hinaus. Da diese sozialistischen Strömungen eher erforscht und bekanntgemacht wurden, wollen wir uns auf eine Region konzentrieren, die wohl die größte Räterepublik hervorbrachte, aber innerhalb Deutschlands bis heute ein rätselhafter Sonderfall geblieben ist: Bayern. Hier treffen wir auf eine Volksbewegung, die, zum großen Teil noch ländlich bestimmt, eine besondere Strömung im reichsweiten Widerstand ausmachte. Zeugnisse von dieser und über diese Volksbewegung gegen den Krieg liegen im Bayerischen Hauptstaatsarchiv München, bis heute größtenteils unveröffentlicht. Deshalb seien sie hier ausführlich wiedergegeben, auch wenn wir darin oft nur durch die Brille der Gegner etwas von dieser Bewegung erfahren.

Im Frühsommer 1915 zogen die Lebensmittelpreise empfindlich an. Den

Unmut im Volk wollte der bayerische Kriegsminister, Otto Freiherr Kreß von Kressenstein (1850–1929) mit einer begrenzten Anzahl von kontrollierten Informationsversammlungen auffangen und unschädlich machen. Dazu gab er folgenden Erlaß heraus:

München, 24.6.1915
An das K[önigliche] stellv[ertretende] Gen[eral] K[omman]do I. II. III. A[rmee]K[orps]
Betreff: Abhaltung von Versammlungen.

In Würdigung der Tatsache, daß in sehr weiten Bevölkerungskreisen, namentlich der minderbemittelten Schichten, eine wachsende Beunruhigung wegen der immer höher ansteigenden Preise der nötigsten Lebensmittel aller Art besteht, hat das Kriegsministerium die Abhaltung von neun Versammlungen in München, welche die sachliche Besprechung dieser Verhältnisse und ihre Abhilfe zum Zwecke haben, unter Zulassung einer in sachlichen Grenzen gehaltenen Diskussion genehmigt.

Es war für die Erteilung dieser Erlaubnis der Gesichtspunkt maßgebend, daß es für die *Erhaltung der öffentlichen Sicherheit* vorzuziehen sei, den Klagen der großen Masse der wirtschaftlichen Schwachen, die von den hohen Lebensmittelpreisen besonders empfindlich betroffen sind, einen unter der *Kontrolle von geordneten und organisierten Versammlungen* stehenden Ausdruck geben und dabei durch die Veranstalter auf die angebahnte Abhilfe hinweisen zu lassen, statt ein *Verbot* solcher Versammlungen zu verfügen. Mit einem solchen Verbote würde vielleicht eine im Stillen immer weiter greifende Gärung begünstigt, deren unkontrollierbarer Ausbruch dann durch einzelne gesetzwidrige Gewalttätigkeiten auf den Lebensmittelmärkten oder gegen Händler und dergleichen nicht außerhalb des Bereiches der Möglichkeit läge.

Daß dann solche mögliche, an sich ja nicht erhebliche Szenen von unseren Gegnern auf das Stärkste aufgebauscht und als «Hungeraufruhr» und ähnlich in ihrer Presse besprochen würden, liegt auf der Hand; es war unter diesem Gesichtspunkt auch ein wesentliches Interesse der Landesverteidigung, welches die Erlaubniserteilung der besagten Versammlungen begründete.

K. stellv. Generalkommando wird anheimgestellt, gegebenenfalls nach den gleichen Gesichtspunkten zu verfügen.

Frh. v. Kreß.

(München, Bayerisches Hauptstaatsarchiv, Abt. Kriegsarchiv, MKr 12821).

Die Lebensmittelpreise fielen nicht, die Wut gegen den Krieg ließ sich nicht so leicht kanalisieren. Die Behörden störten sich am Münchner «Verein für Frauenstimmrecht», in dem erste Ideen zu einer militanten Protestbewegung zur Sprache kamen. Die Polizeidirektion München hatte offenbar einen Spitzel in das Tagungslokal eingeschleust und berichtete daraufhin an das stellvertretende Generalkommando des 1. bayerischen Armeekorps in München:

München, den 17. Dezember 1915.
Betreff: Verein für Frauenstimmrecht.

In einer der letzten Besprechungen des Münchener Ausschusses des internationalen Kongresses in Haag, der aus etwa 20–25 in München wohnhaften Damen besteht, welche Besprechungen regelmäßig an den Donnerstagen in einem Nebenzimmer des Kaffees Heck stattfinden und an welchen auf besondere Einladung auch andere nicht zu dem Ausschusse gehörige Persönlichkeiten teilnehmen können, hat eine Frau Dr. *Hösch-Ernst,* wohnhaft in Gauting, Villa Triade, den in Berlin kürzlich von Frauen verübten Landfriedensbruch (Lebensmittelkrawall) zur Sprache gebracht und unter anderem den Vorschlag gemacht, man solle sich in München an die Frauen der dienenden Klasse wenden, diese aufklären und ermuntern, auf dem Viktualienmarkt einen ähnlichen Spektakel zu machen.

Nur dem zufälligen Umstande, daß die Mehrzahl der anwesenden Damen, vor allem die Vorsitzende, Frl. *Heymann,* mit dieser scharfen Tonart nicht einverstanden waren und geltend machte, daß die süddeutsche Bevölkerung nicht so gewalttätig veranlagt sei, war es zu danken, daß die Anregung nicht auf fruchtbaren Boden fiel.

Die Tatsache aber allein, daß solche Vorschläge überhaupt ernstlich gemacht werden konnten, ist für den Geist und die mögliche Entwicklung der Stimmungen und Bestrebungen in dem genannten Ausschusse bezeichnet und schließt Gefahren für die Zukunft in sich.

Da die Mitglieder des Ausschusses sämtliche Angehörige des hiesigen Vereins für Frauenstimmrecht sind und eigentlich einen engeren Propaganda- und Vollzugsausschuß dieses Vereins bilden, so greifen diese Gefahren auch auf die Besprechungen und Versammlungen des Vereins für Frauenstimmrecht über.

Ich möchte daher anregen, die Zusammenkünfte und die Versammlungen des genannten Ausschusses und des hiesigen Vereins für Frauenstimmrecht auf Grund des Kriegszustandsgesetzes mit der Maßgabe zu verbieten, daß dieselben auch nicht in Privaträumen stattfinden dürfen.

Das Vorkommnis ist von Frl. Heymann selbst in einer Unterredung mit mir am 16. des Monats zugestanden worden. (München, Bayerisches Hauptstaatsarchiv, Abt. Kriegsarchiv, MKr 13 366, Stück 108).

Das stellvertretende Generalkommando schrieb daraufhin an das bayerische Kriegsministerium. Dabei offenbarte es die vielfältigen Möglichkeiten der Schikane:

Der Vorschlag der K. Polizeidirektion München, die Zusammenkünfte des genannten Ausschusses sowie des Vereins für Frauenstimmrecht auch in Privaträumen zu verbieten, dürfte praktisch kaum durchführbar sein.

Dagegen erscheint ein Einschreiten gegen Frau Dr. Hösch-Ernst in Gauting dringend veranlaßt. Es käme in Frage eine Anordnung auf Grund Art. 4, Nr. 2, des Kriegszustandsgesetzes an die Hösch, binnen einer bestimmten Zeit das Reichsgebiet zu verlassen. Hierbei bestünde die Gefahr, daß sie im Auslande zum Schaden des deutschen Reiches tätig werden könnte. Anderfalls wäre die Möglichkeit gegeben, sie aus dem Korpsbezirke auf Grund Art. 4, Nr. 2, des Kriegszustandsgesetzes auszuweisen oder ihr den Verkehr zwischen ihrem Wohnorte Gauting und dem Staatsbezirke München zu verbieten, eine Maßnahme, die gegenüber einer Staatenlosen zulässig erscheint. Vielleicht wäre aber der Zwang zur Ausreise aus Deutschland das kleinere Übel.

Ein Aufsatz der Hösch, der hier einbehalten wurde, liegt zur Charakterisierung ihrer Person an.

Die Überwachung der Korrespondenz ist angeordnet.

München, 8.1.1916. (Ebenda)

Der Aufsatz liegt heute leider nicht mehr bei den Akten. Vermutlich handelte es sich um «Patriotismus und Patriotitis».

Das Kriegsministerium blieb alarmiert über die nicht mehr zu übersehende kriegsunwillige Stimmung in einem Teil des Volkes. Am Anfang Februar 1916 legte es allen Ministerien der bayerischen Regierung einen 14seitigen Bericht vor, worin es hieß:

München, 1.2.1916.
Streng geheim!
Betreff: Stimmung in der Armee und in der Heimat.

In der Darstellung des Kriegsministeriums vom 2.11.1915, Nr. 101948, wurde versucht, einen Überblick über die Werbetätigkeit der Pazifisten zu geben. Auch in der Zeit seit dem Erscheinen dieser Denkschrift sind die Pazifisten nicht müßig gewesen. Insbesondere unter den deutschen Frauen wurde – wie aus dem Monatsbericht des internationalen Frauenausschusses für dauernden Frieden in Amsterdam vom 1.12.1915 zu entnehmen ist – eine lebhafte Propaganda entfaltet; am intensivsten wurde in Berlin, Breslau, Hamburg, *München* und Stuttgart gearbeitet. Die Agitation zur Herbeiführung eines Friedens um jeden Preis blieb indes in den letzten Monaten nicht mehr auf den schriftlichen Gedankenaustausch und geschlossene Versammlungen kleiner Gruppen von Phantasten und vaterlandslosen Personen beschränkt. Auch auf der Straße in großen, an Aufruhr grenzenden Massenansammlungen, an denen hauptsächlich Frauen beteiligt waren, erklang nach Mitteilung ausländischer Blätter bereits in mehreren Städten der Ruf nach Brot und Frieden. (München, Bayerisches Hauptstaatsarchiv, MInn 66327).

Die Behörde war – trotz des Spitzelwesens – so schlecht informiert, daß sie ausländische, ihr feindliche Zeitungen, heranziehen mußte. Pflichtgemäß mißtraute das Ministerium der ausländischen Presse, fügte aber eigene Beobachtungen aus München zur Bestätigung hinzu:

Es bedarf keines besonderen Hinweises, daß die fremdländischen Blätter diese und ähnliche Vorkommnisse teils erfunden, teils mit Absicht maßlos übertrieben haben. Es wäre aber durchaus irrig, aus dem Fehlen von derartigen Berichten in der *deutschen* Presse den Schluß zu ziehen, als ob die Meldungen der

Auslandspresse *samt und sonders* aus der Luft gegriffen worden seien. Vielmehr muß leider zugegeben werden, daß in den letzten Monaten mehrfach in größeren Städten Straßenkundgebungen unter dem Rufe nach Frieden und Brot stattgefunden haben. Auch auf Bayern, das bisher von solchen öffentlichen Kundgebungen verschont blieb, scheint die Bewegung neuerdings übergreifen zu wollen; es wurde wenigstens Ende Dezember 1915 und anfangs Januar 1916 in München wiederholt versucht, Flugblätter mit aufreizendem, vornehmlich Frieden heischenden Inhalt, die sich hauptsächlich an die Frauen richteten, öffentlich anzuschlagen und in die Privatwohnungen minderbemittelter Leute einzuschmuggeln.

Alle diese Vorkommnisse erscheinen im Zusammenhalt [gemeint: Zusammenhang] mit manchen Presseäußerungen, Zuschriften an Behörden und Redaktionen mit den immer mehr sich vertiefenden Gegensätzen zwischen Stadt und Land und mit den Verhandlungen im Reichstage, insbesondere über die Genehmigung des letztmaligen Zehnmilliardenkredits geeignet, vom Standpunkte der Landesverteidigung aus ernsthafte Besorgnisse zu erregen. (Ebenda)

Dann wandte sich der Bericht Briefen aus der Heimat an die Soldaten im Feld zu, worin von Sorgen, Teuerung und Not die Rede sei. Diese Briefe wirkten entmutigend. Deren Zunahme konnte der Bericht wieder nur der ausländischen Presse entnehmen. Die Klagebriefe aus der Heimat wuchsen sich zu einem Sicherheitsrisiko aus.

Besteht sonach die Gefahr, daß die zur Zeit bestehende schlechte Stimmung in der Heimat auch auf unser Feldheer immer mehr übergreifen und uns schließlich zu einem verfrühten Friedensschluß zwingen könnte, so ist sie andererseits dazu angetan, den Mut unserer Feinde zu erhöhen und sie von allen Friedensgedanken abzubringen. Der niedrige Kurs der deutschen Reichsmark, die Unruhen in verschiedenen Städten, die Umtriebe der Pazifisten, die Klagen in Gefangenenbriefen, unvorsichtige Äußerungen in der Tagespresse, das Verhalten der Liebknecht-Gruppe im Reichtag, kurz alles, was für uns irgendwie nachteilig erscheinen kann, wird vorgebracht, um die feindlichen Völker über unsere militärischen Erfolge hinwegzutäuschen und den Eindruck zu erwecken, als ob der moralische und wirtschaftliche Zusammenbruch Deutschlands und seiner Verbündeten unmittelbar bevorstehe. (Ebenda)

Das Kriegsministerium mußte der ausländischen Presse entnehmen, daß die Heimatbriefe, die bei gefangenen deutschen Soldaten gefunden wurden, immer mehr von einer Friedenssehnsucht bestimmt waren. Unter «Gegenmaßregeln» schrieb das Kriegsministerium weiter:

Die Erhaltung des Siegerwillens im Heer und Volk bildete schon bisher eine der vornehmsten Aufgaben der leitenden Militärbefehlshaber. Eine große Anzahl von Vorkehrungen wurde getroffen, um die Zuversicht zu erhalten und zu stärken. Die Unterdrückung der organisierten pazifistischen Bewegung im Lande wurde mit allen den Militärbehörden zustehenden Machtmitteln unternommen und wird rücksichtslos weitergeführt. Auch die Presse arbeitete fortgesetzt mit an der Bekämpfung jeder Mißstimmung, indem sie möglichst alles vermied, was Beunruhigung erregen konnte, und immer wieder zum Durchhalten aufmunterte. Wenn gleichwohl, wie oben ausgeführt wurde, in einzelnen Schichten der Bevölkerung Unzufriedenheit und Niedergeschlagenheit eingezogen sind, so mögen daran die lange Dauer des Krieges, die großen Opfer an Gut und Blut, der durch die Einberufungen zum Militärdienste eingetretene Mangel an männlichen Arbeitskräften und nicht zuletzt die unterirdischen Umtriebe gewissenloser und vaterlandsloser Hetzer die Hauptschuld tragen. Diesen Mächten gilt es, noch stärkere Kräfte entgegenzusetzen, um der gefahrdrohenden Bewegung Herr zu werden und auch die Mutlosen mit neuem Mute zu beleben. Zur Erreichung dieses Ziels darf kein Mittel unversucht bleiben, insbesondere erscheint eine unmittelbare positive Einwirkung auf die Bevölkerung dringend geboten. Die Größe des Einsatzes in dem gegenwärtigen Weltkriege muß den in der Heimat Zurückgebliebenen eindringlichst vor Augen geführt werden. Sie müssen darauf hingewiesen werden, daß es ein Krieg ist nicht nur um den Bestand des Vaterlandes, sondern auch um Haus und Hof und daß er nur gewonnen werden kann, wenn Heer und Volk bereit sind, jedes Opfer auf sich zu nehmen, daß aber alle die großen bisherigen Opfer *umsonst* gebracht sind, wenn das deutsche Volk am Enderfolg verzweifelt. Es muß ihnen vorgestellt werden, wie gering ihre kleinen Sorgen und Entbehrungen sind im Vergleich zu den Nöten und Gefahren unserer tapferen Soldaten und den Leiden unserer Feinde und wie unangebracht und gefährlich jedes Zeichen von Kleinmut ist, nur dazu angetan, unseren Feinden neue Hoffnung zu geben und sie zu weiterem Ausharren in dem blutigen Ringen zu ermuntern. Endlich muß es allen Daheimgebliebenen zur heiligen *Pflicht gemacht werden, ihre häuslichen Sorgen* und Klagen für sich zu tragen und damit nicht ihren Angehörigen im Felde das Herz schwer zu machen. (Ebenda)

In diesen Ton verfiel auch die Presse. Erst Ende 1918 hing dieses Gerede so ziemlich allen zum Halse heraus. Das bayerische Kriegsministerium beendete seinen Bericht mit dem Vorschlag, eine gemeinsame Propagandaarbeit aller Ministerien abzusprechen, zur «Mobilmachung der gesamten geistigen und moralischen Heimatkräfte» (Ebenda).

Zu einem vorzüglichen Propagandainstrument des Kriegsministeriums gab sich der «Volksverein für das katholische Deutschland» her. Der Vorsitzende von dessen Landessekretariat, der katholische Geistliche Dr. Messmer, machte vom 8. bis 12. September 1916 in Absprache mit den Verwaltungsbehörden und dem Kriegsministerium eine Agitationsreise durch Niederbayern, um für die Zeichnung einer neuen Kriegsanleihe zu werben. Seine Eindrücke der Stimmung in Niederbayern teilte er wunschgemäß dem Kriegsministerium mit. Noch drastischer als sein schriftlicher Bericht fiel sein mündlicher aus, über den eine streng vertrauliche Darstellung des Kriegsministeriums vorliegt. Darin erfahren wir – aus der Sicht eines kriegsbegeisterten Zölibatärs – von der Wirkung der pazifistischen Frauenbewegung auf dem Land.

Von Seite der Frauenvereine emanzipierter Richtung würden anscheinend Emissärinnen auf das Land geschickt, um – nicht selten auch durch Vermittlung von Lehrerinnen – dahin zu wirken, daß das Gefüge der Familie mit der Grundlage der Unterordnung der Frau unter den Mann gestört werde. Der Respekt vor der männlichen Autorität werde anzuzweifeln versucht und ein Sonderleben der Frau mit Sonderinteressen befürwortet. Als ein wahrscheinliches – allerdings nicht nachweisbares – Ergebnis dieser Bestrebungen sei das erschreckliche Überhandnehmen des Gebrauchs von Antikonzeptionsmitteln anzusehen. Nach Mitteilung eines Arztes sei die Durchschnittsgeburtsrate in einzelnen Ortschaften von 80 auf 10 zurückgegangen. Die Ursache hierfür liege keineswegs in einer Verminderung des Geschlechtsverkehrs, der infolge der Anwesenheit zahlreicher Urlauber ausreichend betätigt werde, sondern vermutlich in der immer mehr um sich greifenden Anwendung von Mitteln zur Verhinderung der Empfängnis. Auch die Syphilis habe nach Mitteilung einzelner Bezirksärzte außerordentlich zugenommen; ferner sei bei Jugendlichen eine Vermehrung der Tuberkulose – wohl infolge starker Überarbeitung und der dadurch bedingten Erhöhung der Empfänglichkeit für diese Krankheit – wahrzunehmen. (München, Bayerisches Hauptstaatsarchiv, Abt. Kriegsarchiv, MKr 2330)

Für den Fall weiterer Preissteigerungen sagte Dr. Messmer Gewalttätigkeiten der Münchner Bevölkerung voraus. In seinem zweiseitigen maschinenschriftlichen Bericht «Tour durch Niederbayern, 8. bis 12. September 1916» hielt Dr. Messmer fest: die Leute stellten sich gegen die Kriegsanleihe mit der Begründung, daß dadurch der Krieg nur verlängert würde.

Man kann Redensarten hören wie: es ist gleich, ob wir Bayern deutsch oder französisch sind; es wäre besser für uns, wenn wir bei Frankreich als bei den Preußen seien. Viel Unzufriedenheit macht sich in Klagen über den Unterschied zwischen den niedrigen Mannschaftslöhnen und hohen Offiziersgehältern etc. Luft. (Ebenda)

Niederbayern, ein altes Rebellengebiet (siehe Kapitel 64, 75), stand keineswegs allein. Am 20. Juni 1916 verfaßte die Regierung von Schwaben und Neuburg, Kammer des Innern, in Augsburg ein vertrauliches Schreiben an den Chef des stellvertretenden Generalkommandos des 1. bayerischen Armeekorps in München. Danach herrschten in den unteren Schichten und unter den Bauern Kriegsmüdigkeit und Mißstimmung, die von beurlaubten Soldaten sogar noch verstärkt wurden.

Viele dieser, von der Front beurlaubten Militärpersonen fordern ihre Angehörigen und auch andere Bekannte auf, kein Geld mehr für Kriegsanleihen zu zeichnen, kein Schlachtvieh für die Truppen zu verkaufen oder in anderer Weise passiven Widerstand gegen behördliche Maßnahmen zu leisten, weil dann die weitere Kriegsführung unmöglich gemacht und die Reichsleitung gezwungen werde, Frieden zu schließen. (Ebenda)

Der Friedenssehnsucht auf dem Land in Bayern gelang leider kein großer, spektakulärer Schlag, wie es allemal notwendig ist, um sich im Geschichtsbewußtsein festzusetzen. Wenn wir dagegen die parlamentarischen und gewerkschaftlichen Repräsentanten der Arbeiterbewegung betrachten, die weiterhin stramm hinter der Kriegspolitik stehen, so hätte doch die Friedensbewegung des bayerischen Landvolkes mehr Anerkennung verdient.

Das bayerische Kriegsministerium suchte nach den Schuldigen für die allgemeine Kriegsmüdigkeit. Am 16. August 1916 erhielt das Kriegspresseamt des Ministeriums eine Meldung aus Berlin, die die Verantwortung weit weg schob:

Dem Militärattaché in Bern hat ein Vertrauensmann mitgeteilt, daß von engl.-französicher Seite Agenten nach Bayern entsendet werden, deren Aufgabe es ist, Unzufriedenheit zwischen Bayern und Preußen zu erregen. (Ebenda)

Dr. Messmer, ein gegen Verhütungsmittel und selbstbewußte Frauen allergischer Geistlicher, erfuhr am 7. September 1917 eine hohe Ehrung durch das bayerische Innenministerium. Er wurde als erstes Mitglied eines 18köpfigen «Beirats zur Volksaufklärung» bei diesem Ministerium ernannt (München, Bayerisches Hauptstaatsarchiv, Abt. Kriegsarchiv, MKr 2334). Die Aufgabe bestand darin, Kriegsbegeisterung und Durchhaltewillen zu fördern.

Allenthalben kam es in Bayern wegen der schlechten Versorgung zu Protestbewegungen. Über die meisten dieser Ereignisse hinterließ uns niemand Nachrichten. Um so wertvoller ist ein Bericht des 3. bayerischen Armeekorps vom Oktober 1916 über die «Stimmung der Bevölkerung»:

Vorübergehende Unruhen wurden vom Bezirk Neustadt a. W. [Waldnaab, bei Weiden/Oberpfalz] gemeldet, wo es in Windischeschenbach zu kleinen Arbeiterkrawallen wegen einer versehentlichen zu geringen Zuckerverteilung kam. Die Fehlmenge wurde nachgeliefert und verteilt. In Weiden drohte eine Massenkundgebung wegen Zuckermangels. [...]

In Nürnberg brachte die Kartoffelnot das Anstehen vieler, zum großen Teil unterernährt aussehender, minderbemittelter Personen – meist Frauen – vor den wenigen Kartoffelständen auf dem Marktplatze mit sich, wo die wenigen zugefahrenen Kartoffeln in kleinen Mengen unter polizeilicher Aufsicht verkauft wurden. Der Verkauf ist wieder dezentralisiert. Die Zufuhr ist wieder besser. [...]

In Sulzbach [bei Regensburg] soll Erbitterung bei Hochofenarbeitern der Maximilianshütte darüber herrschen, weil sie nicht zu den Schwerarbeitern gerechnet werden.

Als Zeichen des den Bauern angeborenen Mißtrauens und ihrer Ängstlichkeit mag die von verschiedenen Seiten gemeldete Tatsache dienen, daß die Bauern Silber- und Nickelmünzen zu sammeln bzw. gegen Papiergeld einzutauschen suchen in der Meinung, daß das Papiergeld nach dem Kriege nichts mehr wert sei. (München, Bayerisches Hauptstaatsarchiv, Abt. Kriegsarchiv, MKr 12842)

Ein Bericht des 1. bayerischen Armeekorps vom selben Monat fiel ähnlich aus:

Die Stimmung der Bevölkerung ist infolge der langen Kriegsdauer und der immer schwieriger werdenden Versorgung mit vielen Lebensmitteln im allgemeinen eine gedrückte.

Äußere Erscheinungen einer Mißstimmung traten in erheblichem Maße nicht zu Tage. Kleinere, auf die Gewährung erhöhter Lebensmittelbezüge gerichtete Ansammlungen in München nahmen keinen ernsten Charakter an. In Rosenheim wurden einem Magistratsrate zweimal alle Fenster eingeschlagen und Revolverschüsse auf das Wohnungsinnere abgegeben. Ferner fanden bei der Kartoffelverteilung in Hausham Störungen und Raufereien statt, bei denen sich die Bergarbeiterfrauen in rohester Weise benahmen; nach Ansicht des K. Bezirksamtes Miesbach sind hier künftig bei den geringsten Anlässen Ausschreitungen zu befürchten.

Die innere Stimmung des Volkes zu beurteilen, erfordert ein Eingehen auf die Verhältnisse der einzelnen Orte und Gegenden; sie ist hiernach wieder nach den einzelnen sozialen Schichten und innerhalb dieser selbst sehr verschieden. Große Mißstimmung und Gereiztheit herrscht in den niederen Volksschichten der größeren Städte, soweit sie nicht durch erhöhten Verdienst, namentlich in der Kriegsindustrie, ihr Einkommen vermehren und so den hohen Lebensmittelpreisen angleichen können. Dagegen wird die Landwirtschaft treibende Bevölkerung von den äußeren Verwaltungsbehörden fast durchwegs als ruhig und zufrieden beurteilt. Ihre Stimmung wird gegenwärtig, abgesehen von weiter befürchteten Verlusten Angehöriger, durch die geringe Aussicht auf einen baldigen Frieden und die künftig zu erwartenden Maßnahmen auf dem Gebiet der Fettversorgung, also namentlich durch die bevorstehende Einschränkung des Milch- und Butterverbrauches beeinflußt. (Ebenda)

Alle diese Mosaiksteine aus dem Bayerischen Hauptstaatsarchiv München lassen eine Friedensbewegung erkennen, deren Widerstand gegen den Krieg nicht mehr länger aus dem Bild der Freiheitsbestrebungen ausgeschlossen werden sollte.

Quellen und Literatur
KARL-LUDWIG AY: Die Entstehung einer Revolution. Die Volksstimmung in Bayern während des Ersten Weltkrieges, Berlin 1968
MANFRED BOSCH (Hg.): «... du Land der Bayern». Ein politisch-historisches Lesebuch, Köln 1983, S. 170/171 (Tagebuchblätter von Erich Mühsam, 18. Juni 1916, über eine Hungerrevolte in München, und ein revolutionäres Flugblatt aus München, Bayerisches Hauptstaatsarchiv, MInn 71700).
LUCY HÖSCH-ERNST: Die neue Mission des Weibes, Ludwigsburg und Wiesbaden 1921
Dies.: Patriotismus und Patriotitis, Zürich 1915
München, Bayerisches Hauptstaatsarchiv, MInn 66327
München, Bayerisches Hauptstaatsarchiv, Abt. Kriegsarchiv, MKr 2230, 2234, 12821, 12842, 13366

116 Bayerische Soldatenbriefe gegen den Krieg (1916)

Die im vorausgehenden Kapitel festgestellte Kriegsmüdigkeit in der Heimat und im Feld schlug sich selbstverständlich auch in vielen Briefen nieder. Davon ist so gut wie nichts auf uns gekommen. Die Familien pflegten die Briefe spätestens beim Tod der Briefschreiber und -empfänger wegzuwerfen. Die staatlichen Behörden hatten kein Interesse, diese oppositionellen Schriftstücke zu sammeln: literarische Dokumente einer ihnen gegenüber feindseligen Volksbewegung. So handelt es sich bei den wenigen erhaltenen Exemplaren von Soldatenbriefen, aus der Feder einfacher Leute, um kostbare Fragmente einer verschütteten Volksliteratur.

Im Kriegsarchiv des Bayerischen Hauptstaatsarchivs München liegen zwei hochinteressante Soldatenbriefe. Der eine, verfaßt Anfang September 1916 von einem Bauern, steht unter dem Eindruck des Kriegseintritts Rumäniens auf seiten der Entente (27./28. August 1916). Das am 10. September 1916 im Kriegsministerium eingegangene Begleitschreiben lautet:

An das Kriegsministerium München.
Hiermit übersende ich einen Teil des Briefes eines Soldaten aus dem Felde. ...!
Viele Verwandte.
(München, Bayerisches Hauptstaatsarchiv, Abt. Kriegsarchiv, MKr 2330, Prod. 162)

Unterzeichnet vom Oberstleutnant im Generalstab Gustav Freiherrn Kress von Kressenstein, findet sich darunter folgende Notiz des Ministeriums:

Der ohne Ort & Datum wie Unterschrift eingesandte Bruchteil eines Briefes aus dem Felde mit öden Schimpfereien und maßlosen sonstigen Auslassungen geht zum Akt.

Der Brief selbst liegt möglicherweise in einer Abschrift vor. Der Text ist leicht zu entziffern. Offenbar ein Bearbeiter im Ministerium unterstrich Stellen, die ihm radikal erschienen, mit roter Farbe, die hier durch eine Kursivierung wiedergegeben wird.

Liebe Eltern!

Durch einen Kameraden werden Euch diese Zeilen überbracht, und da durch die strenge Zensur ein offenes Wort nie zu Euch sprechen kann, hoffe ich, Euch ein kleines Bild [von] unseren Entbehrungen machen zu können. Vom Urlaub keine Rede, ich bin eben nicht bei den Bevorzugten. Läuse, nichts zu fressen, aber stets vorne dran, das ist meine Losung. Wie die Franzosen anstürmen, ist unbeschreiblich, so ein Trommelfeuer ist die reine Hölle, dabei unverletzt, ist reines Glück. Wir sind alle mißmutig, *weil der Schwindel für nichts ist,* denn wir müssen nachgeben. Die Nachricht über Rumänien war erschütternd. Meine Kameraden haben *den Schwindel dick*. Kein Fleisch und nichts zu fressen, aber doch sein Leben opfern, ist zu viel. Wir hören hier heraus, daß *bei Euch noch* viele *Drückeberger* sind. Leider habe ich keinen, der mir helfen kann. *Pfui Vaterland, wo bleibt dein Gerechtigkeitsgefühl* [hier am Rand ein Ausrufezeichen des Bearbeiters], wir mögen schon lange nicht mehr.

In dem Büro sitzen, die bloß schreiben, und ihre Arbeiten kann ein kleiner Bub auch machen, das sind die Unabkömmlichen. Mit dem Geist, wie wir *alle* beseelt sind, kann nichts gemacht werden. Voriges Jahr bin ich wegen einer Kleinigkeit gepfändet worden, heute soll ich für das *Vaterland sterben*. Das macht ja bloß *a Narrischer* [ein Verrückter], so eine *Dummheit*. Wie ich hier vernehmen konnte, liegen derartige Fälle bei den jetzigen Ersatzleuten viel vor. Alle sagen sie sich, *wir sch-*[scheißen] *aufs* Vaterland. Bei uns ist einer, dem ist [es] noch schlimmer ergangen. Er war verwundet, wurde auf ein Jahr zurückgestellt und ist neuerdings wieder heraus. Während der Zeit wurde er vom Amtsgericht Würzburg gepfändet, sogar seine paar Kleider. Was er vom Staat hinmachen kann, das macht er hin, denn die Kosten, die er vom Staat erhalten hat, müssen 100fach hinausgejagt werden. Mit solchen Leuten kann man nichts anfangen, *alle sind sie furch*[t]*bar aufgehetzt gegen unsere Gesetzgebung, sie sagen, die französischen* [Gesetze] *sind viel besser.* Wißt Ihr, der Bauer ist heute nicht mehr so dumm. Wir pfeifen *auf den Polizeistaat*. Daheim kann dir alles genommen werden, hier mußt du plündern, morden usw. Der eine erzählt von seinem unehelichen Kinde, der schimpft gottesjämmerlich, wie das Gericht ihn zugerichtet hat, derschlagen [erschlagen] tut er den Bankert, wenn er heimkommt.

Es herrscht hier ein Mißmut, der unbeschreiblich ist, Gehorsamsverweigerung ohne Grenzen. Nur der Schwindel soll aufhören. *Das Vaterland kann mit den Kriegern noch was erleben, ein jeder* macht mit, keiner will bluten. Auf diese Heldenehr verzichtet jeder gerne. Und wie ist es mit der Beförderung? Lausbüble ohne Verstand werden Leutnants, haben noch keine Welterfahrung. Und die ein Geld haben, schmieren fest, werden *Chauffeure* und erhalten *Drükkeberger*posten 20 und mehr km hinter der Front. Auszeichnungen erhalten die *Etappenschweine*. Demnächst werde ich Euch das bekannte Etappenschweinlied, welches ein Major gedichtet hat, senden. Das stimmt ganz genau und wird gerne bei uns gelesen. Der Kamm steigt einem jeden. *Juden werden* sehr berücksichtigt. Das gibt es noch viele, die sich durch einen Arzt wegschwindelten, und sind sie dabei, dann haben sie die besten Posten Etappenschwein, Inspektor usw., Kanzlei, Urlaub. Solche Ungerechtigkeiten machen böses Blut, darum ist keine *Einigkeit vorhanden, wir müssen verlieren. Nur keine Kriegsanleihe zeichnen, da verliert ihr ja das Geld, es kommt ein Staatsbankerott, nur kein Gold verkaufen, nicht blöd sein. Die Großen kennen sich selber nicht aus, ein jeder ist narrisch scho*[n]. *Die stehen selber ratlos.* (Ebenda)

Hier bricht der Text ab. Der zweite Brief ist ungefähr zwei Wochen früher geschrieben und direkt an das Ministerium gerichtet. Es handelt sich um einen Drohbrief, ein jahrhundertealtes Mittel unterdrückter Freiheitsbewegungen, das heute noch nicht ausgestorben ist. Der Text, im Original erhalten, beginnt leicht leserlich. Nach elf Zeilen kippt die Schrift immer mehr nach links, läßt sich schwerer und schwerer entziffern. Entweder ist der Schreiber zunehmend in Wut geraten, oder er hat sich bemüht, seine Schrift zu verstellen. Beides wäre bei dem Briefinhalt gut zu verstehen.

Vom 21. Februar bis zum 11. Juli 1916 versuchten die deutschen Truppen vergeblich, Verdun zu erobern. Die «Hölle von Verdun», noch heute sprichwörtlich, verschlang, beide Seiten zusammengerechnet, mehr als 700000 Soldaten. Hier zerbrach der Hurra-Patriotismus, ebenso in der sich anschließenden Schlacht an der Somme (24. Juni bis 26. November 1916). Dort fiel sogar eine Million Soldaten. Denen, die übrigblieben, dämmerte, daß der Wahnsinn zum Ordnungsprinzip erhoben war.

Der Wortlaut des zweiten Briefes belegt eine radikale Zuspitzung des alten, damals unter den Bayern wieder stark auflebenden Preußenhasses. Auch ein Relikt von Bismarcks Reichseinigung, des preußischen Reichszentralismus und des weiterschwelenden Stadt-Land-Gegensatzes. Damit einher geht die wiederauftauchende Erinnerung an das jahrhundertelang gute Verhältnis Bayerns zu Frankreich. Der einfache Soldat dieses Briefes hoffte, wie so viele Bayern, auf den Kronprinzen Ruprecht von Bayern (1869–1955): 1916 Generalfeldmarschall und Oberbefehlshaber auf dem rechten Flügel der Westfront, ein erklärter, beim bayerischen Volk überaus beliebter Gegner der preußischen Eroberungspolitik.

Der Brief traf am 26. August 1916 im Kriegsministerium ein. Mit der folgenden, wieder vom Oberstleutnant Kress von Kressenstein unterzeichneten Notiz wurde er am 30. August abgelegt:

In einem dem K[öniglichen] M[inisterium] zugegangenen Schriftstück vom 18.8.16, «gezeichnet von den bayerischen Truppen u. Zivil auf Land u. Stadt» fordern die Verfasser Frieden bis 17. September oder 1. Oktober, widrigenfalls die bayerischen Truppen die Waffen strecken und alle höhern Führer ermorden würden. Aus der Zuschrift spricht Haß gegen alle Herrschenden, insbesondere aber gegen die Preußen.

Eine weitere Beschäftigung mit dem anonymen Machwerk dürfte nicht veranlaßt sein. Womit zum Akt! (München, Bayerisches Hauptstaatsarchiv, Abt. Kriegsarchiv, MKr 2330, Prod. 149)

Auch dieser Brief weist farbige Unterstreichungen auf, wohl von der Behörde, die hier durch Kursivierung gekennzeichnet werden.

18.8.16
An das kgl. Kriegsministerium München.

Betreffs: Armeemord:

Da jetzt dieser Schwindel schon das 3. Jahr erreicht hat und noch keinem Ende gleichsieht, haben sich die bayrischen Armeen mitsammen verständigt, diesem Bayern-Mord ein Ende zu machen. Wenn bis 17. September oder mindestens 1. Oktober kein Ende gemacht wird, wird jeder Schwollkopf oder Vielfresser bei der nächstbesten Gelegenheit *erschossen;* denn es ist nicht mehr so zum weitermachen, wie die armen Bayern rumgezogen werden: 1. werden die Soldaten überall ausgenützt von diesen preußisch gesinnten Führern, daß es überhaupt nicht mehr zum sagen ist. Kaum sind die Soldaten eine Stunde aus dem Granatfeuer, geht schon wieder das Exerzieren an, und ein Appell um den andern muß aufgestellt werden, damit ja der arme Bayer aufgerieben wird. Die Zivil auf Land wie Stadt lassen's halb verhungern, und jeder Krüppel wird ins Feld geschickt, um nicht den Großköpfen anzukönnen. Wenn bis 17. September oder wenigstens 1. Oktober kein Friede hergestellt wird, wird jeder *General,* jeder *Prinz* (bis Ruprecht), auch der Preußen teuflischer *Kaiser* von einem gewissen Gang [?] ermordet. Kurz jeder Höhere (bis Ruprecht) wird bei der nächstbesten Gelegenheit ermordet. Nur Ruprecht wird verschont, da dieser noch der einzige wäre, der zu den Bayern hilft, aber nicht helfen darf, weil ihm die andern Schwollköpfe überlegen sind. Warum dürfen die Preußen-Hunde nach Bayern in die Sommerfrische und alles wegfressen? Die sollen daheim bleiben, dürfen die gemordeten Soldaten auch nicht aus Frankreich heim.

Nur an der oberen Herrschaft fehlt es, weil's lauter Preußen-Hunde sind. *Nieder mit diesen Hunden.* Bayern *beschließt den Krieg,* hat ihn auch nicht angefangen. Bayern muß von Preußen loswerden und zu Frankreich kommen. Warum müssen die Bayern die ganzen Lebensmittel herlassen? Wo kommen's hin? Nach Preußen. Warum bekommen die Armeen nicht genug Löhnung und genug zu essen? Weil alles die großen sammeln, damit es denen nicht schlecht geht und den Preußen durch den Schwindel durchhelfen können. *Raus mit Kai-*

ser und König und der ganzen oberen Herrschaft. [Die nächsten 6 Wörter Nachtrag quer am Rand:] Rauf auf den Thron mit Ruprecht. Raus mit den bayerischen Soldaten aus dem Krieg. Raus mit der Minasch [Menage, Versorgung], die auf Haufen beisammenliegt und Arme zuschauen müssen, wie's zu Grunde geht.

Warum müssen die Soldaten von Bayern die Heringe im Schützengraben fressen? Warum behalten's die Preußen nicht selbst?

Friede muß sein bis dorthin, oder alles wird niedergemacht. [Nachtrag des Datums am Rand] 17. September 1. Oktober.

Die Armeen strecken die Gewehre von dem angesetzten Tag an. Wenn die Zeitungsexpe[di]tionen [nicht] weiter über gerechte Sachen schreiben anstatt Schwindel, werden's niedergebrannt.

Friede oder das Blut der Großköpfe muß von dort ab *in Strömen fließen.* Keine Macht wird diesem Aufstand entgegentreten können.

Gezeichnet von den
bayrischen Truppen und Zivil
auf Land und Stadt.

Warum helfen die Preußen den Bayern bei Verdun und an der Somme nicht besser mit ihren Massentruppen? Warum bekommen die bayrischen Schützengraben-Soldaten, die schon 15–20 Monat im Schützengraben stehen, keine Auszeichnung, und die Preußen aber schon mit etlichen Monaten oder gar fürs Stiefelwichsen oder die Offiziere fürs Huren, nicht für Tapferkeit?

Friede oder Aufstand,
was lieber.

Es soll sofort in den Zeitungen bekanntgegeben werden, oder es werden die Expe[di]tionen *niedergebrannt.* (Ebenda)

Wie tief der Haß gegen die Preußen, denen die Bayern die Schuld am Krieg anlasteten, und die Zuneigung zu Frankreich saßen, belegt eine vierseitige, vertrauliche Eingabe von Professor Gattinger an das bayerische Kriegsministerium vom September 1917. Gattinger, geb. 30. 4. 1859 in Vilshofen (Niederbayern), ehemaliger Professor und Direktor am Konservatorium für Musik in Wien, nun in München lebend, bekämpfte literarisch vor allem Frank Wedekind (1864–1918).

Ich glaube kaum, daß es im gesamten Volke ein verhaßteres Wort gibt wie «Berlin». Die Gewaltmaßregeln, welche unter «München» jegliche Schärfe gänzlich verlieren würden, die tagtäglich von dort ausgehen, haben einen namenlosen Unwillen ausgelöst.

Für das Gefühl, welches gegen Berlin festgelegt ist, gibt es kein deutsches Wort, und erscheint der Begriff Haß noch als Liebkosung.

Es ist ja schlimm, daß es so ist, aber es ist so. Die Berliner diktierenden Kreise haben eine zu unselige Art und Weise, und ebenso wie Elsaß-Lothringen unter beispielsweise bayerischem Regime heute bereits noch weißblauer [bayerische Farben] empfinden würde, wie ich und meine Landsleute aus der Gegend von Straubing, was gewiß unendlich viel sagen will, so hat preußischer Geist gerade das Gegenteil erzeugt. Ich behaupte nichts Unüberlegtes, ich kenne die Verhältnisse daselbst sehr genau. Wir Bayern können ungeniert auch bucklige Frau Wirtin sagen, und trotz unserer angeborenen Derbheit wird es immer noch als Liebenswürdigkeit empfunden werden, gegen jene beispiellose Schnodderigkeit, die selbst gut gemeint verletzend bis ins Innerste wirkt.

Zugegeben, daß die Lebensbedingnisse im Industriestaat Preußen schlimmer sind wie im Agrarstaat Bayern, so entschuldigt das noch lange nicht die Rücksichtslosigkeit, mit welcher Berlin fort und fort enteignend dekretiert.

Im Volke herrscht eine Unruhe, die schwer zu schildern ist und vor welcher ich dringendst warnen möchte. Das Umschmeicheln der Schwer- und Schwerstarbeiter, die enormen Lohnverhältnisse und ähnliche Buhlversuche können keinerlei Einfluß üben. Wir haben eine Gattung, und diese bildet die Mehrzahl, sie heißt Schwer- und Schwerstleber, und diese haben auch die so verzärtelten ersten genannten trotzdem an der Seite, denn «Herr, die Not ist groß» und das Elend namenlos, das Geld durch Wucher entwertet.

Ich komme als Waisenrat in ungezählte Familien und erfahre vom Hunger der Kinder.

Was nützt noch so viel Lohn, wenn täglich und stündlich das Geld entwertet wird. Das Geld können wir nicht essen, heißt die allgemeine Losung. Gebt uns Brot für unsere Kinder!

Hamsterei und Diebstahl gehen als natürliche Folge aus all unseren Zuständen hervor. Die Jugendgerichte haben alle Hände voll zu tun. Entgegen den unwahren Aussagen verschiedener Doktoren und Medizinalräte schaut unsere hohläugige Jugend blutarm in die Welt hinein.

Das Schuhwerk ist zerrissen. Lederabfälle zum Ausbessern hat Berlin enteignet und Herausgabe verweigert.

Es kommt die kalte Zeit. Das Barfußlaufen muß enden, und es gibt keine Fußbekleidung für die Kinder. [...]

Eines Tages 1916 erhielt ich einen mit Maschinenschrift hergestellten Zettel, welcher nachstehende Zeilen enthielt:

> «Du arg betrogenes Deutsches Volk, jetzt bist Du ohne Butter,
> Und glaub', in wenig Wochen schon so gänzlich ohne Futter.
> An all dem sind die Preußen schuld, die arroganten, frechen –
> Statt Frankreich – wär es besser wohl – die Preußen abzustechen!»

Ich meine, das ist genug! Ob der Preußenhasser wohl gedacht hat, daß wir dieses Poem abdrucken werden?

Mag das Deutsche Reich als solches seine Zentrale in Berlin ersehen, so sind wir doch absolut selbständige Bayern, haben unseren König, unser Ministerium, haben unsere Post und vor allem unsere unbeugsame, aber schon ganz unbeugsame Eigenart, und an dieser zu rütteln, ist sehr schlimm. Unsere Herren Offiziere wissen am allerbesten, was sie an ihren Bayern für gediegenes Material haben, wozu also ein Druck von außen, der nur Erbitterung bringt. – Wir Deutsche haben die ganze Welt zum Feinde!! – Wir Bayern haben – gar keinen Feind! (München, Bayerisches Hauptstaatsarchiv, Abt. Kriegsarchiv, MKr 2334)

Am 8. November 1917 meldete schließlich aus Augsburg die Beratungsstelle der 2. Ersatzabteilung des 4. Feld-Artillerie-Regiments nach München:

Gegenwärtig ist in Arbeiterkreisen davon die Rede, daß der deutsche Arbeiter kein besonderes Interesse am Ausgang des Krieges habe. «Ob ihn die deutschen Arbeitgeber (Kapitalisten) aussaugten oder die englischen, das sei letzten Endes ziemlich einerlei! Der Übergang der deutschen Industrie in englische Hände sei für den Arbeiter nur vorteilhaft; denn für England wären die Arbeiter nötiger und würden deshalb auch besser entlohnt werden.» [...]

Außerdem war ich gestern auf dem hiesigen Kohlenamt Zeuge eines unliebsamen Vorkommnisses. Zwei Urlauber von der Front hatten sich eingefunden, um für ihre Familien Kohlen zu erhalten. Wie mir schien, ist ihnen nicht die erwartete Antwort geworden, und nun ergingen sie sich in Schimpfereien, in welche zum größten Teile auch die anwesenden Frauen einstimmten. «Wir haben kein Interesse daran, daß wir siegen, davon hat höchstens der ‹Preuße› den Vorteil, der uns z. Zt. auch die Kohlen wegstiehlt; wir Bayern wären bei Frankreich viel besser aufgehoben als bei den Preußen, die uns gegenwärtig auch die Zwiebeln wegstehlen und aus dem Rheinland usw. keine Zwiebeln hereinlassen» usw.

Solche Auftritte sind, zumal wenn erst die Kälte stärker eintritt, besorgniserregend; «alles zusammenschlagen sollen wir, zusammenstehen muß man, dann werden wir ‹sie› (gemeint ist zweifellos die Regierung) schon zwingen, daß endlich Friede wird». (München, Bayerisches Hauptstaatsarchiv, Abt. Kriegsarchiv, MKr 2336)

Quellen

München, Bayerisches Hauptstaatsarchiv, Abt. Kriegsarchiv, MKr 2330, 2334, 2336

Für die Entzifferung besonders schwieriger Stellen im Soldatenbrief vom August 1916 danke ich Herrn Dr. Heyl, dem Direktor des Kriegsarchivs München.

Frieden kannst du nur haben …

117 Rebellionen bayerischer Soldaten, Frauen und Jugendlicher gegen den Krieg (Mai/Juni 1918)

Drei Jahre nach den ersten Anzeichen von Kriegsmüdigkeit in Bayern begann der Unwille, sich in eine tiefgreifendere Bewegung auszuwachsen. Hier reifte der Boden für eine Volkserhebung heran.

Eine frühe Rebellion erlebte am 22. Mai 1918 Ingolstadt, eine Garnisonstadt mit großer Kriegsindustrie. Die Arbeiterschaft wies kriegsbedingt einen besonders hohen Frauenanteil auf. Den Anlaß, das Faß des Unmuts zum Überlaufen zu bringen, bot ein verhaßter Polizeiakt. Das Volk begriff, daß es sich jetzt nur noch selbst helfen konnte. Für die Behörde trat «der Pöbel» in Aktion. In Wirklichkeit handelte es sich um eine selbständige Jugendbewegung – unter der starken Teilnahme von Mädchen –, wie sie in Krisenzeiten immer wieder zu beobachten ist. Der Schlußbericht des bayerischen Innenministers Dr. von Brettreich läßt erkennen, daß es noch mehrere ähnliche Rebellionen in Bayern gab, von denen wir leider keine Einzelheiten kennen. Der Innenminister spürte zutreffend eine untergründige Arbeiterbewegung heraus, die mit der offiziellen, sozialdemokratischen, so schön disziplinierten nicht das Geringste zu tun hatte.

K. Staatsministerium des Innern München, 28. Juni 1918.
An die K. Regierung von Oberbayern,
Kammer des Innern.
Betreff: Ausschreitungen in Ingolstadt.

1.) Nach den umfassenden Feststellungen ist anzunehmen, daß die Ausschreitungen in Ingolstadt am Abend des 22. 5. laufenden Jahres keine politische oder wirtschaftliche Grundlage hatten und auch nicht planmäßig vorbereitet waren. Die unmittelbare Veranlassung lag in der Verhaftung eines Kriegsinvaliden durch die Ingolstädter Polizei, die zunächst zur Ansammlung einer Menschenmenge vor der Polizeiwache führte. Im Wachzimmer kam es sodann zwischen dem erregten Verhafteten und der Polizeimannschaft zu einem heftigen Auftritte, in dessen Verlauf der gefesselte Häftling einen Angriff auf den Polizeiwachtmeister unternahm, der von einem Schutzmann unter Anwendung des Gummischlauches abgewehrt wurde. Dieser Vorgang wurde von der Straße aus wahrgenommen, was zur Folge hatte, daß ein gleichgesinnter Teil der Menge, darunter eine Anzahl Soldaten, für den Verhafteten Partei ergriff und in drohender Haltung seine Freilassung forderte. Als ein Soldat sodann zur Befreiung des Verhafteten in die Wache eingedrungen war und nach einiger Zeit erfolglos zurückkehrte, kam es aus der Menge heraus, die unterdessen infolge zufällig auftretenden Arbeitsschlusses rasch gewachsen war, zunächst zu Steinwürfen gegen die Fenster des Rathauses und im weiteren ununterbrochenen

Verlaufe, nachdem ein Versuch der Gendarmeriemannschaft von Ingolstadt, Ordnung zu stiften, gescheitert war, zu den gröblichsten Zerstörungshandlungen, zur Brandstifung und zur Plünderung des Rathauses sowie einiger Geschäfte durch den die Lage beherrschenden Pöbel. Erst nach stundenlangem Toben und nach verschiedenen unzulänglichen Aufgeboten der bewaffneten Macht konnten die Ausschreitungen durch Anwendung von Gasbomben unterdrückt und die Menge sodann durch kräftigen Einsatz militärischer Streifen zur Ruhe gebracht werden.

2.) Die Ausschreitungen in Ingolstadt gehören zu den ernstesten und betrüblichsten Erscheinungen dieser Art. Einer verhältnismäßig kleinen, zerstörungssüchtigen Rotte, die zum größten Teil aus halbwüchsigem, zusammengelaufenem Pöbel beiderlei Geschlechts bestand – von 97 Verhafteten sind 67 unter 20 Jahre alt, 39 im Alter von 13, 14, 15 und 16 Jahren, 35 weibliche Personen – war es unter dem Schutze einer großen Zahl Neugieriger in kurzer Zeit gelungen, nicht nur die öffentliche Ordnung in unerhörter Weise zu stören, sondern auch den zum Einschreiten bestimmten Stellen der Staatsgewalt eine empfindliche Schlappe zu bereiten. Die Vorfälle in Ingolstadt liefern daher einen Beweis dafür, wie leicht entzündlich gegenwärtig unter gewissen Voraussetzungen zuchtlose Volksmassen sind, mit welcher Zerstörungswut sie auftreten und wie ernst von Anfang an ihre Bekämpfung genommen werden muß. Es kann dahingestellt bleiben, wo der innere Grund für die ungewöhnliche Auswirkung zu suchen ist, die der oben erwähnte, verhältnismäßig harmlose Anlaß mit sich brachte; ob auf Seiten der ohne Zweifel in der Mannszucht bedeutend zurückgegangenen militärischen Besatzung, die sogar an den Ausschreitungen tätigen Anteil nahm, oder in den Verhältnissen der derzeitigen Arbeiterschaft, die zum großen Teil aus Jugendlichen und Frauen ohne Schulung und Zucht besteht, infolgedessen sich lediglich auf die Ausnützung des gegenwärtigen hohen Verdienstes einstellt und daher leicht zu Ausschreitungen geneigt ist. Es wird wohl angenommen werden können, daß sich unter der Einwirkung der Kriegsverhältnisse sowohl unter der Arbeiterschaft wie unter den Truppen, die zum größten Teil auch wieder Arbeitstruppen sind, nicht nur die in weiten Kreisen zu beobachtende Mißstimmung über den Krieg und seine Begleiterscheinungen entwickelt, sondern insbesondere auch zwischen der weiblichen Arbeiterschaft und den Militärmannschaften Beziehungen bildeten, die einen besonderen Nährboden für die Neigung zu Ausschreitungen und gesinnungstüchtigem Zusammenstehen abgaben. Dazu kamen die schwierigen Wohnungsverhältnisse und anscheinend eine große Zuchtlosigkeit der Schuljugend.

Zuletzt erteilte der Innenminister die Anweisung:

Besonderes Augenmerk hat der Stadtmagistrat Ingolstadt ferner der Führung der Wirtschaften zuzuwenden. Nach einer bei der Staatsanwaltschaft am Landgericht Eichstätt eingegangenen namenlosen Anzeige sollen in verschiedenen Wirtschaften in Ingolstadt Druckschriften landesverräterischen Inhalts verteilt worden sein.

Die revoltierenden Mannschaften von Ingolstadt wurden sofort nach Erlangen verlegt, mit dem beruhigenden Versprechen, Urlaub zu erhalten. Aber als sie in Erlangen erfuhren, daß sie nun sofort ins Feld geschickt würden, setzten einige den Widerstand fort. Zuerst sah am 24. Mai abends alles nach einem Ulk aus, wie er heute bei Reservisten-Entlassungen noch üblich ist. Aber in einem unfreien Land mit Kriegszustand gewinnt selbst ein respektloser Soldatenumzug recht bald eine politische Dimension. Die Soldaten hatten Lust am Leben, nicht am Heldentod für das kaiserliche Vaterland, kurz vor dem absehbaren Kriegsende. Die Soldaten griffen das Rathaus an, Frauen und Jugendliche traten stärker hervor. Ein stadtbekannter Wucherer erhielt einen ersten Denkzettel, wie es traditionell zu Volksbewegungen in Krisenzeiten gehört (vgl. Kapitel 35, 41, 47, 58, 61).

Der stellvertretende Stadtkommissär von Erlangen, Groll, lieferte am 25. Mai den gründlichsten Bericht über die Erlanger Bewegung, in der er bereits einen «Aufstand» erblickte.

An das Kgl. Staatsministerium des Innern
Betreff: *Aufstand*

Im Nachgange zu meinem Telegramm vom Heutigen erstatte ich nachstehenden Bericht:

Truppen, die bereits in der Garnison Ingolstadt sich geweigert haben sollen, ins Feld zu rücken, wurden hierher verbracht, um vereint mit anderen Truppenteilen von hier aus ins Feld zu rücken. Da von seiten der Militärbehörde aufgrund bestimmter Unterlagen eine Meuterung der Truppen befürchtet wurde, wenn dieselben nicht am Tage vor ihrem Ausrücken Stadturlaub erhielten, so wurde ihnen dieser bis nachts 12 Uhr gewährt. Schon gegen Abend nach 6 Uhr zeigten 7 Soldaten ein auffälliges Benehmen, indem sie von Wirtschaft zu Wirtschaft zogen, ihre Militärmützen verkehrt aufhatten und Offiziere verhöhnten.

Später kauften sie sich Strohhüte, zogen zum Bahnhof und dann durch die Hauptstraße, vereinzelnd laut rufend, in das Gasthaus zum Roten Ochsen. (Abends um ½8Uhr) Hier blieben vorübergehende Personen stehen, und war auch vor dem Wirtshause eine Menge von ungefähr 50 zum Ausrücken eingekleideter Soldaten versammelt, die sich ruhig unterhielten. Eine etwas später ankommende militärische Patrouille von 3 Mann, die von Offizieren herbeitelephoniert worden war, mußte unverrichteter Dinge abziehen, da sie zur Verhaftung der Rädel[s]führer zu schwach war.

Hierauf zogen die Soldaten gegen 9 Uhr in die Wirtschaft zur Sekundärbahn gegenüber der Haltestelle Zollhaus der Linie Erlangen–Gräfenberg. Hier sammelte sich allmählich eine 2–3000köpfige Menschenmenge an, darunter ungefähr 150 aufsässige Soldaten. Auf Veranlassung des Herrn Hofrats Fränger war der stellv. Inspektor Büttner mit 5 Schutzleuten am Platz erschienen und versuchte, die Menge zu bewegen, auseinanderzugehen, was auch von der Menge, die sich vollkommen passiv verhielt, versprochen wurde. Da trat plötzlich ein

Soldat aus der Wirtschaft und verhöhnte den Inspektor. Im Nu waren die Schutzleute von Soldaten umringt, hoben den Inspektor in die Höhe und warfen ihn aus dem Kreise hinaus, während die Schutzleute zu Boden geworfen und mit Fäusten und Füßen schwer mißhandelt wurden. Die Schutzleute, deren Leben in Gefahr war, da die Soldaten blindwütig auf alle Uniformen gingen, zogen sich zurück. Später kamen dann 2 Kompanien Soldaten, die die Rädelsführer verhaften wollten, was aber nicht gelang. Die Truppen waren allem Anschein nach von militärischer Seite gerufen worden und wurden alsbald wieder zurückgezogen.

Die Menge zog dann, begleitet von den Rädelsführern und sonstigen Soldaten, vor das Rathaus. Frauen und Jugendliche drängten sich nun in den Vordergrund, stellten nunmehr die verhetzende und führende Rolle, und daraus wird sich auch der Angriff auf das Rathaus sowie auf den Laden des Kaufmanns Kohler, den sie als Kriegswucherer bezeichneten, erklären lassen.

Im Rathaus waren Herr Hofrat Fränger sowie die wachthabende geringe Mannschaft (5 Mann) versammelt. Die johlende und schreiende Menge warf nun die Fenster im Erdgeschosse des Rathauses ein, das verdunkelt worden war, und dürfte es diesem Umstande zu verdenken sein, daß es zu einem Blutvergießen nicht kam. Nach einiger Zeit zog die Menge auf den Luitpoldplatz. In diesem Augenblicke traf der vom Herrn Hofrat Fränger verständigte stellv. Stadtkommissär, Kgl. Bezirksamtsassessor Groll, ein. Da das Gerücht verbreitet war, daß sämtliche Fenster in der Kgl. Bank sowie in der Post schon eingeschlagen seien und nunmehr das Kaffee National daran sei und daß fernerhin auch der Bahnhof sowie das städtische Gaswerk verwüstet werden sollten, war gerade in dem Augenblicke, als der Stadtkommissär ankam, militärische Hilfe von Herrn Hofrat erbeten worden. Der Stadtkommissär ließ für alle Fälle die Gendarmerie rufen. Die Menge war indessen in die Ostvorstadt gezogen und hat sich weiter keine Ausschreitungen zuschulden kommen lassen. Herrn Oberbürgermeister Klippel war die Menge, die sich ganz ruhig verhielt, auf dem Bohlenplatz begegnet. Bis das Militär (1 Kompanie) kam, hatte sich die Menge zerstreut, und sollen fast alle revoltierenden Soldaten noch vor 12 Uhr in die Kaserne einpassiert sein. Der Herr Garnisonsälteste hatte sich ebenfalls mit den Truppen eingefunden.

Abgesehen vom Rathaus waren lediglich im Kaufhaus Kohler sowie in dem darüber liegenden Kaffee National die Fenster eingeschlagen worden. Das Kaffee dürfte nur deswegen ein Opfer geworden sein, weil Kaufmann Kohler seine Rolläden hochzog und eben der Zerstörungstrieb ein anderes Opfer haben wollte.

Nachdem durch Gendarmerie und Schutzmannschaftspatrouillen festgestellt worden war, daß die Straßen menschenleer waren, zog das Militär wieder ab. Eine Wache von 5 Mann war auf Ersuchen des Stadtkommissärs zur Verstärkung der Schutzmannschaft über Nacht im Rathaus anwesend. Die Nacht verlief indessen ruhig, und am nächsten Morgen hatte die Stadt ihr normales Aussehen.

Da heute nachmittags die Fabriken schon um 1 Uhr schließen und weitere

Unruhen befürchtet werden, wenn die Truppen einparkiert werden, so habe ich von nachmittags 2 Uhr an zur Verstärkung der Schutzmannschaft um 10 Mann Soldaten und einem Unteroffizier gebeten. Die Gendarmerie habe ich verstärkt durch die Station von Baiersdorf und Bruck (insgesamt 7 Mann ohne den Herrn Oberwachtmeister) in der Gendarmeriestation, die nahe am Bahnhof ist, bereitgestellt. Auch das Militär wird die nötigen Vorsichtsmaßregeln treffen.

Die nächtlichen Ansammlungen hatten keinen politischen Hintergrund, sondern waren lediglich spontan entstanden.

Erlangen, den 25. Mai 1918.
Der kgl. Stadtkommissär:
I. V.
Groll [Unterschrift]

In einem zweiten Bericht vom selben Tag fügte Groll hinzu, was sich bei der Verladung der Truppen am Bahnhof abgespielt hatte. Erst jetzt hatte Groll begriffen, warum die Soldaten so wütend waren.

Erlangen, den 25. Mai 1918

An das K. Staatsministerium des Innern.
Betreff: Aufstand.

Im Nachgange zu meinem Berichte vom Heutigen zeige ich, daß die Truppen (ein Bataillon zu 400 Mann) ohne wesentlichen Zwischenfall um ½6 Uhr einparkiert wurden und abgefahren sind. Anwesend am Bahnhofe waren neben den kommandierenden Militärs der Herr Garnisonsälteste, Herr Hofrat Fränger und K. Bezirksamtsassessor Groll als st. Stadtkommissär. Die getroffenen Absperrungsmaßregeln kamen gut zur Durchführung und haben sich gut bewährt. Abgesperrt war der ganze Bahnhof durch Militär, dem an den Eingangs- und Übergangspunkten je ein Gendarm in Uniform beigegeben war. Die Schutzleute taten in Zivil Dienst und waren unter die Menge der Zuschauer zerstreut. Das zuschauende Publikum verhielt sich ruhig, und es fielen weder Beifall noch Mißfallbezeichnungen. Auf dem ganzen Weg von der Kaserne bis zum Bahnhof wurde von einzelnen Soldaten geschossen, und zwar fielen die Schüsse so häufig wie bei Pelotonfeuer [Schützengefecht]. Das Schießen geschah in der Weise, daß das über die Schulter hängende Gewehr, dessen Mündung nach oben stund, einfach abgedrückt wurde. Die Schützen, die verhältnismäßig wenige Soldaten waren, waren daran zu erkennen, daß bei ihren Gewehren die Mündungsdeckel fehlten.

Das Einsteigen in den Zug geschah zwar unordentlich, aber in Ruhe. Bei der Abfahrt des Zuges wurde vereinzelt wieder geschossen. Ein Schuß wurde in der Richtung auf die Gruppe gegeben, die durch Herrn Hofrat Fränger, Assessor Groll, Oberwachtmeister Sack und den st. Wachtmeister Kleinschrodt gebildet wurde. Der Schuß ging allem Anscheine zwischen den beiden erstgenannten Personen durch. Auch wurde mit Steinen nach dieser Gruppe geworfen. Ebenso war nach dem Herrn Garnisonsältesten mit Steinen geworfen worden, zum Werfen aber Basaltschotter benützt worden, wie er zwischen den Schienen lag.

Ob die abgegebenen Schüsse scharf waren, erscheint sehr fraglich zu sein. Die Polizei behauptet dies zwar, aber bei dem zahlreichen Publikum, das sich auf der Straße befand, hätten bei scharfen Schüssen doch Unfälle eintreten [müssen], und war auch von den oben genannten Personen das Pfeifen einer Kugel nicht gehört, wohl aber der Luftdruck verspürt worden. Anfügen möchte ich noch, daß die Mannschaften der Gendarmeriestationen Baiersdorf und Bruck beigezogen worden waren.

Die militärische Wache bleibt bis um 10 Uhr nachts noch im Rathaus. Die Hydranten vor dem Rathause sind angeschraubt, und es ist auch eine Feuerwache aufgezogen.

Die Unruhen von gestern Abend dürften hiermit ihr Ende erreicht haben und ist nicht zu befürchten, daß sich heute Nacht irgendetwas ereignet. Die Stadt und die Garnison Erlangen ist vollkommen ruhig.

Die Erregung der Truppen war darauf zurückzuführen, daß ihnen in Ingolstadt gesagt worden war, sie kämen nur nach Erlangen und bekämen hier einen längeren Urlaub. Als ihnen bekanntgemacht wurde, daß sie ins Feld müßten, ereigneten sich Unruhen, die sogar zu einer Verwüstung von drei Kasernenzimmern führten.

K. Bezirksamt
Der Stadtkommissär
I. V.
Groll [Unterschrift]

In einem weiteren Bericht teilte Groll zusätzliche Einzelheiten mit:

Einige Frauen, darunter Kriegerfrauen und Dirnen, sowie junge Burschen führten die Soldaten, geführt von der neugierigen Menge, vor das Rathaus, wo festgestelltermaßen nur von den Soldaten die Fenster eingeworfen und mit Seitengewehren eingeschlagen wurden. Die Steine sollen allerdings von den Frauen aus der Ostvorstadt, in der sich einige Baustellen befinden, mit hereingetragen worden sein. [...]

Davon, daß die 7 Rädelsführer schon in Ingolstadt gemeutert hatten und daß sie sich schon an demselben Vormittag in der Kaserne zu Erlangen schwerer Ausschreitungen, wie des Stürmens eines Arrestlokales, schuldig gemacht haben, war in der Stadt nichts bekannt gewesen.

Einen Monat später, am 18. Juni 1918, entstand eine weitere Soldatenbewegung in München, wieder vor dem Ausrücken ins Feld. Der Protest gestaltete sich schon weit radikaler. Über die Ereignisse berichtete die Zentralpolizeistelle München an das bayerische Innenministerium und an die Kammer des Innern der Regierung von Oberbayern:

München, den 22. Juni 1918.
Geheim!

Betreff: Verhalten eines Truppentransportes

Am 18. Juni 1918 nachmittags gegen 1 Uhr wurden aus den Fenstern des 2. und 3. Stockwerkes der Inf. Leib-Regimentskaserne verschiedene Gebrauchsgegenstände und Ausrüstungsstücke wie Stühle, Bierkrüge, Tornister, Platzpatronen u. a. auf die Gabelsbergerstraße herabgeworfen.

An dieser Handlung beteiligten sich zunächst nur einige, dann aber mehrere Soldaten eines ins Feld abgehenden Truppenteiles, der aus Angehörigen verschiedener Ersatztruppenteile in der Leib-Regimentskaserne zusammengestellt wurde. Die herabgeworfenen Gegenstände wurden sofort von Mannschaften der Kasernenwache wieder eingesammelt und in die Kaserne zurückgebracht.

Infolge dieses Vorkommnisses sammelte sich vor der Kaserne zahlreiches Publikum an, das sich ruhig verhielt und sich nach dem Abmarsch der Truppe wieder entfernte. Gegen 3 Uhr marschierte der etwa 800 Mann starke Trupp-entransport von der Kaserne ab und nahm seinen Weg durch die Gabelsberger-, Arcis-, Sophien- und Luisenstraße zum Hauptbahnhof.

Der Marsch erfolgte fast ohne jegliche militärische Ordnung. Die Soldaten pfiffen, schrien und schimpften, liefen durcheinander und gaben mehrere Schüsse in die Luft ab. Gegen einen Infanterieleutnant, der zufällig des Weges kam und einen Soldaten des genannten Transportes wegen seines Benehmens – er hatte während des Transportes geschossen – zur Rede stellte, nahmen mehrere hinter diesem Soldaten Marschierende eine drohende Haltung an, während andere riefen: «Haut ihn nieder, den Hund!»

Der Leutnant, der den Soldaten am Arm gefaßt hatte, ließ ihn daraufhin wieder los. Der Soldat drängte sich in die Mitte des Transportes, während der Leutnant dem Transporte noch einige Zeit folgte.

Die Truppe marschierte unter dem disziplinlosen Verhalten weiter. Einzelne Soldaten trugen die Gewehre teilweise verkehrt mit dem Kolben nach oben, andere gaben wieder Schüsse ab.

Den Bahnhof betrat der Transport durch den Eingang des Nordbaues. Unter den Arkaden stand Major *Stury* des Inf. Leibregiments, der einen Soldaten, der sein Gewehr ebenfalls verkehrt trug, zur Rede stellte und ihn hierbei in ruhigem Tone aufforderte, er solle sein Gewehr ordentlich tragen.

Der Soldat faßte nun sein Gewehr sofort mit beiden Händen, stieß es mit dem Kolben auf den Boden und schrie gegen Major Stury: «Was wollt ihr Himmel-Herrgott-Sakramenter, ist's nicht genug, daß wir für euch ins Feld gehen, schikanieren wollt ihr einen auch noch, anpacken tu ich dich, bei der Fotze nehm ich dich, du Blindgänger.» Er machte auch Miene, gegen den Major tätlich vorzugehen, und ließ sich erst durch das Dazwischentreten eines Polizeikommissärs etwas beruhigen. Er ging dann unter fortwährendem Schimpfen weiter, während die in der Nähe marschierenden Soldaten ihm zuriefen: «Laß dir nichts gefallen, hau zu!» Hierbei schimpften und fluchten sie fortwährend und gebrauchten alle möglichen Ausdrücke wie Schlawiner, Feiglinge, Blindgänger usw.

Nachdem die Soldaten ihr Gepäck in den bereitstehenden Zug verbracht hatten, verließen sie den Zug wieder und drängten zum Bahnsteig zurück, benahmen sich wie eine zügellose Horde, beschimpften die am Bahnsteig anwesenden Offiziere, leisteten ihren Befehlen keine Folge und schrien: «Wir tun, was wir wollen».

Einer der Hauptschreier wurde von dem ebenfalls am Bahnsteig anwesenden unterfertigten Polizeipräsidenten ersucht, doch endlich einzusteigen und ruhig zu sein. Er nahm aber sogleich eine drohende Haltung an und schrie: «Was willst denn du, du saudummer Zivil, von einem Zivilisten lasse ich mir gar nichts sagen, ich fahr' dir an die Gurgel, du Kriegswucherer.»

Von den Wagen aus wurden mit Kaffee gefüllte Büchsen nach dem Polizeipräsidenten und einem Major geworfen.

Bei Abfahrt des Zuges spielte die Musik, die jedoch von dem Geschrei, Pfeifen und Gejohle der im Zuge befindlichen Soldaten überschrien wurde. Aus dem Zuge wurden Feuerwerkskörper geworfen, die beim Auffallen wie Gewehrschüsse knallten. Schon vorher waren auch Explosivkörper auf die Schienen gelegt worden.

Das Publikum verhielt sich im allgemeinen ruhig. Nur der am Eingang des Bahnhofes stehende Hilfspostschaffner Franz *Göttler* von München, geb. am 9. September 1893, ein Kriegsinvalide, der den Auftritt des vorgenannten Soldaten mit dem Major Stury bemerkte, forderte den Soldaten wiederholt zu «Unbotmäßigkeiten» auf. Göttler, der Postuniform und das Band zum Eisernen Kreuz trug, wurde festgenommen und am 20. Juni 1918 dem K. Amtsgericht München zur Haftfragelösung überstellt. Haftbefehl wurde jedoch nicht erlassen.

Um für die Zukunft derartige tiefbedauerliche Vorkommnisse nach Tunlichkeit zu verhindern, wird bei größeren Transporten fortan nach folgenden Grundsätzen verfahren werden:

1) Größere Truppentransporte sollten nicht mehr im hiesigen Hauptbahnhof, sondern in Laim eingeladen werden. Der Anmarsch zum Laimer Bahnhof soll nur in kleinen Trupps erfolgen, das Gepäck nachgefahren werden.

2) Die ins Feld ziehenden Soldaten sollen daraufhin untersucht werden, ob sie nicht verbotswidrig Handgranaten, Munition, Sprengkapseln und dergleichen bei sich haben.

3) Die Zentralpolizeistelle Bayern wird von jedem abgehenden Truppentransport über 150 Mann so rechtzeitig verständigt, daß eine Überwachung des Publikums und der Soldaten nach Möglichkeit in die Wege geleitet werden kann.

4) Einigen Beamten der Zentralpolizeistelle Bayern werden Unteroffiziersuniformen zur Verfügung gestellt, damit sie abgehende Transporte innerhalb Bayerns unauffällig begleiten und überwachen können. Auch in Militärurlauberzügen und dergleichen können diese Beamten den Eisenbahnüberwachungsdienst in diesen Uniformen ausüben.

Am 14. August 1918 bildete sich in München auf dem Marienplatz – wo früher besiegte bäuerliche und andere Freiheitskämpfer öffentlich hingerichtet oder bestraft wurden (siehe Kapitel 64) – eine Frauendemonstration. Der Zug der friedenswilligen Münchnerinnen ließ eine trotz allen Repressionen ungeschlagene Frauenbewegung erkennen, die zum Regierungsgebäude ziehen wollte. Die Polizei hatte alle Hände voll zu tun, den Zug abzudrängen und aufzulösen. Am Tag danach verfaßte die Münchner Polizeidirektion folgenden Bericht:

Am 14. August 1918 nachmittags ¾3 Uhr bildeten sich am Marienplatz kleinere Gruppen von Frauen, die kurz nach 3 Uhr ständig an Stärke zunahmen. Polizeimajor Schroll begab sich sofort in die Wache an der Gruftstraße und vereinbarte mit dem Oberwachtmeister Mair, mit der bereits in der Gruftstraße anwesenden Verstärkung von 10 Mann sowie der noch heranzuziehenden Mannschaft der Hauptwache weitere Ansammlungen mit Höflichkeit, aber auch Entschiedenheit zu verhindern. Die Mannschaft erzielte jedoch keinen durchgreifenden Erfolg, was den Polizeimajor veranlaßte, dieselben bis auf einige Posten zurückzuziehen und mit Alarmapparat die Wache an der Gruftstraße und die Polizeihauptwache bis auf je 50 Mann zu verstärken. Außerdem wurde die berittene Schutzmannschaft bereitgestellt. Die Anordnungen waren kaum getroffen, als vom Marienplatz die Meldung einlief, daß sich ein Zug zur Regierung oder zur Residenz in Bewegung gesetzt habe. Ein Teil der noch verfügbaren Mannschaft wurde sofort zur Begleitung des Zuges abgestellt, der den Weg zum K. Regierungsgebäude einschlug. Für Überwachung der K. Residenz sowie der Eingänge zum K. Staatsministerium des Innern wurde das Nötige angeordnet.

Der Polizeimajor begab sich hierauf zur Polizeidirektion, um weitere Maßnahmen mit dem Präsidium zu besprechen. Auf dem Wege dorthin fand eine Begegnung mit Herrn Oberregierungsrat Zetlmeier St. d. I. [Staatsministerium des Innern] statt, der nach einem kurzen Bericht seitens des Polizeimajors die Weisung erteilte, die vor der K. Regierung Versammelten mit allem gebotenen Nachdruck zu zerstreuen. Hierauf wurde die berittene Mannschaft über die Kanalstraße – Museumsstraße zur K. Regierung in Marsch gesetzt. Das Überschreiten der Maximilianstraße erfolgte im Schritt; ein Teil der Mannschaft erhielt den Auftrag, jede Zugsbildung durch die Maximilianstraße stadteinwärts zu verhindern, während Major Schroll dem andern Teil den Befehl zum Aufmarsch längs der Regierung nach Osten gab, was natürlich im Trabe erfolgte. Die auf etwa 3–400 Personen angewachsene Menge wurde stadtauswärts gedrückt. Nachdem sich besonders Widerspenstige an Denkmälern und in den Anlagen festsetzten und zahlreiche Kinder, die die Sache allgemein als Ulk betrachteten, noch herumtrieben, mußte gegen einzelne Stellen wiederholt vorgeritten werden, bis sich auch diese Demonstranten zum Verlassen des Platzes bewogen fühlten.

Irgendein Unfall durch Überreiten usw. ist nicht vorgekommen; ebensowenig kann bei dem glatten Pflaster von einer förmlichen Attacke, wie von seiten müßiger Zuschauer behauptet worden sein soll, gesprochen werden. Daß bei dem Schreien der Menge, besonders der Frauen, Pferde teilweise unruhig wurden und einzelne Sprünge machten, ist verständlich.

In der Menge waren auch zahlreiche Verwundete anwesend, die sich jedoch im allgemeinen ordentlich benahmen und an der eigentlichen Demonstration nicht beteiligten. Sie wurden in bestimmter Weise aufgefordert, den Platz zu verlassen, was allerdings nur zögernd erfolgte. Jedenfalls ist die stets beobachtete Anwesenheit bei solchen Anlässen höchst hinderlich und bedenklich.

Nach etwa 5 Minuten war der Platz vollkommen gesäubert und auch die noch in der Nähe des Maxmonumentes, der Adelgundstraße usw. festgesetzten Gruppen zerstreut. Nur einer kleinen Gruppe war es gelungen, stadteinwärts zu gehen. Sie wurde auf Veranlassung des B. A. Dr. Streber durch zwei Polizeioberwachtmeister im Auge behalten. Im ganzen wurden 4 widerspenstige Personen verhaftet. Aus ihren Aussagen bei der Vorführung ist zu entnehmen, daß sie bereits am 13. August von der von der Demonstration her amtsbekannten Hausiererin Wiesmeier vor der Zigarettenfabrik Austria zur Teilnahme an der Demonstration aufgefordert worden waren.

Von einem Auftreten der berittenen Schutzmannschaft in der inneren Maximilianstraße wurde abgesehen. Die berittene Mannschaft wurde sodann rasch gesammelt und durch die Maximilianstraße – Hildegardstraße zur Polizeidirektion zurückgeführt, um im Falle weiterer Ansammlungen bereitzustehen. Ein weiteres Eingreifen war jedoch nicht mehr notwendig, nachdem es der Wache in der Gruftstraße unter Leitung des Bez. Komm. Burkhardt und persönlichem Eingreifen des B. A. Dr. Streber nicht ohne Schwierigkeiten gelungen war, die sich noch am Marienplatz aufhaltenden Demonstranten unter Verwendung von 20–30 Schutzleuten zu zerstreuen. Auch hier wurde eine besonders widerspenstige Frauensperson und ein junger Mann festgenommen. Dagegen gelang es leider, trotz wiederholter Bemühungen, nicht, eine Frau mit einem kleinen Kinde auf dem Arm, die sich als eine Hauptrădelsführerin besonders widerspenstig benahm, festzunehmen, da sie sofort mit lautem Schreien drohte und unbedingte Unterstützung des gesamten Publikums gefunden hätte. Durch ihre gewaltsame Festnahme wäre mit der Möglichkeit einer Verletzung des Kindes zu rechnen gewesen und damit der Boden für eine größere Ausschreitung sicher geschaffen worden.

Schließlich wurde noch der Name eines Soldaten festgestellt, der die Demonstranten zum widerspenstigen Verhalten aneiferte.

Sehr mißliebig äußerten sich die vor dem Kaffee Perzl Angesammelten über die Abhaltung von Musik, die auf Veranlassung des Bez. Kommissärs um 5 Uhr eingestellt wurde. Um 6 Uhr abends war auch auf dem Marienplatz und in den angrenzenden Straßenzügen vollkommene Ruhe und Ordnung hergestellt.

Die zur etwaigen Räumung des Marienplatzes zusammengezogenen Verstärkungen der Hauptwache und der Wache im 1. Bezirk von je 50 Mann brauchten in ihrer Gesamtheit nicht in Tätigkeit zu treten und konnten zum Teil um 7 Uhr abends entlassen werden, nachdem keine weiteren Meldungen über neuerliche Gruppenbildungen mehr einliefen.

Quelle
München, Bayerisches Hauptstaatsarchiv, MInn 66284 (Alle Berichte dieses Kapitels stammen aus dieser Akte.)

118 Italienische Flugblätter für den Frieden flattern vom Wiener Himmel (9. August 1918)

Am 9. August 1918 tauchten überraschend italienische Flugzeuge über Wien auf und warfen statt Bombem drei verschiedene Flugblätter massenweise ab. Den Italienern blieb es vorbehalten, eine sympathische Anregung zu Freiheit, Frieden und Abschied von allen Kriegen zu formulieren. Hier deutete sich der Wunsch nach einer internationalen Freiheitsbewegung an, um die Kriege der Völker Europas gegeneinander zu beenden.

Diese Flugblätter wären uns wohl verlorengegangen, hätte sie nicht ein weitblickender Wiener Magistratsbeamter in der Städtischen Bibliothek aufbewahrt.

Das erste Flugblatt (22,8 × 14,3 cm) weist als Grund eine italienische Trikolore auf, darüber den deutschen Text. Rechts unten befindet sich die Nummer 128, offenbar die Seriennummer. Es ist anzunehmen, daß die Flugblätter zu einer beachtlichen Serie von Flugblättern für Österreich gehörten.

Wiener!
Lernt die Italiener kennen!

Wenn wir wollten, wir könnten ganze Tonnen von Bomben auf euere Stadt hinabwerfen, aber wir senden euch nur einen Gruß der Trikolore, der Trikolore der Freiheit.

Wir Italiener führen den Krieg nicht mit Bürgern, Kindern, Greisen und Frauen. Wir führen den Krieg mit euerer Regierung, dem Feinde der nationalen Freiheit, mit euerer blinden, starrköpfigen und grausamen Regierung, die euch weder Brot noch Frieden zu geben vermag und euch nur mit Haß und trügerischen Hoffnungen füttert.

Wiener!

Man sagt von euch, daß ihr intelligent seid, jedoch seitdem ihr die preußische Uniform angezogen habt, ihr seid auf das Niveau eines Berliner-Grobians herabgesunken, und die ganze Welt hat sich gegen euch gewandt.

Wollt ihr den Krieg fortführen? Tut es, wenn ihr Selbstmord begehen wollt! Was hofft ihr? Den Entscheidungssieg, den euch die preußischen Generale versprochen haben?

Ihr Entscheidungssieg ist wie das Brot aus der Ukraina: Man erwartet es und stirbt, bevor es ankommt.

Bürger Wiens! Bedenkt, was euch erwartet, und erwacht!

HOCH LEBE DIE FREIHEIT!
HOCH LEBE ITALIEN!
HOCH LEBE DIE ENTENTE!

Das zweite Flugblatt, ebenfalls mit deutschem Text (ein Blatt, zwei Seiten, 23,3 × 16,3 cm), trägt rechts unten die Nummer 129. Die Italiener knüpfen darin an die große Wiener Revolution von 1848 an, aber auch an ihre leidvollen, langen nationalen Freiheitskämpfe, gegen die die Habsburger Macht immer wieder eine Henkersrolle spielte. Der Text betont, daß ein Frieden wie der zu Brest-Litowsk mit der jungen Sowjetunion (3. März 1918), der große Gebiete Osteuropas unter deutsche Kontrolle bringen sollte (Baltikum, Polen, Ukraine, Finnland), unannehmbar wäre. Als die Deutschen dann in Versailles einen noch nicht einmal so harten Friedensvertrag aufgezwungen bekamen, konnten sie sich jahrzehntelang nicht genug entrüsten.

Es ist nicht wahr,
daß die Regierungen der Ententemächte einen gerechten Frieden, der allen Völkern das Recht, in Freiheit zu leben, geben, die Welt vor der Wiederholung eines preußischen Eroberungs-, Plünderungs- und Unterjochungs-Krieges sichern würde, verweigern.

Einen solchen gerechten Frieden würden die Ententemächte sofort annehmen, da sie ja nur um eines solchen Friedens wegen kämpfen, einen preußischen Frieden dagegen können sie nie anerkennen.

Die Entente wird niemals einen Frieden annehmen, welcher dem von Brest-Litovsk und Bukarest gleichkommen würde, einen Frieden, der weder Frieden noch Freiheit noch Gerechtigkeit gewährt, ein Truggeschäft und kein Vertrag, ein Waffenstillstand und kein Friedensschluß ist.

Diese Friedensverträge haben euch mehr Schaden als Rußland und Rumänien gebracht, weil sie die Gesinnungen der deutschen und österreichisch-ungarischen Regierungen der ganzen Welt enthüllt haben.

Ein entschlossenes «Niemals» ist die Antwort der ganzen Welt. Ohne Freiheit und ohne Gerechtigkeit gibt es keinen Frieden, weder für den Einzelnen noch für die Völker.

Wiener!

Gleich den Völkern der Entente kennt ihr den Wert der Versprechungen, die Deutschland gemacht hat. Schüttelt Deutschland von euch ab!

Denkt an die Beleidigungen, Prahlereien und Beuteversprechungen, mit denen eure Generale in ihren Aufrufen euer tapferes Heer gegen das freie Italien getrieben haben, um es zu unterjochen und auszuplündern.

Ihr aber habt Niederlage anstatt Sieg, Blut anstatt Brot gefunden!

Italien jedoch zahlt nicht Gleiches mit Gleichem, gibt nicht Beleidigungen für Beleidigungen. Es setzt unerschrocken den Krieg von 1848, 1859 und 1866 für die Freiheit aller seiner Kinder, für die Freiheit aller Völker fort.

Es führt keinen Krieg gegen die Deutschen oder die Magyaren, es bekämpft nur die Bedrücker-Herrschaft.

Die ganze zivilisierte Welt steht mit Italien!

Aus allen Ländern der Welt kommen über die freien Meere Waffen, Geld, Lebensmittel und Anerkennungen für Italien, und das ganze italienische Volk, Republikaner, Sozialisten und Katholiken mitbegriffen, steht geeinigt um seinen König da.

Dies muß der letzte Krieg sein!

Der Frieden muß allgemein und endgültig sein: nicht der Frieden der Waffen und des Schreckens, sondern der Friede des gegenseitigen Vertrauens und der gemeinsamen Arbeit.

Nicht ein gieriges, argwöhnisches, gewalttätiges und ungerechtes Mitteleuropa, sondern eine volle und dauernde Eintracht der Völker muß aus diesem Frieden für unser und euer Wohl hervorsprießen.

Wiener!

Gedenkt des 13. März 1848! Damals hat der Ruf nach Freiheit, von euch hervorgestoßen, einen brüderlichen Widerhall in Paris, Mailand und Venedig gefunden.

Wiener, macht euch frei!

Das dritte Flugblatt, ohne Seriennummer, weist einen italienischen Text auf, wovon ich die in Wien beiliegende deutsche Übersetzung wiedergebe. Den Text schrieb der italienische Dichter und Nationalheld Gabriele d'Annunzio (1863–1938), einst Abgeordneter, dann Luftwaffenoffizier, 1919/20 Führer der italienischen Freischaren im Kampf gegen die Internationalisierung des Hafens Fiume (Rijeka).

An diesem Augustmorgen, während sich das vierte Jahr Eurer verzweifelten Anstrengung vollendet und das Jahr unserer ganzen Stärke leuchtend beginnt, erscheint Euch plötzlich die Trikolore als Zeichen der Schicksalswende.

Das Schicksal wendet sich. Es wendet sich uns zu mit eiserner Gewißheit. Für immer ist die Zeit jenes Deutschlands vorüber, welches Euch drangsaliert, Euch demütigt und Euch verdirbt. Eure Stunde ist gekommen. Wie unser Glaube ungeheuer war, so ist jetzt unser Wille stark. Er wird vorherrschen bis zum

Ende. Die siegreichen Kämpfer der Piave, die siegreichen Kämpfer der Marne, sie fühlen es, sie wissen es mit einer Inbrunst, welche die Kraft vervielfältigt. Aber wenn die Kraft nicht genügte, würde die Zahl genügen; und das sei jenen gesagt, die zehn gegen eins zu kämpfen pflegen. Der Atlantik ist ein Weg, der sich nicht schließt; und er ist ein heldischer Weg, wie die neusten Anhänger beweisen, die den Ourcq [Nebenfluß der Marne] mit deutschem Blut gefärbt haben.

Auf den Flügeln des Sieges, der sich aus den Strömen der Freiheit erhebt, sind wir nicht nur gekommen aus Freude an der Kühnheit, nicht nur gekommen, um Zeugnis von dem abzulegen, was wir wagen und unternehmen können, wenn wir wollen, zu der von uns erwählten Stunde.

Das Brausen der jungen italienischen Schwingen ähnelt nicht jenem der Totenglocke am morgendlichen Himmel. Trotz alledem, Ihr Wiener, hält dieses kühne Unternehmen die unwiderrufliche Ansicht zwischen St. Stephan und dem Graben [Straße in Wien beim Stephansdom] in Schwebe.

Es lebe Italien!

Gabriele d'Annunzio.

Der Wortlaut und d'Annunzios Biographie legen die Vermutung nahe, daß in einem der italienischen Flugzeuge des 9. August 1918 über Wien d'Annunzio selbst flog.

Diese drei italienischen Flugblätter für einen sofortigen Frieden gehören zu den nur schmal dokumentierten, selten offiziell ernst genommenen Freiheitsbestrebungen, in denen die gedrückten Völker über ihre Grenzen hinweg ihre friedens- und freiheitsgefährdenden Herrscher abzuschütteln suchen (vgl. Kapitel 49,50, 55, 59, 68, 83). Freiheitsbewegungen über die Grenzen hinweg werden von der nationalen Geschichtsschreibung als angeblich landes- und hochverräterisch ausgelöscht. Deshalb sind sie erst einmal wieder aufzuspüren.

Wo gibt es noch mehr Exemplare aus dieser italienischen Flugblattserie?

Quelle
Wien, Stadt- und Landesbibliothek, E 67 266 (hier die drei Flugblätter)

119 Die deutsche Tscheka: die finsterste Seite der autoritären Arbeiterbewegung

Bereits zur Zeit des Sozialistengesetzes (Kapitel 111) schälte sich in der Arbeiterbewegung die Tendenz heraus, mit unbequemen Kritikern aus den eigenen Reihen rücksichtslos umzuspringen. Sogar vor der Denunziation an die Polizei scheuten damals Mitglieder der Sozialdemokraten nicht zurück. Die Unterdrückung einer freien Diskussion war ebenso selbstverständlich wie die Verleumdung der Kritiker und die Manipulation des Parteilebens.

Dieser autoritäre, hierarchische, jeder Bewegung von unten gegenüber feindliche Zug pflanzte sich auch nach 1918 fort, nach der Spaltung der Arbeiterbewegung in SPD und KPD. Das Ziel, die staatliche Macht, sollte mit allen Mitteln erreicht werden. Jede Schwenkung der Parteilinie mußte blindlings befolgt werden. Jede Abweichung galt glattweg als Hilfe für den Feind. Die vielfältigen Möglichkeiten des Lebens und die unterschiedlichen Sichtweisen besonderer Situationen wurden verstümmelt zu einem Entweder-Oder. Was richtig und somit geboten war, bestimmte die Führung. Wer nicht gehorchte, war zu entfernen.

Dieser freiheitsfeindliche Zug in der traditionellen Arbeiterbewegung fand seinen abschreckendsten organisatorischen Niederschlag im Aufbau des T-Apparates (Terror-Gruppen) in der KPD. Diese Seite macht bis heute die finsterste der Arbeiterbewegung aus, in einem doppelten Sinn.

Zum einen ist den Forschungen über die KPD bisher an diesem Punkt am wenigsten gelungen, Klarheit zu schaffen. Nur zwei kommunistische Arbeiter (Krebs, Burmeister durch Zeutschel) hinterließen uns dazu Schilderungen, die aber aus dem Gedächtnis, also ohne Dokumente, verfaßt wurden. Bei Berichten aus dem zwielichtigen Reich der Geheimdienste ist nie etwas anderes zu erwarten. Die SED-Geschichtsschreibung mit ihren Anhängern im Westen spart dieses peinliche Thema lieber gleich aus. Die Akten der beiden Tscheka-Prozesse 1925 vor dem Reichsgericht in Leipzig liegen im Deutschen Zentralarchiv der DDR in Potsdam. Im Ernstfall einer Anfrage dürften sie als «nicht geordnet», «nicht benutzbar» deklariert werden, oder wie sonst die Ausreden heißen mögen.

Keine andere Seite der traditionellen Arbeiterbewegung scheint uns abstoßender zu sein. Was an Unterdrückung freiheitlicher Diskussion und spontaner Bewegungen schon lange zur autoritären Arbeiterbewegung gehört hatte, das erlebte im T-Apparat seine Vollendung.

Um so wichtiger wäre es, diese Problematik schärfer zu beleuchten. Das hat keineswegs, wie die Getroffenen aufschreien werden, etwas mit einer Unterstützung von Monopolkapital, Imperialismus und Faschismus zu tun. Neben jedem Entweder-Oder gibt es noch eine dritte Möglichkeit, eine so recht erfrischende: das Weder-Noch.

Angesichts der Praktiken des T-Apparats läßt sich nicht mehr leugnen, wohin etliche, noch immer beliebte Grundsätze der autoritären Arbeiterbewegung führen können. Wenn diese, die finsterste Seite, weiterhin im dunkel gehalten werden kann, bleibt unser Versuch, die Spuren der Besiegten außerhalb eingebrannter Schablonen aufzuspüren, nicht sonderlich glaubwürdig. Denn unter diesen Spuren finden sich auch die Verbrechen gemischt, die von Organisationen der Besiegten, der Arbeiter, wieder an anderen Machtlosen ausgeübt wurden.

Mit dem Aufbau illegaler Apparate neben dem öffentlichen Parteileben begann die KPD 1920, nach dem 2. Weltkongreß der Kommunistischen Internationale. Für den bewaffneten Aufstand und dessen langfristige Vorbereitung entstanden ein M(Militär)-Apparat und ein N(Nachrichten)-Apparat. 1923, im Jahr des geplanten Aufstandes, kam ein T(Terror)-Apparat hinzu, der ab 1928 als Abteilung PSS (Partei-Selbst-Schutz) dem AM(Anti-Militaristischen)-Apparat eingegliedert wurde und neben dem Schutz hoher Funktionäre auch Terroraufgaben zu erledigen hatte. Daneben operierten in Deutschland zwei sowjetische Geheimdienste: die sowjetische Geheimpolizei GPU (Gossudarstwennoje polititscheskoje uprawlenije = Staatliche Politische Verwaltung) und der Geheimdienst der Roten Armee. Vor allem die GPU gewann über die von der Sowjetunion mehr und mehr abhängig werdende Komintern (Kommunistische Internationale) einen entscheidenden Einfluß auf die illegalen Apparate der KPD. Damit sank ein Teil der Arbeiterbewegung zu einem außenpolitischen Instrument einer aufsteigenden, expansiven, staatskapitalistischen Großmacht herab.

Die faszinierendsten Memoiren eines deutschen Kommunisten und GPU-Agenten verdanken wir dem Hamburger Richard Krebs: geboren 1904, Teilnehmer an der Bremer Räterepublik Februar 1919, Eintritt in die KPD im Mai 1923, Agent in der Marineabteilung der Komintern, später von der GPU übernommen, 1933 von der Gestapo festgenommen, zum Schein auf eine Agententätigkeit eingegangen, deshalb freigelassen, von der Exil-KPD zur Rolle eines Doppelagenten gezwungen, 1937 Flucht vor der GPU in die Vereinigten Staaten, im Krieg Eintritt in die amerikanische Armee, wenige Jahre nach Kriegsende in den USA gestorben.

Wer etwas über die Praktiken und die Stimmung in den Geheimapparaten der Stalinisten wissen will, kann es am besten bei Richard Krebs erfahren. Ob alles zutrifft, an was er sich erinnert, läßt sich heute nicht mehr nachprüfen. Geheimdienste hinterlassen keine Zeugnisse ihres Wirkens, und was sie absichtlich hinterlassen, dürfte eher zur Desorientierung dienen. Die Memoiren von Richard Krebs sind von unersetzbarem Wert. Außer einigen Rätekommunisten wie Karl Korsch und Paul Mattick, konsequenten Gegnern des Stalinismus, interessierte sich kaum jemand in der Linken dafür. Es ist Zeit, dieses Versäumnis nachzuholen.

Richard Krebs kam im Juni 1923, gerade seit einem Monat Parteimitglied und Berufsrevolutionär, mit einer Untergrundabteilung der KPD und mit der GPU in Berührung. Er sollte mit kommunistischen Seeleuten drei Jugendliche in die USA schmuggeln.

Mit Erstaunen hörte ich, daß sie die Anführer einer jener «Hände-hoch»-Banden waren, die die Untergrund-Abteilung der Partei – der *Apparat* – organisiert hatte, um Zahltagsräubereien auszuführen, eine Praxis, die Josef Stalin im zaristischen Rußland eingeführt hatte, um die leeren Parteikassen zu füllen. An der Spitze einer Bande von 15 Kommunisten hatten sie im Januar 1923 die Lohngelder des Städtischen Gaswerks Berlin-Charlottenburg geraubt, und wenige Wochen später hatten sie Lohngelder einer Fabrik in Berlin-Spandau «beschlagnahmt». Ihre Methode war ganz einfach. Maskiert und mit Revolvern bewaffnet, drangen sie mit den Worten in die entsprechenden Büros: «Im Namen der Revolution – Hände hoch!» Ihre Beute lieferten sie der militärischen Sektion der Partei in Berlin ab. Einer von der Bande war weich geworden und wollte nicht mehr. Er wurde von seinen Genossen mit dem Tod bedroht; worauf er sich als Spitzel bei der Berliner Polizei meldete. (Krebs, S. 42)

Krebs läßt die drei Flüchtigen über den Ozean bringen.

Unentdeckt erreichten sie den New Yorker Hafen, wurden an Land geschmuggelt und verschwanden. Sie hießen Emil Bergmann, Paul Gorisch und Paul Eyck.

Es gibt einen Epilog zu der Odysse dieser Jugendlichen: Von der Partei im Stich gelassen, kehrten sie, vermutlich nach langen, ziellosen Wanderungen, nach Deutschland zurück. Sie wurden von der Polizei gefaßt und viele Jahre später vor Gericht gestellt; jeder von ihnen wurde zu 15 Jahren Gefängnis verurteilt. Die Partei organisierte nicht einmal eine Aktion für ihre Verteidigung. (Krebs, S. 42/43)

Wer im illegalen Apparat gearbeitet und Straftaten begangen hatte, mußte damit rechnen, von der Partei nicht mehr unterstützt zu werden. Er war Ballast geworden: über Bord damit.

Eines Tages trat Hugo Marx, der Ortsvertreter der GPU in Hamburg, an Krebs heran. Der Konflikt beleuchtet die üblichen Herrschaftsmethoden.

Kaum eine Woche, nachdem diese unglücklichen Briganten Deutschland heimlich verlassen hatten, forderte Hugo Marx von mir, eine Anzahl meiner besten Leute auf den Schiffen der Hamburg-Amerika-Linie von jeder offiziellen Parteiarbeit zu befreien. Ich weigerte mich. Die Männer, die er haben wollte, waren das Rückgrat unserer Organisation auf dem Nord-Atlantik. Hugo Marx stritt nicht mit mir; er ging ruhig zum Parteisekretariat und beklagte sich über meine Widerspenstigkeit. Wenige Stunden später erschien ein Bote und holte mich zu Ernst Thälmann, der damals Parteisekretär von Hamburg war. Thälmann, der frühere Transportarbeiter, war ein plumper Mann mit fleischigem Gesicht, groben Manieren, und ein Opfer der Gewohnheit, Tischplatten mit seinen Vorschlaghammerfäusten zu bearbeiten. Barsch fragte er mich, ob ich wisse, was das Wort *Sabotage* bedeute.

«Ja», erwiderte ich eingeschüchtert und überwältigt von der Nähe einer der stärksten Figuren der deutschen Kommunistischen Partei.

«Was du tust, sieht nach Sabotage aus», knurrte er. «Warum weigerst du dich, mit Genosse Hugo zusammenzuarbeiten?»

Das Ergebnis war mein Versprechen, allen Anweisungen Hugos Folge zu leisten. Ich wußte nichts von der Macht, welche die GPU in Parteiangelegenheiten ausübte. Ich hatte noch nicht erkannt, daß die GPU den *Apparat* beherrschte – die lebenswichtige, unterirdische Abteilung der Parteimaschine; und er schützte sich durch die brutale und wirksame Methode, selbst ihre niedersten Helfer einzuschüchtern.

Als ich Thälmanns Büro verließ, erwartete mich draußen Hugo Marx mit einem dünnen Lächeln. Wir nahmen ein Taxi und fuhren zum S-Bahnhof Dammtor. Dort saß an einem Ecktisch ein dunkelhäutiger, elegant angezogener Mann mittleren Alters. Er nannte sich *Meyer.* Zähneknirschend übergab ich ihm und Hugo Marx eine Liste mit den Namen von etwa 30 kommunistischen Seeleuten, die im Schiffsverkehr mit Nord- und Südamerika eingesetzt waren. Meyer machte sich eifrig Notizen. Er glich mehr einem levantinischen Kaufmann als einem deutschen Bolschewiken. In den folgenden Wochen suchten Hugo Marx und Meyer mich jedesmal auf, wenn ein deutsches Schiff von New York oder Buenos Aires den Hamburger Hafen anlief. Ich wurde angewiesen, die unter den Besatzungen ausgewählten Kommunisten einzeln zu einem Bierkeller im Hafengelände zu begleiten, wo sie dann von Meyer ausgefragt wurden. Es war mir nicht gestattet, bei diesen Treffs dabeizubleiben. Und jedesmal kam am nächsten Tag eine kurze Notiz und eine 10-Dollar-Note; die Notiz besagte, daß ich in Zukunft jeden Kontakt mit den genannten Seeleuten zu meiden habe.

Viele Monate blieb die Natur der Tätigkeit Meyers ein tiefes Geheimnis. Die meisten Seeleute, die in die GPU-Organisation übernommen wurden, waren ältere Parteimitglieder als ich. Sie hüteten ihr Geheimnis gut. Erst einige Jahre später, 1926, als ich selber in die inneren Kreise des *Apparates* vorgerückt war, enthüllte Hugo Marx mir das Geheimnis. Die kommunistischen Seeleute, die Meyer unterstellt worden waren, wurden bei einem Menschenschmuggl-Unternehmen großen Stils gebraucht, das von der Partei und der GPU ins Leben gerufen worden war, um die erforderlichen Mittel zum Ankauf von Waffen und Munition aus Belgien zu erhalten. Leute, die aus Deutschland und den osteuropäischen Ländern auswandern wollten, wurden durch das Versprechen einer billigen Überfahrt ohne überflüssige Fragen in die USA und Argentinien angelockt. [...] Im November 1923 wurde dieser Menschenhandel durch einen Befehl von Moskau gestoppt. Meyer, der mit richtigem Namen John Bornos hieß, versuchte, das Schmuggelgeschäft auf eigene Rechnung fortzusetzen. Die GPU befahl ihm, seine Tätigkeit einzustellen, und beorderte ihn in die Sowjetunion. Bornos-Meyer weigerte sich. Daraufhin wurde er bei der deutschen Polizei denunziert. Er und zehn seiner Mitarbeiter wurden verhaftet und ins Gefängnis geworfen. (Krebs, S. 43/44)

In Berlin lernte Richard Krebs die GPU-Agentin Maria Schipora, eine Russin, kennen, als er Hugo Eberlein (1887–1944), einem Mitglied des Zentralkomitees der KPD, einen Brief überbringen sollte.

Eberlein kam nicht an jenem Tag. Statt seiner kam ein großer, düster und asketisch aussehender Mann Anfang Dreißig, und ich übergab ihm den Hamburger Brief. Der Fremde begann sofort, mich mit Fragen zu überhäufen über den ausgezeichneten Geheimdienst, den der Norddeutsche Lloyd, die Hamburg-Amerika-Linie und andere Schiffahrtsgesellschaften in den Außenbezirken der kommunistischen Wasserfrontorganisationen eingerichtet hatten. Ich gab ihm die wenigen Informationen, die mir bekannt waren. Als die Frau, die aufmerksam zuhörte, den Unbekannten «Felix Neumann» nannte, war ich wie elektrisiert. Wenn die Funktionäre der Roten Hundertschaften von Neumann sprachen, so flüsterten sie nur. Er war der Kopf einer neuen Organisation, der *T-Einheiten;* so hießen die Terrorgruppen, die das Stabsgerippe einer zukünftigen deutschen Tscheka bildeten. Neumann befahl mir, bis zum nächsten Tag in Berlin zu bleiben, denn er wollte mir einiges Material für Otto Marquardt mitgeben, das nicht vor morgen früh bereit war. Dann fragte er mich nach meiner Arbeit in der Partei. Ich sagte ihm, daß ich Aufträge liebte, die mehr Aktivität verlangten als der Kurierdienst, der ja nur ein Hin und Her zwischen verschiedenen Städten bedeute.

«Hast du jemals einen Menschen getötet?» fragte Neumann plötzlich.

«Nein», sagte ich.

«Gut – und wie würdest du das machen?»

«Ich würde ihn niederschießen.»

Neumann lachte düster. «Falsch», sagte er. «Wenn du auf einen Menschen schießt und ihn nur verwundest, was dann? Man bringt ihn ins Krankenhaus, und er wird der Polizei alles sagen, was er weiß, nicht wahr?»

Maria Schipora warf ein. «Gewöhnlich wird ein Mensch nachts erschossen. Nachts ist es dunkel. Man kann nichts sehen.»

«Zudem machen Schüsse Lärm», fügte Neumann hinzu.

«Wie würden *Sie* es denn machen?» fragte ich.

«Auf alle Fälle dafür sorgen, daß er tot ist», erklärte Neumann mit charakteristischer Kälte. «Der sicherste Weg ist der, ihn bewußtlos zu schlagen und dann seine Adern mit dem Rasiermesser aufzuschneiden. Wenn du das tust, kannst du sicher sein, daß er tot ist.»

Ich wußte nicht, was ich davon halten sollte. Sprach er im Ernst? Oder wollte er nur meine Nerven prüfen? Damals wußte ich keine Antwort. Ich fand sie erst stückweise, aber dann blieb kein Zweifel: Was Neumann gesagt hatte, war tödlicher Ernst.

Ich verbrachte die Nacht in der Wohnung an der Möckernstraße. Maria Schipora machte ein einfaches Abendessen, und wir sprachen über die politische Stimmung der Arbeiter und über die Taktik des Straßenkampfes. Maria erzählte von einer Unterhaltung, die sie mit einem Agenten des Kremls gehabt hatte, der sich, obwohl seiner Herkunft nach Tatar, August Kleine nannte, dem aber Brandler, der deutsche Parteichef, den Namen *Der Mann aus Turkestan* gegeben hatte. Felix Neumann erzählte von einem Waffenaufkäufer für die Partei, der Grenz hieß und mit 5000 Dollar, die er von der sowjetischen Botschaft erhalten hatte, durchgebrannt war. Dann sprachen sie von der Aufgabe der T-Einheiten, die Partei von Spionen freizuhalten, und von Mord.

Spät am Abend kamen fünf andere Leute, zwei Mädchen und drei Männer; unter ihnen war ein mächtiger, sechs Fuß hoher Kerl, mit leicht jüdischem Aussehen: Edgar André [1894–1936]. Ich faßte sogleich eine instinktive Zuneigung zu ihm. Wir wurden unzertrennliche Freunde, und die Freundschaft erhielt sich, bis auch er unter den Händen von Hitlers Henkern starb. Die beiden Mädchen waren Eva und Lu, beide Mitglieder der T-Einheiten. Eva, klein, dunkel, katzenartig, war Neumanns Freundin. Lu, die Luise Schneller hieß, war vierschrötig und hartgesotten. (Krebs, S. 50–52)

Am nächsten Tag wurde Richard Krebs mit dem russischen General Peter Alexander Skoblewski (oder Skobolewski oder Sokolewski, Decknamen: Wolf, Rose, Gorew, Hermann, Helmuth, Goresowski, bekannt gemacht.

Wir fuhren in einem Taxi zu einem kleinen Hotel in Neukölln. In einem schmutzigen Zimmer des Hotels erhob sich ein Mann im Pyjama im Bett, als wir eintraten. Auf Bett und Boden lagen die Morgenzeitungen verstreut.

«Das ist der Genosse aus Hamburg», sagte Neumann.

Dunkle, ausdrucksvolle Augen richteten sich auf mich. Der Mann im Pyjama war vielleicht dreiunddreißig Jahre alt; sein Körper war kraftvoll und geschmeidig, sein blondes Haar war unordentlich und das scharfgeschnittene Gesicht machte den Eindruck einer unliebenswürdigen, sehr wachen Entschlossenheit. Er sah aus wie ein Russe oder Lette. Er fragte mich nach der Bewaffnung unserer Einheiten in Hamburg, nach den Fortschritten in der Ausbildung und ob der einfache Genosse Vertrauen zu den Führern habe. Er machte stenographische Notizen über das, was ich ihm sagte, und meinte, es sei ihm wichtig, von Zeit zu Zeit die Meinung der Genossen draußen zu hören. Dann gab er mir den Auftrag, zwei Pakete nach Hamburg mitzunehmen, eines für Otto Marquardt und das andere für eine junge Dame namens Anja Daul. Beide Pakete würden mir vor der Abfahrt des Hamburger Expreßzuges am Bahnhof übergeben werden.

«Brauchst du Geld?» fragte er mich plötzlich.

«Nein», antwortete ich, obwohl ich beinahe keinen Pfennig mehr hatte.

«Wir werden dich zweifellos noch brauchen», sagte der Mann ruhig. Neumann und ich wurden gebeten, im Zimmer zu bleiben, bis der andere sich angezogen hatte und weggegangen war. Als er fort war, fragte ich Neumann, weshalb wir nicht zuerst hätten gehen dürfen.

«Eine Vorsichtsmaßnahme», gab Neumann zur Antwort. «Das ist ein wichtiger Genosse. Er schläft nie zweimal am selben Ort.»

«Wer ist er?»

«General Wolf. Hast du jemals von der Kronstadter Erhebung gegen die Bolschewiki gehört? Nun gut, General Wolf ist der Mann, der sie niederschlug.»

Maria Schipora gab mir das Geleit zum Bahnhof. Sie brachte die beiden Pakete. Es waren ziemlich große Bündel.

«Was ist denn das?» seufzte ich.

«Schmutzige Handtücher», lachte sie, und ihre feuchten Augen zwinkerten. «Laß sie waschen und schick sie zurück.»

Jedes Bündel Handtücher enthielt eine versiegelte Schachtel in Zigarrenkistenformat. Ich weiß nicht, was darin war. Die eine lieferte ich bei Otto Marquardt, die andere bei Anja Daul ab; sie wohnte mit ihrer Schwester in einer Zweizimmerwohnung in einer kleinen Straße, die Venusberg hieß. Beide Daul-Mädchen waren elegant gekleidet, jung, blond, nicht mitteilsam; sie gehörten den Hamburger T-Einheiten an. Beide wurden 1925 verhaftet und kamen ins Gefängnis.

Die Luft in Hamburg war geladen. Zwei Polizeioffiziere waren ermordet worden, und Ernst Thälmann mußte untertauchen. Tag für Tag organisierte die Partei Plünderungen von Lebensmittelgeschäften und Überfälle auf Lebensmitteltransporte. Diese Plünderungen waren Sache der Massen und sollten den Kampfgeist der nicht organisierten Arbeiter testen. (Krebs, S. 52/53)

Zurückgekehrt nach Hamburg, will Fritz Neumann Richard Krebs für die deutsche Tscheka anwerben.

Neumann zeigte mir ein vervielfältigtes Rundschreiben. Als Titel stand da: *Töte Spione und Provokateure!*

«Bist du damit einverstanden?» fragte er mich.

Ohne zu zögern, sagte ich: «Natürlich!»

«Wir werden dich für Sonderaufgaben einsetzen», sagte er. Er zog ein Blatt Notizpapier aus der Tasche und legte es auf den Tisch. Dann gab er mir einen Bleistift. «Unterschreib das!»

Auf dem Papier stand, mit Maschine geschrieben, der folgende Text:

Ich anerkenne hiermit meine Teilnahme am Raub
im Wettbüro in Bremen, Bahnhofstraße.

Neumann bemerkte meine Überraschung. «Es ist eine Formalität», sagte er.

«Aber ich weiß nicht einmal etwas von einem solchen Raub», protestierte ich.

«Das ist ganz gleich; jeder, der in einer der T-Einheiten aktiv ist, muß eine solche Erklärung unterschreiben. Wie ich sagte: Es ist eine Formalität. Wir müssen unserer Leute sicher sein. Unterschreib!» Er machte keinerlei Umschweife.

Ich dachte, Felix Neumann sei wahnsinnig geworden. Ich sah keinen Sinn in diesem Vorgehen. Ich weigerte mich, zu unterschreiben.

«Auch gut», sagte er mit einer Miene, als sei das, was er sagte, endgültig. «Wir sind fertig mit dir. Wir haben uns geirrt.» Die Augen wurden düster in seinem leichenblassen Gesicht.

Ich eilte zu Albert Walters Büro. Er hatte ein vierstöckiges Gebäude in der Rothesoodstraße erworben, nahe dem Hafen, das jetzt für die Hafenbrigaden als Hauptquartier diente. Das Haus war geladen mit Aktivität. Leute von den Docks und von den Schiffen drängten sich hinein und heraus. Ich erzählte ihm von Neumanns Angebot und schlug gleichzeitig vor, er, Walter, solle mich von allen weiteren Kurierpflichten entbinden und mich an die Wasserfront zurückversetzen, wo ich meinem Gefühl nach hingehöre.

Albert Walter ließ seinem vulkanischen Temperament freien Lauf. «Dieser Neumann ist ein verdammter Kerl», tobte er. «Sag ihm, er solle zum Teufel gehen. Aber laß das, ich werde es ihm schon sagen.» Dann wünschte er die Pest auf «alle diese kleinen Tschekisten in Berlin» herab. Als er sich schließlich beruhigt hatte, schrieb er eine kleine Notiz an Otto Marquardt. «Sag diesem teuflischen Neumann, er solle meine Leute in Ruhe lassen», hieß es darin. Dann wandte sich Albert Walter an mich und sagte abschließend: «Bring das zu Marquardt. Er ist ein verständiger Mann.»

Felix Neumann denunzierte Albert Walter sofort wegen seiner eigenmächtigen Weigerung, mich für die T-Einheiten des Generals Wolf freizugeben. Aber Walter wußte sehr wohl, wie groß das Ansehen war, das er im Kreml genoß. Er schrieb nach Moskau, wobei er von Felix Neumann als von einem «Mondsüchtigen» sprach. Und Moskau stützte Walter, weil der brummige alte Seebär der fähigste Mann war, den Moskau zur Leitung der Kampagnen in den Häfen und auf den Schiffen hatte. Ich konnte zu jener Zeit noch nicht wissen, welches Glück ich gehabt hatte, zur Roten Marine zurückzukommen, statt mich in den Umarmungen von Maria Schipora, bei Felix Neumann und ihrer Clique zu verirren. Denn der düstere Neumann, dessen Gedanken und Worte unaufhörlich um Mord kreisten, wurde plötzlich verhaftet. Um seine eigene Haut zu retten, verriet er das ganze Führungskorps der T-Einheiten – die deutsche Tscheka – an die Polizei. Einige Monate später wurde auch General Wolf verhaftet und des Mordes angeklagt.

General Wolf war von der sowjetischen Regierung nach Deutschland geschickt worden, um die militärische Seite des geplanten Aufstandes in die Hand zu nehmen. Er kam mit einem falschen norwegischen Paß nach Berlin. Bald nachher wurde ein ausgedehntes Netz von Roten Hundertschaften und T-Einheiten aufgestellt. Er unterhielt drei Privatwohnungen: in Dresden, in Hamburg und in der Sowjetbotschaft in Berlin. In Hamburg war er unter dem Namen Hermann, in Berlin als Helmuth oder General Wolf, in Dresden als Goresowski, in der sowjetischen Armee als Gorew bekannt; bei seiner Verhaftung gab er den Namen Peter Alexander Skoblewski an, unter dem er ebenfalls Geschichte machte.

Felix Neumann hatte die Aufgabe gehabt, für Skoblewski als Verbindungsmann zwischen dem militärischen Oberkommando der Partei und der Sowjetregierung in Berlin tätig zu sein. Einmal bezog er 35000 Dollar in amerikanischer Währung, die an die Order Skoblewskis lauteten, ein anderes Mal 50000 Dollar auf die Rechnung des *Mannes aus Turkestan*. Diese Beträge wurden für Waffen und Propaganda ausgegeben.

Felix Neumann wurde mit der Leitung der T-Einheiten betraut. Skoblewski gab Neumann 5000 Dollar, um neue Mitglieder für diesen *Apparat* zu werben und die Terroristen einzusetzen. Der Revolutionsausschuß verlangte die Ermordung des Generals v. Seeckt, des Chefs der Reichswehr, unmittelbar vor dem Aufstand. Man wollte auf diese Weise die Armee desorganisieren und die revolutionären Hoffnungen bis zur Raserei aufpeitschen. Niemand anders als Sinowjew selbst, der Führer der Komintern, schrieb in einem Manifest: «General von Seeckt ist der deutsche Koltschak und die größte Gefahr für die Arbeiter», während er Adolf Hitler, der damals den Münchner Putsch vorbereitete, als «einen lächerlichen kleinen Bourgeois» bezeichnete. (Krebs, S. 55/56)

Die Attentate auf Hans von Seeckt (1866–1936) mißlangen.

Was sich in der Folge als vernichtend für Skoblewski und seine Geheimabteilung herausstellte, war die Ermordung eines gewissen Rausch in Berlin. Rausch war Parteimitglied und gleichzeitig ein Spitzel der Berliner politischen Polizei und stand in Verbindung mit der Hitler-Bewegung.

Dank der Wachsamkeit von Hugo Marx in Hamburg fiel Verdacht auf Rausch. Ungefähr Mitte Oktober war ein Lastwagen mit Gewehren und Handgranaten auf dem Wege von Stettin zu den kommunistischen Hundertschaften des im Westen gelegenen Wesergebiets von faschistischen Abteilungen auf der Autostraße zwischen Lübeck und Hamburg aufgebracht worden. Zwei von Skoblewskis deutschen Mitarbeitern, die die Verantwortung für die Waffensendung hatten, leisteten Widerstand und wurden getötet. Die Faschisten, wahrscheinlich frühere Mitglieder der Eisernen Division und des Freikorps Ehrhardt, machten sich mit dem schwerbeladenen Lastwagen davon und fuhren auf eines der Landgüter in Mecklenburg oder Pommern. Nur ein Spion aus Skoblewskis eigenem *Apparat* konnte diesen Transport von Waffen und Handgranaten an die nationalistischen Femeorganisationen verraten haben.

Hugo Marx, der den Auftrag hatte, die Sache zu untersuchen, berichtete, daß Rausch der Spitzel sein könne. «Je mehr ein Mann, der eine Verschwörertätigkeit betreibt, von Gewalttat und Blutvergießen spricht», bemerkte Marx, «um so wahrscheinlicher wird er von der Polizei bezahlt.» Der Verdacht von Hugo Marx bestätigte sich bald. Die Polizei hob in Berlin zwei im Kellergeschoß liegende Arsenale aus. Eine Bombenfabrik, ebenfalls in einem Berliner Keller, fiel auf gleiche Weise in die Hände der Polizei. Mitglieder von T-Einheiten, die in einigen Regierungsgebäuden in Hannover Bomben gelegt hatten, wurden bei ihrer Rückkehr nach Berlin auf dem Bahnhof verhaftet. Diese Verhaftungen und Überfälle ließen sich durch einen von Skoblewskis weiblichen Gegenspionen auf Rausch zurückführen, und Felix Neumann erhielt die Anweisung, Rausch aus dem Weg zu räumen.

Drei Versuche wurden gemacht, der eine mit Hilfe eines Mädchens aus der Gruppe Maria Schiporas, der zweite im Waschraum eines Bordells, in dem Neumann Tschekisten mit Rasierklingen postiert hatte, und der dritte in Rauschs eigener Wohnung. Felix Neumann selbst jagte Rausch mit einem zischenden «Hier hast du es, Bastard!» eine Kugel zwischen die Rippen.

Felix Neumann war zu erregt, um den Rat zu befolgen, den er mir wenige Wochen vorher gegeben hatte. Er benutzte kein Rasiermesser, um seinem Opfer die Kehle durchzuschneiden. Da Rausch noch lebte, wurde er rasch ins St.-Lazarus-Krankenhaus in Berlin gebracht.

Nach den Leipziger Gerichtsakten sei Skoblewski, als er hörte, daß Rausch nicht tot sei, mit den Worten herausgeplatzt: «So geht es nicht. Der Mann muß sterben!»

Rausch starb. Felix Neumann fiel in die Hände der Polizei. Sofort versuchte die GPU einen Gefängnisarzt zu bestechen, der die Überführung Neumanns in eine psychiatrische Klinik anordnen sollte. Man kam damit nicht zum Ziel. Felix Neumann wurde von der politischen Polizei «umgedreht». Skoblewski und 14 andere Tschekisten wurden verhaftet und des Verrates und Mordes angeklagt.

Die meisten der gefangenen Terroristen wurden nach einem Jahr polizeilichen Druckes weich. Allein Skoblewski gab nichts zu. Hartnäckig blieb er dabei, er sei ein in Deutschland gestrandeter russischer Student, seine Verhaftung sei ein Irrtum und er habe niemals auch nur einen der anderen in Gewahrsam gehaltenen Leute gesehen. Die Verhandlungen vor dem Leipziger Staatsgerichtshof dauerten neun Wochen. Felix Neumann, Skoblewski und ein dritter GPU-Mann wurden zum Tode verurteilt. Die anderen erhielten langjährige Gefängnisstrafen. Zwischen zwei Gerichtsverhandlungen wurde der Versuch gemacht, den Verräter Felix Neumann im Gefängnis zu ermorden. Er wurde am Kopf getroffen, kam aber mit dem Leben davon. (Krebs, S. 58/59)

Um den zum Tod verurteilten Skoblewski freizubekommen, verhaftete die GPU in Rußland elf Deutsche als Geiseln, darunter kritische Besucher und Konsulatsbeamte mit Frauen. Im September 1926 wurde der GPU-General gegen diese Geiseln ausgetauscht.

Dieses Kapitel hat noch ein Nachspiel. 1937 wurde ich vom Leiter der Auslands-Abteilung der Gestapo, Regierungsrat Schreckenbach, nach Skoblewski gefragt. Ich erfuhr damals, daß Skoblewski unter dem Namen Gorew sowjetischer Militärberater bei den republikanischen Armeen in Spanien geworden war.

«Kann ich eine Fotografie dieses Gorew-Skoblewski sehen?» fragte ich.

«Es gibt keine», war die Antwort. «Seine Polizeiakten sind 1927 gestohlen worden.» (Krebs, S. 60)

Ungefähr zur selben Zeit wie Krebs stieß der deutsche Kommunist Burmeister über Skoblewski zur deutschen Tscheka. Er sollte Terror und Geheimjustiz ausüben. Ihm kam das zuerst wie Mord vor. Skoblewski antwortete:

«Du hast moralische Bedenken? Du sollst offene Antwort haben: Mehr als das, was man Mord nennt. Wenn es das Interesse der Revolution erfordert, dann muß man sogar einen Unschuldigen töten können. So liegen die Dinge augenblicklich zwar nicht. Aber ich muß wissen, daß du keine Hemmungen hast, wenn die Revolution dich braucht. Wir müssen die letzte Konsequenz ziehen. Revolution kann man nicht mit Handschuhen machen. Eure Partei ist kaputt und hinüber. Sie ist versumpft und voller Spitzel. Da heißt es aufräumen. Und nicht allein das. [...] Nun, es sind Dummköpfe in der Zentrale [der KPD], aber es kommt eine Zeit und zwar bald, wo man der Arbeiterschaft zeigen muß, daß sie von einer Partei geführt wird, die gewillt ist, bis zum Äußersten zu gehen. Wenn man den Massenkampf, den bewaffneten Aufstand will, dann muß man sich dazu rüsten – und die Massen allein tun es nicht. Sie wollen geführt, mitgerissen sein. – Du bist ein kluger Bursche, mit dir braucht man nicht alles breitzutreten. Willst du diese Gruppe aufstellen?»

Burmeister sah ihm voll ins Gesicht. «Solange ich weiß, daß ihr ehrlich durchgeht und euch nicht vor eurer eigenen Erkenntnis versteckt, wenn es heißt, sie in die Tat umzusetzen, bin ich bei euch. Und ihr sollt euch nicht über mich zu beklagen haben.»

«Wir stehen auf einer Linie, Genosse, aber trotzdem. Sag offen, wenn du nicht willst. Ich kann keinen Menschen gebrauchen, der erst zusagt und dann, wenn es darauf ankommt, moralische und politische Bedenken bekommt. Willigst du ein – dann bekommst du deine Befehle, die du auszuführen hast, ohne ein Recht, über die Berechtigung oder politische Zweckmäßigkeit zu urteilen. Deine Zusage ist bindend für dich, und es sind keine Vorbehalte zulässig. Zusagen und gehorchen. Ober ablehnen. Ein Mittelding gibt es nicht. Die Ausführung der dir übertragenen Aufträge darfst du nie abhängig machen von deiner eigenen Ansicht.»

«Ein Blankowechsel also – und das bei einer solchen Zentrale?»

Sokolewski trat dicht an Burmeister heran. «Du bist kein Freund von Teddy [Thälmann] und den andern. Willi hat mir genug von dir erzählt, und wir haben uns eingehend nach dir erkundigt, ehe wir dich ins Vertrauen zogen. Wir wollen nicht noch einmal solchen Hereinfall erleben wie mit Felix [Neumann]. Wir durchschauen das Kleeblatt auch, aber noch brauchen wir sie. Fürchte nicht, daß sie noch einmal die Revolution beeinflussen können. Wir wissen, wer sie sind, und das letzte Wort ist noch nicht gesprochen.»

«Wenn ihr sie dann noch loswerdet.»

Sokolewski legte ihm die Hand auf die Schulter und sah ihn fest an: «Wir alle arbeiten für die Revolution, und vorläufig ist sie noch identisch mit der Partei. Ihr müssen wir gehorchen, auch wenn es uns gegen den Strich geht. Später werden wir vielleicht gegen die Partei arbeiten müssen, aber noch ist die Zeit nicht da.»

«Für einen Russen ist das Hochverrat.» Willi lachte und mischte sich hinein: «Die alte Garde wird einmal in der Gesamtheit zu Hochverrätern werden – die Revolution der Arbeiterschaft – das ist noch ein weiter Weg, aber komm, wir müssen an die Arbeit.» (Zeutschel, S. 57/58)

Die GPU drückte der KPD die Terrorlinie auf. Die Parteizentrale kapitulierte rasch vor den russischen Befehlen.

Die KPD-Zentrale befahl und veranlaßte auch noch Terrorakte, als der Einfluß der Russen längst gebrochen war, ja, als die Russen bereits Deutschland verlassen hatten. Die Bedenken der ausführenden Terroristen, die natürlich bei der zwiespältigen Haltung der Partei unsicher wurden, beschwichtigte man mit der Erklärung, daß es sich bei der Ermordung von Spitzeln und Verrätern um Justiz-, bei Terrorakten gegen Gebäude und Menschenansammlungen um Akte zur Auslösung von Massenaktionen handele.

Ging die Sache schief, so verleugnete die Zentrale öffentlich die Taten, schüttelte die Täter ab und bezeichnete sie oft genug als Spitzel, sie, die in gutem Glauben und hohem Idealismus gehandelt hatten und vor Verzweiflung über den Verrat der Partei an ihnen nicht selten zusammenbrachen und ein umfassendes Geständnis ablegten.

Damit hatte die Zentrale wiederum den Beweis in der Hand, daß es wirklich nur Spitzel waren, denn sie hatten dem Gericht ja alles erzählt. Das war die Führung der Kommunistischen Partei von 1923 an, das war die Politik der Partei, auf die revolutionäre Arbeiter mit Hoffnung und Vertrauen sahen: Ein Sammelsurium von anarchistischen Taten und reformistischen Winkelzügen, von organisiertem Bakunismus und elendestem Opportunismus, von Mordhetze und Denunziantentum! (Zeutschel, S. 60/61)

Der T-Apparat, von Zeutschel auch «Partisanenorganisation» genannt, verbreitete sich über ganz Deutschland. Burmeister wurde im Leipziger Tschekaprozeß zu acht Jahren Zuchthaus verurteilt, kam nach vier Jahren in den Genuß einer Amnestie. Mit 30 anderen KPD-Häftlingen sollte er zur Erholung in die Nähe von Dresden. Die Entlassenen rechneten aber dort mit der noch bürokratischer gewordenen Partei ab.

Drei Monate nach Erlaß der Amnestie waren 50 % der ehemaligen Zuchthäusler nicht mehr Parteimitglieder oder verhielten sich doch passiv. Was die bürgerliche Justiz nicht in langen Jahren fertiggebracht hatte: die Zermürbung der aktiven Elemente in der deutschen Arbeiterschaft, das gelang den Herrschern der KPD in einem Vierteljahr. (Zeutschel, S. 154)

Burmeister erfuhr vom tiefgreifenden Wandel in der Kommunistischen Partei erst, als er sich bei seinen alten Freunden erkundigte.

«Ja», erklärten die ihm, «das sind alles neue Leute. Der größte Teil von ihnen war 1923 noch nicht einmal in der Partei. Seit wir Posten zu vergeben haben, kommen sie angeschwärmt. Wir Arbeiter kommen da gar nicht gegen an. Sie halten zusammen wie Pech und Schwefel, einer hält und hilft dem andern. Die ganze Gesellschaft besteht aus verkrachten Intellektuellen und Handarbeitern, die in ihrem Beruf nichts werden konnten oder ganz einfach zu faul zum arbeiten waren. Und jetzt wirf sie mal hinaus! Wir haben nichts zu sagen. Diese Leute sind faktisch die Partei. Wir sind Stimmvieh und dürfen uns von der Sipo [Sicherheitspolizei] den Buckel vollhauen lassen. Das ist nicht mit einem Mal gekommen. So nach und nach.»

«Es sind keine Betriebsarbeiter dabei?»

«Betriebsarbeiter? Hahaha. Nee, mein Lieber. Wir haben hier einen Lenin in Westentaschenformat – ein durchs Examen gefallener Lehrer. Wir haben einen ersten politischen Redakteur, der uns die Meinung vortutet – ein ehemaliger Junglehrer, der in seinem Fach nichts werden konnte. Wir haben einen Politsekretär – na, der ist wohl mal Arbeiter gewesen, so vor zehn Jahren, dann hat er gemerkt, daß er in der Politik mehr werden kann. Wir haben übrigens einen ganzen Schwung von der Gesellschaft. Die haben mit 18 Jahren genug getan. Dann haben sie überall ihre Nasen zwischen, treiben sich auf Parteischulen herum und haben es geschafft, du weißt nicht wie. (Zeutschel, S. 154/155)

1931, zwei Jahre nach seiner Entlassung, verließ der ehemalige Tschekist die Partei, von der er nun sicher wußte, daß sie die Befreiung des Proletariats nicht bringen würde. Verhängnisvollerweise erschien ihm seine eigene Tätigkeit im T-Apparat noch immer als emanzipatorisch.

Die KPD stellte mit ihrer Terrortätigkeit keine Ausnahme dar. Ein italienisches antistalinistisches Komitee brachte in den 60er Jahren eine Untersuchung heraus, nach der auf das Konto der GPU und der KPI mehr als 200 Morde allein an italienischen Kommunisten gingen. Ganz zu schweigen von Anarchisten, die als Gegner der moskauorientierten Politik in der Spanischen Revolution (1936–39) durch Agenten der GPU und andere Stalinisten ermordet wurden. Auch die angeblich im Sinne eines Eurokommunismus gewandelte KPI mag diese Seite der Parteigeschichte nicht zugeben.

Diese für jede Freiheitsbestrebung tödliche Tradition der KPD setzte sich nach 1945 in der Sowjetzone, dann in der DDR fort. Wie Familientraditionen im Linksrheinischen die Kontinuität der revolutionären Demokratie von den Jakobinern zu den Aufständischen von 1849 verdeutlichen (Haasis, Karcher, S. 189–192; Haasis, Volksfest, S. 21–23; Haasis, Morgenröte, S. 205–235), so mag für die Traditionslinien der DDR beispielhaft die Familie Wolf herangezogen werden.

Friedrich Wolf (1888–1953): seit 1921 Arzt in Hechingen (Württemberg), seit 1927 in Stuttgart, seit 1928 Mitglied der KPD, fruchtbarer, auch von Bertolt Brecht geschätzter Dramatiker und Leiter eines Arbeitertheaters, 1933 Emigration, 1950/51 erster Botschafter der DDR in Warschau.

Sein Sohn Markus Johannes Wolf, geb. 1923 in Hechingen, machte Schule und Ausbildung in Moskau, Alma Ata und Kuschnarenkowo mit, wurde sowjetischer Kontrolloffizier im Berliner Rundfunk, seit 1951 im Geheimdienst tätig, heute als Generaloberst und stellvertretender Minister Leiter der «Hauptabteilung Aufklärung» im «Ministerium für Staatssicherheit», damit der Chef des DDR-Geheimdienstes. Sein Bruder Konrad

Wolf, Präsident der Akademie der Künste der DDR (gestorben 1982), hatte einst Kontakte zu Wolf Biermann. Vor der fälligen Amtsenthebung bewahrte ihn nur sein mächtiger Bruder.

Solange die Traditionen der Tscheka, in die sich das «Ministerium für Staatssicherheit» der DDR auch einreiht, nicht aufhören, wird die Arbeiterbewegung, besonders ihr autoritär-dogmatischer Flügel, ein gebrochenes, nur taktisches Verhältnis zu neuen Freiheitsregungen beibehalten. Pazifistische Bestrebungen, Streiks, Demonstrationen und sonstige Massenbewegungen sind nur dann willkommen, wenn sie in das eigene Konzept, an die Macht zu kommen, passen. Taugen sie dazu nicht mehr, so werden sie von heute auf morgen fallengelassen. Insofern hinterlassen die Repressionen durch die traditionelle, autoritäre Arbeiterbewegung auch Spuren von solchen Besiegten, die sich, meist vergeblich und verlustreich, gegen diese unheilvollen Traditionen zur Wehr setzen.

Quellen und Literatur

Werner T. Angress: Stillborn Revolution. Die Kampfzeit der KPD 1921–1923, Düsseldorf 1973

Ernst Böse: Wahnsinn oder Verbrechen? Am Grabe des Kommunismus, Halle 1925 (Standort: Berlin, Bibliothek der Freien Universität)

Arthur Brandt: Der Tscheka-Prozeß. Die Denkschrift der Verteidigung, Berlin 1925

Adolf Ehrt: Bewaffneter Aufstand. Enthüllung über den kommunistischen Umsturzversuch am Vorabend der nationalen Revolution, Berlin/Leipzig 1933

Ruth Fischer: Stalin und der deutsche Kommunismus. Der Übergang zur Konterrevolution, Frankfurt o. J. [1949]

Karl Wilhelm Fricke: Die DDR-Staatssicherheit, Köln 1982

Hellmut G. Haasis, Karcher (siehe Kapitel 106)

Ders.: Morgenröte der Republik, Die linksrheinischen Demokraten 1789–1849, Berlin 1984

Ders.: Volksfest, sozialer Protest und Verschwörung. 150 Jahre Hambacher Fest, Heidelberg 1981

Die Kommunistische Partei in der Rechtsprechung des Staatsgerichts zum Schutze der Republik und des Reichsgerichts. Nur zum amtlichen Gebrauch. Hg. vom Polizeipräsidium Stuttgart, o. O. u. J. [Stuttgart 1925], S. 59–67

Walter Krivitsky: In Stalin's Secret Service. An Exposé of Russia's Secret Policies by the Former Chief of the Soviet Intelligence Service in Western Europe, New York/London 1939; deutsch: Ich war in Stalins Dienst, Amsterdam 1940 (K., der Leiter der sowjetischen Nachrichtenzentrale in Holland, wurde, lange nachdem er sich abgesetzt hatte, 1941 in seinem Hotelzimmer in Washington tot aufgefunden. Die Vermutung, daß es sich um eine späte Rache des sowjetischen Geheimdienstes gehandelt habe, dürfte nicht fehlgehen.)

Hans Pütz: Dokumente kommunistischer Führerkorruption. Die KPD im Dienste der russischen Außenpolitik, Leipzig 1931 (Standort: Stuttgart, Landesbibliothek)

Georg Schwarz: Völker, höret die Zentrale. KPD bankrott, Berlin 1933

Hans Stetter: Der kommunistische Sumpf. Mein Ausschluß aus der K.P.D., Stuttgart o. J. [1926] (Standort: Kiel, Bibliothek des Instituts für Weltwirtschaft)

JAN VALTIN (vielmehr RICHARD KREBS): Out of the Night, Ne
nach der deutschen Ausgabe: Tagebuch der Hölle, Köln 1957
Verhindert einen dreifachen Justizmord! Berlin 1925 (Standort:
versitätsbibliothek)
HERMANN WEBER: Die Stalinisierung der KPD in der Weimarer Re
Frankfurt/Main 1969
ERICH WOLLENBERG: Der Apparat, Stalins Fünfte Kolonne, Bonn 1
YPSILON (= JOHANN RINDE UND JULIAN GUMPAZ): Pattern of
tion, Chicago/New York 1947 (Standort: München, Staatsbiblioth
WALTER ZEUTSCHEL: Im Dienst der kommunistischen Terror-
(Tscheka-Arbeit in Deutschland), Berlin 1931
Beispielhaft zu den italienischen Opfern des Stalinismus (vgl. Kapitel 12
DANTE CORNELI: Il redivio tibertino. 24 anni di deportazione in UR
1977 (geb. 1900, lebt noch, emigrierte 1922 nach Moskau, war dort Se
italienischen kommunistischen Emigration, 1935 beschuldigt, 10 Jahre
trotzkistischer Dissident gewesen zu sein, nach Sibirien deportiert, erst 1
gelassen, kehrte 1970 nach Italien zurück, blieb Stalinist.)
ALFONSO LEONETTI: Italiani vittime dello stalinismo in URSS, in: Il Ponte, Fire
Jg. 1975/76
RENATO MIELI: Togliatti 1937, Milano 1964
PAOLO ROBOTTI: La prova, Bari 1965 (gest. 1982, Schwager von Togliatti, in der Sowjetunion zur Zwangsarbeit in Straflagern verschleppt; bevor er verhaftet wurde, denunzierte er als Chef des Klubs der italienischen politischen Emigranten Andersdenkende als Bordigisten, Anarchisten, Trotzkisten usw.; auch er blieb Stalinist)
GUELFO ZACCARIA: 200 comunisti italiani tra le vittime dello stalinismo, Milano 1964

120 Der Streik der ostfriesischen Landarbeiter im Jahre 1923

Ein Beitrag von Gabriele Frerichs, Klaus Frerichs (Emden), Hermann Roolfs (Groothusen)

In den ersten Jahren der Weimarer Republik fanden in Ostfriesland zahlreiche Auseinandersetzungen zwischen Bauern und Bediensteten statt. Der Streik im Jahre 1923 ist in dieser Kette der Ereignisse als Abschluß und Höhepunkt zu sehen.

Beginnen wir mit einer kurzen Charakterisierung der damaligen Verhältnisse. Ostfriesland lag im äußersten Nordwesten der neuen Republik. Es gliederte sich landschaftlich in drei Bereiche, in Marsch, Geest und Moor. Das Moor lag im Innern und wurde von Siedlern bewohnt, die zu den

…r Armen zählten. Dann folgte die Geest mit kleinbäuerlichen …sen. Den Außenrand, die Küstenregion, bildete die Marsch. Die …örn, die uns neben dem Rheiderland im weiteren beschäftigen …hlt zu den reichsten Gebieten.

…dem fruchtbaren Marschboden bildeten sich im Laufe der Jahrhun… bäuerliche Großbetriebe mit einer durchschnittlichen Größe von 50 …0 ha heraus. Der soziale Gegensatz war groß. Auf der einen Seite gab es …ige reiche Großbauern, in Ostfriesland «Polderfürsten», «blaue [blau…tige] Bauern» oder «Herrenbauern» genannt, auf der anderen Seite eine …roße Zahl armer Landarbeiter mit ihren Familien.

Bereits in der Vorkriegszeit hatte es in dieser Gegend gebrodelt. Die patriarchalischen Zustände auf den großen Höfen, das Korsett der Dienstbotenordnung und insbesondere die wirksame Behinderung der gewerkschaftlichen Organisierung der ländlichen Arbeiter verhinderten jedoch, daß die Landarbeiter die bestehenden Verhältnisse angriffen. Zur Veranschaulichung sei ein Auszug aus der bis 1918 gültigen Dienstbotenordnung zitiert.

Dienstboten-Ordnung für Ostfriesland und Harlingerland. Herrenhausen, den 10ten Julius 1859

Georg der Fünfte, von Gottes Gnaden König von Hannover, Königlicher Prinz von Großbritannien und Irland, Herzog von Cumberland, Herzog von Braunschweig und Lüneburg u. u.

Wir erlassen hiermit unter verfassungsmäßiger Mitwirkung Unser getreuen Ostfriesischen Landschaft folgende Dienstboten-Ordnung für Unser Fürstenthum Ostfriesland und Harlingerland:

§ 1. Unter dem Ausdrucke Dienstboten (Gesinde) begreift dieses Gesetz Alle, welche sich einem Andern, dem Dienstherrn (Herrschaft) zu fortlaufenden häuslichen oder wirtschaftlichen Diensten auf gewissen Zeitraum gegen Lohn und Kost verpflichtet haben. […]

§ 2. Befugt, sich als Gesinde zu vermiethen, ist Jeder, welcher das freie Verfügungsrecht über seine Person hat, jedoch bedürfen nur zu der ersten Vermiethung Hauskinder der elterlichen, Mündel der vormundschaftlichen – nicht obervormundschaftlichen – Einwilligung.

Ehefrauen bedürfen der Einwilligung des Mannes sowohl bei der ersten als bei jeder ferneren Vermiethung. […]

§ 6. Zur Gültigkeit des Dienstvertrages ist eine schriftliche Aufnahme desselben nicht erforderlich. […]

§ 21. Der Dienstbote ist dem Dienstherrn und denen, welche in dessen Namen handeln, Gehorsam, Treue und Ehrerbietung schuldig, auch zum Fleiß, zur Aufmerksamkeit und Wahrhaftigkeit im Dienste verpflichtet. Er muß Verweise mit Bescheidenheit aufnehmen.

§ 22. Er muß alle erlaubten und geeignete Dienste verrichten, welche ihm aufgetragen werden. […]

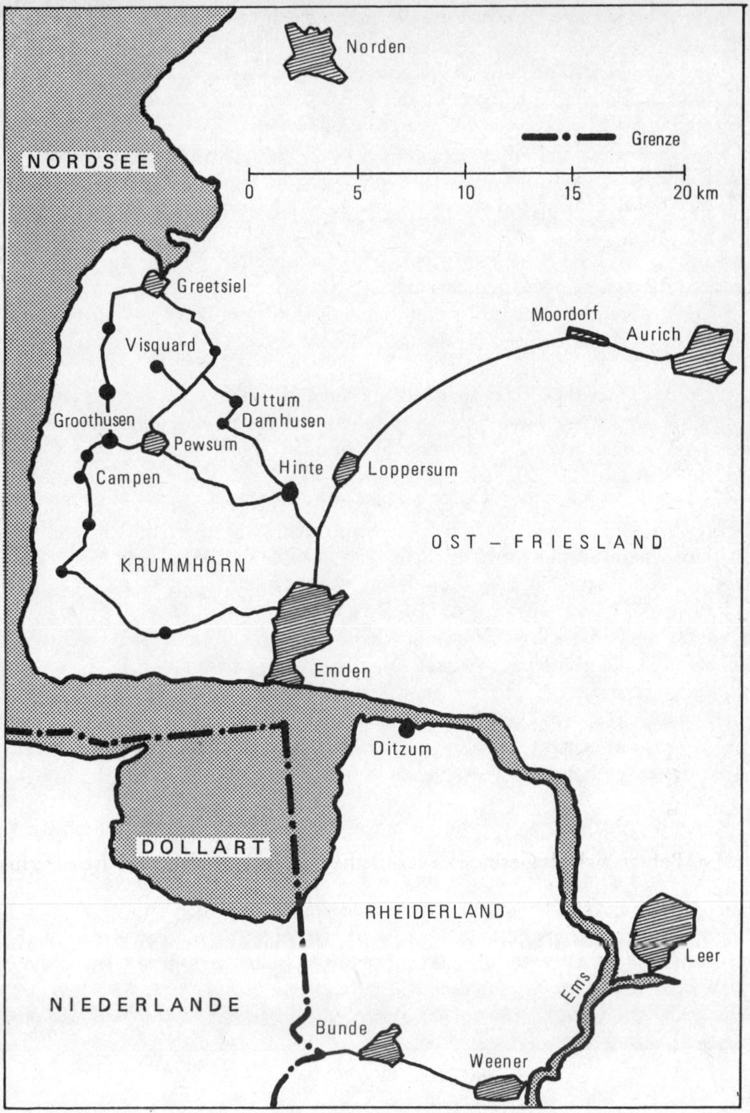
Norden
Grenze
NORDSEE
0
5
10
15
20 km
Greetsiel
Moordorf
Aurich
Visquard
Uttum
Groothusen
Damhusen
Pewsum
Hinte
Loppersum
Campen
OST – FRIESLAND
KRUMMHÖRN
Emden
Ditzum
DOLLART
RHEIDERLAND
Leer
Ems
NIEDERLANDE
Bunde
Weener

Karte 50

§ 25. Bei Eile erfordernden Erntearbeiten ist jeder Dienstbote zu helfen verpflichtet. [...]

§ 27. Der Dienstbote hat sich der häuslichen Ordnung zu unterwerfen.

Er darf sich nicht ohne Erlaubnis des Dienstherrn vom Hause entfernen. Die dazu erhaltene Erlaubnis darf er nicht überschreiten. [...]

§ 29. Er hat sich der Aufwiegelung des Nebengesindes und üblen Nachrede zu enthalten. [...]

§ 41. Dienstverträge, bei welchen nicht ein Anderes bestimmt worden, werden auf ein halbes Jahr, bei Knechten und Mägden auf dem Lande, zu deren regelmäßigen Geschäften landwirtschaftliche Arbeiten gehören, als auf ein ganzes Jahr eingegangen, angenommen. [...]

§ 43. Die Kündigung kann, wenn nichts Anderes bestimmt ist, nur auf Michaelis und Ostern angebracht werden, und zwar spätestens um Neujahr und Johannis vor diesen Zeitpunkten.

§ 46. Der Dienstherr darf den Dienstboten entlassen: [...] wenn der Dienstbote seine Dienstpflichten (§ 21 ff.) gröblich verletzt, insbesondere wegen beharrlichen Ungehorsams, Widerspenstigkeit oder Lügenhaftigkeit; wegen Veruntreuung, wegen tätlicher oder sonstiger groben Beleidigung des Dienstherrn oder der Familienmitglieder; wegen lasterhaften Wandels, namentlich Trunksüchtigkeit, Unzucht, Hang zum Spiel, Streitsucht; wegen grober Übertretung der häuslichen Ordnung, namentlich wenn er ohne Erlaubnis über Nacht aus dem Hause geblieben ist oder Fremde eingelassen hat. [...]

§ 48. Verläßt der Dienstbote ohne rechtsgenügenden Grund den Dienst, so ist er, abgesehen von der verwirkten gesetzlichen Strafe [...] auf Antrag des Dienstherrn von der Obrigkeit zur Fortsetzung des Dienstes anzuhalten. [...]

§ 49. Der Dienstbote darf den Dienst verlassen:

1) wenn er von dem Dienstherrn mißhandelt worden;

2) wenn der Dienstherr ihn zu gesetzwidrigen oder unsittlichen Handlungen hat verleiten wollen oder vor solchen Zumutungen von Hausgenossen nicht schützt;

3) wenn Lohn oder Kost ohne rechtsgenügenden Grund vorenthalten wird [...]

§ 52. Wird ein Dienstbote durch Krankheit oder sonstigen unverschuldeten Grund unfähig zum Dienste, so darf er denselben verlassen.

Der Dienstherr ist in diesem Falle sowie bei jeder ansteckenden oder ekelhaften Krankheit des Dienstboten zur Entlassung desselben befugt, sofern sie ohne Gefahr geschehen kann. [...]

§ 55. Die für den erkrankten Dienstboten aufgewandten Kosten können vom Lohne abgezogen werden. [...]

§ 67. Beim Verlassen des Dienstes muß das Zeugnis [...] von der Herrschaft in das Dienstbuch eingetragen werden.

Gegeben Herrenhausen, den 10ten Julius 1859

[Siegel] Georg Rex [König Georg]

Erst die Katastrophe des verlorenen Weltkrieges führte zu einer vorläufigen Erschütterung. Nun bildeten die ostfriesischen Landarbeiter im Februar 1919 die ersten gewerkschaftlichen Ortsgruppen und schlossen sich dem 1909 gegründeten Deutschen Landarbeiterverband (DLV) an. Der Landarbeiter T.B., Funktionär des DLV, berichtet:

Der Landarbeiterverband hat sich dann sehr schnell ausgebreitet. Ich will es nicht überschätzen, aber wir hatten bis 1920 hier im Rheiderland allein über 1000 Mitglieder. Die Organisation kam natürlich dort am schnellsten voran, wo die größten Betriebe waren. (Poppinga, S. 54)

Verschiedene Versuche, durch Kampfmaßnahmen die soziale Lage der Landbevölkerung zu verbessern, blieben zunächst ohne Erfolg. Die Landarbeiter sammelten jedoch wertvolle Erfahrungen:

– Die ersten Streiks waren «wild» und schlecht organisiert.
– Es mangelte an Kenntnissen, wie einzelne Maßnahmen wirksam durchzusetzen sind.
– Die Zeitpunkte für die Streiks waren ungünstig gewählt. In der pflanzlichen Produktion, so zeigte sich, ist die Verweigerung der Arbeit im Grunde nur in der Ernte wirksam, wenn bestimmte Arbeiten innerhalb kurzer Zeit erledigt werden müssen und keine zusätzlichen Arbeitskräfte zu beschaffen sind.
– Die Aktionen waren räumlich zu begrenzt. Die Bauern konnten aus den Nachbarregionen immer wieder Streikbrecher hinzuziehen (vgl. dazu die Annoncen aus der «Emder Zeitung» von 1921).

Vor diesem Erfahrungshintergrund sind die Streikauseinandersetzungen des Jahres 1923 zu sehen. Was waren aber die Ursachen für den Konflikt?

Zunächst einmal verschlechterten sich die ohnehin kargen Lebensverhältnisse der Landarbeiter aufgrund der galoppierenden Inflation, die im Sommer 1923 ihrem Höhepunkt zuschritt, immer mehr. Zum anderen gingen die ostfriesischen Arbeitgeber, im reaktionären Reichslandbund organisiert, im Verein mit ihren ostelbischen Kollegen dazu über, die Vereinbarungen, die zum Zwecke der Abwiegelung der Revolution von 1918/19 zugestanden worden waren, wieder abzubauen (Flemming). Dazu wollten sie vor allem die Neuerung, in der Landwirtschaft Tarifverträge abzuschließen, wieder rückgängig machen. Im Sommer 1923 lösten die Krummhörner Bauern ihren Verband auf. Zum Abschluß eines Tarifvertrages, so kalkulierten sie, fehlte damit die zweite Partei. Ein Aufruf des Landrates zur Rückkehr an den Verhandlungstisch (Ostfriesiche Zeitung vom 13.7 1923; Rhein-Ems-Zeitung vom 13.7. und 14.7.1923) wurde ignoriert, eine gütliche Einigung gar nicht erst versucht. Alle Zeichen standen auf Sturm.

Die Landarbeiter mußten Kampfmaßnahmen ergreifen. Als Zeitpunkt

Ländl. Arbeitgeberverband

des Kreises Weener.

Allen denen, die uns in der Abwehr des Streiks so tatkräftig unterstützt bezw ihre Hilfe in Aussicht gestellt haben, möchten wir auf diesem Wege

unsern herzlichsten Dank

aussprechen. Wegen der Fülle der Angebote ist es uns nicht möglich, allen brieflich unsern Dank auszudrücken.

Bunderneuland, den 13. März 1921.

I. A.: K. Rifius, Geschäftsführer.

Ländlicher Arbeitgeber-Verband

des Kreises Weener.

Infolge des uns aufgezwungenen wilden Streiks suchen wir für die Dauer des Streiks

junge Landwirtssöhne, Töchter, sowie andere Arbeitswillige,

die bereit sind, die notwendigsten Arbeiten zu verrichten. **Gute Vergütung sowie Kost und Logis wird gewährt.**

Meldungen schriftlich und telephonisch an unsereren Geschäftsführer **Karl Rifius in Bunderneuland**, Telephon 157.

[redacted]

Ländlicher

Arbeitgeber=Verband

des Kreises Weener.

Da uns von allen Seiten Hilfe in überaus reichem Maße zuteil geworden ist, bitten wir von weiterem Angebot vorläufig absehen zu wollen.

Der Vorstand.

[redacted]

wählten sie die Getreideernte, die Anfang August erfolgte. Von der Vorbereitung dieses «ersten und einzigen organisierten» Streiks berichtet wiederum der Landarbeiterfunktionär T. B.:

Samstags und sonntags waren wir mit fünf Referenten in die Krummhörn gezogen, hatten jedes Dorf besucht zur Vorbereitung für den Streik. Jede Versammlung stimmte über den Streik ab und wählte einen Delegierten. Die Delegierten kamen Sonntagnachmittag in Hinte zusammen und beschlossen, daß Mittwoch nächster Woche gestreikt werden sollte. (Poppinga, S. 57)

Wie in den Zeitungen nachzulesen ist, begannen die Landarbeiter der Krummhörn am Mittwoch, den 1.8.1923 mit dem Streik (Ostfriesische Zeitung vom 2.8.1923; Leerer-Anzeigenblatt vom 3.8.1923). Parallel zum Rheiderland dehnte er sich bis zum Ende der Woche auf die wichtigsten Dörfer aus.

Der Landarbeiter Gerd Berg berichtet über die Schwierigkeiten, die es bei der Durchführung gab. Nicht alle waren im Deutschen Landarbeiterverband organisiert. Viele hatten Angst, die Arbeit niederzulegen.

Wir mußten also los, um die Streikbrecher von der Arbeit abzuhalten. Und wir mußten früh sein, weil wir nicht auf die Felder durften. Das war Landfriedensbruch. Dafür mußten viele sitzen, die wurden bestraft, natürlich. M.D. [ein Landarbeiterfunktionär] rief hier bei der Post an, daß wir am nächsten Morgen mit soundsoviel Mann in Visquard sein sollten. Dann waren wir morgens bereits um 6 Uhr da. Alle, die Fahrrad fahren konnten, mußten mit. Da waren wir manchmal um die hundert Mann aus allen Dörfern. Das ‹Fußvolk› mußte hier über die Felder. Wir sagten zu den Streikbrechern: «Her mit deinem Arbeitsgerät, und dann gehst du schön wieder nach Hause!» – Ihr Arbeitsgerät haben sie auch abgegeben. Das konnten sie später wieder abholen. Ab und zu hat es auch 'mal Hauerei gegeben. – Wir mußten so von Dorf zu Dorf ziehen. Der Gendarm fuhr auf dem Fahrrad immer hinter uns her. Mittags zwischen zwölf und eins kamen wir mit dem ganzen Trupp nach Pewsum. Dort sangen wir: «Wer schafft das Gold zutage». (Tonbandinterview mit Gerd Berg)

Eine weitere Schwierigkeit ergab sich, als zu Beginn der folgenden Woche, am Montag, den 6.8.1923, Saisonarbeitskräfte vom Moor und von der Geest erwartet wurden:

Im Sommer kamen die Leute aus dem Kreis Aurich hierher, um zu sichten [mähen]. Darum mußten wir an einem Morgen schon um 4 Uhr in Loppersum sein. Wenn die Züge ankamen, wollten wir die Arbeiter zurückhalten. Wir haben ihnen dann gleich Bescheid gesagt: «Ihr müßt wieder umkehren!»

Die Bauern standen schon mit Pferd und Wagen bereit und wollten sie abholen. Wir blieben aber so lange da, bis die Arbeiter wieder abfuhren. Sie kehrten auch ohne weiteres um, das war kein Problem. Die wußten ja sehr gut, daß wir dies nur taten, um zu überleben. (Tonbandinterview mit Gerd Berg)

Aufgrund der nahenden Ernte gerieten die Bauern immer mehr in Bedrängnis. Versuche, das Korn mit Grasmähmaschinen zu schneiden, verhinderten die Landarbeiter, indem sie Eisenstangen in die Felder steckten, die die Schneidevorrichtungen zerstörten. Mittlerweile wurden die Forderungen des Deutschen Landarbeiterverbands in der Lokalpresse genannt:

Die Landarbeiterschaft drängt nunmehr auf den Abschluß eines längere Zeit gültigen Tarifs, der [wegen der Inflation] eine Bezahlung nach Roggenwert (Stundenlohn von 3 Pfund Roggen) vorsieht. Bis jetzt war die Entlohnung der Landarbeiter derart niedrig, daß es besonders großen Familien einfach unmöglich war, das zum Leben Notwendige zu beschaffen. (Rhein-Ems-Zeitung vom 5.8.1923)

Obwohl sich das Streikgeschehen zuspitzte, weigerten sich die Bauern, zu einem vom Landratsamt in Emden für den Dienstag, 7.8.1923, angesetzten Vermittlungstermin zu erscheinen. Diese unnachgiebige Haltung rief schließlich auch den Unmut bürgerlicher Kreise hervor:

Aber nicht nur bei den Landarbeitern macht sich zur Zeit eine Erbitterung bemerkbar, selbst in weiten bürgerlichen Kreisen herrscht gegen die Landwirtschaft eine gewisse gereizte Stimmung, weil man der Ansicht ist, daß der die Ernte bedrohende Streik wohl hätte vermieden werden können, wenn von Seiten der Landwirte den gerechten Forderungen der Arbeiter entsprochen worden wäre. Eine noch bedenklichere Erscheinung ist jedoch die Tatsache, daß auch innerhalb der Industriearbeiterschaft die Erregung täglich größer wird. (Ostfriesische Zeitung vom 9.8.1923)

Diese Befürchtung der Presse war berechtigt:

Am Mittwochvormittag haben die Bauhandwerker Emdens und die Arbeiter an der Westmole [...] die Arbeit eingestellt. Diesem Streik haben sich im Laufe des [...] Tages auch die Arbeiter der größeren Betriebe angeschlossen, so daß man von einer großen Arbeiterbewegung sprechen kann. Diese ist zum Teil auf den Landarbeiterstreik, dann aber auch auf die zur Zeit herrschende gewaltige Teuerung zurückzuführen, unter der alle Schichten der Bevölkerung zu leiden haben. [...] Den Anfang der hiesigen Arbeiterbewegung bildete eine [...] auf dem Kasernenplatz abgehaltene öffentliche Versammlung, in der besonders der Landarbeiterstreik zur Sprache kam. (Ostfriesische Zeitung vom 9.8.1923)

Auch am darauffolgenden Donnerstagmorgen fand wiederum eine Versammlung auf dem alten Kasernenplatz in Emden statt. Der Ausstand der Landarbeiter und der der Emder Industriearbeiter liefen jetzt parallel.

In der Presse wurde eine erste Stimme der Bauern laut. J.G., ein Landwirt aus Uttum, versuchte den Streikenden nachzuweisen, daß sie sich ins eigene Fleisch schnitten. Er erklärte ihnen, daß sie «durch die zwischen einzelnen Landwirten und ihren Arbeitern getätigten Lohnabkommen höheren Verdienst erzielen als durch die Tariflöhne» (Rhein-Ems-Zeitung vom 9.8.1923).

Diesem Brief folgte am nächsten Tag die ausführliche Antwort eines Landarbeiters:

Es entspricht nicht den Tatsachen, daß die Arbeitnehmer seit Aufhören des Arbeitgeber-Verbandes durch die zwischen den einzelnen Landwirten und ihren Arbeitern getätigten Lohnabkommen höheren Verdienst erzielen als durch die Tariflöhne. [...] Bekannt ist, daß seit Jahren von vielen Landwirten (ich könnte viele aufzählen!) gegen den Landarbeiterverband Sturm gelaufen und alles versucht wurde, die organisierten Arbeiter zum Austritt aus dem Verbande zu bewegen. [...] Ich und mit mir die überwiegende Mehrzahl meiner Arbeitskollegen stehen auf dem Standpunkte, daß nur auf dem Wege des Vertrages von Organisation zu Organisation der Friede auch in der Landwirtschaft gesichert werden kann. [...] Wir verlangen einen für längere Zeit abgeschlossenen festen Tarif, der uns vor allem einen auskömmlichen Lohn sichert auch für die Zeit, wo die Arbeiten in der Landwirtschaft weniger drängen als gegenwärtig. Damit, daß die Landwirte unter dem Druck der Verhältnisse (Ernte) zu einigen Zugeständnissen bereit sind, ist uns nicht geholfen. Wir und unsere Familien wollen auch im Winter nicht hungern. (Rhein-Ems-Zeitung vom 10.8.1923)

Am Freitag, den 10. August 1923, als dieser Antwortbrief des Landarbeiters in der Zeitung erschien, wird den Aktiven nicht viel Zeit zur Diskussion geblieben sein; denn die Ereignisse überschlugen sich. Insbesondere auf zwei Begebenheiten ist hinzuweisen, die zunächst in keinem Zusammenhang zu stehen schienen. Da sind zunächst die Tarifverhandlungen zwischen den Vertretern der Bauern und den Delegierten des Deutschen Landarbeiterverbandes in der «Delfthalle» in Emden. Unter dem Druck der nahenden Getreideernte und der geschlossenen Front der Landarbeiter konnten die Bauern nicht mehr anders, als sich an den Verhandlungstisch zu begeben. Zum anderen hatten sich auf dem Bauernhof Damhusen bei Uttum, welcher J. G., dem Autor des ersten Leserbriefes, gehörte, eine Anzahl von Jungbauern und ein Zahnarzt aus Pewsum getroffen. Allesamt waren sie im «Stahlhelm» organisiert, dem Bund der Frontsoldaten, einer mehr oder weniger rechtsradikalen Bürgerkriegstruppe. Diese Zusammenkunft muß sich frühzeitig unter den Landarbeitern und Emder Industriearbeitern herumgesprochen haben, denn sie belagerten den Hof bald in großen Mengen. Die Angaben über die Anzahl der Beteiligten sind hierbei sehr unterschiedlich. Sie schwanken für die beteiligten Stahlhelmer zwischen zwölf und fünfzig, für die Belagerer zwischen «'n lüttje dusend» und 4000. (Ostfriesische Zeitung vom 25.8.1923; Leerer-Anzeigenblatt vom 29.8.1923)

Fest steht jedoch, daß die Jungbauern auf Damhusen mit ihren Standesvertretern bei den Verhandlungen in Emden telefonisch in Verbindung standen. Ein Delegierter der Landarbeiter berichtet:

Den ganzen Tag über wurden die Bauern immer wieder ans Telefon gerufen. «Es ist verloren!» riefen sie dann. Das Volk wurde ja rebellisch. Die hätten ja bald die Höfe in Brand gesteckt. So weit war das ja! (Tonbandinterview mit Gerd Berg)

Was zuvor sicherlich als geschickte taktische Maßnahme seitens der Bauern geplant war, sollte sich als Bumerang herausstellen. Nicht nur die Notwendigkeit des Beginns der Getreideernte, sondern jetzt auch die akute Belagerung ihrer Verbündeten auf Damhusen schwächte die Position der Bauern bei den Tarifverhandlungen. Um die Jungbauern aus ihrer Notlage zu befreien, wurde die Reichswehr aus Emden zur Hilfe gerufen. Ein Landarbeiter:

Die sind dann mit LKWs und Maschinengewehren darauf gekommen. Es ist aber nichts passiert. Die Reichswehr hat dann dafür gesorgt, daß sie die Bauern aus Damhusen herausbekam. (Tonbandinterview mit Gerd Berg)

Über den Abzug der Bauern berichtet ein anderer Landarbeiter:

Dann rückte die Reichswehr an, aus Emden, und setzte durch, daß die Bauern abziehen durften. Bei ihrem Abzug mußten die Bauern durch ein Spalier von Landarbeitern ziehen, die auf jeder Seite standen. Zwei der Hauptscharfmacher von den Bauern haben wir uns später noch gepackt und in einen Graben geschmissen, in einen Schlot, der voller Wasser war, natürlich. (Poppinga, S. 51/52)

Die Tarifverhandlungen in Emden, die den ganzen Tag andauerten, kamen schließlich «so um fünf» zu einem Abschluß. Darüber berichten die Zeitungen:

Die Verhandlungen über die Beilegung des Landarbeiterstreikes in Emden und im Kreise Weener vor dem Schlichtungsausschuß in Emden am 10. August 1923 führten in elfstündiger Sitzung zu einer Einigung. Für beide Kreise wurde ein Tarif abgeschlossen. Die Entlohnung soll im Landkreise Emden nur in Roggen und sonstigen Naturalien erfolgen, während im Kreise Weener der Stundenlohn teils bar, teils in Naturalien, lieferbar nach der Druschzeit, gezahlt wird. Für Sichten und Binden wurden besondere Akkordsätze vereinbart. Die Arbeit wird sofort wieder aufgenommen. (Ostfriesische Zeitung vom 13.8.1923)

Der Landarbeiterstreik wurde am Freitagnachmittag beigelegt auf folgender Grundlage: Bis 1. Oktober ein Stundenlohn von 3,5 Pfund Roggen; alsdann 3 Pfund Roggen; fürs Sichten wurde ausbedungen 2 Pfund Roggen pro Ar, fürs Binden ein Pfund Roggen. Außerdem wird Heu und zehn Ballen Stroh gewährt. (Rhein-Ems-Zeitung vom 14.8.1923)

Weiter, so der Delegierte des Deutschen Landarbeiterverbandes, wurde vereinbart, daß den Aktiven des Streiks nichts passieren solle. Diese Abmachung wurde jedoch nicht eingehalten. In zahlreichen Prozessen wegen Nötigung und Landfriedensbruch wurden für die Weimarer Zeit typische hohe Strafen gegen die Landarbeiter ausgesprochen.

Ein vorläufiges Ziel, den Abschluß eines Tarifes, haben sie mit ihrem Streik jedoch erreicht. In Ostfriesland wie im Deutschen Reich ist es dem Deutschen Landarbeiterverband dennoch nicht gelungen, einen Rückgang der Landarbeiterbewegung aufzuhalten.

Heutzutage sind es vor allem die Ereignisse auf dem Hof Damhusen, die den älteren Mitbürgern unter der scherzhaften Bezeichnung «Schlacht bei Uttum» noch ein Begriff sind.

Quellen und Literatur
J. Flemming: Landarbeiter zwischen Gewerkschaften und «Werksgemeinschaft». Zum Verhältnis von Agrarunternehmen und Landarbeiterbewegung im Übergang vom Kaiserreich zur Weimarer Republik, in: Archiv für Sozialgeschichte, 14, 1974, S. 401 ff.
Leerer-Anzeigenblatt, Jg. 1923
Onno Poppinga/Martin Barth/Hiltraud Roth: Ostfriesland. Biographien aus dem Widerstand, Frankfurt/Main 1977
Ostfriesische Zeitung, Jg. 1923
Rhein-Ems-Zeitung, Jg. 1923
Tonbandinterview mit Gerd Berg

121 Die rote Kommune Mörfelden (1932)

Zum Zentrum des Widerstandes gegen den Bau der Startbahn West des Flughafens Frankfurt/Main (1981/82) gehört der Ort Mörfelden. Der Ort kann auf eine lange kämpferische Tradition zurückgreifen. Das immer wieder besiegte Dorf ist eben doch nie endgültig unterworfen worden. Sein Selbstbewußtsein vererbt sich im Untergrund der offiziellen Gesellschaft, bricht in großen Widerstandsaktionen auf, wenn erneut Anlaß und Notwendigkeit vorliegen.

Mörfelden blieb bis ins 19. Jahrhundert ein Bauerndorf. Es lag an der Unterstraße, einer der wichtigsten Handelsverbindungen der Gegend, die über Oppenheim, Groß-Gerau und Mörfelden nach Frankfurt führte. Diese günstige Lage verschaffte vielen Mörfeldern eine Beschäftigung im

Fuhrwesen. Für die Sprengungen im St. Gotthard-Tunnel (1872–82; siehe Kap. 110) karrten ausschließlich Mörfelder Fuhrleute das Pulver herbei. Fast das ganze Dorf stürzte sich auf diesen Erwerbszweig. Kurzfristig ließ sich so die Beschäftigungskrise Mörfeldens überwinden, wo nach 1870 die Eisenbahn die Fuhrleute arbeitslos machte. Doch dann mußten die Mörfelder auf Dauer auswärts Arbeit suchen, vor allem als Maurer und Zimmerer. Mörfelden entwickelte sich zum Arbeiterdorf und schon vor 1914 zu einer Hochburg der Sozialdemokratie. Nach 1920 wuchs die KPD zur stärksten Partei heran.

Die Mörfelder Arbeiterbewegung gründete 1920 eine Freireligiöse Gemeinde, eine Organisation proletarischer Freidenker, übrigens auch mit Sozialdemokraten. Die meisten Lehrer beteiligten sich daran, unterrichteten in diesem Sinne. 1924 erhielt deshalb der Lehrer Peter Klingler, ein Sozialdemokrat, Berufsverbot. Im nächsten Jahr wählten ihn die Mörfelder zu ihrem Bürgermeister.

Zu seinem Nachfolger wurde im November 1931 Georg Zwilling (1892–1944) gewählt, der erste kommunistische Bürgermeister Hessens. Zwilling, wie so viele Mörfelder von Beruf Maurer, gehörte 1919 zu den Gründern der USPD, 1920 der KPD Mörfelden; er war zugleich Mitglied im Arbeiter- und Soldatenrat Frankfurt. Seine Wahl zum Bürgermeister (1931) stand unter dem verhängnisvollen Vorzeichen der Sozialfaschismus-Theorie (gegen die SPD) und der Schaffung kommunistischer RGO-Gewerkschaften (gegen die Gewerkschaften; vgl. das Interview Willi Bleichers Kapitel 131). Der kommunistische Bürgermeister Zwilling mußte gegen eine Mehrheit aus SPD und bürgerlichen Parteien regieren. Eine KPD-Broschüre des Jahres 1932 gibt uns unleugbar Aufschluß über den sektiererischen Kurs, in dem sich eine schrankenlose Verteufelung der Sozialdemokratie – was die DKP Mörfelden in ihrem Buch *Die Stadtfarbe ist rot!* verschweigt – mit stalinistischer Lobhudelei für die Sowjetunion verbanden. Die Einheitsfront-Parole propagierte ungeniert die Vorherrschaft der Kommunisten: «Proletarische Einheitsfront unter Führung der Kommunisten!» Auch der geforderte «proletarische Massenselbstschutz» muß natürlich «unter Führung der Kommunisten» stehen (Kampf, S. 3).

Die Kommune Mörfelden steuerte auf einen Zusammenstoß mit der sozialdemokratischen Regierung in Darmstadt zu. Die Vorgeschichte dazu sahen die Kommunisten damals so:

Die Vorgeschichte der Polizeiexekutive gegen das rote Mörfelden
Mörfelden ist ein Arbeiterwohndorf mit 5000 Einwohnern. Es gibt etwa 25 Bauernfamilien und 220–230 Gewerbetreibende. Die große Masse der Bevölkerung besteht aus Arbeitern. Zumeist waren sie als Bauarbeiter in Frankfurt,

Mainz, Darmstadt, Groß-Gerau, Rüsselsheim beschäftigt. Eine eigene Industrie gibt es in Mörfelden nicht. In den drei Schulen werden 6–700 Kinder unterrichtet.

Die kapitalistische Krise wirkt sich in Mörfelden besonders kraß aus. Der Prozentsatz der Erwerbslosen und damit das Elend in der Gemeinde steht weit über dem Durchschnitt anderer Orte.

Der Mörfelder Arbeiter ist als klassenbewußter Proletarier überall bekannt. Die Kapitalisten wollen deshalb mit den Mörfelder Proletariern nichts zu tun haben.

Die Mörfelder Elendslage wird dadurch besonders gekennzeichnet, daß von der Bahnstation Mörfelden in den Jahren 1926/27 zirka 1800 Wochenkarten ausgegeben wurden, 1930 aber nur noch 300. Der Brotverbrauch ist um ein Drittel gesunken. Der Fleischkonsum ist um 50–60% herabgegangen. Der Umsatz der Gastwirtschaften beträgt nur noch ein Drittel des Jahres 1929. Die neuen Wohnungen mit 2–3 Zimmern stehen leer, weil für die Mieten kein Geld vorhanden ist. Die Arbeiterfamilien sind in den Altwohnungen zusammengedrängt und schlafen vielfach mit 15 Personen in 3 Zimmern und 1 Küche. Die Eltern schlafen mit den Kindern in einem Bett, ebenso kleinere und größere Geschwister. Mit der wachsenden Wohnungsnot stiegen die Krankheitsziffern. Tuberkulose und Rachitis gibt es in fast allen Familien. (Kampf, S. 4)

Der frischgewählte Bürgermeister Zwilling erhöhte sofort den Unterstützungsfonds für die Arbeitslosen, eine mehr als gerechtfertigte Maßnahme. Er mobilisierte geschickt seine Wähler gegen die nichtkommunistische Gemeinderatsmehrheit.

Der rote Bürgermeister stützte sich bei allen seinen Handlungen auf die Arbeiterschaft Mörfeldens. Die Bürgerversammlung wurde zur ständigen Einrichtung. Alle seine Pläne legte der Bürgermeister der Mörfelder Einwohnerschaft in aller Öffentlichkeit vor. Erst dann durfte die Gemeindevertretung Stellung nehmen. So wurde ein *rotes Winterhilfsprogramm* beschlossen, das folgende Punkte enthält:

1. Die Erwerbslosen-, Krisen- und Wohlfahrtsunterstützungsempfänger erhalten für ihre Kinder unter 3 Jahren pro Kopf und Tag einen Liter Milch auf Kosten der Gemeinde.
2. Erlaß der Grundgebühr für das Wassergeld für die Dauer der Unterstützung.
3. Mietunterstützung für Unterstützungsempfänger in Neubauwohnungen von 8 Mark für die dreiköpfige Familie, von 12 Mark für die 4–5köpfige Familie, von 16 Mark für größere Familien.
4. 2 Meter Holz aus dem Gemeindewald für alle Unterstützungsempfänger.
5. 1 Zentner Kohlen pro Familie und Woche für die Unterstützungsempfänger.
6. Beschäftigungslose Gewerbetreibende erhalten Wohlfahrtsunterstützung.
7. Wohlfahrtsunterstützung für alle ledigen Arbeitslosen von 3 Mark unter 17 Jahren, von 5 Mark bis 20 Jahre und nach dem allgemein üblichen Richtsatz über 20 Jahre. (Kampf, S. 5)

Die Gemeinde verfügte über keine nennenswerten Einnahmen, da es keinerlei Industrie gab. Die Gemeindekasse war leer. Die Regierung bewilligte nur unter Druck 6000 Mark, ein lächerlicher Betrag für die 1500 Arbeitslosen, der bei den angehobenen Hungersätzen nicht einmal einen Monat ausreichte. Die Gemeinderatsmehrheit boykottierte die Sitzungen, mußte erst durch eine erneute Massenmobilisierung zum Erscheinen gezwungen werden. Der Bürgermeister wurde am 25. Januar 1932 beauftragt, «eine Massenaktion gegen den Strompreiswucher einzuleiten» (Kampf, S. 5). Außerdem sollten ab sofort alle Arbeitslosen ebenfalls die kostenlose Schulspeisung erhalten. Die Mieten in den Gemeindewohnungen wurden gesenkt. In einem weiteren Punkt wurde Widerstand gegen die Notverordnungspolitik der Regierung geleistet. Die Kosten der Krise sollten nicht auf die kleinen Leute abgewälzt werden.

Der in der vierten Notverordnung festgelegte 10prozentige Lohnabbau wird durch die Gemeinde Mörfelden nicht durchgeführt. (Kampf, S. 6)

Zur selben Zeit wurde der Kommunist Wilhelm Bitsch, auch er Maurer, zum Beigeordneten gewählt, gegen den Kandidaten der SPD und der Bürgerlichen. Die KPD baute ihren Vorsprung noch weiter aus. Bei der Reichspräsidentenwahl vom 13. März 1932 erhielten in Mörfelden Ernst Thälmann, Vorsitzender der KPD, 1737 Stimmen, Hindenburg 850 und Adolf Hitler 264. Bei den Landtagswahlen vom 19. Juni 1932 kam die KPD auf 1253, die SPD auf 353, die NSDAP auf 329 Stimmen. Bei der Reichstagswahl vom 6. November 1932 lautete das Ergebnis: KPD 1541, SPD 463, NSDAP 392 Stimmen.

Die verelendete, zugleich radikalisierte Kommune Mörfelden ging zum grundsätzlichen Widerstand gegen die räuberische Notverordnungspolitik über. Damit sah die sozialdemokratische Landesregierung die Chance gekommen, die ganze Mörfelder Bewegung niederzuschlagen und zu entmachten. Anders ließen sich die Wahlergebnisse nicht aus der Welt schaffen. Die Kämpfe schildert eine Broschüre der KPD Mörfelden, noch im Jahr 1932 erschienen, 1968/69, zur Zeit der Außerparlamentarischen Opposition, im Darmstädter sozialistischen Verlag «Der Rote Heiner» nachgedruckt. Zur Quellengrundlage heißt es am Schluß dieser Broschüre:

Der Inhalt vorliegender Broschüre stützt sich auf Arbeiterkorrespondenten-Berichte laufend informierter Proletarier über die Verhältnisse und Ereignisse in Mörfelden. (Kampf, S. 15)

Die Notverordnungen außer Kraft

Das rote Mörfelden lehnt die Eintreibung der Notverordnungssteuern und die übrigen Bestimmungen der Notverordnungen ab. Die 20 Wirte weisen die Einführung der Getränkesteuer zurück. Sie haben die Unterstützung der roten Kommunalfunktionäre. Die Regierungsinstanzen werden nervös und stellen sich auf den Kampf ein.

Die Regierung beschließt: Mörfelden muß die Notverordnungen anerkennen. Mörfelden faßt den Gegenbeschluß: Wir lehnen die Notverordnungen und jede weitere Belastung durch neue Steuern ab.

Am 1. Februar [1932] telefoniert das Kreisamt Groß-Gerau und verlangt die sofortige Einführung der Getränkesteuer als Einleitung zur Einführung aller Notverordnungsbestimmungen. Der rote Bürgermeister lehnt glatt ab.

Die Regierung beschließt die Aushungerung Mörfeldens

Die hessische Regierung beschließt nunmehr, die der Gemeinde Mörfelden zustehenden Gelder für die Unterstützungsempfänger einzubehalten, bis die Notverordnungen durchgeführt sind. Das rote Mörfelden richtet sich zum Kampfe ein. Bis Mitte Februar reichen die 6000 Mark aus dem Ausgleichskonto. Das Wassergeld und die anderen kleinen Einnahmen müssen mithelfen, die drohende Notlage zu mildern.

Das Kreisamt Groß-Gerau fordert nochmals die Durchführung der Getränkesteuer. Mörfelden pfeift darauf. Jetzt kommt das Ultimatum der Regierung: Binnen 24 Stunden soll Mörfelden die Notverordnungen einführen. Mörfelden lehnt es ab!

Die rote Gemeinde arbeitet fieberhaft, um die Lebensexistenz der Notleidenden zu sichern. Das Holz wird zu den bedürftigen Arbeiterfamilien geschafft. Die Kinder erhalten neue Schuhe, die Schulkinderspeisung steht vor der Durchführung.

Das Geld in der Kommune aber ist verbraucht. Der rote Bürgermeister fordert vom Kreisamt die Zahlung der zustehenden Gelder. Der Regierungsrat Dr. Wolf lehnt mit der Begründung ab: die Gelder würden unsachlich verbraucht, was gleichbedeutend ist mit der Verwendung der Gelder für die Notleidenden. Der Bürgermeister Zwilling erwidert, daß die Stadt Groß-Gerau allein der Konservenfabrik Helvetia 20000 Mark Steuern geschenkt habe, während man die Mörfelder Arbeiter hungern lassen will. Regierungsrat Dr. Wolf bleibt bei seinem Ultimatum, wonach erst von den Hungernden auch noch Steuern eingezogen werden sollen. Noch einmal versucht der rote Bürgermeister Zwilling, das der Gemeinde gehörige Geld zu erhalten. Die Regierung bleibt bei ihrem brutalen Beschluß. Der rote Bürgermeister versucht nun, im Auftrage der Gemeinde, beim Ministerium in Darmstadt das der Gemeinde gehörende Geld zu erhalten. Auch das wird abgelehnt.

Die Erbitterung wächst. Eine gewaltige Demonstration der Mörfelder Arbeiter zieht nach Groß-Gerau. Der rote Bürgermeister fordert vom Kreisdirektor die Gelder für die Hungernden. Der Kreisdirektor nennt den Aufmarsch *Aufruhr*. Es kommt zu erregten Auseinandersetzungen. Eine Delegation der Demonstranten muß schließlich vom Kreisdirektor vorgelassen werden. Aber immer wieder dasselbe Ultimatum: Erst die Notverordnungen anerkennen, dann gibt es sofort Geld. Der rote Bürgermeister erklärt dem Kreisdirektor gegenüber: «Das ist, gelinde gesagt, Erpressung!» Erneute erregte Auseinandersetzungen.

Nun beginnt die unmittelbare Aushungerung Mörfeldens durch die hessische sozialdemokratische Koalitionsregierung. Aber die Werktätigen stehen geschlossen hinter ihrem Bürgermeister gegen jede Notverordnungssteuer. Woche für Woche vergeht, die Regierung schickt keinen Pfennig Geld. Viele Arbeiterfamilien haben weder Brot noch Kartoffeln. Der rote Bürgermeister gibt jeden Pfennig, der in die Gemeindekasse fließt, sofort den Hungernden. Eine Bürgerversammlung beschließt einstimmig die Einhaltung des roten Arbeitsprogramms. Nun wird beschlossen, vom Staatspräsidenten die Auszahlung der Unterstützungsgelder zu fordern. Der sozialdemokratische Staatspräsident Adelung und der sozialdemokratische Ministerialrat Bornemann weichen aus. Adelung fordert dann Durchführung der Notverordnungen. Die Delegation lehnt ab.

Am nächsten Tag verunglückt der rote Bürgermeister Zwilling auf einer Fahrt mit dem Motorrad und erleidet einen Schlüsselbeinbruch. Er wird ins Friedberger Krankenhaus eingeliefert. Trotzdem in diesen entscheidenden Tagen die Mörfelder Werktätigen ihren Führer verlieren, bleibt die rote Einheitsfront unerschüttert. Es gibt nur einen Gedanken: Kein Schritt wird zurückgewichen von dem Arbeitsprogramm, das als richtig erkannt wurde.

Vier Wochen lang ließ die Regierung 400 Familien ohne jegliche Unterstützung, und dennoch war die einmütige Auffassung: Wir beugen uns nicht! Jeder Pfennig wurde den Hungernden gegeben. Proletarische Solidarität half über vieles hinweg.

Der rote Beigeordnete Bitsch greift ein

Nun vertritt der rote Beigeordnete Bitsch den roten Bürgermeister. Mit dem Gemeinderat Völker fordert er vom Kreisamt erneut die Zahlung der Unterstützung. Er erklärt, nicht eher zurückzugehen, bis er die Mittel in Händen hat. Scharfe Auseinandersetzungen folgen. Regierungsrat Wolf springt auf den roten Beigeordneten zu und will ihn aus dem Zimmer weisen. Der rote Beigeordnete läßt sich nicht zurückweisen. Er ist der Vertreter der Gemeinde. Der Regierungsrat wirft dem Genossen Bitsch vor, er habe den Eid auf die Verfassung nicht geleistet. Dr. Wolf ruft seine Bürodiener und droht dem Genossen Bitsch mit Strafverfolgung wegen Hausfriedensbruch. Die Bürodiener bleiben stehen und greifen nicht zu. Der Regierungsrat Wolf springt auf den Genossen Bitsch zu, dieser antwortet: «Ich warne Sie, mich anzurühren.» Wolf holt die Polizei. Drei Beamte gehen mit dem Gummiknüppel auf Bitsch zu, aber der rote Beigeordnete wehrt sich. Die Wachtmeister fliegen in die Ecke. Nach kurzem Tumult schleppen die drei Polizisten den Vertreter der roten Gemeinde zum Amtsgericht. Hier wird ihm gesagt, er habe keine Geschäfte für Mörfelden zu erledigen. Dann wird er entlassen. Sofort geht er ins Kreisamt zurück und verhandelt mit dem Kreisdirektor Usinger. Hier wird er wieder vorgelassen. Er fordert erneut im Namen der Mörfelder Werktätigen die Unterstützungsgelder für die Hungernden. Der Kreisdirektor gibt zu, daß die Lage der Werktätigen fürchterlich sei. Und gibt schließlich die Zusicherung, daß geholfen werden würde.

Der rote Beigeordnete erstattet dem roten Mörfelden Bericht

Mit ungeheurer Empörung erfährt die Einwohnerschaft, daß der rote Bürgermeisterstellvertreter seines Amtes enthoben sei. Unter größter Begeisterung der Menge verkündet Bitsch jedoch: «Ich lasse mir mein Amt nicht mit faschistischen Gewaltmethoden nehmen. Ich habe das Amt von den Werktätigen von Mörfelden erhalten und behalte es so lange, bis die Werktätigen mich abberufen.» Der kommunistische Landtagsabgeordnete Hammann weist die Hintergründe der «Aktion» der Regierung und die verlogenen Manöver, die gegen die rote Kommune durchgeführt werden, nach.

Im Demonstrationszuge geleiten die über das Verhalten der Regierung empörten Massen den roten Beigeordneten zum Rathaus und setzen ihn in sein Amt wieder ein.

Belagerungszustand über Mörfelden

Kaum befindet sich der rote Beigeordnete auf der Bürgermeisterei, als ein geschlossener Wagen mit zwei Beamten des Kreisamtes Groß-Gerau vor der Bürgermeisterei hält. Die Einwohner erkennen die beiden, die den Wagen verlassen: Regierungsrat Dr. Wolf und Holzhäuser, der als Staatskommissar eingesetzt werden soll. Jetzt macht sich die Empörung Luft. Die Polizisten sind machtlos. Die beiden Beamten werden von den Massen eingeriegelt. Die Frauen rufen: «Habt ihr Geld mitgebracht, sonst macht, daß ihr aus Mörfelden herauskommt.» Eine Frau versperrt den Eingang zur Bürgermeisterei. Die Polizei greift zum Revolver und zum Gummiknüppel. Die Masse weicht nicht. Nur mit Mühe hält ein Arbeiter die erregten Frauen zurück, die mit grenzenloser Wut gegen die Gummiknüppel und Revolver der Polizisten vorgehen und im Begriff sind, sich auf die beiden Regierungsbeamten zu stürzen. Ein Arbeiter ruft den Polizisten zu: «Keinen Schuß, sonst ist's aus.»

Sturmglocken über Mörfelden

Unbeschreiblich ist die Erregung über den Zusammenstoß. Plötzlich ertönen Glockenschläge vom Kirchtum. Immer schneller und lauter. Es wird Sturm geläutet. Dann wächst der Jubel der Massen, als auf dem Rathaus die Sowjet-Fahne gehißt wird. «Rot-Front»-Rufe erschallen. Inzwischen ist fast die ganze Bevölkerung Mörfeldens vor dem Rathaus versammelt. Jetzt verhandelt der rote Beigeordnete mit den Regierungsbeamten. Dr. Wolf erklärt, es gibt sofort Geld, wenn der Staatskommissar in die Bürgermeisterei eingelassen wird.

Die Bevölkerung fühlt, daß eine noch unerhörtere Gewaltaktion geplant ist. Steinblöcke werden herangewälzt, um das Rathaus abzusperren. Eine Barrikade wird errichtet. Plötzlich hört das Glockenläuten auf. Der rote Bürgermeister erscheint am Fenster und teilt mit, daß der Regierungsbeamte erklärt habe, es sei Geld vorhanden, aber nur für 50 Familien. Das Geld werde nur ausgezahlt, wenn die Beamten ins Rathaus eingelassen würden. Die Arbeiterschaft aber läßt sich nicht spalten und weist mit Entrüstung das Manöver der Regierungsbeamten zurück. Immer wieder ertönt der Ruf: «Hinaus mit den Hungerverordnern aus Mörfelden.» Dann spricht der Landtagsabgeordnete Hammann. Er beweist, daß die Kommunisten überall bei den Kämpfenden stehen, und schließt mit einem dreifachen «Rot Front» auf das rote Mörfelden.

Schupo mit Karabinern

Ein Überfall-Kommando rast heran. 30 Polizisten mit schußbereitem Karabiner springen ab. Ein Offizier schreit: «Straße frei.» Obwohl die Polizisten ausschwärmen, weicht die Masse keinen Schritt zurück. Da pfeifen die Kugeln in die Wände der Häuser. Das Rathausgebäude wird an verschiedenen Stellen durchlöchert. Auch in das Fenster, aus welchem der Landtagsabgeordnete Hammann gesprochen hat, sausen Kugeln. Nun kommen von einer anderen Seite zwei neue Überfallkommandos. 60 Polizisten springen ab. Die wehrlosen Arbeiter befinden sich den Gewehrläufen, den Revolvern und den Gummiknüppeln gegenüber. Vom Kirchturm ertönt neues Sturmgeläut.

Nun schreit ein Provokateur: «Man schießt wieder.» Aber kein Mörfeler Arbeiter besitzt eine Waffe. Da schreien die Polizisten: «Achtung! Man schießt auf uns.» Die Lage wird dadurch immer gefährlicher, daß sich Spitzel unter die Arbeiter gemischt haben.

Die Polizei nimmt die Kirche ein. Dann stürmt sie das Rathaus. Eine Zeitlang wehren sich die Arbeiter hinter der Barrikade mit Steinen. Als letzte weicht eine junge Arbeiterfrau vor dem Angriff der schwerbewaffneten Polizei. Die Arbeiter sind inzwischen durch das große Schupoaufgebot getrennt worden und in die Nebenstraßen abgedrängt. Ein epileptischer Kriegsbeschädigter, der nicht schnell genug laufen kann, wird mit dem Gummiknüppel bearbeitet und verhaftet. Nun bekommt er einen Anfall und fliegt auf die Straße. Die Polizei läßt ihn liegen und läuft über ihn hinweg. Eine 65 Jahre alte Frau wird mit dem Gummiknüppel geschlagen.

Polizeidiktatur über Mörfelden

Die Polizei, insgesamt etwa 200 Mann stark, verhängt nunmehr die Diktatur über Mörfelden. Polizeistreifen durchziehen unaufhörlich die Straßen. Manchmal bilden sich Ansammlungen, gegen die die Polizei sofort vorgeht. Dem roten Beigeordneten Bitsch, der im Bürgermeisterzimmer geblieben ist, wird von der Polizei ein Schreiben übermittelt, wonach er abgesetzt ist. Erst jetzt können die beiden Beamten vom Kreisamt in die Bürgermeisterei eintreten. Ihre erste Amtshandlung ist die Verhängung des Belagerungszustandes. Um 9 Uhr darf sich niemand mehr auf der Straße zeigen. Alle Lokale müssen nach 9 Uhr abends geschlossen sein. Gespräche auf der Straße sind verboten. 15 Kriminalbeamte beginnen ihre Wühlarbeit.

Das Lockmittel

Es erscheint ein Anschlag des kommissarischen Bürgermeisters und des Regierungsrats Wolf, daß ein Teil der Erwerbslosen Unterstützung erhalten wird. Gleichzeitig werden die Terrormaßnahmen fortgesetzt und gesteigert. Die Schule wird als Kaserne eingerichtet. Morgens um 5 Uhr schlagen Polizisten an die Türen der Wohnungen, jagen Männer und Frauen aus den Betten, führen Haussuchungen und Verhaftungen durch. 32 Arbeiter werden festgenommen. Man findet nichts, weder Dokumente noch Waffen.

Über Mörfelden wird die Polizeikontrolle verhängt

Aus- und Eingang des Ortes werden von Polizei bewacht. Der Bahnhof wird kontrolliert. Ohne Ausweis kommt niemand nach Mörfelden herein. Wer nur irgendwie verdächtig ist, wird abgeführt.

Nun wird ein neuer Anschlag des kommissarischen Bürgermeisters veröffentlicht, wonach die Wohlfahrtsunterstützung nicht ausgezahlt [wird] und auch die Ausgabe der Fleisch- und Kohlenkarten unterbleibt.

Die Erregung wächst aufs neue. Sie wird zu einer ungeheuren Empörungswelle, als aus den bürgerlichen Zeitungen, die inzwischen eingetroffen sind, bekannt wird:

«Auch der rote Bürgermeister Zwilling abgesetzt.»

Sein agitatorisches Auftreten lasse sich nicht mit den Amtspflichten eines Bürgermeisters vereinbaren. Am Abend findet eine große Versammlung vor dem Rathaus statt, die erst nach längerer Zeit von der Polizei auseinandergetrieben werden kann.

Eine ständige Besatzung von 50 Schutzpolizisten aus Darmstadt soll, wie bekannt wird, in der Schule stationiert werden.

Am dritten Tage, nach dem Einzug des Diktators, werden die ersten Unterstützungen ausgezahlt. Aber während der rote Bürgermeister, Genosse Zwilling, den Unterstützungsempfängern 17,75 Mark und im Höchstfalle 19,– Mark auszahlte, erhalten die Arbeiterfamilien vom Staatskommissar nur noch zwei Drittel dieser Summe. Die Kleingewerbetreibenden erhalten keinerlei Unterstützung mehr. Auch die jugendlichen Erwerbslosen bleiben ohne jeden Pfennig.

«Genau wie unter dem SPD-Bürgermeister Klingler»

Das ist die Meinung der Mörfelder Werktätigen. Die Auszahlung der Hungerunterstützung erfolgt mit Hilfe des Sozialdemokraten Scherer, unter Bewachung der schwerbewaffneten Polizei.

Inzwischen mußten die meisten der Verhafteten nach stundenlangem Verhör wieder freigelassen werden.

Die «Arbeiter-Zeitung» wird verboten

Die einzige Zeitung, die die Wahrheit über Mörfelden ungeschminkt veröffentlichte, wurde auf Aufforderung des sozialdemokratischen Ministers Leuschner durch den sozialdemokratischen Oberpräsidenten Haas in Kassel auf 10 Tage verboten. Die SPD-Regierung wollte es sich nicht gefallen lassen, daß die Wahrheit unter den Massen bekannt wurde. Aber sogar außerhalb von Hessen und Hessen-Nassau griff die Polizei gegen kommunistische Zeitungen ein. Die Magdeburger Kommunistische Tageszeitung «Tribüne» wurde vom Oberpräsidenten von Sachsen mit der Begründung verboten, die Berichterstattung über Mörfelden versetze die sächsische Bevölkerung in Unruhe. (Kampf, S. 7–12)

Die Industriellen samt den Regierenden konnten aufatmen. Die rote Ausnahme Mörfelden war von der politischen Landkarte weggewischt. Und doch gingen die mächtigen Herrschaften der Wirtschaft lieber zu den Nationalsozialisten über. Die Mörfelder Arbeiterbewegung kam 1933 vom Regen in die Traufe. 60 bis 70 Mörfelder, zumeist Kommunisten, erlitten schwere Verfolgungen durch die Nazis. Für viele wurde das KZ Osthofen bei Worms, drüben über dem Rhein, zur ersten Leidensstation. Anna Seghers hat den dortigen Widerstand mit ihrem Roman «Das siebte Kreuz» berühmt gemacht. Zwilling fiel 1944 als Soldat an der holländischen Grenze. Der Beigeordnete Bitsch emigrierte in die Sowjetunion und wurde dort, wie so viele der vor den Nazis geflüchteten Kommunisten und Sozialisten, ein Opfer des stalinistischen Terrors. Auch das verschweigt die DKP Mörfelden in ihrem ansonsten sehr informativen, vorzüglich bebilderten Buch *Die Stadtfarbe ist rot!*

Viele Zeugnisse in diesem Buch entgingen übrigens nur deshalb den Razzien der Nazi-Polizei 1933–45 und deren Nachfolgern zur Zeit des Verbots der KPD 1956–68, weil sie an unauffindbaren Stellen in die Häuser eingemauert waren. Vom Mörfelder Widerstand, auch wenn er unter einer stalinistischen Zuspitzung stand, ist einiges zu lernen. Diese Tradition der Selbsthilfe einer bedrohten Gemeinde kam 1981 dem massenhaften Widerstand gegen die geplante Startbahn West des Frankfurter Flughafens zugute. In Mörfelden bildete sich eine große überparteiliche Bürgerinitiative gegen die neue Startbahn. Gemeinderäte aus allen Parteien führten im Rathaus einen Hungerstreik durch. Als die Polizeitruppen im November 1981 über das Hüttendorf im Flörsheimer Wald bei Mörfelden herfielen, läuteten die Kirchenglocken der umliegenden bedrohten Gemeinden Sturm. Wie in Mörfelden 1932. Wie so oft in früheren Freiheitskämpfen: in Bauernaufständen oder in der Revolution der linksrheinischen Jakobiner 1792/93. Bei den hessischen Landtagswahlen im September 1982 verfehlte der Kandidat der Grünen in Mörfelden mit 33% nur knapp die relative Mehrheit. Aufgrund bürgerkriegsähnlicher Operationen der Polizeitruppen, der Gewaltstrategie des hessischen Ministerpräsidenten Holger Börner (SPD) – er empfahl, den Widerstand der Leute mit Dachlatten zu brechen – und innerer Uneinigkeit über Fragen der Gegengewalt brach

Ende 1982 die überparteiliche Widerstandsbewegung zusammen. Nur noch die Grünen, die Bürgerinitiativen und die Autonomen setzten die Opposition fort.

Quellen und Literatur

Der Kampf der roten Kommune von Mörfelden, Mörfelden 1932 (Standort: Darmstadt, Landesbibliothek), Nachdruck Darmstadt um 1968/69.

«Die Stadtfarbe ist rot!» (Paragraph 8 der Mörfelder Stadtsatzung). Berichte aus der Arbeiter- und Sportgeschichte Mörfeldens, Mörfelden o. J. [um 1975].

(Im Staatsarchiv Darmstadt sind bei der Bombardierung 1944 mit anderen zusammen auch die Akten über den Kampf der Kommune Mörfelden untergegangen. Vielleicht lassen sich noch Gerichtsakten auffinden. Die Auswertung der Prozesse könnte weitere interessante Einzelheiten bringen).

Als Vergleich ist das Arbeiterdorf Mössingen bei Tübingen zu empfehlen:

Hans-Joachim Althaus u. a.: Da ist nirgends nichts gewesen außer hier. Das «rote Mössingen» im Generalstreik gegen Hitler. Geschichte eines schwäbischen Arbeiterdorfes, Berlin 1982.

122 Der Februaraufstand der österreichischen Arbeiter (1934)

In Deutschland ließen Sozialdemokraten wie Kommunisten, trotz eines nicht enden wollenden Redeschwalls, die Faschisten Ende Januar 1933 fast widerstandslos an die Macht kommen. Anders in Österreich, wo sich die Arbeiterbewegung auf eine gut geübte, bewaffnete Organisation, den «Republikanischen Schutzbund», stützen konnte, nicht gespalten in Sozialdemokraten und Kommunisten. Die SPÖ erreichte 1927 bei den Wahlen 42%, die KPÖ knapp 3%.

Vom Montag, 12. Februar 1934, bis Donnerstag, 15. Februar, lieferten in ganz Österreich rund 20000 Schutzbündler und einige Tausend spontaner Unterstützer den österreichischen Faschisten und den Regierungstruppen zähe Gefechte. Sie bewiesen damit, daß bei einer sorgfältigen Planung, bei der Wahl des richtigen Zeitpunkts, bei einer rechtzeitigen Abstimmung mit den Gewerkschaften für den Generalstreik und bei einer offensiven Kampfführung ein Sieg über die zunehmend faschistisch sich ausrichtende Regierung möglich gewesen wäre.

Auch wenn dieser Widerstandskampf verlorengegangen ist, so lastet er doch auf der deutschen Linken, den Sozialdemokraten gleichermaßen wie den Kommunisten, als ein Vorwurf, Ähnliches nicht versucht zu haben. Kein Wunder, daß der österreichische Arbeiteraufstand des Februar 1934 dann in Deutschland, später in der Bundesrepublik genauso wie in der DDR, so gut wie unbekannt geblieben ist. Der Schock des eigenen Versagens hat dem österreichischen Beispiel die Aufnahme ins Geschichtsbewußtsein der Deutschen versperrt.

Die erste schwere, lange nachwirkende Erschütterung auf ihrem strikt parlamentarischen Weg zum Sozialismus erlebte die österreichische Sozialdemokratie im Jahr 1927. Es begann damit, daß im Grenzort Schattendorf (Burgenland) monarchistische Frontkämpfer bei einem Aufmarsch des Republikanischen Schutzbundes (SPÖ) zwei Personen erschossen: einen Kriegsbeschädigten und ein Kind. Wenig später lieferten die Sozialdemokraten widerstandslos der Regierung die Waffen ab, die sie 1918 nach der Novemberrevolution vom sozialdemokratisch geführten Kriegsministerium aus dem Wiener Arsenal erhalten hatten. Am 14. Juli wurden die Mörder von Schattendorf freigesprochen. In ihrer Erbitterung zogen am nächsten Tag Tausende Wiener Arbeiter ins Stadtinnere, überrannten die Polizeiabsperrungen und setzten den Justizpalast in Brand. Die Parteiführung mobilisierte den Republikanischen Schutzbund, unbewaffnet, aber nicht gegen die Polizei, sondern gegen die empörte Masse. Dann ließ der Bundeskanzler 600 gut bewaffnete Polizisten auf die Demonstranten schießen.

Die sozialdemokratische Vermittlung wurde mit 90 Toten und zahllosen Verwundeten quittiert. Der Parteivorstand proklamierte einen 24stündigen Generalstreik und einen unbegrenzten Verkehrsstreik. Die Partei gab aber rasch nach, ohne auf die Erfüllung ihrer Bedingungen zu pochen. Die Eisenbahner, überwiegend Sozialdemokraten, fühlten sich zum erstenmal verschaukelt.

Die letzte große Chance, sowohl die diktatorische Regierung der Christlichsozialen als auch die Faschisten der Heimwehr zu entmachten, brachte der 15. März 1933. Der Bundeskanzler Engelbert Dollfuß (1892–1934) löste das Parlament auf, die sozialdemokratische Parteiführung blieb dennoch ruhig. Die Eisenbahner waren wie andere Sozialdemokraten bereit, in den Streik zu treten. Sie, ohne deren Teilnahme ein Generalstreik erfolglos bleiben mußte, wurden ein zweites Mal verschaukelt.

1934 brachte in Zürich eine Gruppe österreichischer Sozialisten eine vorzügliche Darstellung des Februaraufstands heraus und stellte dabei rückblickend fest:

Jahr für Jahr hatten die sozialdemokratischen Führer jede günstige Gelegenheit für den Kampf mit der kapitalistisch-faschistischen Reaktion verstreichen lassen. Die große Chance 1918/19 blieb unausgenützt. Dasselbe geschah am 15. Juli 1927 und wiederholte sich beim Heimwehrputsch im September 1931.

Auch die außergewöhnlich günstige Situation vom 15. März 1933, als die Regierung Dollfuß das Parlament davonjagte und die Mehrheit des Volkes auf das Signal zur Erhebung wartete, hatte man vorübergehen lassen, in der Hoffnung, Dollfuß auf dem Wege gütlicher Verhandlungen zur Umkehr zu bewegen. 15 Jahre lang war man ununterbrochen zurückgewichen, um den Kampf zu vermeiden. Wie hätte man sich jetzt in wenigen Stunden auf den Willen zum Kampf umstellen können? Und vor allem: wie hätte man jetzt plötzlich den Übergang zu einer entschlossenen Offensive, einer Gegenoffensive gegen die angreifende faschistische Reaktion finden können? Die ganze Theorie und Praxis, das ganze politische System der Sozialdemokratie waren ja gegenüber Reaktion und Faschismus, Gegenrevolution und Kapitalismus auf der Defensive aufgebaut! (Österreich, Brandherd, S. 184)

Die Regierung verpaßte 1933 der schwankenden Sozialdemokratie postwendend eine weitere Quittung. Ab 1. Juli 1933 trat die Heimwehr als Hilfspolizei auf. Bei der Heimwehr handelte es sich um eine faschistische Bewegung, eine von Fey und Starhemberg geführte Bürgerkriegstruppe, die sich an die schon lange siegreichen italienischen Faschisten anlehnte, Kanzler Dollfuß versuchte dagegen, zwischen den österreichischen Nationalsozialisten und den Heimwehrfaschisten (Austrofaschisten) mit einem autoritären Regime zu lavieren. Die Regierung arbeitete ohne Parlament, ohne Gesetze, nur noch mit Notverordnungen. 1933 erließ sie aufgrund einer «kriegswirtschaftlichen Ermächtigung» aus dem Jahr 1918 300 Notverordnungen.

Die Zeit bis zum Oktober 1933 benötigten die Sozialdemokraten, um in einem Parteitagsbeschluß vier Punkte zu formulieren, deren Verletzung sie zum Widerstand zwingen sollte:

1. Absetzung des sozialdemokratischen Bürgermeisters von Wien;
2. Auflösung der Sozialdemokratischen Partei;
3. Auflösung oder Gleichschaltung der Gewerkschaften;
4. Oktroiierung einer faschistischen Verfassung.

Heimwehr wie Regierung wußten: Papier ist geduldig, sozialdemokratisches allemal. Sie rüsteten ungehindert weiter zum Bürgerkrieg, um die Arbeiterbewegung endgültig und nachhaltig zerschlagen zu können. Schleichend steuerte die Regierung in den Belagerungszustand. Dies erkannte auch die Sozialdemokratische Partei, deren Position später Julius Deutsch, der Führer des Republikanischen Schutzbundes, im tschechischen Exil so erläuterte:

Die «Kriegswirtschaftliche Ermächtigung» mußte nicht nur dazu herhalten, den Klasseninteressen der Besitzenden auf wirtschaftlichem Gebiete zu dienen, sondern wurde auch alsbald zur Zerstörung des Rechtsbodens und zur Vernichtung der politischen Freiheiten des Volkes mißbraucht. «Aufgrund des kriegswirtschaftlichen Ermächtigungsgesetzes» wurden die Schwurgerichte eingeengt, die Preßfreiheit aufgehoben, die Versammlungsfreiheit vernichtet, die Brieffreiheit nicht mehr geachtet – mit einem Worte, alles beseitigt, was es seit fast einem halben Jahrhundert an demokratischen Rechten und Freiheiten in Österreich gab.

Gedrängt von den Heimwehren, die immer stürmischer die Auflösung der Sozialdemokratischen Partei und der freien Gewerkschaften, sowie die Besetzung des Wiener Rathauses verlangten, ging Dollfuß gegen die Organisationen der Arbeiter vor. Eine ganze Reihe von kulturellen und sportlichen Verbänden verfiel der behördlichen Auflösung. Auch der Republikanische Schutzbund wurde aufgelöst. Dieser Schlag gegen die Verteidigungsorganisation des Proletariates erregte um so größere Empörung, als er von einer provokatorischen Aufrüstung der faschistischen Heimwehr begleitet war. Hatten schon bisher die Behörden den Heimwehren viele Dienste geleistet, wurden sie nun offiziell als «Hilfspolizei» anerkannt, auf Staatskosten ausgerüstet und besoldet. (Deutsch, Bürgerkrieg, S. 19/20)

Die Partei bremste weiter, wie die Aktiven zu sagen pflegten. Sie nahm die Illegalisierung weiter Bereiche der Arbeiterbewegung hin. Ende 1933 wurde der Heimwehrführer Emil Fey Vizekanzler. Viele sozialdemokratische Funktionäre landeten im Gefängnis. In Wien beherrschten im Januar 1934 praktisch die Heimwehren die Straße. Die Linke litt unter einem doppelten Terror: dem legal sich kleidenden des Staates und dem illegalen der Heimwehr.

Der Entscheidungskampf reifte heran. Allein die Sozialdemokratie weigerte sich, mit diesem Ausweg aus der zugespitzten Lage zu rechnen. Schon 1933 hatte Dollfuß mit Mussolini Staatsstreichpläne verabredet. Ab Jahresanfang 1934 drängte Mussolini auf die Durchführung dieser Absicht. Dollfuß fehlte nur noch die Gelegenheit dazu. Anfang Februar 1934 erhielt die Heimwehr große Sendungen von Waffen und Munition vom faschistischen Regime in Ungarn. Am 11. Februar 1934 verkündete Fey, er werde jetzt ganze Arbeit leisten. Als am nächsten Morgen in Linz (Oberösterreich) die Polizei das sozialdemokratische Parteiheim «Hotel Schiff» auf der «Landstraße» (die Hauptachse der Stadt zur Donaubrücke) nach Waffen durchsuchen wollte, ließen sich die Führer des Republikanischen Schutzbundes von Linz nicht mehr länger hinhalten. Der Kampf begann, zu spät.

Beim Republikanischen Schutzbund handelte es sich um eine schlagkräftige, bewaffnete Organisation, die auf die Novemberrevolution 1918 zurückging und 1923 angesichts der Faschistengefahr ihren Namen erhalten hatte. Heinz Roscher, der stellvertretende Führer des Kreiskommandos Floridsdorf (Arbeitervorort von Wien) und Kommandant des Sturmregiments Karl Marx des Republikanischen Schutzbundes, beschrieb im Moskauer Exil Aufbau und Arbeit des Schutzbundes:

Der Mitgliederbestand des Schutzbundes hatte in seiner besten Zeit in ganz Österreich ungefähr die Zahl von 80000 Mann erreicht. Die verschiedenen Reorganisationen machten aus ihm, speziell nach der Reorganisation 1927, eine militärisch gut geschulte Parteiarmee. Im Jahre 1930 wurde der Schutzbund in aktive, die sogenannten Alarm- oder Sturmformationen, und in Reserve-, die sogenannten Stammformationen oder Staffo, geteilt. In die Alarmformationen konnten alle Männer bis zu 30 Jahren mit einer mindestens einjährigen Parteimitgliedschaft aufgenommen werden.

Die Altersgrenze in den Reserveformationen nach oben war 50 Jahre. Die Sturmformationen bestanden, im Gegensatz zu den Reserveformationen, zu 98 Prozent aus nichtgedienten Soldaten. Es mußten daher Kurse – Sprengkurse, Maschinengewehrkurse, Unterricht im Kartenlesen, Straßenkampf usw. – abgehalten werden. Politische Kurse gab es keine. Die Abhaltung der Kurse, speziell der Maschinengewehrkurse, war sehr schwierig, weil sich die Polizei stark für sie interessierte. Sie wurden, manchmal auch nachts, in den Kellern der verschiedenen Wohnhäuser abgehalten. Die Ergebnisse aller Kurse waren durchweg zufriedenstellend. Die militärische Schlagkraft der Alarmformationen hatte in den Aufstandstagen eine ansehnliche Höhe erreicht. Die Schutzbündler waren eisern diszipliniert und leisteten auch bei der Bewältigung illegaler Arbeit Hervorragendes. Turnen, Wehrsport und Leichtathletik wurden gepflegt. Der Schutzbund gliederte sich in Divisionen, Brigaden, Regimenter, Bataillone, Kompanien, Züge und Gruppen. Politisch war der Schutzbund in Wien in fünf Kreise zusammengefaßt: in die Kreise Ost, West, Süd, Nord und Floridsdorf. Auch in den Bundesländern waren solche Kreise gebildet. Die Kosten der Uniformierung bestritten die Schutzbündler aus eigenem.

Als im Jahre 1922 die roten Volkswehrbataillone abgerüstet wurden und die damalige Regierung das sogenannte Bundesheer ins Leben rief, wurden die Waffen nicht dem Staate abgeliefert, sondern insgeheim der Arbeiterschaft übergeben. Die Waffen wurden konserviert und verschiedenenorts – in Kellern, auf Dachböden usw. – eingemauert oder versteckt oder auch in großen, luftdicht abgeschlossenen Kisten eingegraben. Eine genaue Schätzung über die Zahl der Gewehre und Maschinengewehre ist nicht möglich. Im Laufe der Zeit wurden die Waffenbestände durch Maschinenpistolen, automatische Pistolen und selbsterzeugte Handgranaten von großer Brisanz ergänzt. Auch Leuchtraketen und Leuchtpistolen waren im Besitz des Schutzbundes.

Der Oberbefehlshaber des Schutzbundes war Julius Deutsch. Ihm zur Seite standen die Stabschefs und Landesleiter. Die militärischen Leiter waren zum Teil Offiziere, in ihrer Mehrzahl aber Unteroffiziere, zum Teil noch aus der imperialistischen Armee und zum Teil aus dem Bundesheer. Sie wurden als Schutzbundführer bezeichnet. Die Ausbildung des Schutzbundes im Kleinkaliberschießen, bei taktischen Geländeübungen und im Wehrsport stand auf einer hohen Stufe. Die Disziplin der Mannschaft war mustergültig.

Der Schutzbund verfügte gleichfalls über eine gutgeschulte Verbindungsabteilung, in deren Besitz einige hundert Telefonkassetten waren, über Pionierabteilungen, Motorstaffeln, Sprengstaffeln, Sanitätskolonnen und Kurzwellensender. Diese Kurzwellensender wurden jedoch bei Waffensuchen, vier Stück an der Zahl, eine Beute der Faschisten.

Jedes Mitglied des Republikanischen Schutzbundes war für den Fall von Invalidität versichert, und auch im Falle von Kerkerhaft hatte er nach einem Regulativ bemessene Ansprüche, im Todesfalle wurde die Familie unterstützt. Der Mitgliedsbeitrag war, außer dem Parteibeitrag von 50 Groschen, mit 30 Groschen bemessen. Arbeitslose hatten keinen Mitgliedsbeitrag zu leisten. Allmonatlich wurde eine kleine Zeitschrift «Der Kämpfer» ausgegeben. Der Schutzbund war die Parteiarmee der Sozialdemokratischen Partei Österreichs und eine ihrer festgefügtesten und diszipliniertesten Organisationen. An dem Aufstand nahm aber nur ein verschwindend kleiner Teil, die revolutionärsten Elemente, teil. (Roscher, S. 52–54)

Der Führer des Schutzbundes, Julius Deutsch (1884–1968), war Anhänger des rechten Parteiflügels, Offizier des Ersten Weltkrieges, 1918 bis 1920 sozialdemokratischer Heeresminister, 1923 Gründer des Schutzbundes und seitdem dessen Führer. Der Aufbau wie das Organisationsleben gestalteten sich extrem hierarchisch, ein typisches Produkt der traditionellen, autoritären Arbeiterbewegung, geprägt auch durch die Herkunft aus Krieg und Revolution. Als im Aufstand 1934 einige Bezirksführer verhaftet wurden oder aus Furcht oder Verrat absprangen, fielen ganze Bezirke aus. Die Unfähigkeit zu selbständigem Nachdenken und Handeln und das absolute Vertrauen in die Führer rächten sich bitter.

Das militärische Kräfteverhältnis zum Beginn des Arbeiteraufstandes umrissen die Autoren des Züricher Buches:

Die Exekutive verfügte über die reguläre Armee, die Hilfsarmee und die bewaffneten faschistischen Formationen. Die reguläre Armee, das Bundesheer, ist ein Söldnerheer, dessen Präsenzstand im Februar 25000 Mann betrug. Die Hilfsarmee besteht aus Polizei, Gendarmerie und Zollwache. Die Bundespolizei in Wien und einigen größeren Provinzstädten umfaßte etwa 12000 Mann. Sie war zum Teil so gut bewaffnet wie das Bundesheer (Artillerie ausgenommen). Die Gendarmerie besteht aus 8000 Mann, die Grenzschutzwache zählt einige tausend Mann. Die Heimwehr dürfte im Februar 30000–40000 Mann gezählt haben, wurde aber im Verlauf des Kampfes durch hastige Werbungen gemeinsam mit den Ostmärkischen Sturmscharen auf etwa 60000 Mann aufgefüllt. (Die monarchistisch-christlichsozialen Ostmärkischen Sturmscharen waren im Februar vor dem Kampf noch eine verhältnismäßig kleine und junge «persönliche Truppe» von Dollfuß und Schuschnigg und zählten mehrere tausend Mitglieder.) Der Kampfwert der verschiedenen Truppen war sehr uneinheitlich. Die Polizei war die beste Kampftruppe der Exekutive. Die Heimwehr hat sich überall als eine feige Bande von Marodeuren erwiesen.

Den Kern der bewaffneten Kräfte der Arbeiterschaft bildete der Republikanische Schutzbund. Der Mitgliederstand des Schutzbundes hatte vor seinem Verbot in seiner besten Zeit die Zahl von 80000 erreicht; verschiedenen Angaben kann man entnehmen, daß unmittelbar vor dem Kampf die Zahl der Mitglieder ungefähr 45 000, vielleicht auch etwas darüber, betragen hat. An den Kämpfen haben etwa 20 000–25 000 Schutzbündler unmittelbar teilgenommen. Hierzu kamen aber noch Tausende sozialdemokratischer und kommunistischer Arbeiter, die nicht im Schutzbund organisiert waren, aber sich mit der Waffe in der Hand am Kampf beteiligten. Tausende von Schutzbündlern standen mit der Waffe zum Eingreifen bereit und konnten nur wegen der schlechten Führung und Anlage des Kampfes nicht zum Schlagen kommen. (Österreich, Brandherd, S. 171/2)

Die Konzeption des Schutzbundes war von Anfang an auf die Defensive beschränkt. Auch dies ein Merkmal der traditionellen Arbeiterbewegung, die sich nie traute, auch ohne das Bürgertum zu leben und zu diesem Zweck offensiv vorzugehen. Der Schutzbund sollte nur reagieren, wenn die Regierung weitere Freiheiten bereits angegriffen oder schon zerstört hatte. Im Anschluß an den verhängnisvollen 15. Juli 1927 tat sich Julius Deutsch groß, wie brav sie doch immer gewesen seien.

Trotzdem sich die Staatsgewalt seit diesem Unglückstage immer eindeutiger auf die Seite der Faschisten stellte, bewahrte die Arbeiterschaft ein hohes Maß von Ruhe und Besonnenheit. In einem zähen Kleinkrieg kämpfte sie mit demokratischen Methoden gegen die wachsende Macht des Faschismus. Auch der Republikanische Schutzbund, die Wehrorganisation des Proletariates, war keineswegs zum gewaltsamen Angriff gegen andere Klassen bestimmt. Er war und wollte nichts anderes sein als ein Verteidigungsmittel der Arbeiterklasse. Nur zur Abwehr der Gewalt des Faschismus war er gegründet worden, und in den zehn Jahren seiner Wirksamkeit hat er unzählige Proben seiner politischen Verantwortlichkeit sowie seiner demokratischen Zuverlässigkeit gegeben. (Deutsch, Bürgerkrieg, S. 7/8)

Die Möglichkeit einer Offensive erwog Deutsch nur für den Fall, daß es sich angesichts überaus günstiger Kräfteverhältnisse, gestützt auf eine im Gang befindliche Revolution, beim besten Willen nicht mehr verhindern ließe:

Nach unserer Ansicht konnte eine Aktion des Schutzbundes nur dann den Erfolg verbürgen, wenn sie getragen war von dem mitreißenden Schwung einer allgemeinen revolutionären Erhebung. Als Voraussetzung jeder militärischen Offensive erschien uns die vorangegangene Zermürbung und Zersetzung des staatlichen Machtapparates, wie dies in einer revolutionären Situation zu allen Zeiten der Fall war.

Wenn große, überwältigende Massen in Bewegung sind, wenn von ihrem Schritte die Straße widerhallt, wenn der Generalstreik seine Wirkung übt, dann drängt sich die militärische Offensive als das naturgegebene Gebot des Augenblickes von selbst auf. Dagegen wird eine von der Masse losgelöste Truppe, auch wenn sie sich geistig noch so eng mit ihr verbunden fühlt, immer in die

Gefahr kommen, vom staatlichen Machtapparat in die Defensive gedrängt zu werden. (Deutsch, Bürgerkrieg, S. 16)

Zu der Scheu vor der Offensive gegen den Staat paßte, daß die Schutzbundführung mit einer wirklichen bewaffneten Erhebung nie gerechnet zu haben scheint. Der Schutzbund sollte nicht viel mehr als eine Keule darstellen, mit der, angelehnt an den Fuß des Parteivorstandes, den schlimmsten Gewalttaten der Regierung und der Faschisten Einhalt zu gebieten war. Die Sozialdemokratie ließ sich nie träumen, daß die Herrschenden den Schutzbund einmal gezielt zerschlagen wollten. Der naive Glaube an das Gute im herrschenden Bürgertum blockierte diese Erkenntnis: trotz Verbot des Schutzbundes, trotz allen erlittenen Terrors.

Entsprechend harmlos sah dann die Befehlszentrale der Schutzbundführung aus. Wir werden den Eindruck nicht los, Julius Deutsch improvisiere das Geländespiel einer sozialdemokratischen Jugendgruppe, wenn er 1960 in seinen Erinnerungen schreibt:

Ich begab mich mit Bauer in den Ahornhof, einem weitläufigen Gemeindebau in Favoriten. [...] Der Schutzbund hatte, wie mir aufgetragen worden war, die Waffen an seine Mitglieder verteilt, aber nichts weiter unternommen. Nun, da er angegriffen wurde, entbrannte der Kampf auf der ganzen Linie. In allen Arbeiterbezirken hämmerten die Gewehre und Maschinengewehre. Alsbald mengte sich in ihren Lärm das Dröhnen der Geschütze, die von den Regierungstruppen ins Gefecht geführt wurden. [...]

Die Zentralleitung des Schutzbundes selbst befand sich in einer schwierigen Lage. Ihr Standort war der Polizei verraten worden. Daraufhin wurde ein großes Aufgebot in Bewegung gesetzt, um unserer habhaft zu werden. Nicht weniger als ein Bataillon Infanterie, verstärkt durch einige Geschütze und 140 Polizisten, machten sich auf den Weg. Sie umzingelten den Ahornhof, in dem wir uns – der erstatteten Anzeige zufolge – befinden sollten, und begannen eine methodische Durchsuchung aller Räumlichkeiten. Um fünf Uhr nachmittags erstattete der Kommandant der Truppenabteilung dem Bundeskanzler die Meldung, daß man die Zentralleitung nicht gefunden habe. Nichtsdestoweniger werde die Besetzung des Gebäudes und die Bewachung seiner Zugänge aufrechterhalten.

Während der ganzen Zeit der Hausdurchsuchung befanden wir uns indessen tatsächlich im Ahornhof und blieben auch dort.

Unser Hauptquartier war das Wohnzimmer des Kaufmanns Großauer, eines bewährten Parteigenossen. Das Zimmer schloß sich an den Geschäftsladen an, durch den wir, ungesehen von den Hausbewohnern, die Straße erreichen konnten. Durch einen kleinen Nebenraum gelangte man in den Hof des Gebäudes, so daß unser Versteck zwei Ausgänge hatte. In dem einzigen Zimmer, das uns zur Verfügung stand, arbeitete ich in der einen Ecke mit dem Gemeinderat Hans Pokorny, der nach der Verhaftung der bisherigen militärischen Führer zum Leiter des Wiener Schutzbundes ernannt worden war, während in der anderen

> Ecke Otto Bauer und [Johann] Schorsch [Generalsekretär der Gewerkschaften] saßen. Außerdem waren noch die Schutzbündler Robert Gronemann, Josef Haas und Hans Freytag anwesend. In einer anderen Wohnung des Ahornhofes machte Rosa Jochmann Radiodienst.
>
> Während Polizei und Militär das Gebäude umstellt hielten, setzten wir ununterbrochen unsere Arbeit fort. Wir hätten vom Fenster aus dem Wachposten, der gerade darunter stand, die Hand reichen können, so nahe war er. Aber weder er noch einer der zahlreichen Kriminalbeamten, die unentwegt das Haus durchsuchten, bemerkten uns. Die Technik des sich Unsichtbarmachens war vollkommen. Allerdings hatte sie den Nachteil, daß wir ebenso schwer aus unserem Versteck hinaus, wie Uneingeweihte zu ihm hineingelangen konnten. Es war jedesmal ein Abenteuer, die Verbindung mit der Außenwelt herzustellen. Besonders unangenehm war, daß wir kein Licht anzünden durften. Damit uns der Lichtschein nicht verrate, lag ich – während draußen die militärischen Wachposten auf und ab stapften – auf dem Fußboden des Zimmers und schrieb beim Schein einer elektrischen Taschenlampe Weisungen, die von Motorradfahrern, die auf einem gut gedeckten Platz in den Schrebergärten hinter dem Ahornhof hielten, zu den Bezirksleitungen gebracht wurden – sofern diese erreichbar waren. (Deutsch, Ein weiter Weg, S. 206, S. 207, S. 208–210)

Ähnlich dilettantisch verhielt sich die Sozialdemokratie beim Aufruf zum Generalstreik. Sie brachte kein einziges Plakat oder auch nur ein Flugblatt zustande, das den Generalstreik proklamiert hätte. Im Grunde war der übergroße Teil der Sozialdemokratie nicht willens und auch nicht mehr fähig, einen Finger zu rühren. Die Parteiführung selbst zögerte den Aufstand hinaus, bis die Regierungstruppen die zentralen Plätze besetzt hatten. Die Hausdurchsuchung im Linzer Parteiheim konnten viele in Wien oder sonstwo in Österreich nicht als Ultimatum begreifen; denn zu viele Provokationen dieser Art hatte sich die Partei jahrelang gefallen lassen und die Aktiven durch Bremsen zermürbt. Die Führung stimmte auch nur gezwungen zu, weil in Linz bereits die ersten Schüsse gefallen waren. Am liebsten hätte sie auch diesen Schlag eingesteckt.

Der Generalstreik mißlang. Die Drucker, traditionell alle Gewerkschaftsmitglieder, druckten weiter alle gegnerischen Blätter. Auch die Eisenbahner, inzwischen mehr und mehr nach rechts abgewandert, verweigerten die Streikteilnahme. Der Mißerfolg des Generalstreiks lag, außer in der seit eh und je schwankenden Haltung der Partei und folglich ebenso der Gewerkschaften, auch in der Weltwirtschaftskrise und in der Regierungspolitik begründet. Die Armee und der ganze öffentliche Dienst waren systematisch mit Feinden der Arbeiterbewegung besetzt worden. Ein Drittel der Arbeiter stand ohne Erwerb da, oft seit mehreren Jahren. In Zeiten der Massenarbeitslosigkeit gestalten sich Streikbewegungen gewöhnlich schwierig. Es herrscht die Angst vor, von den Schlangen Erwerbsloser verdrängt zu werden. Eine weitere Ursache für die Niederlage gab selbst Roscher, der Schutzbundführer von Floridsdorf, in der Moskauer Emigration zu. Dabei darf angenommen werden, daß sein Text mehrere sowjetische Zensurstellen passiert hatte.

Die Arbeiter waren auf Abwehr, auf Gewehr bei Fuß, auf Verteidigung eingestellt. Die Mentalität der Führung übertrug sich eben auf die Massen. Die Führer waren nicht auf Sturz des Faschismus eingestellt, sondern auf die Erhaltung und Verteidigung der bürgerlichen Demokratie. Diese Einstellung war darum möglich, weil in der sozialdemokratischen Massenpartei ein jeder ohne Prüfung seiner politischen Einstellung Unterschlupf finden konnte und als Parteimitglied weiter keine Verpflichtung hatte, als den 50-Groschenbeitrag zu leisten; die Folge davon war, daß ein ausgeprägtes Klassenbewußtsein nur bei einem Teil der Parteimitglieder vorhanden war. (Roscher, S. 160)

Die bremsende Parteilinie kann nicht als Verrat erklärt werden, wie dies die Stalinisten zu tun pflegen. Die Entwicklung einer ganzen Sozialbewegung läßt sich nicht aus der Politik von zwei Führern (Otto Bauer, Julius Deutsch) erklären, wie dies die stalinistischen Kritiker von damals bis heute tun. Mit dieser Anwendung der Führerideologie ist bequem zu übertünchen, daß die Mehrzahl der österreichischen Arbeiter im Frieden mit dem faschistisch werdenden Staat leben wollte. Die Unterstellung der Parteikommunisten, ohne die rechten Führer der Sozialdemokratie wären alle Arbeiter aufgestanden, ist aus den Fingern gesogen.

Nun zum Ablauf des Aufstandes selbst. Von Informanten aus der noch stark mit Sozialdemokraten durchsetzten Polizei erfuhr die Linzer Schutzbundführung, daß Hausdurchsuchungen und Verhaftung bevorstünden, an die sich die Partei schon lange gewöhnt hatte. Nur in Oberösterreich nicht, einem traditionellen, selbstbewußten Rebellenland. Am Samstag/Sonntag, 3./4. Februar 1934, hatte die Partei in ganz Oberösterreich eine Versammlungskampagne durchgeführt. Den vernichtenden Vertrauensschwund schilderte Richard Bernasek (1888–1945), der Schutzbundführer für Oberösterreich:

Viele Arbeiter kommen nicht mehr. Alle Redner sind in der Provinz. Was sie reden? Ich sage meinen Genossen im Kohlenrevier: «Wir werden kämpfen. Auf jeden Fall.» Auch mir glauben sie nicht mehr. Sie sind sogar des Debattierens müde. Sie lächeln nur ironisch. Das Vertrauen schwindet sogar rascher als die Masse. Neuwahl der Funktionäre! Sie wollen keine Funktionen mehr annehmen. Schon gar nicht mehr die Jungen. Einer erklärte vor Tagen, die Wahl anzunehmen. In der Versammlung sagt er: «Ich bin schon Kommunist.» Wo stand er am 12. Februar? Vielleicht groß auf der kleinen Theaterbühne des Arbeiterheims, als die standrechtliche Exekution vollzogen wurde! Die Alten nehmen wieder an. Mürrisch. Sie sagen: «Wenn die Nationalsozialisten in den letzten Monaten solche Kampfredner vorgeschickt hätten, wie Sie einer sind, Genosse Bernasek, dann wäre wohl die Hälfte unserer Parteigenossen schon bei den Nationalsozialisten.» Ich starre sie an! Der Haß gegen das Dollfuß-Regime ist bald hemmungslos. Montag, den 5. Februar, berichte ich nach Wien: «Das Tempo des Zerfalls ist beschleunigt, in einigen Monaten haben wir ganze Gebiete verloren!» Donnerstag und Freitag schicke ich einige Genossen nach Wien. «Bringt mir die Auffassung der Führung und die Stimmung der Arbeiter.» An den bestürzten Gesichtern der ersten Zurückgekehrten erkenne ich ihre Botschaft: die Führung erwartet stündlich ihre Verhaftung. Die anderen teilen mir schon telefonisch den Zustand des Patienten mit: «Starker Lebenswille, kräftige Natur, hofft Krise zu überwinden.» Sie wollen also kämpfen!

Ab Freitag steigende Bereitschaft im ganzen Land. Dienst Tag und Nacht. Ich komme nicht mehr heim. Ein, zwei Stunden der Ruhe in den Morgenstunden verbringe ich in einem Fremdenzimmer des «Hotel Schiff». Telefonische Meldungen und Nachrichten werden laufend empfangen und weitergegeben. Samstag: Wien ruft: «Erhöhte Bereitschaft, Weisung abwarten!» Gut, aber nur mit den kleinen Feuerwaffen? Die Restauration des Parteihauses hat Hochbetrieb. Ich sagte zu meinen Tischgenossen am Sonntag: «Das Abendessen kommt mir vor wie eine Henkersmahlzeit.» Ein Gerücht über Wiener Neustadt dringt herein. Anfrage in Wien. «Ja, es ist wahr. Eine Verhaftung hat die Demonstration ausgelöst auf dem Hauptplatz. Sie stehen dichtgedrängt. Militär umzingelt die Stadt. In den Straßen, hinter dem Drahtverhau, stehen die Maschinengewehre auf die Demonstranten gerichtet. Über Aufforderung zerstreuen sie sich bedingungslos!» «Und das läßt sich die Arbeiterschaft dort bieten?» entrüstet sich ein Nationalrat hier. Ich rufe in Linz den Parteivorstand nicht mehr zusammen. Ich bespreche mich mit einigen Getreuen und entscheide. Ein Brief geht am Sonntagnachmittag mittels Kurier ab. Er lautet:

«Linz, 11. Februar 1934.

W. G.!
Ich habe mich heute vormittag mit fünf gewissenhaften, der Partei treu ergebenen Genossen besprochen und mit ihnen nach wirklich reiflicher Überlegung einen Beschluß gefaßt, der nicht mehr rückgängig gemacht werden kann. Die Begründung dieses Beschlusses werde ich vielleicht Gelegenheit haben, morgen Abend dem Reichsparteivorstand bekanntzugeben. In Durchführung dieses Beschlusses werden wir heute Nachmittag und diese Nacht sämtliche uns zur Verfügung stehenden Waffen und zwar in ganz Oberösterreich soweit bereitstellen, daß die heute noch zum Widerstand entschlossene Arbeiterschaft sie sofort greifbar hat. Wenn morgen, Montag, in einer oberösterreichischen Stadt mit einer Waffensuche begonnen wird oder wenn Vertrauensmänner der Partei bzw. des Schutzbundes verhaftet werden sollten, wird gewaltsamer Widerstand geleistet und in Fortsetzung dieses Widerstandes zum Angriff übergegangen werden. Dieser Beschluß sowie die Durchführung ist unabänderlich. Wir erwarten, daß, auf unsere telefonische Mitteilung nach Wien ‹Waffensuche hat begonnen, Verhaftungen werden vorgenommen›, Du der Wiener Arbeiter-

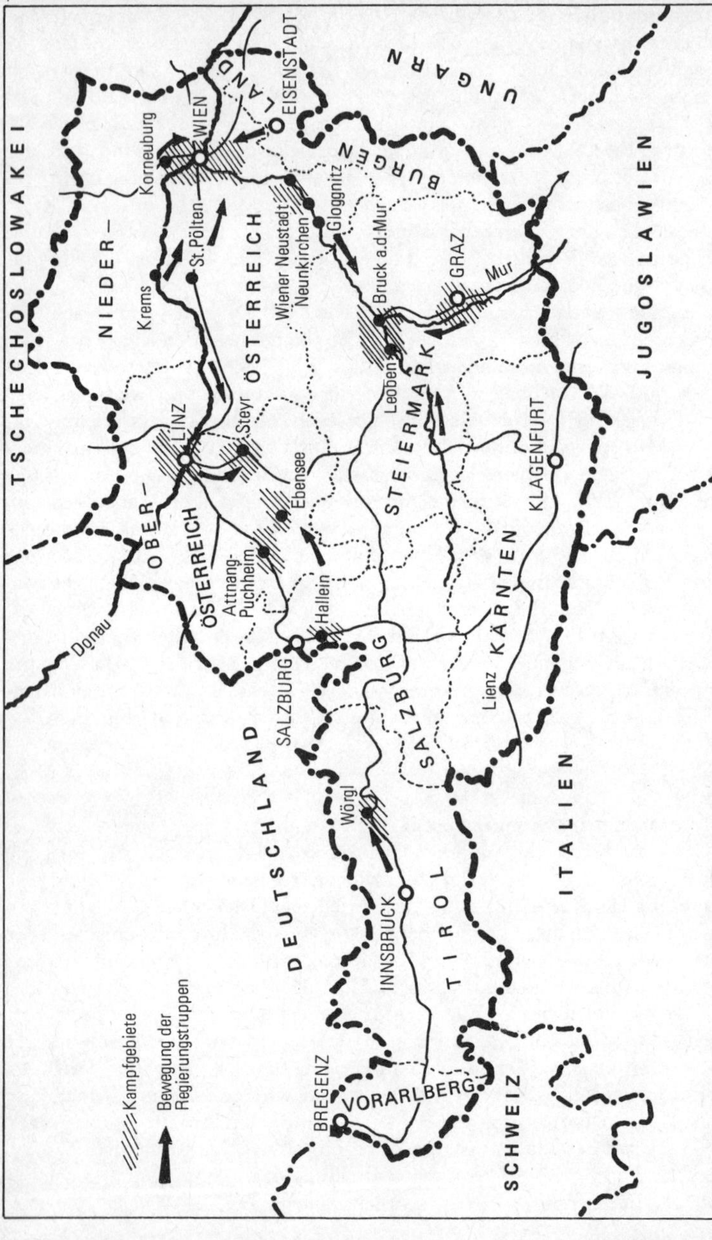

Karte 51: Kämpfe von Schutzbündlern, 12.–15. Februar 1934

schaft und darüber hinaus der gesamten Arbeiterschaft das Zeichen zum Losschlagen gibst. Wir gehen nicht mehr zurück. Den Parteivorstand hier habe ich von diesem Beschluß nicht verständigt. Wenn die Wiener Arbeiterschaft uns im Stiche läßt, Schmach und Schande über sie. Ich komme morgen, Montag, wenn die vorher erwähnten Fälle bis dahin nicht eingetreten sind, nachmittags mit dem Genossen Koref nach Wien, der von diesem Beschluß nichts weiß, und werde dem Reichsparteivorstand mehr als Rede und Antwort stehen. Den gleichen Brief erhält gleichzeitig auch der Genosse X.

Mit Parteigruß R. B.

Nachschrift: Ich bitte, dem Überbringer dieses Briefes die Telefonnummer anzugeben, unter welcher ich Dir die telefonische Mitteilung der erfolgten ‹Waffensuche oder Verhaftung› mitteilen kann.»

Ich warte nicht mehr auf die Antwort. Gebe den Auftrag, die Waffen hervorzuholen und gebrauchsfertig zu machen. Im ganzen Land. So wie am 15. März 1933! Nur nicht mit der Zuversicht! Aber mit dem Gefühl: «Es muß sein!» Vielleicht werden mich die Bauern besser verstehen wie manche Parteigenossen. Montag, morgens um 2 Uhr früh, telefoniert Wien: «Ernst und Otto schwer erkrankt, Unternehmung aufschieben.» Ich schiebe sie nicht mehr auf. Ich gebe keinen Gegenauftrag mehr. Aber die Depesche beunruhigt mich; so auffallend. Um 4 Uhr früh – es ist die dritte Nacht – lege ich mich auf 1½ Stunden müde nieder, um um ½ 6 Uhr früh wieder in meine Kanzlei zu gehen. Wenn sich heute nichts ereignet, will ich nachmittags nach Wien, um dort zum letzten Male zu sprechen. Auf den Sesseln und Tischen der anderen Kanzleiräumlichkeiten und der Sitzungszimmer sitzen und liegen einige Führer, Ordonnanzen und Nachrichtenorgane. Insgesamt etwa 40 Mann. Keine für das Haus bestimmte Bereitschaft. Die ist nach Mitternacht abgetreten. Um 9 Uhr vormittags soll sie wieder zurückkehren. Auf meinem Schreibtisch liegt noch die Kopie des Briefes mit anderen wichtigen Schriftstücken. Alles andere ist verborgen, aber doch rasch greifbar. Es soll im Moment der Gefahr im Kesselraum der Flamme übergeben werden. Wie am 15. März. (Österreich, Brandherd, S. 276–280)

Den Kampf selbst stellte die anonyme Züricher Publikation dar:

Um ½7 Uhr früh drang die Polizei ins «Hotel Schiff» ein, in dem sich das sozialdemokratische Parteiheim befand. Es gelang ihr, Bernasek und einige Schutzbundführer zu verhaften. Die Bereitschaft hatte das Haus um Mitternacht verlassen und sollte sich um 9 Uhr wiedereinfinden. Die anwesenden Schutzbündler – etwa 40 Mann, Ordonnanzen, Verbindungsleute und Funktionäre –, die im hinteren Trakt des Hauses anwesend waren, wurden überrascht. Bernasek rief noch: «Zu den Waffen!», da ging die Polizei auch schon zum Angriff über. Im Stiegenhaus des hinteren Traktes wurde sie von den Schutzbündlern mit Schüssen und Handgranaten empfangen. Der Kommissär, der die Polizeiabteilung führte, wurde schwer verletzt. Unter dem Feuer der Schutzbündler zog sich die Polizei in den Hof zurück.

Inzwischen hatte der Maschinist Kunz ein Maschinengewehr am Fenster in eine geeignete Stellung gebracht und bestrich den Hof so wirkungsvoll, daß die Polizei ihn räumen mußte. Die Polizei war nun zwischen zwei Schußlinien im Tor des hinteren Traktes eingeschlossen und konnte sich weder vor- noch rückwärts wagen.

Schon zu Beginn der Aktion hatten starke Polizeikräfte die umliegenden Straßen besetzt, konnten aber jetzt den im «Hotel Schiff» von den Schutzbündlern im Schach gehaltenen Polizisten nicht zu Hilfe kommen, denn auf den Straßen in der Umgebung des «Hotel Schiff» hatten sich große Menschenmassen angesammelt, und einzelne Arbeitergruppen versuchten den Entsatz der Schutzbündler im «Hotel Schiff»; es kam zu den ersten Gefechten. Um 10 Uhr traf Militärverstärkung für die Polizei ein. Das Alpenjägerregiment Nr. 7 griff in den Kampf ein.

Das Feuer wurde auf beiden Seiten verstärkt. Kunz bediente das Maschinengewehr so meisterhaft, daß die Regierungstruppen keinen Schritt vorwärtszudringen vermochten. Den Schutzbündlern gelang es auch, ein Maschinengewehr der Belagerer zum Schweigen zu bringen. Polizeirat Hofer, der die Regierungstruppen vor dem «Hotel Schiff» kommandierte, forderte die Schutzbündler einige Male zur Übergabe auf und sagte ihnen «freien Abzug» zu. Die Arbeiter fielen aber auf diese Finte nicht herein.

Viel mehr als die lügenhaften Angebote der Polizei interessierte sie die Lage in der Stadt – der Streik. Während des Kampfes versuchten sie immer von neuem, ob das Licht noch brannte, das Wasser noch lief. Aber immer wieder mußten sie sich sagen: der Generalstreik blieb stets noch aus.

Da fiel der Maschinengewehrschütze Kunz durch einen leider zu gut gezielten Schuß des Militärs – sein Maschinengewehr wurde still. Inmitten des mörderischen gegnerischen Feuers konnte keiner seiner Kameraden ans Maschinengewehr heran. Die Schutzbündler feuerten mit ihren Gewehren weiter und warteten auf den Entsatz durch ihre Kameraden in der Stadt.

Nach 11 Uhr hören sie die Sirenen der Bundeswerkstätte. Ein Zeichen, daß die Werkstätten in Streik getreten sind. Es spornt die eingeschlossenen Arbeiter von neuem an. Kommen jetzt die bewaffneten Eisenbahner zu Hilfe? Und ob nicht vielleicht auch …? Nein, das Licht brennt noch, das Wasser läuft noch …

Das Feuer der Exekutive aber wurde immer stärker. Um ½12 Uhr wurden Minenwerfer gegen das Haus in Stellung gebracht. Das Kommando der Regierungstruppen forderte nochmals zur Übergabe auf, sonst würden die Minenwerfer in Aktion treten.

Noch einmal liefen die Schutzbündler zu den Wasserhähnen und Lichtschaltern. Das Licht brannte … das Wasser lief … Der Generalstreik war fehlgeschlagen. Fehlgeschlagen war auch eine Entsetzungsaktion, die eine Schutzbundabteilung vom Wirtschaftshof aus auf zwei Lastautos mit Maschinengewehren unternommen hatte, es gelang der Schutzbundabteilung nicht, die Polizeisperre zu durchbrechen. Eine zweite Schutzbundabteilung, die sich in der «Tagblatt»-Druckerei in der Steingasse gesammelt hatte, konnte zum Entsatz ihrer Kameraden im «Hotel Schiff» nicht antreten, da der dortige Schutzbundfunktionär mit der Herausgabe der Waffen säumte und schließlich verhaftet wurde. (Nach der

Meinung mehrerer Schutzbündler ließ er sich absichtlich verhaften.) Ein weiterer Widerstand im «Hotel Schiff» schien zwecklos und unmöglich, umsomehr, als die Munition schon fast ganz verschossen war.

Die tapferen Schutzbündler im «Hotel Schiff» ergaben sich der Exekutive.

Inzwischen aber griff der Kampf in der ganzen Stadt um sich.

Der Linzer Bahnhof wurde vom Schutzbund besetzt und bis gegen Mittag gehalten.

In der Schiffswerft im Linzer Hafen verbarrikadierten sich sozialdemokratische und kommunistische Arbeiter und lieferten der Exekutive einen schweren Kampf; erst als sie Artillerie einsetzte, überwand sie die Arbeiter im Linzer Hafen. Es war das erste Mal in diesen schicksalsschweren Tagen, daß Kanonen auf das Volk schossen! Später sollten Dollfuß und Fey die Verwendung der Artillerie gegen das Volk mit dem «Festungscharakter» der Wiener Gemeindewohnbauten begründen, aber diese Lüge wurde schon in den ersten Stunden durch den Einsatz der Artillerie gegen unbefestigte und gewöhnliche Arbeiterwohnhäuser und Betriebsanlagen widerlegt. [...]

Überall, in ganz Linz, kämpften Schutzbündler, sozialdemokratische und kommunistische Arbeiter Seite an Seite. Die Nazis aber boten dem Sicherheitskommissär der Bundesregierung ihre Teilnahme an der Niederwerfung der Arbeiterschaft an! Aus taktischen Gründen hielt es der Sicherheitskommissär für zweckmäßig, dies Angebot abzulehnen.

Die Kommunisten schlugen vor, die Zufahrtsstraßen zu verbarrikadieren, um Truppenverschiebungen und Munitionstransporte zu verhindern, Autos und Straßenbahnwagen umzuwerfen und als Barrikaden zu verwenden, die Eisenbahngeleise aufzureißen. Die Schutzbundkommandanten widersetzten sich diesen Forderungen und begründeten ihre Haltung damit, daß bei Durchführung der kommunistischen Vorschläge zuviel Schaden angestiftet würde. Dies Verhalten sollte sich an den kämpfenden Schutzbündlern und Arbeitern rächen, denn es ermöglichte dem Bundesheer, Verstärkungen aus der Provinz heranzuziehen und mit ihrer Hilfe die kämpfenden Linzer Arbeiter niederzuschlagen. (Österreich, Brandherd, S. 96–100)

In Wien, wo seit einigen Tagen Julius Deutsch bereits illegal lebte und jede Nacht unter falschem Namen woanders unterschlüpfte, ohne daraus etwas zu lernen, begann der Aufstand erst, als der Ausbruch von Linz bekannt wurde. Die Parteiführung konnte nicht mehr länger bremsen. Wollte sie nicht überrollt werden, mußte sie den Schutzbund wenigstens zur Bereitschaft auffordern. Den besten Überblick über den ersten Aufstandstag in Wien bietet das Züricher Buch:

Am Morgen des 12. Februar herrschte in den Betrieben von Floridsdorf große Erregung. Die Arbeiter der Fiatwerke und übrigen Betriebe waren wohl erschienen, hatten aber die Arbeiter nicht aufgenommen. Erregt diskutierend standen sie in großen Gruppen in ihren Werkstätten und forderten die Ausrufung des Streiks. Die am Vortag erfolgte Verhaftung des Betriebsratsobmannes der Fiatwerke und Obmannes des Floridsdorfer Schutzbundes, Stockhammer, hatte den Ausschlag gegeben. Die Arbeiter wollten nicht länger warten.

Die Betriebsräte der Fiatwerke und anderen Floridsdorfer Betriebe traten miteinander in Verbindung, um über die weiteren Schritte zu verhandeln. Eine Konferenz der Floridsdorfer Betriebsräte sollte noch am Vormittag zusammentreten, um Beschlüsse zu fassen. Gleichzeitig entsandten die Fiatwerke eine Abordnung in die Gewerkschaftszentrale, um bei ihr Direktiven einzuholen.

Während die Abordnung der Fiatwerke noch in Wien war, trafen in Floridsdorf schon Nachrichten von den Linzer Ereignissen und vom Generalstreik ein. Um ½10 Uhr legten die Arbeiter im Leopoldauer Gaswerk die Arbeit nieder. Die Arbeiter der anderen Floridsdorfer Fabriken verließen teils gleichzeitig, teils bald darauf die Betriebe.

Um ¾10 Uhr stellten die Arbeiter des Gaswerks Simmering die Arbeit ein. Um ½12 Uhr trat das Elektrizitätswerk in Simmering in Streik. Hier kam es zu Schwierigkeiten mit der Direktion und den Ingenieuren, die dem Streik ablehnend gegenüberstanden. Erst als entschlossene Arbeiterfäuste in die Schaltanlagen eingriffen, hörte die Stromabgabe auf. Es war 11 Uhr 47 Minuten.

Ruckartig blieben die Straßenbahnen in ganz Wien stehen, wo sie sich gerade befanden. Den Betrieben ging der Strom aus. «Störung?» «Streik im E-Werk?» Gerüchte flatterten auf. Bald wurde bekannt:

«Generalstreik! In Linz wird geschossen!»

Die Polizei verschwand von den Straßen, die für eine Zeitlang unheimlich still wurden. Bald kehrte die Polizei aber zurück in Sturmabteilungen mit Stahlhelmen und Karabinern. Maschinengewehre tauchten auf. Truppen zogen über die Straßen.

Vor den Läden stauten sich die Menschen. Petroleum, Brot, Kerzen wurden rasch gekauft.

Die Schutzbündler eilten zu ihren Sammelplätzen.

In Sandleiten standen sie um diese Zeit bereits unter Waffen. Schon um 8 Uhr früh, als von den Linzer Ereignissen noch nichts bekannt war, hatten sich Schutzbündler und Arbeiter im Sandleiten-Hof versammelt und wollten in die Innere Stadt ziehen. Denn das Gerücht schwirrte umher – nur um einige Stunden verfrüht – daß die Parteizentrale in der Wienzeile besetzt sei. Als nun noch die Meldung von Linz kam, bewaffneten sich die Sandleitner Schutzbündler.

Die Linzer Arbeiter hatten sich nach Ausbruch des Kampfes nicht nur an die Wiener Parteizentrale, sondern auch an die Wiener Arbeiter gewandt. Sie hatten im Wiener Elektrizitätswerk angerufen, um die Wiener Arbeiter zur Solidaritätsaktion aufzurufen. Die Betriebsräte des E-Werkes hatten sich daraufhin mit der Parteizentrale in Verbindung gesetzt, um von ihr Direktiven zu verlangen, teilten aber mit, daß die Arbeiter des E-Werkes zum Streik entschlossen seien.

Die Parteizentrale war auf eine solche Situation nicht vorbereitet. Keinerlei Vorbereitungen waren getroffen, nicht einmal alle Mitglieder des Parteivorstandes waren zugegen oder erreichbar. Otto Bauer berichtet in seiner Broschüre «Der Aufstand der österreichischen Arbeiter», daß fast alle Führer der Sozialdemokratischen Partei und der Gewerkschaften «am Montag wie an anderen Tagen in ihren Sekretariaten, Regierungsstellen, Gemeindestuben saßen.»

Der Parteivorstand wußte, daß die Floridsdorfer Arbeiter bereits tatsächlich in Streik getreten waren, wenn er auch noch nicht formell erklärt war. Er befand sich der Tatsache des bewaffneten Kampfes in Linz gegenüber und der Entschlossenheit der Wiener E-Werksarbeiter, in den Streik zu treten, und wußte, daß der Streik der E-Werksarbeiter den gesamten Straßenbahnbetrieb und den größten Teil der Wiener Industrie lahmlegen würde. Schweren Herzens entschloß er sich zur Erklärung des Generalstreiks.

Während jedoch die Parteiführung um 9 Uhr vormittags die Losung des Generalstreiks beschloß, faßte sie gleichzeitig auch den Entschluß, mit der Regierung in Verhandlungen zu treten.

«Auch jetzt noch versuchten sozialdemokratische Abgeordnete zu vermitteln. Der Landeshauptmannstellvertreter von Niederösterreich, Oskar Helmer, wandte sich an den christlichsozialen Landeshauptmann Josef Reither und beschwor ihn, in letzter Stunde einen Versuch zu friedlicher Bereinigung des Konfliktes zu machen. Reither tat es, er wandte sich persönlich an den Bundespräsidenten [Miklas]. An dem Starrsinn der Regierung scheiterte aber auch dieser letzte Rettungsversuch.» (J. Deutsch, «Der Bürgerkrieg in Österreich»)

In den Verhandlungen, die in den Mittagsstunden stattfanden, hatten die sozialdemokratischen Unterhändler Reither den Rücktritt von Dollfuß und Fey und die Bildung einer Regierung unter Reithers Bundeskanzlerschaft vorgeschlagen. Um diesen Preis glaubten die sozialdemokratischen Führer die Arbeiter wieder beruhigen zu können. Helmer und die anderen sozialdemokratischen Friedensunterhändler wurden verhaftet. Das war die Antwort der Dollfuß, Fey und Miklas! [...]

In aller Eile stellten sich die Schutzbündler auf ihren Sammelplätzen ein, meist in Gemeindehäusern und bei den verborgenen Waffenlagern.

Fey hatte seine Polizei und Heimwehr in Bereitschaft gehalten, weil sie an diesem Tage bereits am Morgen planmäßig Waffensuchungen und Verhaftungen vornehmen sollten, um den Hauptschlag einzuleiten. Nun wurde auch das Bundesheer mobilisiert. Schon in den Mittagsstunden lief es von Mund zu Mund: Standrecht!

Brutal und hochtrabend ließen sich Dollfuß und Fey also vernehmen:

«In Wien haben Teile der sozialdemokratisch organisierten Arbeiter der städtischen Elektrizitätswerke die Arbeit niedergelegt. Deshalb wurde auch in Wien das Standrecht verhängt.

Die Bundesregierung hat unter Bereitstellung des gesamten Machtapparates alle Maßnahmen getroffen, um diese planmäßigen verbrecherischen Anschläge bolschewikischer Elemente im Keim zu ersticken.»

Um 2 Uhr nachmittags konzentrierte die Regierung Bundestruppen auf der Ringstraße und begann eine Stunde später, die Innere Stadt auf den Brücken über den Donaukanal und etwa 500 Schritt auswärts vom Ring durch einen

Polizei- und Militärkordon mit Drahtverhau und Maschinengewehren abzusperren.

Bis 2 Uhr nachmittags blieb die Innere Stadt ungeschützt und unverteidigt, war jedem Angriff der bewaffneten Arbeiter aus den Vorstädten preisgegeben, mehr als sechs Stunden lang nach den ersten Meldungen aus Linz, mehr als zwei Stunden nach dem Ausbruch des Streiks im E-Werk ... Doch kein Angriff erfolgte. [...]

Weshalb die Floridsdorfer Schutzbündler am Montag und in der Nacht zum Dienstag nichts unternahmen, konnte nicht restlos geklärt werden. Eine Gruppe von Schutzbündlern, die sich in einer Siedlung gesammelt und bewaffnet hatte, um am Montagabend loszuschlagen, berichtet, daß sie im letzten Augenblick einen Befehl der Bezirksleitung erhielt, am Montag und in der Nacht vom Montag zum Dienstag und bis Dienstag früh nichts zu unternehmen. Dann erst würde die allgemeine Offensive im Bezirk erfolgen. Dieser Befehl der Bezirksleitung sei auf Grund der Weisungen von oben ausgegeben worden. (Österreich, Brandherd, S. 93–95, S. 103–105. Zur Lage der Aufstandszentren in Wien ziehe man den Stadtplan heran, der sich im Züricher Buch wie auch bei Bela Kun und bei «Schutzbundkämpfer erzählen» findet.)

Weitere Kämpfe entwickelten sich in den Wiener Stadtbezirken Favoriten (X. Bezirk), Ottakring (XVI.), Margareten (V.), Meidling (XII.), Döbling (XIX.), Hietzing (XIII.). Im letzten Bezirk operierte der Verräter Eduard Korbel als Kreiskommandant, schon längere Zeit als Polizeispitzel entlarvt, dennoch von der Führung des Schutzbundes nicht abgesetzt. Ein Hietzinger Schutzbündler machte anschaulich, wie verheerend der blinde Gehorsam sich nun auswirkte:

Zur Sammelstelle kamen viel mehr, als wir erwartet hatten. Wir waren etwa 1000 Mann. Alle konnten bewaffnet werden. In der Nacht kam ein Schutzbündler aus dem Ottakringer Arbeiterheim. Er hatte den Weg durch die Kanäle gemacht. Er bat uns um Hilfe. Doch unser Kommandant sagte, er könnte sie nicht geben. Der Ottakringer Genosse beschwor unseren Kommandanten, und auch wir drangen in ihn, die Genossen im Arbeiterheim nicht im Stich zu lassen. Er wurde blaß, lehnte aber immer wieder die Unterstützung ab und gab als Grund vor, er habe den Befehl erhalten, mit seiner Abteilung auf der Stelle zu bleiben. Wir verblieben die ganze Nacht untätig auf unserer Stelle, und am nächsten Morgen verliefen sich die meisten. Später erfuhren wir, daß im Gebiete Moosbacherstraße, Somighof, Flötzersteig und Spiegelgrund 4000 bewaffnete Leute des XIII. und XIV. Bezirks versammelt waren, die Montagabend in Aktion treten sollten. Der Kreisführer Korbel aber ließ im letzten Augenblick sagen, die Aktion sei auf Dienstagfrüh verschoben. Einige Abteilungen, die sich weigerten, diesem Befehl Folge zu leisten, und die in den XVI. Bezirk hinüber wollten, um das Ottakringer Arbeiterheim zu entsetzen, ließ Korbel mit Gewalt zurückhalten und entwaffnen. Die Leute des XVI. Bezirks, die vor allem in der Siedlung Schmelz konzentriert waren, hatten keine Waffen. (Österreich, Brandherd, S. 111)

Am selben Tag entbrannten Kämpfe auch in anderen Gegenden Österreichs, die freilich isoliert blieben; die von Floridsdorf, jenseits der Donau, zeigten, daß der Schutzbund zu weit mehr fähig gewesen wäre. Im XIX. Bezirk, Döbling, tobten die heftigsten Gefechte um den Karl-Marx-Hof, einen riesigen Wohnkomplex an der Heiligenstädter Straße, zwischen der Geistinggasse und der Grinzinger Straße. Bis zum 4. Tag, Donnerstag, 15. Februar, behaupteten sich Schutzbündler nur noch dort und konzentriert auf dem Laaerberg. Auch sie mußten aufgeben. Erst am Schluß gingen die Aufständischen zwangsläufig zur Guerillataktik über, einer Kampfweise, die, von Anfang an angewandt, weit mehr Erfolg gebracht hätte. Doch die Guerillataktik setzt eine unterstützende Bevölkerung und ein klares Ziel voraus. Beides fehlte.

Noch in den Kanälen wurde der Kampf weitergeführt. In der Nacht vom Donnerstag zum Freitag hörten in der Inneren Stadt in Wien Polizisten und Heimwehrposten im kanalisierten Bett des Wienflusses, das dort eingetunnelt unter der Straße läuft, Geräusche. Sie stiegen in den Kanal ein. Unten im tiefen Dunkel des Wienflußkanals krachten ihnen Gewehrschüsse entgegen. Vor und hinter ihnen blitzte es auf. Die Schutzbündler, die sich so weit durchgeschlagen hatten, waren keineswegs gewillt, im letzten Augenblick in die Hände ihrer Häscher zu fallen. Die Polizei schoß wieder, doch nur, um ihren raschen Rückzug zu decken. Beim nächsten Kanaleinstieg rettete sie sich wieder an die Oberfläche. Die entlang des Wienflusses im Stadtpark postierten Heimwehrleute eröffneten eine wilde Schießerei. Herbeigeeilte Verstärkungen streiften das ganze Gelände ab, doch vergeblich. Kein Schutzbündler wurde gefunden. Und ins Dunkel der Kanäle hinabzusteigen, wagten die Heimwehrler nicht. Um ½2 Uhr früh erschien Major Fey. Aber auch er hielt es für ratsam, keinen Kampf in den Kanälen zu wagen. Entstand damals in seinem Kopf jener scheußliche Plan, die Kanäle unter Wasser zu setzen, um die flüchtigen Schutzbündler wie Ratten zu ersäufen?

Noch am Samstag krachten Schüsse. Vom Reumannhof aus wurde auf eine Heimwehrpatrouille geschossen. Die Heimwehr beschoß daraufhin wild und planlos das ganze Gebäude. Ihre Schüsse wurden erwidert. Aber die Arbeiterschützen wurden nicht gefunden.

Es waren die letzten Schüsse. (Österreich, Brandherd, S. 168)

Blitzlichtartig leuchtete gerade am letzten Tag des Aufstands, am Donnerstag, die Kampfkraft der Oberösterreicher noch einmal auf. Inmitten des alten Rebellengebiets standen die Salzbergarbeiter von Ebensee, am Südrand des Traunsees, auf.

Im Salinenort Ebensee erhob sich die Arbeiterschaft. In den frühen Morgenstunden griff der Schutzbund die Gendarmerie an, und ohne einen Schuß gelang es ihm, die gesamten Kräfte der Gendarmerie zu entwaffnen und einzusperren.

Darauf besetzten die Schutzbündler Postamt und Bahnhof, Salzwerke und Textilfabriken, wo die Arbeiter in Streik traten. Dann wurde die Straße zwischen Gmunden und Ebensee verbarrikadiert, und die Bergstraße, die an einer Felswand vorbeiführt, durch eine Sprengung verschüttet. Die Stadt und ihre Umgebung waren im Besitz des Schutzbundes. In den Abendstunden rückten starke Heereskräfte mit Artillerie heran und schickten sich an, das Feuer aus den Geschützen zu eröffnen. Da aber die Schutzbündler inzwischen erkannt hatten, daß der Kampf in ganz Österreich zu Ende war, wichen sie dem ungleichen Gefecht aus und zogen sich in die Berge zurück. (Österreich, Brandherd, S. 164/5)

Nach dem Zerschlagen der österreichischen Arbeiterbewegung brüstete sich Julius Deutsch im Brünner Exil damit, die Schutzbündler hätten überall das Eigentum geschützt.

Für den Geist der Schutzbündler ist es bezeichnend, daß in dem ganzen Gebiete, das sie besetzt hielten, nicht eine einzige Plünderung vorkam. Der Verfasser dieser Schrift hat es selbst miterlebt, wie hungernde Schutzbündler von Proletarierfrauen ein Stück trockenes Brot bekamen, hie und da ein Stückchen Wurst, während nebenan mit Lebensmittel gefüllte Kaufläden waren, die vollständig unbehelligt blieben.

Die Wiener Februarkämpfe werden wohl die einzige Revolution der Geschichte sein, in denen trotz der Leidenschaft und Heftigkeit der Kämpfe das Eigentum auch nicht im allergeringsten Maße von den Revolutionären angetastet wurde. (Deutsch, Bürgerkrieg, S. 35/36)

Spießigkeit und Kurzsichtigkeit lassen sich kaum besser belegen. Soweit brachte es die sozialdemokratische Disziplinierung rebellischer Arbeiter! Noch immer schwebten die Führung wie die Schutzbündler in der Illusion, bürgerliches Wohlverhalten werde von den Herrschenden belohnt, von denen, die schon lange mit Artillerie gegen die leichtbewaffneten Arbeitertrupps schossen. Heinz Roscher aus Floridsdorf griff im Exil diese Kleinkariertheit an:

Die Schutzbündler waren über 60 Stunden ununterbrochen im Kampf, und ihre Erziehung zur Gesetzmäßigkeit hinderte sie daran, die notwendigen Lebensmittel und auch Kleidungsstücke zu requirieren. Sie begnügten sich neben vollen Magazinen mit einem Stück trockenen Brotes und unterließen es, in den kalten Februarnächten ihre zerrissenen und fadenscheinigen Gewänder gegen bessere auszutauschen. Man hatte sie nicht verstehen gelernt, daß es im Kampf gegen den Faschismus keine «Plünderung» gibt, man hatte ihnen nicht klargemacht, daß die Requirierung von Lebensmitteln und die Beschlagnahme von Kriegsmaterialien nichts mit Plünderung gemein hat. So war es vorgekommen, daß Schutzbündler volle Kassen bewachten, daß im Postamt in Floridsdorf hunderttausende Schilling deponiert waren und niemand auch nur einen Groschen nahm. Anstatt die Gefangenen, die gemacht wurden, als Geisel zu benutzen und sie als Deckung gegen die faschistischen Positionen vorzutreiben, bewachte man sie, man gab ihnen teilweise sogar zu essen, um sie dann, ohne daß man ihnen ein Haar gekrümmt hätte, laufen zu lassen. [...]

In den Fiatwerken in Floridsdorf standen 80 fabrikneue fertige Automobile. Anstatt diese Automobile zur rascheren Verschiebung von Streitkräften bei den Kämpfen zu verwenden, ließ man sie unberührt. Die Erziehung im Sinne der Staatsautorität, im Sinne der Achtung eines Eigentumsbegriffes verhinderte auch so die Führung des Kampfes mit allen Mitteln. Diese raschen, 1½ tonnigen Lastwagen mit einem aufmontierten Maschinengewehr und einer improvisierten Panzerung würden sicher ein ausschlaggebender taktischer Kampfbehelf gewesen sein. Die schweren, vollgummibereiften Müllabfuhrwagen, die unter Umständen einen brauchbaren Panzerautoersatz dargestellt hätten, wurden nicht verwendet. Ebenso scheute man sich, die in ausreichendem Maße vorhandenen Sprengmittel in Anwendung zu bringen. Die anerzogene Auffassung, daß die Proletarier nach einer, wenn auch siegreichen Revolution, die Kosten zu tragen hätten, verhinderte auch dieses. An Enteignung und die Heranziehung der Kapitalisten zum Wiederaufbau dachte niemand. (Roscher, S. 154/5)

Die Arbeiterbewegung, die mehrheitlich den Aufstand gegen den Faschismus nicht wollte – wenigstens nicht so überraschend und nicht zu diesem Zeitpunkt –, mußte verlieren. Hunderte von Schutzbündlern flüchteten sich ins Ausland. 65 Wiener schlugen sich mit den Waffen in der Hand nach Uhorska-Ves in der Tschechoslowakei durch. Nach einem unvorstellbar anstrengenden Marsch von drei Tagen und vier Nächten kamen 47 über die rettende Grenze.

In Österreich tobte der christlich-faschistische Terror. Neun Schutzbundführer wurden standrechtlich ermordet, 1200 Schutzbundkämpfer verhaftet. Nach der Niederlage der Sozialdemokratie wechselten viele radikale Sozialisten zu den Kommunisten über und emigrierten in die Sowjetunion. Dort endeten Dutzende von ihnen als Opfer des Stalinschen Terrors, darunter der prominenteste unter den in die Sowjetunion emigrierten Schutzbündlern: Heinz Roscher aus Floridsdorf. Zehn Monate nach dem Februaraufstand, im Dezember 1934, entsandte ihn die Fabrik «Autowerk Stalin» als ihren Vertreter in den Moskauer Stadtsowjet. Eine Woche vor dem 4. Jahrestag des Februaraufstandes (1938) holte ihn die Geheimpolizei ab. Im Oktober desselben Jahres wurden seine Frau und sein Sohn ausgewiesen. Zur Sippenhaft griffen auch Stalinisten. Nach fast 20 Jahren Bemühungen erhielt Frau Roscher Ende 1957 eine Todesmeldung, eine durch und durch unglaubwürdige: ihr Mann sei am 28. Mai 1938 an Herz-Sklerose gestorben. Todesort unbekannt. Diese Todesangabe wäre auch der Gestapo und der SS würdig gewesen.

Zu dem allem paßte der Hitler-Stalin-Pakt vom 23. August 1939. Bei seinem Abschluß saßen rund 570 deutsche Kommunisten in Moskauer Gefängnissen. Die meisten von ihnen wurden von der sowjetischen Geheimpolizei bei Brest-Litowsk an die deutsche Geheime Staatspolizei ausgeliefert. GPU und Gestapo setzten sich einträchtig zusammen, um die Listen der Todeskandidaten zu vergleichen.

Die Ermordung vieler Februarkämpfer durch die Herrschenden der Sowjetunion wird von der parteikommunistischen Geschichtsschreibung stillschweigend übergangen. Eine Rechtfertigung wagt niemand. Derselben Mordwelle fiel der ungarische Kommunist Bela Kun zum Opfer, der 1934 als Kominternfunktionär gemeint hatte, den österreichischen Februarkämpfern die einzig richtigen Lehren erteilen zu müssen. Im Mai 1937 erklärte der Geheimdienst ihn zu einem Gestapospitzel, damals eine geläufige Erfindung. Die Nazis müssen sich gefreut haben.

Die Sieger über den Februaraufstand konnten sich nicht lange freuen. Schon am 25. Juli 1934 wurde Dollfuß von Nationalsozialisten ermordet. Emil Fey starb samt seiner Familie im März 1938 nach dem Einmarsch der Nazis an der gängigen Selbstermordung. Viele der Austrofaschisten wurden in Konzentrationslager geworfen, wo sie auf Februarkämpfer trafen. Der Linzer Schutzbundführer Richard Bernasek konnte 1934 aus dem Gefängnis entkommen, kehrte 1939 nach Österreich zurück, nahm am Widerstand teil, wurde 1944 verhaftet und am 18. April 1945 im KZ Mauthausen, nahe seiner Heimatstadt Linz, von der SS erschossen.

Der österreichische Februaraufstand verschwand nur oberflächlich. Während seine Impulse in den Gefängnissen und Konzentrationslagern der GPU erstickt wurden, wirkten sie woanders weiter. Die Aktivsten rückten von der emigrierten rechten Parteiführung ab und gründeten die illegale Organisation «Revolutionäre Sozialisten». Julius Deutsch nahm am spanischen Bürgerkrieg (1936–39) teil, einer der wenigen sozialdemokratischen Generäle; neben ihm eine große Anzahl von Schutzbündlern.

Die große bewaffnete Erhebung des Februars 1934 gehört zu den bedeutendsten österreichischen Freiheitskämpfen. Wäre sie gelungen – und zwar schon früher –, so hätte sie möglicherweise dem internationalen Aufstieg des Faschismus einen schweren Schlag versetzen, zum Fanal einer allgemeinen, stärkeren Abwehr werden können. Es wäre bewiesen worden, daß Widerstand siegen kann, sich also lohnt.

Im Leben des Schutzbundführers Julius Deutsch kreuzen sich mehrmals Traditionen, die mit früheren Freiheitsbewegungen zu tun hatten. 1917/18 organisierte Deutsch, damals ins österreichische Heeresministerium kommandiert, eine geheime Militärorganisation unter den Soldaten Wiens, um im Fall einer Revolution oder auch nur eines Arbeiterstreiks zu verhindern, daß die Soldaten auf das Volk schießen. Deutschs Verhaftung betrieb, allerdings vergeblich, der österreichisch-ungarische Ernährungsminister Fürst Ludwig Windischgrätz, Nachkomme jenes Generals, der sich seinen Ruhm durch die grausame Unterdrückung zuerst der Prager Revolution (Juni 1848), dann der Wiener Oktoberrevolution 1848 erwarb.

In Oberösterreich stand der von Deutsch befehligte Schutzbund gegen die von Ernst Rüdiger Fürst Starhemberg (1899–1956) geführten Heimwehrfaschisten. Einer von Starhembergs Vorfahren, Herr auf dem Schloß von Eferding bei Linz, dem Geburtsort des Heimwehrführers, hatte sich 1626 bei der blutigen Niederwerfung des größten Bauernaufstandes der österreichischen Geschichte hervorgetan (siehe Kapitel 62). Was die Bauern an Befreiung nicht geschafft hatten, vererbte sich als Last auf die Arbeiter. Zu Starhembergs Vorfahren zählte auch jener Rüdiger Graf Starhemberg, der 1683 die Abwehr des türkischen Angriffs vor Wien befehligt hatte, zu einer Zeit, als sich das österreichische Landvolk erneut gegen seine verhaßten Herrscher erhob (Kapitel 70).

Freiheitskämpfe liegen häufig stärker in Traditionen eingebettet, als wir es gemeinhin wahrnehmen. Das gilt für beide Seiten, die aufständische wie die herrschende. Der austrofaschistische Heimwehrführer Starhemberg versorgte schon 1920 die Tiroler Heimwehr durch einen Waffenraub, kämpfte 1921 mit einer Tiroler Gruppe in einem bayerischen Freikorps gegen die polnischen Freischärler in Oberschlesien. Im November 1923 beteiligte er sich in München am Putsch von Adolf Hitler. 1930 wurde er kurzfristig österreichischer Innenminister, nach der Niederschlagung des Februaraufstands 1934 Vizekanzler. 1938 emigrierte auch er. Er besaß 13 Schlösser und verfügte damit über einen größeren Grundbesitz als die Stadt Wien. 1956 erlag er in Schruns (Vorarlberg) einem Herzschlag, als er einen kommunistischen Journalisten, der ihn beim Kurspaziergang fotografieren wollte, erregt mit einem Stock zu verprügeln suchte. An der Todesstelle, einer kleinen Kapelle mitten in Schruns, setzte ihm Graf Ferdinand von Arco auf Valley, aus Südtiroler Uradel, eine Erinnerungstafel, ein Sohn des Anton Grafen von Arco auf Valley (1897–1945), der am 21. Februar 1919 den revolutionären bayerischen Ministerpräsidenten Kurt Eisner in der Münchner Räterepublik ermordet hatte, wofür er in Bayern ab 1919 als Nationalheld galt und vor Strafverfolgung geschützt wurde. Der Großvater Graf Arco auf Valley gehörte 1847 der 1. bayerischen Kammer der Reichsräte an, ein bedingungsloser Anhänger der Regierung gegen die demokratische Opposition (Konstitutionelle Jahrbücher, S. 271).

Auch die bayerische Familie der Fürsten von Wrede sah sich vielfältig mit Freiheitsbestrebungen konfrontiert. Carl Philipp Fürst von Wrede (1767–1838) war 1792 kurpfälzischer Landkommissar im kaiserlichen Heer gegen die französischen Revolutionstruppen am Rhein, 1813 Oberbefehlshaber über die bayerische Armee, nach dem Hambacher Fest (1832) ein scharfer Gegner der Demokratie, besonders der in der bayerischen Pfalz schon verwirklichten. Sein Sohn Carl Theodor (1797–1871) trat in diese Fußstapfen. Ein Nachkomme, Karl Fürst von Wrede, ein Gönner Hitlers, stellte ab September 1923 (47 Jahre alt, Rittmeister) auf Anordnung Hitlers in München ein Reiterkorps der NSDAP auf. Nach Hitlers Novemberputsch wurde er von der bayerischen Polizei verhaftet.

Quellen und Literatur

Otto Bauer: Der Aufstand der österreichischen Arbeiter. Seine Ursachen und seine Wirkungen, Prag 1. und 2. Aufl. 1934, neue Aufl. Wien 1947
Ders.: Der blutige 15. Juli, Wien 1927
Ders.: Die illegale Partei. (Aus dem unveröffentlichten Nachlaß) Paris 1939 (Standort: Stuttgart, Landesbibliothek)
Gerhard Botz: Gewalt in der Politik. Attentate, Zusammenstöße, Putschversuche, Unruhen in Österreich 1918 bis 1934, München 1976
Josef Buttinger: Am Beispiel Österreichs. Ein geschichtlicher Beitrag zur Krise der sozialistischen Bewegung, Köln 1953
Julius Deutsch: Antifaschismus! Proletarische Wehrhaftigkeit im Kampf gegen den Faschismus, Wien 1926
Ders.: Der Bürgerkrieg in Österreich. Eine Darstellung von Mitkämpfern und Augenzeugen, Karlsbad 1934
Ders.: Alexander Eifler, ein Soldat der Freiheit, 2. Aufl., Wien 1947
Ders.: Der Faschismus in Europa, Wien 1929
Ders.: Die Fascistengefahr, Wien 1923
Ders.: Putsch oder Revolution? Randbemerkungen über Strategie und Taktik im Bürgerkrieg, Karlsbad 1934
Ders.: Ein weiter Weg. Lebenserinnerungen, Zürich/Leipzig/Wien 1960
Ders.: Wer rüstet zum Bürgerkrieg? Neue Beweise für die Rüstungen der Reaktion, Wien 1923
Dokumente zum Wiener Schutzbundprozeß. Hg. von der Kommission zur «Untersuchung der Lage der politischen Gefangenen», Karlsbad o. J. [1935], Nachdruck Nendeln 1973
Ilona Duczynska: Der demokratische Bolschewik. Zur Theorie und Praxis der Gewalt, München 1975
Erfahrungen anläßlich der Assistenzleistungen zur Unterdrückung der Aufstände im Jahre 1934, Wien 1935
Geheimer Briefwechsel Mussolini–Dollfuß, 2. Aufl., Wien 1949
Michael Genner: Mein Vater Laurenz Genner. Ein Sozialist im Dorf, Wien/München/Zürich 1979
Internationale Tagung der Historiker der Arbeiterbewegung («10. Linzer Konferenz» 1974), Linz, 10.–14. September 1974
Arbeiterbewegung und Faschismus. Der Februar 1934 in Österreich, Wien 1976, S. 303–461
Lajos Kerekes: Abenddämmerung einer Demokratie. Mussolini, Gömbös und die Heimwehr, Wien/Frankfurt/Zürich 1966
Konstitutionelle Jahrbücher. Hg. von Karl Weil, 1847, 3. Bd., S. 271
Krivitsky (siehe Kapitel 119): S. 178/9, S. 216/7
Bela Kun: Die Februarkämpfe in Österreich und ihre Lehren, Moskau/Leningrad 1934

NORBERT LESER: Zwischen Reformismus und Bolschewismus. Der Austromarxismus als Theorie und Praxis, Wien/Frankfurt/Zürich 1968
ERNST LUDWIG: Österreichs Sendung im Donauraum. Die letzten Dezennien österreichischer Innen- und Außenpolitik, Wien 1954
RUTH VON MAYENBURG: Blaues Blut und rote Fahnen. Ein Leben unter vielen Namen, Wien/München/Zürich 1969
T. MOTYLOWA: Die Wahrheit über die Februarkämpfe, in: Kommunistische Internationale 16, 1935, Heft 10, S. 817–822
Öffentliche Sicherheit, Polizei-Rundschau der österreichischen Bundes- und Gemeindepolizei sowie Gendarmerie, 14, Wien/Graz 1934, Nr. 3, 5. Aufl. (Standort: Wien, Österreichische Nationalbibliothek)
Österreich Brandherd Europas, Zürich 1934
PERTINAX (= OTTO LEICHTER): Österreich 1934. Die Geschichte einer Konterrevolution, Zürich 1935
GENIA QUITTNER: Weiter Weg nach Krasnagorsk. Schicksalsbericht einer Frau, Wien/München/Zürich 1971
ANSON RADINBACH: The Crisis of Austrian Socialism. From Red Vienna to Civil war 1927–1934, Chicago/London 1983
(EMIL RATZENHOFER:) Die Niederwerfung der Februarrevolte 12.–15. Februar 1934, in: Militärwissenschaftliche Mitteilungen, 9, 1934
ARNOLD REISBERG: Februar 1934. Hintergründe und Folgen, Wien 1974
HEINZ ROSCHER: Die Februarkämpfe in Floridsdorf, Zürich 1934, andere Ausgabe: Moskau/Leningrad 1935
ARTHUR SCHMIDT: Österreich und die blutigen Februartage 1934, 2. Aufl., Aarau 1934
JOSEF SCHNEIDER/C. ZELL: Der Fall der roten Festung, Wien 1934
ALEXANDER SCHÖNAU: Der heldenhafte Kampf der österreichischen Arbeiter. Der bewaffnete Aufstand in Österreich. Rede des Genossen A. Schönau auf der Sitzung des Präsidiums des EKKI am 17. Februar 1934, in: Kommunistische Internationale, 1934, Heft 6, S. 499–522
Ders.: Österreich im Aufstand. Der Heldenkampf des österreichischen Proletariats, Moskau/Leningrad 1934
Schutzbundkämpfer erzählen vom Februar 1934, Moskau 1936
KARL R. STADLER: Opfer verlorener Zeiten. Geschichte der Schutzbund-Emigration 1934, Wien 1974
ERNST RÜDIGER STARHEMBERG: Memoiren, Wien/München 1971
PAULA WALLISCH: Ein Held stirbt, Karlsbad 1935
Widerstand und Verfolgung in Wien 1934–1945, 3 Bände, Wien 1975
WALTER WISSHAUPT: Wir kommen wieder! Eine Geschichte der Revolutionären Sozialisten Österreichs 1934–1938, Wien 1967
FRIEDRICH WOLF: Floridsdorf. Ein Schauspiel von den Februarkämpfen der Wiener Arbeiter, Zürich 1935

Neue Literatur anläßlich des 50. Jahrestages findet sich zusammengestellt in: Mitteilungen, Dokumentationsarchiv des österreichischen Widerstandes, 65/1984, April, S. 6–8; 66/1984, Juni, S. 3–6

123 Widerstand in Augsburg

Augsburg, im Mittelalter die Metropole des süddeutschen Handels, unersetzlich für die Verbindung mit den Ländern des Mittelmeerraumes, war im 19. Jahrhundert zur Arbeiterstadt geworden. Den Ton gab die Maschinenfabrik Augsburg-Nürnberg (MAN) an. In den maschinenschriftlichen Monatsberichten der Augsburger Polizeidirektion stoßen wir 1934–38 auf Spuren einer örtlichen Widerstandsbewegung, die sich auch in den Betrieben regte. In diesem Kapitel geben wir ausschließlich Auszüge aus diesen Monatsberichten wieder.

Im Monatsbericht vom Oktober 1934 klagte der Polizeidirektor Augsburgs über die miese Stimmung und über oppositionelle Diskussionen in den Betrieben.

Die Stimmung ist unverändert. Am meisten geschimpft wird über die niederen Löhne einerseits und die hohen Einkommen leitender Persönlichkeiten in der Wirtschaft andererseits, das Steigen verschiedener Lebensmittelpreise sowie das Akkordsystem in den größeren Betrieben. In einigen Fabriken bilden politisch Gleichgesinnte – meist Sozialdemokraten – bei den Vesperpausen kleinere Gruppen, wobei meist diese 3 Punkte sowie in der Regel auch leitende Persönlichkeiten der Bewegung kritisiert werden. Die Klagen über das schlechte Beispiel mancher Unterführer dauern fort. Das anstößige Verhalten solcher Pg. [Parteigenossen] in der Öffentlichkeit hat dem Ansehen der Bewegung zweifellos schon sehr geschadet und das Vertrauen in dieselbe bei vielen untergraben. Einer maßgebenden Persönlichkeit in der NSV [Nationalsozialistische Volkswohlfahrt] wird nachgesagt, daß sie früher Mitinhaber der Fa. Krüger war und dieses Unternehmen durch ihre Verschwendungssucht ruinieren und dadurch viele Milchbauern schädigen half.

Einen weiterreichenden Widerstand gegen die nationalsozialistischen Vertrauensratswahlen – anstelle der Betriebsratswahlen – gibt die Polizei im Monatsbericht vom April 1935 zu.

Unter den in der Industrie Beschäftigten wendete sich das Interesse zu Beginn des Monats in zunehmendem Maße den Vertrauensratswahlen zu. Die Betriebsversammlungen, die anläßlich dieser Wahlen abgehalten wurden, waren gut besucht. Die Wahlen sind ruhig verlaufen. Wahlbeteiligung und Wahlergebnis können in den meisten Betrieben als sehr gut bezeichnet werden. In den Bayerischen Flugzeugwerken haben von den 1871 Stimmberechtigten 93,1 % von ihrem Wahlrecht Gebrauch gemacht. Dabei entfielen auf die aufgestellten Vertrauensmänner etwa 92 und die Ersatzleute ungefähr 91 % der abgegebenen Stimmen. Verhältnismäßig viel ungültige Stimmen wurden in der Spinnerei und Weberei am Stadtbach abgegeben. Am schlechtesten wählten die Angestellten der Städtischen Sparkasse hier, wo sämtliche aufgestellte Vertrauensmänner abgelehnt wurden. In der Mechanischen Baumwollspinnerei und Weberei Augsburg erhielt der Betriebszellenobmann 45¾% der abgegebenen Stimmen. Nachdem im Benehmen mit dem Treuhänder der Arbeit diejenigen Stimmzettel, die mit Haken, Malen, Kreuzen usw. versehen wurden und daher für ungültig erklärt worden waren, für gültig erklärt wurden, kann der Betriebszellenobmann etwa 60½% der abgegebenen Stimmen auf sich vereinigen. Mit dieser Änderung des zuerst errechneten Wahlergebnisses, das im Betrieb bereits durch Anschlag bekanntgegeben worden war, ist ein großer Teil der dort tätigen Handarbeiter und -arbeiterinnen nicht einverstanden. Viele bezeichnen die nachträgliche Gültigkeitserklärung solcher Stimmzettel als Wahlfälschung.

In der MAN wurde bei der Wahl ein mit Bleistift beschriebener Zettel folgenden Inhalts abgegeben:

«Was wollt Ihr denn, Ihr Arbeiterverräter? Habt doch nichts mehr zu sagen: tretet ab! Wo bleibt die Volksgemeinschaft, Ihr Knechte des Kapitals; mit dem Händedruck der Kapitalisten könnt Ihr Euch nichts kaufen: wahrer Sozialismus ist nur das, wenn Ihr dem, der viel hat, etwas nehmt und dem, der wenig hat, gebt. Macht Euch frei von dem nationalen Rausch! An 1914 hatten wir auch Volksgemeinschaft unten, aber oben merkt Ihr nichts, Volk erwache! Heil? Wo ist Heil – heißt Befreiung von Not, Elend, Knechtschaft, Kummer, Sorgen, Sünde – wo? wo? wo? ist Heil. Nur die allerdümmsten Kälber wählen ihre Metzger selber. Fort mit dem Hitlerspuk.»

Der Täter ist bis jetzt nicht bekannt.

Viel geklagt wird zur Zeit über das Steigen der Fleisch- und Wurstpreise. Bekrittelt wird vor allem, daß die Metzger die ihnen durch die Viehpreiserhöhungen entstehenden Mehrkosten auf die Verbraucher abwälzen.

Hier bekommen wir wieder einen Faden der selten auftauchenden, meist unauffindbaren rebellischen Volksliteratur zu fassen. Wertvoll ist daran, daß es sich nicht um Texte mit den üblichen Schlagworten bekannter Widerstandsströmungen handelt, sondern um individuelle Zeugnisse unbekannter Arbeiter. Ein Stück parteiloser Arbeiterliteratur. Im selben Monatsbericht erfahren wir von einem Maiplakat der KPD.

Die Kommunisten haben in der Nacht vom 30.4. auf 1.5. in den Stadtteilen Oberhausen und Hochzoll je ein 30 zu 25 cm großes rotes Plakat folgenden Inhalts angeklebt:

«1. Mai
Mit großem Pomp verkündet man Euch
den
NATIONAL-FEIERTAG.

Wieviel Recht hast Du unter der 2½jährigen Naziherrschaft in Deinem Betrieb erhalten???

Wieviele soziale Erleichterungen hast Du und Deine Familie verspürt???

Wieviel von den unerträglichen Steuern wurdest Du befreit???

ARBEITER-BAUERN-MITTELSTAND!

Millionen flossen in den Rachen der Schwerindustrie.

Tausende satte Bonzen rasen in Luxusautos umher. Die endgültige Lösung dieser Fragen bedingt Beseitigung der heute mehr denn je herrschenden Klassengegensätze.

Besitzende und Besitzlose, unterstützt den Kampf zur Auslösung der sozialen Revolution.

KPD. Bez. Südbayern.»

Die Täter sind bis jetzt nicht bekannt.

Die Parteikommunisten steckten offenbar teilweise noch immer in einer Revolutionseuphorie, wie sie bei Hitlers Machtübernahme verhängnisvoll ausgebrochen war. Bald, so hofften sie, würden die Nazis an inneren Widersprüchen scheitern und die Arbeiter sich in Massen erheben.

Der Monatsbericht vom Juni 1935 hielt die gleiche Unzufriedenheit mit Löhnen und Arbeitsbedingungen fest. Ein weiteres Argument gegen die zahllosen Mitläufer der Nazis, die sich nur an beste Zustände und allgemeine Zufriedenheit erinnern wollen.

Die Stimmung ist gegenüber dem Vormonat im wesentlichen gleich geblieben. Die Klagen über die niederen Löhne und das Akkordsystem halten insbesondere in der MAN und den größeren Textilbetrieben an.

Keine Änderung bis zum April 1936. Die Hochburg der unterschwelligen Opposition befand sich im Großbetrieb MAN.

Die Stimmung wird hauptsächlich in der MAN immer noch beeinträchtigt durch die überspitzten Akkordverhältnisse, die hohen Abzüge und die gewünschte, aber noch nicht eingetretene Lohnaufbesserung.

Im Juli 1936 hielt Hjalmar Schacht (1877–1970) auf einer Betriebsversammlung der MAN eine Rede, die so recht zu seiner Rolle als Reichsbankpräsident, nationalsozialistischer Reichswirtschaftsminister und Generalbevollmächtigter für die Kriegsindustrie paßte. Die Arbeiter konnten sich freilich dafür nicht begeistern – ein Stück passiver Widerstand.

Die Rede, die Dr. Schacht gelegentlich seines Besuches in der MAN hier hielt, wurde von der dortigen Belegschaft mißmutig aufgenommen und deshalb sehr spärlich mit Beifall bedacht, weil der Redner die Arbeiter nur zu noch größerer Kraftanstrengung und Ausdauer ermahnte, für ihre sozialen Fragen aber kein Wort übrig hatte. [...] Die Klagen über zu niedrig gehaltene Akkordsätze bei den Firmen MAN-Augsburg und Zahnräderfabrik vorm. Rank A. G. Augsburg verstummten auch in diesem Monat nicht.

Der nächste Monatsbericht, August 1936, verzeichnet unter der Rubrik «Staatsfeindliche Verbindungen» schriftliche Zeugnisse einer nicht parteigebundenen Widerstandsbewegung.

Im Berichtszeitraum wurden fünf Personen in Polizeihaft genommen und fünf wieder entlassen.

Ein Kaufmann wurde von der Polizei in Schutzhaft überführt. Ein Maurer wurde in Schutzhaft genommen.

Wegen politischer Verbrechen und Vergehen sind gegen 13 Personen Anzeigen erstattet worden.

Am 12. August 36 wurde das am Anwesen Haunstetterstr. 8 angeheftet gewesene Nationalsozialistische Kampfblatt «Der Stürmer» durch unbekannten Täter mit Bleistift verschmiert. Es wurde das Wort «Stürmer» durchstrichen und darüber «Hetzer» geschrieben. Über dieses Wort schrieb der Täter: «Hitler verrecke!»

Am 26.8.36 wurden im Hausgang der Gendarmeriehauptstation Augsburg C 242 hier zwei schmale Papierstreifen (Durchschlagspapier) gefunden, auf die mit Maschine folgendes geschrieben war:

«1. 10 Millionen sind Pg. und reiten stolz auf hohen Rossen, die anderen zwar bloß Volksgenossen, sind doch an Zahl schon sehr viel mehr. Heilt Hitler!

2. Warum darf die dritte Strophe des Deutschlandsliedes nicht mehr gesungen werden? Weil da geschrieben steht: Einigkeit und Recht und Freiheit.
(Mit etwa einem cm hoher Druckschrift) Heilt Hitler!»

Der Hersteller bzw. Verbreiter dieser Streuzettel konnte bis jetzt noch nicht ermittelt werden.

Aus der oppositionellen katholischen Jugendbewegung erschien im Dezember 1936 ein Angriff auf die Hitlerjugend, der freilich teilweise in die Mottenkiste kleinkarierter, klerikaler Sexualfeindlichkeit griff.

In der Nacht vom 9. auf 10.12. wurden am Adolf-Hitler-Platz hier zwei mit Schreibmaschine geschriebene Zettel angeklebt, die vermutlich von katholischer Seite stammen und folgenden Wortlaut hatten:

«*Deutsche Jungens herhören!*
Freuet Euch! Ihr kommt nun alle in die HJ. Welch ein Glück!! Dort werdet Ihr zu alten Kämpfern (Maulhelden, Raufbolde etc.) gründlich ausgebildet. Nebst dem Umgang mit dem BDM [Bund Deutscher Mädchen] könnt Ihr auch, je nach Veranlagung – sämtliche Schwulitäten nach der bewährten Methode: Röhm und Schirach erlernen. Kommet also in Massen; denn wir brauchen auch Euer ... (unleserlich).

Volksgenossen!
Heraus den letzten Groschen!! Unsere Parole heißt: Lüge, Terror und Volksausbeutung. Also besinne Dich nicht lange und gib Deinen letzten Pfennig her!! – (Zum Wohle der Bonzen) damit sie noch fetter werden. Wir sind auch besser als die ‹Roten›, denn wir beschützen sogar die Religion.»

Die Täter konnten nicht festgestellt werden.

Im Oktober 1937 tauchten in Augsburg illegale Schriften sowohl von konservativer als auch von kommunistischer Seite auf.

Verbreitung von Hetzschriften
Im Monat Oktober war eine rege Tätigkeit der Staatsfeinde durch Verbreitung von Hetzschriften zu beobachten.

So übermittelte die Schutzpolizei Lindau drei Schriften, welche dort am 9.10.1937 von zwei Arbeitern beim Bahnhofsgebäude Lindau aufgefunden worden waren. Die Erhebungen nach den Verbreitern, die in katholischen Volkskreisen zu suchen sind, waren bisher ergebnislos. Eine Schrift heißt «Warnung Dr. Schachts an Hitler», die zweite «Offener Brief an Reichsminister Dr. Goebbels» (Michael Germanicus) und die letzte ist betitelt mit «Flammenzeichen rauchen.» (enthält die Predigt des Kardinals Faulhaber vor der Marianischen Männerkongregation in St. Michael in München am 4.7.1937, beziehend auf die Festnahme des Paters R. Mayer.)

Am 18.10.1937 kamen bei der Direktion der Neuen Augsburger Kattunfabrik und bei verschiedenen Großfirmen des Maschinenbaues hier ein Brief in Einlauf, der die «Freiheitsbriefe» Nr. 20 und 21 der «Deutschen Freiheitspartei» enthielt. Der unbekannte Absender hat sie in Stuttgart aufgegeben.

Eine hier wohnhafte Stenotypistin erhielt am 23.10. einen Brief von einem unbekannten Absender aus Bayreuth, in dem sich Hetzschriften wüstester Art gegen den Nationalsozialismus und seine Führer sowie auch gegen den Faschismus befanden. Eine der Schriften war gezeichnet mit «Zentralkomitee der Kommunistischen Partei Deutschlands».

Ende Oktober wurden in Hauseingängen und Telefonhäuschen hier Ausschnitte aus Zeitungen gefunden, die den Aufdruck «Heilt Hitler!» trugen.

Zwei Monate danach meldete die Polizeidirektion weitere Untergrundschriften, darunter eine durch die Kommunisten populär gewordene Parodie des nazistischen Horst-Wessel-Liedes. Allen Anhängern der guten alten Zeit sei noch die Rubrik «Lebensmittelmarkt» ins Gedächtnis geschrieben.

Marxistische Bewegung
Mehrmals während des Berichtsmonats wurden im Vervielfältigungsverfahren hergestellte Hetzbriefe aus der Tschechei bei der Postkontrolle erfaßt. Sie befassen sich mit den in Gefängnissen und Konz.Lagern befindlichen Personen.

Zu Beginn des Monats Dezember wurde an einem Anwesen in der Ludwigstraße hier ein mit Maschine beschriebener Papierstreifen angebracht, der folgenden Wortlaut hat:

> «Die Preise hoch, die Grenzen dicht geschlossen,
> die Not marschiert mit ruhig festem Schritt.
> Herr Hitler, Göring, Göbbels und Genossen
> darben im Geiste in unsern Reihen mit.»

Von den Tätern fehlt noch jede Spur. [...]

Lebensmittelmarkt
Im Kolonialwarenhandel war das Geschäft saisonmäßig äußerst lebhaft, wenn es auch im allgemeinen unter der unzureichenden Zufuhr von Südfrüch-

ten gelitten hat. Die Einfuhr wird hier mit 10% der vorjährigen Zuteilung geschätzt. Die Fettversorgung ist mangelhaft.

Unter «Marxisten» verstanden die Nationalsozialisten übrigens Sozialdemokraten. Kommunisten dagegen waren eben Kommunisten, keine Marxisten.

Über den Ansatz zu einem Straßenarbeiterstreik erfahren wir im Monatsbericht des Januar 1938.

Staatsfeindliche Bestrebungen
Von der Staatspolizeistelle Augsburg wurden neun Personen in Schutzhaft genommen, und zwar wegen staatsabträglicher Äußerungen, wegen Beleidigung, Bedrohung u. a.

Am 26.1.1938 wurden im Kempten 14 Personen wegen Vergehens gegen das Heimtückegesetz angezeigt, weil sie das unwahre Gerücht verbreitet haben, daß der Gauobmann *Vogler* der DAF [Deutsche Arbeitsfront; nationalsozialistische Betriebsorganisation anstelle der Gewerkschaften] dort 17000 RM DAF-Gelder unterschlagen habe. In Augsburg wurden solche Anzeigen nicht gemacht.

Unruhe unter Autobahnarbeitern.

Am 5.1. kam es unter den Autobahnarbeitern bei Streitheim, BA. Augsburg, zu Unruhen, weil den wegen der schlechten Witterung zur Entlassung kommenden 160 Arbeitern, die vornehmlich aus der Pfalz und aus Schlesien stammen, von der Bauleitung die Papiere (Arbeitsbuch, Invalidenkarte usw.) nicht sogleich ausgehändigt wurden. Die Bauleitung erklärte, daß die Verzögerung aus technischen Gründen nicht zu umgehen sei. Von einigen Rädelsführern war die Drohung ausgesprochen worden, daß das Baubüro kurz und klein geschlagen würde, wenn nicht in einer bestimmten Frist die Aushändigung erfolgt sei. Von Beamten der Staatspolizeistelle Augsburg, welche von der Gendarmerie angegangen worden war, wurden drei Wortführer in Schutzhaft genommen. Die übrigen Arbeiter ließen sich zum Auseinandergehen bewegen. Zu Tätlichkeiten ist es nicht gekommen.

Im Februar/März 1938 fand – sicher nicht zum erstenmal – ein literarischer Untergrundkampf bei MAN statt. Diese Art der Volksliteratur geht auf eine lange Tradition zurück, sie wird bis heute ignoriert, oft auch polizeilich verfolgt. Die Augsburger Polizei hielt Sozialdemokraten für die Wandschreiber, deshalb überschreibt sie diesen Abschnitt mit «Marxismus».

Ende Februar wurde in der MAN, und zwar im Abort der Werkstätte C 19 eine Hetzparole mit Bleistift und folgendem Inhalt angebracht:

«Hitler am Galgen – Göring an die Wand – Göbbels gesteinigt – die Parole im Land!»

Trotz der Möglichkeit der Benützung des Abortes durch 1000 Belegschaftsmitglieder ist die Ermittlung des Täters nicht ausgeschlossen.

Am 11. März wurde am Durchgang zu der genannten Werkstätte neuerdings eine Anschrift: «Moskau Geling» und eine Zeichnung, Sichel und Hammer darstellend, angebracht. Die Fahndung nach dem Täter blieb bisher ohne Erfolg.

Am 1. März wurde von einem unbekannten Absender aus Amsterdam eine «Gastwirtsgehilfenzeitung» an den Vertrauensrat des Hotels «Drei Mohren» hier gesandt. Sie enthielt Ausführungen über die angeblich schlechte Wirtschaftslage im deutschen Hotelgewerbe. Als Ursache wird die Verelendung des deutschen Volkes angegeben. In bekannt marxistischer Polemik verbreitet sich das Blatt in vier Seiten über den Rückgang des Fremdenverkehrs in Deutschland, die «Kriegswirtschaft» im Hotelgewerbe usw. Es kommt auch die Rede auf die «Ausbeutung der Angestellten und Arbeiter». Am Ende heißt es: «Nur der Sturz Hitlers kann die Katastrophe verhindern.»

Vom Postamt Augsburg II wurden am 23.3. drei mit Maschine geschriebene Zettel der Stapostelle [Staatspolizeistelle] Augsburg vorgelegt. Die Zettel waren in hiesige Briefkästen geworfen worden. Auf einem Zettel heißt es:

«Mussolini – Hitler – Seiß-Inquart,
fürwahr ein treffliches Kleeblatt!
Einer würdig dem andern,
mögen sie bald in den Himmel wandern!»

Die andern Schriften lauten:

«Deutsche Männer – das Volk ist feig und kriecherisch. – Gafft nur, wenn sie in ihren Luxusautos protzig daherkommen. Die Wahl ist ein großangelegter Schwindel.»

Der Überfall auf Österreich am 13. März 1938 setzte die Opposition in Bewegung. Den nicht parteigebundenen Strömungen fiel eine heute noch weit verbreitete Ausrede ein: Hitler wäre schon recht, nur die anderen Führer seien die Bösen. Und wieder bewies der Abort seine vorzügliche Eignung als Ort rebellischer Literatur.

Hetzschriften-Propaganda

Am 30.3. wurde hier ein Bankbeamter Georg *Kleyer* festgenommen, weil er den «Offenen Brief an den fränkischen Einzelhandel» hier mehreren Personen zur Kenntnis gebracht hat. K. gab an, daß er Kenntnis der Schrift durch den evang. Pfarrer Bogner von hier erhalten habe. Bogner wurde ebenfalls festgenommen, dann aber mit K. am 1.4.1938 wieder entlassen. In der Schrift ist die Rede, daß die Einzelhändler aufgefordert worden seien, 2–3 % des Gesamtumsatzes des Weihnachtsgeschäftes an den Gauleiter Streicher abzuführen. Dies habe tiefe Empörung verursacht. Weiter heißt es dann: «Wozu braucht Herr Streicher unser Geld? Er ist dreifacher Villenbesitzer. – Herr Streicher hat sich in Nonnenhorn eine Prunkvilla mit zehn Zimmern bauen lassen. Er braucht das Geld für seine Mätressenwirtschaft. – Wenn der Führer es will, geben wir unseren letzten Pfennig. Aber Streicher soll seine Autos, Villen und Theaterhürchen selbst bezahlen.»

Die Vorgänge in Österreich und die Volksabstimmung am 10.4.1938 haben offenbar die staatsfeindlichen Kreise zu vermehrter Gegenpropaganda angeregt.

Am 10.4. wurde in den Briefkasten des hiesigen Wehrbezirkskommandeurs von einem unbekannten Täter ein Blatt Papier mit folgendem Schriftsatz geworfen: «Hitler wäre schon recht. Aber die Hitler! Nur die allergrößten Kälber wählen ihre Metzger selber. Heilt Hitler!»

Am 5. und 6.4. wurden mehrere Zeitungsausschnitte von unbekannten Tätern an Alleebäumen der hiesigen Innenstadt festgemacht. Auf den Ausschnitten war mit Stempeln aufgedruckt: «Wozu Reichstag?» und «Heilt Hitler!» Solche Parolen wurden auch an den folgenden Tagen an verschiedenen Stellen des städtischen Verwaltungsgebäudes I niedergelegt.

Ein hiesiger Kaufmann erhielt am 9.4. von einem unbekannten Absender aus Amsterdam eine Buchwerbung zugeschickt, in der es heißt: «Soeben erscheint: Großdeutschland endlich verwirklicht!» Aus dem Folgenden geht dann die Mahnung hervor, bei der Wahl am 10.4. mit «Nein» zu stimmen. Die Unterzeichnung lautet: Dr. v. Leers (Deutsche Kulturwacht).

Bei einer Briefkastenentleerung am 9.4. kamen zwei Zeitungsausschnitte mit dem Bild des Führers und Mussolinis zum Vorschein, die, wie folgt, beschrieben waren: «Das sind die zwei schönsten Staatsverbrecher. Hitler ist es, der wo Deutschland zum Krieg führt!» und «Mit Lug und Betrug am deutschen Volk im Dritten Reich. Ich bin selbst SA-Mann!»

Im Laufe des Monats April wurden von unbekannten Absendern aus der Tschechoslowakei Hetzschriften der «Union für Recht und Freiheit» an vier verschiedene Anschriften hier gesandt. Ein Blatt davon ist überschrieben mit «Recht und Freiheit für die Opfer des Dritten Reiches» und tritt für Personen wie Thälmann, Kaplan [Joseph] Rossaint und Pastor Niemöller u. ä. ein. Weiterhin werden der Reichsregierung imperialistische Ziele, Mord und Folterung vorgeworfen. Eine andere Schrift nimmt Stellung zur Rede des Führers vom 20.2.1938 und kritisiert in kommunistischer Ideologie den «Deutschen Faschismus», die Wiedervereinigung Österreichs mit dem Deutschen Reich usw.

Eine weitere Sendung kommunistischer Hetzschriften gelangte von einem unbekannten Absender aus Kulmbach an eine hiesige Privatperson. Die Aufschriften lauten: Für Krieg oder Frieden, für Unterdrückung oder Freiheit, für Vernichtung oder Fortschritt. Am Schluß steht: K.P.D. Es findet sich darin die Parole: «Wer für Hitler stimmt, stimmt gegen seine eigene Freiheit. Wer Hitlers Kandidatenliste durchstreicht, legt den Kriegstreibern ein Hindernis in den Weg.» An anderer Stelle heißt es: «Der Widerstand unseres Volkes gegen Hitlers verbrecherische Politik kann durch Flüstern von Mund zu Mund, durch Flugblätter, durch Schreiben von Losungen an Zäune und Wände verstärkt werden.»

Am 4. April wurde in einem Werk-Abort der MAN hier neuerdings von einem unbekannten Täter die kommunistische Parole «Heil Moskau» angebracht.

Am 7.4. wurden bei den Bayerischen Flugzeugwerken ebenfalls in Aborten folgende Parolen angebracht: «Es lebe Österreich – es lebe eine Diktatur – es lebe Moskau – stimmt mit einem freudigen ‹Nein›!» Ferner: «Es lebe ein unabhängiges Österreich, G.P.U.»

Letzt Nachrichten aus der Feder der Polizeidirektion über die Augsburger Widerstandsbewegung bekommen wir im Monatsbericht vom September 1938.

Hetzschriften
Ein kaufmännischer Angestellter in Kempten erhielt am 20.9.38 einen in Paris von einem unbekannten Absender aufgegebenen und in französischer Sprache abgefaßten sogenannten Schneeballenbrief. Der Inhalt war ungefähr: Deutschland solle die Tschechen in Ruhe lassen, da letztere im Recht seien. Ein Krieg würde für Deutschland schlimm ausgehen, da Italien mit seinen schlechten Soldaten nicht helfen könne. Der Brief wurde bei der zuständigen Ortspolizei abgegeben.

Am 26.9. morgens wurden vor dem Anwesen Predigerberg 12 hier mit Blaustift geschriebene Zettel folgenden Inhalts gefunden: «Hitler, du hast nur Mußhitler, die haben keinen Wert für Dich!» und «SA, das ist das größte Lumpengesindel, aber wir werden Euch noch klein machen», ferner «Hitler Kriegshetzer Volksbetrüger» und «Hitler ist ein Massenmörder Schwindler». Der Täter ist bisher unbekannt.

Vom Bezirksamt Nördlingen wurde ein namenloser, maschinengeschriebener, mit Poststempel «Nördlingen 28.9.38» und an Ministerpräsidenten Chamberlain gerichteter Brief folgenden Inhalts beschlagnahmt: «Euer Exzellenz! Tief erschüttert von Ihrer herrlichen Rede möchte ich im Namen vieler Deutscher für Ihre Friedensbemühungen danken und Ihnen meine höchste Verehrung zu Füßen legen. Wehe jenem Staatsmann, der den Krieg heraufbeschwört! Er möge zugrunde gehen! Aber da es keine Gerechtigkeit im Leben gibt, wird dafür büßen müssen ein armes, unglückliches, betörtes, unterjochtes Volk! Im Namen vieler ein Deutscher.»

Quelle
München, Bayerisches Hauptstaatsarchiv, MA 106686 (Alle Zitate stammen aus dieser Akte.)

124 Der oberösterreichische Bauer Franz Jägerstätter als Kriegsdienstverweigerer (1943)

Am 13. März 1938 überfielen die deutschen Nationalsozialisten mit ihrer ganzen Militärmacht Österreich. Sie stürzten keineswegs eine Demokratie, sondern den Austrofaschismus, der sich schon seit Beginn der dreißiger Jahre zum Henker und Totengräber der Arbeiterbewegung aufzuschwingen versucht hatte (Kapitel 122).

Zu dem ans braune Deutsche Reich angeschlossenen Gebiet gehörte auch Oberösterreich. Aus dieser Landschaft zwischen Bayern, Böhmen und den Alpen stammten nicht nur Adolf Hitler und Adolf Eichmann, sondern auch der unnachgiebige antinazistische Kriegsdienstverweigerer Franz Jägerstätter, der damit in die Fußstapfen der oberösterreichischen Rebellentradition trat (Kapitel 62, 64, 97). Bis heute ist dieser Geschichtsstrang in Oberösterreich lebendig geblieben, bestärkt durch die Erziehung zu einem österreichischen Nationalbewußtsein.

Franz Jägerstätter, dessen Vater im Ersten Weltkrieg gefallen war, kam am 20. März 1907 in St. Radegund auf die Welt, einem Dorf zehn km südlich vom bayerischen Burghausen, rechts der Salzach, am Rand des Weilhartforstes (vgl. Karte bei Kapitel 64). Die Darstellung, wie er zum Kriegsgegner geworden war, verdanken wir dem amerikanischen Soziologen Gordon C. Zahn, der seit 1961 mehrere Male nach St. Radegund fuhr, um mit den Leuten über Jägerstätter zu sprechen.

In seinen jüngeren Jahren galt Jägerstätter in St. Radegund als Anführer der männlichen Dorfjugend, wenn es Raufereien mit der Jugend der Nachbarorte gab. Die St. Radegunder Dorfjugend stieß 1934 mit der austrofaschistischen Heimwehr zusammen, als diese die einheimischen Mädchen belästigte. Jägerstätter und sein Freund wurden verhaftet und mußten eine Geldstrafe bezahlen. Später arbeitete Jägerstätter im Bergbau der Steiermark, 1936 heiratete er. Wohl unter dem Einfluß seiner Frau wandte er sich der Religion zu, wurde 1940 Mesner, galt von da an bei den Leuten als «bigott».

Der Leherbauer von St. Radegund – so wurde Jägerstätter entsprechend dem österreichischen Brauch nach dem Namen seines Hofes genannt – trat schon bald als entschiedener Gegner der Nationalsozialisten auf. 1938 stimmte er in seinem Dorf als einziger gegen den Anschluß Österreichs an Deutschland. Er lehnte jede Zusammenarbeit mit dem nazistischen Regime ab. Er nahm die gesetzlichen Familienbeihilfen nicht an. Als ein Hagel fast die ganze Ernte vernichtete, wies Jägerstätter als einziger die staatliche Entschädigung zurück.

Bereits im Jahr 1941 entschloß er sich aus religiösen Gründen zur Kriegsdienstverweigerung. Im nächsten Jahr schrieb er seine Gedanken über Religion, Nationalsozialismus, Bolschewismus und Krieg in ein Heft nieder. Die Leute beobachteten, wie er hin und wieder bei der Arbeit innehielt und etwas in ein Heft eintrug. Die bäuerliche Arbeit eignete sich vorzüglich zum gründlichen Nachdenken.

Dieses Heft Jägerstätters ist glücklicherweise erhalten geblieben, ein unschätzbares Zeugnis bäuerlicher Intelligenz. In seiner ersten Meditation «Über das Thema der jetzigen Zeit: Katholik oder Nationalsozialist?» schrieb Jägerstätter in dieses Heft:

Eine sehr ernste Frage der Zeit: Kann man zweierlei zu gleicher Zeit sein? Als einst in Österreich die Sozialdemokraten stark am Ruder waren, sagte uns die Kirche: Ein Sozialdemokrat kann unmöglich auch ein Katholik sein, und jetzt?

Will nun gleich zu Beginn ein kurzes Erlebnis schildern, das ich in einer Sommernacht 1938 erlebte. Erst lag ich fast bis Mitternacht im Bett, ohne zu schlafen, obwohl ich nicht krank war, muß aber dann doch ein wenig eingeschlafen sein. Auf einmal wurde mir ein schöner Eisenbahnzug gezeigt, der um einen Berg fuhr. Abgesehen von den Erwachsenen strömten sogar die Kinder diesem Zug zu und waren fast nicht zurückzuhalten.

Wie wenige Erwachsene es waren, die in dieser Umgebung nicht mitfuhren, will ich am liebsten nicht sagen oder schreiben. Dann sagte mir auf einmal eine Stimme: «Dieser Zug führt in die Hölle.» Gleich darauf kam es mir vor, als nähme mich jemand bei der Hand: «Jetzt gehen wir ins Fegefeuer», sagte die gleiche Stimme zu mir. Was ich da für Leiden geschaut und verspürt habe, war furchtbar. Hätte mir diese Stimme nicht gesagt, daß wir ins Fegefeuer gehen, ich hätte nichts anderes geglaubt, als daß wir uns in der Hölle befinden würden. Es waren wahrscheinlich nur Sekunden, während ich dies alles geschaut hatte – dann hörte ich noch ein Seufzen, sah ein Licht, und alles war weg. Ich weckte gleich meine Frau und erzählte ihr alles, was sich zugetragen hatte. Bis zu jener Nacht hatte ich nie recht glauben können, daß die Leiden im Fegefeuer so groß sein könnten.

Anfangs war mir dieser fahrende Zug ziemlich rätselhaft, aber je länger die ganze Sache zurückliegt, desto entschleierter wird mir auch dieser fahrende Zug. Und mir kommt es heute vor, als stellte dieses Bild nichts anderes dar als den damals hereinbrechenden oder sich anschleichenden Nationalsozialismus mit allen seinen verschiedenen Gliederungen, wie die NSDAP, NSV, NSF, HJ und so weiter. Kurz gesagt, einfach die ganze Nationalsozialistische Volksgemeinschaft und alles, was für sie opfert und kämpft. Erst vor kurzem stand in der Zeitung zu lesen: Wiederum 150000 neue Parteimitglieder mehr gewonnen, und zwar durch Neuaufnahmen in der Hitlerjugend. Schauen wir nur auch die Erwachsenen an, insbesondere die einen Besitz haben, Beamte sind oder ein

Geschäft führen, auch sogar Hilfsarbeiter oder Handwerker – gibt es welche, die nicht irgendeiner nationalen Gliederung angehören oder nicht in die rote Büchse opferten? (Zahn, S. 248/249)

In seiner dritten Meditation «Bolschewismus oder Nationalsozialismus» offenbarte Jägerstätter eine beachtliche politische Hellsichtigkeit:

Es ist eben sehr traurig, wenn man immer wieder von Katholiken hören kann, daß dieser Krieg, den Deutschland jetzt führt, vielleicht doch nicht so ungerecht ist, weil doch damit der Bolschewismus ausgerottet wird. Es ist wahr, daß gerade jetzt die meisten unserer Soldaten im ärgsten Bolschewistenlande stecken und alle, die in diesem Lande sich befinden und sich zur Wehr setzen, einfach unschädlich und wehrlos machen wollen.

Und nun eine kurze Frage: Was bekämpft man in diesem Lande: den Bolschewismus – oder das russische Volk? Wenn unsre katholischen Missionare hinauszogen in ein Heidenland, um sie zu Christen zu machen, sind die auch mit MG und Bomben vorgegangen, um sie durch diese Mittel zu bekehren und zu bessern? Die meisten dieser edlen Kämpfer für das Christentum schreiben in die Heimat: Wenn sie nur Mittel genug hätten zum Austeilen, dann ginge es halt viel schneller vorwärts. Natürlich bitten sie auch sehr viel um das Gebet, denn die größten Fortschritte und Bekehrungen verdanken sie doch dem zu ihrem Werke verrichteten [?] Gebete. Wenn man ein wenig in der Geschichte Rückschau hält, so muß man immer wieder fast dasselbe feststellen: Hat ein Herrscher ein anderes Land mit Krieg überfallen, so sind sie gewöhnlich nicht in das Land eingebrochen, um sie zu bessern oder ihnen vielleicht gar etwas zu schenken, sondern sich für gewöhnlich etwas zu holen. Kämpft man gegen das russische Volk, so wird man sich auch aus diesem Land so manches holen, was man bei uns gut brauchen kann. Denn kämpft man bloß gegen den Bolschewismus, so dürften doch die anderen Sachen, wie Erze, Ölquellen oder ein guter Getreideboden, doch gar nicht so stark in Frage kommen? [...]

Gott läßt jedem Menschen den freien Willen, und denselben hatten eben auch wir Österreicher noch am 10. April 1938 gehabt, wenn auch die Deutschen unser Land in Besitz genommen hatten. Aber den freien Willen zu einem Ja oder Nein hat uns weder Gott noch die Deutschen genommen. Und noch heute haben wir diesen freien Willen. Ich glaube kaum, daß Gott es uns zur Sünde anrechnen wird, wenn wir endlich dieses verhängnisvolle «Ja», das vielleicht viele schon bereut, mit einem «Nein» vertauschen.

Andere Völker haben doch wenigstens ein Recht, Gott um Frieden zu bitten, und daß er uns Deutschen die Waffen aus der Hand schlage. Ist es für uns nicht direkt ein Hohn, wenn wir Gott um Frieden bitten, wenn wir ihn doch gar nicht wollen, denn sonst müßten wir doch endlich die Waffen niederlegen, außer es ist die Schuld noch zu klein, die wir schon auf uns geladen? Wir dürfen höchstens Gott noch bitten, daß er uns zur Vernunft kommen lasse, um endlich zu erkennen, daß andere Menschen und Völker auch noch ein Lebensrecht auf dieser Welt besitzen. Ansonsten muß schon Gott durch seine Macht uns einen Strich durch die Rechnung machen, denn wir Katholiken Deutschlands würden sonst noch alle Völker der Welt zwingen, sich unter das nationalsozialistische Joch zu bringen. An der Diebesbeute wollen wir uns zwar fast alle ergötzen, die Verantwortung über das ganze Geschehen wollen wir nur einem in die Schuhe schieben! (Zahn, S. 259–262)

Die achte Meditation «Krieg oder Revolution» steuert auf die Kriegsdienstverweigerung zu:

Viele sind zwar der Meinung, dieser Krieg, den Deutschland begonnen hat, sei halt ein Krieg wie viele andere, die schon vor diesem gewesen sind. Und doch ist es kein Kampf, wie soviele andere gewesen sind, wo bloße Ländergier die Rolle gespielt hat, sondern mehr eine Revolution, die fast die ganze Welt erfaßt. Der Führer sagt es ja selbst: der Nationalsozialist sei der größte Revolutionär aller Zeiten. Denn wäre es ein bloßer Länderkrieg, wie so viele andere schon gewesen, und Deutschland würde tatsächlich als Endsieger hervorgehen, dann müßte man nach diesem Krieg auch als Katholik genau dieselben Rechte besitzen wie jeder andere deutsche Staatsbürger. Aber indem es mehr eine Revolution oder ein Glaubenskrieg ist, so könnte ich für das deutsche Vaterland kämpfen, soweit ich wollte – und würde ich mich nach ihrem Endsieg, den sie sich ja schon so sicher erhoffen, nicht zur nationalsozialistischen Volksgemeinschaft bekennen, so würde man trotz all der Strapazen und Opfer, die so ein armer Soldat zu bringen hat, genauso als Feind betrachtet werden wie jetzt alle andern, die sich nicht gleich freiwillig (wie der Österreicher vor vier Jahren) dem Nationalsozialismus unterwerfen.

Diese Gedanken allein müßten eigentlich einem schon genügen, nicht für diesen Staat oder die nationalsozialistische Volksgemeinschaft zu kämpfen. Und zweitens, glaube ich, haben viele noch nicht vergessen, was vor mehreren Jahren der Heilige Vater in einem kirchlichen Rundschreiben über den Nationalsozialismus gesagt hat: daß er sogar gefährlicher ist als der Kommunismus. [Ein frommer Irrtum Jägerstätters] Da bis jetzt dies von Rom noch nicht widerrufen wurde, so glaube ich, kann es unmöglich ein Verbrechen oder eine Sünde sein, wenn man als Katholik einfach die jetzige Militärpflicht verweigert, obwohl einer dann den sicheren Tod vor Augen hat. Ist es denn nicht christlicher, sich selbst als Opfer hinzugeben, als daß man zuerst noch andere morden muß, die ja auch ein Lebensrecht auf der Erde besitzen und leben wollen, um sich selbst noch auf eine kleine Weile das Leben zu retten?

Man kommt einem zwar heute mit allen möglichen [Phrasen?], um die ganze Sache und das Kämpfen in ein schöneres Licht zu stellen; zum Beispiel, man kämpfe einfach nur für den deutschen Staat, denn Christus hat doch auch befohlen, daß man auch einer weltlichen Regierung, wenn sie auch nicht geistlich wäre, zu gehorchen hätte. Ist ganz recht, aber ich glaube nicht, daß Christus gesagt hat, man müsse einer solchen Regierung auch dann gehorchen, wenn sie uns sogar Schlechtes befiehlt. Denn nur für den deutschen Staat, ohne dabei für die Nationalsozialistische Partei zu kämpfen, wie viele sagen, glaub' ich, ist so unmöglich, als wenn ich sagen würde, ich kämpfe nur für Gottvater, nicht aber für den Sohn oder den Heiligen Geist. Denn der deutsche

Staat und die Nationalsozialistische Partei sind halt einmal heute zwei unzertrennliche Faktoren.

Man spricht auch heute noch von einer Vaterlandsverteidigung. Haben wir Österreicher denn in so kurzer Zeit das Jahr 1938 vergessen? Kann ich denn noch sagen, ich hab' noch ein Vaterland, wenn ich in einem Lande bin, wo ich nur Pflichten habe und keine Rechte mehr besitze? Kann da überhaupt noch von einer Vaterlandsverteidigung die Rede sein, wenn man ganz einfach in Länder einbricht, die einem gar nichts schuldig sind, und darinnen raubt und mordet? Was können denn wir katholischen Österreicher noch verlieren, wenn wir für den deutschen Staat auch nicht mehr kämpfen? Würden wir dadurch vielleicht erst die Glaubensfreiheit oder die wirtschaftliche Freiheit verlieren? (Zahn, S. 147/148)

Am 1. März 1943 wurde Jägerstätter vor das Wehrbezirkskommando in Enns (Oberösterreich) befohlen. Da er jeden Kriegsdienst ablehnte, kam er ins Militärgefängnis nach Linz. Einem Mitgefangenen gegenüber, einem Lothringer, bekannte er sich als begeisterter Österreicher und als scharfer Gegner des Deutschen Reiches. Er betonte, in keinen von vornherein zum Scheitern verurteilten Krieg ziehen zu wollen, außerdem zöge er es als Christ vor, mit dem Wort Gottes und nicht mit den Waffen zu kämpfen. Er sei sich dessen bewußt, daß er hingerichtet werde. Häufig sagte er:

Ich kann es mit meinem Glauben nicht vereinbaren, für den Führer zu kämpfen. (Zahn, S. 123)

Die letzte Station in Jägerstätters Leben war das Zuchthaus Brandenburg. Der Gefängnisgeistliche wies noch einmal auf die Möglichkeit hin, durch die Verpflichtung zum Sanitätsdienst mit dem Leben davonzukommen. Jägerstätter lehnte ab.

Einem Regime, das einen ungerechten Krieg führt, kann und darf ich keinen Eid leisten. (Zahn, S. 125)

Aufgrund religiöser wie politischer Überlegungen, aber ohne politische Beeinflussung durch eine Widerstandsgruppe, durch politische Flugblätter oder Bücher reifte der einfache oberösterreichische Bauer Franz Jägerstätter zum Widerstandskämpfer heran. Er war kein prinzipieller Pazifist, denn für die Befreiung Österreichs von den Nationalsozialisten hätte er gerne zur Waffe gegriffen.

Am 9. August 1943 endete Jägerstätter sein Leben in Brandenburg unter dem Fallbeil, wie viele andere Widerstandskämpfer.

Das Dorf, durch und durch angepaßt, hielt ihn für übergeschnappt. Als der Soziologe Zahn Anfang der sechziger Jahre die Leute befragte, meinten sie, Jägerstätter hätte wie jeder andere seine Pflicht als Soldat erfüllen sollen. Sie stellten sich damit gegen ihren Pfarrer, der gleich nach Kriegsende

Jägerstätter zum Märtyrer erklärt hatte und 1946 den Namen des enthaupteten Widerstandskämpfers auf das Kriegerdenkmal neben die Namen der für den Nationalsozialismus gefallenen Soldaten hatte eintragen lassen. Jägerstätters Grabstein befindet sich heute an der Westseite der Pfarrkirche von St. Radegund.

Jägerstätters einsamer Kampf gegen die Nationalsozialisten und den von ihnen vom Zaun gebrochenen Weltkrieg zeigt einen unbeugsamen katholischen Christen, der sich inmitten einer vom Nationalsozialismus unterworfenen Gegend zum Außenseiter entwickelte. Dabei gelangte er zu politischen Einsichten, die ihm unsere Wertschätzung sichern sollten.

Quelle und Literatur

Georg Bergmann: Franz Jägerstätter. Ein Leben vom Gewissen entschieden, Stein am Rhein 1980

Gordon C. Zahn: Er folgte seinem Gewissen. Das einsame Zeugnis des Franz Jägerstätter, Graz/Wien/Köln 1967

125 Widerstand von Frauen

Frauen nahmen am Widerstand in politischen, gewerkschaftlichen und kirchlichen Gruppen teil. Wir finden sie bei der wilden Jugendopposition, von der die «Edelweißpiraten» in letzter Zeit am bekanntesten geworden sind. Sie kämpften auch bei den Partisanen mit. In diesem Kapitel beschränken wir uns auf wenige Beispiele, wie sie sich für Deutschland die Nationalsozialisten in Geheimberichten eingestehen mußten. Anders wären viele Spuren dieser Opposition verwischt worden.

Am 31. Januar 1943 kapitulierte in Stalingrad gegen den Willen Hitlers die seit Ende November 1942 eingeschlossene 6. deutsche Armee. Von 220000 Soldaten lebten nur noch 90000. Diese Katastrophe erschütterte die Kriegsbegeisterung sowohl der gedankenlosen als auch der fanatischen Nationalsozialisten. Am 3. Mai 1943 verloren die deutsche und die italienische Armee in der Kapitulation von Tunis rund 250000 Soldaten, die in Gefangenschaft gerieten. Die Alliierten landeten in Sizilien. Am 24. Juli 1943 mußte Mussolini zurücktreten. Er wurde verhaftet. Im September 1943 ging der italienische König zu den Alliierten über.

Ab Frühjahr 1943 rasten Bombenangriffe über die deutschen Städte hinweg. Ihr Ziel war in immer stärkerem Ausmaß die Zivilbevölkerung, die offenbar als ein kriegsentscheidender Faktor galt. Vor allem traf es die dichtbesiedelten Arbeiterviertel. Damit wurde zugleich ein sozialistisches Widerstandspotential gegen den späteren kapitalistischen Wiederaufbau Deutschlands getroffen.

Die Naziführung ließ sich durch den SD (Sicherheitsdienst), den Nachrichtendienst der SS, streng geheim über die Stimmung im Land berichten. Der «SD-Bericht zu Inlandsfragen» vom 8. Juli 1943 stand unter dem Thema: «Meldungen über Auflockerungserscheinungen in der Haltung der Bevölkerung». Er bedauerte, daß nachteilige Gerüchte über Nazi-Größen sehr rasch durch das Reich wanderten, daß immer unverhohlener politische Witze erzählt würden. Er beobachtete eine «starke Kritiksucht gegenüber der Führung von Staat und Partei». Vermehrt würden ausländische Sender abgehört. Abgeworfene Flugblätter der Alliierten würden aufgehoben und besprochen. Der Hitler-Gruß werde seltener. Viele Parteigenossen trügen das Parteiabzeichen nicht mehr. Aus Dortmund wurde ein Vorfall gemeldet, der den Widerstand einer beachtlichen Anzahl von Frauen belegt.

Am 12.3.43 gegen 12 Uhr 20 hielt ein Hauptmann der Wehrmacht einen Flaksoldaten in Dortmund-Hörde wegen schlechten Grüßens an. Die resistente Haltung des Soldaten veranlaßte den Hauptmann, mit einem zur Hilfe herbeigerufenen Soldaten die Personalien des Angehaltenen festzustellen. Es stellte sich heraus, daß der Soldat desertiert war. Der Hauptmann veranlaßte das Nötige, wobei er sich nach einwandfreien Feststellungen völlig korrekt verhielt. Umstehende Volksgenossen wurden aber des Vorfalls gewahr. Es sammelte sich eine 3-400-köpfige Menschenmenge an, die in der Hauptsache aus Frauen bestand. Im Handumdrehen bildeten sich unglaubliche Gerüchte, die sämtlich gegen den Offizier gerichtet waren. Der Offizier habe u. a. den Soldaten mit dem Koppel geschlagen, habe ihn mit Erschießen bedroht usw. Die Erregung der Menge wuchs ungeheuer schnell, und sie nahm eine so drohende Haltung an, daß der Offizier regelrecht in die Straßenbahn flüchten mußte. Aus der Menge kamen erregte Rufe wie: «Pfui, es gibt Revolution! Gebt uns unsere Jungen, gebt uns unsere Männer wieder!» Die Erregung war derart, daß eine Pressenotiz den Vorfall klarstellen mußte und in Hörde in einer Versammlung der NS-Frauenschaft der Sachverhalt ebenfalls richtig gestellt wurde. (Koblenz, Bundesarchiv, R 58/186)

Der örtlich begrenzte Zusammenstoß deckte eine Widerstandskraft von Frauen auf, wie sie den Nationalsozialisten im Fall einer schweren Krise gefährlich werden konnte. Der «SD-Bericht zu Inlandsfragen» vom 18. November 1943 behandelte dann sehr ausführlich auf 13 Seiten «Das Zeitgeschehen und seine Auswirkungen auf Stimmung und Haltung der

Frauen». Die Stimmung der Frauen sei «doch recht gedrückt». Am Kriegsgeschehen seien die Frauen weniger interessiert, außer solchen, die Angehörige an der Front haben, und «Frauen der Intelligenzkreise». Die Eheleute würden sich, bedingt durch den Krieg, auseinanderleben.

Auffallend sei, daß viele Maßnahmen der Partei und führender Persönlichkeiten von den Frauen in stärkerem Maße als von den Männern kritisiert würden, jedoch stellten sich die meisten Frauen stets hinter die Person des Führers. Allgemein werde von den Frauen immer der Standpunkt vertreten, daß der Führer bestimmt Abhilfe schaffen würde, wenn er alles wüßte. (Koblenz, Bundesarchiv, R 58/190)

Am stärksten wirkten sich die «Evakuierungsmaßnahmen» aus. Das Fehlen von Frau und Kindern schwächte die Arbeitskraft des Mannes.

Einmal leide der Mann unter der Trennung, da niemand da sei, der für ihn sorge und die Wohnung pflege. Das Heimkommen nach schwerer Tagesarbeit in die kalte und einsame Wohnung, das Fehlen der liebenden Fürsorge und einer besseren Ernährung durch die Frau und vor allem das Fehlen des Kinderlachens nehme ihm die Lust und auch die Kraft zur Arbeit. Im besonderen könnte man in Arbeiterkreisen sehr häufig die Bemerkung hören, daß, wenn man Wert darauf lege, ihre Arbeitsfreude und Arbeitskraft zu erhalten, man ihnen die Ehefrauen am Orte belassen sollte. Würde man sie jedoch evakuieren, dann «könnte man ihnen den Buckel herunterrutschen», dann würden sie in Kürze so weit heruntergekommen sein, daß sie gar nicht mehr in der Lage seien, den schweren Anforderungen ihrer Arbeit nachzukommen. Von *maßgeblichen Stellen der Industrie* werden diese Ausführungen insofern unterstrichen, als sie darauf hinweisen, daß *schon heute* teilweise auf Grund der erfolgten Umquartierungen ein gewisses *Nachlassen der Leistungen* zu beobachten sei. (Ebenda)

Die Aufnahme im neuen Wohngebiet sei oft alles andere als freundlich.

Alle diese Gründe zusammengenommen, seien die Veranlassung dafür, daß die Umquartierten in stärkerer Zahl *wieder zurückkehrten* und sich mit den bisher dort Verbliebenen *weigern* würden, sich erneut verschicken zu lassen. Daraufhin sei ihnen z. B. im Gau Westfalen-Süd die Ausgabe der *Lebensmittelkarten gesperrt* worden, wohl um auf diese Weise die zurückgekehrten Frauen zu zwingen, wieder in die Aufnahmegaue zurückzukehren. Die betreffenden Frauen hätten jedoch versucht, die Aushändigung der Lebensmittelkarten *zu erzwingen*. So heißt es z. B. in einem Bericht aus Dortmund, daß am 11. 10. 1943 etwa 300 Frauen in Witten *demonstriert* hätten, um gegen die Maßnahme, die zur Ablehnung der Aushändigung der Lebensmittelkarten führte, öffentlich Stellung zu nehmen. Es sei zu beschämenden Auftritten gekommen, so daß sich die Stadtverwaltung Witten gezwungen sah, die *Schutzpolizei zur Wiederherstellung der Ordnung anzurufen*. Diese habe sich aber *geweigert, einzuschreiten*, da die Forderung der Frauen *zu Recht bestünde* und eine *Nichtaushändigung* der Lebensmittelkarten an zurückgekehrte Volksgenossen *keineswegs auf ge-*

setzlicher Grundlage beruhe. Auch in Hamm, Lünen und Bochum sollen sich vor den Ernährungsämtern der Stadtverwaltung scharfe Auftritte abgespielt haben. Erregte Menschenmengen hätten auf die Abfertigung gewartet. Da die Frauen z. T. die Kleinkinder und Säuglinge mitbrachten und die Bergleute teilweise an Stelle ihrer Frauen erschienen, seien nun während der Stunden des Wartens von den Wartenden gegenseitig ihre Erfahrungen in den Aufnahmegauen ausgetauscht und dabei die tollsten Behauptungen aufgestellt worden. *Bergleute* erklärten, nicht früher wieder einzufahren, bis sie für ihre Familien die notwendigen Lebensmittelmarken beschafft hätten. Frauen hätten erklärt, lieber hier Bombenangriffe zu erdulden, als noch einmal wieder in das zugewiesene Quartier zurückzufahren. Die Bekanntgabe in der Zeitung als auch in der Ausgabestelle am 12. 10. 1943, wonach nicht nur keine Lebensmittelkarten an die Rückkehrer ausgegeben würden, sondern auch die Lebensmittelkarten für sämtliche schulpflichtige Kinder, selbst wenn sie bisher noch nicht evakuiert waren, gesperrt seien, habe zu einer direkten *Auflehnung bei den Frauen* geführt, die zu allem fähig gewesen seien, ohne die geringste Zurückhaltung oder Vorsicht bezüglich der Folgen walten zu lassen. Gütliches Zureden habe das Gegenteil bewirkt. Die Beschimpfungen amtlicher und führender Personen seien an der Tagesordnung gewesen, Äußerungen wie:

«Die sollen mir nur kommen. Meine Kinder kommen nicht weg, und wenn ich nichts zu essen habe, dann kann ich mit ihnen zusammen verrecken.» [...]

«Von oben her kommt das nicht, da ist bloß hier der Bürgermeister und das Ernährungsamt bzw. der Gauleiter dran schuld. Die wollen es wieder wissen, aber denen wollen wir es zeigen.»

«Sollen uns doch gleich lieber nach Rußland schicken, Maschinengewehre auf uns halten, und fertig.» [...]

Die Bergarbeiterfamilien hätten sich insofern zu helfen gewußt, als sie auf die Lebensmittelkarten zunächst einmal verzichten zu können glaubten und versuchten, mit den reichlichen Schwerstarbeiterzulagen sich und ihre Familien durchzubringen. Es sei aber von ihnen erklärt worden, falls sie infolge der vielleicht unzureichenden Ernährung ihre Arbeit nicht verrichten könnten, sie eben eine Zeitlang krank feiern müßten. (Ebenda)

Quelle
Koblenz, Bundesarchiv, R 58/186; R 58/190.

126 Vom Widerstand in Paris zum undogmatischen Marx-Studium. Ein Interview mit Maximilien Rubel

Den sozialistischen Widerstand gegen die Nationalsozialisten wie gegen die italienischen Faschisten versuchen die stalinistischen Parteikommunisten zu ihrem Privileg zu erheben. Wer von der Linken außerhalb dieser Monopolorganisationen seinen Teil zur Widerstandsbewegung beigetragen hat, muß damit rechnen, daß er zuerst einmal verdächtigt, verunglimpft und geschädigt wird. Später verfällt er mehr und mehr der Nichtbeachtung. Er wird als historische Unperson, als nie real existierende Erscheinung aus der Geschichte ausgemerzt. So ahmen die selbst noch Unterdrückten auf ihre Weise alle Herrschenden nach: die Spuren ungeliebter Freiheitsbewegungen werden nach und nach zugeschüttet.

Diesen Machenschaften sei eine unbequeme Erinnerung entgegengestellt, die in einem Zug sowohl die Nazis als auch die Stalinisten an der ausschließlichen Festsetzung im Geschichtsbewußtsein hindern soll. Für die Widerstandsbewegung in Paris wähle ich Maximilien Rubel. Das Interview mit ihm führte ich am 12. April 1977 in Paris, rue des Plantes 76, im alten Arbeitszimmer Rubels, wo sich ab 1942 eine Widerstandsgruppe getroffen hatte, in der Rubel mitarbeitete. Im Januar 1982 überarbeitete Rubel die Abschrift.

Kurzbiographie von Maximilien Rubel: geboren am 10. Oktober 1905 in Czernowitz (Bukowina, damals Österreich-Ungarn); dort Studium von Jura und Philosophie, 1931 Auswanderung nach Frankreich, 1936 naturalisiert; Studium der Germanistik, Deutschlehrer an Privatschulen in Paris; 1940 eingezogen zur Armee, nach dem Waffenstillstand Aufenthalt wieder in Paris, Mitte 1942 Kontakt zu einer Widerstandsgruppe, daraufhin Marx-Studium, 1947–70 Forscher am Centre National de la Recherche Scientifique (CNRS); Vertreter eines ethischen Sozialismus, intensive Diskussion mit dem Rätekommunisten Anton Pannekoek; stets von den Ideologen der Kommunistischen Partei Frankreichs (PCF) stark angefeindet.

Das Interview beleuchtet, was zum Schaden eines kritischen Bewußtseins kaum je eine nennenswerte Geltung erlangt hat. Ein gründliches Marx-Studium gedeiht offenbar besser außerhalb eines stalinistischen Machtapparats, ja sogar gegen diesen. Die zahlreichen Spielarten des Marxismus verwandeln Karl Marx, den Kritiker der bürgerlichen Gesellschaft, in den unheilvollen Befürworter einer neuen Unfreiheit. Der Kritiker des Kapitalismus verkommt zum Aushängeschild des Staatskapitalismus.

Keine Unterdrückung, keine Gewalttat, kein staatlicher Terror, der sich in den staatskapitalistischen Ländern nicht «marxistisch» rechtfertigen ließe. Angeblich im Namen von Marx werden Streiks, Gewerkschaften und Arbeiteraufstände niedergeschlagen.

Indem Maximilien Rubel sein ganzes Leben der Aufgabe gewidmet hat, Karl Marx dem staatskapitalistischen Gesellschaftssystem als Rechtfertigungsgrundlage zu entziehen, hat er noch weit über 1945 hinaus an der Befreiung von unfrei Gehaltenen mitgearbeitet. In diesem Sinn reicht seine Widerstandstätigkeit bis in die Gegenwart und hat sich beileibe noch nicht erübrigt.

R = Rubel; H = Haasis.

R: Geboren bin ich am 10. Oktober 1905 in Czernowitz in der Bukowina. 1936 wurde ich naturalisiert als Franzose. Ich hatte in Frankreich keinen Militärdienst gemacht, sondern wurde direkt mobilisiert, kam nach Lothringen, nicht weit von Metz, wo ich eine Ambulanz chauffierte. Dann kam der Zusammenbruch. Wir mußten weg. Wir fuhren bis über Lyon hinaus. Dann wurde das Waffenstillstandsabkommen zwischen Pétain und Hitler abgeschlossen (22. Juni 1940). Wir wurden demobilisiert.

Drei Monate nach diesem Abkommen war ich frei und ging nach Paris. Mitte 1942 trat eine Gruppe junger, marxistisch geschulter Franzosen in Kontakt mit mir. Ihre Losung war: revolutionäre Verbrüderung mit den Besatzungstruppen. In diesem Zusammenhang begann ich persönlich mich für Marx zu interessieren, als ich sah, daß diese jungen Leute, die sonst in marxistischer Literatur ganz gut bewandert waren, nicht imstande waren, ihre Divergenzen zu vergessen, um ein einfaches Flugblatt zu schreiben und auf einen jungen deutschen Soldaten einzuwirken.

Ich ging in die Nationalbibliothek. Ich hatte mir eine Bedenkzeit ausbedungen. Ich hatte ihnen gesagt: ihr habt kein Flugblatt, keinen Text; ich bin kein Marxist, kenne Marx auch nicht genug. Ich glaube auch, man muß Marx gar nicht erwähnen, auch nicht Lenin, überhaupt keinen Politiker, sondern man muß ein Flugblatt machen, das auf einen jungen deutschen Soldaten wirken kann, sozusagen in der Form einer ethischen Überzeugung, pazifistisch-unpolitisch. Erstens, weil es gefährlich war, und zweitens, weil man ja nicht wußte, welcher Gesinnung die jungen deutschen Soldaten waren. Die hatten ja überhaupt noch keine politische Erfahrung, sie waren einfach von Hitler gedrillt.

Als ich in die Nationalbibliothek ging, konnte ich die deutschen Ausgaben von Marx bekommen, aber nicht die französischen, also gerade, was mir paßte. Ich habe dann den Bibliothekar gefragt, warum denn eigentlich die deutschen Bücher frei sind. Er sagte: weil die Franzosen nicht Deutsch lesen. Und dann kamen Deutsche, die wahrscheinlich zum Spionage- oder Propagandadienst gehörten – deutsche Offiziere und Soldaten – für die war das alles frei. Die studierten das. Man hatte keinen Unterschied gemacht. Auch wenn ein anderer lesen kam, so wurde ihm das gegeben.

So hab' ich die MEGA-Bände [Marx-Engels-Gesamtausgabe, 1933 durch Stalins Eingriff eingestellt] zum erstenmal gesehen. Da sie die Periode der philosophischen Schriften von Marx betreffen, hat das mich interessiert, da ich meistens philosophisch an Marx-Schriften interessiert war und nicht politisch. Mir fielen die Manuskripte von 1844 und die «Deutsche Ideologie» auf. Als wir dann wieder zusammenkamen, sagte ich: Wir können ruhig ein Flugblatt machen, wo wir nicht zitieren, aber im Sinne der Marxschen Jugendschriften schreiben.

Ich begann also, die Schriften von Marx bis zum «Kommunistischen Manifest» von neuem zu studieren, vor allem die sogenannten Jugendschriften. Das ist ja noch nicht der eigentliche politische Marx, es ist der vor 1848. Er schrieb zwar schon in der «Rheinischen Zeitung», aber im Geiste des Liberalismus. Er war noch nicht Kommunist. Kommunist wurde er erst in Paris. Unter den Schriften zwischen 1844 und 1848 – abgesehen von Anti-Proudhon («Misère de la philosophie»), das ja auch kein eigentlich politisches Buch ist – gibt es ja keine bedeutenden politischen Werke. Wenn man sich nur auf die Jugendschriften berief, konnte man für die Kriegsverweigerung Prinzipien finden, die in Form eines einfachen Flugblattes zu verwerten waren.

Meine persönliche Meinung war, überhaupt keinen Marxismus in dieses Flugblatt hineinzubringen. Ich wollte in einfacher Sprache kurz schildern, was Nationalsozialismus bedeutet, welches Interesse die ausbeutenden Klassen an diesem Krieg hatten, welchen Charakter dieser Krieg im Vergleich zum Ersten Weltkrieg hatte, warum die Leute, die früher, im Ersten Weltkrieg, Kriegsdienstverweigerer waren, diesmal mitgingen. Das Nazi-Deutschland erschien doch den Franzosen ganz anders als das wilhelminische Deutschland.

So kam es dann zu mehreren Sitzungen in der Gruppe. Wir diskutierten. Aber was mir auffiel: sie konnten sich über die «Natur» des Krieges nicht einigen. Was ist das für ein Krieg? Ist das ein imperialistischer Krieg? War es geboten, 1941 Partei zu ergreifen für den Hitler-Stalin-Pakt oder dagegen? Sie waren sich nicht einig. Auch in der Kommunistischen Partei hatte es darüber Zwistigkeiten gegeben.

H: Wie lange gab es eure Gruppe?

R: Es begann Mitte 1942 und dauerte 1943, noch 1944. Mitte 1944 hatte das aufgehört. Anfangs waren es acht bis neun, die herkamen, nicht nur Arbeiter, dann wurden wir zwölf oder 13. Interessant war für mich, daß sie sich als Marxisten nicht einigen konnten über ein einfaches Flugblatt an die jungen deutschen Soldaten. Sie wußten nicht, im Namen welcher Werte sie diesen Krieg ablehnen sollten. Sollte man Partei ergreifen für Sowjetrußland, gegen das kapitalistische Amerika und gegen den Faschismus? Mußte man sich immer nach dem richten, was im Interesse der Kommunistischen Partei war? Wie sollte man sich zur Literatur der Kommunistischen Partei verhalten? Anfangs hat ja die Kommunistische Partei den Krieg als imperialistisch abgelehnt und hat dann doch den Hitler-Stalin-Pakt (23.8.1939) akzeptiert. Schon vor dem Überfall Deutschlands am 22. Juni 1941 auf die Sowjetunion gab es diese Divergenzen, wie man zu Rußland stehen sollte.

H: Wie war die Widerstandsgruppe zusammengesetzt?

R: Alle waren Marxisten, darunter gab es aber verschiedene Schattierungen. Die meisten standen positiv zu Trotzki, ohne immer Trotzkisten zu sein oder sich so zu nennen. Es gab einige Anarchisten, die in dem Sinne marxistisch geschult waren, daß sie sich die materialistische Geschichtsauffassung zu eigen machten; auch wenn sie sonst gegen Marx als Person Bedenken hatten, erkannten sie seine Bedeutung als Theoretiker an.

H: Wo habt ihr euch getroffen?

R: Ich wohnte hier in der rue des Plantes 76 im Erdgeschoß, in der Wohnung, wo wir jetzt miteinander sprechen. Ich verließ diesen Ort nicht, bis ich von der Polizeipräfektur vorgeladen wurde. Sie hatten im Standesamt meinen Geburtsschein gefunden und festgestellt, daß mein Geburtsschein von der israelitischen Kultusgemeinde in der Bukowina stammt. Man mußte sich melden, wenn man jüdischer Abstammung war. Man mußte den Stern tragen.

H: Wie seid ihr mit deutschen Soldaten in Kontakt gekommen?

R: Entweder kannte man schon einen, zu dem man Vertrauen hatte und dem man Flugblätter zustecken konnte, oder man erkundete bei ihm, wo man sie hinterlegen konnte. Oder wir versuchten mit deutschen Soldaten ins Gespräch zu kommen. Jeder hatte seinen Bezirk. Die einen sprachen französisch mit solchen, die die Sprache etwas verstanden oder lernten, ich deutsch, das ja meine Muttersprache ist. Ich hatte als Ressort den Luxemburg-Park. So konnten wir uns eine Vorstellung machen von dem, was sie dachten über ihre eigene Armee, über Hitler, über den Krieg. Aber ein repräsentatives Meinungsbild konnte das nicht sein, in den paar Monaten, bis die ganze Gruppe auseinandergesprengt wurde. Innerhalb der Armee gab es Gruppen, eine Minorität in einer Masse von Schafen. Die wurden hineingezogen und machten sich überhaupt keine Gedanken, sondern warteten, daß es zu Ende ging. Es gab aber auch solche, mit denen man sprechen konnte.

H: Was hast du vor 1942 gemacht?

R: Ich war hauptsächlich Germanist. Ich unterrichtete Deutsch an Privatschulen, bis zum Krieg. Ich bereitete eine Promotion vor. Denn in der Bukowina, in Czernowitz, hatte ich Jura und Philosophie studiert und wollte promovieren. Aber aus materiellen Gründen mußte ich auf die Promotion verzichten, Brotarbeit verrichten. Gleichzeitig konnte ich Germanistik an der Sorbonne studieren, und innerhalb von drei Jahren beendete ich das Studium mit dem Diplom einer «Licence ès lettres». Erst nach dem Krieg begann ich, mich auf Marx und Marxismus zu spezialisieren, auf Grund der Erfahrung und der Erkenntnisse während des Krieges.

H: Wie war eure Gruppe abgesichert, damit ihr nicht so schnell auffliegt, und wie ist sie dann endgültig aufgeflogen?

R: Ich selbst hatte keine Erfahrung in diesen Sachen. Aber die marxistisch geschulten Militanten hatten Erfahrung. Die Adressen wurden nicht mitgeteilt.

Ich wurde später wegen meiner jüdischen Abstammung den Deutschen verdächtig, weil sie meinen Geburtsschein fanden, in den Akten der Naturalisierung. Ich wurde von der Polizeipräfektur vorgeladen. Der französische Beamte, der mich empfing, sagte: «Voilà, wir haben Ihre Akte geprüft. Sie haben sich nicht als Jude erklärt, was illegal ist. Ich habe das nur festzustellen. Ich ersuche Sie um Ihre Papiere.» – Er konfiszierte meinen Identitätsschein, legte ihn zu meiner Akte, wobei er bemerkte: «Das geht zum deutschen Dienst für jüdische Angelegenheiten.» Dort arbeitete natürlich ein Gestapo-Mann.

Damals hatte ich mir bereits falsche Papiere angeschafft. Ich hatte einfach meinen richtigen Namen auf einen falschen Identitätsschein gesetzt, hatte mir auch einen Geburtsschein fabriziert, woraus hervorging, daß ich Halbjude war. Nach dem deutschen Gesetz über die arischen Kriterien konnte ich unbehelligt bleiben.

Von da an mußte ich natürlich vorsichtig sein. Ich hatte den Plan, zu einer befreundeten Nachbarin zu flüchten, wenn man zu mir gekommen wäre. Damals gab es die jetzt bestehende hohe Mauer im Innenhof noch nicht. Da konnte man leicht hinaus. Manchmal suchte ich Obdach bei Paul Thalmann, einem schweizerischen Journalisten, der ebenfalls in einer Widerstandsgruppe mitmachte und in der nahegelegenen rue Friant, neben einer schon damals stillgelegten Eisenbahnlinie, wohnte. Auch bei der Nachbarin hatte ich die Möglichkeit, zu übernachten.

H: Wann war das?

R: Das war 1942/1943. Den falschen Geburtsschein stellte ich so her. Ich hatte ein rumänisches Diplom für mein Jurastudium, bestehend aus zwei Blättern und vier Seiten. Nur noch die dritte Seite war beschrieben, die letzte war frei. Also konnte ich die Stempel der dritten Seite, die authentisch sind, benützen und mir auf die leere Rückseite einen Geburtsschein zurechtmachen, als Protestant; daneben eine legalisierte Übersetzung aus dem Rumänischen. Alle Daten stimmten sonst, bestätigt vom rumänischen Außenministerium. Das erste Blatt mit den ersten beiden beschriebenen Seiten habe ich geschickt abgeschnitten.

Die Gruppe mußte dann auseinandergehen. Beim Transport der verschiedenen Flugblätter nach Brüssel wurde einer im Zug gefaßt, er wurde gefoltert und hat wahrscheinlich die Adresse eines anderen angegeben. Der Gestapo gelang es, einigen Trotzkisten auf die Spur zu kommen. Von ihnen wurde einer («Victor») nach dem Bois de Vincennes gebracht und «auf der Flucht» angeschossen und für tot liegen gelassen.

Von da an wußten wir, daß größere Vorsicht geboten war und daß wir die Wohnung wechseln mußten. Ich durfte nicht hier bleiben, und Clara und Paul Thalmann [vgl. ihre Erinnerungen: Revolution für die Freiheit, 2. Aufl., Hamburg 1977] mußten auch irgendwo ein Obdach finden. Für sie war es besonders gefährlich, weil zu ihnen deutsche Flüchtlinge kamen.

Diejenigen, die sich durch unvorsichtige Verteilung von Flugblättern unnützer Gefahr aussetzen, besonders die Jüngeren, wurden schließlich zumeist gefaßt.

H: Habt ihr irgendwo einen sozialistischen Kern in der deutschen Besatzungsarmee von Paris festgestellt?

R: Das Ziel war, zuerst mit deutschen Soldaten in Fühlung zu kommen, die entweder sozialistisch geschult waren oder aus einer sozialistischen Familie stammten und dadurch etwas vom Sozialismus wußten, und dann durch sie in Verbindung mit anderen zu kommen. So war der Plan.

Es war möglich, wenn auch riskant, mit Deutschen im Luxemburg-Park ins Gespräch zu kommen. Bei Begegnungen mit Soldaten, deren Eltern Sozialdemokraten waren, gab es wohl keine Gefahr. Aber man konnte sich kein genaues Bild der allgemeinen Gesinnung dieser Generation der jungen Soldaten machen, die aus solchen Familien stammten. Sie hatten keine politische Schulung. Bedeutsam war, daß sie Hitler eigentlich ablehnten, meistens aus moralischen Gründen, nicht aus politischen, weil sie sich über die Natur des Krieges Gedanken gemacht hätten. Einige waren gläubig. Persönlich hatte ich nie die Gelegenheit, mit einem marxistisch geschulten Soldaten zu diskutieren. Als ich schon selbst so bewandert war und gewisse Fragen stellen konnte, kam es auch nicht zu einem richtigen politischen Gespräch.

H: Was war der weitere Plan, wenn ihr erreicht hättet, daß dieser oder jener sich mal damit beschäftigt und die Flugblätter verbreitet hätte?

R: Wir dachten uns, es könnte zu einem Aufstand gerade der Besatzungstruppen gegen die Fortsetzung des Krieges kommen. Wir hatten schon genug erfahren von der Vorstellung Hitlers über das Ende des Krieges, über die Aussichten, über das Tausendjährige Reich. Wir konnten uns doch nicht vorstellen, daß die Leute so verstockt, so stockdumm waren, daß sie den ganzen Schwindel nicht durchschauten. Die Mittel zu finden, wie dem beizukommen wäre, das konnte ja nur dadurch erreicht werden, daß man die Gesprächspartner zum Eigendenken anregte.

Das Ziel war, so viel Menschen wie möglich in Bewegung zu setzen oder wenigstens anzusprechen. Ein anderes Ziel konnte man doch nicht haben. Persönlich war das für die meisten dieser Gruppe die politische Überzeugung, daß sie mit diesem Krieg nichts zu tun haben und daß sie ihre Überzeugung dann den deutschen Soldaten beibringen mußten. In diesen unsern Flugblättern, die ich hier vor mir habe, stand immer: «fraternisation», die proletarische Verbrüderung.

H: Wie hast du dir die Flugblätter vorgestellt?

R: Man konnte sich sehr leicht ein Flugblatt vorstellen, wo der revolutionäre Geist mitsprach. Aber nicht mit Dogmen und theoretischen Zitaten, sondern in ganz einfacher Sprache sollte den Leuten beigebracht werden, daß sie Komplizen waren, daß sie alle mitschuldig waren an dem, was geschah. Man wußte ja, wieviel Opfer der Krieg schon gefordert hatte. Und diese ganze Verblödung, dieser militaristische Geist, davon hatte jeder einen Begriff. Das beste war, den Inhalt der Flugblätter so zu formulieren, daß jeder Soldat nachdenklich werde. Dafür bin ich entschieden eingetreten. Also nicht, daß man jemand für eine bestimmte Richtung gewinnen wollte. Man sollte ihn dazu bringen, sich eine richtige Vorstellung von seiner Verantwortung, dann über die Ziele Hitlers, über die Ziele der anderen Mächte zu machen. Soweit man den Sozialismus als Wissenschaft betrachtete, konnte man sich doch an solche Prinzipien halten: welche Rolle spielte das Kapital in diesem Krieg? Wie kam überhaupt Hitler an die Macht? Wie ist das Verhältnis zwischen dem deutschen Kapitalismus und dem Nationalsozialismus? Darüber gab es ja schon vor 1933 Analysen. Soweit sie bekannt waren, konnte man sie verwerten. Man durfte aber auf keinen Fall Flugblätter machen, die sich so lasen wie eine Aufforderung: Tritt in meine Partei ein! Komm zu mir, in meine Gruppe, denn meine Gruppe ist das Allheilmittel!

Die Vorbereitungsgespräche in unserer Gruppe haben sieben bis acht Monate lang gedauert. Wir haben uns nicht nur hier, sondern auch bei Thalmann getroffen, bei schönem Wetter auch in Gärten. Wir haben eine Zeitlang zusammen gelesen.

Eines wurde mir von Beginn an klar: wer Marx ernst nahm, durfte sich nicht «Marxist» nennen. Das mag paradox klingen. Meine Überzeugung war, daß hier der Name eines revolutionären Denkers mißbraucht wurde für eine Sache, die er selbst als eine wesentliche Aufgabe und Tat der Arbeiterklasse betrachtete, also unabhängig von bedeutenden Theoretikern und deren Theorien. Das war das Grundprinzip der Marxschen, wissenschaftlich begründeten Ethik, der sozialistischen Ethik. Ich wollte mich also zu keiner Art von Marxismus bekennen, wegen den verschiedenen Divergenzen, sondern einfach zu einem proletarischen Sozialismus, der sich dann historisch erklären ließ. Man konnte das auf gewisse Thesen reduzieren und dann von da aus nicht nur Marx studieren, sondern die Geschichte der Arbeiterbewegung und auch die Quellen von Marx, die ebenso wichtig sind. [Vgl. Rubel: Die Marx-Legende, 1977]

H: Dann war diese Widerstandsgruppe zuerst zum großen Teil eine Lese- und Studiergruppe?

R: Als ich sie kennenlernte, waren sie Feuer und Flamme für eine direkte Aktion, und zwar nicht wie die Widerstandsgruppen, die Attentate planten – das waren die, die Bomben warfen, es kam dann zu Geiselnahmen –, diese Gruppe war eigentlich nur politisch geschult und sollte auch politisch wirken, das heißt im Namen ihrer eigenen Partei oder Gruppe, also mit einem gewissen marxistischen Programm. Das Ziel der Zusammenkünfte war, sich über die Bedeutung solcher Losungen und seiner eigenen Konzeption des Krieges und der Arbeiterbewegung richtige Vorstellungen zu machen.

So änderte sich dann der Gruppengeist. Das ging ja noch weiter, nach dem Krieg, soweit wir uns überhaupt noch trafen, bildeten wir erst eine richtige Studiengruppe. Die hielt eine Zeitlang.

H: Was hast du in der Zeit gemacht, wo du illegal gelebt hast, im Untergrund?

R: Während dieser Zeit habe ich viel studiert. Ich hatte Freunde, die mir materiell halfen. Ich konnte hie und da durch Stundengeben mich erhalten. Ich war nicht in Not, denn manche Nachbarn und Freunde hatten Geschäfte, waren Greisler [österreichisches Wort für Einzelhändler] oder Bäcker, so daß man nicht verhungerte.

Als persönliches Erlebnis war mir diese ganze Erfahrung insofern wichtig, als ich damals erst Marx gründlich zu studieren und zu verstehen begann. Mein erster Aufsatz über Marx war in einer von Freunden in Czernowitz herausgegebenen hektographierten Zeitschrift («Kritische Blätter») erschienen, mit dem Titel «Einige kritische Bemerkungen zur philosophischen Begründung des historischen Materialismus» (November 1929). Nach dem Krieg machte ich die ersten Übersetzungen der nachgelassenen Schriften von Marx, die in Frankreich noch nicht bekannt waren. Daraufhin, als ich die ersten Sachen veröffentlichte, wurde mir eine Stelle angeboten im Centre National de la Recherche Scientifique, das entspricht ungefähr der Deutschen Forschungsgemeinschaft. Das war im Jahr 1947. Dort wirkte ich als «Marxologe», bis ich 1970 in den Ruhestand ging.

Im Namen von Marx bin ich eigentlich ein «Antimarxist» geworden.

Werke von Maximilien Rubel

Bibliographie des œuvres de Karl Marx. Avec en appendice un répertoire des œuvres de F. Engels, Paris 1956

Karl Marx. Essai de biographie intellectuelle, Paris 1957, 2. überarbeitete Aufl. 1971

Supplément à la Bibliographie des œuvres de Karl Marx, Paris 1960

Karl Marx devant le bonapartisme, La Haye 1960

Pages de Karl Marx pour une éthique socialiste, Paris 1970

Marx-Chronik. Daten zu Leben und Werk, München 1968, 3. verbesserte Aufl. 1975

Marx critique du marxisme. Essais, Paris 1974

Josef W. Stalin in Selbstzeugnissen und Bilddokumenten, Reinbek 1975

Marx Without Myth. A chronological study of his life and work (unter Mitarbeit von Margaret Manale), Oxford 1975 und New York 1976

Marx Life and Works, London 1980

Rubel on Karl Marx. Five Essays, Cambridge 1981

(Hg.): Marx/Engels: Die russische Kommune. Kritik eines Mythos, München 1972, Neuaufl. Berlin voraussichtlich 1983

(Hg.): Œuvres de Karl Marx, «Economie», Bd. 1–2, Paris 1977–79 (5. und 3. Aufl.), Bd. 3 «Philosophie», Paris 1982

Die zahlreichen Editionen und Aufsätze Rubels sind verzeichnet in der italienischen Übersetzung: M. Rubel: Marx Critico del Marxismo, introduzione di Bruno Bongiovanni, Bologna 1981, S. XVI–XXIII.

Im Zusammenhang dieses Interviews ist besonders der Aufsatz wichtig: Die Marx-Legende oder Engels als Begründer. In: Horst Schallenberger/Helmut Schrey (Hg.): Im Gegenstrom. Für Helmut Hirsch zum Siebzigsten, Wuppertal 1977, S. 13–24

Ein langes Interview mit Rubel, biographischen, marxologischen wie politischen Inhalts: Hellmut G. Haasis: Interview mit Maximilien Rubel (Südwestfunk Baden-Baden, Reihe «Zeitgenossen», Redaktion Paul Assall), Erstsendung 2. Januar 1983

127 Die Reise eines italienischen Flugblatts von Neunkirchen (Saar) nach Torino (Juli 1943)

Am 19. Juli 1943, genau sechs Tage vor der Verhaftung Mussolinis, traf ein Eisenbahnwaggon mit Eisenblech aus Neunkirchen (Saar) in der Fabrik FIAT-Ferriere (Eisengießereien) von Torino (Turin) ein. Er beförderte versteckt die ersten radikalen Aufrufe an die Italiener, Mussolini zu beseitigen. Vorher und gleichzeitig hatte es in Italien kein ähnliches Flugblatt gegeben. Da es von deutschem Boden ausgegangen war, gehört es zu den Spuren unserer fast verschollenen Widerstandsgeschichte.

Nur aufgrund verschiedener Zufälle ist dieses Flugblatt auf uns gekommen. Ein ganzes Paket dieses kleinen Druckzettels (einseitig bedruckt, Format 11 × 8 cm) wurde damals bei der faschistischen Polizeidirektion von Torino abgeliefert. 1945 bekam es ein Turiner Historiker zu sehen, selbst einst führendes Mitglied der Widerstandsbewegung, der sich eines der vielen Exemplare mitnahm. Zum Glück, denn inzwischen ist das ganze Paket verschwunden. Von diesem Historiker erhielt ich dankenswerterweise eine Kopie des Flugblattes und des Begleitschreibens.

Mein Turiner Freund Francesco Coppellotti interpretierte mir den Flugblattext. Nach ihm handelte es sich beim Autor um einen Italiener, weniger wahrscheinlich um einen Deutschen, da das Italienisch zu gewählt ausgefallen ist. Die Sprache steht weit über dem durchschnittlichen Sprachniveau eines Italieners. Der Autor hatte wohl ein Studium hinter sich, benützte teilweise eine dichterische Ausdrucksweise.

Politisch-inhaltlich fallen auf: keine Anlehnung an die kommunistische Bewegung, keine Erwähnung der faschistischen Niederlage in Rußland und Afrika, kein Bezug auf die französische Widerstandsbewegung, kein Drohen mit einer Revolution. Sprache wie Inhalt weisen auf einen liberalen italienischen Demokraten hin, auf einen Anhänger Giuseppe Mazzinis (1802–72), des Begründers der internationalen bürgerlichen Revolutionsbewegung «Junges Europa» (1834), eines erbitterten Gegners des monarchistischen Weges zur nationalen Einigung Italiens. Typisch für Mazzinianer: man müsse sich beispielhaft benehmen, damit sich die anderen dessen bewußt wurden, was schon vorhanden sei; es gehe um die Ehre Italiens, um die Rettung vor einem Ozean von unschuldigem Blut. «Europa», das zu den Italienern spricht, meint die supranationale europäische Republik.

Die Konzeption des Widerstandskampfes, die diesem liberalen Flugblatt zugrunde lag, beabsichtigte das Attentat eines einzelnen auf Mussolini. Eine Massenbewegung kam nicht in den Blick des Autors. Er bediente sich mit «Camerati» («Kameraden») eines damals in Italien nur von Faschisten verwendeten Wortes. Offenbar war er sich dessen bewußt, daß er Leute anzusprechen hatte, die seit 20 Jahren nur noch eine faschistische Sprache hörten.

Schwierigkeiten macht die Lokalisierung der genannten Widerstandsgruppe. Bayern (in der lateinischen Form «Bavaria», nicht in der italienischen «Baviera») und «Rheinland» liegen zu weit auseinander, außer es handele sich um Rheinbayern, die linksrheinische bayerische Pfalz. – 1816–1945 war die Pfalz ein Teil Bayerns. – Doch Neunkirchen liegt westlich davon, im Saarland. Die Gruppenbezeichnung «Unione» verweist auf eine anarchistisch-libertäre Tradition, «Militant» stammt aus dem Sprachgebrauch von Sozialisten und Kommunisten.

Möglicherweise handelt es sich um eine italienische Widerstandsgruppe von Neunkirchen, für die ein liberaler Demokrat ein Flugblatt schrieb und deren politische Zusammensetzung sich nur im Gruppennamen niederschlug. Bis jetzt hat sich in deutschen Archiven nichts über eine Neunkirchner Gruppe ermitteln lassen.

Über den ganzen Vorgang in Torino informiert ein Handschreiben eines Kommissars im Außendienst des Polizeipräsidiums von Torino:

Torino, 23.7.1943
An den Herrn Direktor des politischen Büros.

Der Waggon, in dem diese Pakete von subversiven Flugblättern gefunden wurden, hatte die Nummer Vil 36302. Er wurde von Neunkirchen über Domodossola geschickt. Dieser Waggon fuhr am 19.7.1943 mit einer Ladung Eisenblech, d.h. Stahl in der Form eines Rechteckprimas, in das Anschlußgleis der FIAT-Eisengießereien von Piemont ein.

Diese Pakete wurden von Bonetto Stefano, dem Meister der Entladungsgruppe, gefunden, der bemerkte, daß dieselben Pakete zum Teil unter den Blechen und zum Teil dazwischen lagen.

Das Flugblatt selbst lautet in der Übersetzung:

EUROPA SPRICHT ZU EUCH
ITALIENER!
Ebenso wie wir werdet ihr getäuscht und ausgebeutet. Ebenso wie wir werdet ihr jetzt geschlachtet.

Wäre es nicht endlich Zeit, die Sache zu beenden?

Aber jetzt. Sofort. Nicht morgen.

Wir alle wissen, daß der Nazismus und der Faschismus geschlagen sind, die jetzt in den Kot niedergetreten werden, aus dem sie gekommen sind. Aber wir fragen uns, ob wir, unsere Frauen und unsere Kinder, nur deshalb sterben müssen, um die Stunde der Abrechnung mit diesen Schurken aufzuschieben, die uns verraten haben.

Wir sind hier eine Minderheit, aber eine Minderheit, die jeden Tag wächst. Wir appellieren an euch, weil wir uns dessen bewußt sind, daß die GANZE ITALIENISCHE NATION schon klar sieht. Sie wartet nur auf das Signal.

GIBT ES DENN NIEMANDEN, GAR NIEMANDEN, DER DEN MUT HAT, DAS ZU TUN?

Italien kann noch in diesem Augenblick seine Ehre, sich selbst und ein Meer von unschuldigem Blut retten, indem es den ersten Schuß tut.

Wir, die aktiven Minderheiten von Deutschland, Rumänien, Ungarn, Finnland und Kroatien sind bereit, in die Bresche zu springen, die ihr schlagen könnt. Und man wird uns folgen. Wir versprechen es euch.

FREUNDE, KAMERADEN IM UNGLÜCK, HABT MUT!

Ein einziger Mann hat euch ruiniert. Findet jetzt einen Mann – es genügt wieder nur ein einziger – um euch zu retten!

Findet ihn! Folgt ihm!

UNBEKANNTER LESER, bist DU vielleicht jener Mann? Ist vielleicht dein Name derjenige, der von deiner Nation und von ganz Europa gesegnet werden wird?

ITALIEN, ITALIEN, MUTTER UNSERER KULTUR! DU BIST NOCH UNSERE LETZTE, VERZWEIFELTE HOFFNUNG.

INTERNATIONALE UNION MILITANTER ARBEITNEHMER
(Gruppe von Bayern und Rheinland)

Da nicht auszuschließen ist, daß eines Tages auch noch das letzte Turiner Original dieses Flugblattes und meine Kopie verlorengehen, sei hier der italienische Text im Originalwortlaut wiedergegeben.

L'EIROPA VI PARLA
ITALIANI!
Come noi, siete stati ingannati e sfruttati. Come noi, adesso siete macellati.

Non sarebbe veramente ora di farla finita?

Ma, adesso. Subito. Non domani.

Sappiamo tutti che il Nazismo ed il Fascismo son battutti; che stanno per essere calpestati nel fango donde son venuti. Ma ci domandiamo se noi, le nostre donne, ed i nostri bambini dobbiamo morire solo per rimandare l'ora dei conti per i mascalzoni che ci hanno traditi.

Noi qui siamo una minoranza, sebbene una minoranza che cresce di giorno i giorno. Se facciamo appello a Voi, è perchè sappiamo che oramei L'intera Nazione Italiana vede chiaro. Aspetta soltanto il segnale.

C'è proprio nessuno, ma nessuno, col Fegato di darlo?

L'Italia in questo ultimo momento può ancora salvare il suo onore, se stessa, ed un oceano di sangue innocente sparando il primo colpo.

Noi, noi le minoranze attive della Germania, della Rumania, dell' Ungheria, della Finlandia, della Croazia [s]iamo pronti a saltare nella breccia che Voi potete aprire. E saremo seguiti. Ve lo promettiamo.

Amici, Camerati di Sfortuna, abbiate Coraggio!

Un sol uomo Vi ha portati alla rovina. Trovate adesso un uomo – basta di nuovo uno solo – per salvarvi!

Trovatelo! Seguitelo!

Lettore sconosciuto, sei forse tu quel uomo? È tuo il nome che per sempre sarà benedetto dalla tua nazione e dall' Europa tutta?

Italia, Italia, Madre della nostra Civilita!

Tu sei ancora la nostra ultima, la nostra disperata Speranza!

Unione internationale di Lavoratori militanti.

(Gruppo della Bavaria e della Renania)

128 Der italienische Partisanensender «Radio Libertà» von Biella (1944/45)

Wie in zahlreichen Gebirgsländern, so stoßen wir auch in den Bergen Norditaliens auf eine aus dem gängigen Geschichtsbewußtsein noch herausgehaltene Freiheitstradition. Nördlich von Biella (Piemont), im oberen Sesia-Tal, versuchte 1304 bis 1307 eine ketzerische Bauernbewegung um Fra Dolcino die Utopie eines Idealzustandes auf der Erde zu verwirklichen (Kapitel 48). 1898, nach der blutigen Niederwerfung der Mailänder Arbeiterbewegung, flüchteten sich an denselben Ort, an dem Fra Dolcino bis zuletzt ausgeharrt hatte, auf den Monte Rubello, die Verfolgten von Biella: Sozialisten und Anarchisten. 1907 errichteten die Sozialisten von Biella auf dem Monte Rubello dem vor 600 Jahren gefallenen Revolutionär Fra Dolcino einen Obelisk, den die Faschisten 1927 zerstörten, zur großen Freude der Katholiken. 1974 stellten freiheitliche Gegner der katholischen Kirche an derselben Stelle eine neue Säule auf. Dario Fo kam nach Biella mit einem Theaterstück über den alten Bauernaufstand. Der Streit um den utopischen Rebellen schwelt weiter.

In den Dolomiten des Veneto, der damaligen Republik Venedig, spielten sich die letzten Aktionen der Südtiroler Bauernrevolution um Michael Gaismair ab (Kapitel 55). Hier gab es in Primiero (Primör) am Ende des 15. Jahrhunderts einen der frühesten Streiks in der Geschichte der Bergarbeiterbewegung.

Apennin und italienisches Alpengebiet stellten vom September 1943 bis zum April 1945 ein günstiges Operationsgebiet für die italienischen Partisanen dar, gegen die deutsche Besatzungsarmee und die «Republica Sociale Italiana» der Faschisten, die Republik von Salò (Kleinstadt am Gardasee, Regierungssitz).

Auch die Partisanenbewegungen des Zweiten Weltkrieges machen einen guten Teil der Spuren der Besiegten aus. Indem die Partisanen das nationalsozialistisch gelenkte deutsche Heer in seinen Eroberungszügen aufhielten und zurückdrängten, trugen sie zur Befreiung des deutschen Volkes bei. Nur eine nationalistische Geschichtsbetrachtung vermag in den ausländischen Partisanen und erst recht in den Deutschen, die in deren Reihen kämpften (siehe Kapitel 129), nichts als Feinde und Verräter des deutschen Volkes zu sehen.

Zu den Spuren der Besiegten gehören die Kämpfe der italienischen Partisanen auch in einem anderen Sinn. Nur im Gebirge blieben sie unbesiegt. In den Fabriken von Torino bis Milano wurden sie während der fünfziger und sechziger Jahre in die Knie gezwungen, von den Unternehmern ihrer eigenen Nation, die womöglich selbst als verdiente Antifaschisten auftraten. Bis 1969 die übermächtig aufbrechende Massenstreikbewegung des Heißen Herbstes eine neue Epoche der Freiheitskämpfe ankündigte. Einige dieser Arbeiter-Partisanen, von denen die einst jüngsten sich jetzt dem Pensionsalter nähern, habe ich bei FIAT in Torino kennengelernt, nicht alle diszipliniert von der Kommunistischen Partei.

Im Herbst 1944 beginnt eine Einheit der Partisanenbrigade Garibaldi in den Bergen um Biella eine Radiostation aufzubauen. Aber erst mit der Hilfe eines Ingenieurs der Firma Olivetti (Ivrea) wird der Partisanensender ab Februar 1945 weithin hörbar, im Aosta-Tal und zeitweise sogar in Firenze (Florenz). Aufgabe des Senders ist es, die Propaganda des örtlichen faschistischen Senders zu bekämpfen, die den Partisanen feindlichen Nachrichten zu dementieren, die Familien über das Schicksal ihrer zu den Partisanen in die Berge gegangenen Angehörigen zu beruhigen. Des weiteren soll die Moral der deutschen Truppen durch Nachrichten über die Zerstörung deutscher Städte und über die Niederlagen des deutschen Heeres untergraben werden. Andererseits gilt es, die italienischen Alpini zur Desertion zu veranlassen. Wie die deutschen Soldaten angesprochen worden sind, geht aus den erhaltenen Sendetexten leider nicht hervor. Es findet sich darunter kein einziger deutscher Text. Mir scheint, dieser Aspekt spielte für den Sender keine große Rolle.

Dieses Freiheitsradio baut seine Sendungen so auf: Ansage der Station, ein populäres Lied der Alpini, politischer Kommentar, Nachrichten, Grußwechsel zwischen Partisanen und ihren Verwandten, ab und zu ein Gedicht, eine Kritik, Satire oder Anekdote, Nachrichten über die Partisanenkämpfe. Dazwischen spielt eine Musikgruppe, geleitet vom ehemals österreichischen Soldaten Streicher (Deckname als Partisan: Scott).

«Radio Libertà», wie sich der Sender bei Biella nennt, arbeitet erfolgreich bis April 1945, bis kurz vor der allgemeinen Vertreibung der deutschen Truppen. Die italienischen Originalmanuskripte sind von 31 Sendungen erhalten geblieben und befinden sich heute in der Stadtbibliothek von Biella, noch immer ungedruckt. Als Beispiel sei aus der zweiten Sendung zitiert, die ungefähr Mitte Dezember 1944 ausgestrahlt wurde:

Achtung Achtung
Radio Libertà
Wir senden jeden Abend um 21.30 Uhr auf den Wellenlängen 42,5 und 21,5 Meter. Dies ist die Stimme der Freiwilligen der Freiheit.

[Es folgt das Alpini-Lied «Piave», dann die Wiederholung von Ansage und Lied.]

Das Kommando der Streitkräfte der Freiwilligen der Freiheit erläßt folgenden Befehl: es ist absolute Pflicht für alle, die eventuell von den militärischen Bezirkskommandos eingezogen werden, der Einberufung keine Folge zu leisten.

Italiener, die Freiheit erobert man kämpfend.

Wenn man auf der Autobahn, die von Alessandria nach Torino führt, an die Straßensperre von Asti kommt, sieht man am Straßenrand ein Plakat mit sehr großen Buchstaben:

«Achtung, Banditen!»

Es ist klar, daß für jene Art feiner Herrschaften wir, die wir kämpfen, die Banditen sind. Wir alle sind bereit, für die schönste, die gerechteste, die größte Sache zu sterben, nach der das verlassene und so sehr unterdrückte italienische Volk strebt. Es ist wahr, daß wir für Banditen gehalten werden, aber von wem? Von ihnen, vom Gesetz, das kein Gesetz ist, weil nur unser Gesetz Gerechtigkeit bedeutet, jene Gerechtigkeit – und sie sind sich dessen völlig bewußt – der keiner jener Henker, jener Barbaren entrinnen wird. Und es schafft eine beruhigende Selbstsicherheit, daß wir Banditen über sie richten werden. Alles erhebt Anklage gegen sie: ihre Brutalitäten, ihre Gewalttaten, die zerstörten Dörfer, ihre Grausamkeiten, die sie im Namen der Kultur begangen haben. Aber mehr als alles andere erheben Anklage gegen sie jene Menschen, die sie gefoltert, erschossen, gehenkt haben, ja noch mehr, die sie an einem Haken befestigt haben und so am Ast eines Baumes oder an einem Balkon aufgehängt haben, ausgesetzt dem Gespött derer, die eine Hyänenseele haben wie jene. Die so Mißhandelten wollen nur die Freiheit Italiens, aber mit ihrem Beispiel zeigen sie jetzt, was der richtige Weg ist, dem man folgen muß. Seht, das sind die Banditen!

Dann berichtet der Sender, wie im November 1944 700 Nazi-Soldaten mit Artillerie und zwei Panzern Nizza Monferrato angriffen, das im damals schon befreiten Gebiet um Asti lag. Die Gegner wurden von Partisaneneinheiten zurückgeschlagen, unter spontaner Unterstützung durch die Einwohner.

Die dritte Sendung handelt unter anderem über die Partisaninnen. Wir erfahren jedoch kaum etwas über ihr Leben und ihren Kampf, mehr über ihre Verteidigung gegenüber den faschistischen Verunglimpfungen.

Wir Partisaninnen wollen zu den Frauen sprechen. Wir wollen, daß unsere Worte nicht nur unsere Brüder erreichen, wir wollen, daß Herz mit Herz, unsere Mütter, unsere Schwestern mit uns leben. Wir sprechen nicht über unser Leben – das wäre zu wenig und für die Außenstehenden vielleicht zu romantisch – sondern über unsere Gedanken, brennend vor Treue.

Wir sind Schwestern, Bräute, Mütter, wie alle Frauen der Welt.

Ist es möglich, daß es noch jemanden gibt, der uns nach den schlüpfrigen Witzen beurteilt, die die faschistischen Zeitungen gebrauchen?

Ich erinnere mich an die Kriegszeit in Spanien, als die Illustrationen von Mussolinis Zeitungen die Passionaria in den Kleidern einer Prostituierten der roten Generale zeichneten.

Ich habe die Passionaria gesehen: sie war die Mutter eines spanischen Kämpfers, die Frau eines Bergarbeiters aus Asturien. Eine alte Frau mit grauen Haaren, mit einem einfachen schwarzen Kleid, mit dem Gesicht aller Frauen des Volkes. [...]

Sicher ist unsere Moral nicht die von unseren Feinden in ihren Karikaturen verspottete: wir sind nicht die Marketenderinnen eines lustigen Heeres von Räubern und Abenteurern, und wir teilen mit ihnen nicht unser Bett.

Vor allem gibt es heute für die Partisanen kein Bett.

Wenn wir uns abends in unsere Decke einhüllen, auf dem Stroh unserer Alpenhütte neben unseren Brüdern, bevor unsere Augen sich im schweren Schlaf der Müdigkeit schließen, sind unsere Unterhaltungen die Unterhaltungen aller Leute, die frei sind und die Freiheit lieben: Unterhaltungen, die die ermüdende Arbeit des morgigen Tages vorbereiten. Und unsere Träume sind die rechtschaffenen Träume aller Frauen, die ein nützliches und gesundes Leben wollen. Die Träume von einem warmen und einladenden Herd, einer würdigen Arbeit im Schoß einer glücklichen Familie und einer Gesellschaft freier Menschen.

Weiter setzt sich diese Sendung mit dem Begriff der Unabhängigkeit auseinander.

Die Unabhängigkeit ist keine materiell-territoriale Sache, sondern ein politischer, geistiger Akt. Hinter ihr muß ein Volk stehen, das selbstbewußt und Herr seiner selbst ist, das in die Zukunft geht.

Diese Utopie eines souveränen Volkes wird in der achten Sendung durch eine Aktualisierung des Risorgimento ergänzt, des Kampfes um die nationale Einigung Italiens im 19. Jahrhundert.

Eure Stimme, eure mächtige Partisanenstimme ruft alle Italiener zum Gefecht. Partisanen! Euch hat man nie zugetraut, daß euer Name in der kurzen Zeit weniger Monate in Italien so viel begeisternde Kraft erringen würde. Partisan ist der Name, der die Einheit aller Italiener geschaffen hat. Partisan ist der Name, der Garibaldi wieder erweckt hat. Heute lebt der Held der Freiheit und der Unabhängigkeit der Völker wieder auf im Herzen jedes Italieners.

Über den Partisanenkampf in Torino erfahren wir in derselben Sendung:

Eine Gruppe der Garibaldi-Partisanen in der Stadt (GAP) hat mit Molotowcocktails im reservierten Teil der königlichen Gärten von Torino drei deutsche Lastwagen und viele Benzinfässer in Brand gesteckt.

Die Utopie der Partisanenbewegung wurde nicht verwirklicht. Als die italienischen und deutschen Faschisten geschlagen waren, breitete sich Amerikas Kontrolle übermächtig über Italien aus. Als Alternative stand der Stalinismus in Wartestellung. Wahrlich keine begeisternde Wahl.

So lasteten weiterhin die wirtschaftlich und politisch Mächtigen auf dem Volk, dessen Souveränität noch aussteht. Der Wechsel von Fahnen und Uniformen brachte Italien nicht die notwendige Vereinigung von Norden und Süden. Auch hierfür bedeuteten der Heiße Herbst von 1969 und die folgenden Arbeiterkämpfe einen Einschnitt in der nationalen Geschichte. Fast nur die eingewanderten Süditaliener trugen diese soziale Einigungsbewegung.

Quellen und Literatur

Biella, Biblioteca Civica (Stadtbibliothek), Archivio della Resistenza, Fasc. Radio Libertà

Anello Poma/Gianni Perona: La Resistenza nel Biellese, Parma 1972, S. 383–386

Elena Rotelli: Fra Dolcino e gli apostolici nella storia e nella tradizione, Torino 1979

129 Deutsche Partisanen in Italien

Auch wenn es unüblich erscheinen, für manchen sogar nationalen Verrat bedeuten mag, so nehme ich doch die Kämpfe deutscher Partisanen gegen die Naziarmeen in die Geschichte der Befreiungskämpfe auf. Diese Deutschen bemühten sich, den Krieg rascher zu beenden. Freilich stehen auch diese Gegner des Nationalsozialismus unter dem Unstern der Besiegten. Sie taten ihr Bestes, mehr Freiheit zu erreichen, aber was nach 1945 aus Deutschland geworden ist, hat wenig mit dem zu tun, wofür sie ihr Leben wagten. Zu rasch schlossen die neuen Oberherren, die Alliierten, ihren Frieden mit den alten, nur oberflächlich entbräunten Herren aus Staat und Wirtschaft. Die Kräfte für eine neue Gesellschaftsordnung dagegen waren zu schwach, um die im Exil, in Konzentrationslagern oder im Widerstand gefaßten Grundsätze zu verwirklichen.

Ab Herbst 1943 bilden sich in Italien zögernd Partisaneneinheiten, vermehrt dann im Jahr 1944. Nach dem Koalitionswechsel des italienischen Königs im September 1943 entwaffnete die deutsche Armee in Norditalien mehr als 400000 italienische Soldaten. Viele kamen in die Hölle des Konzentrationslagers Mauthausen bei Linz (Oberösterreich, vgl. Kapitel 97). Zu Tausenden fielen sie als Opfer der SS. Überlebende habe ich in den siebziger Jahren unter den streikerfahrenen FIAT-Arbeitern von Torino kennengelernt.

Auch hier sollten wir bedenken: nur diejenigen, die von der Nazi-Armee zu den Partisanen gingen, behinderten den Mordapparat der SS und die deutsche Kriegsmaschine. Je rascher beide geschlagen wurden, desto mehr Verschleppte waren aus den KZs und Zuchthäusern noch zu retten.

Deutschen Gegnern der Naziherrschaft gelang es nur selten, sich zu italienischen Partisaneneinheiten durchzuschlagen. Viele endeten, Fahnenflüchtige genannt, vor den Erschießungskommandos ihrer gehorsamen Kameraden.

Wie die deutsche Armeeführung schon früh die Bekämpfung der Partisanenbewegung auffaßte, können wir einem Bericht des Oberkommandos der Heeresgruppe B vom 14.11.1943 entnehmen. Unter V-Leuten, Vertrauensleuten, haben wir nichts anderes als Spitzel zu verstehen, die noch heute allenthalben üblich sind.

Erfahrungen in der italienischen Bandenbekämpfung

Gen. Kdo. LI. A. K. machte in der ital. Bandenbekämpfung folgende Erfahrungen:

1.) Italienische Zivilbevölkerung unterstützt Banden im allgemeinen in jeder Hinsicht, insbesondere werden Zivilkleider, Verpflegung und Unterkunft zur

Verfügung gestellt. Es besteht der Eindruck, daß in der Zivilbevölkerung einiger Gegenden ein durchorganisiertes Nachrichtennetz zur Weiterleitung und Unterstützung von Banden besteht.

2.) Meldungen von italienischen Zivilisten, Milizstellen und Carabinieri über Bandenbildung oder Bandenaufenthalte sind entweder durch Geltungs- oder Rachebedürfnis an Konkurrenzstellen bestimmt oder stark übertrieben und daher als einzige Unterlage für den unmittelbaren Ansatz von Bandenunternehmungen nicht geeignet.

3.) Eigene Erkundungen durch Uniformierte sind meist zwecklos. Erfolgreicher sind dagegen eingehende Erkundungen durch eigene V-Leute, eigene Dolmetscher und Soldaten in Zivil.

4.) Mit der Erkundung der Verstecke muß gleichzeitig eine eingehende Gelände- und Ortserkundung für Aushebungsunternehmen durchgeführt werden. Hierzu gehören auch Annäherungsmöglichkeiten, Bereitstellung an den Objekten, Stärke der einzusetzenden Kräfte.

5.) Durchführung der Festnahme und Aushebung von Bandennestern geschieht nach nächtlicher Bereitstellung am besten in den frühesten Morgenstunden schlagartig. V-Leute dürfen bei der Aktion selbst möglichst nicht in Erscheinung treten, um sich nicht zu kompromittieren.

6.) Gelegenheits-V-Leute arbeiten am besten, wenn sie nicht regelmäßige Vergütungen erhalten, sondern fallweise je nach Bewertung ihrer Arbeit entlohnt werden. Dadurch erhält man das Interesse dieser Leute an ihren Aufgaben.

7.) Verhaftungs- und Exekutiv-Kommandos brauchen nicht immer der fechtenden Truppe entnommen zu werden. Feldgendarmerie, verstärkt durch Angehörige von Stäben, Ordonnanzen und Schreibern, genügen häufig vollkommen. (Freiburg, Bundesarchiv, Militärarchiv, RH 19 IX/16)

Gegen Kriegsende steigerte sich die Fluchtbewegung unter den einsichtigen deutschen Soldaten. Ein Geheimbefehl des Generalfeldmarschalls Wilhelm Keitel (1882–1946, in Nürnberg hingerichtet) gab ungewollt zu, wie sich kriegsunlustige deutsche Soldaten durchzuschlagen suchten. Diese Erscheinungen betrafen, wie es ausdrücklich hieß, «die Kampfgebiete» wie «das Heimatkriegsgebiet», also nicht Italien allein.

1.) Der Verlauf von Sperr- und Auffanglinien und die Aufstellung der einzelnen Kontrollposten werden bald den Soldaten bekannt. Die Kontrollposten werden daher oft gemieden und die Sperrlinien über die «grüne Grenze» ohne Kontrolle überschritten.

Sofern die Sperrlinien nicht entlang natürlichen Hindernissen, z. B. an größeren Flüssen, verlaufen, ist daher auch die Überwachung der «grünen Grenze» erforderlich. Da dieses mit den Kräften der Überwachungsorgane allein nicht möglich ist, müssen alle in diesen Gebieten liegenden Truppen und Dienststellen dazu herangezogen werden.

2.) In zunehmendem Maße haben sich Drückeberger oder Versprengte zu improvisierten Einheiten oder Marschgruppen zusammengetan und unter Vorzeigen gefälschter oder vorgetäuschter Ausweise alle Überwachungsstellen ungehindert passiert. (Freiburg, Bundesarchiv, Militärarchiv, RH 19 X/47)

Inzwischen überlegten sich in Italien die Armee- und SS-Führung, wie sie gegen Hitlers Befehl, nicht zurückzuweichen, die Front mehr und mehr in Richtung Alpen zurücknehmen konnten. Nach langen Verhandlungen mit den Alliierten auf Schweizer Boden kapitulierte am 2. Mai 1945 die deutsche Armee in den italienischen Alpen. Schon vorher hatte es ständig Kontakte mit dem italienischen «Nationalen Befreiungs-Komitee» (Comitato di Liberazione Nazionale, C.L.N.) gegeben, um den Rückzug der deutschen Armee durch eine Waffenpause der Partisanen zu erleichtern. Was der Armeeführung recht war, konnte dem einzelnen Soldaten nur billig sein.

In seinen ungedruckten Erinnerungen von 1950, «Kriegsende in Italien. Aufzeichnungen des letzten deutschen Oberbefehlshabers», berichtet Generaloberst Heinrich von Vietinghoff-Scheel von deutschen Partisanen in Bologna.

Größere Sorgen machte uns immer noch das rückwärtige Gebiet, und zwar besonders, als im Winter 1944 der Bahnverkehr in Oberitalien mehr und mehr erlosch. So waren die zahllosen von Urlaub oder aus Lazaretten zurückkehrenden Einzelreisenden gezwungen, sich vom Brenner aus nach Verlassen des Zuges zu Fuß oder im «Anhalte-Verkehr» zur Front durchzuschlagen. Wir organisierten in großem Umfang Sammellager und Autotransporte, doch reichten weder die Stärke unserer Gendarmerie noch die Betriebsstoffvorräte aus, um das Übel ganz abzustellen. Manches schwächere Gemüt fiel der Verführung zum Opfer, sich auf bequeme Art einen zusätzlichen Urlaub zu verschaffen und dabei «aus dem Lande» zu leben. Ein besonders gefährlicher Anziehungspunkt wurde Bologna, die Großstadt, die die meisten passieren mußten. Dort bildeten sich allmählich in dunklen Gassen ganze Banden verwahrloster Elemente deutscher und italienischer Nationalität, vermischt mit Partisanengruppen, die sich regelrechte Straßenschlachten lieferten und gemeinsam die Einwohner drangsalierten. (Freiburg, Bundesarchiv, Militärarchiv, RH 19 X/84, Maschinenschrift, S. 20/21)

Wer von den Deutschen sich den Partisanen angeschlossen hat, läßt sich aus deutschen Akten nicht feststellen. Sollte darin je etwas gestanden haben, so ist es offenbar mit der Masse der Armeeunterlagen in den Wirren des Kriegsendes untergegangen, nicht selten mit Absicht. Zum Glück befindet sich im Turiner Istituto Storico della Resistenza (Historisches Institut für die Widerstandsbewegung) wenigstens eine dünne Akte, die Streiflichter auf diese interessante, noch wenig bewußt gewordene Frage wirft. Es wäre höchste Zeit, die eventuell noch lebenden deutschen Partisanen zu befragen.

Offenbar schlugen sich in Norditalien nur wenige Deutsche auf die Seite der Partisanen. Die in Torino aufbewahrten Listen nennen nur zwölf Deutsche, darunter einen Gefallenen. Die 155 namentlich aufgeführten ausländischen Partisanen verteilen sich auf folgende Staaten: 66 Russen (in dieser Zahl sind auch die Esten, Letten und Litauer enthalten), 30 Österreicher, 27 Jugoslawen, elf Deutsche, sechs Franzosen, vier Tschechoslowaken, vier Polen, vier Bulgaren, ein Grieche, ein Ungar, ein Schweizer. Insgesamt sind davon elf gefallen. Eine Liste vom 25. Oktober 1945, angefertigt vom «Militärvertreter für die Patrioten» des Sozialministeriums für die Provinz Vercelli bietet einen Einblick in einige Partisanenbiographien.

Alfons Knapp, Deutscher, 9. Division Garibaldi 101. Brigade, eingesetzt in Isola, Canelli, Motta und Umgebung, Dolmetscher und Auskunft. Am 4.11.44 besorgte er geheime deutsche topographische Karten. Am 31.9.44 ließ er den Boten Boano Attilio befreien. Am 1.11.44 verwandte er sich beim SS-Kommando und rettete den Partisan Fici vor der Erschießung. Am 15.12.44 signalisierte er militärische Objekte (Depots, Brücken, Kommandos). Am 20.12.44 lieferte er dem Kommandanten Lupo Dokumente, um sie unter dem Feind in Umlauf zu setzen. Anwesenheit bei der Truppe vom 2.9.44 bis zum 10.5.45.

Paul Schultze, Deutscher, 2. Divison Langhe Brigade Casale, eingesetzt im Abschnitt Cuneo, geb. 31.10.12 in Bad Salzelmen bei Hannover. Er hat an allen Gefechten mit außerordentlicher Willensanstrengung teilgenommen. Ein Freiwilliger bei unserer Truppe, er hat immer treu gedient und als Held gekämpft. Es ist bewundernswert, wie er an unserer Seite gekämpft hat. Und noch bemerkenswerter ist sein nächtlicher Wachdienst als Postenführer. Den Einsatz dieses Partisanen zu beschreiben, würde zu lange dauern, und die Worte könnten seine Verdienste nicht genügend hervorheben. Anwesenheit bei der Truppe vom 17.6.44 bis zum 10.5.45.

Hubert Klasen, Deutscher, 10. Alpendivision G. L. 10.10.44 Streife in das Grana-Tal. Dezember 44 Angriffe auf die Faschisten im Maira-Tal. 27.11.44 Streife im Grana-Tal. 5.2.45 Angriff auf Dogliani. 10.2.45 Angriffe auf Rodino. Februar/März 45 Streife in Monforte d'Alba. Im Gefecht an den Füßen verletzt. Ein anerkannt vorzüglicher Kämpfer. Zugehörigkeit zur Truppe vom 1.9.44 bis zum 10.5.45.

G. L. (Giustizia e Libertà; Gerechtigkeit und Freiheit) meinte den Teil der Partisanenbewegung, der von der Partito d'Azione (Aktionspartei) geleitet war. Deren Einheiten machten rund 20 Prozent der Partisanen aus. Diese Truppen verstanden sich im Gegensatz zu den Parteikommunisten und den Christdemokraten liberal-sozialistisch, sie wollten eine Reform des italienischen Staates gegen die staatsgläubigen Stalinisten, gegen den Vatikan und gegen die Christdemokraten durchsetzen. Historisch fühlten sie sich als die Vollstrecker der bürgerlichen Revolutionäre Italiens des 19. Jahrhunderts. Bald nach dem Kriegsende wurde die Partito d'Azione zwischen

Kirche, KP und Industrie- und Agrarbürgertum zerrieben. Heute existiert sie nur noch auf Sardinien (Partito Sardo d'Azione) als eine bürgerliche Autonomistenpartei mit einem sozialistischen Flügel.

Willi Bostorf, geb. 3.4.1915 in Berlin, Vater: Otto, Deutscher, 5. Division Monferrato. Teilgenommen an der Befreiung von Nizza Monferrato, Asti und Alessandria und an vielen einzelnen Aktionen.

Heinrich Klein, geb. 9.7.1912 in Bretzenheim bei Mainz, Deutscher, Vater: Anton, Mutter: Elisabeth.

Losvaf (Oswald?) Schaller, geb. 1926, Vater: Willi, Deutscher, 10. Division Garibaldi Brigade Biliani, eingesetzt im Abschnitt Alessandria. Nach einem Gefecht in der Gemeinde Roncaglia hat er sechs Republikaner [Faschisten] festgenommen.

Diese Notizen lassen das gefährliche Leben nur von Ferne ahnen. Wie sehr diese Partisanen mit dem deutschen Untertanengeist gebrochen hatten, können wir uns anhand ihrer geringen Zahl vorstellen.

Bald nach der Kapitulation der deutschen Armee wurden die italienischen Partisaneneinheiten aufgelöst. Die politische und militärische Führung Italiens wußte sehr wohl, warum das für sie notwendig war. Radikale Partisaneneinheiten aus Basis-Kommunisten wollten die Gunst der Stunde nutzen. Der rein nationale Befreiungskampf gegen die Deutschen sollte endlich in eine soziale Revolution gegen die eigene herrschende Klasse umschlagen. Solche revolutionäre Einheiten leisteten der Auflösung Widerstand und gaben, einmal aufgelöst, ihre Waffen nicht ab. Sie warteten auf die Stunde X, wie das Stichwort für den Beginn des bewaffneten Aufstandes lautete.

In Piemont gelang es der kommunistischen Partei- und Partisanenführung, diese Revolutionsbewegung mit Täuschung und Verrat zu zerschlagen. Für eine bestimmte Nacht wurden im geheimen die Aufstandswilligen von ihren Führern auf einen Platz bestellt. Es sollte losgehen! Als die Ex-Partisanen an der vereinbarten Stelle mit ihren aus den Verstecken hervorgeholten Waffen die Einsatzbefehle erwarteten, wurden sie von der im Hintergrund bereitgestellten Polizei umringt, entwaffnet, festgenommen und in die Gefängnisse geworfen.

Mein Freund Francesco Coppellotti in Torino versuchte am Beginn der sechziger Jahre, dieses trübe Kapitel der Partei- und Partisanengeschichte zu erleuchten. Er befragte enttäuschte Partisanen. Die KPI-Führung von Torino übte Druck auf die Arbeiter, auf den Forscher und auf den Verlag aus, sie riß das gesammelte Material an sich und ließ es verschwinden.

Diese verdrängte Seite der KPI und der Partisanenbewegung steht vor einem noch düstereren Hintergrund. Die KPI-Führung hatte 1944 vom Nationalen Befreiungskomitee (C.L.N.) freie Hand für die Liquidierung (sprich: Ermordung) sogenannter Provokateure verlangt. Die Aktionen trafen vor allem Anarchisten, Trotzkisten und Bordigisten. Letztere hingen Amadeo Bordiga an, dem Mitbegründer der KPI, der sich in den zwanziger Jahren wegen der Stalinisierung von der Partei abwandte. Noch heute existiert diese Strömung mit ihrer Zeitung «Il programma comunista».

Makabrerweise leitete dann Togliatti in der Regierung Badoglio (ab 22. April 1944) das Justizministerium. General Badoglio war ein einst großer faschistischer General, der sich 1936 beim furchtbaren Kolonialkrieg in Nordafrika hervorgetan hatte. Die Partito d'Azione widersetzte sich dieser zwielichtigen Figur, nicht die KPI.

Am 19. Juni 1944 wurde in Mailand Temistocle Vaccarella durch drei von der KPI gedungene Meuchelmörder erschossen. Vaccarella war das Haupt der gegenüber der KPI oppositionellen kommunistischen Gruppe um die Turiner Zeitschrift «Stella Rossa» («Roter Stern», Organ der Partito comunista integrale), hinter der in den Turiner Fabriken einige tausend Arbeiter standen. Am 27. März 1945 ermordeten KPI-Partisanen in Trebbo (Bologna) den oppositionellen Kommunisten Fausto Atti, als er krank im Bett lag. Am 11. Juli 1945, also nach der Befreiung vom Faschismus, wurde Mario Acquaviva, Bordigist der Partito comunista internazionalista, von einem Meuchelmörder der KPI umgebracht. Die KPI sorgte dafür, daß es zu keinen Prozessen gegen die Mörder kam.

Vorerst wissen wir nicht, ob ausländische Partisanen zwischen die Mahlsteine der Stalinisten geraten sind. Ihr Schicksal griff das Nationale Befreiungs-Komitee von Piemont im Sommer 1945 auf. Dazu findet sich im genannten Turiner Institut eine undatierte Lagedarstellung:

Das Problem der ausländischen Partisanen
Die ausländischen Partisanen kommen zum größten Teil aus dem deutschen Heer oder aus paramilitärischen deutschen Verbänden, unter ihnen die Organisation Todt. Zu einer bestimmten Zeit haben sie die Partisaneneinheiten erreicht. Seit dieser Zeit haben fast alle tapfer gegen die Nazifaschisten gekämpft, einige haben mit dem Opfer ihres Lebens, andere mit mehr oder weniger schweren Verwundungen ihren Beitrag zum antifaschistischen Kampf geleistet.

Das eigentliche Problem der ausländischen Partisanen begann sich nach der Auflösung der Partisanenverbände zu stellen.

Während die italienischen Partisanen zu ihren Familien zurückgehen oder eventuell in die Reihen des nationalen Heeres zurückkehren konnten, befanden sich die Ausländer nach dem 8. Juni sozusagen in einer Sackgasse.

Nicht, daß sich die Kommandostellen nicht mehr für sie interessiert hätten. Im Gegenteil, sie gaben ihnen weiterhin Geld, Kleider und verschiedene Hilfen. Nur daß das alles notwendigerweise auf eine bestimmte Zeit begrenzt sein mußte.

Heute gibt es ein Problem oder besser eine Reihe von Problemen, die sich dringlich und schwer stellen.

Da gibt es das Problem der Deutschen und der Österreicher. Sollen sie sich den Alliierten für die Zurückführung in die Heimat stellen oder nicht? Mehr als einem ist es passiert, daß er wirklich als Kriegsgefangener betrachtet und folglich in ein Konzentrationslager für Gefangene geschickt worden ist.

Die Praxis dieser Angelegenheit ist jedenfalls nicht klar und vor allem nicht einheitlich. Ein juristischer Status des ausländischen Partisanen, beginnend schon mit der Zugehörigkeit zu feindlichen Verbänden, ist bisher nicht festgelegt worden.

Während einige in Erwartung weiterer Instruktionen eine englisch geschriebene Vollmacht bekommen haben, damit sie sich frei bewegen können, scheint es, daß andere in Sammelzentren für die Rückführung in die Heimat geschickt worden sind.

Einige, die erbittert sind, daß sie von einem Büro ins andere weitergeschickt werden, sind gerade dabei, im Geheimen auszuwandern. Das führt zu Folgen, die jedem klar sein dürften.

Insoweit es sich um deutsche Soldaten, die Partisanen geworden sind, handelt, die aus der jetzt von den Russen besetzten Zone stammen, gestaltet sich das Problem noch komplizierter, da dafür nicht die Anglo-Amerikaner die einzigen Zuständigen sind.

Dann gibt es das Problem der Polen, ein besonders schweres Problem, denn unter diesen spiegelt sich die Scheidung der Geister wider, die gegenwärtig ihr unglückliches Land zerreißt.

Es gibt das Problem der Esten, Letten und Litauer. Diese Partisanen sind nicht so wenige, wie man im allgemeinen glaubt. Dieses Problem wird dadurch noch schwieriger, daß viele nicht mehr in ihre Heimat zurückkehren wollen.

Zuletzt plädierte das Arbeitspapier dafür, dieses Problem in der nächsten Sitzung des Nationalen Befreiungs-Komitees von Piemont zu behandeln.

Quellen und Literatur

Willy Beckers: Banden! Waffen raus! L'ultimo inverno di lotta partigiana nella collina bolognese, Bologna 1965 (Standort: Firenze, Nationalbibliothek; Mikrofilm bei mir)

Freiburg, Bundesarchiv, Militärarchiv, RH 19 IX/16; RH 19 X/43; RH 19 X/47; RH 19/84

Albert Kesselring: Soldat zum letzten Tag, Bonn 1953, S. 323–336 («Der Bandenkrieg in Italien»)

Giovanni de Luna: Storia del Partito d'Azione (1942–1947), Milano 1982

Torino, Istituto Storico della Resistenza, Akte «Partigiani stranieri in Italia»

Giorgio Vaccarino: Storia della Resistenza in Europa 1938–1945, Milano 1982

Ders.: Die Wiederherstellung der Demokratie in Italien (1943–1948), in: Vierteljahreshefte für Zeitgeschichte, 21, 1973, S. 285–324

Literatur zu italienischen Kommunisten unter den Opfern des Stalinismus s. Kapitel 119

130 Der Arbeiteraufstand des 17. Juni 1953

Durch den Beifall der Falschen, der Sozialistenfresser im Westen, hat sich ein Dunst von Mißtrauen, Vorurteilen und Abneigung über die Aufstandsbewegung gelegt, die im Juni 1953 die SED, deren Weg in den Staatskapitalismus und letztlich die sowjetische Besatzungsmacht in Frage stellte.

Im Westen verklärte sich der 17. Juni 1953 zum Staatsfeiertag: die beste Garantie dafür, die Aktualität in der Betulichkeit des Bundestages und in der Stimmung eines zusätzlichen freien Tages zu neutralisieren. So springt der Funke bestimmt nicht über.

Die Linke ließ sich aus Angst, bei der Erinnerung an den 17. Juni mit dem falschen Beifall in Berührung zu kommen, den ostdeutschen Arbeiteraufstand tabuisieren. Die lange Literaturliste am Ende des Kapitels kann nicht darüber hinwegtäuschen, daß bis heute keine historisch-politische Darstellung des Verlaufs unter Berücksichtigung der einzelnen Orte erschienen ist.

Die ostdeutsche Arbeiterbewegung verdient einen hervorragenden Platz unter den gleich mehrfach besiegten Freiheitskämpfern: niedergeschlagen vom Militär, hinterher noch einmal erdrückt von den verfälschenden Urteilen der DDR-Historie und der Literatur, von den unberufenen Festrednern des Westens und zuletzt von der Berührungsangst der bundesdeutschen Linken.

Das rächte sich. Denn so wuchs eine merkwürdige Kumpanei von Strömungen heran, die sonst nichts miteinander zu tun haben wollten. Allen ist gemeinsam: den ostdeutschen Arbeitern sei es 1953 nicht um den Sozialismus gegangen, schon gar nicht um einen selbstbestimmten.

Demgegenüber wollen wir in der Rekonstruktion dieser Arbeiterbewegung verstärkt auf die Elemente achten, die etwas Neuartiges ankündigen. Ob die neue Tendenz richtig herausgeschält worden ist, wird sich am weiteren Fortschritt der gesamten Oppositionsbewegung im Staatskapitalismus erweisen.

Die Wurzeln zur Erhebung des Juni 1953 reichen weit zurück. Die KPD erhielt nach 1945 in Ostdeutschland ihren geringen Machtspielraum durch die Panzerverbände der Sowjets, von oben also, nicht von unten durch einen siegreichen Arbeiteraufstand. Die eigentlichen Herrscher blieben die Sowjets. Alle abschreckenden Merkmale der alten, der autoritären Arbeiterbewegung konnten sich nun zum staatlichen Regime verdichten. Auch die neue Form des Kapitalismus, der Staatskapitalismus, baute auf eine klare Trennung von Kopfarbeit und Handarbeit, von übergeordneter geistig-politischer Leitung und untergeordneter Ausführung. Bald nahm auch unter den Arbeitern die Differenzierung zu. Die Hierarchie wuchs rasch.

Befehl und absoluter Gehorsam drückten dem Neuanfang den Stempel auf. Was an Widerstand aufgrund der Arbeitertradition und vor allem des unleugbaren materiellen Druckes hie und da aufflackerte, geriet in den Bereich des Kriminellen. Die politische Opposition wurde in kurzer Zeit ausgeschaltet: nicht nur die bürgerliche, sondern auch die Arbeiteropposition, gleichgültig ob sozialdemokratisch, sozialistisch oder kommunistisch. Dabei landeten alte Anhänger der KPO (Kommunistische Partei Opposition) und selbst Mitglieder der KPD erneut in den Zuchthäusern und Lagern, aus denen sie erst vor wenigen Jahren durch alliierte, auch sowjetische Truppen befreit worden waren.

Der neugegründete Staat scheute sich nicht, in die zugeschüttet geglaubten Fußstapfen staatlichen Terrors zu treten. Die damals 48jährige verwitwete Bibliothekarin Else-Marie Schröder gab 1954 zu Protokoll:

Am 21.11.1950 wurde ich in Rostock verhaftet und nach dreitägigem Aufenthalt im dortigen Gefängnis nach dem Gefängnis von Schwerin gebracht. Dort wurde ich wochenlang jede Nacht durch einen russischen Offizier vernommen. Dabei wurde mir vorgeworfen, daß ich Zuträgerdienste für eine Spionagezentrale in Westberlin geleistet hätte. Ich habe das ununterbrochen abgestritten und nichts zugegeben. Diese Vernehmungen haben etwa fünf Wochen gedauert. Wegen meines hartnäckigen Leugnens wurde ich 4–5 mal mit Wasserkarzer bestraft. Diese Strafe wird in folgender Weise vollzogen: Ich bin von russischen Soldaten nackt ausgezogen worden und mußte dann in einer Zelle mit Zementboden, die unter Wasser gesetzt wird, so daß man bis über die Knöchel im Wasser stehen mußte, 3–4 Stunden bei geöffneten Fenster im Dezember 1950 und Januar 1951 aushalten. Nach zwei Stunden etwa wird man der Kälte gegenüber empfindungslos. Wenn man zusammenbrach, wurde man von den beobachtenden russischen Soldaten wieder hochgezerrt.

Nunmehr wurde ich bei der nächsten Vernehmung bedroht, von einem russischen Sergeanten, der bereits im Vernehmungsraum stand, mit einem Gummiknüppel geschlagen zu werden, wenn ich nicht gestehen würde. Da ich mich dieser Mißhandlung nicht aussetzen wollte, gab ich zu, daß der mir vorgelegte Brief an mich gerichtet gewesen ist. Weitere Geständnisse habe ich nicht gemacht.

Meine Aussage wurde nun protokollarisch niedergelegt und damit die Untersuchung abgeschlossen.

Am 9.3.51 fand dann in Schwerin eine Verhandlung vor einem russischen Kriegsgericht statt, das sich aus drei russischen Offizieren, einem Schriftführer und einem Dolmetscher zusammensetzte. Ein Verteidiger wurde mir nicht gestellt. Es wurde mir meine protokollierte Aussage verlesen. Nach einer kurzen Pause wurde dann das Urteil verkündet, daß ich zum Tode verurteilt und zu 25

Jahren Zwangsarbeit begnadigt sei. Es wurde mir dabei gleich eröffnet, daß die Entscheidung unwiderruflich und eine Kassation unmöglich sei. (Unrecht, II, S. 96)

Diese Foltermethode, stundenlang bei großer Kälte im Wasser stehen zu müssen, war damals in der DDR sehr verbreitet. Im April 1949 wurde in Ostberlin der Altkommunist Joseph Scholmer verhaftet, als Arzt in der Zentralverwaltung für das Gesundheitswesen tätig, dem Vorläufer des Gesundheitsministeriums. Im Zentralgefängnis der sowjetischen Geheimpolizei in Hohenschönhausen (Ostberlin) erlitt er verschiedene Stufen der Folter, darunter die des Karzers: ausgezogen bis auf die Unterhose, in der Zugluft eines Ventilators.

Man kann den Karzer in eine Art Planschbecken verwandeln. Er läßt sich etwa 10 cm hoch mit Wasser füllen. Es gibt Gefangene, die von den Posten in regelmäßigen Abständen mit kaltem Wasser begossen werden. Ich weiß von einer Frau, die drei Wochen lang, nackt, die Hände auf dem Rücken gefesselt, in diesem Karzer verbracht hat, ohne daß sie übrigens den Namen des Mannes preisgegeben hätte, den man von ihr erpressen wollte. (Scholmer, S. 31/32)

Nach neun Tagen und Nächten versammelte sich eine Gruppe im Keller vor dem Karzer und tuschelte, sie wolle Scholmer aufhängen. Eine psychische Folter. Scholmer wollte dem entgehen und unternahm einen Selbstmordversuch. Er wurde gerettet und später ins sibirische Konzentrationslager Workuta verschleppt, erst nach drei Jahren freigelassen.

Das sowjetische Geheimgefängnis von Hohenschönhausen, untergebracht auf einem ehemaligen Fabrikgelände, wäre in einen alternativen Stadtführer von Ostberlin aufzunehmen. Es liegt, mit einem eigenen Gleisanschluß, südlich des Güterbahnhofs von Hohenschönhausen. Die neuen Stadtpläne verschweigen den Gleisanschluß. Von hier aus wurden zahllose Oppositionelle in die Sowjetunion verschleppt, viele sind nicht mehr zurückgekommen.

Das sowjetische Gefängnis von Hohenschönhausen wurde später in das zentrale Untersuchungsgefängnis des Ministeriums für Staatssicherheit der DDR umgewandelt. Noch heute dient es diesem Zweck. Daneben befand sich 1951–74 ein eigenes Haftarbeitslager dieses Ministeriums, mitten in einem Sperrgebiet, wo auch Wohnungen der Staatssicherheit und der Volkspolizei liegen. Es reichte vom Güterbahnhof Hohenschönhausen nach Süden bis zur Plauener Straße, von der Genslerstraße im Westen bis zum Arendsweg im Osten (Fricke, DDR-Staatssicherheit, S. 114).

Nun zurück zur Vorgeschichte des 17. Juni. 1951 führte die SED nach sowjetischem Vorbild für jeden Betrieb Kollektivverträge ein, eine neue Art von Tarifverträgen. Die Belegschaften sollten zustimmen, vorbestimmte

Produktionsmengen unter ungünstigen Lohn- und Arbeitsbedingungen zu erfüllen. Die Arbeiter ergriffen die Chance, die Zustimmung zu verweigern. So bildete sich erstmals ein größerer Arbeiterwiderstand gegen das staatskapitalistische Regime. Bei den Gewerkschaftswahlen im Herbst 1952 mußten eine Menge parteiloser Gewerkschafter als Kandidaten akzeptiert werden, bis zu 70 Prozent.

Erstmals brach am 16. August 1951 in Saalfeld (Thüringen) die neue Arbeiterbewegung auf. Dort förderten 2000 Bergarbeiter Uranerz. Eines Abends kam es in einem Café zu einem Streit zwischen Volkspolizisten und Arbeitern. Die Arbeiter landeten verhaftet im Polizeipräsidium. Die soeben einfahrende Nachtschicht der Bergarbeiter eilte zum Polizeipräsidium, verlangte die Freilassung, stürmte das Gebäude und befreite die Kumpels. Bis eine ausreichende Menge von Volkspolizisten eintraf, beherrschten die Bergarbeiter ganz Saalfeld. Funktionäre der SED verbreiteten schon damals die dann auch nach dem 17. Juni beliebte Verschwörungstheorie, alles sei nur von westlichen Agenten angezettelt worden. Bald darauf wurde eine große Anzahl Bergarbeiter verhaftet.

Nur Walter Ulbricht blieb sich dessen bewußt, daß hier etwas Neues eingesetzt hatte, das die staatskapitalistische Herrschaft zu erschüttern vermochte. Die Geschichtsschreibung der DDR dagegen samt ihren westlichen Ablegern verdrängte diese andere, systemwidrige Arbeiterbewegung. Dabei zeigten solche Ausbrüche mehr als Resolutionen und kluge Analysen an, daß große Kämpfe vor der Tür standen. So ging in Italien ein ähnlicher Sturmvogel dem Heißen Herbst von 1969 voraus: die dreitägigen Straßenkämpfe von 1961 in Torino auf der Piazza Statuto vor dem Gewerkschaftshaus der sozialistischen U.I.L.

Im Juli 1952 proklamierte die 2. Parteikonferenz der SED den «beschleunigten Aufbau des Sozialismus». Die Schwerindustrie sollte besonders durch Investitionen gefördert werden. Im November desselben Jahres kündigte Walter Ulbricht Sparsamkeit, Produktivitätssteigerung und Erhöhung der Normen an. Unter Norm verstand man in der DDR die geforderte Arbeitsleistung, vergleichbar der Akkordleistung im Westen.

Dem Druck zur Normerhöhung widerstanden am hartnäckigsten die Arbeiter in der Bauindustrie und in der eisenschaffenden Großindustrie. Die bildeten dann am 17. Juni 1953 das Rückgrat der Erhebung. Die Bauarbeiter hatten schon vorher am schärfsten die Kollektivverträge bekämpft. Ihre Arbeitsbedingungen ließen ihnen keine andere Wahl. Im Winter wurden sie entlassen, blieben ohne Verdienst. Es gab noch kein Schlechtwettergeld. Im Sommer mußten sie ihr Geld für das ganze Jahr zusammenbringen, bei jedem Wetter. Das spielte am 17. Juni 1953 eine Rolle, als es aus Kübeln schüttete.

Ihre besondere Lage führte zu einem traditionell starken Solidaritätsgefühl der Bauarbeiter, die nach Gruppenakkord zu arbeiten gewohnt waren. Jede Lohnsenkung stieß leicht auf den Widerstand der ganzen Baustelle. Am 26. Januar 1952 sah sich die Zeitung «Das Neue Deutschland», das Zentralorgan der SED, genötigt, einen begrenzten Zusammenstoß in der Stalinallee (Ostberlin) zuzugeben. Die beiden Brigadiers Semm und Faust vom Block 16 hatten versucht, eine Normerhöhung durchzudrücken, die für alle eine Lohnsenkung oder mehr Arbeitshetze bedeutete.

Semm und Faust und die übrigen Brigademitglieder wurden von ihren Kollegen angepöbelt und beschimpft. «Lohndrücker» sagten die Bauarbeiter und drohten ihnen, sie sollten sich in acht nehmen. «Wir werden euch solche Mätzchen austreiben.» [...] Während des Richtfestes am Block 16 kam es zu einer Schlägerei. Einige der rückschrittlichsten Bauarbeiter [...] versuchten, den Brigadier Faust in der Garderobe niederzuschlagen. (Sarel, S. 124)

Die Streitigkeiten in der Bauindustrie schwelten weiter. Die Bauarbeiter konnten sich mit Erfolg weiteren Normerhöhungen widersetzen, da sie zur Zeit unentbehrlich waren. Die Stalinallee, einst Frankfurter Allee, heute Karl-Marx-Allee genannt, sollte sich zur Prachtstraße des neuen Staatskapitalismus mausern. Hier wurde jede Arbeitskraft benötigt. In der ganzen DDR fehlten damals rund 40000 Bauarbeiter.

Der Kampf der Arbeiterbewegung erhielt im Frühjahr 1953 neuen Auftrieb. Am 5. März starb Stalin. Sein Tod verwirrte viele autoritätsgebundene Kommunisten. Die Nachfolger im Kreml, unter sich noch in Erbstreitigkeiten verwickelt, versuchten, sich gegenüber dem westlichen Druck Luft zu verschaffen. Sie strebten Verhandlungen mit den Alliierten an, um eventuell für eine Einigung Deutschlands dessen Herauslösung aus dem westlichen Bündnis zu erreichen.

Damit zusammenhängend empfahl die sowjetische Führung am 15. April der SED, einen neuen Kurs einzuschlagen, den alten, harten zu mildern. Ulbricht opponierte, eines der wenigen Male. Am nächsten Tag ließ er im «Neuen Deutschland» eine Rede abdrucken, die die alte Linie bestärkte. Es gehe um die «Entlarvung von Agenten und Diversanten», alle Schwierigkeiten seien «mit Sabotage, Brandstiftung und Dokumentendiebstahl» zu erklären (Baring, S. 37). Die alten Stalinisten konnten sich von der nagenden Agentenhysterie nicht freimachen. An jeder Ecke lauerten Massen von Agenten. Es roch nach Hexen.

Im Widerspruch zur sowjetischen Politik verschärfte die SED die Kampagne für die Normerhöhung. Im April erhöhten die Großbaustellen auf der Stalinallee die Normen, angeblich freiwillig. Das Zentralkomitee der SED beschloß am 14. Mai, bis zum 1. Juli 1953 seien die Arbeitsnormen um mindestens zehn Prozent heraufzusetzen. Das Ganze wurde als Geschenk zu Ulbrichts 60. Geburtstag am 30. Juni 1953 präsentiert.

Seit Herbst 1952 machte sich dagegen eine Versorgungskrise bemerkbar. Aus diesem Grund kam es im Frühjahr 1953 zu Streiks für eine bessere Versorgung. Im Mai folgten Streikbewegungen gegen die Einführung höherer Normen, so in Magdeburg und Chemnitz.

Inzwischen verbreitete sich im Ostblock der «Neue Kurs». Er beabsichtigte, die Verbrauchsgüterindustrie schneller auszubauen als die Schwerindustrie, mit dem Ziel einer spürbaren Hebung des Lebensstandards. Die Sowjets lösten die Sowjetische Kontrollkommission in der DDR auf und machten deren bisherigen politischen Berater Wladimir Semjonow zum Chef der neugebildeten Hohen Kommission.

Am 5. Juni kehrte Wladimir Semjonow aus Moskau zurück und brachte schriftliche Weisungen mit, die das Politbüro der SED in seinen Beschluß vom 9. Juni übernahm. Der Schwerpunkt sollte nun auf den Konsumgütern liegen. Der Mittelstand wie alle Privatunternehmer sollten geschont, geschlossene Privatgeschäfte wieder aufgemacht, enteignetes Land zurückgegeben, geflüchtete Bauern «unterstützt» werden.

Die Liberalisierung umfaßte auch die Rückrufung und Entschädigung von Flüchtlingen, die großzügige Erteilung von Aufenthaltsgenehmigungen und Interzonenpässen, die Ausreiseerlaubnis für Wissenschaftler und Künstler zu Tagungen in der Bundesrepublik. Relegierte Studenten seien wieder zum Studium zuzulassen, Untersuchungshäftlinge zu entlassen, die schon Verurteilten zu amnestieren. Die Preiserhöhungen wurden widerrufen.

Damit geriet das ganze stalinistische Modell des Staatskapitalismus ins Wanken, ohne daß sich am Horizont ein Weg zu einem wirklichen Sozialismus auftat. Gleichzeitig blieb die SED, die nur in einem Lippenbekenntnis Fehler zugab, bei der geforderten Normerhöhung. Die Arbeiter sahen die Zugeständnisse an das traditionelle Kapital und den Mittelstand. Sie dagegen sollten jetzt empfindliche Abstriche am eh schon unbefriedigenden Lebensstandard hinnehmen. Insofern wandte sich die neue Arbeiterbewegung gegen das sich anbahnende Bündnis von Staatskapitalismus und Bürgertum.

Schon am 28. Mai ereignet sich auf der Großbaustelle in der Ostseestraße (Prenzlauer Berg) ein Zusammenstoß. Ein Parteifunktionär reagiert mit der üblichen Verschwörerhetze. Das alles kommt erst am 14. Juni im «Neuen Deutschland» ans Tageslicht, als die Anhänger des «Neuen Kurses» im Zentralorgan gegen den Alten Kurs schreiben.

«Ich war kaum 20 Minuten hier», erzählte uns Brigadier Rocke, «um für die neue Baustelle alles vorzubereiten, als drei Leute aus der Zentrale ankamen und mit mir über Normerhöhungen diskutieren wollten. Unter ihnen befand sich auch der Normenbearbeiter Lembeck. Ich sagte ihnen, sie sollen doch warten, bis die ganze Brigade zusammen ist, denn die Hälfte meiner Kollegen arbeitete damals noch auf einem Bau in der Mühlenstraße. Meine Kollegen in der Mühlenstraße hätten einer Normerhöhung bereits zugestimmt, wurde mir daraufhin gesagt; der Bauleiter in der Mühlenstraße hätte die Unterschriften meiner Kollegen für eine Normerhöhung schon in der Tasche. Ich habe geantwortet, das ist eine Lüge, und ich hatte recht. Als dieses Manöver bei mir nicht zündete, erklärte mir Lembeck, daß ich mir darüber klar sein soll, daß sie auf den Großbaustellen nur Brigaden arbeiten lassen, die ihre Norm erhöht haben. Daraufhin haben wir unsere Norm um durchschnittlich 6,5 % erhöht. Aber in meinen Augen war das eine regelrechte Erpressung.»

Das hat Brigadier Rocke dann auch auf der erwähnten Versammlung unumwunden ausgesprochen. Und das ist der Grund, warum Parteisekretär Müller behauptet, Rocke habe die Versammlung «geschmissen»! Zur gleichen Zeit erfährt der Genosse Paul Müller von dem Mitarbeiter der Abteilung Arbeit des VEB Wohnungsbau, Genossen Förster, daß die Brigade Rocke in der demokratischen Presse kritisiert wurde und daß sich der RIAS das für seine Hetztiraden zunutze gemacht hat. Sofort war dem Parteisekretär Müller «alles klar». Er hatte zwar keine Unterlagen, er kannte nicht einmal den Artikel, aber für ihn stand der Zusammenhang zwischen der «geschmissenen Versammlung» und der Hetzsendung des RIAS fest.

Am 29. Mai, einen Tag nach der verunglückten Versammlung, erschien Genosse Müller in der Mittagspause bei der Brigade Rocke. Völlig unbeherrscht polterte er los: Der Brigadier Rocke sei im RIAS genannt worden, also müsse er oder ein Mitglied seiner Brigade mit dem RIAS in Verbindung stehen. Aber für RIAS-Agenten sei in volkseigenen Betrieben kein Platz. [...]

Wie dem Brigadier Rocke, als er von den Anschuldigungen hörte, zumute war, hat er uns offen erzählt. «Als der Genosse Müller seine Strafpredigt vom Stapel ließ, bin ich mir vorgekommen wie einer, dem man den Strick um den Hals legt und die Beine wegzieht», sagte er. «Ja, soweit war ich damals», setzte er hinzu. «Wenn nur mal jemand richtig mit uns gesprochen hätte, hätten wir unsere Normen sicher erhöht. Wir sind doch keine Unmenschen. Aber wir lassen uns nicht die Pistole auf die Brust setzen.» (Baring, S. 158/9)

Das «Neue Deutschland» verbreitet in demselben Artikel erstaunliche Einsichten:

Die Normenbearbeiter vom VEB Wohnungsbau haben jede Verbindung mit ihren Kollegen auf den Baustellen verloren. Sie behandeln sie hochnäsig und wundern sich, wenn ihnen die Bauarbeiter mißtrauisch gegenüberstehen. Wenn die Normenbearbeiter annehmen, daß sie sich mit ihren gefährlichen Tricks bei der Betriebsleitung einen guten Namen verschaffen könnten, so irren sie sich.

Denn sie haben die Bauarbeiter gegen sich, ohne die der Betrieb niemals reibungslos arbeiten kann. Die Normenabteilung soll nicht glauben, daß es ihr sehr lange gelingen kann, ungestraft gegen die Interessen der Bauarbeiter zu handeln. (Baring, S. 160/1)

Den angegriffenen Parteifunktionär Paul Müller charakterisiert der verantwortliche Bauleiter:

Kollege Müller tritt überall wie ein Diktator auf. Er findet nie den richtigen Ton, um die Bauarbeiter von den für den Betrieb wichtigen Maßnahmen zu überzeugen. Seine Methode ist die des «Zusammenhauens». (Baring, S. 161)

Und der Bauführer fügt hinzu:

Kollege Müller sieht am liebsten Leute, die vor ihm strammstehen. (Baring, S. 162)

Hier haben wir einen klassischen Vertreter der autoritären, diktatorischen alten Arbeiterbewegung vor uns, nach deren Vorstellungen damals die DDR aufgebaut wurde.

Am Freitag, 5. Juni, hatten die selbstbewußten und streikerfahrenen Bauarbeiter der Stalinallee und Umgebung erstmals fast halbleere Lohntüten in Händen. Nach dem neuen, aufgezwungenen Tarif bekommen sie 30 bis 40 % weniger Lohn; denn mit der Normerhöhung fallen auch Prämien weg. Es entstehen die ersten begrenzten Streiks gegen die Lohnkürzungen. Der Beschluß vom 9. Juni mit dem Neuen Kurs und die Bekräftigung des Alten Kurses in der Normenfrage verwirrt die befehlsgewohnten Funktionäre. Es entstehen zwei Linien, die sich in den führenden Zeitungen befehden.

Am nächsten Zahltag, Freitag, 12. Juni, will der Bauleiter der Baustelle C Süd in der Stalinallee eine Normerhöhung von 10 % durch die Belegschaft absegnen lassen. Das führt zur Arbeitsniederlegung der 250 Bauarbeiter. Einer von ihnen hat dies später, nach seiner Flucht, so dargestellt:

Etwa um 14.30 Uhr erschienen 15 Funktionäre der Partei, des FDGB und der Betriebsleitung. Sie verteilten sich geschickt unter uns, versuchten, uns zu beschwichtigen und in einzelne Diskussionsgruppen aufzuspalten.

Was sie sagten, waren die ollen Kamellen: «Ihr müßt weiter sehen! Wenn ihr mehr arbeitet, wird mehr produziert. Dann könnt ihr auch besser leben. Durch die Normerhöhung geht euch nichts verloren. Das bekommt ihr ja wieder herein durch die billigere Ware.»

«Den Quatsch hören wir schon seit fünf Jahren, aber wir haben immer weniger zu essen», sagte einer.

«Euer Bauch ist dick genug!» sagte ein anderer, «schaut uns an! Ihr geht nicht mit 1,44 Mark nach Hause. Ihr habt eure 1200 Mark!» (Leithäuser, S. 601/602)

In der sich anschließenden Versammlung holt ein Gewerkschaftsfunktionär das heute noch beliebteste Argument gegen Streiks in den staatskapitalistischen Ländern hervor:

Kollegen, hört mal zu: Streiken, so etwas gibt es in einem volkseigenen Betrieb nicht mehr. Wenn ihr streikt, streikt ihr gegen euch selbst. (Leithäuser, S. 602)

Ein Arbeiter gibt es ihm zurück:

Wir streiken ja nicht zum Vergnügen. Wir wissen genau, warum. Ihr wollt von der Kuh die Milch und das Fleisch, aber solche Kühe sind wir doch noch nicht! (Leithäuser, S. 602)

Beifall der Bauarbeiter, die dann eine Versammlung aller Bauarbeiter der Stalinallee verlangen. Den SED-Funktionären gelingt es, in Anwendung einer bewährten Kapitalistenmethode die Diskussion in viele Kleingruppen zu zersplittern. Mit derselben Absicht erscheinen am Samstagmorgen schon um 6.30 Uhr 30 Funktionäre auf der kritischen Baustelle, die wieder alles in kleinen Gruppen zerreden und wenigstens die gefürchtete Massenversammlung verhindern. Aber von Arbeit kann keine Rede sein.

Das «Neue Deutschland» erklärt sich am Sonntag, 14. Juni, gegen die Normerhöhung. Am Montagfrüh, 15. Juni, verweigern zuerst nur einige Arbeiter auf der Großbaustelle des Krankenhauses Friedrichshain die Arbeitsaufnahme; makabrerweise in nächster Nähe zu den Grabmälern der Märzgefallenen von 1848; und nur knapp eineinhalb Kilometer entfernt vom Strausberger Platz in der Stalinallee, von dem am 17. Juni morgens die entscheidende Demonstration aufbricht.

Die Bauarbeiter stehen offenbar in Verbindung untereinander. Denn kaum erfahren die anderen davon, so streiken auch die Baustellen der Volkspolizei-Inspektion Friedrichshain und der besonders militante Block 40 in der Stalinallee. Die Bauarbeiter dieses Blocks trauen weder der Partei noch der Gewerkschaft. Sie wählen aus ihren eigenen Reihen zwei Delegierte, die dem Ministerpräsidenten Otto Grotewohl die Bitte überbringen sollen, die Normerhöhung zurückzunehmen. Da ein Vertreter der Gewerkschaftszentrale angekündigt ist, rühren die Arbeiter kein Handwerkszeug mehr an, bis zum Arbeitsschluß. Dieses Vorbild wird bis zum Feierabend auf allen Baustellen der Stalinallee bekannt. Die Arbeiter vom Krankenhaus-Neubau Friedrichshain schicken indessen schriftlich ihre Forderung nach Rücknahme der Normerhöhung an Grotewohl. Sie erklären, der «Neue Kurs» nütze nur den Kapitalisten, aber nicht den Arbeitern. Sie drohen mit Streik, falls Grotewohl die Erhöhung nicht zurücknehme.

Am nächsten Tag, Dienstag 16. Juni, gießt ein Artikel der Gewerk-

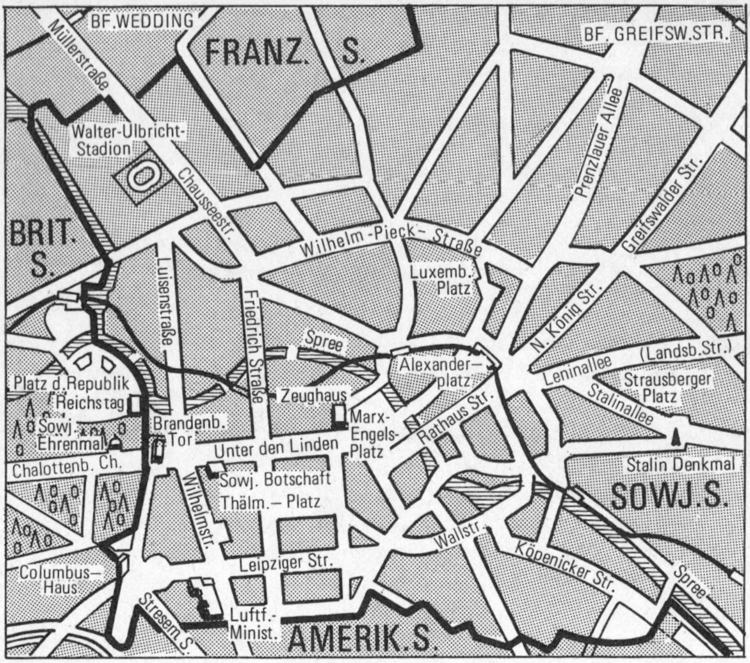

Karte 52

schaftszeitung «Tribüne», der die Normerhöhung bekräftigt, Benzin in die aufflackernde Streikbewegung.

Der Block 40 beschließt, die beiden gewählten Delegierten selber zur Regierung zu begleiten. Ein Bauarbeiter schildert die Entscheidung:

Ein Kollege trat hervor:

«Ich stelle euch vor die Wahl: wer mit uns mitmacht, der tritt nach rechts raus, wer nicht mitmacht, der tritt nach links raus!»

Der ganze Haufen ging nun nach rechts. Ich muß sagen, mir selbst standen die Tränen in den Augen. Ich sah, daß hier nicht nur leere Worte gesprochen worden waren, sondern die Worte in die Tat umgesetzt wurden. (Leithäuser, S. 604; der Verlauf des Aufstands im folgenden nach Baring, Leithäuser und Brant, wenn nicht anderes vermerkt)

Sofort ergreifen einige Arbeiter das blaue Transparent der letzten Mai-Demonstration. Auf die noch leere Seite schreiben sie:

«Wir fordern Herabsetzung der Normen.»

Ein Treppenwitz der offiziellen Arbeitergeschichte im Staatskapitalismus: auf der Rückseite steht, allerdings auf dem Kopf und mit weißen Strichen durchkreuzt, die verlogene Mai-Parole:

«Aus Anlaß des 1. Mai hat Block 40 freiwillig die Normen um zehn Prozent erhöht.»

Block 40 zieht los, aber nicht gleich zur Regierung, sondern zuerst in die Gegenrichtung, nach Lichtenberg, um die anderen Baustellen mitzunehmen. Dieselbe Methode wenden Arbeiter bei allen Massenkämpfen an und lassen so erkennen, daß ein hoher Grad des Solidaritätsbewußtseins erreicht ist. Ohne Probleme schließt sich die Baustelle C Süd an. Am Küstriner Platz (heute Franz-Mehring-Platz), nahe beim Ostbahnhof (einst Schlesischer Bahnhof), stößt der Zug am Gebäude des «Neuen Deutschland» und am Fernheizwerk auf Bauarbeiter. Dazu ein Teilnehmer:

Mit etwa 15 Mann aus unserem Zug ging ich hinüber.

«Hört mal zu! Seid ihr mit den Normen einverstanden?»

Und schon warf der erste seine Kelle hin. Im nächsten Augenblick klapperte das ganze Gerüst, Eimer rollten herunter, Geschirr wurde hingeschmissen und wieder war unser Zug um 100 Mann stärker.

Es entstehen die ersten Sprechchöre, ihre sich im Laufe des Tages verändernden Parolen bezeichnen die einzelnen Stationen der immer breiteren Streikbewegung:

«Kollegen, reiht euch ein,
wir wollen freie Menschen sein.»

800 Bauarbeiter kommen an der Baustelle G Süd an. Als diese zögert, hallt ein neuer Sprechchor am Bau hinauf:

«G Süd Pfui!»

Gewerkschaftsfunktionäre versuchen, die Auffahrten der Baustelle zu versperren. Nach zehn Minuten Diskussionen überrennen die Arbeiter die Funktionäre und schließen sich an. Dann folgen die Baustellen F Süd und E Nord. Bis der Zug seinen Ausgangspunkt erreicht hat, sind aus 300 Bauarbeitern 2000 geworden.

Die Demonstrationssäule wendet sich nun auf der Stalin-Allee zum Alexanderplatz.

Wir waren jetzt schon eine Einheit geworden, ich möchte sagen, eine sich ihrer selbst bewußte Einheit. Überall gingen die Volkspolizisten uns aus dem Wege und oft grüßten sie uns auch freundlich. Manche machten ein saures Gesicht. Einem Volkspolizisten, der uns anherrschte, rief ein Arbeiter zu: «Für euch haben wir lange genug gearbeitet! Jetzt ist es vorbei mit eurer Sorte!»

Vor den großen HO-Läden kommen die Sprechchöre auf:

«HO macht uns k. o.»

«Wir wollen keine Volksarmee, wir wollen Butter.»

Am Stadthaus und auch vor der FDGB-Zentrale in der Wallstraße entsteht ein weiterer Spruch:

«Nieder mit den Steuerfressern!»

Das Gewerkschaftshaus ist verschlossen. Es gibt kaum ein besseres Anzeichen dafür, wie weit sich Arbeiterbewegung und Gewerkschaft voneinander entfernt haben.

Niemand ließ sich sehen, aber auch keiner von uns versuchte einzudringen. Hätten wir die Türen eingeschlagen, so hätte sich die Regierung gewiß gefreut, einen Anlaß zu haben, um gegen die Demonstranten vorzugehen. Nachträglich stelle ich fest, es war ein wirklich kluger, disziplinierter Streik. Es war, als ob wir alle gewußt hätten, wie wir die Sache vorwärts treiben könnten. Unser Zug hatte noch immer keine Führung. Einer rief: «Jetzt marschieren wir zur Regierung!»

Alles stimmte zu. Ich rief:

«Wenn wir dahin gehen, dürfen wir nicht den kürzesten Weg gehen. Wir müssen die Arbeiter von der Staatsoper mitnehmen.» Alle pflichteten bei.

Der Zug macht also einen weiteren Umweg. Über den Spittelmarkt geht es zum Marx-Engels-Platz (einst Lustgarten). Es schließen sich die Bauarbeiter der Staatsoper und benachbarter Baustellen an. Schweigend zieht die Masse an der Sowjetischen Botschaft (Unter den Linden) vorüber. Vor dem Brandenburger Tor biegt der Zug links in die Wilhelmstraße (heute Otto-Grotewohl-Straße) ein und erreicht gegen 13 Uhr das Regierungsgebäude Ecke Wilhelmstraße/Leipziger Straße. 3–4000 Demonstranten stehen vor dem Haus der Ministerien, das im ehemaligen Luftfahrtministerium von Joseph Goebbels untergebracht ist (heute Postgebäude). Auch die Regierung fürchtet die Massen und hofft zugleich, der Spuk werde sich von alleine auflösen. Neue Sprechchöre:

«Wo sitzen unsere Volksvertreter? Im Keller, pfui!»

Vier Stunden lang hat der ganze Zug gedauert. Ein Teilnehmer sagt bald nach dem Aufstand aus:

Es lag eine ungeheure Spannung über der Menge. Ich glaube, alle waren sich im klaren, daß es der Anfang von etwas Neuem war. In der großen, unübersehbaren Menge bildeten sich nun verschiedene Gruppen von Sprechchören, die zeitweise auch alle Anwesenden umfaßten:

«Nieder mit den Normen!»

«Wir wollen Grotewohl und Ulbricht sehen!»

Die Wände des Regierungsgebäudes hallten zurück, und es dröhnte. In der ersten Etage ging jetzt ein Fenster auf, und zwei Personen erschienen. «Das sind Rau und Selbmann!» ging es nach wenigen Sekunden durch die ganze Ansammlung. Es wurde jetzt etwas ruhiger. Ein neuer Sprechchor bildete sich:

«Kommt runter!» Immer lauter wurde diese Forderung wiederholt.

Durch den Marsch waren wir ermüdet. Viele waren barfuß oder in Holzpantoffeln. Etwa die Hälfte der Bauarbeiter setzte sich nach und nach hin. Wir wollten den Funktionären auch zeigen, daß wir Zeit haben.

Von der Regierung wagt sich nur der Industrieminister Fritz Selbmann zu den Streikenden. Aus dem verschlossenen Gebäude wird ihm ein Tisch gebracht, von dem aus die Reden gehalten werden. Ein junger Arbeiter verschafft dem Minister auf ironische Weise Ruhe und stiehlt ihm so die Schau:

Nun sprang ich auf den Tisch und streckte meine Arme weit aus. Die Menge wurde ruhig, als sie sah, daß ein Arbeiter dort stand.

«Es spricht jetzt der Kollege Minister Selbmann», sagte ich. Natürlich war das mit dem «Kollegen» ironisch gemeint, denn die Herren Bonzen reden uns immer mit «Kollege» an. Von den Arbeitern wurde es auch sofort richtig verstanden, und viele lachten.

Selbmann beginnt, nachdem das Pfeifkonzert zu seiner Begrüßung verklungen ist: «Kollegen!»

Das Echo aus der Masse: «Wir sind nicht deine Kollegen!»

Selbmann: «Ich bin auch Arbeiter.»

Das Echo: «Das hast du aber vergessen!»

Einer ruft: «Du bist kein Arbeiter, du bist ein Arbeiterverräter.»

Selbmann streckt seine Arme aus: «Arbeiter, schaut meine Hände an!»

Echo: «Mensch, deine Hände sind aber ganz schön fett.»

In Gelächter und Pfeifen geht der Auftritt des Ministers unter. Die Massen wollen nur Grotewohl oder Ulbricht hören. Auch Robert Havemann bemüht sich vergeblich, die Arbeiter zu besänftigen.

Eine Frau wird auf den Tisch gehoben. Sofort herrscht Ruhe.

Es geht nicht darum, daß wir uns hier beschwichtigen lassen, wir wollen Grotewohl oder Ulbricht sprechen! Hier stehen nicht nur die Bauarbeiter, hier steht ganz Berlin, die ganze Bevölkerung!

Die allgemeine Ratlosigkeit durchbricht nach rund zehn Minuten ein Bauarbeiter:

Kollegen, ich habe bei den Nazis fünf Jahre im KZ gesessen. Ich scheue mich nicht, bei diesen Brüdern noch einmal zehn Jahre für die Freiheit zu sitzen!

Er faßt die Forderungen zusammen. An der Reihenfolge erkennen wir, welche Forderungen zu diesem Zeitpunkt noch als die wichtigsten erscheinen.

Abschaffung der Normen
Preissenkung der HO
Straffreiheit für die Sprecher der Demonstration.

Eine ungefähr zwanzigjährige Frau in der blauen Uniform der FDJ steigt auf den Tisch, wird mit Pfui-Rufen und Pfiffen empfangen. Ein Augenzeuge berichtet, wie sie die Situation meistert.

Sie lächelte selbstsicher, zog die Jacke aus und warf sie in die Menge. Einige klatschten, und es kamen Bravorufe.

«Paßt auf!» rief sie, «unter uns haben sich Spitzel eingeschlichen! Auf dem Marsch hörte ich, wie zwei Funktionäre über mich sagten: Die FDJ-lerin vom VEB Tiefbau, die werden wir uns nachher schnappen.»

Pfui-Rufe, und fast alle schauen sich um, ob in ihrer Nähe verdächtige Personen stehen. Langes Gemurmel. Nun wurden auf einmal mehrere Spitzel erkannt und aus der Menge herausgeschoben und herausgepufft.

Ein ungefähr fünfzigjähriger Bauarbeiter, ein Steinträger, mit nacktem, braungebranntem Oberkörper, steigt auf den Tisch. Er schiebt den Minister auf die Seite. Sofort Stille. Die neue Arbeiterbewegung zeichnet sich dadurch aus, daß die Streikenden nur auf ihresgleichen und nicht auf eine traditionelle Führung hören. Wer zu ihrem Kampf gehört, genießt Autorität und Vertrauen. Der Steinträger bringt die in der Luft liegenden Ideen zum Durchbruch. Dazu bedarf es keiner neuen Führung.

Kollegen! Es geht hier nicht mehr um Normen und Preise, es geht um mehr. Hier stehen nicht allein die Bauarbeiter der Stalinallee, hier steht Berlin und die ganze Zone.

[zu Selbmann] Was du hier siehst, das ist eine Volkserhebung.

[zu den Versammelten] Die Regierung muß aus ihren Fehlern die Konsequenzen ziehen. Wir fordern freie, geheime Wahlen!

Zwei Teilnehmer schildern das Gefühl der Masse:

Nun war endlich ausgesprochen, was uns bedrückte. Allen war auf einmal leichter. Jetzt war der Punkt erreicht, wo das Ventil geöffnet wird. Das Geschrei wollte kein Ende nehmen.

[der zweite]: Die Arbeiter stießen sich gegenseitig an, klopften einander auf die Schulter. «Jetzt wird's richtig!» Die meisten Regierungsleute schlossen die Fenster und taten, als ob sie nicht mehr zuhörten. Einige andere blieben drohend und zynisch am Fenster, als ob wir der Abschaum der Menschheit seien. Viele von uns drohten ihnen mit den Fäusten.

Den letzten Anstoß zum Generalstreik gibt ein 25jähriger Aufzugsmaschinist, der vom Tisch herunter erklärt:

Kollegen, wir warten jetzt noch eine halbe Stunde. Wenn dann Grotewohl oder Ulbricht nicht hier sind, um unsere Forderungen entgegenzunehmen, dann marschieren wir durch die Arbeiterviertel Berlins und rufen alle Kollegen zum Generalstreik für morgen auf.

Zuerst herrscht Überraschung.

Im ersten Augenblick war noch alles stutzig. Vielleicht, weil wir uns nicht klar geworden waren, wie schnell jetzt das Ganze vorwärtsgegangen war. Aber in der nächsten Sekunde setzte ein Orkan der Zustimmung ein. Indessen wurde bereits heftig über den Generalstreik diskutiert. Auch wußten die Jüngeren noch gar nicht, was ein Generalstreik ist.

Nun kommen neue Sprechchöre auf. Die Spannung löst sich.

«Nieder mit der Regierung!»

«Freiheit!»

«Spitzbart, Bauch und Brille
sind nicht des Volkes Wille!»

Bald zieht die Demonstration zurück, voran das Transparent von Block 40, mit dem alten Gewerkschaftslied «Brüder zur Sonne, zur Freiheit»; über die Straße Unter den Linden die Friedrichstraße hoch zum Oranienburger Tor. Die Sprechchöre wachsen weiter:

«Wir fordern auf zum Generalstreik!»

«Ostberlin, wie hast du dir verändert!»

«Wir brauchen keine Volksarmee!»

«Wir wollen freie Wahlen!»

«HO macht uns k. o.!»

«Berliner, kommt und reiht euch ein,
wir wollen keine Sklaven sein,
wir wollen Freiheit, Recht und Brot,
sonst schlagen wir die Bonzen tot!»

Die Demonstranten erwischen einen Lautsprecherwagen des Kulturbundes der SED und geben von jetzt an damit ihre Parolen durch. Der Zug zählt nun rund 10000 Köpfe. Am Alexanderplatz spötteln einige Offiziere der Volkspolizei aus dem Polizeipräsidium. Im Handumdrehen müssen zwei verhaftete Demonstranten freigelassen werden; die drohende Menge will sonst das Polizeigebäude stürmen und ausräumen. Der Zug geht zurück zur Stalinallee. Der Lautsprecherwagen, Radkuriere, Betriebstelefone und Mundpropaganda verbreiten die Losung für den nächsten Tag:

Normensenkung
Senkung der HO-Preise
freie Wahlen für ganz Deutschland
Absetzung der Regierung
Treffpunkt 17. Juni früh
Strausberger Platz.

Am nächsten Morgen schüttet es. Um 7.45 Uhr zieht eine Marschsäule vom Strausberger Platz los. (Hier wurde übrigens am 22. März 1540 Hans

Kohlhase, das Vorbild von Kleists «Michael Kohlhaas» nach sechsjähriger Fehde öffentlich hingerichtet. Vgl. Kapitel 57) Um 8.30 Uhr biegt ein anderer Zug aus der Friedrichstraße in die Leipziger Straße ein. Die Kasernierte Volkspolizei, eine Vorstufe zur Nationalen Volksarmee, sichert zusammen mit der Volkspolizei das Regierungsgebäude. Selbst 50 Jungen der FDJ, zwischen zehn und 14 Jahre alt, müssen bei der Absperrung mithelfen. Wie viele Spitzel im Demonstrationszug mitgegangen sind, zeigt sich bei dessen Ankunft am Haus der Ministerien, als die Spitzel die Streikenden verlassen, hinter die Absperrung schlüpfen und etliche Wortführer verhaften lassen. Auch hier tritt die SED ungeniert in die Fußstapfen einer üblen Tradition.

Von allen Seiten nähern sich Demonstrationszüge dem Regierungsviertel. Schon die Nachtschicht der Großbetriebe hat die Arbeit nicht mehr aufgenommen. Aus Henningsdorf, nördlich von Berlin, marschieren in zwei Blöcken 12000 Arbeiter heran. 27 km ist ihre Strecke lang. Die Abkürzung führt durch den französischen Sektor, damals noch passierbar. Ein paar Arbeiter räumen die Straßensperren an der Sektorengrenze mit Drahtscheren und Stahlsägen beiseite. Unterwegs werden die Demonstranten vor allem von der Arbeiterbevölkerung des Wedding versorgt.

Trotz des Regens kommen neue Sprechchöre auf:
«Wir sind so verbittert,
daß uns der Regen nicht erschüttert.»
«Ulbricht, Pieck und Grotewohl,
wir haben die Schnauze voll.»
«Es hat keinen Zweck,
der Spitzbart muß weg!»

Vor dem Regierungsgebäude, wo immer neue Züge eintreffen, schlagen die Polizisten mit Knüppeln drauf. Beim Widerstand fällt eine tüchtige Frauengruppe auf. Die Schneiderinnen des Fortschrittswerkes der VEB Bekleidungsindustrie schlagen mit ihren Regenschirmen zurück. Streikende holen Steine aus den reichlich vorhandenen Trümmern. Die Polizei wird damit eingedeckt. Aber das Gebäude läßt sich nicht stürmen.

Um neun Uhr kommen die ersten sowjetischen Panzerspähwagen am Haus der Ministerien an. Die Masse der Demonstranten zieht zum Potsdamer Platz an der Sektorengrenze. Ganz Ostberlin streikt. Ein Augenzeuge zum weiteren Verlauf:

Nun ist der vieltausendköpfige Demonstrationszug vom Potsdamer Platz mit Sprechchören zum Brandenburger Tor gezogen. Auf der westlichen Seite sind britische Militärpolizisten aufgezogen und haben ihre MPs schußbereit. Auf der anderen Seite des Brandenburger Tors stehen sowjetische Panzerwagen mit aufgesessenem Militär. Unter dem Beifall der Bevölkerung in Ost und West sind nun zwei Jugendliche auf das Brandenburger Tor hinaufgestiegen. Sie arbeiten nun an den Fahnenschnüren. Nun geht die rote Fahne runter. Die Demonstranten klatschen, sie schwenken ihre Hüte. Sie rufen «Wir grüßen das freie Berlin.» Und hier wird sie nun von der Bevölkerung, von der wütenden Bevölkerung – kann man wohl sagen – zerrissen. Die Russen in ihren Panzerspähwagen und LKWs – 50 m hinter dem Brandenburger Tor – haben zugesehen und haben nichts getan. (Assall/Koerner, S. 15)

Der Westen, nach der Theorie der SED Handlanger des angeblichen faschistischen Putschversuchs, rührt keinen Finger, um die Erhebung zu unterstützen. Vielmehr steht das alliierte Militär bereit, die Demonstranten niederzuschießen, sollten sie die Grenze überschreiten. Die Amerikaner riegeln die Grenze ab, leiten den Verkehr von der Sektorengrenze um. Offenbar haben die Alliierten Angst, der Funke des Arbeiteraufstands könne in den Westen fliegen. Immerhin streikten damals in Westberlin 37000 Bauarbeiter. Was liegt näher, als daß sich die Bauarbeiter in Ost und West zusammentun? Diese Seite des 17. Juni wird im Bundestag nicht gefeiert. Längst sind Legenden darüber gewachsen.

Die Sowjets ihrerseits halten sich noch zurück, schießen aus ihren Panzern nur in die Luft, fahren aber rücksichtslos in die Massen hinein. Es gibt dabei mehrere Tote. Die Panzerbesatzungen sind so falsch unterrichtet, daß sie immer wieder nach amerikanischen Panzern suchen, die in den Ostsektor eingedrungen seien. Falschinformation ist ein beliebtes Mittel der Herrschenden, um Aufstände durch nicht ganz zuverlässige Truppen niederschlagen zu lassen.

In der Stalinallee entwickeln die Demonstranten eine intelligente Methode, um Vopo-Ketten zu durchbrechen.

In den ersten Reihen der Demonstrationszüge hatten sich Arbeiter und Arbeiterinnen gegenseitig untergehakt. Etwa 20 Meter vor den Vopo-Sperrketten öffneten sich die ersten Reihen der Demonstrationszüge in der Art eines Theatervorhanges nach rechts und links, so daß Arbeiter, die mit Rammbalken, Bauhölzern und Rundbohlen bewaffnet waren, im Sturmlauf gegen die Polizeiketten anrennen und diese durchbrechen konnten. Um von den Rammbohlen nicht verletzt zu werden, mußten die Volkspolizisten nach allen Seiten auseinanderlaufen, und so entstanden mehrere Gassen, die von den Rammbohlen nach beiden Seiten abgeriegelt wurden. Durch diese Gassen strömten und wälzten sich in freudiger Triumph- und Siegerstimmung die Tausende und aber Tausende von Demonstranten und Streikenden, die bisher in geordneten Kolonnen marschiert waren.

Ohne es zu wissen, lassen die Aufständischen eine alte Militärtaktik aufleben. Aber gegen die Panzer sind sie machtlos. Steine richten nichts aus, abgebrochene Antennen kümmern die Sowjets nicht. Dafür zerstören die

Demonstranten die Sichtpropaganda der SED, lassen Zeitungskioske in Flammen aufgehen, räumen Polizeistationen aus.

Die Sowjets erkennen im Laufe des Morgens, daß der Generalstreik sich zum Aufstand ausweitet, ironischerweise ganz in Übereinstimmung mit der alten Konzeption der KPD. Deshalb verhängen sie den Ausnahmezustand über Ostberlin:

Für die Herbeiführung einer festen öffentlichen Ordnung im sowjetischen Sektor von Berlin wird befohlen:

1. Ab 13 Uhr des 17. Juni 1953 wird im sowjetischen Sektor von Berlin der Ausnahmezustand verhängt.
2. Alle Demonstrationen, Versammlungen, Kundgebungen und sonstige Menschenansammlungen über drei Personen werden auf Straßen und Plätzen wie auch in öffentlichen Gebäuden verboten.
3. Jeglicher Verkehr von Fußgängern und der Verkehr von Kraftfahrzeugen und anderen Fahrzeugen wird von 21 Uhr bis 5 Uhr verboten.

Diejenigen, die gegen diesen Befehl verstoßen, werden nach den Kriegsgesetzen bestraft.

Militärkommandant des sowjetischen Sektors von Groß-Berlin
gez. Dibrowa, Generalmajor.
(Der Volksaufstand, S. 46/47)

Die Massen müssen sich zurückziehen, aber die Straßen leeren sich nicht so rasch.

Im übrigen Gebiet der DDR ist der Streikaufruf des 16. Juni häufig durch die Radiomeldungen des amerikanischen Senders RIAS bekannt geworden, nicht selten auch durch die Betriebstelefone und die Fernschreiber der besetzten Reichsbahn. An vielen Orten geben die Bauarbeiter den Anstoß, doch dann liegt der Schwerpunkt auf Großbetrieben des Maschinenbaus, der Chemie- und der eisenschaffenden Industrie. Die Zentren befinden sich im mitteldeutschen Industriegebiet (Halle, Bitterfeld, Leipzig, Leuna, Merseburg) und im Raum von Magdeburg. Rascher als in Ostberlin stürmen hier die Streikenden die Machtgebäude der verhaßten Herrschenden. Dabei kommt es zu Akten von Volksjustiz, wie sie für Aufstände und Revolutionen typisch sind. In Brandenburg muß die Volkspolizei das Amtsgericht öffnen. Als Gefolterte ans Tageslicht kommen, ergreift die empörte Masse einen Richter und einen Staatsanwalt, schleppt sie zur öffentlichen Gerichtssitzung auf den Marktplatz. Die beiden werden unterwegs so schwer verprügelt, daß sie später ihren Verletzungen erliegen.

Im Magdeburger Bahnhof befreien die Aufständischen 24 politische Häftlinge aus einem Gefangenenwagen der Reichsbahn, einem Erbstück der Nazis. Das Tor des Polizeipräsidiums brechen sie mit einem mächtigen Baumstamm und mit Eisenträgern auf.

Befehl!

Ueber die Stadt Halle ist der

A u s n a h m e z u s t a n d

verhängt. Demonstrationen, Versammlungen und Zusammenrottungen jeder Art sind verboten.

Jeder Aufenthalt auf den Straßen ist von

21.00 bis 4 Uhr

verboten.

Im Falle von Widerstand wird von der Waffe Gebrauch gemacht!

Halle, den 17. Juni 1953

Chef der Garnison und Militärkommandant der Stadt Halle (Saale)

Häufig stehen die Befreier dann erschüttert vor dem, was sie drinnen im Gefängnis sehen. Von Jena berichtet ein Augenzeuge:

Ich habe gesehen, daß ein 17jähriges Mädchen fast völlig entkleidet in einer Wasserzelle stand. Sechs andere Gefangene lagen auf dem Boden und waren krumm geschlossen.

Im Bitterfelder Gefängnis sieht es ähnlich aus; auch hier die weit verbreitete Wasserfolter.

Die Zellen befanden sich im Keller und waren etwa 1,50 Meter hoch. Sie hatten keine Fenster, sondern nur kleine elektrische Lampen. Das Wasser stand etwa 20 cm hoch. Die Häftlinge waren völlig verwahrlost und konnten kaum reden. Ein 70jähriger Greis mußte wegen seiner Schwäche herausgetragen werden und brach vor dem Gebäude zusammen.

An vielen Orten entfaltet sich spontan eine lang unterdrückte Volkskultur, getragen von einfachen Leuten, die mitten im Aufstand ihr Leben selbst in die Hand zu nehmen beginnen. In Leipzig werden die Straßenbahnen angehalten und mit Parolen bemalt. Ein Wagen fährt zwei Stunden lang mit einem Volksgedicht herum, das Ulbricht, Pieck und Grotewohl verspottet und das wir schon aus Ostberlin kennen:

«Spitzbart, Bauch und Brille
sind nicht des Volkes Wille.»

Am Leipziger Hauptbahnhof tauchen Köche auf und beseitigen meisterhaft mit Tranchiergabeln und großen Küchenmessern die SED-Spruchbänder. In gelungener Pantomimenkunst halten sie das ekelerregende Zeug weit von sich weg. Auf dem Altmarkt steht plötzlich ein Klavier. Jemand spielt Jazz, die anderen tanzen ausgelassen. Das Völkerschlachtdenkmal zieht eine Kundgebung an. Als mittags die Vopos – nicht die Sowjets, die vielmehr in die Luft schießen – in die Menge feuern, fahren die Straßenbahnwagen bald entschiedenere Sprüche durch die Stadt:

«Die Vopo schießt auf deutsche Arbeiter.
Nieder mit der Regierung.»

Um 16 Uhr wird vor dem Hauptbahnhof geschossen. Ein Toter erhält eine spontane Ehrung, wie sie bei allen Aufständen und Volksbewegungen auftaucht.

Neben mir stand ein 17jähriger, der einen Bauchschuß erhielt und zusammenbrach. Als er in einem Wagen abtransportiert wurde, war er schon tot. Wo er gelegen hatte, dehnte sich eine große Blutlache, und die Demonstranten bildeten einen weiten Kreis um die Stelle. Einige gingen zur Grünanlage, holten Stiefmütterchen und legten sie auf dem Bürgersteig nieder. Ein Mann, der still daneben gestanden hatte, zog sein SED-Parteibuch aus der Tasche, zerriß es und warf es weg. Daraufhin tat ein anderer dasselbe.

In den Industriezentren, weit weg von der Berliner Regierung, erreicht der Aufstand den weitesten Vorstoß in Richtung einer neuen Gesellschaftsordnung. Anders als es die westlichen Legenden gerne hätten, fordern die Streikenden keine Wiedereinsetzung der ostelbischen Großgrundbesitzer, keine Rückholung der alten Nazis, keine Unterdrückung der Arbeiterbewegung, keine Berufsverbote für Sozialisten und Kommunisten, kurz und gut, kein reaktionäres Regime westlicher Prägung. Sie fordern vielmehr eine Veränderung auch in der Bundesrepublik. Die westlichen Interzonenreisenden lesen im Bahnhof Halle ein aufschlußreiches Transparent:

«Räumt euren Mist in Bonn jetzt aus
In Pankow säubern wir das Haus!» (Boulboullé, S. 37)

Westdeutschen Fernfahrern wird auf der Strecke Magdeburg – Helmstedt ein Plakat gezeigt, das Ulbricht und Adenauer am Galgen darstellt, mit dem Text: «Einheit macht stark!» (Boulboullé, S. 37)

In Bitterfeld bildet sich für den ganzen Kreis ein zentrales Streikkomitee, das die neue Regierungsgewalt inne hat und der alten Regierung seine Forderungen telegrafisch durchgibt:

An die sogenannte Deutsche Demokratische Regierung, Berlin-Pankow.
Wir Werktätigen des Kreises Bitterfeld fordern von Ihnen:

1. Rücktritt der sogenannten Deutschen Demokratischen Regierung, die sich durch Wahlmanöver an die Macht gebracht hat.
2. Bildung einer provisorischen Regierung aus den fortschrittlichen Werktätigen.
3. Zulassung sämtlicher großen demokratischen Parteien Westdeutschlands.
4. freie, geheime, direkte Wahlen in vier Monaten,
5. Freilassung sämtlicher politischen Gefangenen (direkt politischer, sogenannter «Wirtschaftsverbrecher» und konfessionell Verfolgter),
6. sofortige Abschaffung der Zonengrenzen und Zurückziehung der Vopo,
7. sofortige Normalisierung des sozialen Lebensstandards,
8. sofortige Auflösung der sogenannten «Nationalarmee»,
9. keine Repressalien gegen einen Streikenden.

Hier deutete sich der Übergang von der alten Arbeiterbewegung zur neuen an. Aus den spontan gewählten Streikkomitees sollte sich eine neue Regierung bilden, keine von unabsetzbaren Funktionären mehr, sondern von selbständig gewählten und wieder abrufbaren Delegierten, entsprechend der bisherigen Streikerfahrung. Was hier als Vorstellung aufleuchtete, war der Rätesozialismus, das Ende der stalinistischen Parteidiktatur.

Mit diesem Ziel stimmte die soziale Zusammensetzung der Massenbewegung überein. Wer gestreikt und auf den Straßen gekämpft hatte, das waren Arbeiter gewesen. Das Bürgertum, der gewerbliche Mittelstand, hatte sich teils resigniert, teils zufrieden mit den Zugeständnissen aus allem herausgehalten. In der Streikbewegung entstanden neue Arbeiterräte, die die Betriebe besetzten, die Direktoren absetzten und die Parteizellen auflösten. Es bildeten sich aber keine Bürgerräte, die ihre von den Arbeiterinteressen abweichenden Forderungen hätten vorbringen können.

Unleugbar ruhte das Schwergewicht des Aufstandes auf den alten roten Hochburgen der Arbeiterbewegung. Es machte dabei keinen Unterschied, ob es sich hier um einst sozialdemokratische oder kommunistische Zentren handelte. Im Kampf selbst entstand rasch eine pragmatische Einheit der neuen Arbeiterbewegung. Die alten Parteidifferenzen spielten keine Rolle mehr.

Als die SED nach dem 17. Juni mit Säuberungen in der Partei begann, sah sie sich gezwungen, massenweise Mitglieder auszuschließen bzw. in den Kandidatenstand zurückzuversetzen. Deren kritischer Position hängte sie das Schild «Sozialdemokratismus» um, ein Zeichen für die Verständnislosigkeit der SED. Unter den Gemaßregelten waren im Durchschnitt 30 Prozent bereits vor 1933 Mitglieder der KPD gewesen. In den Hochburgen lag der Anteil der Altkommunisten unter den gemaßregelten SED-Mitgliedern noch weit höher:

Halle (Stadt)	71 %
Leipzig (drei Kreise)	59 %
Magdeburg (Stadt)	52 %
Ostberlin (fünf Kreise)	68 %
Bautzen	61 %

(Jänicke, S. 51)

Die Schätzungen der Teilnehmerzahlen des 17. Juni liegen zwischen 300000 und 372000, an 272 oder 274 Orten. Rund sechs Prozent der DDR-Bevölkerung machten beim Aufstand mit. Die Zahl der Todesopfer ist unklar: nach der SED nur 21 Tote – sicher viel zu niedrig –, nach westlichen Angaben 401 Tote (267 Arbeiter, 116 Funktionäre, 18 sowjetische Soldaten), was etwas zu hoch liegen mag. Es wurden mehr als 1300 Verhaftungen vorgenommen, über 1150 wurden abgeurteilt, darunter eine umstrittene Anzahl zum Tod (sechs, sieben oder 14), acht zu lebenslänglichem Zuchthaus, der Rest zu durchschnittlich vier Jahren Zuchthaus.

Auch wenn die Sowjets allerorts die Aufstandsbewegung niederschlugen, so hörten die Streiks doch nicht sofort auf. Noch nach Wochen kam es zu Arbeitskämpfen. Die SED mußte weiterhin dem Arbeiterdruck nachgeben. Die Normerhöhung wurde offiziell von Grotewohl am 17. Juni abends widerrufen. Es folgte eine Senkung der Lebensmittelpreise, der Lohnausfall während der Streikzeit wurde bezahlt. Das Schwergewicht der Investitionen verlagerte sich nun tatsächlich auf die Konsumgüterindustrie. Es setzte eine gewisse Liberalisierung ein, die ungefähr bis zum bewaffneten ungarischen Aufstand von 1956 andauerte. Die Sowjetunion verzichtete auf weitere Reparationsleistungen. Insofern blieb auch der besiegte Aufstand nicht ohne Erfolg.

In der SED bekam der angeschlagene Ulbricht bald wieder Oberwasser. Er ließ die Anhänger des Neuen Kurses ausschließen, die bisher im Einverständnis mit den Sowjets gehandelt und ihn abzulösen versucht hatten. Der Aufstand schreckte die Sowjets vor weiteren Experimenten zurück.

Die historische Chance des 17. Juni lag in der offenen Situation nach Stalins Tod. Heinz Brandt, 1953 Sekretär für Agitation und Propaganda in der Berliner Bezirksleitung der SED, formulierte 1978 in einer Sendung des Südwestfunks:

Wir glaubten, daß es möglich sei, in einem wiedervereinigten Deutschland eine Auffangposition für einen demokratischen Sozialismus entwickeln zu können, wir sahen die DDR nur als Faustpfand, als Übergangssituation für eine solche gesamtdeutsche Vereinigung an. Das war etwa unsere Auffassung, und wir glaubten uns bestätigt, als im Juni 1953, Anfang Juni, der Neue Kurs gestartet wurde, der ganz offensichtlich von Malenkow und auch von Berija angelegt worden war als Eintrittskarte für eine Gipfelkonferenz, die Churchill vorgeschlagen hatte damals angesichts des atomaren Patts, einen atomaren Weltkonflikt, einen atomaren Zusammenstoß zu verhindern und das zu erkaufen durch eine Neutralisierung Gesamtdeutschlands etwa im Sinne der österreichischen. (Assall/Koerner, S. 6)

Damit wären auch Erich Honeckers Tage gezählt gewesen: damals 1. FDJ-Vorsitzender in der DDR, treuer Anhänger Ulbrichts, während des 17. Juni Anführer einer FDJ-Gegendemonstration. Daß alles anders kam, befriedigte die Kalten Krieger beider Seiten.

Die bleibende Bedeutung des 17. Juni stellte sich deutlicher heraus, je mehr selbständige Bewegungen in Osteuropa sich regten. Der Juni-Aufstand wurde rasch in ganz Osteuropa bekannt. Im sibirischen Lager Workuta löste diese Nachricht eine große Streikbewegung der Zwangsarbeiter aus. Der ungarische Aufstand von 1956 setzte die Linie des 17. Juni fort, allerdings viel härter. Seit 1970 traten die Polen in die Fußstapfen dieser Tradition. Überall entstanden von unten Ansätze zu einem Rätesozialismus, jenseits von westlichem Kapitalismus und östlichem Staatskapitalismus. Wir brauchen uns nicht wiederum durch den Beifall der Falschen auch diese sozialistische Bewegung madig machen lassen.

Die SED zierte den Aufstand von Anfang an mit dem Etikett «faschistisch». Alles sei nur das Werk westlicher Agenten und Provokateure gewesen. Das Weltbild der SED war denkbar einfach: wer nicht dafür war, schadete, und wer schadete, war ein Faschist. Dieser Logik folgte die KPD in der Bundesrepublik und später ebenso treu die DKP (vgl. Boulboullé, S. 38).

Wohltuend hob sich davon der italienische Kommunist Amadeo Bordiga ab, selbst schon längst aus der KPI ausgeschlossen. Als Gegner des Stalinismus von Anfang an würdigte er die Erhebung in der DDR, in Entsprechung zur Kommune von Paris (1871), als «die rote Kommune von Berlin».

Die KPD erhielt bei den Bundestagswahlen vom 6. September 1953 gerade in ihren Hochburgen des Ruhrgebiets die Quittung dafür, daß sie das Zusammenschießen eines Arbeiteraufstandes abgesegnet hatte. Viele Altkommunisten wollten nichts mit der Parteidiktatur zu tun haben. Die KPD-Stimmen schrumpften oft auf ein Drittel zusammen: in Essen von 14 auf fünf Prozent, in Gelsenkirchen von 15,3 auf 5,3 Prozent, in Recklinghausen von 12,2 auf vier Prozent, in Hagen-Haspe von 14,5 auf 5,5 Prozent (Leithäuser, S. 66).

Wie gesagt: leider fehlt noch heute eine große, anschauliche Darstellung der gesamten Aufstandsbewegung des 17. Juni. Einen Ersatz können wir uns dadurch verschaffen, daß wir anhand der veröffentlichten Augenzeugenberichte bei Reisen nach Ostberlin und in die übrige DDR auch die Stätten des 17. Juni aufsuchen. Die Spuren des Rätesozialismus sind erst noch zu sichern.

Quellen und Literatur

Thomas Ammer: Chronik zum 17. Juni 1953, in: Politik und Kultur, 5, 1978, Heft 3, S. 14–24

Arbeiterfäuste gegen Hammer und Sichel. Hg. vom Internationalen Bund Freier Gewerkschaften, Brüssel o. J. [1953]

Paul Assall/Harald Koerner: Morgen geht es weiter. Der Arbeiteraufstand vom 17. Juni 1953, Sendung des Südwestfunks Baden-Baden vom 17. Juni 1977

Der Aufstand der Arbeiterschaft im Ostsektor von Berlin und in der sowjetischen Besatzungszone Deutschlands. Tätigkeitsbericht der Hauptabteilung Politik des Rundfunks im Amerikanischen Sektor in der Zeit vom 16. Juni bis zum 23. Juni 1953, o. O. u. J. [Berlin 1953]

Arnulf Baring: Der 17. Juni 1953, 2. Aufl., Köln/Berlin 1965

Hilde Benjamin: Unsere Justiz – ein wirksames Instrument bei der Durchführung des neuen Kurses, in: Neue Justiz, Berlin/DDR, 7, 1953, S. 477–480

Uwe Berger: Strobel und der andere, in: Die Einwilligung, Berlin (DDR) 1955, S. 83/84 (DDR-Kurzgeschichte)

(Amadeo Bordiga:) Sul Filo del Tempo. Nr. 1. Prospettive rivoluzionarie della crisi, Roma 1976, S. 107–118 (Nachdruck von Aufsätzen der Jahre 1953/54 aus der Zeitung «Il programma comunista»)

Stefan Bock: Der 17. Juni in der Literatur der DDR. Eine Bibliographie (1953–1979), in: Jahrbuch zur Literatur in der DDR, hg. von Paul G. Klussmann und Heinrich Mohr, Bd. 1, Bonn 1980, S. 141–159

Carla Boulboullé (Hg.): 25 Jahre Arbeiteraufstand vom 17. Juni 1953, Düsseldorf 1978

Heinz Brandt: Ein Traum der nicht entführbar ist. Mein Weg zwischen Ost und West, 2. Aufl., Berlin 1977

Willy Brandt: Arbeiter und Nation, Bonn o. J. [1954]

STEFAN BRANT (unter Mitarbeit von Klaus Bölling): Der Aufstand. Vorgeschichte, Geschichte und Deutung des 17. Juni 1953, Stuttgart 1954

AXEL BUST-BARTELS: Herrschaft und Widerstand in den DDR-Betrieben. Leistungsentlohnung, Arbeitsbedingungen, innerbetriebliche Konflikte und technologische Entwicklung, Frankfurt/New York 1980

ENZO COLLOTTI: Storia delle due Germanie 1945–1968, 2. Aufl., Torino 1968, S. 826–837

WOLF GÜNTHER CONTIUS: Der 17. Juni in der Sowjetpresse, in: Osteuropa, Jg. 1953, S. 269–277

ERNST DEUERLEIN (Hg.): DDR. Geschichte und Bestandsaufnahme, München 1966

Deutschland die geteilte Nation. Hg. vom Ministerium für Kultur und Sport Baden-Württemberg, Heidelberg 1983

STEFAN DOERNBERG: Kurze Geschichte der DDR, 2. Aufl., Berlin (DDR) 1965, S. 228–246

Dokumente der Sozialistischen Einheitspartei Deutschlands, Bd. 4, Berlin (DDR) 1954

RUDI DUTSCHKE: Der Kommunismus, die despotische Verfremdung desselben in der UdSSR und der Weg der DDR zum Arbeiteraufstand vom 17. Juni 1953, in: Rudi Dutschke/Manfred Wilke (Hg.): Die Sowjetunion, Solschenizyn und die westliche Linke, Reinbek 1975

Die Ereignisse um den 17. Juni und die Weltpolitische Lage. Sechs Artikel der «Prawda» (25. April bis 10. Juli 1953), Berlin (DDR) 1953

Erklärung des Zentralkomitees der SED. Über die Lage und die unmittelbaren Aufgaben der Partei, in: Einheit, 8, 1953, Heft 7, S. 849–857

KLAUS EWERS: Einführung der Leistungsentlohnung und verdeckter Lohnkampf in den volkseigenen Betrieben der SBZ (1947–1949), in: Deutschland Archiv, Heft 6, 1980

KARL WILHELM FRICKE: Die DDR-Staatssicherheit, Köln 1982

Ders.: Politik und Justiz in der DDR. Zur Geschichte der politischen Verfolgung 1945–1968. Bericht und Dokumentation, Köln 1979

Ders.: Selbstbehauptung und Widerstand in der Sowjetischen Besatzungszone Deutschlands, Bonn und Berlin 1964

Ders.: Warten auf Gerechtigkeit. Kommunistische Säuberungen und Rehabilitierungen. Bericht und Dokumentation, Köln 1971

GÜNTER GRASS: Die Plebejer proben den Aufstand. Ein deutsches Trauerspiel, Frankfurt/Main – Hamburg 1968

ROBERT HAVEMANN: Fragen Antworten Fragen. Aus der Biographie eines deutschen Marxisten, Reinbek 1972, S. 109–121

EBERHARD HEINRICH/KLAUS ULLRICH: Befehdet seit dem ersten Tag. Über drei Jahrzehnte Attentate gegen die DDR, Berlin (DDR) 1981, S. 225–233, S. 251–255

HANS HEITZER: DDR. Geschichtlicher Überblick, Frankfurt/M. 1979, S. 14–19

STEFAN HERMLIN: Die Kommandeuse, in: Auskunft – Neue Prosa aus der DDR, hg. von Stefan Heym, München/Gütersloh/Wien 1974 (DDR-Erzählung)

STEFAN HEYM: 5 Tage im Juni. Roman, Frankfurt/M. 1977

Ders.: Collin. Roman, München 1979, S. 193–195 (über das Gefängnis von Hohenschönhausen)

RAINER HILDEBRANDT: Als die Fesseln fielen... Neun Schicksale in einem Aufstand, Berlin 1956

Ders.: Fehler des 17. Juni, in: Colloquium, 8, 1954, Nr. 3, S. 12/13

Ders.: Was lehrte der 17. Juni?, o. O. u. J. [Berlin 1954]

WOLFGANG HÖHER: Agent 2996 enthüllt, Berlin 1954 (Standort: Berlin [DDR] Stadtbibliothek Ai 1560)

Erick Honecker: Aus meinem Leben, Berlin (DDR) 1980, S. 185/186
Manfred Jäger: Kultur und Politik in der DDR, Köln 1982
Martin Jänicke: Der dritte Weg. Die antistalinistische Opposition gegen Ulbricht seit 1953, Köln 1964
Hermann Kant: Das Impressum, Frankfurt/M. 1975 (DDR-Roman)
Alfred Kantorowicz: Deutsches Tagebuch, 2. Bd., München 1981, S. 337–442
Joachim G. Leithäuser: Ein dokumentarischer Bericht. Der Aufstand im Juni, in: Der Monat, 5, Sept. 1953, Heft 60, S. 595–624; Okt. 1953, Heft 61, S. 45–66
Heinz Lippmann: Der 17. Juni im Zentralkomitee der SED, in: Das Parlament, Beilage Nr. 24/1956
Erich Loest: Durch die Erde ein Riß. Ein Lebenslauf, Hamburg 1981
Richard Lukas: Zehn Jahre sowjetische Besatzungszone Deutschland. Politik, Wirtschaft, Kultur, Rechtswesen; Mainz/Wiesbaden/Düsseldorf 1955
Karlheinz Meiler: Standen die «Bürgerlichen» abseits? Der 17. Juni 1953 soziologisch untersucht, in: Deutsche Monatshefte für Politik und Kultur, 1963 [dazu Der Spiegel, 15/1963, S. 30ff]
Ernst Niekisch: Erinnerungen, 2. Bd., Gegen den Strom, 1945–1967, Köln 1974, S. 192–217
Johannes Pernkopf: Der 17. Juni 1953 in der Literatur der beiden deutschen Staaten BRD und DDR, Phil. Diss. Salzburg–Berlin 1982 (Maschinenschrift), Stuttgart 1983
Protokoll der Verhandlungen des IV. Parteitages der Sozialistischen Einheitspartei Deutschlands. 30. März bis 6. April 1954, 2 Bände, Berlin (DDR) 1954
Thilo Ramm: Der 17. Juni, Tag der deutschen Einheit, Neuwied 1963
Rainer Rilling: Der Kommunismus, der 17. Juni 1953 und die ziemlich unmarxistische Verfremdung derselben durch Rudi Dutschke, in: rote blätter, Organ des Marxistischen Studentenbundes Spartakus, 5, Oktober 1975, Nr. 32, S. 54–57
Walther Rosenthal/Richard Lange/Arwed Blomeyer: Die Justiz in der sowjetischen Besatzungszone, 3. Aufl., Bonn 1955
Gisela Rüss: Der 17. Juni in der Literatur, in: Politik und Kultur, 5, 1978, Heft 3, S. 78–87
Bernhard Sagolla: Die Rote Gestapo. Der Staatssicherheitsdienst in der Sowjetzone, hg. von der Kampfgruppe gegen Unmenschlichkeit, Berlin 1952
Benno Sarel: Arbeiter gegen den «Kommunismus». Zur Geschichte des proletarischen Widerstandes in der DDR (1945–1958), München 1975 (franz. Erstausgabe Paris 1958)
Fritz Schenk: Magie der Planwirtschaft, Köln/Berlin 1960, S. 67–77
Ders.: Im Vorzimmer der Diktatur. Zwölf Jahre Pankow, Köln/Berlin 1962
Georg Schilling-Werra: Im Osten wird es hell. Tatsachenroman um den Volksaufstand am 17. Juni 1953 in der DDR, 1983
Joseph Scholmer: Die Toten kehren zurück. Bericht eines Arztes aus Workuta, Köln/Berlin 1954 (hiernach zitiert); neue Aufl. unter dem Titel: Arzt in Workuta. Bericht aus einem sowjetischen Straflager, 3. Aufl., München 1963, 1981
Arno Scholz/Werner Nieke (Hg.): Der 17. Juni. Die Volkserhebung in Ostberlin und in der Sowjetzone (Sonderdruck «Die Quelle. Funktionärsorgan des Deutschen Gewerkschaftsbundes»), Berlin-Grunewald 1953
Arno Scholz/Werner Nieke/Gottfried Vetter: Panzer am Potsdamer Platz, Berlin (DDR) 1954
Anna Seghers: Das Vertrauen, Berlin (DDR)/Weimar 1975 (DDR-Roman)
Fritz Selbmann: Anhang den Tag vorher betreffend, in: Auskunft – Neue Prosa aus der DDR, hg. von Stefan Heym, München 1974, S. 136–145

KARL SENNST: Mr. Lawrence Merritt Connel, Repräsentant für Deutschland Föderation für ein demokratisches Deutschland in einem freien Europa Königswinter/Rhld., wollte mich zum Mörder machen. Enthüllungen des ehemaligen Chefs der BDJ-Nachfolgeorganisation KDJ in der Bonner Bundesrepublik, Berlin 1954 (Standort: Bonn, Bibliothek der Friedrich-Ebert-Stiftung)

ILSE SPITTMANN/KARL WILHELM FRICKE (Hg.): 17. Juni 1953. Arbeiteraufstand in der DDR, Köln 1982

WOLFGANG STRAUSS: Aufstand für Deutschland, 1983

LOUIS L. SNYDER/RICHARD B. MORRIS: Hier hielt die Welt den Atem an, Stuttgart 1953, S. 312–322

EUGEN STAMM: Juni 53. Der Volksaufstand vom 17. Juni 1953 in Ost-Berlin und der Sowjetischen Besatzungszone, hg. vom Bundesministerium für gesamtdeutsche Fragen, Bonn/Berlin 1961

Unrecht als System. Dokumente über planmäßige Rechtsverletzungen in der Sowjetzone Deutschlands. Zusammengestellt vom Untersuchungsausschuß Freiheitlicher Juristen, hg. vom Bundesministerium für gesamtdeutsche Fragen, Teil II, 1952–54, Bonn 1955

Der Volksaufstand vom 17. Juni 1953. Denkschrift über den Juni-Aufstand in der sowjetischen Besatzungszone und in Ostberlin. Hg. vom Bundesministerium für gesamtdeutsche Fragen, Bonn 1953

Wer zog die Drähte? Der Juni-Putsch 1953 und seine Hintergründe. (Hg.) Ausschuß für deutsche Einheit, o. O. u. J. [1953] (Standort: Berlin, Senatsbibliothek Nc 748)

ERICH WINKLER: Warum 17. Juni? Voraussetzungen und Ursachen des 17. Juni, hg. im Auftrage des Internationalen Bundes Freier Gewerkschaften (IBFG) und des Deutschen Gewerkschaftsbundes (DGB), Berlin-Grunewald 1954

ERNST WOLLWEBER: Die Wachsamkeit der Werktätigen zerschlägt die Absichten der Volksfeinde. Aus der Rede auf der Belegschaftsversammlung von Siemens-Plania, in: Neues Deutschland vom 6. November 1953

GERHARD ZWERENZ: Die Liebe der toten Männer, Roman, Köln 1959

131 Willi Bleicher: ein sozialistischer Metaller jenseits von Stalinismus und Anpassung

Zu den bedeutendsten und faszinierenden Vertretern einer Arbeiterbewegung, die sich weder – wie die KPD – dem Stalinismus noch – wie die SPD – dem Kapitalismus unterworfen hat, zählte Willi Bleicher, 1958 bis 1972 Bezirksleiter der Industriegewerkschaft Metall Baden-Württembergs. Vor seinem 70. Geburtstag (1977) interviewte ihn Paul Assall. Das Interview wurde am 6. März 1977 im 2. Programm des Südwestfunk in der Reihe «Zeitgenossen» gesendet. Es wurde für den Druck um wenige Sätze gekürzt und stilistisch leicht überarbeitet.

A = Paul Assall; B = Willi Bleicher.

A: Wie kamen Sie zur Arbeiterbewegung?

B: Meine soziale Einstellung wurde stark geprägt durch das Elternhaus. Mein Vater ist abhängiger Arbeiter gewesen. Er war einer der ersten Arbeiter bei Daimler. Schon 1895 fing er bei Daimler an, damals im Werk Untertürkheim. Der qualifizierte Arbeiter bei Daimler, der war auch zu dieser Zeit in der Regel gewerkschaftlich organisiert und damit auch politisch formiert im Sinne der Sozialdemokratischen Partei. Aus meiner Kindheit weiß ich sehr genau, daß in allen Stuben von Arbeitern ein Bebel-Bild hing. Man wußte, daß man zu einer Klasse gehört, daß man Arbeiter ist, daß man sich nicht schämte.

A: Wie war das Verhältnis Vater – Sohn?

B: Mein Vater war ein eigenwilliger Mann. Das ist ganz sicherlich wahr. Er war streng. Er liebte Ordnung. Natürlich, er ging durch das königlich-kaiserliche Militär. Das prägte ihn ganz stark. Es gab damals den 12-Stunden-Tag. Damals, im Ersten Weltkrieg, hatte er manchmal 14 Stunden gearbeitet. Wir waren sechs Kinder. Wenn er von der Arbeit kam, war er bereits müde. Und dann hatten wir ein paar Äckerchen in der näheren Umgebung, die mußte er auch noch bewerkstelligen mit den Kindern. Da blieb nicht viel Zeit, um sich den Kindern zu widmen.

A: Und die Mutter?

B: Die Mutter war zuweilen bei der Arbeit, sie war in der Kantine bei Daimler. Sie war loyaler. Die litt viel unter den damaligen Gegebenheiten. Das war eine Frau, die mit ihren sechs Kindern nicht nur den Bissen geteilt, sondern den letzten noch hergegeben hat. Ich habe sie mehr weinen gesehen in den Tagen des Ersten Weltkrieges und danach, als die Inflation kam. Das war eine gütige Frau, eine gute Mutter, eine Frau, die auch ein Herz hatte. [...]

Ich kam zur Arbeiterbewegung ganz einfach dadurch, daß mich eines Tages ein hochqualifizierter Meister, ein Kupferschmiedmeister bei der Firma Daimler, ansprach bzw. von mir etwas wissen wollte, und ich ging nicht alsbald auf sein Rufen zu ihm, weil dazwischen ein höherer Betriebsleiter kam, und ich wollte nicht auffallen gegenüber diesem Betriebsleiter, dann rief mich dieser Meister – er war geachtet im ganzen Betrieb; damals wurden diese Arbeiten, der Motor, alles in Kupfer ausgeführt – er rief mich dann; als ich kam, fragte er, wieso ich nicht gekommen sei; ich erklärte es ihm. Dann sagte er: «Weißt du, Junge, du sollst dich niemals vor einem lebenden Menschen beugen. Du sollst dich nicht beugen vor einem lebenden Menschen, nicht wahr.»

Das hat mich so ungemein beeindruckt: Du sollst dich nicht beugen. Ich hatte bereits in der Schule immer feststellen müssen, daß wir uns immer beugen mußten; bei dem Lehrer mußten wir uns beugen; hier und dort mußten wir uns beugen; im Elternhaus mußten wir uns beugen gegenüber dem Vater. Das war für mich einfach der Punkt, an dem ich sagte: ja, der hat Recht. Mensch, der Mann hat so eine Nummer bei der Firma Daimler, und der sagt zu mir: Du brauchst dich vor niemandem, du sollst dich vor niemandem, vor keinem lebenden Menschen sollst du dich beugen oder bücken. Und der war ein Gewerkschaftler. Und von da an kümmerte ich mich um gewerkschaftliche Arbeit und ging dann zum Kommunistischen Jugendverband.

A: Warum zum Kommunistischen Jugendverband?

B: Ganz einfach deshalb, weil ganz in der Nähe, im Nachbarhaus, Kommunisten waren. Das war die Familie Schlotterbeck. In diesem Haus erlebte ich, daß der Vater viel Zeit hatte für seine Kinder, gesprächsbereit war gegenüber den Kindern und auch den Freunden der Kinder, die ins Haus kamen. Ich erlebte dort auch, daß das Familienleben viel freier war, vor allen Dingen konzilianter gegenüber der Mutter und all dem, was da war. So kam ich eben zum Kommunistischen Jugendverband. Das war ein Jugendverband, bei dem man den Idealismus nicht nur predigte, sondern man lebte dort den Idealismus. Das weiß ich wie heute. Da teilte jeder mit jedem. Das war so selbstverständlich, daß der, der nichts hatte, mitgenommen wurde von denen, die etwas hatten; sie alle hatten nicht viel, aber das Wenige teilten sie miteinander. Das waren die Motive, die mich zum Kommunistischen Jugendverband gebracht haben.

A: Können Sie sich noch an Arbeitskämpfe zu jener Zeit erinnern?

B: Ich kann mich sehr wohl an Arbeitskämpfe erinnern. Ich denke an den großen Steuerstreik im August/September 1920, wo zum ersten Mal bei den Firmen Daimler, Bosch und Maschinenfabrik Esslingen die Arbeiter ausgesperrt wurden. Ich kann mich sehr wohl erinnern, als die Arbeiter aus der Fabrik gingen. Ich wohnte ganz in der Nähe von Daimler-Benz; wir hatten eine Werkswohnung. Dann kam die damalige Reichswehr, die hatte solche Spanische Reiter aufgestellt um das ganze Werk, und wer weitergeht, wird erschossen. Das war fürchterlich, als wir das als Kinder sahen und die Arbeiter wieder umkehrten. Es ging damals um den Steuerabzug über das Lohnbüro. Bisher hatten die Arbeiter ihre Steuern direkt beim Steueramt bezahlt, und jetzt wurde ihnen das sofort abgezogen. Dagegen haben sie sich gewehrt, damals. Dieser Streik ist natürlich verloren gegangen, aber es waren immerhin, wenn ich mich nicht irre, mindestens zwei Monate, die diese Aussperrung gedauert hat. Die Not war zu dieser Zeit bei uns groß – ich wohnte in der Gartenstadt; das war eine richtige Arbeitersiedlung, alles mit Arbeitern von Daimler-Benz. Da hatten wir alle Hunger. Wir gingen Obst klauen. Das war sehr, sehr schwer. Die Bauern und die kleinen Weingärtner, die hüteten ihre Obstbäume wie ihren eigenen Augapfel. Das war immer mit Prügeln oder mit Strafe vom Feldschütz oder mit Züchtigung durch den Lehrer verbunden.

A: Nun zur Humanisierung der Arbeitswelt.

B: Ich glaube überhaupt nicht an eine Humanisierung der Arbeit im Rahmen einer kapitalistischen Wirtschafts- und Gesellschaftsordnung. Wenn die Maximierung der Gewinne das oberste Ziel ist im Rahmen dieser Gesellschaft, dann kann Humanisierung nicht sein. Das ist ein Widerspruch in sich.

A: Aber es gibt doch auch dank der Gewerkschaftsführung soziale Einschränkungen dieser Maximierung der Gewinne.

B: Ja, liebe Zeit [von wegen]. Jeder dritte Metallarbeiter ist heute gesundheitsgefährdet, vor Erreichung der Altersgrenze muß er die Invalidenrente beantragen. Nein, nein.

A: Wie sollte man dann Ihrer Meinung nach die Humanisierung der Arbeit anstreben?

B: Wenn ich nicht daran glaube, daß im Rahmen dieser Gesellschaft eine Humanisierung möglich ist, bzw. der Widerspruch zwischen Maximierung und Humanisierung nicht aufzulösen ist, dann eben nur durch eine andere Wirtschafts- und Gesellschaftsordnung: durch Mitbestimmung auf allen wirtschaftlichen und gesellschaftlichen Ebenen, wie es Hans Böckler gesagt hat: Mitbestimmung als erster Schritt zur Vergesellschaftung der Schlüsselindustrien. Davon sind wir weit, weit entfernt. Das, was wir jetzt als Mitbestimmung haben, ist doch eine Farce.

A: Als die große Depression dann kam, die Weltwirtschaftskrise, waren Sie von 1929 bis 1933 arbeitslos. Das Los vieler Jugendlicher heute. Sehen Sie Parallelen der Weltwirtschaftskrise von heute zur Weltwirtschaftskrise von damals?

B: Natürlich sehe ich Parallelen. Ich weiß, was Arbeitslosigkeit bedeutet. Ich weiß, daß sie ungemein deprimierend wirkt, und das ist gegenwärtig noch viel stärker der Fall, als das vor 1933 der Fall gewesen ist; denn vor 1933 wußte man, daß die Arbeitslosigkeit zum kapitalistischen System gehört. Wir haben in unserer Kindheit immer gezittert, wenn eine leichte Krise war, ob der Vater mit seinem blauen Brief heimkam. Jetzt ist es schlimmer. Jetzt gilt der, der arbeitslos ist, als Nichtskönner, als Taugenichts, als ein Krankfeierer usw., das wirkt ungemein deprimierend, er wird bereits von der Gesellschaft so ein bißchen abgesondert. Die Wirkungen sind, glaube ich, gegenwärtig schlimmer für den Jugendlichen, der das bisher überhaupt nicht gewohnt war, dem seine Eltern nie gesagt haben, es können solche Zeiten kommen. Man glaubte, daß das alles machbar sei, was damals zur Krise geführt hat. Man braucht nur die Instrumente entsprechend einsetzen, dann wird alles gut. Jetzt erst empfindet er, daß nicht alles machbar ist, daß dieselben Wirkungen, die damals zur Arbeitslosigkeit führten, auch heute zur Arbeitslosigkeit führen. Denn der, der die Wirtschaft hat, der im Besitz dieser Wirtschaft ist, der bestimmt auch die Politik. Und der Staat – das ist meine Überzeugung – ist eben nur der Überbau über die ökonomische Basis.

A: Ist die Industrie aber immer noch so stark in den Händen von einzelnen Unternehmern, in den Händen von Privatunternehmern? Haben nicht die Gewerkschaften und auch der Staat doch erheblichen Einfluß auf die wirtschaftliche Entwicklung?

B: Wenn ich an die Entwicklung der Multinationalen Konzerne denke, da stehen wir als Gewerkschaften absolut draußen vor der Tür. Und wenn ich an den Staat denke als Überbau über diese ökonomische Basis, dann verspreche ich mir von dorther überhaupt nichts Wesentliches.

A: Als Sie zur Gewerkschaft gingen, waren das idealistische Motive. Haben Sie die theoretische Arbeit dann nachgeholt?

B: Es waren ganz sicherlich ethische Gründe: es ist gut, daß man dort ist. Das sind Arbeiter, das sind Gleichgesinnte mit gleichgerichteten Zielen, nämlich eine Welt zu schaffen, in der die Furcht vor Krankheitsfällen, vor Arbeitslosigkeit, vor Kriegen vorüber sei. Das waren die Motive. Das andere habe ich sicherlich nachgeholt.

A: Was haben Sie gelesen?

B: Was habe ich alles gelesen, o Gott, o Gott. Ich habe viel, viel gelesen, während meiner Arbeitslosigkeit. Wir gingen zur Bibliothek, bzw. wir kauften Bücher.

A: Beispiele?

B: Eines der ersten Dinge, die ich gelesen habe, war Lenin. Und dann habe ich auch Marx gelesen. Den habe ich nicht verstanden. Das ist keine Frage. Ich habe es mir einverleibt, und im Verlauf der Jahre bin ich dann draufgekommen, daß es so und nicht anders gemeint war. Ich habe also den Marx in der Praxis studiert und dann versucht, ihn in Übereinstimmung zu bringen mit seinen Schlußfolgerungen.

A: 1929 wurden sie dann aus der KPD ausgeschlossen. Wieso kamen Sie mit der KPD in Konflikt?

B: Ich kam mit der Kommunistischen Partei deshalb in Konflikt, weil ich diesen Gewerkschaftskurs, den die KPD damals einschlug, nicht mitzumachen in der Lage war.

A: Welchen Kurs?

B: Den Kurs, daß sie eigene Gewerkschaften, diese roten Gewerkschaften oder diese sogenannte RGO [Revolutionäre Gewerkschafts-Opposition] gegründet und geglaubt hat, sie könnte ein Ersatz für die Gewerkschaften sein, bzw. könnte zum Mittelpunkt gewerkschaftlicher Kraft werden. Ich wußte, daß das nicht möglich und denkbar ist, ganz einfach deshalb, weil die Gewerkschaftsbewegung ein historisches Muß war und ist, und ich erinnerte mich an die absolute Feststellung, die Lenin getroffen hat, damals in seiner Schrift «Der Linksradikalismus – eine Kinderkrankheit des Kommunismus», wo er sagt: Auch dann, wenn die Gewerkschaften tausendmal gelber wären, wie sie waren und sind, wir als Kommunisten sind verpflichtet, in den Gewerkschaften zu arbeiten, weil diese Gewerkschaftsbewegung eben eine geschichtliche Mission zu erfüllen habe.

Von dorther kam mir die Erkenntnis, das kann so nicht sein, was jetzt die Partei von den einzelnen Mitgliedern verlangt. Und dann wurde ich ausgeschlossen, weil ich mich gegen diesen Kurs wehrte.

A: Gab es auch politische Gründe, daß Sie mit der KPD in Konflikt kamen?

B: Es kamen natürlich auch politische Gründe hinzu. Auch den Stalinismus fanden wir als KPO-Leute nicht in Ordnung.

A: KPO, das heißt, Sie gingen zur Kommunistischen Partei Opposition über?

B: Jawohl. Den Kurs der KPD fanden wir nicht in Ordnung. Wir fanden vor allen Dingen nicht in Ordnung, daß in der deutschen Kommunistischen Partei die Demokratie abgebaut wurde und an ihrer Stelle dann der Zentralismus Eingang fand.

A: Bekämpften Sie auch die These der Kommunisten, die die SPD als die Sozialfaschisten anprangerte?

B: Das war die verhängnisvollste These. Wir konnten uns ja gar nicht vorstellen, daß man den sozialdemokratischen Arbeiter als Sozialfaschisten deklarierte, bzw. sogar für schlimmer hielt als den eigentlichen Faschisten, weil er zur Irreführung beiträgt. Das war die verhängnisvollste Losung der Kommunistischen Partei.

Diese Arbeiterbewegung ist doch sang- und klanglos hinweggewischt worden. Der Nationalsozialismus kam ja legal zur Macht. Dieser Faschismus siegte über die deutsche Arbeiterbewegung, die das Hervorragendste an theoretischen Kenntnissen hervorgebracht hatte. In der Zweiten Internationale [sozialdemokratisch] war die deutsche Sektion der stolzeste Teil. In der Dritten, der kommunistischen Internationale war die deutsche Sektion der stolzeste Teil. Und dann bricht sie zusammen, diese stolzeste der stolzen Arbeiterbewegungen. Das hinterläßt Spuren. Das ist gar keine Frage. Wenn ich dran denke, wie die spanische Arbeiterbewegung gekämpft hat. Sie hat nicht kapituliert, sondern sie wurde im Kampf geschlagen, im Spanischen Bürgerkrieg. Und 40 Jahre hat es gebraucht, bis sich da jetzt ein bißchen etwas regt. Wie lange wird das hier dauern? Das ist immer meine Frage. Und das ist auch die Ursache für das Reaktionäre in der gegenwärtigen Periode. Diese deutsche Arbeiterbewegung hat nach 1945 die Vergangenheit nicht bewältigt.

A: Sie glauben also, wenn ich Sie recht verstehe, daß die deutsche Arbeiterbewegung noch immer nicht den Schock des Versagens von Weimar überwunden hat?

B: Nein, das hat sie nicht, sonst müßte sie zu anderen Konsequenzen kommen, auch in der Beurteilung der gegenwärtigen Situation. Böckler hat das gewollt. Das ist ganz sicherlich wahr; die Einheitsgewerkschaft ist das Resultat solcher Erkenntnis von vor 1933. Im Organisatorischen haben wir Schlußfolgerungen gezogen, im Politischen wollten wir sie ziehen. Dieses Referat von Böckler auf dem Vereinigungs-Gewerkschaftskongreß in München ist die Offenbarung, daß wir das wollten: eine andere Welt, eine bessere Welt, eine Welt, die sich nicht am Profit orientiert, sondern die eine Bedarfswirtschaft will, der Bedarf der breiten Massen im Mittelpunkt stehe. Aber das alles ist nicht realisiert worden, weil die Arbeiterschaft im großen und ganzen einfach nicht mitging. Wir wollten die Remilitarisierung nicht mehr haben. Wo blieb die Arbeiterschaft, als wir sie riefen? Ich weiß ganz sicherlich, der Otto Brenner wollte echt, daß die Remilitarisierung verhindert wird. Die Arbeiterschaft ließ diese Führung zum Teil im Stich. Natürlich, der Kalte Krieg darf dabei nicht unberücksichtigt bleiben, auch die Fehler der russischen Besatzungsmacht, die Fehler der DDR in den Anfangsjahren. Das alles darf nicht unberücksichtigt gelassen werden, wenn man die Situation, wie sie bei uns geworden ist, richtig analysieren will.

A: 1933, nach der Machtergreifung Hitlers, mußten Sie ins Ausland emigrieren. Wohin gingen Sie?

B: Ich ging in die Schweiz. Zuerst war ich Ende Januar bis Mai 1933 in Deutschland illegal, dann emigrierte ich auf Anweisung meiner Freunde nach der Schweiz.

A: Waren Sie persönlich bedroht?

B: Natürlich war ich persönlich bedroht. Es lag ein Haftbefehl vor. Dem Haftbefehl habe ich mich dann entzogen aufgrund entsprechender Warnungen.

Wenn ich mich meiner Illegalität in Stuttgart erinnere: Es waren böse Schockwirkungen. Da hingen die roten Fahnen raus, einen Tag vor dem 30. Januar, und anderntags, in diesen Arbeitervierteln, da waren dann die roten Fahnen mit Hakenkreuzzeichen versehen worden. Das war eine große Enttäuschung. Und ich weiß sehr wohl, Freunde oder Leute, die gestern noch Freunde waren, die haben sich dann abgewandt, wenn sie mich sahen, oder sie haben 50 Pfennig gegeben, in die Hand gedrückt. Das war schon bös. Das Übernachten war sehr schwierig. Jeder fühlte sich gefährdet, der mich aufnahm. Dann hatte ich nichts zu essen. Ich ging ins Marienhospital. Da haben mir die Schwestern das eine oder andere gegeben. Ansonsten war es ein elendes Dasein.

A: Sie gingen also ins Exil nach Frankreich und in die Schweiz. Sie haben aber Kurierdienste gemacht; denn Sie kamen ja immer wieder nach Deutschland zurück.

B: Ich war in der Schweiz, in Schaffhausen. Der Bürgermeister von Schaffhausen war ein KPO-Mann – das ist der Bringolf gewesen – dann haben wir also Kurierdienste gemacht. Ich bin wiederholt von der Schweiz über Singen nach Stuttgart. Wir haben Material im Rucksack nach Stuttgart transportiert, das «Braunbuch» und anderes. Eine gefährliche Geschichte.

A: 1934 wurden Sie dann verhaftet und vor Gericht gestellt.

B: Ich wurde zu dreieinhalb Jahren Jugendgefängnis verurteilt. Ich war 18 Monate in der Untersuchungshaft in Stuttgart-Bad Cannstatt, den Rest dann im Jugendgefängnis Ulm. Das war der schlimmste Knast, den ich je erlebt habe.

A: Wie lautete die Anklage?

B: Die Anklage lautete: wegen Vorbereitung zum Hochverrat.

A: Und anschließend wurden Sie dann, wie es damals hieß ...

B: ... in Schutzhaft genommen. Ich kam dann nach Weimar bzw. nach Buchenwald ins Konzentrationslager. Dort traf ich ein im Oktober 1938.

A: Worauf gründete sich ihr psychisches und physisches Durchhaltevermögen?

B: Darauf, daß der Faschismus auf Dauer nicht denkbar ist, daß diese Welt auf die Dauer nicht so sein kann und daß es gar nicht wesentlich ist, sagen wir einmal, zu leben, schlichtweg, sondern das Leben lebenswert zu machen. Und ich habe sehr viel Lebenswertes in diesem KZ zu erleben vermocht, nämlich dieses Eingebundensein in die Kollegialität und in die Solidarität, in dieses unentwegte Sichauseinandersetzen mit brutalen Geistern, mit Ganoven, mit Gaunern, mit politischen Gangstern, was die SS nun einmal war und ist. Da vollzog sich ein Prozeß; ich sagte mir: So kann das nicht bleiben, das kann nicht die Maxime unseres Daseins sein.

A: Wann wurden Sie aus Buchenwald befreit?

B: Ich bin aus Buchenwald nicht befreit worden. Im Oktober 1944 wurde ich verhaftet, aus Buchenwald heraus, wegen dieser Thälmann-Feier, die wir dort illegal veranstaltet hatten. Im Zusammenhang mit dem Bombenangriff auf Buchenwald im August – da ist bekanntlich Ernst Thälmann in Buchenwald erschossen worden, unmittelbar nach diesem Bombenangriff; wir hatten viele Tote – und dann haben wir also im Rahmen der Effektenkammer eine Totengedenkfeier veranstaltet, in deren Mittelpunkt eine Rede stand, die Robert Siewert gehalten hat, und dann wurden einige Gedichte vorgetragen. Diese Totenfeier wurde später verpfiffen von einem, der dabei gewesen ist. Dann wurde die Gestapo recht massiv, und ich wurde wieder verhaftet, aus Buchenwald heraus. Sie fragten, wer diese Thälmann-Rede gehalten habe. Ich leugnete konsequent. Ich mußte in eine Stehzelle gehen. Als alles nichts nützte, haben sie mich nach Ichtershausen [12 km südlich von Erfurt] gebracht in der Hoffnung, daß sie doch etwas aus mir herausbrächten.

Dann kam der 11. April 1945. Das Lager Buchenwald wurde befreit an diesem Tag. Wir hörten bereits den Kanonendonner der Alliierten über unsere Gefängnisse in Ichtershausen herüberdonnern. Dann kam der Gefängnisdirektor und sagte: «Ich will keine politischen Gefangenen hier haben, wenn die Amerikaner kommen. Ich habe mit politischen Gefangenen nichts zu tun.» Er verlangte die Räumung. Dann ging ein Elendsmarsch los. Von Ichtershausen wurden wir von einem Gefängnis, von einem Lager ins andere gefahren, und niemand wollte uns aufnehmen. Mit politischen Häftlingen wollten sie nichts zu tun haben. Wir wurden dann in Eger von den Amerikanern befreit.

A: Und nach der Befreiung gingen Sie sofort wieder nach Stuttgart zurück?

B: Nein, nach der Befreiung ging ich zunächst einmal nach Buchenwald. Dort blieb ich dann zwei Tage, um meine Papiere und meine Effekten, die ich dort noch hatte, zu holen. Und dann ging ich sofort nach Stuttgart.

A: In Stuttgart haben Sie sich sofort wieder in der Gewerkschaftsbewegung engagiert, aber auch parteipolitisch engagiert, und zwar in der KPD. Warum nach Ihren Erfahrungen erneut in der KPD?

B: Auch in der KPD gab es damals, während meiner Buchenwald-Zeit, Diskussionen. Es gab auch ganz beachtliche Läuterungen. Sie begriffen und sahen ein, daß diese RGO-Geschichte ein Unsinn war, daß die Sozialfaschismus-Theorie eine schlechte Sache war, daß ihre Einschätzung vom Faschismus bzw. Kapitalismus falsch war, daß vor 1933 keine revolutionäre Situation bestanden hatte. Alle diese Korrekturen wurden vorgenommen. Man war der Überzeugung, daß es jetzt nicht darauf ankomme, die Revolution als Ziel ins Auge zu fassen, sondern zunächst einmal die Zusammenfassung der Arbeiterbewegung. Es gab keine Meinungsverschiedenheit, daß nur noch eine Arbeiterpartei existent sein sollte. Ich weiß sehr wohl um diese Diskussion, und ich kannte viele Sozialdemokraten, wie den Hans Stetter und wie sie alle heißen, die nur eine einzige Arbeiterpartei wollten. Wie deren Name hätte sein sollen, das war nicht so wichtig, aber eine einzige Partei; wenn man nur begriff, daß die Zersplitterung der Arbeiterbewegung nach 1914 einfach das Verhängnis eingeleitet hat.

A: Hat man damals versucht, mit der SPD zusammenzukommen?

B: Ja, natürlich hat man das versucht.

A: Woran scheiterte das?

B: Das scheiterte insbesondere an Dr. Kurt Schumacher. Ich erinnere mich sehr wohl an diese Kundgebung, die in Stuttgart im Staatstheater stattfand, wo

Schumacher sprach. Der Antikommunismus war bei Schumacher durchschlagend, sehr ausgeprägt. Von dort an ging diese Geschichte. Dann kamen die ersten Dinge des Antikommunismus hoch, der jetzt seine Urständ wieder feierte – dieser primitive Antikommunismus, der gegenwärtig auch das bundesrepublikanische zentrale ideologische Problem ist.

A: Sie traten aber 1951 auch aus der KPD aus.

B: Ich trat aus, weil ich erhebliche Meinungsverschiedenheiten, vor allem im Punkt Stalinismus, hatte. Ich habe in einem Brief an Max Reimann zu wissen gegeben, daß mir diese ganze Geschichte nicht behage, daß das meinen geschichtlichen Erfahrungen und Erkenntnissen zuwiderläuft und daß man mir nicht verbieten kann, mit einem Sozialdemokraten zu reden. So weit wollten sie gehen. Da habe ich gesagt: Nein, ich trete jetzt aus der KPD aus.

A: Sind Sie dann in die SPD übergetreten?

B: Nein, ich bin nicht in die SPD übergetreten, ich bin erst 1952 zur SPD gegangen.

A: War das ein schwerer Schritt für Sie persönlich?

B: Es war an sich kein schwerer Schritt.

A: Würden Sie sich heute als Sozialdemokrat bezeichnen?

B: Nein, ich würde mich als Sozialist bezeichnen, als Sozialist im wahrsten Sinne des Wortes.

A: Welcher Gruppierung innerhalb der SPD fühlen Sie sich am meisten zugetan?

B: ... Ach, ach, ach, ich weiß es nicht. Ich kann es nicht beurteilen. Ich kenne mich da zu wenig aus.

A: Sie haben dann nach dem Kriege wesentlich mitgearbeitet beim Wiederaufbau der Gewerkschaften. Ist da alles nach Ihren Wünschen, nach Ihren Hoffnungen gelaufen?

B: Nein. Keinem der führenden Leute, die ich damals kannte, ist es nach seinen Wünschen und Hoffnungen gelaufen. Das kann man unumwunden zugeben. Es ist nichts geworden. Aus einem Neubeginn ist Wiederaufbau geworden. Es ist nichts aus der Mitbestimmung geworden.

Nein, wir haben uns etwas ganz anderes versprochen. Wir haben geglaubt, daß diese Gewerkschaftsbewegung eine Kraft sei, über die man nicht hinweghandeln kann.

A: Sie wollten mit den Gewerkschaften zu einer Veränderung der kapitalistischen Gesellschaft kommen.

B: Natürlich, das wollten wir alle miteinander ohne jegliche Ausnahme. Das wollte der Hans Böckler nicht weniger als ein Ernst Reuter und nicht weniger als ein Anton Storch, der Arbeitsminister der CDU war. Das wollte ein Freitag und in der letzten Konsequenz auch ein Fette, und wie sie alle hießen. Über die Entwicklung, die wir registrieren mußten, waren wir nicht erfreut.

A: Wieso konnten die Gewerkschaftsführer das nicht durchsetzen?

B: Wir wollten, die Arbeiterschaft aber konnte nicht, wollte nicht. Ihr genügte der gegenwärtige Zustand. Es ging nach oben, es ging aufwärts, schön. Und dann waren wieder die vollen Ladentische da. Und dann verdienten sie wieder. Und dann konnte wieder der eine oder andere ein Häuschen bauen. Und er hatte auch wieder Arbeit. Und es ging aufwärts. Das ist unbestritten. Aber unter welchen Opfern wurde dieses Aufwärts vollzogen? Und sie, die die beiden Kriege verursachten – so sagte es Hans Böckler –, die die Verantwortlichen waren für beide Weltkriege? Der Kapitalismus steht heute fester da denn je.

A: Die Arbeiter wollten damals Wiederaufbau und nicht Gesellschaftsveränderung.

B: Natürlich, das wollten sie. Sie wollten sich auch gar nicht mehr engagieren. Landauf, landab habe ich das damals gehört: «Ach, geh doch fort, Mensch! Die DAF [Deutsche Arbeitsfront, nationalsozialistische Betriebsorganisation] war Scheiße, da hab' ich mich engagiert, und da ist es nichts und dort ist es nichts. Ach, ich will überhaupt nichts wissen.»

Jeder war sich selbst und ist sich bis heute selbst der nächste. Ich habe einige Lohnbewegungen in diesem Lande geführt, und ich habe Wesentliches beizutragen vermocht auch in der Frage Urlaubsgeld, Arbeitszeitverkürzung, im Rahmen des gesamten Bundesgebiets. Aber jede Lohnbewegung mußten wir von oben nach unten auslösen.

A: Sie waren ab 1958 Bezirksleiter der IG Metall Baden-Württemberg. Sie haben sehr schwere Lohnkonflikte geführt. Ich nenne nur den Lohnkonflikt 1963 oder den Lohnkonflikt 1967. Warum haben Sie einen so scharfen Kurs eingeschlagen? War das die Verbitterung, daß die Gesellschaft nicht geändert werden konnte?

B: Nein, nein, es war keine Verbitterung, sondern das war die Reaktion auf vorher Vollzogenes, Reaktion auf provozierendes Verhalten des Unternehmertums als Resultat ihres Erstarkens. Es ist immer so gewesen. Die Gewerkschaftsbewegung hat immer nur reagiert auf vorher Vollzogenes. Auf das, was auf der betrieblichen Ebene, der gesellschaftlichen Ebene vollzogen worden war, hat die Gewerkschaft immer reagiert. Die Gewerkschaftsbewegung war nie offensiv, sondern sie kämpfte in der Regel aus einer Defensivstellung heraus.

Damals, 1963, bevor die Urabstimmung kam, da hatte es eine Diffamierung der Gewerkschaftsbewegung im Rahmen der Verhandlungen gegeben. Der Arbeitgebervertreter, der Knapp, sagte damals: «Meine Herren, was wollen Sie denn? Null ist doch auch ein Angebot.» Oder, wenn sie sagten: «Meine Herren, was wollen Sie denn? Wenn Ihnen diese Wirtschaft nicht gefällt, dann suchen Sie sich doch eine andere Wirtschaft.» Oder ein anderer erzählte: «Diese Forderung» – es war eine minimale Forderung – «die ist absolut irreal.»

Das war die Provokation. Die Ehre des Arbeiters wurde jetzt verletzt. Eines wußte der Arbeiter: wir haben die Industrie aufgebaut, wir, wir. Die Unternehmer waren zum Teil schon gar nicht mehr da. Wir haben unter schweren Umständen aufgebaut, und jetzt müssen wir uns das gefallen lassen?

Das schmerzte. Und von dorther entzündete sich dann etwas. Aber das mußten wir plastisch ins Bewußtsein der Arbeiter erst hineinstellen: Seht ihr, so werdet ihr jetzt verarscht. Das ist der Dank, daß wir diese Wirtschaft aufgebaut haben, daß wir denen da wieder das Bett gemacht haben, wo sie sich jetzt wohlfühlen. Es war eine Solidaritätsbewegung gegen die Ehrabschneiderei.

A: Es ging also im Grunde nicht um Lohnprozente, sondern es ging um Selbstbewußtsein?

B: Natürlich. Es war immer so. Ich möchte so sagen: es ging nicht nur um Lohnprozente, es ging auch um das Selbstbewußtsein des Arbeiters, den man nicht so behandeln darf, wie die anderen es mit diesen diskriminierenden Äußerungen und mit den Beleidigungen getan haben.

A: Die Lohnkonflikte von 1963 und 1967 konnten erst durch die Vermittlung von Ludwig Erhard bzw. Karl Schiller geschlichtet werden. Welches Verhältnis hatten Sie zur Regierung?

B: Ich habe mich gedrückt, wo es nur irgendwie ging, um die Regierung aus dem Spiel zu lassen. Wir waren der Meinung, wir haben Tarifautonomie: es ist unsere ureigenste Sache, das zu bewerkstelligen. Natürlich, manchmal konnte man nicht so, man mußte die Öffentlichkeit berücksichtigen. Der Filbinger lud ein, oder der Kiesinger lud damals in dieser Lohnbewegung zu Gesprächen ein. Wenn man dann einfach gesagt hätte: Nein, dann hätte das die Öffentlichkeit nicht verstanden. Ich mußte also immer auf die Öffentlichkeit Rücksicht nehmen; denn die Öffentlichkeit spielt eine erhebliche Rolle.

A: Das heißt, Sie waren auch ein großer Taktiker?

B: Natürlich, das muß man sein. Ohne Taktik ist es einfach nicht denkbar und nicht möglich. Eine Lohnbewegung zu führen, ist eine Kunst. Ich habe auch nie das Wort Streik leichtfertig in den Mund genommen. Wenn ich das Wort Streik benützte, dann war ich zu allem bereit, aber auch fähig. Ich habe Bereitschaft zum Streik nur dann bekundet, wenn ich zunächst einmal spürte, da unten gehen die Kollegen mit, die sind bereit, die Losung hat gezündet, dieses Tempo wollen sie jetzt nicht mehr mitmachen. Zuerst mal hatte ich immer das Ohr an der Erde. Ich habe dann in Hunderten von Versammlungen mit den Kollegen gesprochen, die Funktionäre zusammengenommen. Mir kam es bei Abstimmungen immer auch auf die Qualität der Funktionäre an, nicht so sehr auf die Quantität. Wenn abgestimmt wurde, kam es mir drauf an, wer zustimmt: die entscheidenden Funktionäre von den Großbetrieben.

A: Sie haben die Kollegen aber vorher auch bearbeitet, Sie hatten sie auch im Griff.

B: Das meine ich. Ich habe nie etwas anderes vernommen oder gespürt, daß ich sie nicht im Griff gehabt hätte. Ich weiß keine Lohnbewegung, die wir hinter uns gebracht haben, wo ich mich nicht verantworten konnte vor den Kollegen. Ich bin immer vor die Kollegen hingestanden: Bitteschön, jetzt Kritik!

Aber so eine Lohnbewegung, wie gesagt, ist eine Kunst. Wenn man sagt: Streik, dann aber mit der letzten Konsequenz. Wer schwankt, der fällt. Das ist keine Frage.

A: Sie waren auch ein großer Rhetoriker. Sie setzten die Sprache bewußt zur Überzeugung der Arbeiter ein. Hatten Sie auch noch andere Kunstgriffe, um die Arbeiter hinter sich zu bringen?

B: Ich habe keine Kunstgriffe gehabt. Was ich sagte, das war meine tiefste Überzeugung. Ich wußte, daß der Arbeiter oder die Arbeiterin, der Angestellte, der Abhängige auch ein Herz, Gefühle hat und daß es mir immer drauf ankam, von meinen Gefühlen ausgehend, die Gefühle der anderen anzusprechen. Aber Tricks habe ich nie verwendet. Was ich sagte, war ehrlich, und das spürten auch die Kollegen. Ich habe ihnen gesagt: Ihr dürft doch fragen, was ich für ein Gehalt hab'. Ihr Arschlöcher, warum fragt ihr denn nicht? Ihr tuschelt immer so. Ich kann euch sagen, was ich für ein Gehalt habe. Ich bin in keinem Aufsichtsrat. Ich habe keinen Nebenverdienst.

A: Hat man Ihnen das einmal angeboten?

B: O Gott, xmal hat man mir das angeboten, ich habe aus Prinzip abgelehnt. Ich wollte nie das fünfte Rad irgendwo am Wagen sein.

A: Sie mißbilligen also, wenn heute Eugen Loderer oder die anderen Gewerkschaftsspitzen Aufsichtsratssitze annehmen?

B: Fragen Sie mich nicht nach dem. Ich sage Ihnen meine prinzipielle Meinung.

A: Einer der schwersten Arbeitskämpfe, die die Bundesrepublik erlebt hat, war der Arbeitskampf 1971. In einer Phase der abschwingenden Konjunktur hatte die IG Metall 11 % mehr Lohn und Gehalt gefordert. Die Arbeitgeber wollten aber zunächst nur 4,5 % zugestehen.

B: Das war sicherlich einer der schwersten Kämpfe. Der Otto Brenner war zu dieser Zeit bereits krank. Ich habe mich mit ihm in Verbindung gesetzt. Ich habe keinen Zug dieser Lohnbewegung, dieses damaligen schweren Kampfes ohne seine Zustimmung gemacht. Da sind wir damals auch noch zur Regierung geflogen.

A: Willy Brandt hat Sie zu einem Informationsgespräch nach Bonn eingeladen.

B: Da hab' ich gemerkt, daß die Unternehmer bei diesem Informationsgespräch nichts anderes wollten, als den Brandt zu verpflichten, uns irgendwie eine Marschroute vorzulegen. Der Willy Brandt – das muß ich sagen – der hat sich herrlich benommen. Er hat beide Tarifvertragsparteien angehört, hat sich dann verabschiedet und gesagt: «Schön, meine Herren, ich stehe Ihnen die ganze Nacht zur Verfügung, wenn Sie mich brauchen, aber jetzt im gegenwärtigen Augenblick nicht.»

A: Er hat keinen Einfluß auf Sie genommen?

B: Nein, überhaupt keinen. Wer Einfluß damals genommen hat, das war der Arbeitsminister Walter Arendt, der meinte, wir sollten einem Kompromiß zustimmen, der da auf dem Tisch lag.

A: Die Schlichtung sah 7,5 % vor. Das haben die Arbeitgeber abgelehnt, darauf gingen Sie auf Streikkurs.

B: Jawohl.

A: Fiel Ihnen das schwer?

B: Nein, das fiel mir in diesem Augenblick nicht schwer.

A: Gab es keine Schwierigkeiten mit der Basis? Es ging ja auf Weihnachten zu, und Streik in der Vorweihnachtszeit, das konnte doch vielen nicht gerade gelegen sein.

B: Das war ein entscheidender Moment. Als die Verhandlungen quasi gescheitert waren, haben wir eine Kundgebung gemacht; das war die größte

Kundgebung der Nachkriegsgeschichte hier in Stuttgart, auf dem Karlsplatz damals.

[In der Rundfunksendung folgten nun kurze Auszüge aus Bleichers Rede auf dieser Kundgebung.]

Liebe Kolleginnen und Kollegen, wir lassen uns nicht in die Flucht schlagen. [Massenbeifall] Wer Wind sät, wird Sturm ernten. [Massenbeifall]

Liebe Kolleginnen und Kollegen, sie haben den Sturm. Jetzt gilt es, alle Bangigkeit von uns zu tun, uns von niemandem in diesem unserem gerechten Kampf irritieren zu lassen. In diesem Sinne: ans Werk. Und wenn die Welt voll Teufel wär, es muß uns doch gelingen. [Massenbeifall]

B: Das war eine ungeheure Stimmung auf dieser Kundgebung. Dann haben die Arbeitgeber noch einmal verhandelt, in dieser Nacht. Dann kamen wir zu einem Kompromiß. [Vorher gab es drei Wochen Streik und Aussperrung]

A: 7,5 % bei einjähriger Laufzeit. Gleichzeitig wurde ein Stufenplan eingeführt, der eine langsame prozentuale Einführung des 13. Monatsgehalts vorsah.

B: Ja, und dann eine Summe von 300 Mark, ausbezahlt noch vor Weihnachten.

A: Ihre Politik war bei den anderen Bezirksleitern umstritten.

B: Das ist wahr. Das weiß ich. Aber wenn Streik war, dann stand immer der Otto Brenner hinter mir. In anderen Dingen hatten wir taktische Differenzen. Die anderen Bezirksleiter meinten, es wäre von mir Ehrgeiz im Spiel. Ehrgeiz hatte ich überhaupt nie, mindestens nach 1945 hatte ich keinen Ehrgeiz mehr, daß ich im Mittelpunkt stehen wollte. Ich habe mich auch nie nach Funktionen gedrängt, in denen man im Mittelpunkt stand. Ich fühlte mich immer wohler im zweiten Glied, wenn ich das Gefühl hatte, den im ersten Glied, den kannst du lenken. Das war immer meine Rolle, die lag mir mehr.

A: Die Arbeitgeber warfen Ihnen immer Dogmatismus vor.

B: Dogmatismus? Ich weiß nicht, was das ist.

A: Unbeugsamkeit.

B [lacht]: Ach du liebe Zeit. Wenn ich im Kampf war, war ich unbeugsam. Das ist wahr. Das eine wußte ich, sobald ich anfange zu schwanken, schwankt der ganze Körper. Deshalb mußte ich hart sein, alles einsetzen, bis aufs Letzte.

A: Verbitterte es Sie, daß doch immer mehr und immer größere Teile auch der Gewerkschaften dieses kapitalistisch geprägte System akzeptieren?

B: Ach, verbittern tut es mich überhaupt nicht. Ich erkläre das einfach aus vielerlei Umständen. Sie begreifen noch nicht die diesem System innewohnende Anarchie, wo kein Quentchen Planmäßigkeit feststellbar ist. Sie begreifen immer noch nicht, daß der Grundwiderspruch in diesem kapitalistischen System – ich spreche vom Widerspruch zwischen Produktionsfähigkeit und Konsumtionsfähigkeit – einfach nicht gelöst werden kann. Sie hoffen immer noch, daß ein paar Milliarden Investitionshilfe hier oder dort diese Dinge regulierbar machen. Das ist auch ein Lernprozeß. Ich weiß aus der ganzen Geschichte, nicht nur meiner, sondern der ganzen geschriebenen Geschichte weiß ich, daß jede Epoche die Führung hat, die dieser Epoche gerecht wird. Diese ist eine blasse Epoche, die wir gegenwärtig durchstehen, und die Führung ist dementsprechend. Wie Karl Marx sagt: zum einen Mal kommen solche Dinge als Tragödie, zum andern Mal als Komödie. Ich meine fast, daß das Nichtlernenwollen aus der Geschichte zum Kommödchen wird.

A: Am 27. Oktober dieses Jahres werden Sie 70 Jahre alt. Fürchten Sie die Gratulationscour, die auf Sie zukommen wird?

B: Ach, ich fürchte gar nichts. Ich wünsche sie nicht. Und wenn sie auf mich zukommen sollte, dann ertrage ich sie mit Würde.

Literatur

Wer sich weiter mit Willi Bleicher beschäftigen will, greife zu folgender Literatur:

Bruno Apitz: Nackt unter Wölfen. Roman, Halle/Leipzig 1958, neue Ausgabe Frankfurt/Main 1981 (über das KZ Buchenwald)

Georg Benz/Kurt Georgi/Leonhard Mahlein/Willy Schmidt (Hg.): Willi Bleicher. Ein Leben für die Gewerkschaften, Frankfurt 1983

Willi Bleicher: 25 Jahre Einheitsgewerkschaft, in: Deutsche Volkszeitung 22, 1974, Nr. 40 vom 3.10.1974, S. 3

Ders.: Keinen Augenblick im Leben darf man das Gefühl für Humanität und Hilfsbereitschaft verlieren. Interview, in: Bettina Wenke: Interviews mit Überlebenden. Verfolgung und Widerstand in Südwestdeutschland, Stuttgart 1980, S. 98–119

H. Blondiau: Streiks und Streikverhalten im Metall- und Baubereich der BRD. Zum gewerkschaftlichen Selbstverständnis im 5. Konjunkturzyklus, Frankfurt/Main 1979

Walther Bringolf: Mein Leben. Weg und Umweg eines Schweizer Sozialdemokraten, Bern/München/Wien 1965 (Bringolf [1895–1981], war 1925–71 Schweizerischer Nationalrat, 1933–68 Stadtpräsident [Bürgermeister] von Schaffhausen)

Tilman Fichter/Eugen Eberle: Kampf um Bosch, Berlin 1974

Dietrich Hoss: Die Krise des institutionalisierten Klassenkampfes. Metallarbeiterstreik in Baden-Württemberg, Frankfurt/Main 1974

Rainer Kalbitz: Die Arbeitskämpfe in der BRD. Aussperrung und Streik 1948–1968, Sozialwiss. Diss., Bochum 1972

Dietrich Kissig: Der Streik der bayerischen Metallarbeiter im August 1954. Eine Studie zur Streikbewegung in Westdeutschland nach dem Zweiten Weltkrieg, Hist.-phil. Diss., Potsdam 1961

Detlef Prinz/Manfred Rexin (Hg.): Beispiele für aufrechten Gang. Willi Bleicher und Helmut Simon. Im Geiste Carl von Ossietzkys, Köln/Frankfurt 1979

Lothar Schimmelpfennig: Der Metallarbeiterstreik in Schleswig-Holstein 1956/57. Eine Demonstration des Westens und die Bedeutung der Aktionsgemeinschaft der Arbeiterklasse, 2 Teile, Phil. Diss., Berlin (DDR) 1963

Friedrich Schlotterbeck: Je dunkler die Nacht desto heller die Sterne. Erinnerungen eines deutschen Arbeiters 1933 bis 1945, Zürich 1945, neue Ausgabe Berlin 1948

Rudi Schmidt: Konflikterfahrung und Konfliktbewußtsein. Der bayerische Metallarbeiterstreik von 1954 und seine Auswirkungen auf die Interessenorientierung von Arbeitern, Phil. Diss., Bremen 1975 (Maschinenschrift)

Stetter (siehe Kapitel 119).

Streik der Metallarbeiter im Tarifgebiet Nordwürttemberg-Nordbaden, 22. November bis 14. Dezember 1971. Ausgangslage, Verlauf, Ergebnis. Eine Doku-

mentation aus Presseberichten. Mit einer Analyse von Johannes Georg, Schwäbisch Gmünd o. J. [1978]
Verband Württembergisch-Badischer Metallindustrieller e. V. Stuttgart: Der Arbeitskampf 1963, Stuttgart 1964 (Standort: Stuttgart, Landesbibliothek).
Adrian Zielcke: Auch von seinen Gegnern respektiert. Zum Tode Willi Bleichers, in: Stuttgarter Zeitung vom 25.6.1981
Zum württembergischen Steuerstreik von 1920: Althaus (siehe Kapitel 121) S. 40
Eugen Ochs: Das mit der Steuer – ungeheuer! Vor 55 Jahren kämpften die Arbeitenden Württembergs gegen den Direktabzug, in: Metall, 27, Nr. 16, 12. August 1975, S. 13
Stuttgart, Hauptstaatsarchiv, E 131 Bü. 131 (den Hinweis verdanke ich Hartmut Boger)

132 Schulkampf und Berufsverbot in Baden-Württemberg

Ein Beitrag von Fritz Güde

Auf Einladung des damals neugegründeten «Politischen Zentrum» in Reutlingen erzählte der Karlsruher Gymnasiallehrer Fritz Güde am 17. April 1978 über seine Erfahrungen im Schulkampf; in freier Rede, ohne die Absicht, das Ganze einmal drucken zu lassen.

Durch die Familie Güde zieht sich die charakteristische politische Kluft zweier Generationen. Der Vater, Max Güde, war von 1956 bis 1961 Generalbundesanwalt, er gehörte 1961–69 dem Bundestag an als Abgeordneter der CDU und setzte sich vor allem für die Strafrechtsreform ein. Die Nachfolger im Amt des Generalbundesanwalts, Buback und Rebmann, hatten sich mit der Stadtguerilla auseinanderzusetzen. Buback wurde von der Roten Armee-Fraktion (RAF) erschossen. Dann besetzte der baden-württembergische Ministerialbeamte Rebmann den vakanten Posten.

Der alte Güde erlebte noch, wie sein Vertrauen in den Rechtsstaat bei der zunehmenden Verfolgung der Neuen Linken ab 1972 ins Wanken geriet. Der Sohn Fritz kam im Zuge der Berufsverbote in die Mangel des Staatsapparats. Nach der Meinung des Vaters konnte dem Sohn nichts passieren, da dieser schließlich in keiner verbotenen Partei Mitglied sei. In Wirklichkeit schrumpfte für Beamte die Demokratie auf weniger als eine halbe Portion zusammen.

Die Deutsche Kommunistische Partei (DKP) hat die Problematik der neuen Berufsverbotswelle im Öffentlichen Dienst rasch für sich monopolisiert. Fast nur noch DKP-Mitglieder gelten als Märtyrer der verletzten demokratischen Rechte. Aus dieser Ecke verbreitet sich inzwischen ein übel schmeckendes Gemisch aus Wehleidigkeit, Anbiederung und Zynismus.

Wehleidigkeit: ohne Sinn dafür, daß Berufsverbote und Verfolgung wegen politischer Meinungen auf eine jahrhundertelange Tradition zurückblicken, geht ein Wehklagen über einzelne Fälle los; wie wenn Kommunisten im Kapitalismus mit nichts anderem so sicher zu rechnen hätten als mit ihrer Verbeamtung.

Anbiederung: in den von der SPD beherrschten Einzelgewerkschaften des DGB spielen die DKP-Mitglieder recht häufig die Rolle der Musterknaben, auf Kosten anderer sozialistischer und kommunistischer Richtungen. Wer sich der SPD-Politik der Gewerkschaften gegenüber kritisch äußert oder gar betätigt und nicht zur eigenen Partei gehört, kann sich unter Umständen auf die Meldung an interessierte Stellen gefaßt machen.

Zynismus: während die DKP-Mitglieder über berufliche Nachteile im Westen aufschreien, begrüßen sie warm die Berufsverbote in den staatskapitalistischen Ländern. Und nicht nur das. Lange Haftstrafen, das Verbot jeder oppositionellen Veröffentlichung, die Unterdrückung jeder unbequemen Versammlung und erst recht jeder oppositionellen Organisation genießen die Billigung der DKP-Mitglieder. Das führt zur Rechtfertigung jeglichen staatlichen Terrors im Osten: bei der Niederschlagung des Arbeiteraufstandes in der DDR vom 17. Juni 1953, beim Zusammenschießen des ungarischen Volksaufstandes vom Oktober 1956 oder der polnischen Arbeiterbewegung seit Dezember 1970. Selbst die noch weniger als früher verhüllte Militärdiktatur in Polen seit 1981 stößt bei DKP-Mitgliedern auf Zustimmung.

Diese Mischung aus Freiheitsliebe im Kapitalismus und Rechtfertigung der Unterdrückung in den staatskapitalistischen Ländern bringt die ganze Diskussion über die Berufsverbote in Mißkredit. Obendrein bemüht sich die DKP eifrig um den Nachweis, daß ihre Berufsverbots-Opfer nie etwas Kritisches gegen die Verfassung der Bundesrepublik gesagt haben. Keine Rede mehr vom Kampf um die Demokratisierung der Schule. Mausgrau und nicht mehr rot zu sein: dies ist das Höchste.

Um dieser Fehlentwicklung der Berufsverbots-Diskussion entgegenzuwirken, hatten wir Fritz Güde nach Reutlingen eingeladen. Fritz entpuppte sich uns an diesem Abend als ein talentierter Erzähler, der groteske Situationen so darzustellen vermochte, daß er die Lacher auf seiner Seite hatte. Im Gegensatz zu reaktionären Komikern, den Lieblingen aller Regierungen, reizte er zum Lachen auf Kosten der Herrschenden, nicht der Schwachen. Wir könnten sagen: er trägt Züge eines befreiend wirkenden, politischen Volkskomikers an sich.

Um diesen seltenen Abend für die Geschichte zu retten, sei Fritz Güdes Rede annähernd vollständig und wörtlich wiedergegeben, in Klammern die Reaktion der Zuhörer. Mit diesem Dokument läßt sich der Übergang von der Adenauer-Ära über die APO (Außerparlamentarische Opposition) zu den siebziger Jahren auch später noch nachvollziehen! Nun Fritz Güde selbst:

Die Sache mit dem Fall Fritz Güde ist eine Irreführung. Zuerst wird man zu einem Fall verwurstet. Gerade wenn man im «Stern» oder im Fernsehen auftritt, schnurrt man zu einer Einzelfigur zusammen, die dem Publikum auf einer silbernen Platte dargereicht wird, um einige Tränlein darzubringen; und man sagt sich: «Der arme Hund.»

Das ist die Darbietungsweise, die die Sache natürlich von vornherein in ein falsches Licht setzt, weil's dann immer so aussieht, als würde man den Leuten sagen: «So, jetzt zappelt euch mal für mich ab.» Ich bin ja sogar noch ein privilegierter Arbeitsloser unter der Million anderer, die es gibt, weil ich immer noch mein berühmtes halbes Gehalt bekomme [zur Zeit der Suspendierung].

Es geht nicht darum, dem Fall Fritz Güde zu helfen, sondern sich höchstens anhand der Sachen, die mit mir passiert sind, klarzumachen, wie in den letzten zehn Jahren der Schulkampf gelaufen ist, und dann zu fragen, ob jetzt in der Schule der berühmte Sargdeckel heruntergedonnert ist oder ob doch noch ein paar Leichenwürmer Hurra schreien. [Lachen] Insofern hat's natürlich seine Berechtigung, weil man nur an konkreten Ereignissen sich diese Sache klarmachen kann.

Angefangen hat's bei mir im Jahr 1969 in Wertheim (Main). Das ist eine kleine Stadt mit 12000 Einwohnern. Davon haben eigentlich nur 3000 gezählt, die anderen waren Glasindustrielle und Glasfabrikarbeiter, die nach dem Krieg eingewandert waren aus heute in der DDR liegenden Glaszentren. Aber alle Wertheimer waren sich einig, daß man diese nicht ernst nehmen muß, weil sie erst nach 1945 gekommen sind. In Wertheim hat man noch nach Jahrhunderten gerechnet. [Lachen]

Dieses Wertheim in Baden ist vor allem als das badische Sibirien berühmt geworden. Es hat eine ungeheuer schlechte Eisenbahnverbindung. Man hat fünf Stunden gebraucht, um von Karlsruhe nach Wertheim zu kommen, und noch gute anderthalb Stunden nach Würzburg. Über Frankfurt hat man nur wehmütig am Marktplatz gesagt: Ja ja, das Leben ist anderswo. [Lachen]

1964 bin ich nach Wertheim gekommen. Da hat man mir gesagt: [parodierender Tonfall] «Ach Herr Güde, da ist Lehrersein wirklich noch eine Lust. Wissen Sie, die Schüler ganz Ohr, aufmerksam, wissen noch, was ein Lehrer bedeutet, und außerdem, der Baugrund sehr billig.» [Großes Gelächter]

Die Leute, die nach Wertheim kamen, waren eine Mischung von sibirischen Sträflingen, die irgendwie sonst nicht gut getan hatten oder denen die Kinder in der Hauptstadt zu laut waren – mir damals zum Beispiel – und von Bauwilligen, die dem billigen Baugrund nachgingen, und alle sind sich ein bißchen als Strandgut des Lebens vorgekommen, aber zugleich auch in einer Arche Noah.

Das erzähle ich euch nur, um euch zu vergegenwärtigen, wie es zwischen 1964 und 1969 zuging. Da war ein humanistisches Gymnasium am Ort – zugleich das einzige – wo es also mit Latein anfing. Wir haben alle, ich damals eingeschlossen, schwer vom Griechischen geschwärmt, weil man da eben die Distanz gewinnt vom gewöhnlichen Leben und weil man überhaupt mal nachdenkt.

Das Schockartige, das ich schon unmittelbar nach der Referendarzeit erlebt hatte, als ich in den Schuldienst kam, hat sich dort verstärkt. Ich bin noch in einer Zeit auf die Universität gegangen, wo man dort sehr human behandelt wurde. Jedenfalls haben sie einem ohne weiteres zugetraut, daß man selber denken will. Und es stand auch an der Freiburger Universität, was, glaube ich, auch heute noch zur Irreführung dransteht: Die Wahrheit wird euch freimachen. Und unten stand eine Aristoteles-Büste, wo draufstand: [sagt sich, zum Vergnügen der Zuhörer, den griechischen Text vor und übersetzt dann laut] πάντες οἱ ἄνςωποι τὸν εἰδέναι ὀϱέγονται φύσει. Alle Menschen begehren von Natur aus nach Erkenntnis.

Mir ist es gelungen, mich tatsächlich in der Universitätszeit weitgehend in die Bücher zu flüchten, wie es in der Adenauer-Zeit etwas ganz Gebräuchliches war. Adenauer hat uns sozusagen die Politik abgenommen, und man selbst ist «der Zeit als Einbildungskraft» nachgeschlichen oder sonstigen Geheimnissen oder hat schwermütig gegrübelt, was der Heidegger wirklich gemeint hat. Folglich konnte ich mich bis zu meinem 25. Lebensjahr in der vorbildlichen Illusion wiegen, jedem Menschen sei es das Allerwichtigste, den Finger auf die Nase zu legen und nachzudenken, was der Heidegger gedacht hat. Ich hab' schon ein bißchen mehr gedacht, die Schüler würden sich aufstrebend, begeistert mit kleinen Mottenflügeln auch erheben, und eines Tages wären wir alle mit brausendem Chor vor Gottes Angesicht. [Lachen]

Das ist nur ein bißchen übertrieben dargestellt, aber das war damals eine ganze idealistisch-bürgerliche Generation, die die Politik gar nicht wahrgenommen hat. Man war froh, daß das Dritte Reich vorbei war, man hat sich fest vorgenommen, so etwas darf es nie wieder geben. Andererseits hat man tatsächlich das Langweilige oder den Leerlauf der Adenauer-Zeit und der ganzen Kalten-Kriegs-Ideologie gespürt und dann die Flucht ins Höhere angetreten. Es war eben nur die Flucht nach oben statt die nach vorn. Ein kleiner Unterschied war das schon.

Wie ich Referendar wurde, war das Erste, daß mich der Seminarleiter an einem Mittag in der Bibliothek gesehen und düster zu mir gesagt hat: [ironischer Tonfall] «Mit Ihrer Vorbereitung, Herr Güde, ich weiß nicht. Ich habe Sie kürzlich in der Bibliothek gesehen. Ich hoffe, es war das letzte Mal.» [Lachen]

Es herrschte damals direkt eine Theoriefeindschaft. Wenn man als Referendar gefragt hat: Warum, ist man genau so angefahren worden wie die kleinen Kinder mit drei Jahren: «Das geht dich nichts an, das siehst du auch mal ein.» Nur in einer etwas feineren Form: «Herr Kollege, vergessen Sie das jetzt alles.

Wissen Sie, das läuft schon. Nie etwas erklären!» Ich erinnere mich, daß einmal ein Schüler in der Stunde eine Strafarbeit bekommen und gefragt hat: «Warum?» Ich wollte gerade irgend etwas erklären, worauf der einführende Lehrer scharf gesagt hat: [schnarrende Stimme] «Man erklärt so etwas nicht.»

Das war so der Stil. Das war tatsächlich zunächst mal ein Schock. Nur am Anfang hab' ich mir halt selber die Schuld gegeben und bin ziemlich geknickt in meinen Lehrerberuf reingeschlichen. Wenn ich so durch die Schulgänge gegangen bin und hab' das Murmeln hinter den Türen gehört, da hab' ich immer gedacht: [parodierende Stimme, ehrfürchtig] Hinter jeder Klassentür ist jetzt eine kleine Kathedrale des Geistes. Überall werden wahre Hochämter der Erkenntnis gesungen. Nur bei mir – wie sieht's da aus? [Lachen] Gröhler und Schlafmützen und Gummispieler und Krampenschießer und Gähner und Grinser und Blödantworter. Ach du lieber Himmel, was ist mit mir los! Und ich bin wirklich wie eine Art Kaugummi oder Türvorleger rumgekrochen und hab' jeden Tag gedacht: [parodierende Stimme, zerknirscht] Was kann es nur sein, daß ich Verworfener gerade so bin?

Zunächst hab' ich mir auch in Wertheim die Sache noch so vorgestellt, nachdem ich in Heidelberg schon Schwierigkeiten gehabt hatte. Nur war in Wertheim ein Direktor, der war einerseits ein Vollhumanist, andererseits tatsächlich etwas, was es heute nicht mehr gibt. Insofern war er schon noch ein dankbarer Bezugspunkt. Er hat wirklich das dargestellt, was man die autoritäre Persönlichkeit nennt. Man hätte ihn nach Frankfurt ins Soziologische Institut tun können, damit die Nachfahren von Adorno und Horkheimer endlich die autoritäre Persönlichkeit in Reinkultur erleben. [Lachen] Er hat an sich imposant ausgesehen, so ein herrlicher, braungebrannter Kuppenschädel. Er benahm sich pompös. Als sich zum Beispiel eine Kollegin umgebracht hatte, ist er ins Lehrerzimmer gekommen, großes Schweigen, dann hat er gesagt: [parodierend gesenkte Stimme] Kollegen, das Leben geht weiter. [Lachen, zum ersten Mal lacht auch Fritz Güde.] Er hatte eine Art, eine dumme Floskel mit großer Gebärde vorzutragen. [Einzelnes Lachen] Das war dann die Figur, zu deren großem Gegensatz zu werden mir bestimmt war, weil ich im Lauf der Zeit mir gedacht hab', vielleicht liegt's doch nicht bloß an mir.

Es kam immer wieder vor, daß Lehrer fortgejagt wurden. Einem Kollegen von mir ging's so. In Wertheim war nicht viel los, man ist öfters am Abend in die Kneipe gegangen, und da war es sehr lustig, und dann war man auch mal ein bißchen blau. In der Kneipe war eine große Wanduhr, und er in seiner Trance hat dann gesagt, er möchte das siebte Geißlein sein und ist rumgesprungen und wollte immer in diesen Uhrenkasten hinein. [Große Heiterkeit] Es hat eigentlich alle in Wertheim herzlich amüsiert, und sie haben Gott gedankt, daß wenigstens Lehrer etwas zur Unterhaltung bieten, weil's sonst nicht viel gab. [Lachen] Aber zu meiner größten Verblüffung ist der tatsächlich deswegen aus dem Dienst entlassen worden. Das kann man sich natürlich heute nicht mehr vorstellen, und das kam auch damals schon nur in Kleinstädten vor. Trotzdem war's für mich ein Schock, wie erbarmunglos jetzt der Direktor da gesagt hat: «Das Ansehen der Schule» usw. Seine ganzen herrlichen Sprüche vom Plato und den Leuten, bei denen steht, es geht einen gar nichts an, was die Menge sagt, sondern man muß nach der Wahrheit suchen, waren nichts. Also für mich hat das damals viel bedeutet, weil ich mir immer gesagt hab': Der trampelt jetzt auf dem Plato rum, wie soll ich den Kindern den jetzt noch beibringen? Der ist ja das lebende Beispiel, wie man wird, wenn man Griechisch lernt, wie soll man da noch ein Wort fürs Griechisch sagen.

Dann kam der zweite Fall unmittelbar nachher. Ein etwas vergeistiger Typ – so könnte man ihn nennen – kam auch von einer anderen Stadt, wollte ein Häusle bauen und hat schon ziemlich Geld gespart und hat sich gleich ein Haus gebaut. Der Direktor und der Vizedirektor haben 20 Jahre sparen müssen und waren arg sauer und haben immer gesagt: «Der Kollege erpreßt das Oberschulamt, er baut jetzt schon [Lachen], damit er nicht wegversetzt werden kann.»

Dann haben sie den systematisch besucht. Und tatsächlich ist das ja lernpsychologisch ganz leicht, jemanden ohne weiteres durch 20 Besuche dazu zu bringen, daß er nur lala bubu sagen kann. [Lachen] Der hat vorher recht und schlecht Latein gekonnt, aber er hat nach dem 20. Besuch wirklich die komischsten Fehler gemacht, «eius» [«desjenigen»] für ein männliches Substantiv gehalten usw. [Lachen]

Da haben sie es dann auch so weit gebracht, daß der einfach aus dem Dienst entlassen wurde. Dem ist es dann tatsächlich gelungen, durch den Petitionsausschuß des Landtags wieder eingesetzt zu werden, was zeigt, daß da schon etwas abnorme Sitten waren. Das ist der einzige Fall, wo ich je gehört hab', daß der Petitionsausschuß zu was gut war. Dieser Lehrer ist inzwischen übrigens wohlbestallter Oberstudienrat und gibt genau das gewöhnliche, glattgebügelte Latein für Alltagszwecke, wie alle anderen Lateinlehrer auch.

Man sieht also wirklich, wie dort in aller Gemütlichkeit und Seelenruhe manche Leute einfach fertig gemacht wurden. Wenn man das so Jahr für Jahr mitgemacht hat, dann hat man tatsächlich am Schluß das Gefühl gehabt, so geht's ja nicht weiter, und irgendwie muß es ja so sein, daß solche Leute wie dieser Direktor dran schuld sind, daß die Kinder in der Schule sich nur noch mit Mühe am Schultisch festhalten können und die Sachen überhaupt nicht aufnehmen, die man da vorne in schweren Worträuschen vorträgt. [...]

Inzwischen kam dann das Jahr 1968 ins Land. Und da hab' ich in der «Frankfurter Allgemeinen» mit gierigen Lehreraugen etwas gelesen, was ich überhaupt nicht glauben konnte, es würden sich Schüler zusammensetzen und freiwillig ganze Samstagnachmittage lang Karl Marx lesen. Ich war damals weit entfernt, Marxist zu sein, aber hab' nur gedacht: Hm, Marx, schon was Besseres. [Großes Gelächter] Die lernen freiwillig, großartig, ja so was. Und hab' gedacht, da muß man sofort hin. Wenn man das jetzt vorbeigehen ließ, und vielleicht könnte man etwas helfen und es ging dann deswegen vorbei, weil man nichts hilft, du lieber Himmel, dann wär' man ja noch viel kaputter als vorher.

Da gab es einen AUSS, Allgemeiner Unabhängiger Schüler-Ausschuß, den hatte der SDS [Sozialistischer Deutscher Studentenbund] in Frankfurt gegründet. Es gab ihn aber fast in allen hessischen Städten. In Frankfurt gab es solche Tagungen. Ich bin da einmal treuherzig hingefahren, war aber zu meinem großen Erstaunen der einzige Lehrer [außer dem 1982 gestorbenen Prof. Peter Brückner]. Aber sie haben mich sehr freundlich aufgenommen und mich gefragt. Natürlich stand damals schon in den Zeitungen, sie würden eigentlich jedem Lehrer, den sie sehen, zunächst einmal die Haut abziehen. Aber sie haben keinerlei Anstalten dazu gemacht. Ich war also angenehm überrascht und hab' mich dann selber einmal mit der Theorie beschäftigt.

In dieser Zeit ist auch in Wertheim ein politischer Arbeitskreis Oberstufe gegründet worden, und zwar wegen etwas, das zur Zeit wieder aktuell ist, wegen diesen dauernden NPD-Demonstrationen. Mit 1966/67, mit der ersten Wirtschaftskrise, hat sich praktisch in allen denen Gebieten, wo die NSDAP schon 1930 gesiegt hat, der Bodensatz erhoben und überall solche kleine Gruppen gebildet. Wertheim ist der typische Ort, wo ziemlich viele solche absteigende Kleinunternehmer, Malermeister und Kleinbauern sind, die irgendwie sich in der Klemme fühlen zwischen der Gewerkschaft unten und – für den Malermeister z. B. – der BASF oben. Die sagten: «Im Krieg war's doch so schön, da haben wir alle was zum Schaffen gehabt.» Nur das blöde Ende verdrängen sie halt diskret.

So war da eine starke NPD-Bewegung, und ziemlich viele Schüler wollten etwas dagegen machen, und uns allen ist nur unangenehm aufgefallen, daß wir gar nicht wissen, was Faschismus ist. Wenn die Kinder daheim bei der Supp' gefragt wurden, warum sie gegen die NPD sind, und wenn sie sagten: «Faschisten», haben die Eltern gefragt: «Was ist denn das, Bub?» Dann haben sie sich schämen müssen und wußten nichts. Und ich auch nicht.

Dann haben wir uns halt mal mit der Theorie beschäftigt. Das war ein Arbeitskreis. Dann: die Notstandsgesetze. Da haben sie mich gefragt, was mit denen wär, und mir ist peinlich aufgefallen, daß ich's auch nicht weiß. Dann hab' ich mir extra den ersten Fernseher meines Lebens zu dem Zweck gekauft, um die dreitägige Bundestagsdebatte zu sehen. Das war allerdings ein grauenhafter Schock. [Lachen] Ich hab' damals wirklich immer noch die ganz bürgerlichen Maßstäbe gehabt. Es war ein Deutschlehrer-Schock. Im Deutsch-Aufsatz hab' ich halt gesagt: es sollte logisch sein, und es sollte in sich zusammenhängend sein; man müßte immer begründen, wenn man etwas behauptet, und hab' gesagt, das würden sie überall so machen, in der Politik müßte man das auch. Da drum hab' ich mich bisher aber nicht groß gekümmert.

Da dreh' ich nun auf, und da ist ein Unsinn geredet worden. Man hat deutlich gemerkt, daß das ja gar nicht stimmen kann. Der Scheel war damals noch in der Opposition und hat eine toupierte Osterhasenfrisur gehabt [Lachen] und so Silberlöckchen. Wenn er was halbwegs Richtiges als Einwand gesagt hat, hat ihn der Wehner angebrüllt: «Halten Sie die Klappe, Sie Panikmacher!» [Lachen] Ich war vollkommen von den Socken, daß es da oben so zugeht, obwohl mein Vater eigentlich selber schon dabei war. [Lachen] Dann hab' ich mir noch extra aus dem «Parlament» die Sachen genommen und nachgelesen, und es war also wirklich der größte Unsinn. Man konnte es nicht anders sagen. Dann hab' ich mir gesagt: die wollen etwas verbergen; es kann nicht Naturdummheit sein.

Da haben wir von diesem politischen Arbeitskreis Oberstufe ein kleines Flugblatt geschrieben. Es dürfte das erste seit dem Jahr 1000 in Wertheim gewesen sein, wo die Mönche vielleicht mal eines auf Pergament herausgegeben haben, zur Klostereinweihung. [Lachen] Wir haben geschrieben, das sei blöd, es soll doch eine Demokratie sein, und da würde jetzt abgestimmt, und wir wüßten gar nicht, was in dem Gesetz drinsteht. Das war wirklich mit kleinen Mitteln eine schöne Wirkung. Wie gesagt, da es überhaupt die ersten Flugblätter waren – wo man schon in den Zeitungen gelesen hat, daß Flugblätter was fast Explosives und furchtbar Böses sind – hat man eigentlich gar nicht gelesen, was drinsteht, sondern hat «Huch» geschrien. [Lachen] Gegen die Angriffe danach habe ich mich verteidigt: «Als Lehrer muß man halt fragen, und ich frag' euch jetzt alle: Wißt ihr denn, was in den Notstandsgesetzen drinsteht?» Natürlich hat's kein Mensch gewußt. Dann haben die gesagt: «Wir brauchen das auch nicht zu wissen, die wissen es im Parlament für uns.» Dann haben wir gesagt: «Das reicht halt nicht. Da ist schon viel gewußt worden oder so getan worden, als ob.»

Um's jetzt nicht so lang zu machen, kurz und gut. Ich wollt' es nur mal schildern als den Stolper- und Leidensweg vom naiven Schulmann mit seinen staunenden Schülern zusammen. Praktisch war der Anstoß schlicht Staunen, daß alle die Sachen, die in den Büchern stehen, leider außerhalb vom Schulzimmer gar nicht vorkommen. Daraus hat man zunächst nicht den Schluß gezogen, die bürgerliche Demokratie gibt es nicht, sondern zunächst einmal idealistisch den Schluß, also müssen wir, die wir es jetzt gemerkt haben, endlich mal das gute Vorbild sein und die Demokraten darstellen.

Es war also einfach zunächst mal der Versuch, die bürgerliche Ideologie beim Wort zu nehmen und ein Vorbild-Demokrat zu sein. Auf Grund von so einer Denkart ist natürlich klar, daß man sich die Sache damals als den Gegensatz von der Autorität und vom freien Denker vorgestellt hat. Das liegt ja noch ganz in der Tradition der Aufklärung. Man hat sich halt gesagt, wenn nur der autoritäre Direktor weg wäre. Dann war da noch ein Bürgermeister der SPD, der eigentlich nicht besser war. Wenn nur der noch weg wäre. Dann sind einem natürlich noch viele eingefallen von derselben Sorte: wenn nur die alle noch weg wären, aber dann käm's endlich. [Lachen]

Die ökonomische Seite der Sache haben wir überhaupt nicht gesehen und auch fast nicht sehen können. Es kam hinzu, daß es zum Beispiel auch tatsächlich so war, daß gerade Kinder von Kleinunternehmern – etwa von einem Erfinder eines Lötkolbens – in der Schülergruppe drin waren. Also man konnte sozusagen der Zusammensetzung nach wirklich nur den Gegensatz sehen zwischen den jungen Denkern und den vertrottelten Autoritäten, aber nicht den Gegensatz zwischen Kapital und Arbeit.

Ich bin dann zwischendurch mal in die ADF eingetreten, gerade auf Grund meiner Überlegungen, man müßte sich jetzt engagieren und sehen, wie's außerhalb der Schule ist. Das war die Aktion Demokratischer Fortschritt. Die frisch gegründete DKP hat damals gedacht, daß die ganze Studentenbewegung ihr zu Füßen liegen würde, hat um sich rum so eine Aktionseinheit geschaffen, wo man individuell Mitglied sein konnte, aber auch Korporationen. Da war die DKP als Gruppe Mitglied, und jeder Einzelne konnte auch mitgehen.

Da bin ich dann in Würzburg zum ersten Mal auf alte Kommunisten gestoßen, die so im Gespräch gesagt haben: «Ja, wie ich zum dritten Mal ins Gefängnis gekommen bin, weil ich damals 1952 das Plakat heruntergerissen hab'.» Oder: «Es ist schon blöd, wenn man im Gefängnis nichts zu lesen hat.» Da waren zwei Familien. Die eine ist die von diesem bekannten Lokomotivenführer Röder. Das ist eine ganze Dynastie von Kommunisten. Diese zwei Sippen haben tatsächlich die ganze Tradition, sie haben den Kommunismus seit 1930 durchgehalten in Würzburg, haben durch die Weimarer Republik und das Dritte Reich und die Adenauer-Zeit hindurch ungebeugt ihr Gefängnis und ihr KZ auf sich genommen und sind weitergegangen. Das Traurige war halt nur, daß die alle aus einem ganz falsch verstandenen Traditionsbewußtsein heraus gesagt haben: beim Haufen bleiben! Wie dann die DKP gegründet wurde – obwohl sie gut gemerkt haben, daß das überhaupt schon von vornherein eine wahnsinnige Abschwächung war und der Einmarsch in die Tschechoslowakei kaum mit dem Sozialismus vereinbar – haben sie einfach aus Disziplin gesagt: «Jetzt aber die Partei nicht im Stich lassen!»

Kurz und gut, da haben wir also mitgemacht, sind in die Dörfer gezogen. Ich hab' arg gestaunt, daß die Bauern eigentlich gar nicht wissen wollten, was wir sagten, aber hab' wenigstens gelernt, daß auf den Dörfern der Roggenpreis eine Rolle spielt. Wie dann die Wahlen waren, stellte sich heraus, daß von den alten DFU-Stimmen [Deutsche Friedens Union, in der alte KPD-Mitglieder überwintert hatten] gerade die Hälfte weg war und SPD gewählt haben muß. Die ganzen DKPler hatten SPD gewählt und wir trottelig ADF. Zwischendurch hatte die DKP einfach den Einfall, es wäre wichtiger, SPD zu wählen, und uns das allerdings nicht mitgeteilt, so daß man sich wirklich verarscht vorkam bei der Art Bündnispolitik, wo man im Grunde nur eben die Dorflokomotive spielt und in verschiedenen Wahlversammlungen mit Müh und Not den Roggenpreis erklärt, aber leider dann tatsächlich reingelegt wird. Das hat meine Einschätzung der DKP entscheidend geprägt.

Dann war ich ziemlich down, weil die ADF ohne DKP nur ihre 0,9 % gekriegt hat, und man hatte mindestens mit stattlichen 3 % gerechnet. Dann kam ein Referendar vom SDS Heidelberg nach Wertheim. Und andererseits hat gerade der Direktor in dem Augenblick den großen Fehler begangen, zu seinem letzten Schlag auszuholen und den mit Zweidrittel-Mehrheit gewählten Schulsprecher nicht anzuerkennen, aus irgendwelchen dunklen Gründen. Er hat einfach gesagt: [parodierende Stimme] «Der wird's nicht. Nein, ist nicht würdig. Wird das nicht.» [Lachen]

Da hat er nun tatsächlich sich entblößt. Da hab' ich dann gedacht: So, jetzt muß man aber tatsächlich zeigen, daß es doch noch irgendwo den Kampf um Demokratie gibt. Die Schüler haben ein Flugblatt gemacht, was für heutige Verhältnisse relativ bieder war. Am Schluß stand drauf: «Der Maulwurf schafft den Durchbruch schon. Laßt ihn nicht allein!» Woran dann alle möglichen Interpretationen sich angehängt haben, über Untergrundarbeit [Lachen], wegen dem Maulwurf.

Jedenfalls haben wir mit den Schülern zusammen die Flugblätter verteilt. Der

Direktor plustert sich auf. Es kommt zu ungeheuren Auseinandersetzungen. Da hatten sich dann ziemlich schnell die Heidelberger und Frankfurter Studenten beteiligt. Es hat sich eine Schülergruppe gebildet. Der Schulsprecher mußte tatsächlich anerkannt werden. Einen Augenblick lang hat der SPD-Bürgermeister sogar gemeint, der Direktor müßte jetzt zurücktreten, und hat ihn selber schon unvorsichtigerweise dazu aufgefordert. Dann war eine 1000-Mann-Demonstration für den ganzen Fall in Wertheim. Das war auch die erste seit der Gründungsprozession im Kloster vor 1000 Jahren.

Es lief also zunächst sehr gut, und man hat sich die Hände gerieben und gesagt: «Die Demokratie siegt.» Nur haben wir damals das Rezept der Gegenseite noch nicht gewußt. Die Behörden in Karlsruhe haben einfach gewartet. Tatsächlich haben ja alle diese Bewegungen das eine an sich, daß sie einmal vorbei sind; die Leute sind wieder daheim. Dann haben die in der Behörde sich die Hände gerieben, den Referendar haben sie gleich entlassen, ich bin wegversetzt worden und hab' eine Disziplinarstrafe von einem halben Monatsgehalt bekommen und der dritte einen Verweis; der ist jetzt im Landespersonalrat für die GEW. [Lachen]

Das war sozusagen Stufe 1 in dem vor zehn Jahren begonnenen Kampf gegen die Autoritäten, auf einer Ebene, die natürlich nicht durchzuhalten war und die im Grunde sich völlig in der bürgerlichen Ideologie bewegt hat, eben den Anspruch gegen die Wirklichkeit durchzusetzen.

Ich bin zur Strafe nach Karlsruhe versetzt worden, einer der wenigen Fälle, in denen man in die Metropole versetzt wird, wohl in der Hoffnung, daß wenigstens mein Vater mäßigend auf mich einwirkt. [Lachen]

Der Wertheim-Fall war damals sehr bekannt geworden. Die Fachgruppe Gymnasium der GEW hat mich dann zum Vorsitzenden für Nordbaden gewählt, aufgrund dieser Vorfälle, also nicht wegen meiner leider fehlenden organisatorischen Fähigkeiten; einfach deswegen, um so eine Art menschlicher Fahne zu entfalten und düster zu sagen: Weiter!

Nun ja, ich hab' mich halt gefreut und gedacht: jetzt aber mit der GEW vorwärts. Das war dann die zweite Erfahrungsebene, daß die GEW in einer Doppelfunktion – damals noch mehr als heute – ihre Vorsitzenden aus den Oberschulämtern rekrutiert hat. Gerade in den Fachgruppen Allgemeine Schulen und Berufsschulen und Hauptschulen waren also regelmäßig die Oberschulamtsreferenten auch zugleich die Vertreter unserer Interessen gegen das Oberschulamt. [Lachen]

Da konnten natürlich die Konflikte nicht ausbleiben. Es hat sich ziemlich schnell der Kampf in der GEW herausgebildet, daß wir halt stark die Interessen der Gymnasiallehrer vertreten wollten, die sich weniger aufs Geld als auf die Unterrichtsbedingungen richteten, und die Oberschulämtler ganz offen gesagt haben, sie wollten halt ihr Image beim Oberschulamt nicht verlieren, und wir sollten die Klappe halten. Da fingen dann schon die Ausschlußdrohungen an. Vor allem fing auf der anderen Seite das Oberschulamt an, stärker in die Offensive zu gehen, nachdem es in der Studentenbewegung mehr oder weniger sich zurückgehalten und gewartet hatte, bis die Fluten abgelaufen waren.

Kurz danach kam es dann in Heidelberg zum bekannten Fall Topp, den der Peter Schneider in seinem Büchlein «Schon bist du ein Verfassungsfeind» ausgewertet hat. Der Direktor hatte gesagt: «Ihr dürft jetzt nur nach gewissen Bestimmungen das Schwarze Brett benützen.» Die Schüler hatten gesagt: «Wir halten uns nur an Gesetze, die demokratisch sind.» Darauf haben sie einen Verweis bekommen. Dann hat der Topp von der Fachgruppe Gymnasium Heidelberg ein internes Zirkular unter den GEWlern rumgehen lassen, die Schüler hätten doch an sich etwas Selbstverständliches gesagt, das sei ja klar, daß man nur demokratische Gesetze anerkennen wolle, die anderen nicht. Das kam ans Oberschulamt. Dann wurde er dort tatsächlich deswegen zur Rede gestellt, hat dann ein Gespräch mit dem Präsidenten geführt, ein Gedächtnisprotokoll gemacht – was schon als persönliche Attacke gegolten hat – und das Gedächtnisprotokoll wieder innerhalb der GEW zirkulieren lassen.

Das alles waren dann schon die berühmten Straftaten, die ich später auch begehen sollte, nämlich daß er seine eigene Personalakte anderen Leuten preisgibt. Das ist eine der größten Entblößungen und schlimmer als alle anderen obszönen Taten, die einem im privaten Leben unterlaufen können, denn die Personalakte, wenn man's auch höchstpersönlich ist, ist etwas so Intimes, daß es, wie im Eheleben, zwischen dem Oberschulamt und dem Betreffenden diskret behandelt werden muß.

Der Topp sollte entlassen werden. Ich hab' dann als Vorsitzender der Fachgruppe eine Dokumentation herausgegeben. Die wurde mir später in meinem eigenen Disziplinarverfahren vorgeworfen. Bei mir ist es einer der ersten Fälle, wo einem die ganz offizielle gewerkschaftliche Tätigkeit direkt vorgeworfen worden ist, um ein Berufsverbot zu begründen. Mein Beitrag war nur zu schreiben: Presserechtlich verantwortlich Fritz Güde, Fachgruppe Gymnasium Nordbaden. Da sind sie zwar drei Jahre später beim Verwaltungsgericht nicht damit durchgekommen. Aber inzwischen ist das schon etwas Gebräuchliches, einem die gewerkschaftlichen Sachen um die Ohren zu schlagen.

Nächster Punkt war dann der Radikalenerlaß. Es hatten sich im Raum Mannheim, Heidelberg, Karlsruhe Komitees gegen die Berufsverbote gebildet. Ich selber hab' presserechtlich für den Gründungsaufruf in Karlsruhe unterzeichnet. Unmittelbar bevor das begann, am Nachmittag dieses Tages, kam plötzlich ein Telefonanruf in die Schule, ich solle doch ganz schnell mal ins Oberschulamt kommen. Ich denk: Na nun, was ist los? Da trat mir der für mich zuständige Referent entgegen. Der hatte in Wertheim die ganze Untersuchung geführt, bei dieser Gelegenheit zehnjährige Kinder verhört und sonstige Späße getrieben. Der hat mir ein Brieflein überreicht und hat mir tief in die Augen geschaut und gesagt: [parodierende Stimme] «Herr Güde, machen Sie sich und uns nicht unglücklich.» Drin stand: «Das Oberschulamt hat Ihr Flugblatt folgenden Inhalts zur Kenntnis genommen. Wir weisen Sie auf das Beamtengesetz ... hin ... lautet folgendermaßen: Der Beamte hat innerhalb und außerhalb des Dienstes die Mäßigung zu zeigen, die seinem Amt vor der Öffentlichkeit entspricht usw.»

Das war nur ein Wink. Ich hab' den Wink aus dem Kopf geschlagen und hab' abends froh erzählt, daß der Herr im Oberschulamt nicht so froh wär', aber da dürfte man sich jetzt nichts draus machen, und dann haben wir unser Berufsverbotskomitee aufgezogen. Gut, war alles noch in Ordnung, aber ich war dann wohl schon vorgemerkt.

Nächste Etappe war der KVZ-Verkauf [Kommunistische Volks-Zeitung, Blatt des Kommunistischen Bundes Westdeutschlands, KBW]. Das hing natürlich mit einer Mitgliedschaft im Kommunistischen Bund Westdeutschlands zusammen. Inzwischen ist es ja üblich, daß man mit etwas gerümpfter Nase sagt: «K-Gruppe, wie bitte?» Aber man muß sich vorstellen, wieso es überhaupt aus der Studentenbewegung heraus zu diesen Parteigründungen gekommen ist und inwiefern sie damals tatsächlich einen Fortschritt dargestellt haben. Denn zunächst saß man nach 1969 wirklich auf dem Trockenen. Man hat gesehen, wie die SPD praktisch alle die Leute einsaugt, die sich gedacht haben: Probieren wir es halt mal mit der SPD. Der Willy Brandt ist damals als wahrer Füllhornengel durch die Lande gezogen, und der Frister von der GEW hat sich mit Leuten fotografieren lassen, wo er heute nur Puh sagen könnte. [Lachen] Tatsächlich hat man einen ungeheuren Sog gemerkt, wie das ganze Wasser auf die Mühlen der reformistischen Parteien kommt, und andererseits hat man nachträglich gesehen, daß die Studentenbewegung gar keine Theorie hatte, sondern im Grunde ein paar fixierte Hirninhalte, und wenn die ausgelaufen waren, hat man dumm geguckt. Gerade die Spontaneität der Studentenbewegung, die Fähigkeit, ganz schnell gemeinsam etwas zu machen, hing ja eben mit dieser Gleichartigkeit der Hirninhalte zusammen. Nach dem Attentat auf Dutschke hat ja jeder, ohne lang nachzudenken, gewußt: jetzt aber zum Springerhaus. Tatsächlich war zum Beispiel die BNN [Badische Neueste Nachrichten] in Karlsruhe ein noch viel fieseres Blatt und noch viel monopolistischer und hat noch viel mehr totgeschwiegen, aber es ist schon gar niemand mehr auf die Idee gekommen, daß die Monopolpresse immer gleich agiert, sondern man ist blitzschnell nach Eßlingen gefahren und hat die Druckerei blockiert, die für Springer die BILD-Zeitung druckt. So war's in vielen Sachen. Im Grunde hat die Spontaneität an einer ungeheuren Bindung an ein paar Bewußtseinsinhalte gehangen, die einfach dann mit der Zeit weg waren. [...]

Insofern hat sich eben die Notwendigkeit gezeigt, daß sich Gruppen bilden, die einerseits theoretisch überhaupt mal den Marxismus sich aneignen, andererseits aber über Schule und Hochschule rauskommen und tatsächlich die Verbindung zwischen Hochschule und beispielsweise Leuten im Beruf schaffen. Da muß ich schon sagen, daß der KBW mit seiner damaligen Zeitschrift «Neues Rotes Forum» einen ganz entscheidenden Vorstoß gemacht hat. Zum einen hat er eine Faschismustheorie aufgestellt, die tatsächlich in der Lage war, Faschismus zum Beispiel von Polizeistaat zu unterscheiden. Zum anderen ist es ihm organisatorisch immerhin gelungen, mal über die Universität und die Schule rauszukommen und uns wenigstens eine Ahnung von dem, was Klassenkampf und Kämpfe in den Betrieben heißt, zu verschaffen.

Insofern ist es also ungerechtfertigt, jetzt einfach von heute aus die Position auf damals zurückzuschrauben und zu sagen: «Ach, diese K-Grüppler». Also ich hab's damals entschieden als einen Fortschritt angesehen. Man hat's auch in Karlsruhe sofort gesehen. Da saßen die vergrämten Linken in kleinen Zirkeln und haben Wilhelm Reich oder sonstwas gelesen und gesagt, wie in Wertheim: «Ja, das Leben ist anderswo. Wären wir nur in Heidelberg oder Frankfurt.» [Lachen] Wie nun tatsächlich der KBW gegründet wurde, hat's einem zunächst wirklich mal das Gefühl gegeben, man ist nicht isoliert, sondern es gibt eine Bewegung, und man muß sich auch organisieren, um zum Beispiel bei Streiks an verschiedenen Stellen gleichzeitig losschlagen zu können.

Ich bin also immer noch relativ treuherzig mit meiner KVZ an der Hauptpost gestanden, hab' mir eigentlich nicht besonders viel gedacht. Natürlich gab's auch damals in der Linken schon die Tour, daß einige nur die schlauen Artikel schrieben und die anderen sie verbreiteten. [Lachen] Ich dachte mir, darin kann ja nicht der Kommunismus bestehen. Es sollten alle alles machen, damit nicht schon wieder die Unterschiede unter den Menschen so groß werden. [...] Ich wollte halt das gute Beispiel geben, daß man seine KVZ verkauft.

Eines Tages: ein Menschenklumpen um mich herum, dann schiebt sich jemand mit gequältem Gesicht durch. Das war ein Herr vom Oberschulamt. [Lachen] Bei mir ist kein Verfassungsschützer verschwendet worden, sondern es war alles gute Handarbeit. [Lachen] Der Herr [...] kam sich vielleicht mutig vor, weil er mitten in dieser Menschenmenge gesagt hat: [parodierende Stimme, hauchend, gequält] «Herr Güde, krieg' ich auch eine?» [Großes Gelächter]

«Gern, man kann sie auch abonnieren.» [Großes Gelächter] Ich hab' ihm eine überreicht. Wie später aus den Akten ersichtlich wurde, waren noch zwei weitere Beobachter vom Oberschulamt mitgeschickt worden, die mußten wieder zuschauen, wie der zuständige Beamte seine Tat an mir begeht. Die sind schnell ins Oberschulamt gerannt und haben begeistert eine Aktennotiz angelegt. Ich hab' mir nichts Böses gedacht, sondern nur: «Man hat doch Sympathisanten in allen Kreisen.» [Großes Gelächter] Das war natürlich recht überheblich. Dann fing die Sache ein halbes Jahr später mit der Voruntersuchung an.

Gut, das war alles jetzt das Jahr 1973. Man darf nicht vom heutigen Stand ausgehen, sondern die Frage war damals wirklich: kann man nicht die Berufsverbote doch noch zurückschlagen. Zunächst schien es so, daß es nur einzelne Vorstöße sind. Und tatsächlich war ja die Stimmung auf breiter Ebene dagegen. In dieser Lage hat der KBW probiert, in die Offensive zu gehen, jetzt den Kampf für die möglichen Freiheiten aufzunehmen, weil man gerade in der Studentenbewegung den Lernprozeß durchgemacht hatte, daß es einem nichts nützt, Lehrer zu sein, wenn man die Klappe nicht aufmachen darf. In dieser Lage haben wir dann das Verfahren der Anhörung schriftlich gemacht. Die schriftlichen Antworten wurden dann alle in der «Kommunistischen Volkszeitung» und in «päd. extra» veröffentlicht, direkt als Versuch einer Gegenoffensive gegen das Oberschulamt. Dabei hab' ich inhaltlich geschrieben, ich hielte die KVZ im Gegensatz zum Beispiel zur BNN für eine nützliche Zeitung, wo alle Leute was draus lernen könnten, vor allem ihre Lage wirksam zu verbessern, und ich würde dieses Recht auf Meinungsfreiheit nicht nur für mich fordern, sondern für alle Blätter, die dem Volk wirklich nützen oder wo zumindest derjenige, der sie verbreitet, annimmt, daß sie ihm nützen. Es war keineswegs so, daß es geheißen hätte: nur der KBW hat die Wahrheit; sondern es war im Grunde einfach die Aufforderung: Nehmt jetzt eure Meinungsfreiheit wahr! Kämpft jetzt dafür!

Zugleich wurde dann eine ganz breite Schulkampagne gestartet. Es haben auch sehr viel Leute im ganzen Bundesgebiet unterschrieben, so 5000, vor allem sehr viele im Öffentlichen Dienst, was ihnen nachher aber schlecht bekommen ist. Im Grunde wurde die eine Schwierigkeit schon damals sichtbar, daß man Kämpfe nur anhand konkreter Sachen führen kann, in dem Fall, einer konkreten Person. Andererseits hat es sich ja schon in Wertheim und bei Topp gezeigt, daß, wenn derjenige weg ist, wirklich in der Schule nichts mehr läuft, daß jedes Mal die Behörde doch einen Sieg davonträgt, sooft man auch sagt: wir machen weiter.

Wir wollten damals gerade von der Person weglenken und auf den Kampf gegen die allgemeinen Schulverhältnisse. Das ist uns nicht gelungen. Fast in jeder Schule gab es zwar etwas, was man kritisieren konnte. Viele Schüler haben rebelliert. In ganz Nordbaden haben wir dann versucht, solche Kampagnen zu machen. Es gab auch in ganz kleinen Orten wie Sinsheim solche Komitees, die das unterstützt haben.

Aber im Grunde hat das Oberschulamt auch dieses zweite Mal einfach durch Abwarten gesiegt. Es hat alle Demonstrationen über sich ergehen lassen, ist halt in seinem Mauseloch gesessen, hat die Unterschriften liebevoll gesammelt, aber zunächst gar nicht reagiert. Es hat gewartet, bis die großen Ferien kamen. Dann haben sie in einem Generalschlag gleich acht vom KBW entlassen, die Nichtverbeamteten sofort und eine Beamtin und mich zunächst mal suspendiert. [...]

Wie haben sich die Lehrer an meiner Schule verhalten? Da haben sich etwa 20 in gewissem Umfang auf meine Seite gestellt und haben ausdrücklich geschrieben, sie treten nicht für den KBW ein, aber sie würden durchaus sehen, daß die Beamten auch die Meinungsfreiheit aller anderen Leute bräuchten. Ein maßvoller offener Brief, den sie ans Oberschulamt schickten.

Es gab auch eine Gegenresolution. Die war nicht gegen mich, sondern nur so allgemein: Uns steht es nicht zu, uns einzumischen in die großen Entscheidungen der Behörde; warten wir doch ab, was das Gericht beschließt; wir leben schließlich in einem Rechtsstaat.

Das war die Polarisierung, wobei etwa 20 für mich waren, 20 für dieses Rechtsstaatsgloria und 30 weggeguckt und gedacht haben: «Hoffentlich geht alles an mir vorüber.» Da ist dem Oberschulamt jetzt dadurch der Sieg gelungen, daß es einfach jeden von den 20, die für mich waren, einzeln bis zu vier Mal einbestellt hat. Die mußten dann alle immer Zeugenaussagen machen. [...] Dann haben sie Reverse unterschrieben, sie würden es jetzt einsehen, daß man mich nicht unterstützen dürfe, weil der KBW verfassungsfeindlich wäre.

Später, wie ich schon draußen war, ist mir Folgendes erzählt worden, für dessen Wahrheit ich mich aus eigener Kenntnis freilich nicht verbürgen kann: Es sind alle die Unterschreiber im Schuldienst aus ganz Nordbaden geschnappt und ebenfalls einzeln bestellt worden. Sie bekamen auch einen Revers vorgelegt, der hieß ungefähr: Ich ziehe meine Unterschrift zurück, sollte wider meine Meinung doch ein Dienstvergehen vorgelegen haben, bitte ich das Oberschulamt, zu berücksichtigen, daß man auch im Alter von – dann war das Alter eingesetzt, sagen wir mal 30 Jahren – Unvorsichtigkeiten begehen kann. [Mischung aus Lachen und Empörung] [...] Viele haben trotzdem nicht unterschrieben. Die bevölkern jetzt den Nordschwarzwald. [Lachen] Das hört sich lustig an, ist aber traurig, weil sie fünf Jahre nicht nur Beförderungssperre hatten, sondern auch Sperre der Übernahme in die Planmäßigkeit, so daß die dann jederzeit zur sofortigen weiteren Verwendung und Entlassung bereitstehen. Viele sind dann beim nächsten Schlag, wenn sie irgendwo für die KBW-Wahlliste unterschrieben haben, zur Verantwortung gezogen worden.

Wie wir alle draußen waren, war die Schule so schlecht wie vorher, vielleicht noch ein bißchen schlechter, aber wir hatten nicht mehr die Kraft und auch kaum noch die Möglichkeit, von außen in die Schule einzugreifen. Da sehe ich die entscheidende Schwierigkeit, weil alle Personenkämpfe zusammenbrechen. So wichtig kann eine Person überhaupt nie sein. Offen gestanden, ist das Gymnasium jetzt auch nicht viel anders als vorher, weil man als einzelner Lehrer die ganze Galeere nicht viel anders rudern kann, wenn man sie auch in Grund und Boden bohren möchte. Das ganze Problem der Berufsverbote ist: Wie kommt man weg vom Kampf um Personen, wie kommt man hin zum Kampf um die Sache, um die bedrohten Freiheiten und zum Kampf gegen die Mißstände in den Schulen?

Warum führt man nun überhaupt einen Prozeß? Vor dem Verwaltungsgericht Karlsruhe habe ich verloren. Damit es gerecht aussieht, wurde damals vor drei Jahren gleichzeitig mit mir der Oberstudienrat Deckert von der NPD suspendiert. Nach einem halben Jahr war der schon wieder im Schuldienst drin. Bei dem haben sie die Suspendierung aufgehoben. Man hat auch gesagt: selbst wenn der Herr Deckert angenommen haben sollte, die NPD sei verfassungswidrig, hat er doch davon ausgehen können, daß er in der Partei bleiben kann, solange das Bundesverfassungsgericht nicht gesprochen hat.

Genau das hab' ich auch vorgetragen. Und mein Anwalt hat noch vorgebracht, was auch stimmt, daß mein Vater noch zu mir gesagt hat: «Ich bin zwar gegen den KBW, aber er ist ja nicht verboten, also können sie dir nichts machen.» Da haben sie dann raffiniert geschlossen: [parodierende Stimme] «Ha ha, Herr Güde hatte offenbar Zweifel, vertraute sich seinem Vater an [Lachen] und zeigte damit seine von vornherein vorhandene Überzeugung, daß der KBW verfassungswidrig ist. Also kann bei ihm die Entschuldigung für den NPD-Mann nicht gelten.

Warum überhaupt die juristischen Auseinandersetzungen? Viele Leute klagen ja inzwischen gar nicht mehr, sondern nehmen's halt hin, daß sie rausgeschmissen worden sind. Der NPD-Fall ist jetzt eine Chance, zu zeigen, wie das bürgerliche Recht arbeitet. Man denkt sich ja immer: Wenn's Recht schon sonst nichts ist, wenigstens kann man vorausberechnen, was kommt: Es ist logisch, es ist in sich konsequent, man weiß, was einem blüht. Gerade an solchen Fällen sieht man aber, daß es im Grunde von Willkür zersetzt ist, daß es mehr oder weniger nach den politischen Ermessensüberlegungen geht: Was paßt gerade und was nicht?

Trotz allem sollte man diese Prozesse führen, weil's nicht anders möglich ist als durch solche Beispiele immer wieder zu zeigen, daß der Spruch «Laß nur die Gerichte walten, und du wirst dein Recht erhalten» einfach nicht stimmt. Wenn man immer sagen kann, das Gericht macht es für mich, dann kämpft kein Mensch, sondern man sperrt das Maul auf und wartet, bis die Gerechtigkeitstaube geröstet runterfällt. [Lachen]

In der Diskussion kam die Frage auf, wie Fritz Güde aus der GEW ausgeschlossen wurde.

Der Ausschluß aus der GEW war damals schwierig, weil ich noch vor den Unvereinbarkeitsbeschlüssen geflogen bin, also noch nach dem handwerklichen Verfahren. Da mußten auf allen Ebenen, wo man war – da ich im Vorstand war, also bis zum Vorstand Nordbaden – Mehrheiten gefunden werden. In Karlsruhe war das ziemlich schwer, weil sie mir mit dem besten Willen nichts Gewerkschaftsfeindliches vorwerfen konnten. Da haben sie einen Autobus voll Pensionäre, die sonst nie gekommen sind, eingeschüttet, um die Abstimmung zu gewinnen.

Der Ausschluß selber wurde so begründet. In Stuttgart gab es eine Demonstration gegen Berufsverbote. Da sind zwei Transparente mitgetragen worden: «GEW kämpft gegen Berufsverbote» – das hat sich inzwischen als Übertreibung herausgestellt – [Lachen] und «Für gewerkschaftliche und politische Freiheit in Ausbildung und Beruf». Vorgeworfen wurde mir, in räumlicher Nähe zu diesen Transparenten gegangen zu sein und damit den Eindruck erweckt zu haben, die GEW dulde Linksextremisten in ihren Reihen, und damit hätte ich die GEW geschädigt.

Ich hab' schon beim Ausschluß gesagt: es wäre mir lieber gewesen, sie hätten's einfacher gesagt, damit es alle verstehen, man wird halt wegen dem KBW rausgeschmissen. Das haben sie dann auch gesagt: Auch ihnen wäre es lieber gewesen, aber es sei nur so gegangen. Nachdem ich draußen war, hat es in der GEW trotzdem ziemlich Bewegung gegeben. Da sind aber alle Leute mit Ausschluß bedroht worden, die für mich etwas machen wollten. Die GEW hat abgeblockt, daß in GEW-Kreisen auch nur eine Resolution für mich gemacht werden konnte.

1981 legte ich Fritz Güde die Abschrift seiner Reutlinger Erzählung vor. Eines Tages kam der Text mit einigen Korrekturen zurück, samt einer aktuellen Stellungnahme. Fritz Güde trug nach, was er einst mitten in den Auseinandersetzungen lieber beiseite gelassen hatte. Damit geht er weit über das hinaus, was in der Berufsverbotsdiskussion zu hören ist.

Vier Jahre später.
Gemischte Gefühle beim Wiederlesen eines Stücks Rollenprosa. Man merkt den stories an, wie oft sie vorher schon erzählt wurden. Im Lauf des Jahres 1974

hatten sie sich in mir zu einer Serie arrangiert. Damals stellte ich in zahlreichen Veranstaltungen den Mann vor, der den Übermut der Ämter ungebeugt überlebt.

So hat der Text möglicherweise den Wert eines Dokuments, weil er zeigt, wie man in jenen Jahren glaubte, auftreten zu müssen. Was gesagt wurde, stimmt. Die Lüge fängt dort an, wo der Text etwas wegläßt. Einiges sei hier nachgetragen.

1. Die gequälte Lustigkeit soll – dreieinhalb Jahre nach erfolgter Suspendierung – vortäuschen, es hätte mir alles nichts ausgemacht. Es hat mir viel ausgemacht. (Wäre ich noch zehn Jahre älter gewesen, es wäre mir vielleicht wie Peter Brückner gegangen, der 1982 in der langen, erzwungenen Arbeitslsosigkeit einen vorzeitigen Tod gefunden hat.) Das parasitäre Rentnerdasein eines Mannes, der angeblich an der Seite der arbeitenden Klasse kämpfte, selbst aber ohne Arbeit von seinem Gehalt lebte, war lächerlich und zermürbend.

2. Im Referat findet sich die Skizze eines Entwicklungsromans einer Person, die vom bürgerlichen Widerstand zum Kampf an der Seite des Proletariats findet. Es handelt sich dabei um Selbststilisierung. Wer sich stark machte für das Recht, eine Zeitung zu verkaufen, berief sich leichter auf Voltaire, Lessing und Heinrich Mann als auf das Proletariat. Trotz aller Anstrengungen hatte die «Kommunistische Volkszeitung» den Beweis nicht erbringen können, daß ihre Informationen und Handlungsanweisungen für den Kampf der Arbeiter besonders wichtig seien.

Ich möchte nicht behaupten, der Kampf um Meinungsfreiheit sei überflüssig gewesen. Falsch war nur, ihn unter irreführender Flagge aufzunehmen. Die Lehrer, Journalisten etc., die er wirklich interessierte, schloß die von mir gewählte Rhetorik aus.

3. Die Tatsache, daß ich im Januar 1975 aus dem KBW ausgetreten bin, habe ich im vorliegenden Text nur angedeutet. Beim Austritt hatte ich – wie damals vermutlich viele – keine gewichtigen politischen oder logischen Einwände gegen das Programm der Organisation vorzubringen, ich konnte nur mein – notgedrungen bürgerliches – Leben nicht in seinen Kategorien interpretieren. Das nahm die Form an: Eure Forderung ist richtig, nur bin ich für sie zu schwach. (Die Herkunft der Formel aus dem Römerbrief und einem katholischen Hintergrund ist überdeutlich.) Damit traten zum absehbaren Sieg des Oberschulamts im Äußeren im Innern Schuldgefühle und Zusammenbruchstendenzen. Die Niederlage war vollkommen. Vom aufrechten Mann aus dem Volk blieb nur die Fassade. Diese war in Reutlingen zu besichtigen.

4. In zweiter Instanz bekam ich vom Verwaltungsgerichtshof Mannheim Recht, nachdem das Verwaltungsgericht Karlsruhe bei gleicher Rechts- und Prozeßlage mir Unrecht gegeben hatte. Insofern ist die Behauptung über die Unmöglichkeit, vor Gericht sein Recht zu bekommen, zu revidieren. Befremdlich bleibt allerdings die Zufälligkeit und Unberechenbarkeit des Ergebnisses. Ich hatte beiden Gerichten eine Erklärung vorgelegt, in der ich die Tatsache meines Austritts zu Protokoll gab, zugleich aber darauf hinwies, daß ich nicht sämtliche Aussagen des KBW für falsch halte und nicht bereit sei, «zu verbren-

nen, was ich angebetet habe». Insbesonders bestand ich auf meinem Recht, Veranstaltungen aller Organisationen, also auch des KBW, zu besuchen. Das war dem Verwaltungsgericht Karlsruhe zu wenig gewesen. Mannheim genügte der Austritt, und es wertete diesen als «tätige Reue». Dieser Begriff aus dem Strafrecht sieht zum Beispiel Straffreiheit vor, wenn ein Ladendieb vor der Entdeckung die Ware freiwillig ins Regal zurücklegt. In der Presseverlautbarung verstand jeder «Reue» im allgemeinsprachlichen Sinn und sah mich im Geist im langen Hemd, die Kerze in der Hand, vor den Toren eines Öffentlichen Gebäudes in Karlsruhe auf den Knien Abbitte leisten. Kein Wunder, daß all die sich hereingelegt vorkamen, die für mich eingetreten waren und noch Jahre nachher dafür zur Rechenschaft gezogen wurden. Ich habe sie im Stich gelassen.

In (fülliger) Fleischesgestalt habe ich zwar überlebt – aber über den «Lehrer Güde Vorkämpfer» hat die Gegenseite einen Sieg errungen, wie er vernichtender nicht gedacht werden kann.

5. In sieben Bundesländern hatten die Kultusminister verfügt, daß vom Staat entlassene oder zurückgewiesene Lehrer auch an Privatschulen keine Unterrichtserlaubnis bekommen sollten. Hessen machte da eine Ausnahme. Im August 1978 (also vor dem zweiten Prozeß) erhielt ich in Nordhessen eine Anstellung an einer Internatschule und unterrichte noch heute dort. Nach über vier Jahren wieder im Schuldienst tätig, fand ich zwar die Aussagen und Prophezeiungen über den Verlauf der Schulreform voll bestätigt, merkte aber auch, wie schwer es ist, davon abzuweichen. Ich habe z. B. in der Not selbst für Entfernung von Schülern aus dem Heim und der Schule gestimmt, obwohl ich gerade wegen solchen Vorgehens Direktoren früher angegriffen hatte.

6. Ich bin, wie gesagt, übrig. Wer am Winzigen Freude hat, kann das als Sieg verbuchen. Aber zum Geschichtenerzählen gibt es nichts mehr her. «Besser wäre es / Ein Mensch hätte nicht so gelebt.» (E. Fried) Warum «hätte»? Das ist doch noch Leben: in der Klemme. Mitmachen oder Zerfall in der Isolierung: gibt es denn nichts dazwischen?

«Gab es Einwände, die man vergessen hatte? Gewiß gab es solche. Die Logik ist zwar unerschütterlich, aber einem Menschen, der leben will, widersteht sie nicht.» (F. Kafka) Das greise Murmeltier vor dem Schatzkästlein des böhmischen Hausfreunds.

Man muß vielleicht allerlei aus der Hand geschlagen bekommen, um zu verstehen, daß die Negation in Hegels Weltbewegungsmaschinchen mehr ist als nur ein Wort. Die wirkliche Erfahrung der Vernichtung zeigt zumindest das eine: so geht es nicht.

Im Liegen wälzt einer sich auf den Krümeln des Lebens. Fortbewegung – oder bloß Schlafstörung? Das sollte man mal herauskriegen. F. G.

Haunetal, 5. V. 82

133 Für das Leben – gegen die Atomkraftwerke

Die Nachkriegszeit, die dumpfe Adenauer-Ära mit der Gängelung des Volkes, endete erst, als im Juni 1967 nach der Erschießung des Berliner Studenten Benno Ohnesorg die Außerparlamentarische Opposition (APO) aufbrach. Wie stark die APO in die bundesdeutsche Geschichte eingewirkt hat, offenbart sich immer deutlicher, je weiter wir uns von den heißen Jahren 1967/68 entfernen. Auch wenn danach viele den parlamentarischen Weg eingeschlagen haben, so sind doch die grundlegenden Oppositionsbewegungen der siebziger Jahre bis heute in die Fußstapfen der APO getreten, nicht in die der Staatsparteien.

Das zeigte sich schon in der neuen Gewerkschaftsjugendbewegung, konzentriert auf die zahlreichen Lehrlingszentren 1969–72. Die spontanen, selbständigen Streiks des Herbstes 1969 fanden in der ersten Hälfte der siebziger Jahre ihre Fortsetzung. Die traditionell schwerfälligen, an der SPD sich anklammernden, fortschritts- und technikgläubigen Gewerkschaften wurden von Streikbewegungen erschüttert wie noch nie nach 1945. Warnstreiks, Schwerpunktstreiks, Flächenstreiks, spontane Streiks in einzelnen Betrieben, Betriebsbesetzungen gegen Stillegungen.

Die Vernichtung von Wohnraum und die Zerstörung der Städte durch Bauspekulanten führte bald zu Häuserkämpfen, zuerst in Frankfurt zu Anfang der siebziger Jahre. Ab Dezember 1980 drückte eine solche Bewegung Westberlin ihren Stempel auf. Von September 1980 an hielt in Zürich eine neue Protestbewegung die behäbigen Stadtväter in Atem.

Daneben fanden Abwehrkämpfe gegen die Fahrpreiserhöhungen in den Großstädten statt: zuerst die Rote-Punkt-Aktion in Hannover. Spätere Initiativen in Frankfurt und Heidelberg mündeten in tagelange Straßenschlachten.

Die lebensbedrohende Erweiterung von Flughäfen schreckte auch konservative Zeitgenossen auf, so um München, um Stuttgart und ab Oktober 1981 intensiv um Frankfurt. Ihren Gipfel erreichten diese neuen Volksbewegungen im Herbst 1981 im Kampf gegen die geplante Startbahn West bei Frankfurt im Flörsheimer Wald, wesentlich getragen von den unmittelbar bedrohten Ortschaften Mörfelden und Walldorf. Eine davon kann auf eine beachtliche Widerstandstradition zurückblicken: die rote Kommune Mörfelden des Jahres 1932 (Kapitel 121).

Die weitaus größten Gefahren für das Leben aller und für die nach allen Beschneidungen noch verbliebenen demokratischen Rechte gehen von der

Atomindustrie aus. Schon das übliche, unvermeidliche Austreten radioaktiver Substanzen führt zu schweren Schädigungen: Mißbildungen bei Säuglingen, Krebs u. ä. Bei einem Unfall ist die ganze Umgebung «verbrannte Erde». Den Anfang einer langen, noch nicht abgebrochenen Serie von Kämpfen gegen die Atomkraftwerke machten die Kaiserstühler 1972 in Wyhl. 1975 besetzten sie zweimal überraschend den Bauplatz, hielten ihn dann auch gegen die Polizei. Aus dieser Niederlage von Staat und Industrie zogen die herrschenden Parteien und die Polizei Konsequenzen, die in Richtung Aufrüstung und Bürgerkrieg von oben gehen. Das bewies sich in den nächsten Massenaktionen an anderen Orten (Grohnde, Brokdorf).

Im benachbarten Elsaß brachte im Jahr 1977 eine solche Bewegung das erste Umweltradio hervor: Radio Verte Fessenheim/Grünes Radio Fessenheim; zuerst noch illegal, von Ministerien, Polizei und Post verfolgt. Das Rundfunkmonopol diente zum Vorwand, in Sachen Atomkraft ein Monopol der Atomindustrie durchzupauken.

In der Zeit der Illegalität machte ich mit einem der Radiobetreiber ein Interview (Juni 1978). Nach verschlungenen Kontaktversuchen ging ich in St. Louis bei Basel über die Grenze, wie vor mir deutsche Jakobiner, Vormärz-Liberale, 48er-Demokraten oder emigrierte Gegner der Nazis. Auf einem für die Sendung günstigen Vogesenberg machten wir das Interview. Weiter entfernt lief die Sendung ab. Wir waren auf der Hut vor Polizeihubschraubern, die aus dem Rheintal aufsteigen konnten.

Das Gespräch führten wir selbstverständlich in Mundart: alemannisch der Elsässer, schwäbisch ich. Hier wird es übertragen ins Hochdeutsche wiedergegeben; französische Wörter bleiben, da sie typisch für die Elsässer von heute sind.

R = Radio Verte Fessenheim; H = Haasis

H: Wie seid ihr dazu gekommen, das Grüne Radio Fessenheim zu machen?

R: In den nächsten Tagen feiern wir unsern ersten Geburtstag. Im letzten Jahr haben wir am 4. Juni angefangen zu senden. Das war die erste Sendung des Radio Verte Fessenheim.

Wie sind wir dazu gekommen? Im großen und ganzen müssen wir sagen, daß das Medium Radio uns am Anfang gar nicht interessiert hat. Erst später entdeckten wir es als ein Mittel, um unsere Bewegung im Elsaß, in Baden und in der Nordschweiz zu verstärken.

Ganz kurz. Einen großen Kampf haben wir in Marckolsheim gehabt, im Jahr 1974. Ein großer Kampf in Wyhl 1975. Dann Kaiseraugst. Das alles waren Platzbesetzungen gegen Atomkraftwerke oder gegen den umweltverschmutzenden Betrieb eines chemischen Werkes von München, so in Marckolsheim. Das sind gute Kämpfe gewesen, wo wir mit succès [Erfolg] gewonnen haben.

Ein schwarzer Punkt in dem allem ist Fessenheim. Das ist der AKW-Betrieb, wo der Anfang der ganzen Bewegung gewesen ist, auch wenn wir den Betrieb nicht verhindern konnten.

Im Jahr 1976 hat es einen ziemlich starken Kampf gegen die Inbetriebnahme von Fessenheim gegeben. Obwohl sich die Bevölkerung stark dagegen gewehrt und sogar einen Baustop gefordert hat, hat die Regierung das AKW in Betrieb genommen. Trotz eines Hungerstreiks über 25 Tage von fünf Personen in Roggenhausen [Dorf südwestlich von Fessenheim], trotz zwei großer Demonstrationen in Colmar und Straßburg mit jedesmal 5000 Personen haben sie das AKW in den industriellen Betrieb genommen.

In diesem Moment hat sich die Bewegung ein wenig anders orientiert. Vorher waren es große gewaltfreie Kundgebungen, Platzbesetzungen, Demonstrationen, Hungerstreiks. Jetzt hat sich das umgewandelt in mehr direkte Aktionen, stärker und heftiger. Die Elektrizitätsmasten, die den Strom befördern, sind plastigiert [durch Bombenanschläge umgelegt] worden.

H: Sind sie umgefallen?

R [lacht]: Der Wind ist manchmal ein bißchen zu stark gewesen. In der Gegend von Fessenheim gab es einen falschen Alarm, wo die Sirenen von allen Dörfern eingeschaltet worden sind. Die Bevölkerung hat richtig Angst bekommen. Es sind Plakate geschrieben worden: Was machen wir jetzt? Wenn's auch nicht vorgesehen war im AKW, was würden wir machen? Jetzt würden wir wie Idioten dastehen. Niemand weiß, wie man vorgehen müßte.

Darum haben wir verlangt, daß der Katastrophenplan veröffentlicht wird. Deshalb haben wir diese Übung gemacht.

H: Da müßt ihr aber Freunde auf den Rathäusern gehabt haben, daß ihr an die Sirenen herangekommen seid.

R: Nein, da kann jeder auf den Knopf drücken. Der Knopf für die Sirenen ist außen an der Mairie, am Bürgermeisteramt. Bei einem Unfall muß jeder die Sirenen in Gang setzen können.

H: Ah so; so ist das bei uns nur mit den Feuerwehrmeldern. Aber die melden nur zur Feuerwehrzentrale. Außen hört man da nichts davon. Sind das bei euch extra Sirenen wegen des AKW?

R: Nein, nein, das ist für die Feuerwehr. Die Sirenen sind auf den Häusern.

H: Das geht automatisch?

R: Ja, du mußt ein kleines Fenster einschlagen.

H: Bei uns geht das nur zur Zentrale der Feuerwehr. Wer drum rum wohnt, merkt gar nichts. Für euren Plan ist das natürlich besser. Das wird eine freiwillige Feuerwehr sein, wo die Leute vom Feld und aus den Betrieben kommen?

R: Ja. In der Stadt hörst du es bei uns auch nicht. Das ist wahr. Nach diesen heftigeren Aktionen, aber immer noch gewaltfreien, hat sich eine Spaltung zwischen der Bevölkerung und der offiziellen Presse gezeigt. Die offizielle Presse hat entweder nichts berichtet über diese Aktionen oder feindselige Gegenberichte gebracht. Das hat die Bevölkerung wirklich wütend gemacht. In diesem Sinn haben wir uns gedacht: so, jetzt geht es nicht mehr, jetzt müssen wir unsere Informationen selbst machen.

Zu dieser Zeit, im April 1977, ist jemand mit einem Sender gekommen, ein Kollege, der gesagt hat: «Da habe ich einen Sender. Willst du ihn? Was macht ihr mit ihm?» Ich hab' gesagt: «Du kannst ihn mal dalassen. Wir werden sehen, was wir damit machen.»

Zwei Monate lang haben wir gewartet. Im Juni haben wir gesagt: «So, jetzt machen wir die erste Sendung.» Am 4. Juni forderten wir die Veröffentlichung des Katastrophenplans für Fessenheim. Wir haben die Bürgermeister und Gemeinderäte aufgefordert, daß sie für die Veröffentlichung des Katastrophenplans kämpfen; die Sicherheitsgarantie für das AKW Fessenheim.

Jeden Samstagabend haben wir dann gesendet, immer voran AKW-Probleme, Umweltschutzprobleme usw. Nach sechs Wochen haben wir aufgehört und sechs Wochen Ferien gemacht. Wir wollten uns organisieren, denn anfangs waren wir nur vier Personen, um die Sendungen zu machen. Aus Sicherheitsgründen blieben wir auch dann nur vier Leute. Wir blieben geheim, damit nicht so viele etwas wissen. In der sechswöchigen Pause haben wir uns reorganisiert, damit wir uns verbreitern und die Bevölkerung an den Sendungen teilnehmen kann.

Im August haben wir wieder begonnen zu senden, jeden Samstagabend um ein Viertel vor acht Uhr, im November noch dazu jeden Freitagabend.

H: Kannst du einmal sagen, wie die Bevölkerung darauf reagiert?

R: Am Anfang ist sie sehr integriert gewesen, besonders der Teil, der gegen die AKW kämpfte. Die haben immer den Sendungen zugehört, das gut und sympathisch gefunden.

Eine zweite Kategorie der Bevölkerung hat die Sendungen am Anfang gehört, weil es sensationell ist, geheim. Die Leute haben so etwas ziemlich gern. Aber mit der Zeit, als dann Störungen kamen, hat die Bevölkerung immer weniger teilgenommen. Deshalb haben wir das Spektrum unserer Informationen stark verbreitert. Wir meinten: die Arbeiter zum Beispiel haben Schwierigkeiten, gegen die AKW zu kämpfen, weil sie andere Probleme haben, die jetzt gerade noch viel schlimmer für sie sind, zum Beispiel die Erhaltung ihres Arbeitsplatzes. Wir dachten, wir sollten alle diese Leute einbeziehen.

Dann haben wir eine erste Sendung dieser Art probiert. Im Maseveaux [Masmünster]-Tal, dem letzten Vogesental im Elsaß, gab es das Problem einer Textilfabrik. Da sind wir hingegangen und haben die Leute gefragt, ob sie einverstanden wären, eine Sendung mitzumachen. Das ist sehr schwer gewesen. Am Anfang haben sie sich gar nicht dafür interessiert. Erst nach langen Diskussionen haben wir eine Sendung miteinander gemacht. Das war im November 1977. Seitdem macht die Bevölkerung mit.

H: In diesem Tal?

R: Im Tal und im ganzen Elsaß. Wir haben zuerst eine Sendung mit ihnen gemacht, dann eine Livesendung. Ungefähr 60 Prozent der Bevölkerung des Tales haben der Sendung zugehört. Das ist ein sehr guter Anteil.

Von da an kommen jetzt die Leute zu uns und fragen: «Können wir eine Sendung machen über dieses oder jenes?» Sie kommen zu uns. Wir organisieren alles oder, was noch besser ist, die Leute bringen selbst ihre Informationen. Jede

Woche können Leute aus dem Elsaß und aus Basel Aufnahmen auf Kassetten schicken. Wir machen noch Musik drauf, dann geht das über den Sender.

Wichtig ist, daß die Bevölkerung jetzt richtig dieses Mittel ergreift, um ihre Informationen selbst zu verbreiten. Da gibt es noch das Beispiel von Reiningen bei Mülhausen [zehn km westlich von Mülhausen, an der Doller], wo die Bevölkerung gegen das Einspritzen des Salzwassers aus dem Kalibergwerk in das Grundwasser kämpft.

In Colmar haben die Arbeiter eine Textilfabrik besetzt. Da haben jeden Abend die Arbeiter eine Sendung gemacht, um den Leuten von Colmar zu sagen, was im Betrieb los ist.

Meistens kommt jetzt die Bevölkerung selbst und fordert, daß wir eine Sendung machen. Im Fall von Reiningen kamen zwei Mitglieder des Generalrates zu uns. Wir sagten: «Gut, wir machen das. Wir organisieren eine Livesendung. Wir kommen mit dem Material, mit der Technik, und ihr macht die Sendung.»

Sie machten die Werbung, schrieben die Plakate und luden die Leute ein. Wichtig war bei dieser Sendung, daß ziemlich viele Leute da waren, ungefähr 25, darunter viele aus dem Volk, aber auch Gewählte; einer aus dem Generalrat, zwei Bürgermeister und sechs Gemeinderäte.

Das ist eine neue Etappe. Jetzt nehmen sogar die Gewählten der lokalen Ebene teil, damit der Sender funktioniert. Obwohl das ganz illegal ist und sie selbst Probleme mit der Regierung haben, benützen sie doch den Sender und finden, daß dies noch das einzige Mittel ist, die Meinung zu sagen.

Den Sender machen wir nicht aus bloßer Freude, sondern als Ausdrucksmittel des Volkes, auch für Kulturelles, für die création [eigene Schöpfung]. Die Leute können sich hier mit jedem Mittel ausdrücken: Theater, Musik, Gedicht.

H: Was schicken die Leute am meisten?

R: Im Moment sind es am meisten Aufnahmen über ihre Probleme. Es kommen wenige Bänder mit création. Meistens sind es Probleme mit der Regierung, der Adminstration. Es sind meistens Kämpfe.

In Marlenheim, zwischen Straßburg und Zabern, soll ein großes Spinnennetz für Hochspannungsleitungen für ganz Frankreich, aber auch für Deutschland und für die Schweiz gebaut werden. Das ist ein weiteres Beispiel.

Gestern abend ist in der Gegend von St. Louis ein Theaterstück über den Bauernkrieg im Jahr 1525 gespielt worden. Als wir mit ihnen diskutiert haben, sind sie ganz einverstanden gewesen, das aufzunehmen. Das nehmen sie später mit dem Publikum auf. Dann schauen wir, was wir damit machen können. Vielleicht machen wir eine Spezialsendung, einen Abend lang.

Wir versuchen, Gruppen in den verschiedenen Dörfern oder Stadtvierteln zu organisieren, wo sich Junge und Alte versammeln und solche Sendungen herstellen. Nicht nur über ihre Probleme, sondern auch Kulturelles, solche création-Gruppen.

H: Wie reagiert die gegnerische Seite darauf: der Staat, die Regierung, die Polizei?

R: Bis jetzt haben wir nicht viel von Staat und Regierung gesehen und gehört. Einmal ist die Polizei zum Sendeort gekommen und hat den Sender wegputzen wollen. Das ist im Badischen gewesen. Im September 1977 sind sie mit einem Hubschrauber und der Polizei gekommen. Sie haben das Material und die Personen nicht erwischt, denn die Bevölkerung ist dabei gewesen. Da konnte man entkommen.

Seither haben sie auch unsere Mittel benutzt: das ist der Störsender. Jeden Freitagabend und Samstagabend stören sie. Wenn wir jetzt viele Sender haben – zur Zeit sind es sechs, die funktioniren – bringen sie nichts mehr fertig. Gut, es gibt Gegenden, wo wir überhaupt nicht senden können oder wo die Bevölkerung nichts hört, weil der Störsender zu stark ist. Aber es gibt viele andere Gegenden, wo die Bevölkerung unseren Sender sehr gut hört.

H: Hast du mir nicht vorher gesagt, daß neulich einige festgenommen worden sind?

R: Nein, das ist vor zwei, drei Monaten gewesen. Eine Mannschaft von Lörrach ist erwischt worden. Sie wurden verhaftet – wie nennt man das? en flagrant délit [auf frischer Tat]. Sie wurden erwischt, währenddem sie gesendet haben. Für die ist es schwer. Jetzt gibt es einen Prozeß, und wahrscheinlich werden sie bestraft.

Die Erwischten sind glimpflich davongekommen: ein Freispruch und ein Bußgeld von 150 Mark.

Radio Verte Fessenheim ist das zweite freie Radio in Frankreich. 1978 gab es rund 80 Sender in Frankreich: grüne, andere von politischen Gruppierungen der äußersten Linken und auch kommerzielle. Die Regierung verlor den ersten Prozeß gegen ein freies Radio in Montpellier. Da im Gesetz über das staatliche Rundfunkmonopol keine Strafen festgelegt sind, wurden die Radioleute freigesprochen. Die freien Radiostationen beanspruchen als ein unveräußerliches Recht, sich mit jedem möglichen Mittel ausdrücken zu können, eben auch mit dem Radio. Darauf bemühte sich die Regierung um die Unterdrückung des freien Radios, gegen sie waren scharfe Gesetze vorgesehen. Seitdem Mitterand Staatspräsident ist, können die freien Radios legal arbeiten.

H: Kannst du jetzt mal bestimmte Unterschiede aufzeigen: wo ist die Teilnahme der Bevölkerung am stärksten: im Elsaß, im Unterelsaß, im Oberelsaß, im Sundgau? Wie ist es im Badischen? Von der Schweiz haben wir noch gar nicht geredet. Wie ist es in Basel und der ganzen Nordschweiz?

R: Unsere Zuhörer finden wir meistens an den heißen Punkten, wo es brenzlig ist. Das sieht man in den Gegenden von Fessenheim, Marlenheim, Gerstheim, Ville – wo sie Uranminen aufmachen wollen – Colmar, Straßburg und Mülhausen und bei den Arbeiterbewegungen in den verschiedenen Vogesentälern. Das sind alles Bewegungen, wo wir immer Leute haben. Im ganzen Elsaß sieht man das. In diesen Gegenden haben wir lokale Antennen. Eine lokale Antenne nennen wir einen Korrespondenten oder eine Gruppe, die das macht.

Im Badischen haben wir vier Antennen: im Kaiserstuhl, in Freiburg, in Lörrach und in Müllheim. Dann noch in der Schweiz, in Basel. Da ist es viel problematischer, denn die Bedeutung des Dreiecklandes ist in der Schweiz ziemlich schwer durchzubringen. Die Schweizer sind ziemlich nationalistisch, ziemlich chauvin nennt man das.

H: Chauvinistisch sagen wir.

Radio Verte Fessenheim sendet noch immer, jetzt als «Radio Dreyeckland», mit vier tatkräftigen Antennen (Lokalgruppen) in Südbaden. Am Anfang gab Radio Verte Fessenheim drei Kassetten mit Sendungen heraus, die einen Einblick in die ersten Versuche gewähren. Der Sender muß dreisprachig arbeiten: französisch, alemannisch und hochdeutsch. Auf der Wellenlänge UKW Megaherz 101 begann er die ersten Sendungen mit der spannungsvollen Titelmelodie des Western «Spiel mir das Lied vom Tod». An dessen Stelle trat bald elsässische Volksmusik.

Die zweite Sendung (11.6.1977) setzte mit folgendem Text ein, hier aus dem Alemannischen übersetzt, im Hintergrund mitreißende elsässische Tanzmusik.

Guten Abend! Nach dem Erfolg unserer Sendung vom 4. Juni haben wir desidiert [beschlossen], daß wir jetzt jeden Samstagabend um Viertel vor acht Uhr auf 101 Megaherz UKW senden werden.

Die letzte Woche ist die Sendung sehr schlecht gewesen. Aber ihr werdet verstehen, daß Amateure wie wir große finanzielle und technische Mittel für das große Radio nicht haben. Drum müssen wir ein bißchen basteln, bis es läuft.

Wir wissen aber, daß ihr uns trotzdem mit viel Aufmerksamkeit zuhört. Wir hoffen, daß ihr bald alle an unserem Radio mitmachen werdet.

Radio Verte Fessenheim muß nämlich euer Radio sein, das Radio der ganzen Bevölkerung, das Radio des Kampfes gegen das Atomprogramm und die Industrialisierung des Rheintals.

Es folgt ein Interview mit einem Elsässer aus der Gegend von Fessenheim über die bisher zehn Wochen andauernde Besetzung des Mastes in Heiteren, über den der Strom aus dem AKW Fessenheim bis nach Paris geleitet werden soll.

Kurze Informationen:

Am letzten Sonntag ist in Basel gewählt worden. Mit einer großen Mehrheit haben die Basler den Baustop für alle KKW [Kernkraftwerke] am Rhein gefordert. Kein KKW in Fessenheim, in Wyhl, in Kaiseraugst [am Hochrhein bei Basel] und in Schwörstadt [am Hochrhein bei Säckingen]. [...]

Am letzten Mittwoch hat man in der Zeitung «Elsaß» lesen können, daß Werkzeug und Isolatoren [in Fessenheim] kaputtgemacht worden sind. Es ist nicht das erste Mal, aber die Sabotagen nützen sehr wahrscheinlich nicht viel. Sie beweisen nur, daß gewisse Leute nicht mehr wissen, was sie machen sollen gegen die KKW; denn die Regierung macht ihre Politik, ohne die Bevölkerung zu fragen, ob sie einverstanden ist. Wir meinen, daß es besser wäre, wenn die ganze Bevölkerung um ihr Leben kämpfte. Deshalb geben wir ein Maximum an Informationen. Der Kampf ums Leben muß von jedem unter uns gemacht werden. Es ist unsere einzige Kraft und Mittel, damit die Regierung aufhört, ihr Atomprogramm zu machen.

Aus der Sendung vom 9. und 10. Dezember 1977, Übersetzung aus dem Alemannischen:

Hier ist Radio Verte Fessenheim. Einwohner der Vogesen, der Nordschweiz und des Rheintals, bedroht von der chemischen und radioaktiven Umweltverschmutzung, guten Abend!

[...] Unsere Sendeequipen haben letzte Woche zu spät angefangen. Ihr dürft ihnen keine Vorwürfe machen. Denn mit dem Schnee und mit der Kälte wird das Senden immer schlimmer und immer härter.

Ein Wort noch über die Briefe. Jede Woche bekommen wir viele Briefe. Das ist für uns wichtig. Schreibt deshalb weiter und schickt uns Kritik und Vorschläge! Und vergeßt eure Adresse nicht, wenn ihr eine Antwort wollt.

[...] Hartmut Gründler. Er war jetzt 47 Jahre alt, er ist Schullehrer in Tübingen gewesen. Hartmut. Viele von uns hat er gekannt. Er hat an vielen Demonstrationen für die badisch-elsässischen Bürgerinitiativen mitgemacht. Im August 1975 ist er mit uns auf dem besetzten Platz von Wyhl gewesen, und er hat einen sehr langen Hungerstreik angefangen.

Heute lebt Hartmut Gründler nicht mehr. Er ist am 21. November gestorben, an seinen schweren Verbrennungen. Denn am 15. November hat er sich in Hamburg selbst verbrannt. Er hat zum hundertsten Mal protestieren wollen gegen das Schweigen der Behörde in den Atomenergieproblemen.

Was ihn am meisten aufgebracht hat, ist, wie die Regierung in Bonn ihre Informationspolitik angelegt und durchgeführt hat, wie die Regierung falsche Informationen an die Gewählten [Abgeordneten] verbreitet hat und besonders, wie die Probleme der Atommüllagerung gelöst sind.

Hartmut hat nie gegen die Administration kämpfen wollen, weil sie unpersönlich ist. Deshalb war sein Ziel, die Leute der Regierung aufzurufen, den Kanzler Schmidt oder den Minister Matthöfer zum Beispiel. Er hat aber nie eine Antwort bekommen. Im letzten Brief hat er geschrieben:

«Ich reagiere nicht aus Verzweiflung. [...] Gegen die Gewalt der Feiglinge will ich die Macht meines Gewissens entgegenstellen. Meine Hoffnung geht an die Macht des Verstandes, des Verantwortungsbewußtseins und des Gefühls der Wirklichkeit.»

Hartmut Gründler muß für uns alle das Symbol des Kampfes für die Wahrheit und für die Freiheit sein, was die Kernenergieprogramme und die offiziellen Lügereien mit dem Tod bedrohen.

Ein ähnliches, kontinuierlich arbeitendes freies Radio hat es seither noch nicht gegeben. Am nächsten kam «Radio Freies Wendland» in Gorleben.

Aus dem vorläufigen Sieg der Lebens- und Antiatomkraft-Bewegung in Wyhl zogen die sozialliberale Regierung in Bonn wie die Landesregierung gen die Konsequenz, nur mit allen, auch mit verfassungsfeindlichen Mitteln seien die Interessen der Atomindustrie zu verwirklichen. Schauplätze großer, in der deutschen Geschichte so noch nie gesehener Volksbewegungen wurden die geplanten Bauplätze von Grohnde, Brokdorf, Kalkar und Gorleben.

In Brokdorf an der Unterelbe regte sich erster Widerstand ab November 1973. Am 30. Oktober 1976 kam es zu einer Demonstration von acht- bis zehntausend Atomkraftgegnern. Zwei Wochen später, am 13. November, waren es sogar zwischen 30 und 50000. Die Polizei ging mit Härte, ja Brutalität vor. Mehr als 500 Teilnehmer wurden verletzt. Es gab sogar einige Schwerverletzte. Ein Lebensanhänger wurde von einem Ziegelstein getroffen, den ein Polizist geworfen hatte. Er erlitt eine schwere Hirnverletzung.

Eine noch größere Demonstration erfolgte am 28. Februar 1981. Über 100000 strömten aus dem ganzen Bundesgebiet zusammen. Die Polizeitruppen riegelten die ganze Wilster-Marsch ab (gute Landkarte in der Broschüre: Brokdorf 28.2.81, S. 14/15). Wie die Marsch zur Festung wurde, wie die neue Freiheitsbewegung, geführt von Ortskundigen, auf Behelfsbrücken die Sperren umging, das alles erinnert an die alten Zeiten bäuerlicher Freiheitskämpfe (vgl. Kapitel 25, 31, 34, 53). Da die Atomkraftwerke nur im ländlichen Gebiet anzusiedeln sind, gewinnen die schon lange verschütteten bäuerlichen Widerstandsbewegungen früherer Jahrhunderte unerwartet eine lebensrettende Aktualität.

Tausende kamen trotz der Sperren zum Bauplatz in Brokdorf durch. Über ihre Erfahrungen berichtete eine Hamburger Teilnehmerin:

Ein Blick auf die Karte, um den Standort des Autos festzumachen, falls ich meine Gruppe aus den Augen verliere. Von der Bundesstraße 5 aus konnten wir quer über die Wiesen den Bauzaun ohne Bullensperren erreichen. Etliche tausend Menschen hatten diesen Weg eingeschlagen. Kalt war es und die Wiesen gefroren; zum Glück, denn sonst wäre der Weg wahrscheinlich beschwerlich gewesen. Acht km langer Fußmarsch mit dicken Seilen auf den Schultern, eine schlaflose Nacht hinter sich, im Kopf: «Ein Stück Bauzaun mit nach Hause nehmen.» Wir erreichten ihn auf der Süd-Ost-Seite unmittelbar am Deich. Sprach- und ratlos, weil wir selber nicht ganz glaubten, es geschafft zu haben, sahen wir uns einer Polizeistaatsmacht gegenübergestellt, die ihresgleichen sucht. Tausende BGSler [Bundesgrenzschützer] in Kampfausrüstung für den Bürgerkrieg: Schilde, Knüppel und Helme tragend, dahinter drohende Wasserwerfer. Das gleiche Bild auf dem Bauplatz. Dazu einige Idioten, die sich schützend vor die Bullensperre stellten und uns zuriefen, sie wollten keine Gewalt. Ein Transparent trugen sie auch, ich kann mich noch an das Wort «Liebe» erinnern. In solchen Situationen frage ich mich, ob es bei denen oder bei mir aussetzt. Ich entschied mich für das erstere, denn ich kämpfe gegen diesen

Atomstaat, und diese «Gewaltfreien» wissen immer noch nicht, wogegen sie kämpfen. Inzwischen haben einige Leute unser Seil an einem verrosteten Tor befestigt, das nichts mit dem AKW zu tun hat und sinnlos in der Landschaft steht, um es einzureißen. Vergeblich! Kein Saft und keine Kraft hatten diese jungen Leute, schließlich braucht nur das Theater Generalproben, uns ist es immer ernst. Entsprechend blieb den Zuschauern die Spucke weg.

Wir gaben nicht auf und wollten auf die Nord-Ost-Seite des Bauzauns gelangen. Auf einem ziemlich breiten Wassergraben, den wir überqueren mußten, wurden Bretter und Pfähle gelegt, die Eisdecke war an manchen Stellen brüchig. Unten die Bretter und oben das Tau halfen uns, über den Graben zu balancieren. Kaum drüben am anderen Ufer, sah ich, wie das Klärwerk zwar nicht in Flammen stand, aber dicke Rauchschwaden stiegen daraus empor. Die Folge eines Mollitreffers. Der Molliwerfer hat sicherlich gewußt, daß dieses Klärwerk ein Geschenk der NWK [Nordwestdeutsche Kraftwerke AG, die Betreiberfirma des künftigen Atomkraftwerks Brokdorf] an die Gemeinde Brokdorf ist.

Von der Bundesstraße 431 aus sahen wir den Zoff. Hunderte von Mollis flogen über den Zaun. Die NWK-Straße wurde gerade mit Wasserwerfern und Bulleneinsatz geräumt. Die Demonstranten flüchteten auf die gegenüberliegenden Wiesen. Plötzlich tauchten aus Richtung Roßkopp zehn, zwölf Hubschrauber im Tiefflug über uns auf. Ich nenne sie Tieflieger, das ist ein Begriff aus dem letzten Weltkrieg, der die kriegerische Situation in der Marsch am treffendsten beschreibt, nur mit dem Unterschied, daß sie nicht Bomben, sondern BGSler ausspucken, die uns Demonstranten zurück auf die B 431 trieben. Dort warten Wasserwerfer auf uns. Sie schossen das Wasser direkt auf die Beine, und dicht über uns flogen die Tieflieger, so daß wir entweder stolperten oder durch die Luft wirbelten. Mit den Bullen im Nacken sind wir über die Wettern gesprungen, um uns über die Wiesen zu retten. Dort stolperte ich tatsächlich über eine Grasnarbe und fiel auf den Boden. Ich wollte liegen bleiben, ich konnte nicht mehr. Aber meine beiden Freunde hielten mich fest an meinen Händen und schleiften mich auf dem Boden mit. Plötzlich dachte ich, nur weil ich schlapp mache und die mich nicht alleine lassen, bringe ich sie mit in Gefahr. Ich stand auf und rannte mit bis zur Richtung Dammfleth. Dort einigermaßen in Sicherheit, wurde mir kotzübel, ich würgte mindestens zehn Minuten lang.

Ach ja, unser Seil! Es blieb natürlich auf der B 431 liegen, ein Stück Bauzaun hatte ich nicht in meiner Tasche. Aber 'ne Stinkwut im Bauch, die Sabotage ins Hirn signalisierte. (Brokdorf, am 28.2.81, S.23)

Die Polizei setzte selbstverständlich unter ministerieller Verantwortung für einige Tage Teile der Verfassung außer Kraft. Den Boden dafür hatten obrigkeitstreue Medien vorbereitet. Der Artikel 1 des Grundgesetzes war aufgehoben. Die Würde des Menschen war jederzeit antastbar: mit Knüppeln, Gas, Wasserwerfern, Hubschraubern, Beleidigungen u. ä.

Artikel 2: Das Recht auf körperliche Unversehrtheit stand im Ermessen der Exekutive, besonders der Polizeitruppen.

Artikel 8: Die Versammlungsfreiheit war beseitigt, es gibt nur die Freiheit zu Flucht und Rückzug oder zu Mißhandlung und Verhaftung.

Artikel 11: Alle Deutschen genossen nur dann Freizügigkeit im ganzen Bundesgebiet, wenn sie an den Tagen einer zentralen Demonstration ihren Schrebergarten nicht verließen. Ansonsten verwirkten sie dieses Recht, gerieten in Sperren, Polizeifallen, Blockaden, müssen sich neun Stunden und mehr auf der Autobahn festsetzen lassen.

Artikel 17: Das Beschwerderecht landete, wohin es gehört: im Papierkorb.

Was Länderregierungen und Polizei hier probten, roch nach Manövern für den Fall eines Bürgerkriegs. Im großen praktizierten sie den Ausnahmezustand für bestimmte Gebiete, ohne ihn erklärt zu haben. Ein Wochenende lang leuchtete auf, was das Wort «Atomstaat» bisher nur an die Wand gemalt hatte: Polizeieinsatz für die Interessen der Atomindustrie.

Mit wenigen Ausnahmen fielen Presse, Rundfunk- und Fernsehanstalten in denselben Chor ein: die Demonstranten seien Polit-Kriminelle, Terroristen oder Sympathisanten von Gewalttätern.

Die Anti-AKW-Bewegung litt hier, wie auch in anderen Fällen, unter der Notwendigkeit, sich auf ein Industrieprojekt konzentrieren zu müssen. Der Mobilisierung wegen mußte eine Baustelle für verhinderbar erklärt werden. Das versperrte den Weg zu vielfältigeren, dezentralen und einfallsreicheren Aktionen und erleichterte der Exekutive die Entfaltung ihres ganzen Machtapparates.

Ähnlich wie in Brokdorf hatte es schon am 24. September 1977 bei der Demonstration gegen den schnellen Brüter in Kalkar (bei Kleve am Niederrhein) ausgesehen, mit rund 50000 Teilnehmern. Jemand aus Hamburg schilderte die Erlebnisse, wie sie Tausende machten:

> Wir kommen unserem Ziel näher. Abfahrt Wesel/Rees Richtung Rheinbrücke. Wir gehören zu den wenigen Glücklichen aus dem Hamburger Zug, die bereits nach achteinhalb Stunden per PKW hier angekommen sind. Gleich hinter der Autobahn war wieder eine Kontrolle, wo wieder einiges beschlagnahmt wurde. Dabei hatten wir «erst» vier Sperren durchfahren, mindestens ebensoviele allerdings im Vorbeifahren gesehen. Nun ging es in Richtung schöner Rhein, na wenigstens ein schöner Anblick an diesem Tag. (Es gab allerdings später noch mehr.) Doch fehlgedacht. Weit vor der Rheinbrücke ein Stau. Und schnell erfuhren wir: Brücke von Polizei gesperrt. Totalfilzung.
>
> Quälend langsam ging es vorwärts, der Stau wurde länger. Wir beschlossen, daß ich aus unserem Wagen zu Fuß nach Kalkar vorgehe. Ich machte mich auf die Socken. Am Straßenrand wurde gepicknickt, die Autos alle zehn Minuten ein paar Meter vorgeschoben. Über uns kreisten Hubschrauber, bis zu sieben konnte ich ausmachen. Langsam wurde es ungemütlicher. Von weitem sah ich Unmengen Polizisten zwischen den Autos und den Bussen. Ich kam näher. Die

Bullen waren voll ausgerüstet, MP zum Teil im Anschlag, Knüppel, Chemical-mace [chemische Keule] am Gürtel oder im Stiefel. Sie hatten Kampfanzüge an. Besonders die jungen Knaben (zum Teil nur 18 Jahre alt) wurden von den Kommandogebern zum Filzen gescheucht. Ein Durchsuchungstrupp bestand aus 10–20. Die nahmen sich die Wagen vor, einige umlagerten diese, «sicherten» sie, andere durchsuchten. Busse wurden vorgezogen und extra durchsucht. Die Insassen mußten dazu aussteigen.

Ein Kleintransporter war dran. Auf der Ladefläche hatte er Grünzeugs für Hecken. Ein dicker Anscheißerbulle kommandierte: alles durchsuchen, wenn was gefunden wird, alles runter vom Wagen. Rücksichtslos wurden die Pflanzen durchwühlt, Proteste nicht beachtet. Ein paar Meter weiter ein PKW. Die Insassen mußten raus. Leibesvisitation, natürlich nichts gefunden. Gepäck raus, alles durchgefilzt. Handtaschen mußten auf dem Sitz ausgekippt werden. Einer wühlte drin rum. Taschen wurden ausgepackt. Aha! Irgend etwas in Silberfolie versteckt! Auspacken! Brot kam zum Vorschein. Aufklappen! Außer Käse nichts gefunden. Wagenheber beschlagnahmt. Warum? Schlagwaffe. Kreuzschlüssel für Radmuttern: Schlagwaffe. Kanister: was ist drin? Benzin! Beschlagnahmt. Drei Dosen, Aufschrift: SAE 20/50. Offensichtlich hochgefährlicher Stoff. Alle Beteuerungen halfen nichts: Beschlagnahmt. 1000 Meter zurück ist eine Tankstelle. Da stehen garantiert zig solcher Dosen, ab und zu muß man ja mal das Motoröl beim Auto wechseln.

Ein Auto weiter: Ford mit Klever Kennzeichen. Garantiert keine Demonstranten. Kommen offensichtlich vom Einkaufen. Zwei Bullen sind gerade damit beschäftigt, zwei Kisten Wein zu beschlagnahmen. Molotow Cocktails von der Mosel, «serienmäßig» hergestellt?

Davor eine uralte Ente. Schon verdächtig genug. Alles aussteigen, Leibesvisitation. Zwei Bullen klopfen genüßlich zwei junge Mädchen ab. Schließlich liest man ja so viel von Terroristinnen. Rundum stehen zehn Bullen und grinsen dümmlich.

Eine Passantin greift ein. Das dürfen Sie nicht, ist verboten. Einer dreht sich um, schubst sie mit dem MP-Lauf. Was ist los, gehn Sie weiter, wollen Sie etwa behaupten, ein Beamter hätte eine Frau angefaßt?

Der Widerstand ist schwach, Proteste vereinzelt und unkoordiniert. Hier fahren kaum Busse im Konvoi, die Bullen stoßen deshalb fast nur auf Gruppen von drei bis vier Leuten, die Wut ist groß, aber ohnmächtig.

Ich komme an die Brücke. Rechts und links ein Sandcontainer, in der Mitte Platz, daß gerade ein LKW durchkommt. Fußgänger müssen rechts und links vorbei. Rundum etwa 50 Bullen, zum Teil mit MP im Anschlag. In einem Sandcontainer steht ein Bulle, Prachtexemplar von einem Bullen, in vollem Wichs erhobenen Hauptes, scharfer Blick, nichts entgeht ihm, umsichtig, sofort zur Stelle, wenn es gilt, unmittelbar drohende Gefahren abzuwehren. MP drohend erhoben. SS wie sie leibt und lebt. Da kommen selbst wir schwerbewaffneten Terroristen nicht gegen an. Ich lasse meine Knarre lieber stecken, vielleicht ein andermal.

Ich gehe durch die Sperre. Allein zwischen 50 Bullen. Halt, stehenbleiben! Ich tu's lieber. Abtasten, nichts gefunden. Ich gestehe trotzdem, daß ich schwere Geschütze dabei habe, und zeige mein Gasfeuerzeug vor. Das nun wollten sie nicht haben. Dann kann ich ja gehen. – Halt, packt mich einer am Hals, das Halstuch. Nicht doch, meine einzige Waffe. Es hilft nichts, völlig ohne muß ich weiter, keine Quittung, abzuholen Sonntag, 12 Uhr, Kleve.

Ich gehe weiter. Ich sehe etwa 300–400 Bullen. Es folgt ein Wasserwerfer auf der Brücke. Rechts und links Panzerwagen. Dahinter einige Bullen mit Funkgeräten. Einige halten einen Strick in der Hand. Daran befestigt lange Nagelbretter, die bei Gefahr im Verzug über die Straße gezogen werden, um durchbrechende Fahrzeuge zu stoppen. Drei von der Sorte konnte ich entdecken. Dahinter Mannschaftswagen, PKW's, VW-Busse und Lastwagen. Zwei randvoll mit beschlagnahmtem Material, einer halbvoll, einer leer. Dann MEK [Mobiles Einsatz-Kommando]. Kennzeichen Wiesbaden – oder vielleicht Bundeskriminalamt? Man hört, daß Carlos in der Nähe sein soll! Und wieder Bullen, Bullen, Bullen ...

Übrigens, wer es nicht glaubt, ich war auf dem Weg nach Kalkar, zur Demonstration gegen den Schnellen Brüter. (Kalkar, am 24.9., S. 14)

Bei dieser bundesweiten Demonstration gelang es, wie schon anderswo, einigen Gruppen, sich auf ihre Weise gegen die Polizeigewalt zu wehren. Ein Bericht aus Aachen:

Am Autobahndreieck Neuss wurden wir auf der rechten Spur gestoppt. Drei Leute malten ein Schild, durch das die Vorüberfahrenden auf die hier ablaufenden Schweinereien aufmerksam gemacht wurden. Sie wurden daraufhin festgenommen. Als Reaktion besetzten wir die vier Fahrspuren. Im Nu wurden unsere drei Mitfahrer freigelassen, wir wurden von den Bullen gebeten, um Gottes Zwirn die Bundesautobahn freizumachen, und konnten weiterfahren. (Kalkar, am 24.9., S. 16)

In der Regel gingen die Truppen der Polizei mit Knüppeln und Hundestaffeln gegen die Anhänger eines atomfreien Landes vor. An den Sperren beschlagnahmten sie als Waffen u. a: Motorenöl, Fahrradschlösser, Helme, Halstücher, Gasmasken, Taucherbrillen, Reparaturwerkzeug. Viele weigerten sich, Quittungen auszustellen. Das lief faktisch auf Diebstahl hinaus.

In Gorleben zeigt sich erstmals im März 1977 Widerstand. Künftig soll Atommüll aus Atomkraftwerken im Gorlebener Salzstock gelagert werden. Die Bohrungen beginnen im Frühjahr 1979. Im Mai antworten Wendland-Bauern mit einer viertägigen Blockade der Bohrungsfahrzeuge. Danach werden 48 von ihnen verfolgt, am Ende fünf verurteilt. Was zählt, sind nicht Argumente, sondern staatliche Gewalt. Im November desselben Jahres lassen zahlreiche Bauern eine Bohrstelle auf dem Gelände eines Atomgegners mit 60000 Litern Gülle (Jauche) vollaufen. 20 Bauern werden vom Staat verfolgt: angeblich wegen Nötigung, Sachbeschädigung,

Körperverletzung und Widerstand gegen die Staatsgewalt. Damals fährt ein Traktor die Erkenntnis herum: «Für jeden Abgeordneten ein Bohrloch.»

Am 3. Mai 1980 besetzen Atomkraftgegner den Platz auf der Tiefbohrstelle 1004, zwischen Gorleben und Trebel. Sie errichten ein phantasievolles, auch die Skeptischen unter der Landbevölkerung überzeugendes Dorf. Sie erklären es zur «Republik Freies Wendland». Damit ehren sie unbewußt eine einstige slawische Minderheit, die einzige links der Elbe, die sich bis heute mit dem Landschaftsnamen «Wendland» in der Erinnerung gehalten hat.

Das Wendland liegt südöstlich von Lüneburg und bildet einen Keil weit in das Territorium der DDR hinein. Wittenberge ist nur 25 km von Gorleben entfernt. Die tödliche Gefahr soll möglichst weit in das Nachbarland vorgeschoben werden.

Schon die ersten Bohrungen haben ergeben, daß der Salzstock, in dem der Atommüll gelagert werden soll, Verbindung mit dem Grundwasser hat. Somit wäre die atomare Dauerstrahlung garantiert. Die Atomgegner im Wendland fordern nicht nur die Einstellung der Bohrungen, den Verzicht auf Zwischen- oder Endlagerung des Atommülls, sondern folgerichtig auch den Stop des gesamten Atomprogramms der Industrie und der davon abhängigen Regierungen.

Im Dorf 1004 befinden sich den ganzen Mai hindurch mindestens 300 Besetzer, am Wochenende weit mehr. Jede Person lebt in einer Häusergruppe, «Bezugsgruppe» genannt, deren Sprecher im Sprecherrat mithilft, alle auftauchenden Probleme zu behandeln und zu regeln. So entsteht eine neue Art direkter Demokratie. Am elften Tag der Besetzung erklären Besucher überwältigt: «Ihr habt ja eine richtige Räterepublik.»

In der Nacht vom 3. zum 4. Juni 1980 ist eine Polizeiarmee von rund 17000 Mann so weit aufmarschiert, daß sie gegen sechs Uhr anfangen kann, das Freiheitsdorf einzukesseln. 6500 Polizisten wollen die 3000 bis 3500 Platzbesetzer mit Gewalt entfernen, am 33. Tag der Besetzung. Nach dem erfolgreichen Beispiel von «Radio Verte Fessenheim» richten die Dorfbewohner das «Radio Freies Wendland» ein, das von sechs Uhr morgens bis nachmittags direkt aus dem Dorf über die Räumung berichtet. Auch hier auf 101 Megaherz UKW. Der Sender überschreitet mühelos die Grenzen zur staatskapitalistischen DDR mit deren genauso tödlich drohenden Atomkraftwerken, wie Heinz Brandt, einst Augenzeuge des Arbeiteraufstandes vom 17. Juni 1953 (Kapitel 130), feststellt:

> Der republikanische Sender funkte nicht nur für Gorleben; die Wendland-Welle galt ebenso der DDR: Auch Stendal, Rheinsberg, Greifswald sollen leben. Es war ein gesamtdeutsch grüner Sender: Plutonium ist überall und gleichermaßen

giftig und nicht etwa im Osten (wegen einer formal anderen Eigentumsform) auf einmal heilkräftig, etwa gegenüber Rheuma. Und Plutonium ist allüberall der Stoff, aus dem man die Atombombe macht. (101 UKW, S. 48)

Die Livesendung über die Platzräumung in Gorleben stellt ein unschätzbares Tondokument dar, aus dem hier für spätere Zeiten ausführlich zitiert sei. Kassetten verlieren sich bei der Überlieferung leichter als Bücher. Über die Aufgabe der Direktsendung schreibt Walter Moßmann später:

Die Live-Sendung am 33. Tag der Republik Freies Wendland war aber noch aus einem anderen Grund wichtig: Sie war für die möglichen Opfer polizeilicher Putativ-Notwehr so eine Art von Lebensversicherung m.b.H. [mit beschränkter Haftung]. Zu dick aufgetragen? Ich glaub nicht.

Hätte es im Dorf 1004 am 4. Juni überhaupt keine Öffentlichkeit gegeben, wär die Staatsgewalt mit uns umgesprungen nach Belieben. Wir konnten die Aktion überhaupt nur machen, weil die Medienleute da waren. Aber konnten wir denn wissen, wie lang sie dableiben (dableiben dürfen)? Radio Freies Wendland jedenfalls ist immer dageblieben, der letzte Zeuge, der auch gehört wurde.

Gut, das wäre zunächst noch keine Sache auf Tod und Leben gewesen. Aber was ist, wenn niemand mehr auf dem Gelände ist außer den paar Leuten vom Turm. Und wenn es Nacht wird? Hat die offizielle Propaganda nicht ständig behauptet, Terroristen wären auf dem Platz? Hat der Staat nicht ein Interesse dran, aus Anti-AKW-Demonstranten Terroristen zu machen, um sie vom Volk absondern und abknallen zu können?

Ich habe folgendes Szenarium nie ausschließen können: Der Platz ist von der Staatsgewalt besetzt, die Stimmung angeheizt. Irgendwoher ist ein Stein geflogen oder ein Molli (alles schon mal dagewesen). Die Polizei meldet im Laufe des Tages: Ein toter Polizist, einer, der ums Leben ringt. BILD interviewt die Anverwandten. Die Tagesschau zitiert einen Polizeibericht, wonach der Turm ein Waffenlager ist (alles schon mal dagewesen). In der Nacht – meldet dpa – versuchten einige heroische MEK- oder GSG-Leute, den Turm zu nehmen. Sie mußten leider durch die Holzwand ‹zurückschießen›. Hinter der Tür war zwar nur ein nackter Mann (alles schon mal dagewesen). Oder: bei genauer Durchsuchung findet sich in einem Schlafsack eine Knarre, die noch raucht. Sowas läßt sich machen, alles schon mal dagewesen.

Wer dieses Szenarium unsinnig findet, hat die letzten fünf Jahre im Modell-Deutschland verschlafen. Ich jedenfalls konnte es nicht ausschließen. (101 UKW, S. 42/43)

Heinz Brandt gelingt es, wie vielen anderen, trotz strengster Absperrung durchzukommen. Auf dem Platz erzählt er, wie. Das Radio sendet die List der Bauernwelt ins ganze Wendland.

Liebe Heimatverbundene, wir haben Straße an Straße versucht, die Polizeiblokkade friedlich zu überwinden, aber überall ist uns der Weg in die Republik Wendland gewaltsam versperrt geblieben. Wir wären hier niemals angekommen aus Frankfurt, vom innergewerkschaftlichen Aktionskreis Leben, wenn unserer Kolonne nicht ein Bauer aus dem Wendland den Weg gewiesen hätte, in die Republik. Bauernverstand geht über Polizei- und Konzernhirne, und damit will ich folgendes sagen: der Bauer hat den Schleichweg von seiner Frau gelernt, und darum geht nichts über den Bauernverstand der Bauersfrauen hier im Landkreis. Es kann unsere Heimat nicht gegen unseren Widerstand genommen werden, und darum werden wir Widerstand leisten, gewaltfrei, wie wir es gelernt haben. Das bedeutet, daß wir alle im zivilen Ungehorsam, im passiven Widerstand hier verbunden sind und uns solidarisch einer dem anderen fügen. Die Frauen und die Männer, die Jungen und die Alten, alle insgesamt, wir sind verbunden im Widerstand für die Idee, die Phantasie. Es lebe die Freie Republik Wendland! (101 UKW, S. 29/30)

Zu Beginn der Sendung von «Radio Freies Wendland» erzählt Walter Moßmann, einer der Radiosprecher auf dem Platz:

Hier [im Dorf] gab es nie eine Regierung oder so was, sondern einen Delegierten-, einen Sprecherrat. Jeder, der hier auf dem Dorf wohnte, wohnte in einer Gruppe, in einem Haus. Die haben jetzt auch verschiedene Farben am Kopf, mit Bändern, damit sie sich finden können. Die haben immer einen Sprecher, wechselnd, jeweils einen andern geschickt zum Sprecherrat und haben da gemeinsam beschlossen, was zu tun ist. Und die Lautsprechergruppe ist ausgewählt worden, um hier heute alles zu sagen, was gemeinsam beschlossen worden ist, also das Konzept auch hier zu vertreten, des gewaltlosen Widerstandes, das wir hier durchführen wollen. [...]

Ich darf mal beschreiben, wie sich das gestern abgespielt hat. Das war ein unglaublicher Zustrom von Platzbesetzern, die gekommen sind, als sie hörten, das Dorf ist bedroht. Den ganzen Nachmittag sind zwei verschiedene Arten von Kolonnen hier zusammengekommen. Aus dem ganzen Bundesgebiet uniformierte Männer in Transportern: Polizei, Bundesgrenzschutz. Und dann in vielfältigen, kleinen, ganz unterschiedlichen Autos, in ganz unterschiedlichen Farben, nichtuniformierte Menschen, Frauen und Männer, die sich jetzt hier zusammenfinden, die über Bürgerinitiativen aus allen möglichen Orten kommen.

Die Musikgruppe fängt an zu spielen. Es kommen Aufforderungen, noch mehr Leute sollten sich weiträumig um den Lautsprechermast setzen, damit er bis zum Schluß gegen die Polizei geschützt ist. Die Polizisten sollen bis zum Schluß erfahren, warum das Dorf den Bauplatz gegen die tödliche Atomindustrie besetzt hält. Es folgt das «Lied der Wenden», wohl das am meisten gesungene Lied während der Platzräumung.

Wir wollen keine Polizisten,
wir wollen keine Staatsgewalt,
Bullenterror, Bürokraten,
Eure Herzen, die sind kalt.

Hey Cops, schmeißt die Knüppel weg,
der Kampf um unsre Heimat,
das ist nicht nur ein Wort.
Das Wendland ist befreit,
wir gehen hier nicht fort.

Wir wollen keine Dorfplatzräumung
nehmt den andern in den Arm,
Bäume pflanzen, Hütten bauen,
unsre Herzen werden warm!

Hey Wenden, wat mutt, dat mutt!
Der Kampf um unsre Heimat,
das ist nicht nur ein Wort.
Das Wendland ist befreit,
wir gehen hier nicht fort.

Dann fordert Rebecca über den Lautsprecher dazu auf, das Versprechen der Gewaltlosigkeit, das sie einander gegeben hätten, auch einzuhalten. Und weiter:

Wir wissen, daß wir mit unserer Aktion moralisch im Recht sind, und haben dieses gegenüber Bürgern und Benützern auch öffentlich vertreten. Wenn gegen uns nun vorgegangen wird, werden wir die Konsequenzen auch tragen.

Bei Verhaftungen beachtet bitte.

1. Nur Personalien, d. h. Name, Anschrift, Geburtsdatum angeben. Keine Angaben darüber, ob ihr auf dem Platz wart.
2. Keine Unterschriften unter nichts.
3. Gegen erkennungsdienstliche Maßnahmen zu Protokoll Widerspruch einlegen und darauf bestehen, daß dies schriftlich aufgenommen wird. Nicht unterschreiben!
4. Bei Festnahmen werden die Anwälte so schnell wie möglich zu euch kommen. Festgenommene müssen unbedingt den Ermittlungsausschuß anrufen.

Durchgabe der Telefonnummer. Dann wieder Walter Moßmann:

Das ist unser prinzipielles Problem bei jeder Aktion wie dieser, daß die Masse derer, die so'ne Aktion machen, eine Übereinkunft treffen, gewaltfreie Verteidigung zu betreiben. Das paßt aber nicht ins Bild. Wir sollen der Öffentlichkeit gegenüber als Angreifer gezeigt werden und nicht die Atomindustrie oder die Staatsgewalt. Und deshalb ist es immer in solchen Situationen, daß man Provokateure findet: Leute, die bezahlt werden dafür, daß sie aussehen wie wir, wie Demonstranten, und daß sie in einem kritischen Augenblick etwas machen, was gegen die Vereinbarung ist, z. B. Steine werfen oder ein' Molotow-Cocktail oder so etwas, um damit den Vorwand zu liefern für ein brutales Einschreiten, für Attacken gegen die gewaltfrei Demonstrierenden. Deshalb auch vorhin der Aufruf, daß Leute, die sich auf dem Dach festgesetzt hatten, wo's nicht ausgemacht war, und die sich nicht in einer Gruppe zusammengeschlossen haben, wie das bei uns ist, und die auch keinen Presseausweis vorzeigen konnten, von denen haben wir gesagt, daß die nicht zu uns gehören. Niemand soll hinterher behaupten können – wenn die irgendeine feindselige Aktion machen – das wäre jemand von uns.

Nun singen die Platzbesetzer ein weiteres sehr populäres Lied:

Wenn du jetzt auch noch Angst hast und weißt nicht genau,
ob sich das lohnt, was du heute riskierst,
dann bedenk mal, daß überall, wo du hinschaust,
deine Freiheit noch weniger wird.

Freunde, kommt jetzt alle her,
gemeinsam schaffen wir es eher,
wenn wir zusammenstehn,
dann wird es nicht geschehn,
wenn wir einig sind,
dann weht ein andrer Wind.
Freunde, kommt jetzt alle her!
Freunde, kommt jetzt alle her!

Lautsprecheransage von Wolf Römmig:

Wir wollen jetzt, und das ist, glaube ich, eine wichtige Sache – diese Diffamierungskampagne, die insbesondere von Springerblättern gebracht worden ist, über unsere Aktion hier, insbesondere ist Kritik – und das ist auch im NDR II passiert – über unsere Türme hier gebracht worden, wo die bösartigsten Verleumdungen gemacht worden sind. Im Fernsehen, im NDR, haben sie behauptet, daß wir Kinder mit auf die Türme nehmen, um sie als Geiseln zu nehmen. Solche Schweine sind das. [massenweise Pfui-Rufe, spontane Begleitung durch das Schlagzeug der Musikgruppe]

Wir werden jetzt von den Leuten, die auf dem Turm sind und deren Mut zu bewundern ist, daß sie das machen, weil das unheimlich entschieden ist, was sie machen [massenweise Beifall] – wir werden jetzt die Erklärung der Leute von dem Turm hier verlesen, damit diejenigen von der Springer-Presse, die ja auch wieder rumlaufen, endlich mal selber kucken können und nicht immer nur das schreiben, was sie gerne wollen.

Eine Frau verliest den Text:

Erklärung der Turmgruppe im Dorf 1004

In den letzten Tagen haben Fernsehen, Rundfunk und Presse versucht, sich ein Bild vom Widerstand in der Freien Republik Wendland zu machen. Daraus wurde oft ein Schreckensbild, das nachweislich aus Lügen besteht. So wurde behauptet, wir würden Kinder als Geiseln auf die Türme mitnehmen – Die «Nordschau» (NDR Hannover). Es gebe ein Molliarsenal («Bild»), bewaffnete Truppen wären angereist (Radio NDR) usw.

Wir können diese ungestraften Lügen nur als Volksverhetzung verstehen, als Propagandatrommelfeuer, das brutale Polizeieinsätze vorbereiten soll, unter Umständen auch die völlig unkontrollierbaren Überfälle von MEK- oder GSG-Vereinigungen besonders gegen die Turmgruppe.

Wir erklären dazu in voller Übereinstimmung mit allen Bürgerinitiativen, die diese Platzbesetzung tragen: das Dorf 1004 und der Turm sind in gemeinsamer Arbeit aller Dorfbewohner entstanden, somit auch Zeichen des gemeinsamen Widerstandes. [Massenweise Beifall] Wir wie alle anderen auch haben das Konzept des passiven Widerstandes beschlossen, und wir werden uns daran halten. Wir werfen keine Molotow-Cocktails. Wir schießen nicht. Wir werden kein Leben und Gesundheit gefährden, weder das der Räumungstruppen noch das unsere. Die Erfahrung hat uns aber gelehrt, daß Überfälle gerechtfertigt sind, wenn der Angreifer erklärt: ab 6.30 Uhr wird zurückgeschossen. Provokationen und fingierte Tatbestände, die Terrorismus beweisen sollen, gehören zur Praxis polizeilicher Aktionen, nicht nur in den USA, sondern auch in der Bundesrepublik. Wir können nicht ausschließen, daß wir ohne Kontrolle der Öffentlichkeit eingemacht werden, deshalb begleitet uns zur Zeit der Räumung des Dorfes 1004 ein Fotograf von dpa als Zeuge auf dem Turm. [Massenweise Beifall]

Die Platzbesetzung ist für uns keine Spielerei. Wir kennen das lebensgefährliche Potential, das die Atomindustrie hier in die Salzstöcke versenken will. Wir wissen, daß damit die Existenz dieser Region bedroht ist. Wir haben die Hoffnung, daß mit unserer Platzbesetzung der Widerstand für das Leben und gegen die Todesindustrie Auftrieb erhält. Wir gehen ein Risiko ein, um ein Restrisiko zu verhindern, das kein Leben mehr in den Ruinen dieser Welt zuläßt. Stoppt die Atomindustrie, kämpft für das Leben!

Massenweiser Beifall, dann Chronologie des Widerstands in Gorleben und das «Wendland-Lied»:

Dort im Kiefernwald flattern helle Fahnen,
rote Sonnen aufgemalt auf gelbe Leinenbahnen,
und man hört, wie's rüberschallt,
hört man hell es singen, und man sieht,
wie jung und alt sich tummeln auf den Wegen.

Auf zum Widerstand, dieses Land ist unser Land,
Wendland, nimm dein Schicksal in die Hand,
auf zum Widerstand, dieses Land ist unser Land,
Wendland, nimm dein Schicksal in die Hand.

Bauernland, wohin du siehst, Grünland und Getreide,
Regen fällt, der Boden sprießt, das Vieh steht auf der Weide,
Strahlenwolken, unsichtbar, die das Land verheeren,
Strahlentote, unsichtbar, da muß man sich doch wehren.
[Refrain:] Auf zum Widerstand ...

Was sich da zusammenbraut, darf es niemals geben,
unser Dorf wird ausgebaut, wir setzen auf das Leben.
Dorfplatz und Freundschaftshaus, Windrad, Kollektoren,
treibt die Spekulanten raus, hier gibt es nichts zu holen.
[Refrain:] Auf zum Widerstand ...

[Radiosprecher Walter Moßmann] Ich hab' mich eben mal wieder umgeschaut. Irgendwie ist die Pfadfinderromantik – davon ist jetzt nichts mehr. Wenn man da rumschaut – diese Unzahl von uniformierten Männern mit ihren Waffen und mit ihren Militärlastern hinten dran – dieser ganze Apparat, irgendwie erinnert's mich doch – vorhin hab' ich einen Witz gemacht – erinnert's mich doch dran: in einem Konzentrationslager; [im Hintergrund beginnt Musik] daß wir auch von diesem Platz aus über den Sender unser Lebenszeichen nach draußen geben. Denn wenn wir's nur allein wären, die gegen die Atomindustrie kämpfen, dann wären wir eigentlich jetzt schon eingemacht. Ein Glück, daß so viele noch draußen sind. Und ich hoff, daß sie das auch zeigen im Laufe des Tages.

[Eine Frau:] Als das eben angefangen hat – oder vielmehr, das war schon die ganze Nacht – da wurde ich irgendwie immer aufgeregter. Und als es angefangen hat, da hatte ich eigentlich auch Angst. Aber jetzt, wie wir hier so zusammen sind und so zusammen singen und hier so ganz eng sitzen, irgendwie hab' ich hier im Augenblick gar keine Angst.

Die Musik setzt mit dem Räumungstango ein, der im Dorf entstanden ist.

[Radiosprecher Jochen:] Die Hubschrauber umkreisen uns unentwegt. Es ist ein unheimlich makabres Bild: hier sitzen lauter Leute, na bestenfalls mit Windjacken, man sieht quasi keinen Helm, aber drum rum stehen die also mit ihren Schilden und ihren Helmen und mit Hubschraubern und mit Lastwagen und so. Das ist ein merkwürdiges Verhältnis.

[Radiosprecher Walter Moßmann:] Wir haben jetzt noch etwa eine Stunde Zeit. Ich habe die Räumungsansage nicht gehört, nur wurde hier durchgesagt, daß – wieviel Uhr ist jetzt? – 6 Uhr 53 sei die Räumungsaufforderung gekommen. Jetzt haben wir noch eine Stunde Zeit, und dann werden sie wieder, wie das so schön heißt, unmittelbare Gewalt gegen Gewaltlose anwenden.

Alle singen das Lied «Wir wollen keine Polizisten». Lange Sprechchöre der Platzbesetzer:

Mittwoch frei
für die Polizei!

Gegen acht Uhr fliegt ein Hubschrauber tief über den Platz, fordert über Lautsprecher zum Verlassen des Platzes auf, was aber aufgrund eines riesigen Pfeifkonzerts nicht zu verstehen ist. Dann Sprechchöre: «Aufhören! Aufhören!» Es sind noch 50 Minuten bis zur Räumung.

[Vera über den Lautsprecher:] Man kann sich ja denken, was die uns da oben gesagt haben. Verstanden haben wir's trotzdem nicht. Außerdem sind wir uns da sicher, wer hier da auf dem Platz bleibt, nämlich die Bewohner der Freien Republik Wendland. [Beifall] Das umherschweifende Innenministerium der Freien Republik erläßt jetzt die dringende Aufforderung an alle Leute mit weißem Helm und grünem Anzug da drüben, die Freie Republik sofort zu verlassen. [Riesiger Beifall] Das ist die erste Aufforderung. [Noch größerer Beifall]

Es folgen die Lieder «Das Wendland bleibt frei» (101 UKW, S. 57–59) und «Nahe Trebel sitzen auf Bohrplatz 1004». Danach eine Erklärung, warum die Besetzung erfolgt sei. Die Lagerung des Atommülls sei unverantwortlich, lebensgefährlich. Unabhängige Wissenschaftler hätten gewarnt. Doch die Politiker hätten sich ständig der Diskussion entzogen. Sie stünden unter dem Zwang der Atomindustrie.

[Verena über den Lautsprecher:] Unsere Forderungen sind:
1. Einfrierung aller Genehmigungsverfahren und Ausbaubestrebungen für Kompakt- und Trockenlager, das heißt für alle möglichen Zwischenlager.
2. Stop aller Bohrungen hier am Gorlebener Salzstock, also auch keine Tiefbohrungen mehr auf 1004. Danach Einsetzen einer breiten öffentlichen Diskussion über das gesamte Entsorgungskonzept der Bundesregierung, d. h. über das Konzept der Bundesregierung, über das Konzept der Zwischenlagerung, vor allen Dingen aber über das gesamte Konzept der Endlagerung.

Dazu müsse es ein Anhörungsverfahren geben.

[Rebecca über den Lautsprecher:] Eine Bitte haben wir an die Leute von der Presse. Wir wissen, daß die Presseleute unter Druck gesetzt worden sind, nach der dritten Aufforderung vom Platz zu gehen. Wir wissen auch, aus welchen Gründen, nämlich dafür, daß die Öffentlichkeit nichts mitbekommt, was mit uns hier gemacht wird. Wir bitten die Presseleute, sich diesem Druck nicht zu beugen, sondern uns dabei zu helfen, daß die Wahrheit Wahrheit bleibt und hinterher nicht verdreht werden kann.

Großer Beifall, dann wieder Lieder. Sprechchöre: «Presse bleibt hier.»

[Radiosprecher Jochen:] Jetzt versucht man vorsichtig, die Presse hier rauszubitten. Sie haben anscheinend doch die Anweisung bekommen von der Polizei, den Platz zu verlassen. Es sieht so aus, als ob die meisten doch hierbleiben. [Beifall für die bleibenden Journalisten] Sie haben sich offensichtlich nicht rausdrängen lassen, sie sind zurückgekommen.

[Sprechchöre:] Solidarisieren! Fotografieren!

[Die Turmbesatzung gibt durch Megafon bekannt:] Sie fangen an, die Häuser plattzuwalzen. Wir wollen euch nochmal sagen: Laßt euch nicht provozieren! Sie haben nur zwei Bulldozer hier. [Lachen]

Hinter den Polizeiketten sammeln sich andere Demonstranten. Die Truppen rücken noch näher.

Gegen elf Uhr haben die Polizisten den ganzen Dorfplatz umstellt. Wasserwerfer sind aufgefahren. Wieder fliegt ein Hubschrauber knapp über die Eingekreisten. Die Polizeitruppen treiben einen Keil zwischen den Dorfplatz und den Turm, unter dem eine kleinere Anzahl von Platzbesetzern auf dem Boden sitzt. Immer wieder Lieder der Platzbesetzer. Die Polizei sagt durch, daß sie die Leute wegtragen will. Die Radiogruppe rechnet damit, daß sie nicht mehr lange senden kann. Mit Gewalt werden Leute herausgezogen. Sprechchöre: «Hey Cops, schmeißt die Knüppel weg!» Die Polizei knüppelt an einer Stelle auf die Leute ein. Daraufhin lauter Protest. Die Polizisten hören bald wieder auf. Später legen sie teilweise Gasmasken und Knüppel weg, um besser abräumen zu können. Der Radiosprecher bereitet sich auf den Sendeschluß vor: er will das Mikrofon eingraben, wenn die Polizei zu nahe herangekommen ist. Die meisten Besetzer stehen freiwillig auf, gehen mit. Pause beim Abräumen. Hubschrauber terrorisieren ständig die Dorfbewohner. Dann Abbruch der Direktübertragung vom Dorfplatz. Nun setzt der letzte Teil der Sendung ein, der Bericht vom großen Turm.

Bis auf zwei Meter sind die Polizisten, die Bullen, schon an den Fahnenmast rangekommen. Jetzt stehen sie schon ganz kurz vor der Musikkapelle, die die ganze Zeit Musik gemacht hat, was ihr habt hören können. [...] Der Lautsprecher dürfte jetzt nicht mehr in Betrieb sein. Es kommen keine Sachen mehr. Die Polizei steht jetzt genau am Kasten, in dem das alles durchgegeben worden ist. Es wird einer nach dem andern rausgerissen, abgeführt. [Im Hintergrund Sprechchöre derer, die bereits hinter die Polizeiketten abgeführt sind: «Hey Cops, schmeißt die Knüppel weg!»] Es haben sich ein paar aneinander gekettet. Wolf Römmig wird gerade abgeführt. Sie haben sich alle zusammengekettet, um nicht einzeln weggeführt zu werden. Die gesamte Lautsprechergruppe ist jetzt abgeführt und wird weggebracht. Die Bullen sind schon um den Fahnenmast herum. [Die Protestrufe der Platzbesetzer schwellen an.] Es wird jetzt wieder brutaler zugefaßt. Es werden wieder Leute an den Haaren gezogen. Gerade bringt Radio NDR, die Presse sei angeblich ausgeschlossen, aber es sind immer noch Fotografen zu sehen. Die Musikinstrumente werden von der Polizei auf die Seite geräumt. Es ist nicht zu beobachten, daß sie sie mutwillig, bewußt zerstören. Es geht ziemlich schnell, daß wir abgeräumt werden. Es geht immer schneller. Es wird brutal zugepackt, teilweise. Es werden immer wieder Schläge ausgeteilt. Es wird nicht darauf geachtet, wo sie hinfassen. Es sind jetzt etwa 300 Leute auf dem Dorfplatz. Die anderen sind alle weggeführt. Man kann immer wieder Ausschreitungen von der Polizei beobachten. Es werden Leute getreten. Eine Frau hat aufgeschrien. Sie gehen überhaupt nicht sanft vor. Es offenbart sich wieder der Terror, der hier von der Polizei im Landkreis ausgeht.

Ich hoffe, daß es noch etwas rausreicht, daß es weit rausgeht, damit wir euch weiter Bericht erstatten können, wie es aussieht auf dem Platz. Die Emi-Gruppe ist jetzt vollständig abgeräumt, auch Walter Moßmann, alle sind schon weg. Sie rücken jetzt langsam immer näher auf den ganz großen Turm zu. Es werden immer wieder Leute getreten. Die Räumung soll jetzt gestoppt werden, wird jetzt von der Polizei durchgegeben. Mit Schilden abgedeckt gegenüber den andern, knüppeln sie immer wieder auf Leute ein, werden Leute getreten, mit dem Stock geschlagen. Es sind jetzt vielleicht noch 50 Leute, die noch ruhig da sitzen und noch nicht abgeräumt worden sind. [Immer wieder hört man Hubschrauber über dem Platz.] Hinter dem Wehrzelt werden die ganzen Abgeräumten schon kaserniert und abgedrängt. Sie stehen dort, und vor dem großen Turm, zwischen dem großen Turm und dem Fahnenmast, werden gerade die letzten weggedrängt, weggetragen. Da wird wieder auf einen eingedroschen und getreten.

[Die Turmbesatzung singt das letzte Lied:]

Was soll'n wir tun,
wenn die Bullen knüppeln
heute oder morgen?
hei ho der Kampf geht weiter
heute oder morgen.

Was soll'n wir tun,
wenn sie Wasserwerfer bringen
heute oder morgen?...

Was soll'n wir tun,
wenn sie uns chemisch vergiften ...

Was soll'n wir tun,
wenn sie uns niederwalzen ...

Was soll'n wir tun,
wenn sie uns umbringen ...

[Die weiteren Strophen sind nicht verständlich, wegen der drübergelegten Reportage.]

Es wird versucht, die Leute unten, die schon abgedrängt sind, noch vereint als Gruppe dastehen, moralisch zu stärken, nicht zurückzuschlagen. Es ist wirklich vorbildlich, wie bis jetzt von unserer Seite aus das Konzept voll eingehalten worden ist. [Der Rest ist unverständlich.]

Der Dorfplatz ist jetzt geräumt. Jetzt stehen nur noch Polizisten auf dem Dorfplatz. Sie formieren sich jetzt, die Leute, die im Turm sind, wegzuräumen. An der rechten Seite vom Turm hat sich eine BGS-Spezialeinheit des Bundesgrenzschutzes formiert. Sie ist wahrscheinlich dafür da, um die Leute, die auf dem Turm sind, runterzuholen. Die abgeräumten Demonstranten stehen nicht weit vom Platz entfernt, 100 m entfernt, d. h. 50 m hinter dem Stacheldraht. Hier bei uns auf dem Turm ist die Stimmung recht gut. Wir wollen den anderen Leuten, die draußen sind, Mut geben, daß sie sich nicht einmachen lassen.

[Im Hintergrund immer wieder das Lied:]

Wehrt euch, leistet Widerstand
gegen das Atomprogramm im Land!
Schließt euch fest zusammen!

Wehrt euch, leistet Widerstand
gegen diesen Bullenstaat im Land! …

[Radiosprecher auf dem Turm] Die Räumfahrzeuge sind voll dabei, die ganzen Häuser, die wir aufgebaut haben, zu zerstören. Vor wenigen Minuten ist das Kinderhaus von mehreren Raupen kaputtgefahren worden. Nun sind sie dran, die Berliner Häuser – Es sind vielleicht 50 Polizisten, die gerade Fensterscheiben einschlagen, die die Häuser regelrecht, wie man sich es im Krieg vorstellt, straßenkampfmäßig vorstellt, durchsuchen und zerstören. Auf dem Dorfplatz sieht es traurig aus. Es sind verloren gegangene Kleidungsstücke da. Jetzt höre ich gerade, daß die Polizei einen Ring um die Leute, die unter dem Turm sitzen, schließt. Höchstwahrscheinlich geht's jetzt gleich los. Die Leute werden unter dem Turm auch, wie es eben geschehen ist, überwiegend brutal abgeräumt. Der Einsatzleiter versicherte vorhin nochmal, daß die Polizei bei passivem Widerstand keine Gewalt anwendet, aber das war nur ein leeres Gerede, denn die Polizei hat gleich in den ersten Minuten gezeigt, daß sie brutal ist und daß sie nur brutal sein kann.

Wir sind immer noch beim Sender. Hinter dem großen Turm wird wahrscheinlich der nächste Einsatz gestartet. Da sitzen immer noch die Leute, und in dem ganz großen Turm, der zuerst gebaut worden ist von der Unterstützergruppe, da ist noch nicht abgeräumt. Gegen den wird als nächstes vorgegangen. Sie schwenken schon mit ihrem Wasserwerfer hin und her. Es ist also womöglich damit zu rechnen, daß sie gegen diese Leute härter vorgehen. Die Berliner Häuser sind jetzt vollständig abgeräumt. Das letzte, was noch halbwegs steht, ist das Neuköllner Haus, gleich dicht hinter dem zweiten Turm, der gestern fertig geworden ist. Die Leute auf dem Freundschaftshaus sitzen immer noch drauf, sind noch unbehelligt. Wir warten gespannt drauf, wer jetzt als nächstes dran ist: die Turmunterstützungsgruppe unter dem ganz großen Turm oder Freundschaftshaus – nicht abzusehen.

Auf der anderen Seite kommt auch eine Raupe rein. Die Berliner Häuser sind sozusagen flach. Jetzt gehen die Raupen über auf die NRW-Häuser [gebaut von Leuten aus Nordrhein-Westfalen], die mit so viel Liebe und Mühe aufgebaut worden sind, daß man das Weinen kriegen könnte. Der ganze Platz sieht eigentlich aus, als wenn nie Leben drauf gewesen ist, als wenn nie irgendetwas dort passiert ist, wo Menschen ...

Das Band bringt nur noch Rauschen. Damit endet die Direktübertragung von der Platzräumung in Gorleben.

Während des Aufmarsches des Polizeiheeres wird fast das ganze Wendland von der Außenwelt abgeschnitten: Belagerungszustand. Brutalitäten gehen an diesem Tag ausschließlich von den Polizeitruppen aus, selbstverständlich ohne je geahndet zu werden. Erstmals erleben auch viele Journalisten die Polizeigewalt am eigenen Leib. Ihre Fotoapparate, peinliche Beweislieferanten, erwecken in den pflichtbewußten Gewalttätern zerstörerische Gefühle.

Wenn wir die viel zu kurze Geschichte der Republik Freies Wendland überblicken, können wir Heinz Brandt Recht geben, der die epochemachende Bedeutung Gorlebens und damit der ganzen Umwelt-, Lebens- und Anti-AKW-Bewegung herausgehoben hat:

Ich meine, wir können mit Fug und Recht behaupten: Mit der massenhaften, gewaltfreien Anti-Abräumaktion von Gorleben (4. Juni 1980) beginnt ein neuer Abschnitt deutscher Geschichte, und ihr könnt sagen, ihr seid dabeigewesen. (101 UKW, S. 52)

Da das Fernsehen angesichts der Gewaltlosigkeit der Lebensanhänger die Platzbesetzung auch beim schlechtesten Willen nicht als terroristisch darstellen kann, muß es einiges vom Polizeiterror zeigen. Was haben sich dabei die Zuschauer gedacht? Die Geschichte wird darüber schweigen. Eine ermunternde Ausnahme will ich überliefern, die im Zusammenhang einer ungewöhnlichen Lebenshaltung steht.

Einen Monat nach der Gorleben-Räumung, am Samstag, 5. Juli 1980, wollte ich mit Freunden das Naturtheater von Hayingen (bei Zwiefalten) auf der Schwäbischen Alb besuchen. Dort gibt es jeden Sommer eine reizvolle Mischung aus schwäbischem Volkstheater und emanzipatorischer Aufklärung zu sehen. Eine beabsichtigte Wanderung vorher fiel wegen des Regens aus. Wir schlenderten zum Rand der Hochfläche, wo es steil ins Lautertal hinuntergeht. Bei einem Bauernhof mühte sich auf halbem Weg zum Tal ein Bauer mit seinem Traktor ab, seinen beladenen Heuwagen aus der Wiese herauszuziehen. Es ging nicht. Der Boden war vom wochenlangen Regen durchweicht. Die Räder drehten durch.

Bald kommt der Bauer mit drei Buben über die Wiese den Berg herauf, zur selben Zeit ein Volkswagen mit Karlsruher Kennzeichen den Talweg hoch. Das Auto hält, stinkt sichtbar, bald riechbar vor sich hin. Der junge Beifahrer, dynamisch, adrett, Manager-Typ, steigt aus, mit einem vorgedruckten Fragebogen in der Hand, mit einem Bleistift geschäftig herumfuchtelnd. Er will wissen, ob das der und der Hof sei, wo ein bestimmtes Kennzeichen sich befinde und was das Technische Hilfwerk mit dem Hof zu tun habe. Der Bauer knapp (übersetzt aus der Mundart): «Nichts. Die wollen da ab und zu ihre Übungen machen.» Nach einigen Überlegungen: «Wozu wollen Sie das eigentlich wissen?» Der Beifahrer meint, sie machten eine Rallye.

«So, eine Rallye.» Der Bauer schimpft vor sich hin, geht in Richtung Stallgebäude weg, macht plötzlich kehrt und fährt den Rallyefahrer an:

Was haben Sie eigentlich den gesperrten Weg vom Tal heraufzufahren? Was hätten Sie gemacht, wenn Ihnen ein Fuhrwerk oder ein Bulldogg [Traktor] begegnet wäre? Wozu soll eigentlich die Rallye gut sein? Da wird doch nur unnötig Benzin vertan. Immer redet man von Umweltverschmutzung, aber selbst tut man nichts dagegen. Dieses Jahr ist es hier besonders schlimm. So viele Autos sind hier noch nie vorbeigefahren. Können Sie denn nicht mehr laufen? Das ist besser, spart Benzin und verpestet nicht die Luft.

Der junge Mann steigt rasch in das Auto mit dem Aufkleber «Universität Tübingen» ein und läßt die Fahrerin starten.

Der Bauer geht laut schimpfend zu seinem Stall. Wir haben kein Ziel, der Abstieg ins Lautertal reizt bei dem Wetter nicht, es hat noch Zeit bis zum Naturtheater. So stehen wir herum. Nach einigen Minuten nähert sich uns das Schimpfen. Alle Vorwürfe von vorher werden wiederholt. Nun erwischt es uns. Als wir versichern, wir hätten nichts mit der Rallye zu tun, wir würden nur warten, bis das Naturtheater beginne, geht das Gewitter an uns vorbei. Es entwickelt sich ein Gespräch weit außerhalb der üblichen Gedankenwelt in der Konsum- und Leistungsgesellschaft.

Ich bin seit eh und je Bauer. Den Hof hab' ich seit zwei Jahren gepachtet, und da es gut läuft, hab' ich grad die Pacht auf 25 Jahre abgeschlossen. Die Landwirtschaft mach' ich nebenher. Sonst arbeite ich in einem staatlichen Gestüt hier in der Nähe. Früher war ich auf einem anderen Gestüt. Als dort die Viehhaltung eingestellt worden ist, bin ich gegangen. Was dort gemacht wird, ist ein Beschiß. Der Staat gibt die Viehzucht auf, weil sie sich nicht mehr rentiert, und dann dreht er die Tiere den Bauern zur Weiterzucht an.

Überhaupt ist der Bauer heute beschissen, wie immer der kleine Mann. Den einen Bauern, wenn sie groß genug sind, gibt der Staat Aufzuchtprämien, damit sie Vieh züchten. Den anderen gibt er Abschlachtprämien, wenn sie zu klein sind.

Heute bekommt der Bauer nicht zu viel. Früher hab' ich für einen Zentner Weizen schon 22 Mark bekommen, als man dafür noch ein Paar Schuhe haben konnte. Heute muß ich drei Zentner Weizen für ein Paar Schuhe geben. Immer wird von einem verlangt, daß man mehr und noch mehr und noch schneller produziert. Man darf gar nicht mehr ausschnaufen.

Der Staat ist doch gar nicht sozial. Die Christen haben doch keine Ahnung, was das ist. Im CDU-Staat ist man beschissen, im SPD-Staat geht es einem auch nicht besser. Jesus aber, der ist Kommunist gewesen. Die in Rußland haben keine Ahnung, was Kommunismus ist, diese Grasdackel.

Der Bauer geht wieder weg. Wir betrachten seine Pferde auf der Koppel. Als er zurückkommt, ihnen pfeift, laufen sie ihm wiehernd entgegen.

Als das Gestüt aufgelassen worden ist, hätte ich meine vier Pferde verkaufen müssen. Das ist mir zu dumm gewesen, deshalb hab' ich einen Hof gesucht.

Jetzt hab' ich 41 Jahre, aber ich fühle mich heute schon alt, seelisch verbraucht in dieser ewigen Hetze. Immer mehr soll man bringen, immer neue Dinge verstehen. Bei meinen Kindern weiß ich gar nicht, was ich ihnen raten soll. Weiterhin Landwirtschaft betreiben oder was sonst? Heute weiß man nicht mehr, was morgen ist. Eine Neuigkeit jagt die andere.

Da wird man ja verrückt. Ich bin seelisch verbraucht. Wir leben in einer verrückten Welt. Überall gibt's die ärgste Umweltverschmutzung, selbst in Kanada. Und jetzt kommt noch das Atom. Dieser Staat ist doch gar nicht demokratisch. Wenn die Leute in Gorleben dagegen sind, daß wir diesen Wahnsinn der Atomkraft mitmachen, so haben in einem demokratischen Staat die Leute das Recht, dagegen zu protestieren, daß dieser Wahnsinn nicht passiert.

Was tut der Staat? Er jagt diese Leute mit der Polizei weg. Das ist doch keine Demokratie. Wir haben ja überhaupt noch nie eine Demokratie in Deutschland gehabt. Bis wir so weit sind, braucht es noch lange.

Und die Arbeit auf dem Feld: wegen mir kann man wieder mit Pferden arbeiten. Das Pferd ist müde geworden, also hat der Mensch auch mal ausgeruht und mit seinem Nachbarn auf dem Feld geredet. Heute hat keiner mehr Zeit. Die Maschinen arbeiten ununterbrochen. Man ist immer in Eile. Man muß ja noch mehr leisten. Es muß jedes Jahr mehr werden. Das ist ein Wahnsinn.

Früher bin ich noch mit dem Fahrrad gefahren. Heute ist das ja unmöglich. Auf der Straße ist man Freiwild. Meine Frau ist schon mal mit dem Pferd zum Einkaufen nach Hayingen geritten. Es ist völlig unmöglich, das Pferd wohinzustellen oder auch nur durch den Ort zu reiten. Die Autos fahren rücksichtslos knapp an einem vorbei und parken direkt neben dem Gaul. Das hält kein Gaul aus.

Quellen und Literatur

Atommüll oder Der Abschied von einem teuren Traum, hg. von der Arbeitsgruppe «Wiederaufbereitung» (WAA) an der Universität Bremen, Reinbek 1977

Augenzeugenberichte aus Brokdorf, hg. vom Ermittlungsausschuß der BUU, Hamburg 1976

STEFAN AUST: Brokdorf. Symbol einer politischen Wende, Hamburg 1981

HANS-JÜRGEN BENEDICT: «Bürgerkrieg» in Brokdorf oder: Von den Schwierigkeiten gewaltfreien Protests, in: Frankfurter Hefte, 32, Heft 3, März 1977, S. 23–30

HARRY BÖSEKE (Hg.): Der (un)demokratische Alltag. Jugendliche melden sich zu Wort, Bornheim 1982

Brokdorf 28.2.81. Berichte – Bilanz – Perspektiven, hg. von der Bürgerinitiative Umweltschutz Unterelbe/Hamburg, Hamburg 1981
Bürgerinitiative: Keine Startbahn West! (Kassette und Begleitbuch), Frankfurt/M. 1982–83
Bürgerinitiative & Verkehr BI Erding: «Wir wollen keine Flughäfen mehr ...» (Kassette mit Begleittext), Frankfurt/M. 1982
CLAUDE COLLIN: Hört die anderen Wellen. Radio Verte Fessenheim, Radio S.O.S. Emploi Longwy, Erfahrungen mit freien Radios in Frankreich und anderswo, 1980
CHRISTIANE und ULRICH DANNEMANN: Die Startbahn West ist überall. Ein Tagebuch, München 1982
33 Tage Besetzung auf 1004 (Gorleben aktuell), hg. von der Bürgerinitiative Umweltschutz Unterelbe/Hamburg und WAA Gruppe Lüneburg, Lüneburg 1980
Dritte Erklärung der badisch-elsässischen Bürgerinitiativen (2. April 1982), in: Tageszeitung, 5. April 1982, S. 7
HANS-JOACHIM EHRIG/EBERHARD KEMPF/UWE MAEFFERT: Der Nürnberger Komm-Prozeß, Hamburg o. J. [1982]
Freies Wendland. Zeitung vom besetzten Platz in Gorleben (Juni 1981)
Freiraum Autonomes Jugendzentrum, Horgen (bei Zürich) 1981
NINA GLADITZ (Hg.): Lieber heute aktiv als morgen radioaktiv. Wyhl: Bauern erzählen. Warum Atomkraftwerke schädlich sind. Wie man eine Bürgerinitiative macht. Und wie man sich dabei verändert, Berlin 1976
HERMANN GLASER (Hg.): Die Nürnberger Massenverhaftung, Reinbek 1981
ROLF GÖSSNER/UWE HERZOG: Der Apparat. Ermittlungen in Sachen Polizei, Köln 1982
HARTMUT GRÜNDLER: Ein Leben für das Überleben. Herausgeber: HANS SCHMID und ANTON BRENNER, Tübingen o. J. [1977]
RETO HÄNNY: Zürich, Anfang September, Frankfurt/Main 1981
MICHAEL HALLER/VERA ISLER: Die Kunst der Verweigerung. Wandmalereien in den Autonomen Jugendzentren der Schweiz, Frankfurt/Main 1982
«Hier ist Radio Luftikus auf 101–104 MHZ». Ausschnitte aus den Sendungen von Januar bis März [1982]. Radio Luftikus gegen Startbahn West [Kassette]
JOACHIM HOFFMANN/ECKART SPOO (Red.): Unter Ausschluß der Öffentlichkeit. Dokumentation über die Behinderung der Presse bei der polizeilichen Räumung des Bohrplatzes 1004 bei Gorleben am 4. Juni 1980. Vorgelegt von der Deutschen Journalisten-Union (dju) in der IG Druck und Papier, Stuttgart o. J. [1980]
REGULA HOWALD/JÜRGMEIER/ROLF SALZMANN/PETER SCHEUCHER: Die Angst der Mächtigen vor der Autonomie. Aufgezeigt am Beispiel Zürich, Horgen 1981
101 UKW: «Radio Freies Wendland». Ein live Dokument auf Toncassette. Redaktion: Wolfgang Hippe, Christoph Potting, Network Medien-Cooperative Frankfurt/Main, Frankfurt und Köln o. J. [1980] (enthält zwei Kassetten und ein Büchlein)
JEAN (= THOMAS LEHNER; Hg.): Erdchroniken 1. Der Tod von Fessenheim und andere Geschichten aus dem Dreyeckland, Freiburg 1977
Kalkar am 24.9., 30 Seiten aktuelle Fotos, o. O. u. J. [Hamburg 1977]
HORST KARASEK: Das Dorf im Flörsheimer Wald. Eine Chronik vom alltäglichen Widerstand gegen die Startbahn West, 1. und 2. Aufl., Darmstadt 1981
«Keine Startbahn West». Argumente, Bilder und Berichte. Herausgeber: Bürgerinititativen gegen die Flughafenerweiterung Frankfurt am Main, 2. aktualisierte Auflage: Räumung des Hüttendorfs – Der Widerstand geht weiter, Offenbach 1981
«Keine Startbahn West!» – Protestbewegung in einem überlasteten Ballungsraum.

Eine Untersuchung des Instituts für Marxistische Studien und Forschungen, Frankfurt/Main 1982
Ulfried Kleinert (Hg.): Gewaltfrei widerstehen. Brokdorf-Protokolle gegen Schlagstöcke und Steine, Reinbek 1981
Hanspeter Knirsch/Friedhelm Nickolmann: Die Chance der Bürgerinitiativen. Ein Handbuch, Wupptertal 1976
KOMM: Von Sonthofen 1974 nach Nürnberg 1981 (PDI-Sonderheft 15), München 1981
Burkhard Kretschmann: Gorleben. Eine Fotodukumentation über die Republik Freies Wendland, Frankfurt/M. 1980
Hanspeter Kriesi: Die Zürcher Bewegung, Frankfurt/M. 1984
Materialien zur Theorie und Praxis demokratischer Jugendarbeit, hg. vom Bund Deutscher Pfadfinder im Bund Demokratischer Jugend, Nr. 18: «Niemals, nie wolln wir sie – die Atommülldeponie». Redaktion: Wolfgang Hippe, Frankfurt/Main 1978
Ingrid Müller-Münch u. a.: Besetzung – weil das Wünschen nicht geholfen hat. Köln, Freiburg, Gorleben, Zürich und Berlin, Reinbek 1982
Nieder mit Imperialismus und Reaktion. Kein Kernkraftwerk in Brokdorf, hg. von der Regionalleitung für Norddeutschland und Westberlin des Kommunistischen Bundes Westdeutschland (KBW), Hannover 1976
Rainer Nitsche (Hg.): Häuserkämpfe, 1872, 1920, 1945, 1982, Berlin 1981
Bernd Nössler/Margret de Witt (Hg.): Wyhl. Kein Kernkraftwerk in Wyhl und auch sonst nirgends. Betroffene Bürger berichten, Freiburg 1976
Kurt Oeser: Es ist nie zu spät. Bürgerprotest gegen Startbahn West. Der «Umweltpfarrer» berichtet und zieht eine Zwischenbilanz der Ereignisse südlich des Rhein-Main-Flughafens, Dreieich o. J. [1981]
Oktobertage. Tage des Lernens, hg. von «blickpunkt», Stadtzeitung der Deutschen Kommunistischen Partei Mörfelden-Walldorf, Mörfelden 1981
Oktobertage 1981. Tausende Bürger verteidigen ihren Wald. Eine Dokumentation der DKP («blickpunkt»-Extra), hg. vom Kreisvorstand der DKP des Kreises Groß-Gerau und Stadtverordnetenfraktion der DKP Mörfelden/Walldorf, Rüsselsheim o. J. [1981]
Gottfried Orth/Adalbert Podlech (Hg.): Testfall Startbahn West. Erfahrungen und Perspektiven im Widerstand, Wuppertal 1982
Radio Verte Fessenheim: 3 Kassetten (1977/78)
Radio Verte Fessenheim: «Was Wir Wollen». Nachrichte üssem Dreyeckland un üssem Rescht vo dr Welt, 4, 1977; 5, 1978
Helga Richter: Interview über die Räumung von Gorleben, in: Courage, 5, Heft 7, Juni 1980, S. 5/6
Georges Reymond/Karsten Schröder (Hg.): Septembertage, Berlin 1982
Sachschaden. TAZ-Journal Nr. 3. Häuser und andere Kämpfe, Berlin 1982
Sanierung contra Wohnen. Die Freiburger Juni-Demonstrationen ums «Dreisameck» und ihr Hintergrund. Ein Bildbericht mit einer Einleitung von Karl-Otto Sattler, Freiburg 1980
Jens Scheer/Jan Espert (Hg.): «Deutschland, Deutschland, alles ist vorbei!» Alternatives Leben oder Anarchie? Die neue Jugendrevolte am Beispiel der Berliner Scene. Eine Text-/Bilddokumentation, Berlin 1982
Jens Scheer u. a.: Gorleben und Bartensleben sollen leben! Köln 1979
Helmut Schmitz: Graffiti in Berlin. Spray-Athen. Ein Fotobuch mit einem einleitenden Essay von Detlef Michel, Berlin 1982
Joachim Schritt: Bauern gegen Atomanlagen oder wi wüllt den schiet nich hebben, Offenbach 1977
Startbahn 18 West. Bilder einer Räumung, 2. Aufl., Darmstadt 1982

Der Störfall von Harrisburg. Der offizielle Bericht der von Präsident Carter eingesetzten Kommission über den Reaktorunfall auf Three Mile Island, Düsseldorf 1979

HOLGER STROHM: Friedlich in die Katastrophe. Eine Dokumentation über Kernkraftwerke, 1. Aufl., Hamburg 1973, 4. Aufl. 1977

BRUNO STRUIFT (Hg.): Kunst gegen Startbahn West. Arbeiten von Betroffenen, Gießen 1982

Technologie und Politik. Das Magazin zur Wachstumskrise, hg. von FREIMUT DUVE, Heft 7: Brokdorf/Unterelbe-Kernenergie, Reinbek 1981

ROBERT DEL TREDICI: Die Menschen von Harrisburg. Das Leben mit dem Atomreaktor Three Mile Island, Frankfurt 1982

«... und nichts wird vergessen!» hg. von «blickpunkt», Stadtzeitung der Deutschen Kommunistischen Partei, Mörfelden-Walldorf o. J. [1982]

Unterrichtseinheit zum KKW Wyhl. 18.2.75. Broschüre des Arbeitskreises Umweltschutz an der Universität Freiburg, Arbeitskreis Lehrer und PH-Studenten, Freiburg o. J. [1975]

Was Sie schon immer über Freie Radios wissen wollten, aber nie zu fragen wagten! Münster 1981

«Wir sind so frei.» Freie Radios aus der BRD, Frankfurt/M. 1983 (Kassette)

HANS-HELMUT WÜSTENHAGEN: Bürger gegen Kernkraftwerke, Wyhl – der Anfang, Reinbek 1975

Wyhl – Der Widerstand geht weiter. Der Bürgerprotest gegen das AKW von 1976 bis zum Mannheimer Prozeß, Freiburg 1982

Wyhl isch dert und do! Lieder aus dem Kampf gegen Atomkraftwerke, hg. vom Alemannischen Kulturkomitee, 2. Aufl., Freiburg 1977

GÜNTER ZINT (Hg.): Republik Freies Wendland, Frankfurt/Main 1980

MANFRED ZÜFLE/JÜRGMEIER: Paranoia City, Reinbek 1982

Zürcher Bewegung (Fotoband), 1983

134 «Sucht weiter»

Die Fülle beiseite geschobener Zeugnisse von Freiheitsbewegungen ist bei weitem nicht ausgeschöpft. Für einen einzigen Autor und für drei Bände undenkbar. Vielmehr gehen meine Ausgrabungen, eine Art Freiheitsarchäologie, darauf aus, Mut und Appetit zu wecken, es doch einmal selbst zu versuchen. Jeder in seiner eigenen Umgebung, in seiner Heimat oder Wahlheimat.

Vieles, vielleicht das Beste, liegt womöglich noch vergraben: die Erinnerungen von Widerstandskämpfern gegen das Dritte Reich; das verblassende Gedächtnis der versinkenden Bauerngesellschaft, die anderthalb Jahrtausende die Hauptlast der Freiheitskämpfe zu tragen hatte; Zeugnisse immer wieder aufbrechender Streikbewegungen; verkannte oder auch nur verbogene Volkserzählungen.

Noch ist das Feld der Überlieferung voll mit Kassibern, Geheimbriefen Unterdrückter, die wir zu suchen und zu entziffern hätten. Was für das Konzentrationslager Auschwitz (Oświęcim) bei Krakau (Kraków) wörtlich zutrifft, kann für die geschichtliche Überlieferung im allgemeinen als Parabel gelten. Die KZ-Häftlinge von Auschwitz vertrauten Kassibern an, was sie einander oder der Nachwelt mitteilen wollten. Darauf stand der Tod, so oder so. Wer nicht schrieb, übergab sich selbst dem zweiten Tod: dem alsbaldigen geschichtlichen Vergessen.

Salmen Lewental, ein polnischer Jude, im Dezember 1942 ins KZ Auschwitz verschleppt, schrieb in ein Notizbuch und auf lose Blätter, was er im Sonderkommando für die Gaskammern und an den Verbrennungsgruben von Auschwitz-Birkenau erlebt hatte. Seine in jiddischer Sprache verfaßten Texte wickelte er, als es mit ihm zu Ende ging, in ein Wachstuch ein, steckte sie in ein Einmachglas und vergrub es in der Nähe des Krematoriums III von Auschwitz-Birkenau. Die Handschrift wurde durch die Feuchtigkeit stark beschädigt. Zu den am besten erhaltenen Teilen gehört das Kapitel «Die 600 Knaben» – eine Erzählung, die auffallend an die Massenermordungen der Juden im Rheinland durch die Kreuzfahrer im Jahr 1096 (Kapitel 22) und an das Wüten der bäuerlichen Armlederbewegung in den Jahren 1336–38 (Kapitel 47) erinnert.

Am hellen Tage wurden 600 jüdische Knaben im Alter von 12 bis 18 Jahren gebracht. Sie waren in lange, sehr dünne Zebraanzüge gekleidet; an den Füßen hatten sie zerrissene Schuhe oder Holzpantinen. Die Knaben sahen so schön aus und waren so gut gebaut, daß nicht einmal die Fetzen sie entstellten. Es war dies in der zweiten Hälfte Oktober [am 20. Oktober 1944 wurden 1000 Jungen im Krematorium III in Auschwitz-Birkenau vergast].

Es führten sie 25 schwer [mit Granaten] beladene SS-Männer. Als sie sich auf dem Platz befanden, befahl der Kommandoführer, daß sie sich auf dem Platze aus[zögen]. Die Knaben bemerkten den Rauch, der aus dem Schornstein quoll, und dachten sich gleich, daß sie sie in den Tod führten. Sie begannen, in wildem Entsetzen auf dem Platz herumzulaufen und sich die Haare aus dem Kopf zu reißen, [ohne zu wis]sen, wie sie sich retten sollten. Viele von ihnen brachen in schreckliches Weinen aus, [es erscholl] eine trostlose Wehklage. Der Kommandoführer und sein Gehilfe schlugen diese wehrlosen Knaben entsetzlich, damit sie sich auszögen. Bis sein Knüppel von diesem Schlagen zerbrach. Also brachte er einen zweiten und schlug weiter auf die Köpfe, bis die Gewalt gesiegt hatte. Die Knaben entkleideten sich mit instinktiver Furcht vor dem Tode, nackt und barfuß drängten sie sich auf einen Haufen, um sich vor den Schlägen zu schützen, und rührten sich nicht von der Stelle. Ein kühner Knabe ging auf den neben uns [stehenden] Kommandoführer zu und bat ihn, er möge ihm das Leben schenken, wobei er versprach, auch die schwerste Arbeit zu verrichten. Als Antwort versetzte er ihm mit dem dicken Knüppel einige Schläge auf den Kopf.

Viele Knaben liefen in wildem Lauf zu [den] Juden des Sonderkommandos, warfen ihnen die Arme um den Hals und flehten um Rettung. Andere liefen nackt auf dem großen Platz auseinander, [um vor dem Tode zu fliehen]. Der Kommandoführer rief einen Unterscharführer mit einem [Gummi]knüppel zu Hilfe.

Die jungen, reinen Knabenstimmen stiegen von Minute zu Minute an, [bis] sie in bitteres Weinen [übergingen]. Dieses schreckliche Wehklagen ertönte weithin. Wir standen vollkommen erstarrt und wie von diesem kläglichen Weinen gelähmt. Mit einem Lächeln der Zufriedenheit, ohne die kleinste Regung von Mitleid, mit den stolzen Mienen der Sieger, standen die SS-Männer da und trieben sie, schrecklich schlagend, in den Bunker. Auf den Stufen stand ein Unterscharführer mit dem Gummiknüppel, und wenn einer zu langsam dem Tode entgegen lief, erhielt er einen mörderischen Schlag mit dem Gummiknüppel. Einige Knaben liefen trotzdem noch durcheinander auf dem Platze hin und her und suchten nach Rettung. Die SS-Männer liefen ihnen nach, schlugen und hieben, bis sie die Situation beherrscht hatten und sie am Ende [in den Bunker] getrieben hatten. Ihre Freude war unbeschreiblich. [Hatten sie] denn niemals Kinder gehabt? (Heubner/Meyer/Pieplow S. 176/7)

Kassiber können den später Geborenen nicht nur Niederlagen, sondern auch Siege aufbewahren. Einer davon bezeugt einen Aufstand des Sonderkommandos, das vor den Krematorien und Gaskammern zu arbeiten hatte. Diese Unglücklichen mußten die Leichen der Ermordeten aus den Gaskammern schleppen, die Goldzähne herausbrechen und die Haare abschneiden. Die unbequemen Mitwisser wurden nach drei Monaten selbst ins Gas geschickt. Eines der Kommandos beschloß, sein Leben teuer zu verkaufen, wie ein Kassiber berichtet.

9. Oktober 1944. Am Sonnabend, den 7., sollte das beim Vergasen und Verbrennen beschäftigte Sonderkommando vergast werden. Zu diesem Vergasen kam es jedoch nicht, da die verzeifelten Häftlinge, als sie ihren unvermeidlichen Tod vor Augen sahen, sich auf die SS warfen, sechs von ihnen töteten und sich durch die Postenkette zwangen. Ungefähr zweihundert wurden während der Verfolgung erschossen, etwa 500 haben sich gerettet. Eines der Krematorien wurde in Brand gesetzt. Ein abendliches, mit dem Luftangriff auf Schlesien zusammenhängendes Überfliegen durch Flugzeuge der Alliierten erschwerte die Verfolgung. Im Augenblick droht die SS öffentlich mit blutiger Vergeltung an allen Häftlingen, da sie es als unerhörtes Verbrechen ansieht, daß die unglücklichen Häftlinge es nicht erlauben, daß man sie vergast. Von der Tatsache wurde Berlin in einem besonderen Rapport benachrichtigt. (Heubner/Meyer/Pieplow, S. 174)

Viele Häftlinge vergruben ihre Erlebnisse, notiert in Tagebüchern oder ähnlichem, auf einem Platz in der Nähe der Gaskammern, genannt «der Müllplatz». Einiges davon wurde inzwischen gefunden, entziffert und veröffentlicht. Wieviel noch auszugraben ist, wissen wir nicht. Eines der Blätter enthält die nirgends erschöpfte Aufforderung:

«Sucht weiter!»

Wer den Müllplatz des geschichtlichen Vergessens mit umgraben hilft, gibt die Spuren der Besiegten nicht für unwiederbringlich verloren. Solche Mühen stehen im Zeichen der Hoffnung, die Freiheitskämpfe seien nicht sinnlos gewesen; selbst den Niedergetretenen verdanken wir vieles, nicht zuletzt die Einsicht, daß jede Überlieferung der Herrschenden die sperrige, widersprechende der Besiegten unter sich hat verschwinden lassen. Die verdrängte Überlieferung nicht aufzugeben, stellt eine Sympathieerklärung dar, wir selbst wollten die uneingelösten Freiheitssehnsüchte nicht vermodern lassen. Und eine solche Erklärung fühlt sich nicht heimisch in der Zipfelmütze der verschlafenen Biederfrauen und Biedermänner, sondern nur im Mitmachen bei heutigen Freiheitsbestrebungen: bei der Anti-AKW-Bewegung, der Friedensbewegung, bei Streiks, in der Frauenbewegung, in der oppositionellen Kleinkunstwelt, kurz: in der Vielfalt der heutigen Widerstandsbewegungen gegen Zustände, die alles mögliche vorstellen, nur keine wirkliche Herrschaft des Volkes.

Literatur

C. Heubner/ A. Meyer/ J. Pieplow: Gesehen in Auschwitz: Lebenszeichen, Bornheim-Merten 1979

Ortsregister (mit Ländern und Landschaften)

Personenregister

Sachregister